도서출판 대장간은
쇠를 달구어 연장을 만들듯이
생각을 다듬어 기독교 가치관을
바르게 세우는 곳입니다.

대장간이란 이름에는
사라져가는 복음의 능력을 되살리고,
낡은 것을 새롭게 풀무질하며, 잘못된 것을
바로 세우겠다는 의지가 담겨져 있습니다.

www.daejanggan.org

Copyright © 1995, 2005, 2013 by Aubrey Malphurs

Original published in English under the title ;
   Advanced strategic planning : a 21st-century model for church and ministry leaders ,
   by Aubrey Malphurs. 3rd edition..
Published by Baker Books
a division of Baker Publishing Group P.O. Box 6287, Grand Rapids, MI 49516-6287
All rights reserved.

Uesd and translated by the permissions of Baker Books.
Korea Editions Copyright © 2017, Daejanggan Publisher. Daejeon, South Korea

교회 부흥전략

지은이	어브레이 멜퍼스(Aubrey Malphurs)
역자	성종국
초판발행	2017년 5월 20일
펴낸이	배용하
책임편집	윤석일
등록	제364-2008-000013호
펴낸곳	도서출판 대장간
	www.daejanggan.org
등록한곳	대전광역시 동구 우암로 75-21
편집부	전화 (042) 673-7424
영업부	전화 (042) 673-7424 전송 (042) 623-1424
도서분류	실천신학	교회성장
ISBN	978-89-7071-407-3 03230
CIP제어번호	2017004730

이 책은 저작권법에 의해 보호를 받는 출판물입니다.
기록된 형태의 허락 없이는 무단 전재와 복제를 금합니다.

값 28,000원

확대 개정판

교회 부흥전략
Advanced Strategic Planning

교회와 리더를 위한 21세기 모델

어브레이 멜퍼스
Aubrey Malphurs

성종국 옮김

차례

서론 / 9

제1부 항해를 준비하라!

1. 항해사 준비하기 / 33
   배를 띄우기 전 검토할 것

2. 승무원 준비 / 89
   과정을 위한 준비

3. 보트 준비하기 / 155
   전략 개발하기

제2부 항로를 정하라!

4. 성경적 사명 개발하기 / 175
   실천하기 위해 무엇을 해야 하는가?

5. 강력한 비전 개발하기 / 215
   어떤 비전을 품는 교회가 되어야 하는가?

6. 핵심 가치들 발견하기 / 249
   왜 우리가 해야 하며 무엇을 해야 하는가?

7. 목회 전략 소개하기 / 291
   어떻게 사명과 비전을 이루어 갈 것인가?

8. 교회 지역 공동체에 다가서기 / 305
   전략 활동 1

9. 성숙한 제자 만들기 / 341
      전략 활동 2
  10. 사역팀 세우기 / 365
      전략 활동 3
  11. 사역환경 평가하기 / 411
      전략 활동 4
  12. 재정 충당 및 관리 / 443
      전략 활동 5

제3부 배를 띄우라! 전략 기획의 실행

  13. 배를 띄우라 / 493
      전략 실행
  14. 항로를 정검하라 / 517
      어떻게 우리는 행할 것인가?

제4부 부 록

  부록 A_변화를 위한 준비 목록 / 545
  부록 B_지도자 관리 평가 / 553
  부록 C_헌신 서약 / 557
  부록 D_전략 개발 작업표 / 559
  부록 E_실행 장애물 검사 / 573
  부록 F_비전 선언문 / 575

부록 G_비전 유형 검사 / 583
부록 H_가치 선언문 / 587
부록 I_교회의 사역 핵심 가치 평가서 / 603
부록 J_공동체 요약 / 605
부록 K_성격 검사 / 607
부록 L_사역 설명서 / 615
부록 M_환영 : 환영하는 환경 창조하기 / 619
부록 N_평가 목록 / 623

역자 후기 / 633

서론

나는 저 멀리 덩그러니 앉아 있는 녀석을 발견했다. 짙푸른 강철의 촉수와 같은 긴 팔이 달린 것을 보니 근처 해변으로 기어 나왔던 거대한 문어가 떠올랐다. 하지만 이것은 문어가 아니라, 우리 가족이 사는 동네 근처를 지나 작은 이동유원지에 있던 놀이기구 중 하나였다. 나는 딸 제니퍼Jennifer와 둘이서만 거기에 갔는데, 제니퍼는 당시 감수성이 풍부한 나이인 네다섯 살 정도였다. 나는 모험을 감행해서 딸의 기억에 길이 남을 멋진 모습을 보여주기로 했다. 아빠는 새로운 시도를 두려워하지 않는 사람이라는 것을 보여줄 참이었다.

딸과 그 괴물에 올라타자 그 놀이기구는 곧 촉수를 미친 듯이 위아래로 흔들며 엄청난 속도로 움직였다. 나는 너무나 겁이 났다. 이렇게 계속 비비꼬다가는 우리가 탄 촉수가 떨어져 나갈 수도 있겠다는 걱정이 들기 시작했다. 그렇게 되면 우리는 목숨을 부지하기 힘들 것 같았다. 나는 딸 제니퍼를 품에 꽉 끌어안은 채로 조용히 기도하며 하나님께 서원했다. "하나님, 이 놀이기구에서 멀쩡히 내릴 수만 있게 해 주신다면, 평생 다시는 이런 것을 타지 않겠습니다." 하나님은 내 기도에 응답하셨다. 그 문어는 우리를 놔주었고, 나는 지금까지 그 약속을 지켰다.

북미를 비롯한 세계 많은 지역은 지역사에 있어 그 어느 때보다도 빠르고 무시무시한 변화를 겪고 있다. 나는 이것을 대변혁megachange이라고 부른다. 이것은 기업, 정부, 학교, 교회 등과 같은 모든 제도와 단체에 영향을 끼쳐왔으며, 국가와 기업, 개인 등 다양한 차원에서 발생하고 있다. 그 결과 우리 주위의 모든 곳에서 과거 비견할만한 대변혁이 일어나고 있다. 그냥 참고 기다리면 언젠가 다 지나갈 것이라는 잘못된 충고를 던지는 이들도 있다. 그러나 현실에서는 변화의 끝이 보이지 않는다. 문어에 올라타 보니 멈출 기미가 안 보였던 것과 마찬가지이다.

이러한 대변혁을 어떻게 설명할 수 있을까? 어떤 일이 일어나고 있는가? 드러커Peter Drucker 다음과 같이 잘 요약했다.

> 서구 역사 전반에 걸쳐 몇 백 년 마다 뚜렷한 변혁이 일어난다. 불과 몇 십 년 만에 한 사회의 세계관, 기본적 가치관, 사회 정치적 구조, 예술, 주요한 제도 등이 아예 재정리 된다. 50년만 지나면 완전히 새로운 세계가 펼쳐진다. 그 세계에서 태어난 사람들은 조부모 세대가 살았고, 부모 세대가 태어났던 세계를 상상조차 할 수 없게 된다.[1]

드러커가 말하는 핵심은 현재 우리는 기존 세계관모더니즘modernism과 그것이 가지고 있는 많은 올가미들이 사라지는 동시에 또 다른 세계관포스트모더니즘postmodernism이 힘겹게 등장하고 있는 절묘한 시점에 살고 있다는 것이다. 그 결과 우리의 문화, 과학, 사회, 그리고 제도는 막대한 변화를 겪고 있다. 이러한 변화는 세계가 경험했던 그 어떤 것보다도 훨씬 거대하다. 그리고 우리는 그 한 가운데를 지나고 있다. 우리는 절대적이고 혼란스러운 불연속성의 무시무시한 순간을 살아가면서 기존의 것들이 사라지고 새로운 것들이 그 빈자리를 재빨리 채우는 것을 목도하고 있다.

이 모든 변화 가운데 교회는 어디에 서 있는가? 잘 견뎌내고 있는가?

---

1) Ken Blanchard and Terry Waghorn, *Mission Possible* (New York: McGraw-Hill, 1997), 82.

문제

그렇지 않다. 내가 초기에 쓴 책 한 권에서 밝힌 바와 같이, 1988년 북미 교회의 80~85%는 정체되어 있거나 쇠락하고 있었다.2) 21세기에 들어서면서 교회개척의 바람이 거세게 불었음에도 불구하고, 그 수치는 크게 변하지 않았다. 교회에 출석하지 않는 미국인들의 숫자는 계속 높은 수준을 유지하고 있으며 70~80%에 이를 수도 있다. 페니 말러Pemmy Marler는 만일 인구의 57%가 비기독교인이라는 과거 30년 간의 겔럽 조사가 정확하다면, 교회에 사람들이 넘쳐나야 할 것이라고 말한 바 있다. 그러나 현실은 그렇지 않다.3)

교회에 대한 나의 연구와 상담 사역에 근거해 볼 때, 나는 일반 교회들이 대변혁의 의미를 완전히 이해하지 못하고 있음을 확신한다. 심지어 그 의미를 조금이나마 이해하는 교회들도 포스트모더니즘이라는 패러다임paradigm에 빠져 있는 사람들에게 어떠한 효과적인 사역으로 다가가야 할지 알지 못한다. 나는 목회를 준비하는 신학생들을 키워내는 신학교의 상당수도 교회와 한 배를 탄 신세라고 생각한다. 신학교들 역시 여전히 미래의 목회자들을 포스트모더니즘의 패러다임이 아닌 모던시대의 목회에 맞춰 준비시키고 있다. 대부분의 훈련은 주일 오전 한 시간을 위한 목회자를 준비시킬 뿐, 리더십의 은사와 능력, 그리고 사람들을 대하는 기술이 요구되는 주당 40시간 이상의 시간은 무시당하고 있다. 나의 연구와 현재 목사로서의 사역을 보면, 교회의 목회란 리더십의 집약적 활동임이 나타난다. 목회자는 회중에게 설교하는 것은 물론이고 그 회중을 잘 인도하고 좋은 관계를 맺을 수도 있어야 한다.4)

---

2) Aubrey Malphurs, *Planting Growing Churches in the 21st* (Grand Rapids: Baker, 1992), 13.
3) "Last Week? Your're Sure?" *Dallas Morning News*, 21 September 1997, p. 1G.
4) 성서를 가르치고 설교하는 중요성을 감소시키려는 의도는 없다. 성서는 하나님의 말씀과

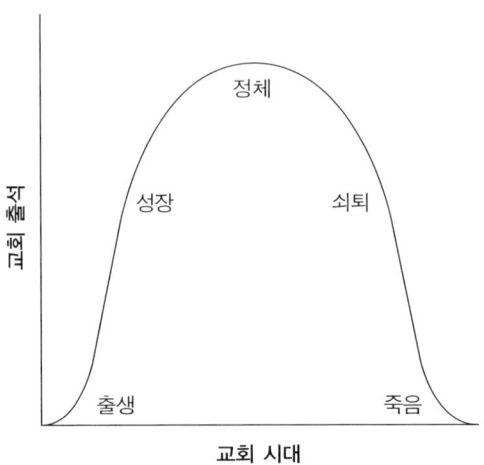

교회의 삶의 주기표

설명

위에서 이야기한 정보는 북미의 교회들이 정체가 아닌 쇠퇴의 길에 놓여 있다는 것을 지적하고 있다. 이것은 생명 주기상 난관에 봉착해 있으며 아래로 움직이는 것을 나타내 준다. 그러한 문제에 대해 해결책을 제시하기 전에 나는 그 문제에 대해 설명하고자 한다. 나는 그 문제 자체를 이해하는 것이 그 문제를 해결하기 위한 중요한 단계임을 믿는다.

전문가들은 왜 북미의 교회가 악전고투를 하고 있는지 많은 해석들을 제시했다. 많은 전문가들은 교회를 비난했다. 당신도 또한 위에서 제시한 정보들을 기초로 하여 좀 더 열심히 전도도 하지 않고 개발도 하지 않았던 교회를 비난할 수도 있다. 만일 교인들 가운데 65%의 성도가 그들의 영적 성장에 있어 정체나 쇠퇴에 접어들었으며 수많은 교회가 악전고투의 상황

사람들에게 전달하기 위한 것이다. 이것이 없다면 우리는 징벌을 받을 것이다.

에 놓여 있다고 할지라도 어느 누구도 놀라지 않을 것이다.

당신은 또한 교회의 지도자들을 양성하는 신학교나 대학을 비난할지 모른다. 전형적인 신학교 커리큘럼을 살펴볼 때, 우리는 그 커리큘럼이 북미의 문화가 처해 있는 상황과 전형적인 교회가 받은 충돌을 깨닫지 못하고 있는 것을 발견할 수 있을 것이다. 비록 수많은 신학교들과 기독교 대학들이 새로운 기술을 활용하기 시작했다고 하지만, 새로운 커리큘럼 역시 평소 때와 같이 귀찮은 것으로 전락되고 말 것이다.

그 문제에 대한 나의 생각은 복음주의적 신학교들이 가르치는 것이 아니라 그들이 가르치지 않는 다는 점이다. 많은 복음적 신학교들은 성경과 신학을 가르치고 있고 필수적인 과목들을 가르치고 있다. 그러나 복음주의적 신학교들은 강력한 리더십 훈련, 사람을 다루는 기술, 그리고 전략적으로 생각하기에 관한 기술을 가르치지 않고 오늘날 치열하고 복잡한 변화를 겪고 있어 어쩔 줄 몰라 하는 세계에 대한 준비가 빈약하다. 어느 누군가가 이야기했듯이 문제에 대해 정의를 잘 내렸다면 문제의 절반은 해결된 것이다.

S자 곡선

비난하기 쉽고, 모래 가운데 머리를 쳐 박고 있는 사람들을 일깨워주고 끌어당기기 위해 많은 것들이 필요하다. 그래서 좀 더 거시적이고 근본적인 설명이라 말할 수 있는 S자 곡선을 이용하여 다시 설명하려고 한다. 만일 우리가 S자 곡선에 대해 이해한다면, 북미 기독교가 처해 있는 일반적 상황과 특별한 상황이 무엇인지 더 많은 이해를 할 수 있을 것이다.

S자 곡선이란 단순히 S자 형태를 이야기한다. S자 형태의 곡선은 사람들의 개인적 삶과 관계에 대한 자연적 발달을 보여주고 있다. 이것은 또한 생물학적 체계, 교육, 가치관, 계몽과 교회를 포함한 조직의 자연적 발달을

보여준다.

S자 곡선은 본질적으로 삶의 주기의 패턴이며, 교회와 관련된 것이라는 사실을 이번 장 서두에서 밝힌바 있다. S자 곡선은 생물학적으로 어떻게 생명이 태어나고 성장하며, 정체를 지나 마침내 소멸 된다는 것을 묘사해 주고 있다. 이러한 패턴은 S자 형태의 곡선으로 표현된 것이다. 나는 이번 장을 시작하면서 이러한 패턴이 인간 존재에 대해 정말로 잘 표현했다고 언급했다. 이것은 또한 결혼과 같은 관계에 대해서도 잘 이야기해 주고 있다. 과거 그리스 로마 시대와 오늘날 러시아 제국에 의해서 증명된 것처럼 이 곡선은 문명에 있어서도 잘 적용할 수 있다. 예컨대 1, 2년 전 혹은 더 오래 전에 사람들이 만들어 낸 500개의 대기업 리스트에 올랐던 기업들이 오늘날 사라져 버렸고, 실제로 『포춘』Fortune이라는 잡지가 지정한 500개의 회사들이 사라져 버린 것을 보면 이 곡선은 이를 잘 증명해 주고 있다. 물리학적으로 볼 때, 이것은 열역학 제2법칙이다. 생물학적으로 볼 때, 이것은 멸종이다. 세계관이라는 용어로 볼 때, 이것은 신론에서 이원론으로의 이동이며, 자연주의로부터 모더니즘으로의 이동이다. 그리고 오늘날 모더니즘은 포스트모더니즘으로 이동하게 되었다. 위에서 증명했듯이 교회 역시 이러한 패턴을 피해갈 수는 없다. 간단히 말하면, 세계와 세계 속에 존재하는 모든 것은 S자 곡선의 어디쯤에 위치해 있다.

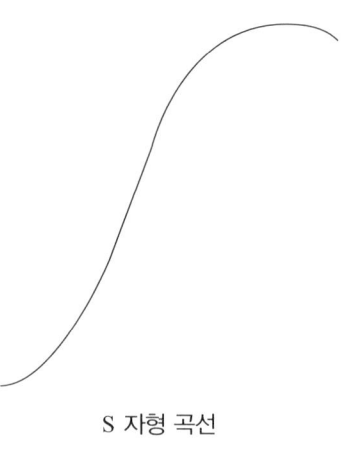

S 자형 곡선

이것을 교회에 적용해 볼 때, S자 곡선은 교회의 삶의 주기에 관한 패턴을 본질적으로 보여주고 있다. 사람처럼 교회는 삶의 주기를 가지고 있다.

일반적으로 교회는 창립이 되어 오랫동안 성장을 하게 된다. 하지만 결국 교회는 정체기에 들어가고 만다. 만일 정체기에서 이런 변화가 일어나지 않는다면, 쇠퇴기가 시작된 것이다. 만일 쇠퇴기를 막지 못한다면, 교회는 문을 닫게 될 것이다. 각각의 단계들은 교회를 위한 성장 도전을 보여주고 있다. 성장, 침체, 그리고 쇠퇴하는 모든 교회는 성장 도전에 직면해 있다. 비록 모든 교회가 똑같을 수는 없지만, 대부분의 교회들은 특별한 상황이 독특하게 나타나며 S자 곡선의 어디엔가 위치해 있다.

메시지

S자 곡선에 대한 교훈은 모든 좋은 것심지어는 나쁜 것조차도은 끝이 있다는 것이다. 세계는 끊임없이 발생하고 휘몰아치는 변화속에서 많은 관계와 수많은 조직들은 영속하지 못한다. 커졌다가 마침내 사라지는 패턴을 가지고 있다. 교회와 같은 새로운 기관과 조직들조차도 시간이 되면 정체가 오고 결국은 소멸되어 버린다. 시설이 문제가 아니라 조직의 "건조–부패"에 접어든 것이다. 사실 건물은 부서지기 쉽고 기능이 멈출 수 있으며, 소멸할 수도 있다.

이러한 개념은 창세기 3장에 기록된 인간 타락 이후에 명확해 졌다. 21세기를 살아가는 우리들에게 나쁜 소식은 오늘날 우리가 맞이하는 쇠퇴는 이전 역사에서 나타나는 쇠퇴보다 더 빠르다는 사실이다. 예를 들면, 20세기 초기의 3/4의 역사에 해당하는 75년 동안 쇠퇴는 상대적으로 그 속도가 느렸다. 어떤 것이 탄생하여 변화되고 마침내 소멸되는 시간은 오래 걸렸다. 그러나 1994년 핸디Chaeles Handy는 "시간의 단위 역시 침울할 정도로 줄어들었다. 즉 예전의 시간의 단위는 10년이었고 심지어 한 세대를 이야기하는데 10년의 단위를 사용했지만, 지금은 1년을 시간의 한 단위로 사용하고 있으며, 때때로 1달을 시간의 단위로 사용하기도 한다. 빠른 변화의 속도는 모든 S자 곡선을 움츠러들게 했다"라고 경고했다.5) 나는 줄어든 시간의 한 단위가 1년 혹은 1달이 아니라 때로는 하루를 사용한 경우도 있다는 사실을 알려주고 싶다.

왜 교회가 쇠퇴되었는지에 대한 특별한 요인들을 점검하는데 이것은 매우 유용한 도구가 된다. 어쨌든 우리가 알아야할 교훈은 분명히 이러한 일들이 일어난다는 것이다. 우리는 이러한 정보들을 통해 무엇을 해야 하고 무엇을 하지 말아야 할 것인가를 배울 수 있다. 이러한 정보나 연구에 주의를 기울이지 않는다면, 소멸이라는 끝을 피할 수 없게 될 것이다. 첫 번째 세기의 교회들은 영적으로 강했지만, 강력한 교회는 아니었다. 21세기, 즉 오늘날 교회 속에 그들의 사역은 분명 살아 있다. 물론 더 이상 원시 교회는 존재하지 않는다. 만일 당신이 중동을 여행한다고 할지라도 당신은 원시 교회를 찾아볼 수 없을 것이다.

해결책

S자 곡선에 대한 개념은 북미 교회에 다음과 같은 비판적 질문을 던진다. '교회는 쇠퇴와 죽음을 회피하거나 최소한 연기시킬 수 있는 어떤 것을 가지고 있는가?' 그에 대한 답은 '그렇다'이다. 여기에는 세 가지 단계가 있다. 첫째, 교회와 교단은 반드시 S자 곡선을 시작해야만 한다. 북미 교회들은 새로운 방향을 모색하는 것이 필요하다. 둘째, 그들은 새로운 S자 곡선을 시작하는데 도움을 주는 전략 기획 과정이 필요하다. 그들은 21세기에 어떻게 생각하고 행동할 것인지를 알 필요가 있다.

---

5) Charles Handy, *The Age of Paradox* (Boston: Harvard Business School Press, 1994), 51.

새로운 S자 곡선 시작하기

교회의 쇠퇴라는 문제에 대한 답은 새로운 S자 곡선을 시작하는 것이다. 이것은 교회 개척, 교회 성장, 그리고 교회의 활성화라는 상황 가운데서 발생하게 되어 있다. 당신은 당신의 사역 상황을 설명하는 것에 면밀한 주의를 기울이는데 현명해지기를 바란다.

교회개척

새로운 S자 곡선을 시작하는데 있어서 나타나는 첫 번째 상황은 교회개척이다. 교회가 새롭게 탄생했다는 것은 그리스도의 대사명에 대한 초대교회의 책임이었다. 사도행전 13장 1절-21장 26절에서 발견할 수 있는 교회의 3차에 걸친 선교여행은 교회 개척을 포함하고 있다.

수많은 단체와 교단들은 북미 전역에 교회 개척을 하기 위해 대사명을 모토로 비전을 삼았다. 그들은 현실에 적극 대처하고 그들이 처한 모든 상황을 고려했다. 하나님의 교회 연합 교단Assemblies of God과 미국 남침례회Southern Baptists는 20세기 말 교회 개척 프로그램을 담대히 시작했다. 수많은 군소 교단, 즉 선교의 교회Missionary Church, 루터교의 미조리 노회Lutheran Church - Missouri Synod, 복음주의 언약교회Evangelical Covenant Church, 나자렛 교회Church of Nazarene등은 하나님의 교회 연합회와 미국 남침례회의 교회개척 프로그램을 그대로 따라했다.

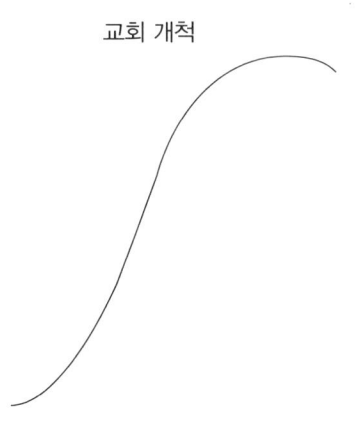

교회 개척

교회 개척은 새로운 시작 혹은 첫 번째 S자 곡선과 관련된다. 새로운 교회는 이전 역사를 가지고 있지 않다. 교회의 생명 주기를 막 시작한 것이다. 이것은 교회 역사에 있어서 질서가 잡히지 않는 시간인 반면, 이것은 또한 큰 흥분과 큰 기대의 시간이다. 핵심 그룹은 다음과 같은 질문을 던지게 된다. '하나님께서 무엇을 하기를 원하시는가?', '21세기의 서로 다른 세계 속에서 하나님께서 어떤 의도를 가지고 우리를 사용하시려는가?' 일반적으로 초기 단계에 있는 교회들은 매우 복음적이고 공동체와 그 공동체를 넘어 다양한 사람들에 대해 연구한다.

S자 곡선의 개념은 교회가 살아남기 위한 보편적 교회에 대해 가르쳐주며, 이것은 교회를 개척해야만 한다고 가르친다. 때가 되면 모든 교회는 쇠퇴와 멸망의 길을 맞이하게 되기 때문에 우리는 새로운 교회를 시작해야 한다. 그렇지 않으면 교회의 존재가 그쳐지게 될 것이다.

교회 성장

새로운 S자 곡선에 대한 두 번째 상황은 성장하는 교회이다. 지속적인 성장과 부흥의 핵심은 새로운 첫 번째 곡선에 해당하는 교회교회 개척를 시작하는 것 뿐 아니라 정체가 오기 전에 현재 교회에 새로운 두 번째 곡선을 시작하는 것이다.

긍정적 대응. 교회개척처럼 교회의 성장은 앞을 내다보는 행동이다. 교회가 여전히 생명력이 있고, 성장하고 있을 때, 두 번째 곡선을 시작해야 한다. 이번 단계에서 펼쳐지는 사역에는 시간, 자원사람들과 재정, 에너지, 영성, 그리고 새로운 곡선을 시작하도록 지도하는 것이 포함된다. 그러나 이에 대한 의식을 가지지 않고 있는 수많은 교회는 이를 어리석은 것으로 여겨버린다. 이러한 교회들은 부득이하게 같은 실수를 되풀이하고 그 결과로 예전에 누렸던 시장 점유율을 점유하지 못한 IBM과 같은 기업으로부터 교훈을 얻지 못했다 [6]

---

[6] 우리는 역사와 다른 사람의 경험으로부터 배우지 못했던 것을 역사와 또 다른 경험으로부터 배운다.

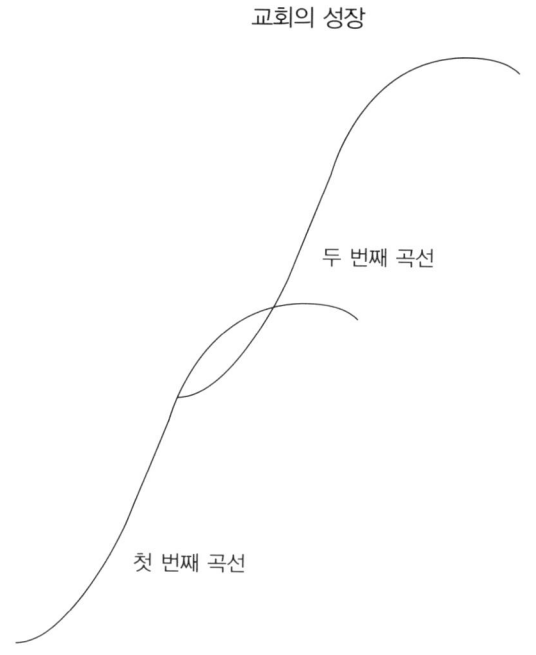

　현재 상황이 그렇게 성공적인데, 왜 우리는 새로운 길을 시작해야하는가? 미국 속담에 "고장 나지 않는 것은 고치지 말라!"라는 말이 있다. 이것은 비록 알아내기 어려운 새로운 길일지라도 이에 대한 필요성과 증거를 제시함으로서 신앙의 강력한 도약을 불러일으키게 된다. 이것은 역설적이다. 왜냐하면, 지도자들은 현재의 목회가 잘되고 있다는 증거를 깨달았음에도 불구하고 새로운 길을 강력하게 추진하기 때문이다. 이것은 안전장치 없이 공중곡예를 하는 것과 같다. 새로운 길을 이끌어 가기 위해 강력한 믿음과 비전을 가진 지도자들을 필요로 한다.

　수동적 반응. 대부분의 지도자들은 교회가 정체나 쇠퇴할 때까지 새로운 길을 모색하지 않는다. 이것은 위기를 초래하며, 역행적인 모습이라고 말할 수 있다. 하지만 성도들은 몇 가지 이유로 위기의 상황에서는 앞장

서지도 호응하지도 않는다. 먼저 그들의 지도자를 신뢰하지 않기 때문이다. 또한 교회 지도자들이 쇠퇴의 상황으로 몰아간 바로 그 사람이라 여기기 때문에 성도들은 지도자들이나 신뢰의 가치에 대해 회의를 느끼게 된다.

또한 성도들은 재정의 빈약 때문에 빈약한 호응을 보이기도 한다. 쇠퇴에 처해 있는 목회는 마치 침몰해 가는 배와 같을 것이다. 성도들은 재빨리 그들을 유기遺棄하고 더 이상 헌금도 하지 않는다. 또한 성도들은 빈약한 단결력을 가지고 있다. 감정적으로 침체에 빠져 있는 성도들은 새로운 부흥의 길을 시작하기에 필요한 에너지가 고갈되어 있다.

우리가 어디에 있는지 알기. 이런 점에서 성장하는 교회는 이러한 질문에 유의하는 것이 중요하다. 즉 "우리의 교회가 첫 번째 곡선 상에 어디에 위치에 있으며, 언제 두 번째 곡선을 시작해야 할 것인가를 어떻게 알 수 있는가?"에 대한 질문이다. 이 두 가지 모두의 질문에 대한 답은 정말로 당신은 알 수 없다는 것이다. 그러나 다음에 나오는 힌트들은 이에 대해 유용한 정보를 제공해 줄 것이다. 첫째, 당신은 정체에 근접해 있다는 가정을 항상 염두 하는 것이 안전하다. 만일 당신이 정체에 근접해 있다고 확신하고 있지 않다면, 당신은 먼 곳 어딘가에 정체가 잠복해 있다고 막연하게 알 수 있을 것이다. 핸디Handy는 솔직하게 교회와 같은 조직은 매2년 혹은 3년에 한 번씩 새로운 방향을 설정해야 한다고 이야기한다.7) 이것은 오늘날 더 많은 변화가 일어나고 있을 뿐만 아니라 변화의 시간이 더욱 짧아졌기 때문이다.

당신의 교회를 평가하기 위해 외부 사람들에게또 다른 목회자나 컨설턴트 당신의 교회가 어디쯤에 있는지에 대해 질문해 보는 것도 매우 유용하다. 왜냐하면, 이것은 우리의 교회가 어디쯤에 위치해 있는가에 대한 통찰력을

---

7) Handy, *Age of Paradox*, 57.

더욱 심도 있게 관찰할 수 있도록 해 주기 때문이다. 교회의 젊은이들과 젊은 지도자들은 오래된 교인들보다 교회가 어디쯤에 위치해 있는가를 더욱 잘 파악할 수 있다. 오래된 교인들과 지도자들은 현실상황을 기만하는 또 다른 가정假定들, 관점들 또는 패러다임을 주장하게 될 가능성을 가지고 있다. 이것이 나와 다른 학자들이 교회를 파산시키지 않기 위해 하는 오래된 지도자들과 은퇴 목회자들에게 충고하는 이유이다. 오래된 지도자들은 새로운 곡선을 시도하는 것과 보통 교회를 떠나는 사람 모두를 포용할 수 없다는 것은 피할 수 없는 사실이다. 이런 사실이 가혹한 것처럼 보이지만, 전체 교회가 소수의 이전 지도자들보다 더 중요하기 때문이다. 이러한 오래된 지도자들은 소그룹 내에서 평신도 지도자나 목회자로서 비록 전보다 작은 영향력을 행사한다고 할지라도 봉사할 수 있는 교회로 옮길 수 있다.

몇 가지 두 번째 곡선에 나타나는 문제들. 성장하는 교회에 출석하는 성도들이 두 번째 곡선을 시작해야 한다는 필요성에 대한 인식을 하기가 어려울 뿐만 아니라 새로운 방향을 성취한다는 것은 어려운 일이다. 두 번째 곡선을 시작할 때 얼마 정도는 다양한 흐름이 다른 방향으로 이끌어 갈 수도 있다. 그리고 신구의 새로운 곡선에 많은 혼란이 공존하게 될 것이다. 이러한 논쟁은 지도자들 사이에서 표면화될 것이며 첫 번째 곡선을 지지하는 지도자들과 그들을 따랐던 성도들과 두 번째 곡선을 지지하는 성도들 사이에 논쟁이 표면화될 것이다. 더욱이 두 번째 곡선을 시작함으로서 이전에 추진해 왔던 첫 번째 곡선은 소멸될 것이다. 그 결과 변화를 원하는 지도자들을 더욱 비난하게 될 지도 모른다. 이것은 열정을 잃게 할 것이며 새로운 곡선을 시도하지 못하게 만들며, 오래된 곡선으로서의 회귀를 갈망하게 만든다. 변화를 추구하는 지도자들을 위한 대답은 전략 기획 과정이 큰 고통을 초래할 수 있다는 점이다. 그러므로 너무 빨리 결정을 내리지 말라. 그것이 전부가 아니다. 즉 서두르지 말아야 한다.

두 번째 곡선에 나타나는 어떤 사건. 그렇다면 어떻게 성장하는 교회가 새로운 S자 곡선을 시작할 것인가? 두 번째 곡선에서는 어떤 사건들이 나타날 것인가? 하나는 재배치이다. 레이크포인트 침례교회Lakepoint Baptist Church는 남침례회 소속으로 텍사스주의 로우렛Rowlett에 위치한 교회이다. 평균 매주 2,000~3,000명이 출석하는 성장하는 교회였다. 그 교회는 당시 교회로부터 4~5마일 떨어진 곳으로서 4개의 고속도로 노선이 교차하는 곳에 건물을 건축하고 이주한 후 3,000명이 넘는 교회로 비약발전 했다.

두 번째 곡선을 시작하기 위한 또 다른 방법은 이 책의 3장~11장에 제시된 모든 개념, 즉 당신 교회의 핵심가치 발견하기, 사명, 비전, 그리고 전략 발전시키기 등을 조금씩, 또는 점진적으로 더 많이 이행하면 된다. 이미 이러한 개념들을 발견하고 훈련시켜 왔던 사람들은 그것들을 다시 연구하고 갱신하고 다시 심사숙고함으로서 두 번째 곡선을 시작하면 된다.

또 다른 사건들은 더욱 현대적인 예배를 추가하는 것이며, 전통적인 교회 예배를 현대적인 예배로의 변화를 추구하며, 구도자들을 전도하여 승리할 수 있도록 예배를 추가하며, 전통적인 교회 교육 프로그램을 새롭게 재편성하고, 활발한 소규모 그룹 모임을 시작하며, 성도들을 향한 신성한 기획을 발견하도록 하는 과정을 통해 모든 사람들이 헌신하도록 도전을 주며, 그로 인해 교회 사역의 여러 곳에서 그들의 삶을 헌신하도록 하는 것이다.[8]

경고. 모든 교회는 독특하다. 그러므로 한 교회를 사역하는 것은 또 다른 교회를 사역하는 것과는 다르다. 건강한 교회라 말할 수 있던 레이크포인트 침례교회는 교회 이전과 재배치 사역을 성공적으로 마쳤다. 이것은 당신이 비참해지지 않도록 예방해 줄 수 있다. 같은 방법, 즉 전통적인 형식을 훈련시켰던 것으로부터 더욱 현대적인 형식의 훈련으로, 그리고 현대

---

[8] Albrey Malphurs, *Maximizing your Effectiveness* (Grand Rapids: Baker, 1995).

적 예배를 추가하며, 예배 훈련을 시키는 등 레이크포인트 교회와 같은 방법으로 실행한다면 확신을 갖게 될 것이다.

어떤 사건들은 다른 사건들보다 더 깊은 변화를 가져온다. 교회 이전과 재배치, 훈련을 통해 교회의 가장자리로부터 변화가 시작될 수 있다. 이것은 그 교회만이 가지고 있는 특별한 문화, 필요, 그리고 문제들에 달려 있다. 일반적으로 새로운 S자 곡선을 시작하는 것과 같은 사건들은 단순히 조직의 가장자리가 아닌 중심에서 기본적인 변화의 결과를 가져오게 될 것이다. 종종 그들은 패러다임의 변화를 포함한다. 교회가 하나의 스타일로부터 다른 스타일로의 재배치와 변혁을 이루어가는 동안 핵심 가치, 사명, 그리고 비전을 발견하며 잘못된 전략을 바로 잡아 개발한다. 교회 전체가 이것을 추구하기 위해 의견의 합의를 끌어내고, 결론을 내릴 때, 새로운 S자 곡선을 시작하는데 대부분 동참하는 결론에 다다르게 될 것이다.

교회 활성화

새로운 S자 곡선을 시작하는데 있어서 나타나는 세 번째 상황은 정체 또는 죽어가는 교회의 활성화이다. 희망하기는 새로운 곡선을 시작하려는 교회를 위해 이 책이 너무 늦지 않기를 바랄 뿐이다. 침체해 있는 교회는 그 기간 동안 새로운 방향을 설정하고 새로운 곡선을 시작할 수 있다. 그러나 새로운 문제가 발생하게 될 것이다. 새로운 사람들이 퇴장하는 사람들의 사역을 보충하기 위해 사역에 동참하게 될 때, 지도자들은 성장하는 교회와 같은 도전에 대해 그들 스스로 몇 가지를 고려하게 될 것이다.

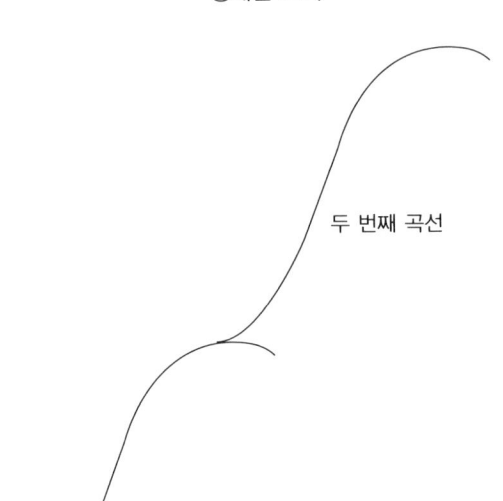

정체된 교회

두 번째 곡선

첫 번째 곡선

만일 변화를 위해 소멸 될 때까지 기다린다면, 교회는 미리 대책을 강구하는 것이 아니라 반항적인 형태를 가진 자기 자신을 발견하게 될 것이다. 이것은 새로운 S자 곡선을 시작하기에 너무 늦어 버릴 것이다. 교회는 정처 없이 떠다니는 배를 유지하기 위해 자원을 더 많이 사용하게 될 것이다. 몇몇 사람들은 나쁘게 들리는 배에 돈을 사용할 것이고, 많은 사람들은 구명보트로 발길을 돌릴 것이다. 그 배에 머무르기로 작정한 사람들은 낙심과 끊임없이 씨름하고 있는 자기 자신을 발견하게 될 것이다. 성장하는 교회에서 교회개척과 새로운 곡선을 시작한다는 것이 어려운 일인 것처럼 침체된 교회의 활성화는 어렵고 성공이 그리 쉬워 보이지는 않는다.9) 그러나 만일 결국 살아남기를 바란다면, 가능한 빨리 새로운 S자 곡선을 시작해야

---

9) 나는 이러한 상황에 처해있는 자기 자신을 발견한 사람들에게 도움을 주고자 『오래된 가죽부대에 순수하고 새로운 포도주 담기』*Pouring New Wine into Old Wineskins*(Grand Rapids: Baker, 1993)를 썼다.

만 한다.

전략 기획

교회의 쇠퇴라는 문제에 대한 답은 새로운 S자 곡선을 시작하는 것이다. 여기에는 전략 기획 과정을 통해 그들의 교회를 이끌어나가는데 영향력을 행사할 수 있는 지도자들 혹은 항해사와 일치되는 과정이 필요하다. 새롭게 시작하는 S자 곡선의 중심에 전략 기획이 자리 잡아야 한다는 것은 중요한 문제이다. 다음에 이 책에서 발전시킨 전략 기획 과정에 대한 개관 혹은 종합한 것을 제공할 것이다. 이것은 당신이 교회가 위치해 있는 곳과 교회 전체의 발전을 성취하기 위해 어떻게 그 해당 부분에서 사역할 것인가를 이해하는데 도움을 줄 것이다. 당신이 이 책을 읽어 가면서 목차를 참조함으로 도움을 얻게 될 것이다.

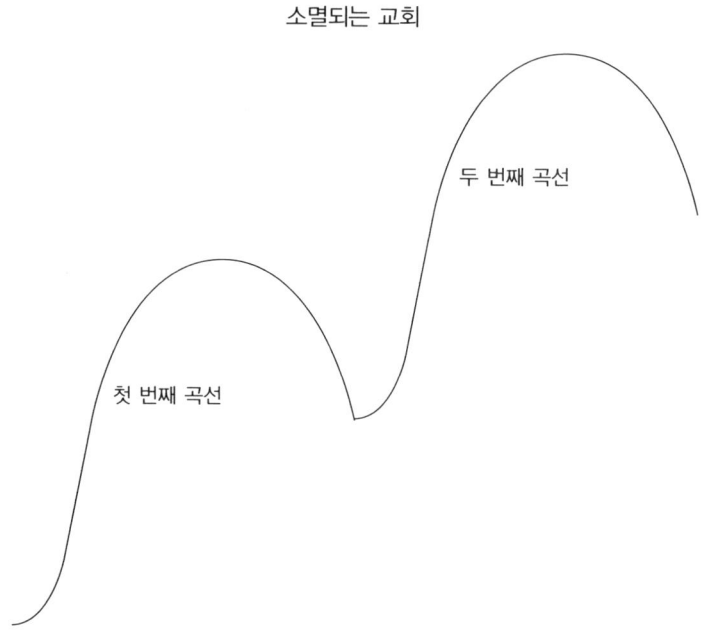

전략 기획 과정 혹은 항해 나침반은 서로 다른 세 개의 부분으로 구성되어 있으며, 각각의 파트들은 교회의 미래를 그려볼 수 있도록 하는데 필요한 몇 가지 요소를 포함하고 있다.

그 과정은 제1부에서 미래를 그릴 수 있도록 사역자의 준비를 시작으로 문을 연다. 여기에는 이루고자 하는 사역을 준비하는 두 가지 요소가 포함되어 있다. 첫 번째 보여주고자 하는 것은 전략 기획에 대한 근본적 근거이다.1장 이것은 지도자들에게 전략 기획에 대한 정의와 그들이 중요하다고 믿고 있는 것, 이것을 위해 필요한 것, 그리고 목적과 같은 중요한 문제를 설명함으로써 도전을 줄 것이다. 가장 중요한 것은 교회의 지도자가 항해사라면 '변화를 통해 이끌어갈 수 있는가'라는 질문에 답을 해야만 한다. 더욱이 1장에는 전략 기획을 결정하고 발전시키기 위한 중요한 근거들을 제시함으로서 항해사들에게 도움을 주기 위한 12가지 체크 리스트가 자리 잡고 있다. 두 번째 요소는 승무원들의 사역 준비를 소개하고 있다.2장 이것은 과정을 위한 팀들을 준비하는 항해사에게 도움을 줄 것이다. 세 번째는 보트 혹은 팀 사역을 통해 전략을 개발하는데 그 초점을 맞추고 있다.3장

제2부는 그 팀이 그들의 미래를 도표로 그리기 시작할 때 과정의 모습을 제공한다. 그들 자신이 누구인가, 어디로 가고 있는가, 그리고 어떻게 그곳에 도달할 것인가에 관해 발견하게 될 것이다. 이 부분은 핵심 가치 발견하기, 사명 개발하기, 비전 개발하기, 그리고 사명과 비전을 성취하기 위한 다섯 가지 전략 개발하기를 포함한 사역의 미래를 그려보는 과정을 통해 지도자와 팀을 인도하는 네 가지 요소로 이루어졌다.4-12장

제3부는 항해 팀이 여행을 할 때 나타나는 실천의 면을 제공한다. 여기에는 전략 기획의 모습에 대한 결과를 성취시킬 수 있는 두 가지 요소로 이루어져 있다.13-14장 첫째, '배를 띄우기'로서 개발된 전략을 이행하는 것을 말한다. 둘째, '평가'로서 과정의 결과를 평가함으로써 전략기획이 한층 가

속력이 붙도록 해 줄 것이다.

전략적 리더십

전략 기획에 있어 중요한 것은 전략적인 리더십이다. 당신은 아마도 교회 역사 가운데 가장 좋은 전략 기획을 개발할 것이다. 리더십에 대한 중요한 잡지 기사를 봤을 수 있고 수천 가지 종류의 책으로 인쇄되어 나온 것을 볼 수도 있다. 그러나 이것은 유능하고 선천적인 리더십이 없이는 전략 기획을 이룰 수 없다. 어느 정도까지 이것을 부정할 수 있다. 나는 이 책이 당신에게 "모든 기본적인 것에 영향을 주는" 기획을 개발하며 당신의 교회에 의미 있는 차이점을 만드는데 도움을 줄 수 있도록 하는데 그 의도를 가지고 있다. 하지만 좋은 리더십 없이는 특별히 담임목사의 수준에서의 좋은 리더십이 없이는 열매를 맺을 수 없다.

교회가 S자 곡선, 즉 개척, 성장, 활성화 가운데 어디에 위치해 있던지 두 가지의 조각들이 밀접한 관계를 이루며 항상 나타난다. 첫 번째 조각은 성장과 활성화를 위해 준비된 성도이며, 다른 조각은 변화를 통해 사역을 이끌어 갈 능숙한 목회자이다. 누가 여기에 적합한 목회자이며, 어떤 종류의 지도력을 가진 목회자인가를 물어야 한다. 도한 성도들과 함께 교회를 성장과 활성화로 이끌어갈 목회자가 가진 특징은 무엇인지 알아야 한다. 전체 과정을 이끌어 가기 위해 이런 질문들을 비평적으로 던져야 하며, 리더십에 있어 매우 중요한 문제이기 때문에 나는 1장에서 이 문제를 다루면서 이 책을 시작할 것이다.

과정에 관한 몇 가지 마지막 조언들

첫째, 이 과정을 실천하면서 내가 경험했던 문제는 일이 반드시 깔끔하고 질서 있게 전개되지 않는다는 점이다. 몇몇 경우, 전략적 리더십 팀이나 지도자는 비전을 가지고 과정의 초기부터 혹은 몇 가지 전략을 가지고 접근한다. 그리고 사역의 배를 침몰 시킬 필요가 없다. 나는 핵심 가치들을 가지고 시작했다. 왜냐하면, 그들은 사명과 비전을 위한 기초를 정립하고 지시하기 때문이다. 나는 사명과 비전을 개발한 후에 전략을 세웠다. 왜냐하면, 전략은 가치들을 성취시키지만 기획은 전략적으로 이러한 패턴을 따르지 않았기 때문이다.

둘째, 나는 이 과정을 전체 교회를 위해 개발했다. 그러나 나는 교회의 다양한 사역들을 진행시키는데 이 과정을 통해 도전을 주고 싶다. 예를 들면, 나는 교회를 위한 핵심 가치들을 개발하고 발전시키기를 요구한다. 당신 교회는 성인, 청소년, 그리고 어린이 사역, 뿐만 아니라 삶의 단계에 따른 사역을 위한 가치들을 개발하고 발전시킬 필요가 있다. 만일 교회의 가치 가운데 하나가 하나님께서 관심을 갖고 있는 잃어버린 사람들이라면, 하나님께서 관심을 갖고 있는 잃어버린 성인들을 이야기하는 성인 수준의 반영을 해야만 한다. 청소년 수준이라면 하나님께서 관심을 갖고 있는 잃어버린 청소년을 계속해서 읽어야 한다. 사명과 비전 선언문도 같은 방법이 적용된다.

	가치들	사명	비전	전략
교회	하나님께서 관심을 갖는 잃어버린 사람들			
성인	하나님께서 관심을 갖는 잃어버린 성인들			
청소년	하나님께서 관심을 갖는 잃어버린 청소년			
어린이	하나님께서 관심을 갖는 잃어버린 어린이			

셋째, 특별히 당신이 난처하다고 느낄 때, 당신을 위해 일반 사역 개선

가이드General Ministry Troubleshooting Guide를 사용하라. 이 가이드의 목적은 일반적인 사역에 나타나는 몇 가지 문제에 대해 언급하여 도움을 주며 이 책의 몇 장은 이러한 문제들을 다루고 있다.

넷째, 나는 반드시 이 전략 기획을 적용하기 전에 지도자들에게 이 책을 통해 자기 분석과 잠재적인 고통의 경험이 있을 수 있다는 점에 대해 경고를 해야 한다. 나는 예전에 이 과정을 통해 교회 사역을 해 보았기 때문에 이를 알고 있다. 전략 기획에 대해 호감을 가지고 있는 많은 사람들은 사역의 어디엔가 난처한 문제가 있다는 것을 발견하게 될 것이다. 또한 몇몇 사람들은 성서에서 하나님의 지시하심을 가지고 그들의 교회를 조절하기 위해 변화의 필요성을 이행하는데 갈등이 일어날 것이다. 주로 이러한 갈등은 그들의 감정지도자들과 인도하는 성도들의 문제가 포함되어 있으며, 대부분의 감정적인 문제들은 어떤 좋은 과정들을 탈선시키기도 하며 실망한 지도자들은 떠나기도 한다. 그럼에도 불구하고 과정을 추진하는 지도자들은 오랫동안 맛보지 못했던 사역에서 신선한 맛을 찾게 될 것이다. 전략 기획 과정은 사역의 갈등을 겪어 희망을 잃은 많은 사람들에게 희망을 호흡하는 하나의 방법이다.

마지막으로 나는 각각의 장의 마지막 부분에 반성, 토의, 그리고 적용 문제를 포함시켰다. 그것들은 각각의 장에서 얻은 자료들을 통해 생각하는데 도움을 줄 것이며 전략적 생각과 행동 과정의 적용에 도움을 줄 것이다. 이 책을 최대한 활용하기 위해 나는 먼저 이 책을 빠르게 훑어보고 취지와 일반적 메시지를 파악하기를 권한다. 그리고 나서 사역 지도자 팀과 함께 질문에 답을 하고 각각의 장에서 제시하는 것을 행하고 전략 기획 과정에 따라 당신의 사역을 진행해 가면서 다시 주의 깊게 정독하기를 바란다.

일반 사역 개선 가이드	
문제점	해결책
영적 문제(불평, 부정, 악의)	영적 기초 다지기 – 3장
사역의 균형/정체성 문제(잘못된 방향)	핵심 가치들 발견하기 – 4장
방향성 문제(방향성의 불명확 혹은 결핍)	사명 개발하기 – 5장
방향성 문제(방향에 대한 낮은 열정)	비전 창조하기 – 6장
공동체의 문제(공동체에 대한 부적절한 문화)	사역 공동체 발견하기 – 8장
제자 만들기의 문제(제자가 몇 있는 경우)	성숙한 제자 만들기 – 9장
위원회 문제(비중 있는 문제와 명백한 정책의 필요성)	꿈의 사역팀 세우기 – 10장
스텝의 문제(일반 목사들과 스텝의 문제)	꿈의 사역팀 세우기 – 10장
회중의 문제(사역을 위해 동기화된 소수의 사람들)	꿈의 사역팀 세우기 – 10장
리더십의 문제(개발된 지도자들의 결핍)	꿈의 사역팀 세우기 – 10장
지역 문제(사역 지역에 대한 문제)	최고의 사역환경 결정하기 – 11장
시설 문제(부적당한 시설과 토지)	최고의 사역환경 결정하기 – 11장
재정 문제(예산을 겨우 충당하거나 충당하지 못함)	필요한 재정 충당하기 – 12장
이행 문제(전략 적용의 실패)	전략 기획 이행하기 – 13장
평가 문제(변화에 대한 반발과 개선의 필요)	사역 평가하기 – 14장

제1부
항해를 준비하라!

전략 기획 준비

1
항해사 준비하기
PREPARING THE NAVIGATOR

배를 띄우기 전 검토할 것

비행기를 타는 것에 대한 우리의 두려움을 경감시키기 위해 수많은 항공사들은 항공기로 여행하는 것이 공항까지 차로 운전하는 것보다 더 안전하다는 사실을 예로 들어 우리를 설득하려고 한다. 목회 상담가로서, 그리고 훈련가로서 나는 이 사실을 인정한다. 왜냐하면, 북미를 포함함 많은 국가로 비행기를 타고 이동하는 시간이 많기 때문이다. 기장들과 기술자들이 비행 전 체크리스트를 통해 주의 깊게 살펴본다는 것이 항공기가 안전하다는 이유 가운데 하나이다. 나는 기장이 항공기 주위를 걸어서 점검하는 것과, 엔진과 날개를 시험한 것을 본적이 있다. 또한 기장이 항공기의 타이어를 발로 차는 모습도 볼 수 있었다. 비행기의 문이 열려 있을 때, 당신은 승무원들이 재빨리 스위치를 돌려 문을 잠그고, 스위치들을 점검하고, 수많은 디지털과 모듈 기구들을 시험하고 항공 차트와 비행 스케줄을 살펴보는 것을 볼 수 있다. 나는 또한 기술자들이 비행 중 전기 설비들이 잘 돌아가도록 테스트 프로그램을 시행하는 것을 본 적이 있다. 만일 그렇게 하지 않는다면 막대한 피해를 당하게 될 것이다.

마찬가지로 좋은 항해사라면 자신의 배를 띄우기 전에 주의 깊게 준비할 것이다. 그들은 항해를 위해 채비하고 준비해야만 한다. 그들은 잘 정리되고 안전성을 갖추기 위해 자신의 배를 살펴볼 수 있는 사전 점검표를 이용한다. 예를 들면, 그들은 좋은 작업을 위해 갑판위에 있는 모든 장비 하나하나를 체크한다. 특별히 안전 장비는 더욱 그렇다. 그들은 결코 앞으로 일어날 일과 가끔 마주치는 폭풍과 생명과 관련된 다른 문제들에 대해 알지 못한다. 왜냐하면, 항해하기 전이기 때문이다.

항공기의 기장들과 정비사들, 그리고 항해사들과 같은 지도자들은 기획 과정을 실시하기 전에 반드시 미리 점검해야만 한다. 이 준비과정은 성공과 실패 사이의 차이를 만들어 낼 수 있는 셀 수 없는 재정과 시간을 아낄 수 있다. 그리고 사전 점검은 더욱 부드럽고 빠르게 과정을 진행시킬 수 있도록 해 준다. 이 책의 제1부는 지도자들에게 미래에 사역의 배를 진수하는 전략 기획을 준비하는데 도움을 주도록 의도 되었다.

이번 장은 배를 띄우기 전에 점검할 수 있는 지도자-항해사의 11가지 아이템을 제공할 것이다. 문제는 몇몇 지도자들은 체크리스트를 통해 시간을 내야한다는 갈등을 겪는다는 것이다. 그들은 세세한 문제까지 손을 대는 것을 좋아하지 않는다. 그들은 그 일에 대해 이야기하는 것을 좋아한다. 그래서 그들은 시작하면 의욕을 가질 거라고 믿는 것들은 생략해 버린다. 하지만 나는 모든 지도자인 항해사들이 성공과 실패 사이의 차이를 만들 수 있는 수많은 중요한 문제들을 가지고 해야 할 것의과 왜 해야 하는 지목적 안다는 것이 중요하다고 주장한다. 예를 들면, 만일 지도자가 팀이 전략 기획을 해야 하는 이유를 말하지 않았다면, 전략 기획의 필요성을 이해하는데 실패하게 될 것이다. 뿐만 아니라 불행하게도 전적으로 노력을 기울이는데 실패하게 될

전략 기획
제1부 전략 기획 준비 제2부 전략 기획 과정 제3부 전략 기획 실행

것이다. 그래서 여행을 시작하는 초기에 지도자들이 그들 스스로 질서를 유지시킨다는 것은 생략할 수 없는 중요한 사항이다. 만일 필요하다면 그들 팀에 대한 비평적인 문제를 가지고 시작해도 된다. 그렇게 되면 모든 팀원들은 함께 배를 띄우는데 준비할 것이다.

1. 누가 항해를 인도해 나갈 것인가 결정하기

첫째, 선원들은 누가 항해를 인도할 것인가를 정할 필요가 있다. 물론 선원들은 어떤 점에 있어 다른 사람보다 무엇인가를 훨씬 잘할 수 있다고 할지라도 배를 띄우기에 앞서 누가 인도할 것인가를 결정해야만 한다. 이것은 매우 중요한 문제이다. 만일 담임목사나 선임 목사가 인도할 능력이 없는 목회자라면, 그 교회는 잘못된 리더십으로 인해 수적 성장은 멈추게 되고 침체 혹은 쇠퇴를 초래하고 말 것이다. 더욱이 앞으로 전진할 수 없게 된다.

이 책에 제시한 전략 기획은 호전 혹은 활성화를 가져오게 될 것이다. 전략 기획이라는 용어는 교회 활성화에 대한 개념을 포함하고 있다

이 책의 서론 끝부분에 나는 전략적 리더십에 대해 언급하면서 교회의 활성화를 가져오는 전략 기획을 성공시키는데 두 가지 요소가 필요하다는 것을 이야기했다. 하나는 교회가 활성화를 위해 준비되어야 한다는 것이고 다른 하나는 과정을 통해 교회를 책임질 수 있는 능숙한 지도자, 은사를 가진 지도자이다. 여기 1장에서 나는 전략 기획을 통해 교회를 이끌어 갈 수 있는 능숙한 지도자가 어떤 지도자인지에 초점을 맞출 것이다. 하나님은 그런 사람들이 목회자가 되기를 원하신다. 또한 교회를 위해 어떤 목회자를 찾아야 할 것인가에 대한 정보를 찾는 것은 매우 중요한 문제이다. 이

책의 나머지 부분은 교회의 활성화를 가져오는 전략 기획 과정에 초점을 맞출 것이다.

호전시키는 목회자의 특징

첫째, 활성화 과정을 통해 교회를 능숙하게 인도할 수 있는 목회자가 누구인지 어떻게 알 수 있는가? 어떻게 그가 호전시킬 수 있는 목회자인지 알 수 있는가? 펜폴드Gorden Penfold 목사는 호전시키는 목회자에 대해 연구한 결과 다음과 같은 결론에 도달했다.[10] 첫째, 쇠퇴 혹은 침체에 도달한 대부분의 교회에서 호전시키는 목회자들을 통해 교회의 크기에 상관없이 5년 동안 최소한 예배 출석을 평균 2.5퍼센트 향상시켰다. 둘째, 위원회를 개발하고 목회자들은 DISC 성격 유형 검사에서 D혹은 I의 점수가 4점 혹은 그 이상이었다. 그들은 명백하게 열정적 비전을 제시하는 사람들이었다. 그들은 비전을 가지고 있을 뿐 아니라 명확하고 열정이 넘치는 비전을 교회에 제시했다. 그들 교회의 성도들은 비전을 명확하게 보고 이해하며 느끼고 있었다. 그의 중요한 사역은 교회의 사역자들을 가르치고 멘토의 역할을 해 주는 것이었다. 호전시키는 목회자들은 그들의 리더십의 공백을 메울 수 있도록 도움을 주었고, 그의 사역을 이끌어 갈 사람들을 찾아내는 지혜를 가진 사람들이었다. 그들은 독특한 리더십의 유형을 소유하고 있었다. 호전시키는 목회자들은 다른 목회자에 비해 외향적이며 혁신적이며, 활기차고 자발적인 행동가들이었다. 그들은 새로운 지도자들을 훈련시키고 그들에게 위임할 줄 아는 팀플레이어였다. 더욱이 그들은 사람들과 좋은 관계를 맺을 줄 아는 지도자군림하는 것이 아닌였다. 마지막으로 그들은 갈

---

10) Gorden E. Penfold, "Turnaround Pastors: Characteristics of Those Who Lead Churches from Life-Support to New Life" (a paper presented to the Great Commission Research Network, November 10-11, 2011). 신은 이 책에서 매우 도움을 받을 만한 것들을 찾을 수 있을 것이다. 사회학적 접근방법을 취하는 연구가들은 샘플 그룹이 작고 논문의 작은 통계적 분석이 부족하다고 느낄 수 있다.

등을 해결하기 위해 평균 이상의 기술들을 가지고 보다 나은 소통을 할 수 있는 사람들이었다.

당신은 호전시키는 목회자인가?

그렇다면 여기에서 우리는 '당신 혹은 당신 교회의 목사가 호전적이 목사인가?'라는 질문을 던져야 한다. 당신이나 당신 교회의 목회자는 위에서 언급한 특성을 가지고 있는가? 이번 장 마지막 부분에 있는 호전시키는 목회자에 대한 평가는 이 질문에 답을 주는데 도움을 줄 것이다.

만일 당신이 호전시킬 수 없는 목회자라고 판명 되었을 때 어떻게 할 것인가? 이것은 무엇을 의미하는가? 당신이 이런 담임목사이거나 당신 교회의 담임목사가 여기에 해당한다면 대부분의 교회는 침체 혹은 쇠퇴를 맞이하게 될 것이다. 당신이 이러한 상황 가운데 놓여 있는가? 그렇다. 예외가 있을 수 있다. 하지만 그런 예외는 흔하지 않다. 하나님은 누군가를 사용하셔서 교회를 활성화시킬 수 있다. 그럼에도 불구하고 하나님은 호전시키는 목회자를 통해 교회를 활성화시킨다.

당신은 호전시키는 목회자가 될 수 있는가?

호전시킬 수 없는 목회자가 호전시키는 목회자의 특징을 가질 수 있는가? 이 질문에 대한 답을 내리기가 어렵다. 이것은 과거의 본질적인 논쟁으로 되돌려 놓고 난상토론을 해야 될지도 모른다. 지도자로 태어난 사람이 있는가 아니면 리더십을 습득하는가? 둘 중에 하나를 선택한다는 것은 어려운 일이지만 둘 다 맞다. 어떤 사람은 독특한 리더십을 은사로 받아 태어난 사람이 있다. 동시에 리더십에 대한 영적 은사를 그리스도로부터 받을 수도 있다. 롬12:6-8

이러한 은사가 없는 사람도 지도자로서 성장하고 개발될 수 있다. 우리는 교회나 신학교에서 지도자를 발굴 육성하고 있다는 것이 그 이유이다. 호전시키는 목회자들의 리더십 유형과 관계된 기술들, 그리고 그에 관한 특징들을 나는 위에서 언급했다. 그리고 그 기술들을 습득할 수 있다는 것도 이야기했다.

하지만 더 큰 문제는 기질이다. 기질은 하나님이 주시는 것이다. 그리고 나는 그 어느 누구도 기질을 변화시킬 수 없다고 믿고 있다. 물론 사람들은 다른 기질을 받아들일 수는 있다. 이러한 사실은 어떤 사람들에게는 큰 의미를 준다. 즉 어떤 사람들은 사역의 환경 가운데 성도들에게 기대되는 기질을 받아들일 수는 있다. 하지만 자신 고유의 것이 아니기 때문에 다소 불안정하고 유지하기 힘겨운 것은 사실이다. 때문에 압박이나 스트레스가 가중 될 때면 자연스럽게 나오는 반응은 하나님이 당신에게 애초에 주었던 기질이 나올 수밖에 없다. 글서 '지도자가 호전시키는 목회자가 될 수 있는가?'라는 질문에 대한 답은 다른 기질을 받아들인 사람이 얼마나 자기 몸에 맞게 하는가에 달려 있다. 몇몇 사람들은 할 수 있겠지만, 어떤 사람들은 할 수 없다.

2. 전략 기획의 중요성 이해하기

지도자들의 사전 준비 리스트 가운데 두 번째는 사역을 위해 전략 기획 과정이 갖는 중요성을 이해하는 것이다. 다음 네 가지 이유는 사역 항해사의 주의를 끌게 될 것이다.

전략 기획이 차이를 만든다

전략 기획을 위한 한 가지 근거는 전략 기획이 교회가 노력을 기울이는데 차이점을 정말로 만든다는 점이다. 하더웨이Kirk Hadaway 박사는 "평가와 장기 기획을 포함하고 있는 기획 과정이 교회 성장과 관련이 있는가? 이에 대한 답은 '그렇다'이다. 조사 결과는 성장이 끝나 정체기에 접어 든 교회의 85% 가운데 59%의 교회만이 지난 5년간 자기 교회의 프로그램과 우선순위에 대한 재평가를 해 보았다는 결과를 보여준다. 마찬가지로 쇠퇴에서 '탈출한 교회'의 40%는 지속해서 쇠퇴의 과정에 있는 교회 18%에 비해 장기 기획을 개발했다고 이야기했다."[11]

나의 경험 뿐 아니라 탈출구를 찾고자 하는 대부분의 교회들은 그들의 손에 가지고 있지 않더라도인쇄된 프린트물 머릿속에 가지고 있는 전략적 생각을 가진 최소한의 스텝이나 전략적으로 생각하는 사람에 의해 인도된 많은 경험이 있다. 이에 대한 좋은 예가 스트로프Steve Stroope목사이다. 그는 텍사스Texas의 록웰Rockwall에 있는 레이크 포인트 교회Lack Pointe Church의 담임목사이다. 최근 나는 목사님과 함께 그 교회의 위원회를 섬겼다. 나는 그 목사님을 가까이에서 지켜볼 수 있었다. 그는 교회에 단지 17명 만이 출석할 때, 부임했으며 명확하게 표현된 사명과 비전을 가진 상황 가운데 몇 번의 전략적인 이주과 수많은 재정적 기금을 통해 교회를 이끌어가고 있었다. 오늘날 그 교회는 7천 명의 교인이 출석하고 있으며 다양한 접근 방법을 통한 전략을 쓰고 있다.

전략 기획은 세 가지의 조직적 질문을 제시한다

전략 기획을 위한 또 다른 근거는 지도자들에게 세 가지 기본적인 조직적 질문에 답을 줄 수 있다는 점이다. 첫 째는 정체성에 관한 질문으로 우리는 누구인가에 관한 것이다. 이것은 교회의 DNA에서 얻을 수 있다. 두 번째는 방향에 관한 질문으로 우리는 어디로 가고 있는가에 관한 질문이

---

11) C. Kirk Hadaway, *Church Growth Principles: Separating Fact from Fiction* (Nashville: Broadman, 1991), 120.

다. 이것은 교회의 사명과 비전을 확인시켜 준다. 세 번째는 사역 전략에 관한 질문으로 우리는 어떻게 그곳에 갈 수 있는가에 관한 질문이다. 이것은 어떻게 교회가 사명과 비전을 성취할 수 있을 것인가에 대해 알려준다. 이 세 가지 질문에 대해 명확하게 심사숙고하고 답으로 적을 수 있는 것은 장기 기획을 적용하는 것보다 당신의 사역의 미래에 보다 근본적인 영향을 줄 것이다.

전략 기획은 교회의 장기적 삶에 영향을 준다

전략 기획을 위한 세 번째 근거는 교회가 오랫동안 그 수명을 유지하기 위해 아주 중요한 것이다. 사역의 환경이 지속적으로 변화한다는 것이다. 살아남기 위해 교회는 변해야만 하며 그들의 사역방법을 순응시켜야 하고 매개물로서 전략 기획을 이용해야 한다. 두 가지 비유가 이것을 이해하는 데 우리들에게 도움을 줄 것이다.

교회는 어떤 항구를 향해 파도를 거슬러 나아가는 배이다. 마치 배가 항해하는 동안 수많은 위험조류, 기류, 바람, 표류, 낮은 수위, 잘못된 부표 등을 만나듯이, 교회도 위험어려운 사람들, 변화하는 공동체, 리더십의 결핍, 빈약한 회중의 부동산 등을 만나게 된다. 배를 항해하는 항해사처럼 교회의 지도자들은 교회의 목적지 항구에 다다를 수 있도록 전략적으로 계획항로를 그리기하기 위한 과정나침반을 가져야만 한다. 비록 몇 사람그들은 본래 항해사로 태어났다만이 이것을 수행할 수 있다고 할지라도 대부분 할 수 없다. 그들은 항해사로서 훈련을 받을 필요가 있다.

지도자들은 교회가 갈 수 있는 길을 찾기 위해 지도가 필요하다. 만일 당신이 살고 있는 지역이나 도시 안에 특별한 지역을 운전하고자 하는데 방향을 모른다면, 당신은 업데이트된 지도가 필요하다. 그렇지 않으면 당신은 길을 잃어버릴 것이다. 우리 교회에 있는 많은 지도자들은 낡은 지도아마도 1940년대 혹은 50년대에 그려진 지도를 가지고 그들의 지역을 운항해 간다. 그렇게 되면 전부 길을 잃게 될 것이다. 교인들 가운데 몇 명은 좀 더 열심히 사역하기 위해 단순히 두 배의 노력을 기울이자고 조언하기도 한다. 하지만 그 결과 불행스럽게도 더 빨리 쇠퇴의 길을 가게 될 것이다. 또 다른 사람들은 조금의 여유와 시간을 갖는 것이 좋을 것 같다고 조언한다. 왜냐하면, 모든 것이 제자리로 돌아오는 것이 일반적이라고 생각하기 때문이다. 하지만 그 결과는 더 많은 변화를 가져오며 단순히 소멸을 기다리는 것 밖에 되지 않는다. 전력 기획은 교회가 미래로의 전진을 보여주는 지도이다.

전략 기획은 늘어선 문제들을 해결한다

전략 기획은 해결을 요하는 수많은 문제들을 해결해 준다. 당신은 이 책에서 전략 기획이 교회의 가치들, 사명, 비전과 같은 수많은 비평적 문제들을 포함한 과정이라는 점을 발견하게 될 것이다. 나는 문제들을 적당하게 해결하는 것을 실패하거나 그 결과로서 되돌아오는 것에 고통을 당하는 많은 교회들을 보아 왔다. 교회가 새로운 시설을 증설하고 기존 시설을 증축하기 위해 자금을 모으기로 결정한 교회를 예로 들어 보자. 전략 기획 과정을 알지 못하는 교회들 가운데 상당히 많은 교회들이 시설을 증축하거나 증설한 후 일어나는 일들에 대해 이야기하는 "케빈 코스트너 신학Kevin Costner theology"를 따르게 된다.

그들은 전략 기획이 자금과 건물에 대한 첫 번째 비평적 단계임을 이해하고 설명하고 있다는 사실을 깨닫지 못한다. 사람들은 그들의 지갑을 열기 전에 그들이 누구인지, 그들이 어디로 가야할지, 그들은 왜 그리고 가야할지, 그리고 무엇이 되고자 하는 지에대해 알 필요가 있다. 종종 이 결과에 대해 무지하게 되면 모으기로 한 기금에 턱 없이 부족할 것이며 시설을 세우지도 못하게 되며 몇 년 후에는 쓸모없는 건물이 되고 만다. 나는 건설

단계들이 건물을 짓기 전에 전략 기획을 실시함으로서 교회에 도움을 주기 위한 그들의 필요를 점점 더 일깨워 준다는 점을 언급해야만 한다. 나는 교회들이 비전과 사명을 이루기 위해 시설을 증축하고 새로 건축하기 위해 미래에 건축가와 도급업체들과 가까이에서 일하는 전략 기획가들을 만나게 될 것이라는 것을 알고 있다.

3. 전략 기획에 대한 정의

전략 기획이란 무엇인가? 나는 전략 기획의 중요성에 대해 논의하였지만 전략 기획이 무엇인지 개념 정리를 하지 않았다. 나는 **전략 기획이란 생각과 행동을 위해 지도자가 일반적인 기초 위에 지도자들 팀과 함께 전략 기획에 따라 비전을 품게 하는 과정으로 그들의 독특한 사역 환경 속에서 대사명**the Great Commission**을 성취할 수 있는 특별한 사역 모델을 설계하고 재설계하는 것이라고** 정의를 내린다. 나는 이러한 정의를 구성하는 몇 가지 중요한 요소들을 소개해야만 한다.

과정

첫째, 전략 기획은 과정이다. 이것은 팀을 통해 끝내는 이벤트가 아니다. 반면에 계속 진행되는 것이라고 말할 수 있다. 나는 이런 이유로 전략 기획에 대해 정의를 내릴 때 일반적인 기초 위에 라는 문구를 사용했다 그 팀은 교회가 존재하는 동안 지속될 것이며, 교회의 전반적인 삶의 주기에 영향을 줄 것이다. 또한 교회의 문화에도 영향을 줄 것이다. **성경적 사명과 강력한 비전 개발하기, 핵심 가치 발견하기, 독특하고 완전한 교회에 전략 실행하기**와 같은 네 가지 활동을 통해 목회자는 과정을 인도해 간다는 것이 중요하다.

포인트 리더

전략 기획은 전략적인 항해를 인도하는 포인트 리더가 요구된다. 누군가 책임을 져야하고 선장이 되어야 한다. 이것은 선장이 모든 것을 시도해야 하거나 무엇을 해야할 지 모두에게 지시하는 것을 의미하지 않는다. 그는 팀을 통해 함께 가까이에서 일해야 한다. 그러나 누군가는 그 과정을 책임져야 하고 매일 이행해야 하며 궁극적으로 결과를 달성해 내야 한다. 그룹으로 이루어진 사람들은 이것을 할 수 없다. 배는 빙산과 충돌할 수 있다. 이때 선장은 모든 사람을 불러 회의할 시간이 없고 그 문제를 가지고 토론하여 무엇을 할 것인가를 결정할 시간이 없다. 포인트 지도자는 매우 빠르게 움직여야만 하며 모두를 대신하여 현명해야 하고, 삶의 결과를 가져오는 냉철한 결정을 내려야만 한다. 이 사람은 꿈을 위해 팀을 변화시켜야 하며 할 수 있는 일뿐 아니라 무엇인가에 헌신해야만 한다. 그는 그들에게 영향을 주며 통제하거나 지배하려고 시도하지 말아야 한다.

리더십 팀

전략 기획에 있어 중요한 것은 리더십 팀이다. 나는 그 팀을 전략적 리더십 팀SLT이라고 말하는 걸 좋아한다. 새로운 리더십에 대한 패러다임은 예전의 리더십에 대한 패러다임과 같다. 하지만 이것은 팀을 통해 사역을 성취한다. 모든 사람이 목사가 좋은 아이디어를 모두 세우고 이행을 위해 성도들에게 전달하기를 기대하는 시대는 이미 지나갔다. 탁월한 지도자들은 지혜의 은사와 스텝과 평신도 지도자들로 구성된 전략 팀을 통해 더 많은 것들을 성취할 수 있다고 이해한다.

모세는 그의 장인 이드로Jethro와 상담을 한 뒤 이것을 정확하게 이해했고 현명한 사람들을 사역자로 세워 팀을 만들었다.출18:24-26 예수님 역시 이것을 이해하고 함께 하며 예수님과 함께 사역할 사람들을 모집했다.마

3:13-14 그리고 바울 역시 그가 인도할 팀의 의미를 이해했고 수많은 팀을 통해 사역했다. 행11:22-30, 13:2-3, 5:50, 16:1-3 나는 10장에서 전략적 리더십 팀의 개념에 대해 더 많은 언급을 할 것이다.

비전을 품는 과정

전략 기획은 비전을 품는 과정이다. 현재 그리고 점진적으로 비전과 사명을 향한 사역을 가지고 시작하는 것이라기보다는 명백하게 표현된 강력한 사명과 비전을 가지고 당신이 지금 서 있는 곳을 살펴봄으로서 7장에 소개된 것을 보라 시작한다. 당신은 미래에 대해 비전을 품고 이런 질문을 던져야 한다. 어떻게 그곳에 갈 수 있는가?

이것은 틀에 박힌 전략 기획과 장기 기획과는 다르다. 장기 기획은 점진적인 성격을 가지고 있지만, 지속적인 영향력은 행사할 수 없다. 주변 상황이 빠르게 변화할 때 당신은 가장자리로 물러 날 수는 없다. 당신은 5년을 앞으로 내다 봐야 하며 6개월 안에 모든 것이 변화할 것이며 새로운 기획이 요구될 것이다. 하나님은 희망된 미래보다 더 많은 기획을 시행하는 전략적 비전을 품는 과정을 이용하신다. 이것은 당신이 그 미래를 창조하도록 하는데 도움을 줄 것이다. 사실 오늘 시작된다고 말할 수 있는 내일에 영향을 주는 전략적 결정을 오늘 내리라. 옛것은 전통적 전략 기획이다. 새로운 것은 비전 있는 전략 기획 혹은 전략적 비전 품기 이다. 이 둘 사이는 큰 차이가 존재한다는 사실을 이번 장 후반부에 다룰 것이다. 또한 이번 장 후반부에 있는 둘 사이를 비교하는 표를 참고하라

덧붙여 나는 **비전 품기**와 **다시 비전 품기**라는 두 가지 용어를 사용할 것이다. 첫 번째 용어는 교회 개척의 시각에서 미래를 바라보며 비전을 품는 것이고, 두 번째는 교회가 활성화된 관점으로 미래를 바라보는 것이다. 여기에서의 질문은 '어떤 것이 당신 교회의 것인가?' 하는 것이다. 두 가지 모

두 미국 교회에 중요하지만, 비전 품기의 과정에 이 두 가지 모두가 포함되어 있다.

네 가지 핵심 개념

마치 항해사가 나침반 없이 항구에서 다른 항구로 이동하는 이배를 인도할 수 없는 것처럼 전략 지도자는 사역의 나침반이 없이는 교회가 열망하는 목적지로 사역의 배를 인도할 수 없다. 이 나침반은 네 가지 핵심 개념으로 이루어져 있다. 전략 기획 과정과 그 결과 교회의 활성화를 가져오는 사역의 사명, 비전, 가치, 그리고 전략이다. 주님은 이미 2천 년 전에 교회의 사명에 대해 정의를 내리셨다. **마태복음 28장 19절을 비롯해 몇 개의 구절을 성경에서 찾아볼 수 있다. 거기에서 주님은 "제자 삼으라"고 교회에 명령하셨다.**

교회의 비전은 향후 5년에서 10년 사이에 어떻게 교회가 변해 있을까에 관한 것이다. 이러한 비전은 교인들에게 비전을 추구함으로서 그들이 교회의 일원이 되기를 원하는 열정을 마음에 불러일으킨다. 교회의 **핵심 가치**는 보트의 엔진이나 방향타보다도 더 많은 기능을 감당한다. **성도들은 사명, 비전을 추구함으로서 능력을 부양받고 교회를 인도할 것이다.**

전략은 교회의 사명과 비전을 포함하여 다섯 가지의 중요한 요소 혹은 단계들을 포함하고 있다. 공동체에 다가서기, 성숙한 제자 만들기, 사역을 위한 꿈의 팀회중, 스텝, 가능한 위원회 **세우기, 최고의 사역 환경 결정하기**지역과 건물, **그리고 비전과 사명을 수행하기 위해 필요한 재정을 충당하기**가 그것이다. 이 모든 요소들은 목회자가 교회를 인도해야 하는 과정을 구성하는 요소들이다.

교회와 리더 항해사는 사역이 진행되는 동안 규칙적으로 핵심 개념들을 사용해야 한다. 그들은 핵심 개념의 렌즈를 통해 사역을 통찰해야 한다. 시간이 지남에 따라 교회는 제2의 천성을 갖게 될 것이다.

명확성과 방향성을 위해 나는 전략 기획 과정을 이루고 있는 네 가지 개념에 대해 각 장의 중요한 개념들을 열거해 본다.

I. 사명 개발[4]

II. 비전 개발[5]

III 핵심 가치 발견[6]

IV. 전략 디자인[7-12]

    A. 공동체에 다가서기[8]

    B. 제자 만들기[9]

    C. 팀 세우기[10]

    D. 환경 설정하기[11]

    E. 재정 충당[12]

독특하고 참된 사역 모델

전략 기획 과정은 독특한 사역 모델을 창출한다. 이것은 모든 종류의 사람들에게 영향을 줄 수 있는 다양한 모습의 교회가 되도록 한다. 지도자들이 과정에 대해 유효적절한 질문과 답을 던질 때, 그들은 누구이며 그들의 특별한 사역 공동체 안에서 사람들에게 영향을 미칠 수 있는 결과물 혹은 모델에 접근하게 된다. 지도자가 그 과정을 지속적으로 시도함으로서 성도들 또한 지속적으로 교회가 책임져야 하는 공동체에 가다갈 수 있는 모델을 새롭게 디자인하게 될 것이다. 그래서 시간이 지나면 지도자들은 교회가 해야 할 일에 대한 방법을 디자인하고 다시 디자인하게 된다. 전략 기획은 독특한 사역 모델을 창출하고 이것은 다시 교회 자신만의 참된 모델을 창조해 낸다.

너무 많은 목회자들은 하나님이 축복하는 사역을 찾기 위해 목회자 회의에 참석하고, 그 모델을 재검토한다. "결국 효과가 있다면, 나에게도 효과가 있을 거야."라고 생각한다. 이러한 목회자들은 다른 사람의 모델을 모방하려고 한다. 어떤 나라에 작용하는 부작용이 다른 나라에도 적용되지 않는다는 생각을 가지고 있으며 교회 문제 역시 그렇게 될 것이라고 생각한다. 텍사스의 스나이더는 남부 캘리포니아나 시카고와는 다르다고 생각한다.

이와는 달리 전략 기획 과정은 다른 교회의 모델을 베끼거나 적용하는 것이 아니다. 이러한 네 가지 과정은 그들 자신만의 교회의 독특하고 참된 교회를 발견하고 개발하는 도움을 준다. 즉 그들은 누구인가정체성-DNA, 그들이 살아가는 시대는 언제인가21세기, 그리고 그들은 어디에 있는가지역는 전략 기획 과정에 있어 매우 중요한 문제이다. 나는 이 문제에 대해 다음에 더욱 이야기할 것이다.

전략 기획에 대한 정의

1. 전략 기획은 과정이다.
2. 전략 기획은 포인트 리더가 요구된다.
3. 전략 기획은 리더십 팀을 포함한다.
4. 전략 기획은 비전을 품는 과정이다.
5. 전략 기획은 네가지 핵심 개념을 포함한다.
6. 전략 기획은 독특하고 참된 사역모델을 포함한다.

---

4. 전략 기획이 성경적이라는 것 이해하기

비록 정의에 대해 정확하게 언급하지 않았지만, 그래도 성경에서 찾을 수 있는 전략적 생각하기와 행동하기를 설명해야만 한다. 이것은 성경적이다. 이에 대한 언급과 예들은 구약성서와 신약성서 모두를 통해 산재되어 있다. 구약의 수많은 지도자들은 전략적으로 생각하고 행동에 옮겼다. 모세 오경에 기록되어 있는 것처럼 모세는 이스라엘 백성을 애굽으로부터 이끌어 내라는 하나님의 명령에 대하여 전략적인 생각을 하게 된다. 출애굽기 18장에서 모세의 장인 이드로는 모세에게 이스라엘 백성들의 개인적인 상담을 하는데 전략적으로 생각하고 실천하도록 문제를 제기한다. 모세의 후계자인 여호수아의 리더십은 가장 전략적이었다.수6:1-6, 8:3-23, 10:6-9 역대상의 저자는 잇사갈 자손이 "시세를 알고 이스라엘이 마땅히 행할 것을 아는"대상12:32 자손이라고 기록하고 있다. 느헤미야는 예루살렘에서 하나님의 계시를 인도하는데 있어 전략적으로 생각하고 행동에 옮겼다.느3장-6장 잠언은 하나님의 지혜와 기획의 역할에 대해 보여주고 있다.잠14:15, 22장, 15:22, 16:3-4, 9장, 19:21, 20:18, 21:30

복음서에서 그리스도는 교회의 사명, 즉 대사명Great Commission, 마28:19-20, 막16:15을 교회에 제시했다. 사도행전 1장 8절에서 예수님은 지리학적인 전략과 방향성을 주셨다. 사도행전은 성령이 이 사명을 성취하는데 교회를 어떻게 전략적으로 사용하시는가에 대해 기록하고 있으며, 특별히 전도 여행을 통한 성취에 대해 기록하고 있다.행13:1-21:16 바울은 전도 여행을 하는 동안 목적 없이 돌아다니지 않았으며 전도를 위해 도시를 선택할 경우 주의 깊게 그리고 전략적으로 생각하고 선택했다. 예를 들면, 바울은 에베소에 머물렀다. 왜냐하면, 에베소는 당시 소아시아의 관문이었기 때문이다.행19:1과 19:10을 비교해 보라 심지어 누가에 따르면 하나님도 전략적으로 생각하고 행동에 옮겼다고 기록하고 있다.행2:23, 4:28 에베소서 5장 15-16절에서 바울은 에베소 교회에 전략적으로 살도록 용기를 북돋워주었다.

이것은 하나님께서 전략적으로 생각하고 행동하는 것을 통해 하나님의 거룩한 뜻이 이 땅에 이루어지도록 하기 위한 사역을 주권적으로 선택하셨다는 것이 명확해진다. 따라서 교회는 반드시 아무런 기획도 없이 단순히

"하나님께 맡기세요"하는 사람들에게 주는 충고를 주의 깊게 받아들여야만 한다. 이것은 우리의 전략을 반드시 신뢰해야만 하고 그 과정 속에서 성령의 역할을 무시하라는 의미는 아니다. 잠언 19장 21절은 명백하게 하나님의 목적이 우리의 기획과는 무관하게 이루어진다는 것을 보여준다. 그리고 잠언 21장 31절은 우리가 기획을 이행하는데 우리가 하나된 것처럼 보이지만, 우리 뒤에서 일하시는 하나님께서 우리에게 승리를 주셔야 한다는 사실을 다시 한 번 상기시켜 준다. 요한복음 15장 5절은 하나님 없이 우리는 절대로 아무 것도 할 수 없다고 경고하고 있다. 스가랴 4장 6절에서 예언자는 스룹바벨과 마찬가지로 우리들에게 "이는 힘으로 되지 아니하며 능력으로 되지 아니하고 오직 나의 영으로 되느니라"라는 말씀을 마음에 새겨준다. 하나님께 맡기라는 것은 전략적으로 생각하고 행동에 옮기는 것과 함께 연결시켜야만 한다. 나는 신학생들과 독자들에게 그들의 기획 이전에 하나님의 주권을 붙잡을 것을 이야기하고 싶다.

5. 전략 기획의 필요성 이해하기

나는 나침반 없이 항해하다 바다에 표류해 있는 배와 북미의 전형적인 교회를 비교했었다. 이것은 어디에 위치해 있고 어디로 가야할 지를 모르는 것이다. 그리고 만일 이것이 충분하지 않다면, 변화의 바람과 포스트모더니즘의 흐름이 심지어 항해를 따라 전진하고 있다고 할지라도 잔인하게 교회를 강타하고 밀어붙일 것이다. 나는 교회의 나침반은 사명이며 좋은 비전을 가진 전략 기획 혹은 비전을 품는 과정이라고 주장했다. 이것 없이 항해하는 배, 혹은 오늘날의 목사들은 어떠한 상황에서도 항해하기 어렵다는 것을 발견하게 될 것이다.

내 자신의 목회적 경험과 컨설턴트의 경험을 통해 그 결과를 얻었고 그 후에 비전, 사명, 핵심 가치들, 그리고 전략에 대한 개념을 내 책에 썼다.[12] 이 책을 쓰는 과정가운데 초기에 나는 내 스스로에게 어떻게 각각의 개념들이 다른 개념들과 관계가 있을까에 대한 질문을 던졌다. 그리고 만일 내가 이 모든 것에 답을 줄 수 있다면, 어떤 결과가 나올까에 대한 질문을 던졌다. 그 답을 빠르게 알 수 있었다. 나는 교회 지도자들을 도울 수 있는 비전이 있는 전략 기획은 사역에 대한 핵심 문제들을 통해 생각할 수 있었고 그 결과를 이행할 수 있다.

몇몇 극히 작은 교회 지도자들만이 전략 기획을 이해한다

교회 지도자들은 비전 있는 전략 기획에 대해 빈약한 이해와 실천을 하고 있다. 『미국 인구통계학』*American Demographics*이라는 잡지에서 '미국교회 성장협회American Society for Church Growth'의 메킨토쉬Gray McIntosh는 미국의 367,000개의 교회 가운데 단지 20%만이 적극적으로 전략 기획을 수행하고 있다고 밝혔다. 같은 기사에서 애즈베리 신학대학교Asbury Theological Seminary에서 복음주의와 교회성장에 대해 가르치고 있는 헌터George Hunter 교수는 성장을 위한 기획이 없는 교회들은 침체하게 될 것이라고 경고했다.[13]

몇몇 교회들은 대부분 기업 세계에서 훈련받고 상담을 받은 신실한 기독교인들과 함께 도움을 받아 전략 기획을 따르고 있다. 그러나 문제는 내가 2부에서 논의하려고 하지만 전략 기획을 따른다는 것은 신학적인 깊은 반성이 있어야 한다는 점이다. 그래서 중요한 도구함에서 필수적인 도구는 신학적 준비이다.

---

12) *Developing a Vision for Ministry in the 21st Century* (Grand Rapids: Baker Books, 1999); *Values Driven Leadership*, 2nd ed. (Grand Rapids: Baker Books, 2004); *Strategy 2000: Churches Making Disciples in the Next Millennium* (Grand Rapids: Kregel, 1996); *Developing a Dynamic Mission for Your Ministry* (Grand Rapids: Kregel, 1998).
13) Marc Spiegler, "Scouting for Souls", *American Demographics* 18, no. 3 (March 1996): 49.

몇몇 교회 지도자들은 전략 기획을 소중하게 여기지 않는다

종종 전략 기획에 대한 개념은 그가 가지고 있는 것 이상의 가치를 인정받지 못하고 있다. 많은 경제 저술가들과 컨설턴트들은 전략 기획에 대한 중요성과 심지어 그 필요성을 평가절하 시키고 있다.14) 예컨대 알브레히트 Karl Albrecht는 "서구 기업계에서 '전략 기획', 즉 목표를 설정하고 성취하기 위해 기획을 수립하는 것에 대한 보편적 생각은 잘못된 방향으로 가고 있으며 시대에 뒤떨어져 있다"라고 말한 바 있다.15)

피터스Tom Peters는 그의 책 『경영혁명』 Thriving on Chaos에서 문제에 대한 핵심을 언급하는 더욱 균형 잡힌 태도를 언급한다. "결실한 전략적 목표가 지금보다 더 중요했던 적은 없다. 따라서 전략 기획 과정은 탈중심화되어야 한다. 그러나 우리가 구태의연하게 이해하던 전략 기획은 무의미해졌고, 심한 경우에는 피해를 가져다주기에 이르렀다. 좋은 전략 기획이란 무엇인가? 그런 것은 없다. 하지만 좋은 전략 기획 과정이 있을 뿐이다."16)

현재까지 시행되어 온 기존의 전통적 전략적 개념은 다소 진부하고 부적절한 것이 되었다. 문제는 "전략"이 아니라, 전략을 세우되 대부분의 기업과 교회가 갖고 있는 전략에 대한 특정 개념이다. 단순히 내일은 오늘의 연속일 뿐이라고 생각하는 것처럼 지나치게 규칙적이고 의례적인 절차라고 생각하는 전략들을 거절하는 위기가 증가하고 있다. 피터스가 정확했다. 이것은 전략 기획에 관한 것이 아니다. 이것은 전략 기획과정에 관한 것이며 비전을 품는 과정에 관한 것이다. 의례적인 기획들은 조직화의 이

---

14) Some examples are Karl Albrecht, *The Northbound Train* (New York: American Management Association, 1994); Nicholas Imparato and Oren Harari, *Jumping the Curve* (San Francisco: Jossey-Bass, 1994); and Gary Hamal and C. K. Prahalad, *Competing for the Future* (Boston: HBS Press, 1994). An extreme example is Randall P. White, Philip Hodgson, and Stuart Crainer, *The Future of Leadership* (Washington, D. C.: Pitman Publishing, 1996). 그들은 전략적 기획에 대한 필요성을 깨닫지 못했다.

15) Albrecht, *Northbound Train*, 57, italics mine.

16) Tom Peter, *Thriving on Chaos* (New York: Harper & Row, 1987), 615.

유와 무엇이 그 조직을 이끌고 가야할 것이며, 그리고 어디로 가야할 것이며, 어떻게 그곳에 가야할 지에 관한 좀 더 근본적인 질문과 의문들을 유발시키는데 실패하고 말았다. 이러한 질문에 대한 답은 조직의 건강을 유지하는데 절대 필요한 것들이다. 대부분의 단체가 실시하는 기획은 조직이 무엇인가에 관한 대화로 시작하지만, 결코 무엇을 할 수 있는가에 대한 답을 얻지는 못한다. 이것은 하나님의 꿈을 꿀 수 있는 꿈을 꾸는 공간을 찾는 것이 아니다. 많은 이유들 때문에 전략 기획은 해마다 반복되는 이벤트나 목적이 없는 장기적 기획을 실천하지만, 세상에서 일어나고 있는 깊이 있고 격변하는 대변혁을 무시해 버리는 실수를 저지르고 만다.

21기 초 우리 멜퍼스 그룹나의 컨설턴트 사역을 담당하는 모임은 전략 기획이 현명하고, 증대되는 장기간 지속되는 기획 절차에 관해 모든 것에 답이 될 수 없다고 믿고 있다. 결국 폭발적인 변화가 난무하는 세계에서 어느 누가 더 이상 필요 없는 장기 기획을 세울 수 있으며 극도로 현명하게 되기 위한 시간을 가진 사람이 있겠는가? 어떠한 조직이 세운 기획은 90일 이상을 넘지 못한다는 사실을 나는 깨달았다. 당신은 전략 기획을 준비하고 그리스도의 교회로서 성공하며 그의 목적을 성취하여 가져 올 미래를 알지도 못하고 조정할 수도 없다. 하지만 중요한 것은 당신이 누구이며 당신이 누구인지에 관해 아는 것이다. 21세기 초에 일어난 폭풍우를 견뎌내는 배들이 많이 있다.

6. 전략 기획의 목적 소개하기

전략적으로 생각하기와 행동하기의 목적은 무엇인가? 당신의 목회를 위해 잠재적으로 무엇을 "지불할" 것인가? 다음은 전략 기획의 26가지 목적을 나열해 놓았다. 목적들을 읽음으로서 당신의 목적에 있어 특별하게 느끼는 중요성인지 체크해 보길 바란다. 이 목록들을 비평적으로 살펴보고 즉시 주의를 기울이라.

1. 교회의 강점, 한계점, 그리고 약점을 발견하기 위함이다. 기독교적인 조직이든지 그렇지 않든지 간에 모든 조직은 강점, 약점, 그리고 한계점이 있다. 영향력 있는 사역을 성취하기 위해 필요한 것들 가운데 발견된 강점들은 잘 하는 것을 이야기한다. 그리고 약점이란 잘 못하는 것들이다. 한계점은 비록 실천은 하고 있으나 그 질이 좋지 못한 것을 이야기한다. 이 책에서 기획 과정은 준비단계에서 교회의 전략적인 리더십 팀이 목회 분석을 실시함으로서멜퍼스 그룹은 교회 사역 평가를 온라인상에서 체크할 수 있도록 제공하고 있다 교회가 가진 한계점이 무엇인지 파악할 것을 이야기한다.

2. 강점 위에 세우고 약점을 극소화시키기 위함이다. 몇몇 사람들은 지도자들이 사역의 약점을 개선하고 최소화시켜 강력한 조직으로 만들어 갈 것이라고 믿고 있다. 이것은 잘못된 것이다. 강력하게 되기 위해 당신은 반드시 약한 부분을 최소화함으로 강하게 만들 뿐 아니라 약점을 해결하기 위해 다른 사람들을 고용하고 사역에 투입시켜야 한다.

3. 교회의 의사소통을 촉진하며 회중의 신뢰를 쌓기 위함이다. 내가 지도자들과 전략 기획 팀에 즐겨 쓰는 말은 "만일 그들이 당신을 신뢰하지 않으면, 당신은 그들을 지도할 수 없다!"라는 것이다. 그리고 이를 위해 가장 중요한 방법은 신뢰할 수 있는 전달방법을 통해 신뢰를 쌓아야 한다는 점이다. 당신이 기획한 것을 전달하는데 실패할 때, 사람들은 당신을 의심하게 된다. 나는 전략 기획의 준비 부분에서 이 영역에 대해 다룰 것이다.

4. 영적 건강과 그리스도를 영화롭게 하는 변화를 이해하고 이행하기 위함이다. 이를 위해 변화의 신학을 포함한다. 우리는 성경에서 말하는 변화에 대해 앎으로서 우리는 어떤 것을 변화시켜야만 하고 어떤 것은 절대 변

화시키지 말아야 할지 알아야 한다.

5. 같은 사건에 리더십 팀과 회중에 동참할 사람들을 얻기 위함이다. 모든 문제를 다룬다는 것은 불가능하지만, 우리는 누구인가, 우리가 가야할 곳은 어디인가, 그리고 어떻게 갈 수 있는가와 같은 실제적이고 중요한 문제를 다루는 것은 가능하다. 사람들이 이러한 문제에 동의함으로서 많은 다른 사람들도 이에 잘 동참하게 되며 교회의 연합을 추구하게 될 것이다.

6. 영적 부흥을 독려하고 추진하기 위함이다. 모든 교회가 영적인 부흥에 대한 경험이 필요하지만, 교회가 피곤하고 낙심에 빠져 있으며 어제의 문제를 해결해야 한다는 현실에 놓여 있는 것도 사실이다. 그럼에도 불구하고 영적 부흥은 전략 기획을 준비하는 당신의 사역을 평가하는 단계에 있어 매우 중요한 단계이다. 이후에 펼쳐질 과정의 남은 부분을 위해 영적 기초를 세워야 한다.

7. 당신의 사역을 위한 핵심 가치들을 발견하고 표명하기 위함이다. 이것은 당신의 핵심적인 정체성, 당신의 DNA, 또는 교회처럼 당신은 누구인가를 알기 위한 것이다. 당신이 누구이냐는 기초적인 문제 위에서 당신은 행동에 옮기기 때문에 핵심 가치들이 중요하다. 당신은 가치들에 따라 모든 결정을 내리게 된다. 당신의 행동에 대한 이유 혹은 당신이 마땅히 해야 하지만 하지 말아야 할 이유를 위해 가치들을 아는 것은 중요하다.

8. 하나님께서 당신에게 주신 사명을 발견하고 전달하기 위함이다. 교회에 대한 정체성을 파악하듯이 당신이 누구인가를 아는 것에 더해 당신은 어디로 가야할 것인가에 대해 아는 것 역시 중요하다. 이것은 방향성에 관한 문제이다. 항해사들은 그들의 나침반을 이용하여 항구를 향해 항해한다. 당신은 하나님께서 당신에게 주신 목적을 알고 있는가? 당신은 사역 포트를 가지고 있는가?

9. 영감 받은 것과 강력한 비전을 발전시키고 표현하기 위함이다. 사명과

같은 꿈은 사역의 방향성과 목적에 관한 그림을 색칠하는데 설명해 준다. 강력한 꿈에 대한 결과는 교회의 미래에 관한 탈출구를 얻게 된다. 비전은 사람들이 미래의 한 부분이 되기를 원하는 열정을 불타게 한다.

10. 지역 공동체에 대한 이해와 더 많은 관계를 맺기 위함이다. 모든 교회는 지역이라는 지역 공동체 내에 존재한다. 그리고 그 지역을 위해 사역에 대한 책임을 진다. 사도행전 1장 8절은 지리학적 함축을 가지고 있다. 누가 당신의 이웃인가? 누가 교회에 출석하지 않고 비기독교인가? 지역 공동체에 영향력 있는 사역을 위해 당신은 당신이 속한 지역 공동체와 문화, 특별히 비기독교인들에 대해 이해하고 알아야만 한다.

11. 전체 교회를 위한 제자 만들기 과정을 개발하기 위함이다. 교회의 사명은 "제자 삼는 것"이다.마28:19-20 여기에 관한 질문은 '어떻게 교회가 이것을 성취하느냐?'이다. 그에 대한 답은 독특한 제자 만들기 과정을 설계하는 것이며, 특별히 교회를 위해 멜퍼스 그룹이 개발한 9장에 있는 성숙한 모델을 이용하는 것이다.

12. 강력한 스텝 팀을 결정하고 모집하고 개발하기 위함이다. 스텝이 한 명이든 혹은 백 명이든 간에 당신은 그들이 누구인지, 그들의 DNA핵심 가치들가 무엇인지, 그리고 그들에게 하나님께서 주신 것은사, 열정, 그리고 기질이 무엇인지, 사역에 있어 어디가 가장 적합한 것인지 파악하도록 도와야만 한다. 당신은 끊임없이 그들에게 용기를 북돋워줘야 하며 지도자로서 깊이 있는 성장을 하도록 돕기 위해 리더십 개발 과정에 참여시켜야 한다.

13. 사역에 동참하고 봉사하도록 교인들에게 준비시키기 위함이다. 에베소서 4장 11-13절에 따르면 목사나 스텝이 아닌 회중은 교회의 사역을 성취시키는 존재이다. 이것은 일생에 사역의 열매를 풍성하게 맺기 위해 발견, 상담, 그리고 이행이라는 세 단계의 과정을 수반한다.

14. 시설과 그들의 지역을 위해 현명한 결정을 내리기 위함이다. 교회들

은 지역 사회와 어딘가에서 교차해야만 한다. 그리고 우리는 그들의 돌봄과 시설의 위치가 지역 공동체를 위한 사역에 있어 전략적으로 중요하다는 사실을 발견해야만 한다. 교회들은 어디가 지역 사회에 다가갈 수 있는 가장 최적의 장소인지, 그리고 최대의 효과를 위한 위치가 어디인지 결정을 내려야만 한다.

15. 최근 나눈 것을 평가하고 작성하기 위함이다. 교회가 나누어 주는 것에 관해 어떤 생각을 하고 있는가? 성경에서 청지기에 관해 무엇이라고 말하는지 그들은 이해하는가? 그들은 목사가 나누는 것에 대해 너무 많이 설교한다고 느끼는가? 아니면 충분하다고 느끼는가? 그들은 더 주려는 의지가 있는가? 아니면 나누어 주는 것을 줄이려고 하는가? 교회의 지도자들은 교인들이 중요한 재정 문제에 관해 무엇을 알고 생각하는지 알 필요가 있다.

16. 수입을 증가시키기 위해 나눔에 대한 새로운 흐름을 조사하기 위함이다. 대부분의 교회들은 재정적 결핍으로 인해 제한된 사역을 하고 있다. 문제는 교회가 오로지 하나의 수입원 혹은 하나님께서 다른 것을 잘 제공해 줄 때는 두 가지의 수입원에 의존하고 있다는 것이 문제이다. 당신의 교회는 다른 수입원이 존재한다는 것을 알고 있는가? 당신은 어떻게 다른 수입을 발견하고 설명할 수 있는가?

17. 사람들의 재원에 대한 선한 청지기가 되도록 돕기 위한 청지기 전략을 기획하기 위함이다. 교회들은 그 조직에 정말 잘 맞는 선한 청지기위에 세워가야만 한다. 사람들은 가지고 있는 것을 주려고 하지 않는다. 왜냐하면, 대부분의 교회들은 하나님께 영광을 돌리는 방법으로 모든 사역을 촉진하는 청지기에 대한 좋은 전략을 가지고 있지 않기 때문이다.

18. 교회의 예산을 분석하고 조사하며 교회 예산을 가장 좋게 다루기 위한 방법을 찾기 위함이다. 이것은 단순히 교회가 헌금을 지혜롭고 성경적으로 사용하지 않는다는 의미는 아니다. 하지만 교회는 얼마나 많은 돈이

개인, 프로그램, 사명, 그리고 시설에 들어가야 하는지 알 필요가 있다. 그들은 예산이 초과 되었는지, 아니면 의도한 대로 도달하지 못했는지 분별할 필요가 있으며 불필요하게 어디서 낭비되는지 알 필요가 있다.

19. 추가적 기금을 조성하고 직접 기금 조성 프로젝트를 위함이다. 일반적 나눔을 추가하기 위해 모든 교회는 때때로 "굉장히 재미있는 일"을 계획할 필요가 있다. 교회들은 특별한 나눔을 위해 독려하기 위한 방법을 조사할 필요가 있다.

20. 어떻게 전체 전략 기획을 이행해야 할 것인가를 알기 위함이다. 교회는 가장 좋은 것을 계획할 수 있다. 대부분 성경적으로 의도된 기획은 결코 일어나지 않는다. 행함은 생각을 따르며 행함은 사역 이행을 포함한다.

21. 교회 사역을 규칙적으로 평가하고 개선하기 위함이다. 어떻게 교회는 진부함과 깨지기 쉬운 것으로부터 지켜낼 수 있는가? 어떻게 교회는 그것을 개선할 수 있는가? 그 답은 사역 평가이다. 끊임없이 교회가 펼치는 사역에 대해 모든 면을 평가하는 교회는 개선뿐 아니라 사역에 혁신이 잘 일어난다.

22. 미국 전역에서 하나님께 축복을 받은 교회, 위원회에 대한 그 이유와 방법을 발견하기 위함이다. 대부분의 교회들은 사회에서 계속적으로 일어난 일과 세계와 미국 전역에 있는 교회에서 일어난 일을 파악한다는 것은 "세속적인 것"이 아니라는 사실을 깨닫는다. 오히려 이것은 사람들뿐 아니라 하나님께서 행하시는 것에 대해서 이해하고 파악하는 데 도움을 준다. 좋은 전략 기획 과정은 환경적 이해를 이용함으로서 이것을 소개한다.

23. 가장 최신의 기술인터넷, 웹사이트 등**을 알고 그것을 가지고 사역하기 위함이다.** 교회는 주님을 가장 잘 섬기기 위한 사역에 기술을 적용하고 유지시켜야만 한다. 그렇지 않으면 교회는 기술적 발달에 뒤처지게 될 것이다.

**24. 탁월함을 가지고 지도하는 위원회와 목사에게 권한부여하기 위함이

다. 목사들과 위원회가 영향력 있는 사역을 위해 함께 사역한다는 것은 매우 중요한 일이다. 이것은 권한을 적당히 분배하고 역할 지침을 제공하는 정책들을 포함하고 있다.

25. 리더십 개발 과정에 평신도와 스텝 리더십을 세우기 위함이다. 모든 교회들이 영향력을 가지고 사역을 하고자 한다면, 교회에 속한 평신도와 스텝의 리더십을 개발시켜야만 한다. 많은 사람들은 이에 관해 이야기하지만, 적은 숫자만이 이를 실천한다.

26. 하나님께 영광을 돌리기 위해 지역 공동체에서 가장 좋은 위치에 교회를 자리 잡게 하는 마케팅 전략 개발을 위함이다. 교회의 목적은 하나님께 영광을 돌리기 위함이다. 특별히 교회에 다니지 않는 사람들과 교회 공동체를 구성하면서도 믿지 못하는 사람들을 위함이다.

7. 전략 기획에 참여할 인원 결정하기

나는 좀 더 작은 숫자가 전략 기획 과정에 참여하는 것이 더욱 좋다고 이야기하곤 한다. "너무 많은 요리사가 수프를 망친다"라는 생각 때문이다. 그리고 많은 사람들이 동의해야 한다. 그러나 나는 이에 관한 생각에 대해 나의 컨설턴트 경험에 기초하여 내 마음을 바꾸었다. 내가 비전을 품는 과정을 통해 어느 교회를 도울 때, 가능하다면 25-30명의 지도자를 선택해 달라고 부탁한다. 작은 교회라면 더 작은 숫자라도 괜찮다. 교인의 숫자에 따라 지도자의 숫자를 정하면 된다.

여기에 전략 리더십 팀에 더 많은 사람들이 참여하는 것이 좋다는 이유를 언급할 것이다.

- 나는 지도자들이 여행, 휴가, 가족의 문제, 자녀들이 스포츠 행사에 참여하게 된 경우 등으로 갑자기 모임에 참여할 수 없는 경우가 있다는 것을 발견했다. 좀 더 큰 모임이라면 당신이 비록 참여하지 않는다고 할지라도 참석한 사람들로 충분하다. 그래서 당신이 그 모임을 취소하거나 연기하는 일 없이 과정을 진행할 수 있다.
- 당신이 더 많은 사람들과 일을 추진한다면, 교회를 보는 다양한 관점들을 통해 더 많이 다시 볼 수 있는 장점이 생긴다.
- 좀 더 큰 그룹이 함께 한다는 것은 교회 전체를 살피는데 실패를 가져오는 극단적이거나 소수의 사람들이 주장할 수 있는 경우를 줄일 수 있다.

더욱이 그 과정에 전체 교인들을 참여시키려고 할 때는 많은 시간이 걸릴 것이다. 이럴 때, 우리가 사용했던 다양한 온라인을 통해 조사하면 된다. 예를 들면, 멜퍼스 그룹은 교회의 나눔의 문제와 같이 교회가 생각하는 특별한 문제들에 대해 무슨 생각을 하는지 발견하고자 할 때 사용하기도 한다.

8. 전략 기획에 걸리는 시간 고려하기

전략적 기획에 관해 가장 자주 질문하는 두 가지는 시간이 얼마나 걸리느냐는 것과 그에 따른 비용의 문제이다. 21세기를 살아가는 사람, 특별히 북미와 도시에 살아가는 사람들의 가장 큰 특징은 바쁘고 자유롭게 시간을 낼 수 없다는 것이다. 그 결과로 인해 성도들의 시간에 관한 문제는 중요한 요인이 된다. 그러므로 지도자들과 목회자들은 전략 기획 과정을 시도하는데 있어서 시간의 문제를 반드시 고려해야만 한다.

얼마나 걸려야 하는가?

많은 사람들의 마음에 품고 있는 질문은 '그것이 얼마나 걸릴 것인가?' 하는 문제이다. 나는 최초 비전을 품는 과정을 위해 9개월에서 1년 정도 시간을 보낸다. 좋은 컨설턴트는 아마 6개월에서 9개월 정도를 보내는 것이 보통이다. 이 기간 동안 팀은 매월 셋째 주 혹은 대부분 넷째 주에 모임을 갖는다. 모임과 모임 사이의 기간이 길면 길수록 가장 회복하기 어려운 팀의 추진력이 감소된다. 사람들은 그들이 적용했던 것을 잊어버리는 경향이 있으며 흥미가 감소되기도 한다. 앞부분에서 내가 강력한 헌신을 요구하는 이유이며 이번 장의 끝부분에 이에 관에 더 이야기할 것이다.

나와 함께 사역하는 SLT는 금요일 오후 6시부터 9시까지 그리고 토요일 아침 8시부터 오후까지 모이는 것을 좋아한다. 이 시간에는 세 가지 장점이 있다. 첫째, 8시간을 쪼개어 두 번의 휴식과 회복할 시간을 가질 수 있으며, 집중해서 무거운 부분을 다룰 수 있다. 둘째, 그 시간은 사람들이 최선을 다해서 일할 수 있으며, 정신적으로도 가장 최고의 상태를 유지할 수 있다. 때때로 금요일 저녁모임에서는 갈등이 일어나곤 한다. 마지막으로 주말을 포기하지 않아도 되고 토요일의 남은 시간은 가족들과 함께 보내기도 하며 개인적인 시간을 가질 수 있다. 토요일 오전 모임에 어린이 혹은 어른들의 스포츠 행사가 있을 때, 갈등했던 경험을 가지고 있다.

지금부터 모임이 진행되는 동안 일반적으로 무엇을 해야 할 것인지 보여 줄 것이다.

첫 번째 모임 : 전략적 비전 품기 준비, 온라인상의 교회 분석 포함1-2장, 이행3장

두 번째 모임 : 사명과 비전4-5장

세 번째 모임 : 목회 전략을 포함한 가치, 그리고 교회의 지역 공동체에

다가서기6-8장

네 번째 모임 : 제자 만들기9장, 사역팀 세우기10장

다섯 번째 모임 : 사역 환경11장

여섯 번째 모임 : 재정 충당하기12장

나는 전문 컨설턴트로서 과정에 속도를 높여 시간을 아낄 수 있는 다양한 방법들을 사용할 수 있다는 생각을 가지고 있다. 그래서 자기 자신만을 위한 방을 제공할 수 있고 당신의 스케줄에 따라 몇 주 더 추가할 수 있다.

당신이 초기 과정을 완수하고 그 결과를 이행했다고 해서 과정이 끝난 것이 아니다. 그 과정은 교회의 삶의 주기 동안 끊임없이 지속되어야 한다. 사역의 리더십이 전략적으로 생각하고 행동하기를 중지할 때, 그 사역은 혼란스럽고 당황스럽게 하는 문화적 변화에 살아남을 수 없게 된다. 그러나 초기 과정을 완전히 수행한 후 STL을 계속해서 사용할 수도 사용하지 않을 수도 있다. 나는 계속해서 그 팀을 사용하라고 충고하고 싶고, 자주 회의하지 않더라도 단지 중요한 문제만을 소개해도 괜찮다.

시간을 요하는 다른 요인들

기획 과정을 실시하는데 소요되는 시간에 영향을 주는 다른 요소들은 핵심 가치와 사명과 같은 핵심 문제들에 동의하는 문제와 정보들을 활용하는 능력, 그리고 창조성, 시간절약, 스토리보딩storyboarding과 같은 기술이 여기에 속한다. 나는 이번 장의 끝 부분에 이에 대해 심도 있게 논의할 것이다.

9. 전략 기획에 대한 비용 계산하기

전략적 기획에 관심을 가질 때 많은 목회자들이 관심을 갖는 문제가 비용의 문제이다. 우리가 전략적 생각하기와 행동하기를 실행할 때 비용을

> **전략화를 위한 비용 요인**
> - 사역 인원에 대한 비용
> - 몇몇 여행, 식사, 숙소에 대한 비용
> - 실력 있는 컨설턴트에 대한 비용
> - 연구(인구통계학적, 심리학적)에 관한 비용

지불할 수 있는가? 이것은 합리적인 관심거리라고 말할 수 있다. 왜냐하면, 다소 비용이 드는 위원회라면 아마도 복잡해 질 수 있기 때문이다. 그러나 그들은 터무니없이 비싸지 않다.

교회에서 이미 그 비용을 지불한 스텝을 제외하고는 그 과정을 실천하는데 중요한 역할을 감당하는 사람들에 대해서는 비용을 지불해야 할 것이다. 교회는 그들의 기획을 실천하는데 주기적으로 모임을 갖기 위해 멀리서부터 참가하는 전략가들에 대해 최고의 대우를 결정해야만 한다. 거기에는 식사와 숙소, 여행비와 같은 비용도 포함시켜야만 한다.

만일 교회가 나의 충고를 따르며 컨설턴트를 채용하기를 원한다면, 아마도 추가 비용이 들 것이다. 그러나 훌륭하고 자격을 갖춘 컨설턴트는 그 과정을 성공 혹은 실패로 이끌게 될 것이다. 몇몇 교파는 컨설턴트에 종사하는 스텝이 있으며 교회는 이 컨설턴트를 채용하는데 적은 비용을 지불하면 된다. 대부분의 컨설턴트는 500달러에서 몇 천 달러에 이르는 비용을 받는다. 일반적으로 실력이 있는 컨설턴트는 더 많은 비용이 든다. 하지만 당신의 필요를 충족시켜 줄 수 있는 상담자의 가치에 대해 비평적으로 심사숙고할 필요가 있다. 재정적으로 그리고 사람의 시간을 아낄 수 있는 가

치가 있는가? 일반적으로 좋은 상담가를 고용한 교회는 상담가를 위해 책정한 보수보다 더 많은 것들에 도움을 얻게 될 것이다. 왜냐하면, 상담가들은 좋은 재정적 청지기 프로그램을 이해고 이행하도록 그들을 돕기 때문에 이런 일들이 발생한다. 또한 선한 영적 건강을 향해 상담가가 교회를 지도함으로서 사람들은 보수보다 더 주려고 하는 경향이 있다. 재정을 모으기 위한 정보를 교회에 적용할 수 있는 좋은 예를 이 책의 12장에 실어 놓았다. 내가 상담했던 몇몇 교회들의 경우 성도들이 더 많은 재정을 모으게 되었고, 나에게 더 많은 비용을 지불했다.아마도 목회자들은 자기 교회에 이러한 은사를 가진 성도들을 고용하기를 원하고 그들에게 비싼 비용을 지불하기를 부탁할 것이다

또한 훌륭한 연구를 위해서도 비용이 들어갈 것이다. 전략적 기획을 이행하는 사람은 반드시 과학적 연구를 거쳐야만 한다. 특별히 환경적 이해에서는 더욱 그렇다. 이러한 과학적 연구는 인구 통계학적 연구와 심리학적 자료들을 연구함으로서 세속적 사회와 복음적 교회 양자 모두가 가지고 있는 경향들을 살펴보게 된다. 그러나 그 사람들은 이러한 정보를 제공해 주는데 있어 이러한 과학적 연구를 제공하는데 아주 작은 비용을 지불하도록 하고 있다. 나는 8장에서 더욱 이것에 대해 논의할 것이다.

만일 당신 사역이 성장 주기에서 침체나 쇠퇴에 있다면서문에 있는 표를 참고하라 '전략 기획을 실행할 여유가 있는가?'와 같은 질문을 하지 말고 '우리가 전략 기획을 왜 해야 하는가?'를 질문하는 것이 더 좋다.

10. 전략 기획을 위한 위치 결정하기

전략적 생각을 실천하는 팀은 그들의 사역을 실시할 수 있는 장소를 필요로 한다. 그 장소는 생각하기와 행동하기에 가장 적합한 곳이어야 한다.

교회시설

화이트보드나 최소한 칠판과 같이 팀이 기획을 세우는 데 필요한 모든 아이템을 교회가 갖춰놓고 있는 최고의 장소는 교회이다. 사실 나는 대부분의 과정을 팀원과 함께 하고 있다. 나는 U자형 테이블과 바깥쪽에 앉을 의자를 준비하는 것을 좋아한다. 이번 장에 후반부에 있는 스토리보드 항목에 있는 그림을 참조하라 희망하기는 과정이 진행되는 동안 교회가 간단한 아침식사와 점심, 혹은 저녁을 준비하고, 커피, 물, 그리고 간단한 간식거리를 준비하면 좋을 것 같다.

팀 센터

디즈니 월드Disney World에서 일하는 사람들을 예로 든다면, 혁신적인 회사들은 그들의 가장 창조적인 사역들을 회사 사람들이 함께 실시할 수 있는 팀 센터를 개발한다. 팀 센터들은 회사 사람들이 함께 사용할 수 있는 장소로서 자료들이 풍부한 방이며, 창조적인 생각과 기획 기술을 활용할 수 있는 방이다.

교회는 교회 건물 안에 팀 센터를 건립할 수 있다. 인터넷 접속과 비디오 장치, 그리고 시각화된 기술을 재현할 수 있는 화이트보드와 같은 벽, 슬라이드, 그리고 컴퓨터 프리젠테이션을 할 수 있는 프로젝션과 같은 가장 현대적인 기술이 접목되어 있는 방이 가장 이상적인 방이다. 팀이 필요한 것은 대략 25명의 그룹 전체 회원이 충분히 둘러앉을 수 있는 테이블이 준비된 방이 필요하다. 내가 알고 있는 대부분의 창조적인 교회는 LPC 프로젝션, 보드 마커, 넓은 화이트보드를 갖춘 교실에서 그 사역이 이루어지고 있다.

다른 시설물들

비록 전략 팀이 교회 안에서 그들의 사역을 많은 부분 수행한다고 할지라도, 주기적으로 외부에서 회의를 진행하고 더 긴 시간을 요하는 전략 회의를 위해 또 다른 시설을 사용할 수 있도록 하는 것이 현명하다. 종종 이 모임은 거의 방해를 받지 않고 수준 높은 창조적 기획을 점검하기도 한다. 팀들은 큰 개인 저택, 컨퍼런스 센터, 개인소유의 회관, 호수가 있는 별장이나 산 위의 오두막, 호텔이나 모텔의 모임 장소, 그리고 은행의 회의실이나 다른 전문기관의 회의실과 같은 이러한 장소를 이용할 수 있다. 어떤 팀들은 컨퍼런스 센터나 모텔에서 한 밤을 지새워가며 더 많은 전략회의를 하기도 한다. 하지만 나는 너무 멀리 여행가는 것은 반대한다. 왜냐하면, 자기 자신의 침실에서 잠을 자야하며 그의 식구들과 함께 지냄으로서 다음 날 더 많은 생산적인 일을 추진할 수 있기 때문이다.

11. 전략 기획을 위해 창조적 도구들을 사용하기

나는 전략 기획을 위한 도구들의 필요성을 두 개의 카테고리로 나누었다. 그 첫째는 기능적 도구들이며 둘째는 과정적 도구들이다.

기능적 도구들

기능적 도구들은 지도자가 단순히 기능을 통해 과정을 잘하고 과정을 성취하기 위해 필요한 아이템들을 말한다. 나는 위에서 이미 기능적 도구들에 대해 언급했다. 그것들은 다음과 같은 것들로 구성된다. 화이트보드, 보드마커 지우개, 혹은 칠판, 큰 종이 패드와 이젤, 파워 포인트를 통해 설명할 수 있도록 LPC 혹은 이와 유사한 기능을 탑재한 프로젝터와 스크린,

그리고 오버헤드 프로젝터이다.

과정적 도구들

나의 교회에서 상담을 하고 훈련 사역을 할 때, 시간을 아껴주며 전략 기획뿐 아니라 또 다른 리더십 활동들을 강화시켜주는 몇 개의 창조적인 도구들을 나는 사용한다. 과정적 도구들을 나열하면 다음과 같다.

나는 이러한 도구들을 반츠Make Vance와 디아콘Diane Deacon이 함께 저술한 『상자로부터 생각하기』Think out of the Box 17)에서 발견했다. 그들은 그 도구들을 창조적으로 생각해 내거나 나처럼 다른 자료에서부터 발견했으며 반츠는 이것들을 디즈니사에서 대중화시켰다. 그러나 나는 그 도구들을 개인화시켰고 개조시켰다. 그래서 나의 스타일과 잘 어울리게 되었고 내가 실시하려했던 특별한 활동들을 용이하게 하는데 기여했다. 나는 네 가지 과정적 도구들, 즉 브레인스토밍, 스토리보딩, 1-10점을 통한 평가와 의견 합의를 제시할 것이다.

브레인스토밍

활용법 : 나는 그룹이 짧은 시간에 가능한 많은 아이디어를 얻어낼 필요가 있을 때 브레인스토밍을 활용한다. 브레인스토밍은 모임을 마무리 지을 때를 제외하곤 어느 때든지 가능하다. 왜냐하면, 브레인스토밍은 결론을 얻으려는 과정이 아니기 때문이다.

참여 : 참석자들은 보통 위원회, 기획 그룹, 또는 교회의 기획을 세우는 핵심 그룹과 같은 팀으로 이루어진다.

장소 : 브레인스토밍은 방해를 받지 않는 곳으로 반형식적인 환경에서 가장 잘 진행된다.

---

17) Mike Vance and Diane Deacon, *Think Out of the Box* (Franklin Lake, N. J. : Career Press, 1995).

목적 : 브레인스토밍은 몇 가지 목적을 이룰 수 있다. 첫째, 빠른 시간 내에 이루어질 수 있도록 해 주며, 수많은 아이디어의 자유로운 흐름을 유도한다. 다음으로 브레인스토밍은 중요하고 기본적인 개념들을 떠오르게 하며 종종 그 개념들을 선택하도록 해 준다. 마지막으로, 브레인스토밍은 이러한 개념들을 실천하는데 있어 참석자들에게 주인의식을 심어주게 된다.

특징 : 브레인스토밍은 빠른 속도, 능동적이며, 부드러운 운영, 그리고 모순이 없다. 지도자들은 다음과 같은 기본적인 법칙들은 세우고 진행할 필요가 있다. 아이디어에 대해 반대나 비판을 해서는 안 된다. 어떠한 부정적인 생각이나 감정 무언無言을 드러내지 않는다. 그리고 질보다는 양을 더욱 중요시한다. 나중에 생각하고 활용하기 위해 다양한 개념들을 적어두라. 그들은 화이트보드나 3X5인치 카드에 적어두거나 목회자가 그의 노트에 적어둘 수 있다.

진행 : 나는 그룹의 모든 회원들이 함께 모였을 때 브레인스토밍을 진행한다. 먼저 이번 모임의 목적을 설명하고, 주제를 설명한다. 종종 브레인스토밍을 실시하는데 질문 형식을 취할 수도 있다. 예를 들면, 우리 교회의 수많은 어린이 사역을 위해 어떻게 더 많은 공간을 찾아낼 수 있을까요? 우리 공동체 안에 있는 다양한 인종들과 접촉하기 위해 우리는 무엇을 할 수 있을까요? 그리고 나서 나는 위에 기술한 몇 가지 원칙을 이야기한다. 그들의 생각들을 자유롭게 이야기하게 하고 나는 한 회원에게 그 의견들을 적어줄 것을 부탁한다. 회원들이 의견을 모두 내놓았을 때, 이 과정을 끝내면 된다.

스토리보딩

나는 리더십의 도구를 사용하는데 있어서 다른 도구들보다 스토리보딩을 많이 이용했다. 또한 많은 지도자들은 다른 도구들보다도 스토리보딩에 대해 더 많이 가르쳐 달라고 부탁했다. 나는 항상 핵심 가치들을 발견할 때 스토리보딩을 사용했다. 때때로 나는 이것을 요약해서 이야기하는 데에는 짧은 시간에 기획 과정을 요약해서 말하려고 하기 때문이다.

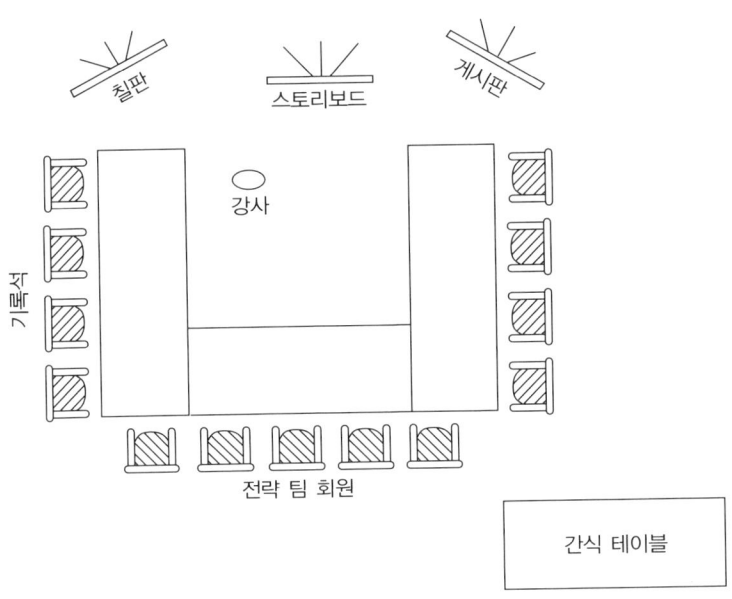

스토리보딩을 위한 방 배열

활용법 : 스토리보딩은 팀이 수많은 다른 주제들을 성취하는데 도움을 주지만, 특별히 기획 과정에 있어서는 더욱 유용하다. 좀 더 큰 과정의 일부분으로서 활용하는 다른 도구들과는 달리 스토리보딩은 그 자체만으로도 완벽한 과정이라고 말할 수 있다.

참여 : 작은 숫자인 5명의 모임뿐 아니라 15명에서 20명의 모임에서도 스토리보딩은 가능하다. 그림2는 어떻게 좌석을 배열해야 할 것인지를 보여주고 있다. 그 좌석은 스토리보드와 회장과의 관계 속에서 참여자들이 어떻게 앉아야 하는지를 보여주고 있다. 회장은 스토리보딩을 인도하고

참여를 독려하며, 아이디어 개발과 함께 그룹의 모든 회원들이 잘 참여할 수 있도록 하는데 책임을 진다. 나는 참석자들이 잘 볼 수 있도록 내용을 기록하고 3X5인치 카드에 아이디어를 기록하기 위해 최소한 두 명의 기록자가 있어야 한다고 본다.

장소 : 스토리보딩은 방해물이 없는 장소를 선택해야만 한다.

목적 : 스토리보딩은 다른 방법을 사용하는 것보다 짧은 시간 안에 기획과정을 수행할 수 있도록 하는데 도움을 준다. 또한 스토리보딩은 문제를 해결할 수 있도록 한다. 세번째 목적은 교회의 핵심가치를 발견하여 목회에 도움을 준다.

특징 : 스토리보딩은 창조적인 생각브레인스토밍과 비평적 생각구조조정을 모두 포함한다.

진행 : 첫째, 당신은 콜크로 만든 3X4피트의 시트지, 천으로 덮인 게시판, 압정, 몇 개의 사인펜, 색깔 라벨지1/2인치 빨간 색, 다양한 사이즈로 자유롭게 활용할 수 있는 인덱스 종이대부분 3X5인치 노란색 종이이며, 어떤 것은 5X8인치 파란색이다와 같은 스토리보딩 자체를 위한 적당한 물품들을 구입한다. 이 물품들은 비싸지 않으며 쉽게 구할 수 있다. 만일 당신이 핀으로 고정시키는 콜크로 만든 스토리보드를 사용하고 싶지 않다면, 벽이나 화이트보드, 그리고 스틱으로 된 포스트잇을 사용할 수도 있다. 문제는 포스트잇에 기록한 것을 다른 곳으로 이동시킬 때, 포스트잇이 말아 눌려질 문제가 있다는 것을 염두해 두라. 또 다른 문제는 카드의 뒷부분에 테이프를 붙이려고 할 때, 기획 과정 시간이 길어질 수 있다는 것이다. 나는 내가 큰 카드에 적어 보드 왼쪽 위쪽에 고정시켜 둔 네 가지 법칙을 설명함으로서 스토리보딩을 시작한다. 단순히 스토리보딩 가운데 일 부분인 브레인스토밍에 적용할 수 있는 그 네 가지 법칙들은 다음과 같다.

1. 모든 의견에 대해 판단하지 않기
2. 질이 아닌 양
3. 말 좀 해 주세요
4. 다른 회원의 말을 무시하지 않기

다른 사람의 말을 무시하는 예는 다음과 같다. '우리는 예전에 그런 방식으로 일을 하지 않았어요', '그럴 예산이 없는데요', '실천하기 어려울 수 있어요'가 바로 그런 예들이다. 나는 각각의 참여자들에게 스티로폼으로 된 세 개의 작은 공을 나누어 준다. 참석자들은 규칙을 위반한 사람에게 그 공을 던질 수 있다. 이렇게 함으로 긴장을 깨뜨리고 경직된 참석자들에게 웃음을 선사할 수 있다. 만일 당신이 진지한 사람이라면, 다른 사람에게 스티로폼 볼을 던지는 생각을 하게 되면 소름이 오싹하게 될 것이다. 그런 다음에 이 생각을 지우라

나는 이러한 스토리보딩 회의에서 우리가 성취하고자 희망하는 것에 대해 설명한다. 나는 네 가지의 규칙을 카드에 적어 화이트보드나 칠판에 붙여 놓았다. 그중 하나의 예는 "우리의 핵심 가치를 발견하기"이다. 또 다른 예는 "사명 선언문이나 비전 선언문 개발"과 같은 것이다.

첫 번째 단계는 브레인스토밍 혹은 창조적인 생각하기이다. 예를 들면, 만일 그 그룹이 교회의 핵심가치를 발견하고자 한다면, 참석자들은 자기가 교회의 가치라고 믿고 있는 것, 즉 강력한 리더십, 그리스도의 주님 되심, 축제적 예배, 그리고 다른 것들을 발의할 수 있다. 그 회의에 대해 기록하는 회원은 카드에 이것들을 적어 보드에 핀으로 고정시킨다. 브레인스토밍을 하는 시간은 15분에서 20분 정도 소요될 것이다.

회의 진행자가 회원들의 아이디어 창출이 거의 끝났다는 것을 감지하게 되었다면, 두 번째 단계로 넘어가야 한다. 두 번째 단계란 구조조정, 혹은 비평적으로 생각하는 과정이다. 이 두 번째 시간 동안 그룹은 우선순위를

정하면서 동시에 되풀이 되는 주제들, 중복된 개념이나 잘못된 개념, 상세히 논의해야 할 개념과 합쳐야할 개념, 결말을 내기가 어려운 아이디어를 묶어둔다. 만일 그룹이 핵심 가치를 발견하기를 원한다면, 사역과 직접적인 관련이 없는 아이디어들은 삭제해야 하고, 이중적 가치를 가진 것들은 던져 버리고, 실제로 무가치한 것들은 확인해야 하는 절차를 밟아야 한다.

나는 아이디어들에 대해 우선순위를 정하기 위해 제한된 숫자의 색 라벨지를 나누어주는 것이 유익하다는 것을 발견하게 되었다. 나는 휴식시간이 되면, 가장 중요한 아이디어가 적힌 카드에 그 라벨지를 붙여 달라고 부탁한다. 만일 핵심가치를 발견하게 된다면, 회원들은 교회의 실제적인 가치라고 믿는 카드에 라벨지를 붙여 놓게 될 것이다. 그렇게 되면 그 그룹에서는 라벨지가 없는 아이디어들을 손쉽게 제거할 수 있게 된다.

스토리보딩 과정에서 나타나는 놀라운 특징은 그 어느 누구도 필기하는 사람이 없다는 것이다. 당신이 스토리보딩 과정을 끝마쳤을 때, 당신은 단순히 회원들에게 선택받은 카드를 한데 모아 다음 시간에 사용할 수 있도록 기록하고 보관하기로 한 회원에게만 주면 된다.

당신은 이 스토리보딩을 진행하는데 있어서 미숙하게 진행하지 않도록 해야만 한다. 나는 전부터 스토리보딩을 어떻게 진행할 것인가에 대해 연구했다. 나는 매번 스토리보딩을 활용했다. 지도자들은 이 스토리보딩이 익숙해질 때까지 그 방법을 연습해야 한다. 스토리보딩을 성공하기 위해서는 그 길밖에 없다. 스토리보딩은 전략적 생각하기와 행동하기 과정에서 그리고 주님을 위해 당신이 하고자 하는 또 다른 사역 과정에서 시간을 절약해 줄 수 있는 매우 시각적이며 창조적인 과정이다.

1부터 10까지의 단계

특별한 결정이나 특별한 문제들에 관해 실현가능한 것을 발견할 수 있는 빠른 방법은 1에서부터 10까지의 단계를 이용하는 것이다. 이번 장 끝에 있는 사전 기획 체크리스트에 있는 단계를 살펴보라 만일 위원회와 같은 그룹의 지도자가 성도들의 수준이나 문제에 대해 파악하기 원한다면, 각각의 질문에 대해 1점에서 10점의 점수를 부여해서 알 수 있다. 1점은 그 문제에 대해 강력하게 반대하는 것이며 10점은 답변자가 그 문제에 대해 단호하게 지지하는 것을 나타내준다. 5점~6점은 확신하지 못하는 것을 의미한다.

만일 그룹에 속한 모든 회원들이 예배의 형식을 전통적인 예배에서 현대적 감각의 예배로의 변화에 관한 문제나, 새로운 스텝을 고용하는 문제와 같은 이슈에 10점을 주었다고 한다면, 지도자는 그 문제에 대해 논의할 필요도 없이 진행하면 된다. 지도자들은 그룹이 기획이나 결정사항에 대해 인식하고 있거나 가지고 있는 생각들을 파악할 수 있다.

만일 회원들 중 대부분이 1점을 주었다고 한다면, 이것은 그 문제에 대해 지지할 수 없다는 것을 의미한다. 이것은 그룹이 단호하게 반대의 입장에 서 있다는 것이 명백하기 때문에 지도자는 그 문제에 대해 더 많이 논의하기 위해 시간을 보낼 필요는 없다. 그룹의 대부분의 사람들이 5~6점을 표할 때, 그들은 결정을 내릴 수 없고, 논의를 위해 좀 더 많은 시간을 보낼 필요가 있다는 것을 보여준다.

의견합의

교회의 위원회들과 특별 위원회가 나누었던 어떤 논의에서 결정된 사항을 합의 없이 실행할 수 없다. 교회의 위원회와 특별 위원회의 합의되지 않은 결정사항을 실행할 때 드물지만 문제가 발생하는 경우도 있을 수 있다. 몇몇 교인들은 위원회와 같은 관점으로 문제들을 이해하지 못하는 경우도 있다. 이것은 다른 사람들의 동의를 얻기 위한 팀 사역의 근거들 가운데 하나이다. 이에 결정을 내릴 때 타협과 일치라는 두 가지 선택이 가능하다.

어떤 지도자들은 일치되지 않는 결정사항이 발생할 때, 타협을 실행한다. 그들은 전체 교회를 위해 모두에게 조금 혹은 많은 용기를 복돋워 준다. 이것은 마비를 방지하고 추측하건데 연합을 촉진시키는 발판을 마련해 준다. 그러나 나의 경험으로는 사람들이 그들의 관점을 가지고 타협할 때, 어느 누구도 그 결정에 대해 행복해 하지 않는다.

두 번째이자 좀 더 나은 선택은 의견 일치이다. 일치된 결정을 내리는데 있어 가장 좋은 이해를 구하기 위해 우리는 먼저 사람들에게 의견 일치가 무엇이고, 무엇이 의견 일치가 아닌 지를 연구해야만 한다.

의견 일치란 무엇인가 : 팀이나 위원회의 회원들은 비록 그들이 결정사항에 동의하지 않았다고 할지라도 팀이 내렸던 결정사항을 성도들에게 관철시키려는 태도를 가지고 성도들에게 접근해야 한다. 왜냐하면, 그들의 생각은 경청을 통해 이루어졌기 때문이다. 만일 중요한 결정에 대해 동의할 수 없다는 양심의 흔들림을 감지한다고 할지라도 방해물이 되어서는 안 되며 그 모임 안에서 그것에 관해 다른 사람과 대화를 나누라. 중요한 것은 그들이 서로 대화를 나누어 결정된 사항이라면 다른 사람들에게 자신의 의견이 옳다고 주장하지 말라.다른 팀원들에게

무엇이 의견 일치가 아닌가 : 내가 여기에서 활용했던 것처럼 의견 일치의 결정을 내린다는 것은 일반적인 교회가 실행하는 과반수 법칙과 혼돈해서는 안 된다. 많은 교회들은 새로운 카페트의 색깔에서부터 새로운 목회자를 청빙하는 문제에 이르는 다양한 문제들을 투표하기 위해 교인들에게 그 의견을 묻고 과반수 법칙을 적용한다. 당신이 과반수 법칙을 적용하고자 하는 예는 새로운 건물을 신축하기 위한 재정적 지원에 관해 성도들의 생각을 알고 싶을 때 과반수 법칙을 사용하곤 한다. 그러나 당신은 새로운 건물을 신축하고자 하나 성도들이 이에 반대할 때, 교회는 결코 돌이킬 수 없는 이겨내기 어려운 의심을 초래할 수 있다. 과반수 법칙이 갖는 문제점

은 대부분의 교회가 성숙한 교인들보다는 미성숙한 교인들이 많다는 것이다. 그래서 영적으로 미성숙한 성도들이 교회의 목회 방향을 설정해 버릴 수 있으며, 교회에 대한 생각이 부족할 수도 있다. 과반수법칙에 대한 오용의 실례가 성경에도 나타나는데, 모세가 약속의 땅인 가나안 땅에 보낸 열두 지파로부터 선출된 정탐꾼들의 보고에서 볼 수 있다. 소수 몇 사람의 보고는 대다수의 정탐꾼들과는 그 보고가 완전히 달랐다.민13장 하나님의 의도와는 다르게 대부분의 정탐꾼열 명의 지도자들은 하나님께서 약속하신 땅에 들어갈 수 없을 것이라고 주장했다.신1:26

내가 활용한 의견 일치와 과반수 법칙 사이의 차이점은 바로 사람들에 있다. 영적으로 성숙한 성도들은 사역 팀, 리더십을 가진 위원회, 많은 회중들을 이끌어 갈 수 있는 스텝으로 구성될 수 이 있는 사람들이다. 신약성경에서 더 많은 영향력을 가진 사람들이 그런 팀을 이루어 사역을 성취했다. 사도행전에 나타나는 교회의 역사는 신실한 사람들로 구성된 수많은 바울의 이름을 가진 팀들의 사역들로 가득 차 있다. 어떻게 성숙한 지도자들은 불일치가 존재하는 곳에서 결론을 도출할 수 있었는가? 그에 대한 답은 의견 일치이다. 그것이 아니라면 팀을 구성하고 있는 영적 지도자들의 과반수 투표를 통해 결론을 내야 한다. 이러한 방법은 시간이 없고 결론에 이르지 못하는 것을 방지해 준다. 대부분 한 사람이 다른 주장을 하는 것을 빼고 사람들이 결정을 내리지 못할 때일반적으로 팀의 리더마저도 사람들에게 묻고 투표하면 된다. 나는 이럴 때 대부분의 참가자들에게 2-3분 정도 이야기할 시간을 준 후 투표에 들어간다.

12. 전략 기획을 위해 외부 상담사의 도움을 받으라

나는 가능하다면, 교회가 전략 과정을 위해 외부의 상담사에게 상담 서비스를 받아들이는 것이 지혜로운 일이라 믿고 있다. 상담사를 이용하는 데는 몇 가지 이유에서 의미 있는 차이점을 제공해 줄 수 있다.

좋은 교회 상담사는 당신의 리더십 팀이 가질 수 없는 경험, 전문 지식, 그리고 시간을 가지고 있다. 교육 기관의 출현, 지식의 폭발적 증가, 그리고 빨라지는 소통의 속도는 담임목사나 운영팀으로 하여금 새로운 방법 혹은 하나님이 축복하시는 사역 패러다임과 지식을 습득하는 것을 거의 불가능하게 만들어 버렸다. 뿐만 아니라 거의 매일 새로운 기술과 많은 시간을 부어야 하는 프로젝트는 더욱 그렇다. 오늘날 빠른 속도, 변화무쌍한 세계 속에 놓여 있는 교회는 일반적이고 지속적인 사역들을 위해 충분한 노력을 기울이는 사람들마저도 고용하는데 어려움을 겪고 있다. 전략적 마음을 가진 교회나 다른 조직들은 지식을 습득하고 수많은 특별한 상황 가운데 나타나는 공백을 채우는데 도움을 얻고자 사역 상담사들을 찾는 일이 더욱 많아지고 있다. 이 상담사들은 다른 프로젝트와 사역 조직을 통해 얻은 전문 지식을 가지고 있으며 수년간의 경험을 가지고 있다.

올바른 상담사들은 그들에게 상담하는 교회에 유연성을 제공해 준다. 전형적인 교회들은 지식을 습득하고 개발 기술을 습득하며 전략 기획과 다른 수많은 프로젝트를 짧은 시간 안에 성취하려고 한다. 출애굽기 18장 24~27절에서 모세의 장인 이드로가 조언을 한 뒤 자기 집으로 돌아갔던 것처럼 좋은 상담사들은 당신이 필요할 때 함께 하며, 당신이 필요치 않을 때 돌아간다. 그들은 당신의 사역 혁장에 와서 당신의 목적을 성취하도록 도움을 주고 난 뒤 그 자리를 떠나간다. 또한 바쁜 지도자들에게 시간을 유용하게 할 수 있도록 인터넷이나 유선전화를 통해 많은 가르침을 제공하기도 한다.

좋은 교회 상담사들은 신선하고 객관적인 관점을 제공해 준다. 대부분의 상담사들은 다른 프로젝트를 실행해 본 경험을 가지고 있으며 사역의 상황들을 배열하고 리더십의 성격들을 다루어봄으로서 가치 있는 경험들을 제공한다. 이러한 이상과 경험에 대한 "교잡수분交雜受粉"은 다른 유사한 사역 경험들로부터 얻은 것들을 상담을 의뢰한 교회의 사역자들의 두뇌와 전략을 활용할 수 있도록 해 준다. 일반적으로 많은 목회자들과 지도자들은 자신이 겪고 있는 상황과 매우 흡사한 상황에 있는 교회와 문제점을 살펴보기 원하며 이러한 사실은 유능하고 객관적인 상담사들은 재빠르게 인식한다. 더욱이 상담사들은 의뢰한 교회와 함께 어려움을 견뎌낼 필요가 없지만 건강하고 성경의 변화를 사용함으로서 교회가 가지고 있는 내적 정책이나 능력을 발견할 수 있도록 해준다.

좋은 상담사들은 아래의 이유 때문에 최고의 사역 효율성을 제공해 준다.

- 그들은 유사한 상황과 문제를 다루었기 때문에 "속도를 높이기 위해" 귀중한 시간을 허비하지 않는다.
- 담임목사 혹은 리더십을 가지고 있는 스텝, 혹은 자원봉사 지도자들은 "일반적" 과제를 성취해야만 한다. 이와 동시에 어떤 특별한 프로젝트를 성취해야만 한다. 다른 수많은 책임을 수행하면서 동시에 특별한 프로젝트를 수행하기 위한 지식을 습득하고 주의를 기울인다는 것은 거의 불가능하다. 하지만 상담사들은 당신이 유지해 왔던 과제와 더불어 특별한 프로젝트에 대한 모든 전문 지식에 초점을 맞출 수 있도록 해 준다.
- 그들은 교회의 필요성과 교역자 회의, 교인들에게 전화나 이메일 보내기, 불끄기와 같은 매일 풀어야 할 과제를 다루지는 않는다. 반면에

다른 정책과 절차를 다룬다. 스토리보딩 과정과 같은 사역으로 무장된 도구들을 삼 십분 혹은 십 오 분의 시간 동안 완전히 수행한다.

결론적으로 말하자면, 교회 상담사들은 사역 조직을 위해 더욱 효과적이다. 여기에서의 질문은 다음과 같다. 상담사를 이용하는 것과 새로운 사람을 스텝으로 고용하는 것 둘 중 어느 것이 더욱 비용 효과적인가? 고용된 스텝은 건강, 은퇴, 그리고 계약고용에 따라 일정한 급여를 요구한다. 하지만 상담사들은 추가적 일이 없는 한 고용된 스텝과 같은 추가적 비용 없이 상담을 제공한다. 그들은 당신과 함께 기본적으로 필요한 만큼 일을 한다. 상담사들은 새로운 스텝을 고용하기 위한 추가적 비용없이, 특별한 스텝의 조언을 들을 수 있다는 잇점을 가지고 있다.

두 번째 중요한 질문은 '교회가 전문가를 이용하지 않아도 되는지, 어디에 전문가의 전문 지식이 필요한지, 특별히 사역이 "막다른 골목"에 들어섰는지 혹은 교회의 미래가 풍전등화와 같은가?'이다. 만일 프로젝트를 실행하는데 교회 내부의 사람에게 책임을 맡겼다가 실패한다면, 교회 안에 있는 사람들은 두 번째 기회를 지도자들에게 주지 않을 것이다.

좋은 교회 상담사들은 사역환경에 대한 성경적, 신학적 기반을 둔 견고한 기초를 제공한다. 교회와 사역을 감당하며 교회를 대상으로 사역하는 상담사들은 깊이 있는 신학을 소유한 신학자들이다. 상담사들은 신학적 기초를 가지고 그 혹은 그녀가 처한 사역 환경에 대해 비평적 판단을 실시한다. 우리는 올바른 성서적, 신학적 준비가 상담 상황에서 매우 중요하다는 것을 이미 언급하고 발견한 바 있다. 멜퍼스 재단은 교회와 신학교에서 성서적, 신학적 훈련을 받은 상담사만을 채용하고 있다.

마지막으로 많은 지도자들, 사역들, 그리고 교회가 상담사를 이용했다는 것을 성경에 찾아 볼 수 있다. 그들은 단순히 상담사에게 부탁한 것이 아니었다. 예를 들면, 출애굽기 18장에서 모세는 난처한 처지에 놓여 있었다. 이에 하나님은 이드로를 보내 모세가 그 상황을 벗어나 전진할 수 있도록 도움을 주었다. 바울, 디모데, 디도에게도 이와 같은 일이 있었다. 바울은 디모데, 디도뿐 아니라 많은 교회에 상담을 해 주었다. 몇몇 사람들은 디모데와 디도가 목사였다는 것을 믿고 있다. 하지만 바울은 디모데와 디도를 이 교회에서 저 교회로 문제를 해결하고 상담하기 위해 파송했다. 오늘날 상담과 매우 유사하다.[18]

---

[18] 어떤 사람들은 외부의 상담사의 상담이 도움이 되기보다는 오히려 유해성이 있다는 것을 주장한다. 당신이 상담사를 찾기 전에 당신이 고려해야 할 사항을 살펴보기 바란다. 당신이 어떤 사역 상담사를 찾는 것을 아는 것은 매우 중요하다. 무엇이 다른 분야와 구별되는 좋은 자격을 갖추어야 하는가? 여기에 당신이 현명하게 점검해야 할 것들을 몇 가지 소개할 것이다.

기독교인의 특성. 상담사는 예수 그리스도를 인격적으로 주님으로 믿고 있는가? 비록 비기독교인이라도 당신이 원하는 전문분야에 탁월한 도움을 줄 수 있지만, 기독교 상담사들은 거기에 비해 영적인 몇 가지를 도움을 줄 수 있다. 그래서 다음 질문이 더 중요하다. 그는 혹은 그녀는 그리스도의 형상을 닮은 삶을 살고 있는가? 상담사들은 그들이 사역하는 사람들의 모범이 되기 위해 항상 그리스도의 형상과 삶의 모습을 본 받아야 한다.

검증된 능력. 상담사의 전문 분야는 무엇인가? 어떤 상담사들은 다소 다른 영역에서 사역을 했을 수 있다. 하지만 대부분의 상담사들은 전문 지식을 가지고 있고, 특별한 영역에서 그들의 능력이 알려져 있다. 어떤 사람들이 당신이 필요한 영역의 능력을 가지고 있는지 살펴보라. 그리고 누가 그 영역에 전문지식을 가지고 있는지 그 명성을 확인하라. 때때로 당신은 이것을 알아볼 필요가 있다. 상담사에 대한 질문은 당신에게 검증된 능력을 파악할 수 있는 실마리를 제공할 것이다.

신학적 전문지식. 당신은 상담사의 신학적 자격을 시험하는 것이 현명한 일이다. 그 상담사는 성경과 신학에 있어 어떤 학문적 훈련을 받았는가? 어떤 상담사들은 학문적 훈련을 받았지만, 어떤 상담사들은 학문적 훈련을 받지 않을 수도 있다. 하지만 사람들의 신학에 대한 학문적 준비는 그의 혹은 그녀의 사고에 영향을 줄 수 있으며, 사역이 진행되는 동안 사람들을 훈련시키는데 영향을 줄 수 있다. 우리 재단은 양질의 성서적 신학적 준비가 상담사에게 매우 중요한 문제라고 이야기한다. 왜냐하면 전략 기획 사역은 깊이 있는 신학적 작업이기 때문이다. 상담사가 신학대학이나 성경학교 출신인지 확인하라. 만일 그렇다면 평판이 좋은 학교인가? 복음주의적 학교인가? 상담사가 가지고 있는 학위는 무엇인가? 상담 경험에 영향을 줄 수 있는 성경과 신학적으로 단단한 기초를 가지고 있는가?

강력한 배경지식. 상담사는 배경지식을 가지고 있는가? 그 배경지식은 그의 사역에 얼마나 큰 비중을 차지하는가? 그 상담사가 누구와 사역을 했는지 당신이 아는 것은 매우 중요하다. 올바른 전문지식을 위해 스텝들만큼이나 상담사에 대해 살펴보아야 하고 새로운 스텝을 채용하는 것만큼이나 그들의 배경지식을 살펴야 한다. 배경지식이 없는 사람들은 주의 깊게 살피고 배경지식에 대한 최고의 질문을 하라.

특별한 은사. 당신의 사역 환경 속으로 들어갈 상담사의 은사, 재능 그리고 능력이 무엇인가? 상담을 위한 탁월한 은사들은 리더십, 행정력, 지혜, 통찰력, 좋은 것들을 혼합할 수 있는 능력, 실제적 경험이다. 있다고 판단되면 상담사의 열정을 확인하라(열정은 당신이 강력하게 느끼는 것이고 그것에 관해 깊이 있는 것이다). 열정은 사람들을 흥분시키고 성도들에게 전염된다. 그 상담사와 상담했을 때, 성도들에게 전염되는 것이 무엇인지 예측하라. 흥분이 사라지고 실망이 올 것이라면, 미래는 어떻게 될 것인가?

전략 기획에의 헌신

교회는 과정에 헌신 해야만 한다

만일 교회가 과정에 헌신할 준비가 되어 있지 않다면, 교회는 그 과정을 시작하지 말아야 한다. 전통적인 지혜는 모든 의미 있는 행동은 헌신으로부터 흘러나온다고 이야기하고 있다. 헌신이 존재하는 곳은 오늘날 교회의 발전에 의해 도전을 받는데 열린 환경을 찾을 수 있다. 헌신의 준비가 없는 곳에는 그러한 노력을 조금도 찾아볼 수 없다.

그러나 내가 말하는 강력한 헌신이란 무엇인가? 나의 경험으로부터 두 가지 실제적인 면을 도움 받을 수 있을 것이다. 나는 전략적으로 기획을 추진하는 것이 좋은 생각이라고 믿는 교회이지만 강력한 헌신이 준비되어 있지 않았던 교회와 함께 일한 적이 있었다. 그래서 나는 만일 교회에서 기획 목적이나 어떤 사역을 추진하기 위한 모임 가운데 선택한다면 매번 후자를 선택했었다. 내가 모임을 세우기 위해 전략 기획 과정에 대해 이야기할 때, 모임에 참석한 사람들은 침묵을 유지했다. 실제적으로 그들은 과정들을 따르고 있었지만 그 모임 시간은 초기에 가졌던 열정을 모두 잃어버

실제적 경험. 상담사가 얼마나 많은 실제적 경험을 가지고 있는지 확인하라. 그는 혹은 그녀는 초보자인가? 그의 혹은 그녀의 은사와 능력을 가지고 이제 겨우 상담 세계에 첫 발을 디뎌놓는 것인가? 상담사는 목회경력이 있는가? 만일 있다면, 언제 얼마나 했는가? 그 상담사도 어디에선가 시작했지만, 당신 교회가 첫 번째나 두 번째가 되어서는 안 된다. 그의 혹은 그녀의 배경지식을 확인하라. 더욱이 여기에 당신의 정신력에 대한 목록에 적어야 할 두 가지는 다음과 같다. 첫째, 상담사가 많은 경험을 가지고 있다고 해서 좋은 상담사를 의미하지는 않는다. 나쁜 경험을 통해 우리가 배우지만 좋은 경험을 통해서 더 많은 것을 배울 수 있다. 둘째, 반대를 무릎 쓰고 과정을 시작한다는 것은 최고의 상담사를 만드는데 필수적이지 않다. 종종 위대한 지도자와 다른 사람을 가르치는 사람 사이에는 큰 차이가 있다. 그 때문에 모든 운동 스타들이 코치가 되는 것은 아니다.

인지도. 이례적인 자격증 같은 것이 바로 인지도이다. 당신이 어떤 영역에 대해 생각할 때, 가장 먼저 어떤 이름이 떠오르는가? 그 영역에서 권위자로 알려진 사람은 누구인가? 지식인들에게 물었을 때, 그들은 누구를 추천해 주는가? 이것은 아마도 두 가지 단어 때문일 것이다. 검증된 능력이 바로 그것이다. 그럴 필요는 없겠지만, 대부분의 사람들은 인지도 높은 출판사에서 저서활동을 하고 사역을 함으로서 인지도를 높인다. 그들은 자신이 펼친 경험에 관한 열정 때문에 책을 쓰고 다른 사람과 정보를 공유하기 위해 책을 쓴다.

리고 그들이 누구였는지에 관해 잊어버리고 의사 표시하는 것을 멈추게 된다. 특별히 관심의 결핍은 전체를 죽이는 일이다.

반면에 또 다른 교회는 전략 기획 과정을 시작하려고 할 그 때 지역에 잘 알려진 부활절 가장행렬이 매년 열린다는 사실에 관해 나에게 처음부터 올바른 정보를 제공해 주었다. 그러나 가장 행렬을 취소하게 되면 그들의 시간을 극대화할 수 있으며 전략 기획 과정에 주의를 기울일 수 있다는 사실을 알기 원했다는 것은 매우 중요한 것이었다. 그것은 일반적인 교회에 대한 헌신의 한 종류이다. 그리고 특별히 지도자들은목회자들 성공을 원한다면 헌신해야만 한다.

목회자는 교회에 헌신해야만 한다

두 번째 헌신이다. 교회는 반드시 과정에 헌신해야할 뿐 아니라 목회자들 또한 과정을 통해 사역함으로서 교회에 헌신해야 한다. 미국에 있는 일반적인 목회자의 재직기간은 3-4년이다. 이 사실을 많은 교회에 충격을 안겨다 주었다. 나는 전략적인 비전 품기 과정을 통해 교회를 인도하기 전에 담임목사로부터 전체 교회에 이르기까지 과정에 잘 헌신하기를 요구한다. 과정이 진행되는 동안 담임목사가 떠나거나 과정 수행을 마친 후에 교회는 정신적 충격을 받을 뿐 아니라 전략 과정 사역을 많은 교회가 부정해 버린다.

한 경우의 예를 들어 보자. 나를 과정을 통해 컨설턴트로 사용하기를 생각중인 어느 한 교회를 방문 했다. 목사님이 공항에서 나를 픽업했다. 교회로 가는 한 시간 동안 나는 목사님에게 그의 목회가 얼마나 많은 진보를 가져왔는지 물었고 그는 나에게 잘 안 된다고 대답했다. 나는 만일 교회가 과정을 통해 큰 장점을 발견하고 이익을 누리기 위해서는 목사님이 전략 기획 과정을 수행한 후 교회와 함께 전심 전력으로 헌신해야 할 것을 이야기 했다. 내가 그 교회를 방문한 후 나는 그 목사님에 관한 이야기를 듣지 못했고 그 후 그 목사는 교회에 더 이상 계시지 않게 되었다는 것을 알게 되었다. 그 목사는 올바른 선택을 했다. 그는 과정이 진행되는 동안 혹은 완전히 끝난 후에 떠나는 것보다는 과정이 시작되기 전에 떠난 것은 교회를 위한 최선의 선택이었다.

전통적인 전략 기획과 비전이 있는 전략 기획 비교

전략적 요소	전통적 전략 기획	비전이 있는 전략 기획
1. 배우기	과거 자료를 통해 배운다. 이미 존재하는 카테고리를 보전하고 재정렬시키려는 경향이 있다.	모든 자료를 통해 배운다.(자신의 경험과 다른 사람의 경험에 덧붙여 조사) 새로운 카테고리를 창조해낸다.
2. 생각하기	분석–단계별로 목표를 분석하고 재구성하며 냉정하게 그들을 따른다. 이것은 매우 "깔끔"하다.	종합–직관적 통찰을 이용하며 창조성뿐 아니라 분석을 이용한다. 끊임없이 새로운 방법을 끌어들이며 조합한다. 이것은 매우 "복잡"하다.
3. 질문	무엇이었는가? 혹은 무엇인가?	무엇이 될 수 있는가?
4. 시간	과거 지향적이다. 이것은 과거로부터 나아간다. 이것은 장기적이고 미래를 위해 과거의 것들을 가져온다.	미래 지향적이다. 이것은 미래의 것을 과거로 가져온다. 이것은 매우 단기적이며 과거를 깨트는 경향이 있다.
5. 변화	조금의 변화가 일어날 것이라고 가정한다.	많은 변화가 일어날 것이라고 가정한다.
6. 미래	좀 더 똑같게–우리는 미래를 예측할 수 있다.	조금만 똑같게–우리는 미래를 창조할 수 있다.
7. 관계	비전이 있는 전략 기획에 방해될 것이다.	다소 전통적인 요소들을 포함하고 있다.
8. 조정	중앙 집권적–기획에 충실	탈중심적–기획을 추가하고 조정
9. 팀	좀 더 작은 팀	좀 더 큰 팀
10. 결정하기	타협	만장일치
11. 기획	장기	단기
12. 과정	형식(책을 통해)	덜 형식적(더욱 열려 있음)

준비를 위한 체크리스트

혹시 이 책의 서론 부분을 읽지 못했는가? 만일 그렇다면 다음 장으로 넘어가기 전에 다시 서론을 읽기 바란다. 서론은 당신 전략 기획을 준비하는데 중요한 정보를 제공해 줄 것이다. 서론과 1장을 읽은 후에 당신은 다음의 준비를 위한 체크리스트에 답할 준비가 된 것이다.

1에서 10까지의 점수를 이용하여 전략적으로 생각하고 행동하는 과정을 준비하는데 당신의 목회를 얼마나 많은 사람들이 믿고 있는지 보여준다. 일곱 개의 질문을 이용하여 살펴보게 될 것이다. 1점 강한 부정을 의미하며, 10점은 강하게 동의하는 것이고, 5점과 6점은 확실하지 않다

1. 당신의 교회가 전략적 기획을 위해 준비되었다고 생각하는가?
   ① ② ③ ④ ⑤ ⑥ ⑦ ⑧ ⑨ ⑩
   의견 :

2. 전략 기획을 위한 필요한 시간을 투자할 의지가 있는가?
   ① ② ③ ④ ⑤ ⑥ ⑦ ⑧ ⑨ ⑩
   의견 :

3. 당신의 교회는 전략적으로 생각하기와 행동하기에 필요한 재정을 충당할 의지가 있는가?
   ① ② ③ ④ ⑤ ⑥ ⑦ ⑧ ⑨ ⑩
   의견 :

4. 이러한 기획을 성취하기 위해 당신의 교회는 가장 좋은 장소를 보유하고 있는가?
   ① ② ③ ④ ⑤ ⑥ ⑦ ⑧ ⑨ ⑩
   의견 :

5. 당신의 목회에 전략적 생각하기에서 어떤 과정적 도구가 유용할 것이라고 생각하는가? 어떤 것을 시도해보려고 하는가? 어떤 것을 시도하지 않으려고 하는가? 이유는?

6. 당신은 전략 과정에 컨설턴트에게 도움을 받기 위해 사용하는 것이 현명한 일이라고 믿는가? 왜 그런가 아니면 왜 그렇지 않는가? 만일 당신의 답이 아니며 그 이유가 채용할 여유가 없어서라면, 컨설턴트 없어도 과정을 추진할 수 있다고 믿는가?

7. 만일 당신 전략 기획 과정을 실시하고자 하는 열망이 있다면, 그 과정을 실시하기 위해 어떤 종류의 헌신을 해야 하는가? 당신은 잘 해보고자 하는가 아니면 잘 되는 것을 보기 원하는가?

호전시키는 목회자 유형검사

펜폴드 Gordon E. Penfold / D. min — 멜퍼스 Aubrey Malphurs / Ph. D

안내 : 다음 문제를 읽고 당신에 가장 적합한 것에 답을 하시오. 체크를 마친 후 당신 점수를 써 보시오.

1. DiSC 성격 유형 검사에서 D 혹은 I, 아니면 D와 I의 점수가 4점이상이다.
    ① 매우 그렇다   ② 다소 그렇다
    ③ 다소 그렇지 못하다   ④ 매우 그렇지 않다

2. 나는 나를 따르는 사람들에게 열정적인 비전을 제시한다.
    ① 매우 그렇다   ② 다소 그렇다
    ③ 다소 그렇지 못하다   ④ 매우 그렇지 않다

3. 나는 과거 혹은 현재 내 인생에 멘토를 가지고 있다.
    ① 매우 그렇다   ② 다소 그렇다
    ③ 다소 그렇지 못하다   ④ 매우 그렇지 않다

4. 나는 전통에 얽매이기 보다는 혁신적인 사람이다.
    ① 매우 그렇다   ② 다소 그렇다
    ③ 다소 그렇지 못하다   ④ 매우 그렇지 않다

5. 나는 외향적이며 사람을 다루는 기술이 평균 이상이다.
    ① 매우 그렇다   ② 다소 그렇다
    ③ 다소 그렇지 못하다   ④ 매우 그렇지 않다

6. 나는 매우 에너지가 넘치는 사람이다.
    ① 매우 그렇다   ② 다소 그렇다
    ③ 다소 그렇지 못하다   ④ 매우 그렇지 않다

7. 사역에 임할 때 나의 나이와는 상관없이 젊은이처럼 생각한다.
    ① 매우 그렇다   ② 다소 그렇다
    ③ 다소 그렇지 못하다   ④ 매우 그렇지 않다

8. 나는 홀로 일하기보다 팀 사역을 좋아한다.
    ① 매우 그렇다   ② 다소 그렇다
    ③ 다소 그렇지 못하다   ④ 매우 그렇지 않다

9. 나는 대표자이다.
    ① 매우 그렇다   ② 다소 그렇다
    ③ 다소 그렇지 못하다   ④ 매우 그렇지 않다

10. 나는 지도자를 잘 훈련시킨다.
    ① 매우 그렇다   ② 다소 그렇다
    ③ 다소 그렇지 못하다   ④ 매우 그렇지 않다

11. 나는 사역과 결정에 초점을 맞춘다.
   ① 매우 그렇다   ② 다소 그렇다
   ③ 다소 그렇지 못하다   ④ 매우 그렇지 않다

12. 나는 변화를 빠르게 수용한다.
   ① 매우 그렇다   ② 다소 그렇다
   ③ 다소 그렇지 못하다   ④ 매우 그렇지 않다

13. 나는 갈등 상황을 잘 풀어낸다.
   ① 매우 그렇다   ② 다소 그렇다
   ③ 다소 그렇지 못하다   ④ 매우 그렇지 않다

14. 나는 문제를 잘 풀어낸다.
   ① 매우 그렇다   ② 다소 그렇다
   ③ 다소 그렇지 못하다   ④ 매우 그렇지 않다

15. 사람들은 내가 소통을 잘하는 사람이라고 말한다.
   ① 매우 그렇다   ② 다소 그렇다
   ③ 다소 그렇지 못하다   ④ 매우 그렇지 않다

16. 사람들은 나를 수동적 지도자가 아닌 능동적인 사람으로 여긴다.
   ① 매우 그렇다   ② 다소 그렇다
   ③ 다소 그렇지 못하다   ④ 매우 그렇지 않다

17. 나는 사명과 비전 모두 중요하다고 믿고 있다.
   ① 매우 그렇다   ② 다소 그렇다
   ③ 다소 그렇지 못하다   ④ 매우 그렇지 않다

18. 나는 열정적으로 사명과 비전을 전달한다.
   ① 매우 그렇다   ② 다소 그렇다
   ③ 다소 그렇지 못하다   ④ 매우 그렇지 않다

19. 나는 목회자의 나이가 교회의 활성화에 기여한다는 것을 믿지 않는다.
   ① 매우 그렇다   ② 다소 그렇다
   ③ 다소 그렇지 못하다   ④ 매우 그렇지 않다

20. 나는 사역 현장에서 사람들에게 자신의 은사를 사용할 수 있도록 권한을 부여한다.
   ① 매우 그렇다   ② 다소 그렇다
   ③ 다소 그렇지 못하다   ④ 매우 그렇지 않다

21. 나는 자발적으로 행동하는 사람이다.
   ① 매우 그렇다   ② 다소 그렇다
   ③ 다소 그렇지 못하다   ④ 매우 그렇지 않다

22. 나는 강력한 관계를 중요시여긴다.
   ① 매우 그렇다   ② 다소 그렇다
   ③ 다소 그렇지 못하다   ④ 매우 그렇지 않다

23. 나는 공동체에 적합한 복음을 전하는 것이 중요하다고 믿고 있다.
   ① 매우 그렇다   ② 다소 그렇다
   ③ 다소 그렇지 못하다   ④ 매우 그렇지 않다

24. 나는 모든 세대를 아우르는 효과적인 목회를 한다.
   ① 매우 그렇다   ② 다소 그렇다
   ③ 다소 그렇지 못하다   ④ 매우 그렇지 않다

25. 나의 아내와 나는 변화에 대해 비용을 지불할 용의가 있다.
   ① 매우 그렇다   ② 다소 그렇다
   ③ 다소 그렇지 못하다   ④ 매우 그렇지 않다

당신의 점수 :

당신의 점수가 만일

25-43 : 당신은 확실히 호전시키는 목회자, 지도자이다. 하나님은 당신을 갈등 가운데 있는 교회를 활성화시키기 위해 파송할 것이다.

44-62 : 아마도 당신은 호전시키는 목회자 혹은 지도자일 수 있다. 높은 점수를 끌어 내리려는 노력을 기울이며, 낮은 점수는 잘 유지하도록 노력하라. 높은 점수를 얻은 항목들은 가능하면 개선하려는 노력을 기울이라.

63-81 : 당신은 호전시키는 목회자 혹은 지도자일 가능성이 낮다. 당신의 높은 점수가 활성화를 가져오는 목회자가 되는데 발목을 잡고 있다. 가능하다면 높은 점수를 획득한 항목을 개선하도록 노력하라. 아마도 당신은 다른 사역을 찾아보는 것을 고려해보라.

82-100 : 당신은 확실히 호전시키는 목회자 혹은 지도자가 아니다. 이것을 인정하라. 하나님은 당신에게 다른 사역을 찾도록 신호를 주실 것이다.

반영, 토의 그리고 적용을 위한 질문들

1. 호전시키는 목회자의 특징과 호전시키는 목회자 유형 검사에 기초하여 당신은 호전시키는 목회자인가 아니면 그렇지 못한가? 지도자로서 이러한 정보는 당신에게 도움을 주는가?

2. 당신은 전략 기획이 중요하다고 믿는가? 왜 그런가? 아니면 왜 그렇지 못한가?

3. 저자가 전략 기획에 대해 내린 정의는 도움이 되었는가? 당신이 가장 인상적이었던 것은 어떤 것인가?
4. 당신은 전략 기획이 성서적이라고 믿는가? 만일 그렇다면, 특별히 어떤 성경 구절이 눈에 띄는가?
5. 전력 기획이나 비전 품기가 필요하다는 이유를 저자는 밝혔다. 어떤 것이 가장 기억에 남는가?
6. 전략 기획에 대한 26개의 목적을 나열했다. 당신과 당신 교회의 상황에 어떤 것이 가장 중요하다고 생각되는가?
7. 몇 명이나 당신의 전략 기획에 참여시키고자 하는가?
8. 전략 기획 과정을 실행하는데 시간이 얼마나 걸린다고 생각하는가?
9. 당신은 전략 기획을 제시할 수 있다고 믿는가? 왜 그런가? 아니면 왜 그렇지 못한가? 전략 기획 과정을 스스로 이끌어 갈 계획인가 아니면 상담사에게 도움을 요청할 계획인가?
10. 당신은 어디에서 전략 과정을 실시할 예정인가?
11. 어떤 전략 기회 도구를 사용하려고 하는가? 어떤 도구가 자장 중요하다고 생각하는가?
12. 저자는 상담사를 이용한 사례를 제시하였다. 상담사에 대해 확신을 갖는가? 만일 그렇다면 무엇이 당신으로 하여금 상담사를 고려하도록 만들었는가?
13. 교회의 목사라면 과정에 헌신하겠는가? 왜 그런가? 아니면 왜 그렇지 못한가? 교회는 과정에 헌신하는가? 왜 그런가? 아니면 왜 그렇지 못한가?

2
승무원 준비
PREPARING THE CREW

과정을 위한 준비

1장에서 이야기했듯이, 호수이든 바다이든 물살을 가르며 항해하는 과정을 시도하기 전에 항해사가 배를 항해하기 위해 준비할 시간이 필요하다. 그들은 항해를 준비한다! 이를 위해 항해사들은 각각의 항목에 확신을 갖기 위해 종종 모든 아이템에 관한 항해 전 점검 사항을 이용하여 뱃머리부터 선미까지 그리고 배 밑바닥부터 돛대까지 점검한다. 이런 격언이 있다. "만일 그것을 가졌다면, 그것은 작동할 것이다." 이것은 특별히 보트의 안전 장비에 대해서는 그렇다. 당신은 소화기, 구명조끼, 라디오, 구급상자 등을 준비했는가? 만일 구비하지 못했다면, 당신의 배도 생명도 잃어버릴 결과를 초래하게 될 것이다.

하지만 당신의 배만을 준비하는 것으로 충분치 않다. 당신은 배에서 일하는 사람들, 즉 승무원을 준비 시켜야만 한다. 항해, 여행을 할 준비가 되이 있는가? 만일 그렇지 않다면 항해를 함께 해야 하는 승무원들을 위해 무엇을 준비해야 하는가? 항해를 같이하는 승무원들은 중요한 문제 가운데 하나이다. 그들은 배가 어디로 가는지 얼마나 항해를 해야 하는 지뿐만 아니라 항해하는 동안 일어날 문제는 없는지에 대해 알고 있어야만 한다.

항해는 전략 기획과 많은 공통점을 가지고 있다. 특별히 여행을 위한 승무원을 준비하는데 있어서는 더욱 그렇다. 항구를 떠나 모험을 떠나기 전 과정을 위한 팀원들의 준비성을 지도자들은 필수적으로 평가해야만 한다. 따라서 이 책의 나머지 부분인 2부와 3부에서 다루게 될 전략 기획 과정을 위해 스텝의 준비 사항에 대한 결정을 내리기 위해 2장과 3장에서 일곱 단계를 다루게 될 것이다. 그들은 교회의 비전을 품고 있는 지도자를 지원하고, 전략 리더십 팀을 모집하고, 지속적으로 교인들에게 전달하며, 교회의 변화를 위한 준비 사항을 점검하고, 목회분석을 실시하며, 적절한 시간을 예상하며 과정을 위해 영적 기초를 다지는 일을 보장해 준다.

1단계 : 비전을 가진 지도자의 지원 확보

나는 아내와 어린 나이에 결혼을 해서 한 아이를 제외하고는 모두 20대에 낳았다. 그 결과 우리는 젊은 조부모가 되어 버렸다. 우리 손녀 마리아는 지구상에서 가장 똑똑한 아이다! 나의 아내는 마리아가 3살 반이 되자 읽는 방법을 가르쳤다. 마리아는 준비가 되어 있었다. 만일 그렇지 않았다면 그녀를 가르치겠다는 어떠한 시도도 실패로 돌아갔을 것이다. 중요한 것은 모든 아이들은 지적 발달 단계가 다 다르다는 것이다. 또한 모든 아이들이 똑똑해도 다 그렇게 이른 나이에 글씨를 배울 준비가 되어 있거나 배울 수 있는 것은 아니다.

전략적으로 생각하고 행동하려는 교회의 준비는 마치 어린 아이들을 데리고 읽기를 준비하려는 것과 마찬가지로 다양하다는 사실이다. 의지를 가지고 있지 않는 사람들에게 전략 기획 과정을 강압적으로 시도한다는 것은 지혜로운 일이 아니다. 그래서 당신의 교회는 전략 기획을 위원회가 추진할 준비가 되어 있는가라는 질문은 매우 중요한 질문이다. 당신 목회가 그 과정을 진행하려는 준비가 되어 있는지 어떻게 알 수 있을까? 그 답의 시작은 교회의 비전이 있는 지도자들과 함께 시작된다. 여기서 나는 **권한 부여** 라는 소극적인 단어를 쓰지 않을 것이다. 교회를 포함한 모든 조직에 있어서 권력은 선하지도 나쁘지도 않다. 하지만 여기서 하고 싶은 질문은 '권한을 가진 사람들이 전략 기획 과정에 폭넓게 지원을 하는가'이다. 이러한 힘을 가진 사람들은 교회의 당회, 위원회, 스텝 그리고 여성 지도자 또는 장로들이다. 궁극적으로 과정을 성공하고자 한다면 그 과정을 지원해야만 한다.

전략 기획에 대한 위원회의 태도

전략 기획을 위해 교회가 준비해야 할 첫 번째 단계는 그 과정에 대한 교회 최고 위원회의 개방성을 평가하는 것이다. 대부분의 교회들은 위원회 혹은 몇 개의 기능을 감당하는 위원회들을 가지고 있다. 대부분의 작은 교회들은 자신들의 목회 방향^{평균 매 3-4년에 한 번씩 정책을 결정하곤 한다}을 실천하기 위해 모든 일을 위원회가 추진하는 경우가 있다. 좀 더 큰 대형교회들, 특별히 500명 이상 출석하는 교회들은 종종 교회를 스텝들이 이끌어가기도 하지만, 위원회의 역할은 담임목사의 사역을 모니터링 하는 것을 포함하거나 그 역할을 줄여가기도 한다. 위원회가 교회를 이끌어가는 작은 교회에서 위원회가 전략적 생각하기와 행동하기를 지지하지 않는다면, 그 과정은 일어나지 않을 것이다. 예를 들면, 목회가자 과정을 강압적으로 시행한다면, 비록 교인들을 목회자를 좋아한다고 할지라도 그 과정은 실패로 끝나게 될 것이며 만일 목회자가 이 일을 밀고나간다면, 교인들은 일부러 늑장을 부리고, 논쟁을 하고, 투표할 것을 요구함으로 결국 행동으로 옮기는 데는 실패하게 된다.

작은 교회에서 과정을 추진하기 전에 목회자가 이 책의 부록 A에 있는 변화를 위한 준비 목록을 이용하거나 변화에 대한 위원회의 태도를 점검해야 한다. 목회자 스스로가 변화에 반대하는 위원회를 가진 교회라는 사실을 발견했을 때, 그들과 함께 고통을 나누는 것이 필요하다. 그런 교회를 시무하는 목회자들은 최소한 3년에서 5년, 가능하면 5년 동안 교육전략과 변화에 관한 책을 함께 읽기을 통하여, 그리고 전략적으로 기획하여 교회를 변화시켰던 곳을 방문하며, 인격적 면담과 개인적 면담 등을 통해서 목회자의 생각을 함께 공유하기를 바란다. 만일 교회가 갈등이나 침체기에 있다면, 교회의 사역 평가를 통해 시작하기 바란다. 그 평가는 당신의 머리로부터 부정의 모래를 비우도록 해 주며 사역이 깊은 어려움에 빠져 있음을 깨닫게 해 주며 너무 늦기 전에 철저한 정비의 필요성을 깨닫게 해준다. 만일 아직 늦지 않았다면 말이다.

전략 기획에 대한 목회자의 태도

당신의 교회가 전략 기획에 대해 준비가 되었다고 할 때, 두 번째 중요한 열쇠는 담임목사의 태도 혹은 다양한 사역을 감당하고 있는 부목사의 태도이다. 만일 목사가 전략 기획에 대한 중요성을 이해하고 전략 기획이 필요하다는 사실을 알아채고, 기획 과정에 변화를 일으키기 해서는 위원회와 다른 지도자들을 설득하는 것이 필요하다. 만일 목사가 그 필요성을 깨닫지 못한다면, 간단히 말해서 그러한 과정은 일어나지 않는다. 왜냐하면, 목사는 기획 과정을 강요하지도 않을 것이며 두 번째 열쇠의 결핍으로 인해 기획 과정은 결국 사장되고 말 것이다.

왜 목회자들은 전략적으로 생각하기와 행동하기에 대해 반대하는가? 그에 대한 한 가지 해답은 이해의 부족이다. 목회자는 그 과정에 대해 이해하려고도 인식하려고도 하지 않는다. 또 다른 해답은 목회자가 변화에 대해 반대하기 때문이다. 어떤 목회자들은 변화에 대해 두려움이 많은 기질을 갖고 있으며, 어떤 목회자들은 변화에 대해 의심이 많다. 우리가 잘 알고 있는 기질 테스트를 해 보면, 그들은 개인 성향 점검Personal Profile-DISC System 19)에서 S 혹은 C의 기질을 가지고 있는 경향이 있으며 마이어 브릭스 유형 검사Myers-Briggs Type Indicator 20)에서 SJ 기질을 갖고 있는 경향이 있다.

목사가 전략적으로 생각하기와 행동하기를 반대하는 세 번째 이유는 목사가 과거에 살았고, 과거에 사로잡혀 사역했기 때문에 옛 패러다임을 더 생각한다는 것이 그 이유라고 말할 수 있다. 변화의 많은 부분은 목사가 과거에 해 왔던 목회 패러다임에 영향을 받고 있다. 그래서 그는 전략적으로 기획을 세울 필요가 없다는 것을 깨닫게 된다. 만일 어떤 사역이 더 이상 지속할 필요가 없다고 판단될 때 스텝들이 더 이상 그 사역에 대해 노력하거나 강화할 필요가 없다고 목사는 인식하게 된다.

또한 목사는 실패를 두려워 할 것이다. 새로운 방향으로 목회를 전환해야 한다는 큰 변화를 결정내리기 위해서는 지도자가 큰 모험을 감수할 것과 안전한 지대에서 밖으로 뛰쳐나가는 것을 요구한다. 지도자는 교회가 그를 따르겠다는 의지에 대한 보증을 더 이상 갖지 못한다. 더욱이 불확실의 땅으로 행진하고 실제로 실패의 가능성을 갖고 있기에 비난을 피할 수 없다. 이러한 많은 이유로 전략적 과정을 선택한다는 것은 영혼의 어두움과 관련해서 고통스러운 선택이라고 말할 수 있다.

---

19) S의 기질을 가지고 있는 사람들은 인내심이 있으며, 지조가 있으며, 성실하다는 특성을 가지고 있다. 그들은 도움을 필요로 하는 사람들의 이야기를 잘 들어 준다. 그들은 그들이 변화를 받아들이기 전에 그들이 관계를 맺고 있는 사람들의 관계에 어떤 영향을 줄 것인지를 알고 싶어 한다. C의 기질을 가지고 있는 사람들은 매우 신중한 특성을 가지고 있다. 그들은 세심한 성격을 가지고 있으며 항상 사실을 보려고 한다. 그들은 회의주의 입장에서 어떤 변화에 대해 자연스럽게 의심을 많이 하며 먼저 살펴본다.
20) 그들의 생각에 있어서 더욱 전통적인 사람들은 SJ의 기질을 가지고 있다. 그들은 과거를 가장 최고의 것으로 믿고 있으며 과거를 유지하는 것에 대해 그들 스스로가 자부심을 가지고 있다. 그들은 변화를 위협으로 간주한다.

나는 어떤 힘, 은사, 에너지 넘치는 지도자들, 특별히 리더십의 은사를 가지고 있지만 행정 능력이 없는 지도자들이 전략적으로 생각하기와 행동하기를 위한 시간을 갖기가 어렵다는 사실을 발견했다. 이것은 자신의 위험을 무시하는 것과 같다. 전략적 개발을 피하거나 경솔하게 추진하는 것은 "일시적 모면"이라는 심리적 상태라고 특징지을 수 있다. 본질적인 면에서 볼 때 그 결과는 임시적인 해결책이라고 밖에 볼 수 없다. 왜냐하면, 근본적인 단계에 있는 목회에 대한 중요한 문제를 소개하는데 실패했기 때문이다. 전략적인 기획에 반대하는 지도자들은 이러한 영역에 은사와 능력을 가지고 있는 사람들과 면밀하게 모이고 일을 추진하는 것이 지혜롭다.

전략 기획에 대한 스텝들의 태도

만일 교회가 과정을 위해 이미 준비 되었다면, 세 번째 중요한 것은 교회의 스텝의 태도이다. 이것은 예배를 담당하고 있는 사람이나 청소년 담당 목사와 같은 단 한 사람으로부터 흘러나온다. 이와 마찬가지로 이것은 100명 단위의 작은 교회로부터 대형교회에 까지 비슷하다.

많은 스텝이 있음에도 불구하고 스텝들이 많은 계획 혹은 그 계획을 이행에 참여하는 일부분이 된 것처럼, 항해를 할 때, 전략 기획 위원회의 한 일원이 되어야 한다는 것은 중요한 일이다. 만일 위원회와 부교역자들이 그 과정을 지지한다면, 대부분 좋은 결과를 가져올 것이다. 그러나 만일 스텝들이 위원회에 들어가지 않는다면, 그들은 그들의 사역의 발이 질질 끌려 다닐 것이며 결국 그 과정은 실패로 돌아갈 것이다. 만일 스텝들에게 그들 사역에 있어 기획 과정에 동참하지 않는 이유가 무엇이냐고 묻는다면, 그들은 아마도 바쁘기 때문에 그 과정에 동참할 수 없을 것이라고 대답할 것이다. 그것이 진짜 이유라면, 그들은 이행하지 않기를 원할 것이며, 지지하지도 않을 것이다.

왜 스텝들이 과정을 이행하는데 반대하는 것인가? 여기에 중요한 변화를 일으켜야 할 근거 몇 가지를 이야기할 것이다. 변화와 변화 과정에 대한 이해의 부족, 변화에 대한 두려움과 의구심, 과거에 연연하는 오래된 패러다임, 실패의 두려움, 현상태를 유지하려는 생각 , 변화를 위한 시간을 할애하는 것을 원치 않음.

이러한 상황에서 위원회와 목사들은 교인들과 함께 인내해야만 한다. 때때로 위원회에 시간을 투자해야 한다. 물론 이런 생각은 교회가 쇠퇴기에 있지 않아야 하며 때로는 스텝들이 자신의 마음을 변화시키도록 도움을 줘야 한다 그러나 만일 그들이 실패의 위험 가운데 있다면, 그 자리에 합당한 새로운 사람을 찾아야 한다. 스텝을 내보내는 것이 즐거운 경험은 아니지만, 이것은 교회가 죽음 혹은 삶 사이에 놓여 있다는 것을 의미한다. 장기적으로 볼 때, 이런 스텝들은 행복해 할 것이며 그들이 좀 더 나은 모습으로 사역할 때 더 많은 열매를 거두게 될 것이다.

전략 기획에 대한 장로 혹은 여성 지도자들의 태도

많은 소형교회와 중형교회에는 권한을 가지고 있는 장로 혹은 여성 지도자들이 있다. 남자이든 여자이든 대부분 권한을 가진 사람들은 모태신앙이며 교회 공동체 안에서 자란 사람들로서 교회 초기부터 교회에 몸담았으며 그 혹은 그녀가 죽기까지 교회에 머무르게 된다. 당신이 이해해야만 하는 것은 전형적인 소형교회들은 목회자들이 짧은 시간에 오고 가는 것을 보아왔다. 일반적으로 3-4년 그러나 오랫동안 교회에 다닌 교인들은 어느 곳에도 가지 않고 교회의 존경을 받는다. 그래서 교인들은 그들을 신뢰하며 그들에게 많은 권한을 부여한다. 교회는 장로들 혹은 여성 지도자들이 최근 목회자가 그만둔 후에라도 그들은 남아 있을 것이라는 사실을 알고 있다. 이러한 사람들은 공적인 리더십을 가질 수도 있고 그렇지 않을 수도 있지만, 그 혹은 그녀는 교회에 목회자가 있다고 하더라도 엄청난 영향력을 행사한다.

대부분 권한을 많이 가진 사람들은 영적이며 주님께 헌신을 하지만, 항상 그렇지는 않다. 특별히 소형교회를 목회하는 목회자들은 장로 혹은 여성 지도자들이 교회 안에 있으며 교회에 중요한 역할을 감당하고 있다는 사실을 깨달아야만 한다. 만일 장로나 여성 지도자들이 전략 기획에 흥미가 없다면, 전략 기획 과정은 일어나지 않는다. 이러한 사람들과 함께 사역을 하고 있는 목회자들에게 그런 사람들을 영적으로 양육하라는 조언을 해 주고 싶다. 그들과 질 좋은 영적인 시간을 함께 보내라. 일주일에 최소한 한 번씩 만나 기도해 주며 관계를 돈독히 하기를 바란다. 그들의 상황과 그들의 마음을 알아줘야 한다. 먼저 그들과 당신의 생각을 나누라. 그들의 반응을 당신은 알게 될 것이며 그들은 당신의 노력을 지지하며 특별히 전략 기획에 관해서는 더욱 그럴 것이다.

전략 기획을 준비하는데 중요한 것 네 가지

1. 과정에 대한 위원회의 태도
2. 과정에 대한 목회자의 태도
3. 과정에 대한 스텝들의 태도
4. 과정에 대한 장로 혹은 여성 지도자들의 태도

과정에 대한 태도 네 가지에 대한 준비도를 각각 점검하게 되면 당신은 전략 기획을 추진할 것인지 그렇지 않을 것인지를 파악하게 된다. 다시 말하지만, 위원회, 목회자, 스텝들 그리고 장로 혹은 여성 지도자들이 과정을 추진하기 위해 위원회에 헌신해야만 한다.

예전에 나는 남서부에 있는 다소 대형교회를 출석하고 있는 한 남자로부터 전화를 받았다. 그는 이 책의 첫 번째 판을 읽었으며 자기 교회에 와서 전략 기획을 추진하는데 도움을 줄 수 있겠냐는 부탁을 했다. 나는 그에게 그 교회 담임목사님이 그러기를 바라느냐고 물었다. 그의 대답은 아니었다. 그리고 나는 위원회의 태도를 물었다. 그는 또한 아니라고 대답했다. 마지막으로 나는 스텝들에 대한 태도를 물었고 결국 같은 답을 듣게 되었다. 나는 그 사람의 돈을 아끼며 내 시간을 아낄 수 있다고 말한 뒤 나는 그에게 그 사람들의 태도와 교회에서의 영향력에 대해 이야기해 주었고 전략 기획은 결코 일어날 수 없다고 이야기해 주었다. 나의 이야기를 들을 뒤 그는 내 말에 동의했다.

2단계 : 전략적 리더십 팀 모집

사역을 위한 교회의 준비에 대해 생각해 본다는 것은 교회의 리더십을 구성하고 있는 사람들을 생각해 보는 것과 같다. 사역은 그것을 인도해 가는 사람에게만 좋으면 되었다. 그래서 질문은 '누가 전략 기획에 참여해야만 하는가?'이다. 이에 대한 답은 자원봉사 하려는 사람들이나 신실한 추종자뿐 아니라 지도자들도 아니다. 이것을 좋아하는 팀원 전체이다. 왜냐하면, 그들은 신실한 종과 같은 사람들이기 때문이다. 하지만 팀은 가능한 사역을 지도하는 많은 사람들로 구성해야 한다. 과정에 참여하는 사람들이 더 많아진다는 것은 그들의 주인의식이 더 커지는 결과를 가져오게 된다.

전략적으로 생각하기와 행동하기의 과정에 대한 책임은 내가 언급한 전략적 리더십 팀에 달려 있다. 그러나 궁극적으로 하나님께서 그 과정을 운행하고 계신다는 것을 염두해야만 한다. 잠언 21장 31절은 "싸울 날을 위하여 마병을 예비하거니와 이김은 여호와께 있느니라"라고 이야기하고 있다. 대부분 하나님은 사람을 통해 일하시지만, 이런 경우 리더십을 가지고 있는 팀을 통해 일하신다. 그들은 교회에 설명을 하고 과정을 이끌어 간다. 결론적으로 목회자들은 팀을 모집해야 하며 팀의 지도자를 모집해야 하며, 지도자로부터 팀에 이르기까지 헌신을 확보해야 한다.

핵심 팀원 모집

다음 질문에 답을 한다는 것은 전략적인 리더십 팀을 위해 교회 안에서 최고의 지도자들을 선택하고 모집하는데 도움을 준다.

누가 팀을 선택할 것인가?

대부분 STL의 회원을 선택하는 사람은 교회 안에서 핵심 지도자들이다. 그 사람들은 담임목사와 당회장, 당회원, 혹은 중요한 스텝가운데 한 사람, 또 그와 같은 영향력 있는 또 다른 사람이다. 소형교회에서 팀은 장로들 혹은 여성 지도자들을 포함한다.

누구를 선택할 것인가?

SLT 회원들은 교회에서 지도자가 되어야 한다. 성공은 무엇을 하고 있으며 그것을 이행할 능력을 알고 있는 리더십에 달려 있다. 당신은 단순히 리더십 팀의 자리 혹은 어떠한 팀이라도 그 자리에 앉고자 하는 사람을 모집하려는 유혹을 이겨내야 한다. 그런 사람들은 신실한 교인이며, 섬기려는 자들임에 확실하지만, 그들은 과정을 이끌어 가는데 있어 불필요한 사람들이다. 이에 따라 역량 있는 리더십에 대한 막강한 영향력을 위해 심사숙고해야 한다.

나는 종종 SLT를 교회의 휴톤E. F. Hutton 사람들로 언급하곤 한다. 나는 휴톤이 이야기할 때 몇 년 전에 개업한 회사로서 사원들이 그의 말을 귀 기울여 듣기 위해 어떤 일을 하던 그들의 손과 하던 일을 중지하고 휴톤의 사진을 주시하여 보는 중개회사를 언급한다. SLT 회원들은 교회의 영적인 지도자들이다. 그리고 교회 전체에 영향을 주며 교인들에게 존경받는 사람들이다.

여기에 포함된 사람들은 담임목사, 당회장을 포함한 5-10명의 당회원, 소형교회의 경우 모든 스텝들, 대형교회의 경우 영향력을 가진 스텝들4-6명이 좋다, 평신도 교사들, 소그룹 지도자들, 중요한 위치에 있는 지도자들, 그리고 교회에 중요한 영향력을 행사하지만, 교회에서 공적인 위치에 있지 않는 사람들장로, 여성 지도자들 등이다.

전략적 생각하기와 행동하기에 있어서 종종 나타나는 잘못된 관점은 교회 안에서의 여성에 관한 것이다. 비록 교회가 지도자의 위치에 여성들이 전혀 없거나 조금 밖에 없다고 할지라도, 여성 지도자를 포함시켜야만 한다. 교회는 여성의 의견을 경청하는 것이 지혜로운 일일 것이다. 만일 그렇지 않게 되면, 전략적 생각하기와 행동하기를 실천하는데 있어서 중요한 여성의 통찰력을 얻지 못하게 될 것이다. 특별히 여성 사역의 영역에서는 더욱 그렇다. 내가 어느 한 교회에서 목회했을 때, 여성이 장로가 되어서는 안 된다고 믿었다. 그러나 우리는 여성의 충고를 듣기 위해서 여성들을 위원회에 참석시키거나 모임에 참석시켰다. 그리고 규칙적으로 여성들의 의견을 듣기 위해 모임을 가졌다.나는 같은 상황이라고 할지라도 이런 일을 주저하지 않을 것이다

왜 이 사람들이 위원회에 포함되어 하는가?

그 팀에 이 사람들이 포함되어야 하는 이유 몇 가지를 이야기할 것이다.

1. 지도자들의 존재는 과정에 대한 교회의 신뢰를 일으킨다. 만일 교회가 그 과정에 불신을 갖게 된다면, 교회의 삶에 그 과정은 실현되지

않을 것이다. 지도자들, 특별히 교인들의 삶에 깊은 영적 영향력을 가진 지도자들은 그들의 신뢰를 받게 될 것이다.
2. 지도자들은 교회에서 다른 교인들보다 더욱 영적인 성숙과 은사를 받은 사람들이며 당신은 과정을 위해 그들의 은사와 능력을 사용하기 원할 것이다.
3. 팀의 열정은 전략 기획이 단지 목회자의 생각이나 일이 아니며 더욱이 지도자들의 생각이나 일이 아니라는 메시지를 회중들에게 보낸다. 목회자는 단순히 자기를 따르고자 하는 사람들에게만 기획을 전하는 것이 아니다. 교인들은 그 기획을 개발하는데 의의 있는 참여를 했다는 것을 확신한다.
4. 그 팀은 교회에 대해 가장 잘 알고 있다. 즉 전통, 문화, 약점, 강점, 그리고 또 다른 중요한 기획 안내 등을 알고 있다. 특별히 목사가 그 교회에 새롭게 부임했다면 팀의 이러한 생각은 매우 중요하다.
5. 팀을 이루고 있는 많은 지도자들 가운데 상당수는 목회자보다 오래 교회에 머무르게 된다. 목회자가 떠나버린 이후에도 그들은 여전히 그 교회의 지체이며 사역의 한 부분을 감당하게 될 것이다. 이것은 그 과정을 장기간 이행 하는데 있어 중요한 문제이다.

왜 지도자들은 그러한 팀이 되기를 원하는가?

지도자들은 몇 가지 이유에서 팀이 그렇게 되기를 바란다.

1. 그들은 그리스도의 교회에 대한 현재와 미래에 대해 관심을 갖고 있다.
2. 그들은 지역교회와 미래에 대해 관심을 갖고 있다. 교회는 하나님에게 중요하며, 하나님은 교회에 중요하다.
3. 그들은 지역 공동체의 인구통계학에 관심을 갖고 있으며, 아직 믿지

않는 사람들에게 복음을 전하기 원한다.
4. 그들은 교회가 세계의 유일하신 소망임을 확신하며 그들의 교회가 지역 공동체에 유일한 소망이길 원한다.
5. 그들은 교회의 미래를 형성하는데 중요한 역할을 감당하기 원한다. 그들은 차별성을 만들기 원한다.

전략을 창조하는데 이 사람들을 어떻게 도울 수 있는가?

1. 그 과정은 그 기획에 대한 주인의식을 함양시킨다. 그들은 자신의 노력이 모든 과정에 스며들기를 바란다.
2. 그 과정은 지도자들에게 권한을 부여한다. 그들은 드라마틱한 차별성을 말하고 만들 수 있다.
3. 그 과정은 연합을 창조한다. 함께 일하면서 그 팀은 다른 사람들의 말을 듣고 신뢰를 받으며 모두가 동일한 위치에 서도록 한다.

그 팀에 몇 명이 함께 해야 하는가?

내가 1장에서 언급했듯이 그 숫자는 많으면 많을수록 좋다. 숫자는 교회의 사이즈와 그 교회의 지도자들의 숫자에 따르면 된다. 내가 교회를 상담할 때, 나는 25-30명의 지도자를 포함시킨다. 그들은 과정이 모두 끝난 뒤에도 여전히 모임을 갖는다.

그 팀은 몇 번 만나는 것이 좋은가?

1장에서 나는 SLT가 최소한 4주 동안 만남을 갖거나 초기의 열정이 타성에 젖지 않도록 모험을 해야 한다. 나의 경험으로 금요일 저녁 몇 시간 동안 만남을 갖는 것이 좋다. 그리고 토요일 아침 8시부터 오후까지 두 번의 모임을 갖는 것이 좋다. 저녁 동안 쉴 시간을 주는 것이며 토요일이나 주말 전체를 희생하는 일이 없도록 해 준다.

그러나 팀은 여름휴가, 부활절, 크리스마스, 감사절과 휴일이라고 사람들이 기억하는 날과 같은 기간에는 쉴 필요가 있다.

팀의 지도자 모집

팀을 모집하면서 추가로 배의 선장 혹은 항해할 때 인도해야 하는 팀의 지도자를 모집해야만 한다.

목회자

나는 담임목사 혹은 부목사가 기획 과정에 있어서 중요한 위치에 서야 하며, 책임을 져야만 한다는 사실을 깨닫게 되었다. 그것은 목회자가 교회를 위한 전략적 기획의 필요성을 깨닫고 그 중요성에 동의해야만 하는 이유 때문이다. 그러나 여기서의 염두해야 할 질문은 '목회자가 그 과정을 인도할 준비가 되었는가'이다. 만일 목회자가 전략적 생각하기와 행동하기를 실시하는데 있어서 도움을 줄뿐 아니라, 그 과정에 대한 지식을 습득하게 된다. 이 책을 쓰는 한 가지 이유가 지도자들이 더 많은 지식을 얻는데 도움을 주려는 것이다. 대형 교회의 담임목사들이나 작은 교회를 홀로 사역하는 목회자들은 전략적 기획에 대한 초기의 개발 과정을 책임져야만 한다.

그러나 항상 이러한 방법으로 일이 이루어지는 것은 아니다. 나의 경험으로 볼 때, 지도자가 아닌 목회자들이 교회를 이끌고 있었다. 그리고 많은 교인들이 이에 동의하고 있었다. 그들은 아마도 탁월한 교사들일 것이며 심지어 학위를 가지고 있거나 좋은 목회적 돌봄과 심방을 할지 모른다. 하지만 그들은 전략적 지도자가 아니다. 만일 그런 교회가 있다면, 위원회, 혹은 팀은 누군가가 인도해야 할 것이다. 내가 상담했던 몇 교회들은 경영계에서 증명된 사람을 리더로 선출했다.

만일 당신이 담임목사이며 당신이 리더인지 아닌지 평가하기 원한다면, 당신은 부록 B에 있는 리더-관리자 평가를 통해 그 답을 얻을 수 있다.

다른 잠재적 지도자들

다른 잠재적 지도자들 역시 마찬가지이다. 대형교회에서 지도자들은 행정목사, 부목사, 전략 기획 담당 목사, 위원회 의장, 또는 리더십의 은사를 가진 기업의 사람들이 될 수 있다. 소형교회에서 지도자들은 위원회의 회원, 당회장, 굉장한 은사를 가진 교인이 될 수 있다. 나의 경험에 비춰보면 다른 지도자들이 과정을 통해 교회를 영향력 있게 지도하는 것을 경험했다. 하지만 담임목사가 과정의 성공을 위한 챔피언이 되어야만 한다.

팀에 대한 기대 설명하기

현명한 팀원들은 전략적 리더십 팀에 대한 기대가 무엇인지 알기 원할 것이다. 나와 함께 사역하는 팀원들을 위해 최소한 열두 가지의 기대를 이야기해 준다.

1. 교회와 팀과 과정을 위해 기도할 것.
2. 과정에 대해 신뢰를 갖고 열정적인 지지를 보내는 능동적 참여자가 될 것. 팀원들은 전체를 봐야 하며 전략 기획 과정에 관해 장차 팀원이 될 만한 사람에게 알릴 것.
3. 팀플레이 할 것. 그러나 "예스맨"은 필요치 않음. 사실 영적으로 건강하다는 것은 팀을 위해 시간에 동의하고 서로 도전을 주는 것이라고 생각한다.
4. 결정을 내리기 위해 의견 일치가 될 수 있도록 동의할 것. 이것은 비록 당신이 그 의견에 동의하지 않는다고 할지라도 그 결정을 존중해

야 한다는 것을 의미한다.
5. 가능한 많이 모일 것. 만일 당신이 회의 장소가 있는 도시에 있다면 회의에 참석하라. 결석을 많이 하게 되면 마지막 결정을 내릴 때, 스스로 참여하지 않게 된다.
6. 스토리보딩, 가치 발견, 사명 개발 등과 같은 그룹 과정에 참여할 것.
7. 기밀사항은 기밀로 유지할 것. 과정에는 많은 기밀사항이 없을 것이다. 하지만 어떤 것은 비밀을 요하는 것도 있을 수 있다.
8. 과정에 필요한 전체 시간에 헌신할 것. 아마도 6-9개월 정도 시간을 요할 것이다. 당신이 처음 가졌던 흥미를 잃어 버리게 될 때, 참아 내야 한다.
9. 과정을 지지하고 적극적으로 기여하기 위해 당신의 은사, 재능, 그리고 능력을 활용할 것.
10. 필요하다면 이행에 참여할 것. 이것은 결론에 다다를 때이며 이론이 실천으로 옮겨지는 것을 말한다.
11. 각각의 팀 회의를 준비할 것. 책을 읽고 요약하고, 정보를 모으며, 설문을 조사하는 것을 포함한다.
12. 교인들과 함께 적극적으로 팀 사역에 동참할 것.

나는 과정을 인도하는 지도자에게 잠재적으로 팀에 함께 할 사람들과 모임 장소에 방문한 사람들에게 과정에 대한 전체적인 개관을 소개하고 그들의 질문에 답을 함으로서 지도자를 선택하라고 충고하고 있다. 나는 위에 나열한 열두 가지 기대에 헌신할 의지를 가진 모든 사람들에게 그들의 참여와 그 팀의 일원이 되기를 기도해보라고 용기를 불어 넣는다. 우리는 각자에게 헌신 서약부록 C를 보라을 배부해 준다. 그리고 팀에 헌신하고자 하는 사람들은 거기에 서명을 하고 날짜를 적게 한 후 다음 주 혹은 다음 모임에 함께 참석하기를 요구한다. 다시 말해서 위에 열거한 열두 가지는 건강한 교회의 개발을 위한 헌신에 대해 본질적으로 중요한 것들이다. 느헤미야 9장 28절에 일어난 사건은 매우 중요하다.

3단계 : 회중들과 의사소통을 이용하라

국가가 전복되거나 정부가 쓰러질 때면 새로운 정권이 빠르게 라디오 방송국과 텔레비전 방송국을 장악한다는 것을 본 적이 있는가? 그들의 메시지나 그렇게 이유를 설명하는 것은 매우 중요하다. 그래서 그들은 통신을 통해 승리를 얻게 될 것이다. 그렇지 않다면 그들은 권력을 잃게 될 것이다.

당신의 교인들과 얼마나 좋은 전달 방법을 가지고 있는가? 당신은 다음 단계로 넘어갈 준비가 되었는가? 교인들에게 전달할 기술을 이용하기 위해 당신은 무엇을 해야 하는가?

전달은 신뢰를 구축한다

왜 교인들과 의사소통해야 하는가? 멜퍼스 그룹에서 주장하는 것 가운데 하나는 "만일 교인들이 당신을 신뢰하지 않는다면 당신은 그들을 이끌어갈 수 없다"는 것이다. 만일 당신이 교인들 몰래 은밀한 모임을 갖거나 그 모임에서 일어난 일들을 전달하는데 실패한다면, 당신은 교회를 이끌어 갈 수 없을 것이다. 왜냐하면, 그들은 당신을 믿지 않기 때문이다. 그들은 당신이 교인들 몰래 무슨 일을 추진하고 있다면 그 일이 교인들에게 분노를 자아내게 하며 교인들을 이간질하는 것이라고 확신을 하게 될 것이다. 물론 다른 기간에도 마찬가지이지만, 전략 기획 과정이 진행되는 동안 당신은 전달하고, 전달하고 또 전달해야만 하다.

전략 기획 팀과 함께 금요일 저녁 모임, 토요일 아침 모임을 가진 후 월요일에 집에 있는 나에게 교회의 목사가 전화해 왔다. 그는 교인 가운데 연세가 드신 한 분이 주일 아침 예배를 드리기 전에 목사에게 와서 "나는 달라스로부터 온 녀석들과 함께 당신이 은밀한 모임을 가졌다고 들었소!"라고 이야기했고 그의 대답은 자유 정보법Freedom of Information Act에 따른 것이었으며 목사님은 그에 대해 아무 것도 답하지 못했다. 엄밀히 말해 회중의 신뢰를 얻고자 한다면 그 팀과 팀의 지도자는 그래서는 안 된다.

누가 전달할 것인가?

회중과 의사소통을 책임지는 사람은 목사이다. 비록 이 일을 팀원 중 누구 한 사람에게 할당했다고 할지라도 목사는 궁극적으로 모임에서 일어난 일에 대한 의사소통에 있어 책임을 지는 사람이다. 만일 그렇지 않다면 그는 그 일로 인해 일어나는 영향에 대해 책임을 져야만 한다.

회중에게 전달할 수 있는 또 다른 사람은 팀의 리더, 위원회의 위원장, 또는 독특한 은사를 받은 사람, 팀에서 공인한 대변인이다. 올바른 정보가 정확하게 전달되는 것은 중요하다. 이러한 생각은 지금까지 쌓아온 교인들의 신뢰에 맞물려 잘못된 전달과 잘못된 정보를 예방한다. 본질적으로 모든 팀원들은 과정의 찬성된 것과 어떠한 잘못된 정보를 설명하는데 전달자나 대변인이 되어야만 한다.

어떻게 전달할 것인가?

아마도 교인들에게 전달하데 가장 많이 쓰이는 방법은 구어로 전달하는 방법일 것이다. 전략 기획 과정은 팀에 관해 많은 흥미를 유발시킨다. 결론적으로 나는 교인들에게 주도적으로 이야기함으로서 격려하는 것이 중요하다고 생각한다. 교인들에게 그 과정에 대해 "주저 하지 않고 말하라"라고 충고한다. 특별히 영향력 범위 안에 있는 교인들에게는 더욱 그렇게 하라. 팀 모임을 시작하면서 당신은 교인들과 함께 한 상황에서 이것을 어떻게 성취할 것인지에 대해 다양한 팀원들의 이야기를 듣고 싶다고 이야기하라.

또 다른 방법은 정형화된 전달 방법이다. 당신은 아마도 한 방향 전달 방법 혹은 양 방향 전달 방법으로 구분할 것이다. 한 방향 전달 방법은 설교, 게시판, 신문, 개인적 서신, 영상 알림, 스킷, 팀의 회원이 전하는 공식적 발표 등이 그것이다. 양방향 전달방법은 온라인, 마을 회관 모임, 참가자가 음식을 가지고 모이는 저녁 식사 모임, 사적인 전화 통화, 그리고 경청회 등이 있다.

당신은 매주일 설교를 통해 메시지를 전달하고 있음에도 불구하고 그 근거와 사람들의 신뢰를 얻기 위해 성경공부, 광고, 게시판, 신문, 발표, 스킷, 그리고 회의라는 방법을 사용하여 메시지를 전달하려는 기회를 잡아야 한다.

만일 당신이 마을 회관 모임과 같은 큰 공적 모임에서 양 방향 전달 방법을 사용한다면, 당신은 그 장소에서 몇 가지 규칙을 지키는 것이 현명하다. 교회가 하는 일, 즉 전략 기획이든지 또 다른 사역이든지간에 그 모임에는 항상 어느 정도의 반대가 있을 것이다. 한 사람이나 그룹이 공식적인 모임이 괴롭히는 모임으로 돌아서지 않도록 하며 개인적인 인신공격의 장소가 되지 않도록 하라. 당신은 최소한 처음 몇 모임에서 이를 위해 미리 준비해야 하며 이것을 다루기 위해 준비해야만 한다. 모임을 개최하면서 예의 바르게 준비한 것을 발표하라. 혹시 방해할 만한 사람을 위원회의 의장 혹은 신망이 두터운 회원, 혹은 장로와 같은 사람에게 부탁하라. 이것은 차후에 나타나는 문제들로부터 당신을 구해줄 중요한 메시지를 보내는 것이다.

무엇을 전달할 것인가?

목회자는 교회가 전략 리더십 팀에 의해 인도되는 전략적 비전을 품는 과정을 통해 나아가게 될 것이라는 점을 회중에게 알려야만 한다. 목회자는 내가 1장의 전략 기획은 성서적이라는 제목 하에 이야기했던 자료들을 이용하여 전략 기획에 대한 성서적 배경을 가진 메시지를 선포해야 한다. 주일학교 교사들은 유사한 메시지와 학습 자료를 가지고 이를 따라야 한다. 또한 그 메시지는 전략적 리더십 팀, 팀의 목적, 얼마나 오랫동안 진행될 것이며6-9개월, 전략 기획 과정을 위한 위원회와 스텝들의 헌신을 확인하는데 적절해야만 한다. 어떤 사람이 그 팀에 무슨 이유로 그가 혹은 그녀가 선택되지 않았는지를 물을 때 설명해야 하며, 그 과정을 통해 얻는 기대를 설명하며, 특별히 회의 횟수와 길이를 설명해야 한다. 대부분의 사람들은 더 이상의 참여를 하지 않게 될 것이다. 만일 그렇게 되면 당신은 그 팀에 그들을 포함시키는 것에 관해 심사숙고해야 한다.

목회자들은 전략적 비전이 있는 과정의 결정 사항을 전달할 필요가 있다. 성서를 적용하면서 목회자들은 SLT에 의해 기획된 교회의 핵심 가치들, 사명, 비전, 그리고 전략에 대해 설교 해야만 한다. 아마도 이것은 정보들이 전달되고 사람들이 반응할 수 있는 기회를 얻기 위해 몇 번에 걸친 마을 회관 모임을 개최해야 할 것이다. 다시 말하지만 주일학교 교사들과 가르치는 위치에 있는 사람들은 이러한 문제에 관해 잘 전달해야만 한다.

덧붙이자면 몇몇 목회자들은 앞부분에서 다루었던 느헤미야와 사도행전과 같은 몇 가지 전략적인 면을 보여주는 성경의 일부분을 통해 선포해야 한다. 또한 나는 강력하게 목회자들과 주일학교 교사들이 이 책 3장에 기록하고 있는 영적인 발달과 관련된 자료들을 과정을 시작하기 전에라도 간파하고 있어야 한다고 주장한다.

잘 전달하기

팀의 좋은 전달을 위해 몇 가지 매우 단순한 질문을 이야기할 것이다.

1. 누가 알 필요가 있는가? 이것을 교회의 모든 성도들에게 알려야 하는가? 교인들 가운데 일부분에게, 혹은 위원회, 스텝들, 일반 대중에게 알려야 하는가?
2. 무엇을 해야 할 지 알 필요가 있는가? 그들과 관련된 것은 무엇인가? 불필요한 것은 무엇이며 그들의 시간을 허비하게 하는 것은 무엇인가?
3. 누가 그들에게 이야기할 것인가? 우리는 일반적인 채널목회자, 위원회 위원장 등이나 전달을 맡은 사람개척자, 선망을 받고 있는 목회자와 같은을 통해 전달해야 하는가?
4. 어떤 방법으로 그들에게 전달할 것인가? 형식적 방법 아니면 구두로 할 것인가?
5. 그리고 마지막으로 언제 어디서 그들에게 말할 것인가? 주일 아침 교회에서 할 것인가? 아니면 주중에 마을 회관에 모임에서 할 것인가?

성서에 나타나는 고충거리를 해결하는 과정

문제

성서는 기독교인은 불평하는 자가 되지 말고빌2:14 서로 사랑 가운데서 겸손과 온유로 하라엡4:2고 명령하고 있다. 그러나 너무 많은 교회들이 이 말씀과는 거리가 멀다. 사람들이 어떤 것을 좋아하지 않을 때, 그들은 불평하며 서로 이야기를 하며 잘못된 루머들을 퍼뜨리기도 한다. 이것은 그들을 돕는 사람들보다 교인들이 상처를 받으며, 교회에 많은 손상을 입히는 원인이 된다.

해결책

성서적인 해결책은 전달이다. 마태복음 5장 23-24절과 18장 15-19절과 같은 구절들에 기초하여 교인들을 위한 고충거리를 해결하는 것은 중요하다. 여기서의 가르침은 잘못을 느끼고 있는 사람들과 누군가에게 잘못을 했다고 믿는 사람들에게 함께 혹은 한 번에 한 명씩 그들의 문제를 풀기 위한 것이다. 이런 일은 일어나지 않는다. 마태복음 18장 15-19절은 궁극적으로 가르침의 마지막 부분인 해결 과정에 다른 사람을 포함시킴으로서 단계를 추가하고 있다. 이와 관련된 또 다른 구절들은 마태복음 12장 25-26절, 고린도전서 10장 10절, 에베소서 4장 29절, 빌립보서 2장 14절, 야고보서 3장 2절이다.

과정

설교를 통해 전달과 인식에 대한 중요성과 고충거리를 해결하는 과정을 소개하는 것은 담임목사로서 당신에게 좋은 생각이다. 그때 사람들은 합리적 또는 비합리적 불평들을 갖게 될 것이다. 하지만 성서적으로 고충거리를 해결하는 과정을 설명할 때, 성도들은 이러한 문제를 조정하기를 기대한다. 성도들에게 용기를 준다는 것은 어떠한 불평이나 험담을 듣지 않는 것이 아니라 직접적으로 그런 사람들을 올바르게 고충거리를 해결하는 과정을 실행하도록 인도하는 것이다. 다음의 질문을 통해 불평하는 사람들을 지도하라. 고충을 해결하는 과정을 실천해본 적이 있는가? 그 혹은 그녀와 고충상황을 이야기 나누고 좋은 시간을 가져본 적 있는가? 만일 사람들이 그 혹은 그녀의 방법이 아닌 과정을 추구했을 때, 대화가 마무리된 적이 있는가? 그 혹은 그녀는 그 과정에 대해 들을 기회를 갖게 될 것이다. 당신은 더 많은 고충과 부정에 대해 참아서는 안 된다. 이 방법을 사용한 어떤 사람들은 이것을 합리화시키지 않고 괜찮다고 하는 것이 사실이다.

나는 당신이 일 년에 한 번씩은 이 문제에 관해 설교해야 한다고 충고해 주고 싶다. 또한 교인으로서의 의무를 이야기하면서 고충거리를 해결하는 과정 가운데 한 부분에 위치해 있다는 것도 알려 주어야 한다. 그리고 누가 이 교회에 출석하도록 갈망하고 결단하도록 했는지 물어야 한다. 이 방법은 이견의 문제에 대해 당신의 교회는 어떻게 조정하는가에 대한 모든 것을 일깨워주는 방법이다.

4단계 : 변화에 대한 교회의 준비성 평가

이미 우리가 살펴보았듯이 세계 곳곳에서 교회에 충격을 주는 많은 변화가 일어나고 있다. 거기에는 많은 변화가 일어날 뿐 아니라 그 변화의 시간이 예전보다 더 짧아졌다는 점이다. 변화의 파도는 전형적 교회라는 배를 세게 내리치며, 식수를 보충하기 위해 정박하는 것을 거절해 버린다. 그래서 이 책에서 이야기하고 있는 전략적 생각하기와 행동하기 과정의 목적은 교회로 하여금 변화의 파도가 몰아치는 동안 그리고 변화의 거센 파도를 대비함으로서 교회의 기능을 잘 감당할 수 있도록 하는데 있다. 그러나 이것을 구현하기 위해 교회는 변화의 과정 가운데 우리는 어디에 위치해 있는지 파악해야 하며 변화에 대한 준비성이 어느 정도인지 평가해 보아야 한다. 여섯 가지 활동에는 다음과 같은 것들이 포함된다. 변화가 어떻게 교인들에게 영향을 미치는지 파악하기, 변화를 위한 준비 목록을 통해 평가하기, 교회 사역 평가의 결과를 논의하기, 또 다른 몇 가지 분석하기, 철저한 질문하기, 교인들의 감정에 대해 진지하게 생각해 보기, 변화의 신학을 받아들이고 전달하기.

몇몇 나이 많은 사람들은 교회에 변화를 추진할 때 성도들이 분노를 느낄 것이라는 확신을 가지고 있다. 그 어느 누구도 이 진리에서 벗어날 수 없을 것이다. 변화 혹은 변혁은 기독교에 있어 중요한 문제이다. 바울은 "우리가 다 수건을 벗은 얼굴로 거울을 보는 것같이 주의 영광을 보매 그와 같은 형상으로 변화하여 영광에서 영광에 이르니 곧 주의 영으로 말미암음이니라"고후3:18이라고 기록하고 있다. 교회에서 우리가 행하는 변화를 위한 목적은 우리 내면의 변화였다. 교회가 행하는 방법예배 형식, 설교 스타일, 교수 스타일 등을 통해 그리스도를 믿는 자로서 직접적인 충격을 가하는 형태이다. 그러나 부정적인 영향력이 얼마나 우리 삶에 영향을 주는 그 방법으로 교회에 사용한다면 교회는 정체로 빠질 수 있다.

아마도 나의 경험을 이야기하면 도움이 될 것이다. 나의 아내는 지역 건강 클럽에서 트레이너와 함께 일하고 있다. 그 트레이너는 나의 아내의 일상생활을 끊임없이 변화시키는 것을 "근육 메모리"로 이야기한다. 그는 당신이 만일 같은 운동을 반복적으로 계속 한다면 그 근육을 계속해서 이용하게 될 것이며 결국 성장이 중단될 것이라고 믿고 있다. 나는 트레이너가 말한 것이 영적인 성장을 이루기 위해 교회에서 실시하는 다양한 형식을 위해 똑같이 적용된다는 것에 동의한다. 그들은 변화가 필요하다. 그렇지 않으면 사람들은 영적인 성장이 중지되어 버릴 것이다.

변화가 성도들에게 어떻게 영향을 주는지 이해하기

교인들 가운데 많은 사람들은 안정성이 규범이었던 20세기에 성장했다. 일반적인 모토는 "고장 나지 않는 것은 고치지 말라!"였다. 그러나 20세기 후반에 시작되어 21세기에 진행되고 있는 변화의 경향이 규범이 되었다. 어떤 사람이 다음과 같이 기록하고 있다. "역사 이래로 1900년까지 정보는 두 배가 되었다. 1950년에 다시 두 배가 되었다. 1975년이 시작되면서 매 5년 마다 정보는 두 배로 증가했다. 최근 매 2년마다 정보가 두 배로 증가하고 있다."[21] 새로운 모토는 "고장 나서 고치라!"는 것이다. 문제는 비록 몇몇 사람들이 이것을 깨달았다고 할지라도 그들은 여전히 안정의 시대로 돌아가기를 희망한다는 점이다. 그래서 우리는 옛 모토를 듣고 변화에 반대하는 사람들을 만나는 것이다.

두 번째 문제는 다음과 같다. 안정이 주류를 이루던 그 시대에 성장했던 교회 안의 오래된 지도자들 가운데 많은 사람들은 변화의 난국에 그들을 돕기 위한 리더십의 유산을 가지고 있지 않다는 것이다. 그들은 필사적으로 돕지만 실현되지 않는다. 세 번째 문제는 몇몇 지도자들은 변화가 교회에 불어 닥치는 대학살의 모험보다는 그 상태를 유지하려고 한다는 점이다. 그들은 반드시 다음과 같은 중요한 질문을 해야만 한다. 우리가 지금까지 해 왔던 것을 지속한다는 것이 합리적인 생각이며 그 일이 더 나은 미래를 도래하게 하는 것인가?

변화를 위한 준비 목록 실시하기

변화를 준비하기 위해 교회가 지금 어디에 위치해 있는지를 어떻게 할 것인가? 변화를 위한 준비 목록은 부록 A에 있다. 전체 팀은 교회와 관련시켜 이 목록을 가지고 평가를 해야 한다. 각각의 회원들은 그녀의 혹은 그의 전체 점수를 가지고 도구의 끝부분에서 그룹의 점수와 비교해보라. 그 결과를 통해 변화가 당신 교회에 무엇을 말해 주고 있는가?

만일 교회 점수가 좋지 않다면, 앞으로 당신은 무엇을 할 것인가? 나는 당신의 교회가 전략 기획을 실시하든 그렇지 않던 간에 마음을 열고 대화를 하라고 권고하고 싶다. 놀랍게도 기획 과정이 아마도 미래를 위한 당신의 유일한 소망이 될 것이며 과정을 위한 가장 강력한 헌신은 활성화를 불러 일으킬 것이다. 팀의 리더로서 당신은 헌신할 의지가 있는가?

---

21) Ray Jutkins, *Power Direct Marketing*, 2nd. (Lincolnwood, IL: NTC Business Book, 2000), n. p. as cited at http://www.rayjutkins.com/pdm/pdm10-03.html.

목회 평가에 대한 결과 논의하기

5단계에서 교회 사역 평가를 실시하게 되면, 당신 교회의 변화에 대한 개방성을 이해하게 된다. 교회 사역 평가는 주로 변화를 위해 교회가 어떤 방법으로 준비하는 지 보여준다. 예를 들면, 장애에 대한 평가에서 교회가 유연성을 가지고 있는가 아닌가를 물어보며 교회는 배우기를 좋아 하는가 그렇지 않는가도 물어본다. 아웃리치 대 인리치, 그리고 비전과 사명에 관한 질문은 변화에 대한 교회의 준비성을 보여준다.

당신은 이러한 질문에 대답할 수 있다. 교회는 삶의 주기 평가에서 어떤 위치에 있는가? 성장, 침체, 또는 쇠퇴의 소용돌이 속에 있는가? 후자의 경우 얼마나 오랫동안 지속되었는가? 정체기에 있는 교회 혹은 방금 쇠퇴의 길로 접어든 교회는 쇠퇴의 소용돌이에 접어든 교회 혹은 그 기간이 다소 오래된 교회보다 변화를 조정해낼 수 있다. 차이는 변화를 조정하는 것 대 깊은 변화로 내가 언급했던 것의 차이다. **변화를 조정하는 것**은 사역들을 향상시키기 위해 여기 저기에 조금의 변화를 가하는 것을 의미한다. 깊은 변화란 마치 전통적인 예배에서 현대적인 예배로 한 달 만에 변화를 주는 것처럼 교회가 행하는 것에 대해 짧은 시간에 많은 변화를 주는 것을 의미한다. 나는 이것에 관해 사역 평가를 다룰 때 더 이야기할 것이다 쇠퇴의 소용돌이에 휘말려든 교회들은 살아남기 위해 깊은 변화를 통해 뚫고 나가야 할 필요가 있다. 하지만 나의 경험으로 볼 때 그렇게 하지 않는 것을 보아왔다. 이것은 너무 극단적이며 대부분의 교인들이 감정적으로 그러한 변화를 조정할 수 없다. 이것은 단순히 그들을 당황하게 만든다.

또한 당신은 평가의 결과에 어떻게 응답할 것인가를 심사숙고해야만 한다. 특별히 교회가 잘 이행하지 못하면 더욱 심사숙고해야 한다. 이러한 질문들을 던져야 한다. 그들은 화가 났는가? 그들은 도구의 정확성에 대해 이의를 제기하는가? 그들은 부정하는 것처럼 보이는가? 그들은 만족의 모래 속으로 머리를 밀어 넣고 있는가? 아니면 어려움을 겪고 있다고 인정하는가? 그들은 합법적으로 심사숙고하는가? 그들은 문제를 이해하고 받아들이고 성실하게 해결되기 위해 무언가 하기를 원하는가? 마지막 질문들은 변화와 부흥을 위한 교회의 개방성을 평가하는데 있어서 중요하다.

철저하게 질문하기

나의 경험은 변화로 들어가는데 생겨나는 의문의 씨앗에 대해 철저한 질문을 요구한다. 무엇이 철저한 질문인가? 그러한 질문들은 사람들에게 생각하도록 만든다. 그리고 그들은 그 문제들을 피하기보다는 오히려 생각할 수 있도록 만든다. 당신은 방향과 궁극적인 문제를 제시할 수 있지만 자기만족을 위한 반대 또한 초래할 수 있다. 질문들은 생각하기 과정을 촉진시키며 도전을 준다.

철저한 질문들은 선서에서도 찾아 볼 수 있다. 하나님은 아담과 하와에게 선악과를 따먹고 타락한 후에 에덴동산에서 철저하게 물어보신다. "내가 너더러 먹지 말라 명한 그 나무 실과를 네가 먹었느냐?" 그리고 예수님도 철저한 질문을 이용하시는데 대가였고 자기만족적인 생각을 드러내기 위해 부정한 외식에 대해 관통하셨다. 예. 마22:41-46

철저한 질문을 위한 좋은 방법은 **왜** 질문법이다. 끊임없이 '왜 교회가 자기만족적 생각을 드러내지 않으려고 하는가?'에 대해 질문을 해야 한다. 사실 나는 그 문제에 대한 핵심적 답변을 얻기까지 각각의 질문에 왜라는 질문을 계속적으로 한다. 정체나 쇠퇴에 있는 교회를 위해 내가 좋아하는 질문은 다음과 같다. "만일 당신이 최근까지 지속적으로 행한 것이 있다면, 그 결과는 어떤 차이점을 가져올 것이라고 생각하는가?"

성도들의 감정을 설명하기

나는 이미 변화에 대한 교인들의 감정의 중요성에 관해 몇 가지 힌트를 이 책에서 제시했다. 내가 어떤 교회를 상담할 때, 성도들의 감정 뿐 아니라 그들의 마음을 설명하려고 한다. 그렇다. 당신은 그들에게 생각하기 과정에 전적으로 참여할 수 있는 과정을 제공한다. 그러나 하나님은 변화를 위해 무엇을 그들에게 사용하시며 장기간 지속시키기 위해 무엇을 사용하시는가? 나는 이것을 성취하기 위해 성령께서 마음뿐 아니라 감정도 사용하신다는 것을 믿는다. 갈라디아서 5장 22-23절에 있는 성령의 열매들은 본질적으로 감정적인 것이 아닌가? 또한 느헤미야는 예루살렘과 그 백성들의 처참한 상황에 대해 들었을 때 그의 감정은 깊은 감동이 있었으며 느1:3-4 이것은 그의 귀환과 예루살렘의 도시 활성화를 인도해 냈다. 그 후에 사람들은 기획 과정 전체를 회상할 때, 그들에게 감정적으로 충격을 주는 사건들은 대부분 생동감 넘치게 될 것이다. 이러한 사건들은 사람들의 마음속에 있는 것을 상상하도록 해 줄 것이다.

사람들의 감정을 활용하기

내가 팀과 함께 사역할 때, 나는 끊임없이 그들의 감정을 활용하기 위한 방법을 시도하는데 게을리 하지 않았다. 이를 위한 한 가지 방법은 리더십 팀에 있는 수많은 개인들에게 교회에 출석하지 않는 사람들을 대상으로 왜 교회에 출석하지 않는지 혹은 왜 교회에 출석하려는 의지가 없는지에 대해 인터뷰 해 올 것을 요구했다. 그 팀은 신실한 응답을 위해 허가를 받을 필요가 있다. 그들이 경청을 하기 위해 교회가 필요한 것이 무엇이며 듣고 싶지 않은 것들이 무엇인지에 관해 생각하는 것을 말해 줄 것을 요구했다. 나는 교회에 출석하지 않는 친구들에게 짧은 네 가지 질문이 담긴 질문지를 가지고 교회를 소개하면서 질문을 하고 우표가 있는 봉투를 주도록 했다. 그들이 결과를 받아보았을 때, 심지어 목회자들도 그들의 답변을 보고 놀랐다. 교회에 다니지 않는 어떤 사람은 예전에 교회를 다녔지만, 옷차림 때문에 거절을 당한 뒤로 교회를 다니지 않게 되었다고 응답했다. 그리고 나서 팀원들은 몇몇 사람들도 그녀의 옷차림 때문에 그녀가 느꼈던 감정을 똑같이 느꼈다는 것을 답변해 주었다. 당신도 아주 작은 소리를 들을 수 있다!

감정을 나타내는 사건들

여기에 감정을 드러내기 위한 몇 가지 개념들을 소개할 것이다. 자기만족 때문에 교회를 떠난 사람과 인터뷰한 비디오 테잎당신은 그 사람의 모습과 목소리를 모자이크 처리할 필요가 있을 것이다이 그 중 하나이다. 몇몇 사람들과 함께 현장 인터뷰를 실시할 수 있다. 성도들을 데리고 주님에 대한 역동적인 충격을 가진 사람들을 만나기 위해 교회 주변을 다니는 것도 포함된다. 흥미진진한 분위기를 그들에게 느끼도록 해라. 변화하는 교회에 대한 많은 이야기와 삽화를 이용하라. 그리고 지역 공동체에 그리스도를 주제로 한 강한 인상을 심어줄 수 있는 드라마를 공연하라. 교회에 대해 가장 긍정적인 생각을 가진 몇 사람들이나 교회에 열정적으로 헌신하는 사람들과 인터뷰하라. 그리고 다른 사람들에게 그 내용을 소개하라. 드라마를 이용하라. 팀과 함께 비어있는 교회 시설을 탐방하라. 설명하라. 교회로서 그들이 결점을 해결하지 않는다면, 일 년 혹은 이년, 또는 몇 년 뒤에 그 시설은 주일 아침에만 찾게 될 것이다. 또한 문이 굳게 닫힌 교회를 그 팀과 함께 살펴보게 될 것이다. 아마도 교회에 변화를 일으키는데 어떻게 감정을 터치할 것이가에 관한 좋은 책 가운데 하나는 코터John Kotter의 『변화의 핵심』*The Heart of Change* 22)이다.

---

22) John Kotter, *The Heart of Change* (Boston: Harvard Business School Press, 2002).

변화의 신학을 기꺼이 받아들이기

변화는 기독교의 가장 핵심적인 신학이다. 변화에 대한 성서적 용어는 순응변화를 해치는 것이다이 아니라 변혁롬12:2, 고후3:18이다. 아마도 우리는 기독교의 용어로 변혁이라는 용어를 쓰는 것이 현명할 것이다 모든 기독교인들의 목표는 성령의 열매로 증명되는갈5:22-23, 성령의 능력으로 그리스도의 형상에 따라갈4:19 변화되는 것이다.고후3:18 그대로 유지하는 것은 적그리스도이다. 만일 모든 기독교인의 목표가 변혁이라면, 잘 변화를 이룰 수 있도록 도움을 주는 다양한 방법이 있다.

이익을 당하거나 불이익을 당하건 간에 모든 교회는 교회 안에서 무엇을 변화시켜야 하고 어떤 것을 변화시키지 말아야 할 것인가에 관한 귀찮은 문제들과 씨름해야만 한다. 양쪽 상황에 관한 의견들 가운데 한 쪽 의견변화시킬 것이 없다으로부터 다른 하나의 의견모든 것을 변화시켜야 한다까지 배열해 놓아야 한다. 그래서 파도가 세게 내리치는 가운데, 특별히 생각을 명백하게 하는 것이 어려울 때, 이러한 배열은 교회와 교회의 지도자들이 변화에 대한 성서 신학적 조망을 가지고 성도들을 인도하는데 있어서 필수적인 것이다. 변화에 대한 올바른 신학은 두 가지 영역, 즉 기능과 형식을 제공해 준다. 이것은 교인들이 더욱 변화에 대해 개방하도록 도와준다. 좋은 변화의 신학은 세 가지 영역, 즉 기능, 형식, 그리고 자유를 설명해 준다.

기능

교회의 기능들은 결코 변할 수 없는 영원한 진리에 있다. 초대 교회가 그랬고 모든 세기 동안 교회가 그렇게 해 왔던 것처럼 21세기에도 성도들은 똑같이 교회를 신뢰한다. 교회의 기능에 대한 예는 전도, 예배, 기도, 그리고 친교 등이 있다. 신학자 호렐Scott Horrell은 이것들은 단순히 교회의 기능만이 있을 뿐이며 합리적인 지역 교회로서 교회를 나타낸다고 주장한다.23) 나도 이에 동의한다.

전략적 기획의 목적에 따라 당신은 위에 이야기했던 아홉 가지의 과정을 통해 무엇이 영원하고 결코 변하지 말아야 할 것인가에 관해서 결정을 내려야만 한다. 나는 교회의 가치, 사명, 그리고 목적이 목회에 있어 영원한 핵심 요소라고 믿는다. 영원한 핵심 구성 요소들은 회중의 심장과 영혼을 구성한다. 한때 목회자들은 교회의 가치, 사명, 그리고 목적을 발견하고 확실히 구분 지었다. 그리고 그것은 교회의 목적을 위해 말투를 바꾸고, 말을 고치고, 문화적으로 현대적 용어를 사용했을 뿐, 그것을 제외하고는 절대로 변화시키지 않았다. 그들은 교회의 미래에 대해 정의를 내리고 이끌어 갈 수 있는 목회 구성 요소이다.

형식

교회의 형식들은 교회의 문화를 적용하려는 시기적절한 수단이다. 그들은 기능을 수행한다. 문제는 대부분의 교회가, 지역, 국가, 혹은 국제적으로 문화를 표현하고 형식들과 교회의 기능을 동등한 것으로 간주한다는데 있다. 예를 들면, 유럽 교회의 문화적 형식들은 수많은 전통적인 북미 교회에 강한 영향력을 행사했다는 점이다. 너무나도 많은 성도들이 이것을 믿고 있다는 것이다. 예를 들면 신약성경은 예배를 위한 위대한 믿음의 찬양을 기술했다는 것을 예로 들 수 있다. 그러나 웨슬리Wesleys와 루터Martin Luther와 같은 사람들은 중세 서구 유럽 문화 상황 속에서 이것들을 기록했다. 그럼에도 불구하고 교회가 세상 문화에 진리를 선포하고자 한다면, 이러한 형식들은 변화 되어야만 했다.

---

23) J. Scott Horrell, *From the Ground Up: Foundations for the 21st Century Church* (Grand Rapids: Kregel, 2004), Chapter 6.

변화의 신학

기 능	형 식
영원성, 변하지 않음(절대성)	시기 적절성, 변함(비절대성)
성서에 기초	문화에 기초
명령(사역 가르침)	방법들(사역 실천)
모든 교회는 선택해야만 한다	모든 교회가 선택 가능하다
교회목적의 성취(하나님의 영광)	교회 기능의 성취(복음전파, 예배, 친교, 가르침)

자유

다시 말해서 전략 기획 과정을 위해 당신은 변화에 대해 무엇을 열어 놓아야 할 것인가에 대해 결정을 내려야만 한다. 나의 생각은 오로지 교회의 핵심 가치, 사명, 비전, 그리고 목적은 영원하다는 것이다. 그래서 다른 것들, 즉 교회의 전략, 구조, 시스템, 정책, 그리고 정치 등은 변화의 대상이 되어야 하며, 일반적으로 변화를 가져온다. 비전은 문화적 상황 속에서 교회의 방향을 표현한다. 방향제시화은 변할 수 없는 것인 반면에 문화적 상황 누가, 어디서, 언제, 그리고 어떻게은 결국 변하게 되어 있다.

전략적 생각하기와 행동하기

영원(Timeless)	변화 주제(Subject to Change)
가치	구조
사명	전략
목적	시스템
비전	정책

이것은 모든 교회가 형식기능이 아님을 결정하는데 풍부한 자유가 있다는 것을 의미한다. 사실 나는 1950년대부터 1970년대에 교회에 출석한 사람들은 그들이 이용한 형식들을 기초로 하여 길러진 2010년이나 그 후에 나

타난 교회에 대한 많은 합리성에 대해 의심을 가지지 않을 것이라고 예측할 수 있다. 하지만 신학적으로 그리고 성서적으로 그 형식들은 문제가 되지 않는다. 만일 새로운 기관이 교회로서 기능을 가진다면, 사람들이 그들의 형식에 관해 생각한다고 할지라도 그들은 성서적인 면에서 볼 때 교회이다.

5단계 : 교회의 사역 평가하기

나는 이상주의자인 반면에 내 아내 수잔은 현실주의자이다. 나는 무엇이 될 수 있는가에 관한 생각을 하며 많은 시간을 보낸다. 하지만, 내 아내는 무엇이 현실적인가에 관해 생각하는데 많은 시간을 할애한다. 우리는 몇 가지 다른 교회의 활성화 프로젝트를 추진하고 있다. 각 교회의 상황 가운데 내 아내는 "당신의 일을 통해 얻는 것이 뭐예요? 정말 이것을 실천하기 원하세요?"라는 질문을 던진다. 나는 그런 질문을 듣는 것이 필요하다. 나는 보통 내 생각을 가지고 일을 추진한다. "그러나 당신은 무엇이 될 수 있는가를 이해하지 못해요?" 그녀는 이러한 질문을 들을 필요가 있다. 아내와 나의 이러한 전혀 다른 생각들은 일치하지는 않지만, 그것은 서로가 균형을 잡을 수 있도록 도움을 주고 있다. 나는 그녀에게 무엇이 될 수 있을까에 관한 비전을 품는 것에 대해 도움을 줄 수 있고, 내 아내는 현실적으로 검증할 수 있는 부분에 도움을 주고 있다. 목회적 상황에서 두 가지 모두는 중요하다. 교회 사역 평가하기는 현실에 관한 것이다.

내가 교회를 상담할 때, 나는 SLT에게 사역 평가를 해 달라고 부탁한다. 교회의 지도자들은 팀을 구성한다. 왜냐하면, 교회의 지도자는 다른 어떤 사람보다도 교회에 대해 잘 알고 있다는 가정 때문이다. 그래서 그들은 정확한 답을 제공해 줄 것이다. 만일 교회가 소형교회라면 전체 교회는 교회의 리더십뿐 아니라 평가를 할 수 있다. 이런 경우 정확성이 다소 떨어지지만 전체적으로 성도들이 그들 자신에 관해 어떤 생각을 하고 있는지에 대한 생각을 제공해 줄 것이다.

평가의 중요성

전략적 생각하기와 행동하기에 있어서 교회가 사역을 평가한다는 것은 중요한 일이다.

기초를 묻는 것이다

그 평가는 교회에게 두 가지 기초적인 질문을 하게 된다. 우리는 어떻게 하고 있는가와 우리 교회는 어떤 교회인가에 관한 질문이다. 이러한 질문은 현실을 직시하고 현실을 다루기 위해 나와 같은 사람들에게는 피할 수 없는 질문이다. 이것은 타조의 목덜미를 잡고 모래 밖으로 끌어 당기는 것에 비유할 수 있다. 어떤 교회나 조직이건 간에 완벽한 것이 없기 때문에 각각의 지도자들이 전략화의 필요성을 이해하는데 도움을 주며 사역을 성취하는데 있어서 현실적인 그림과 과정에 대한 정보를 제공해 준다.

성경에서 사역 평가의 예를 찾아볼 수 있다. 느헤미야 2장 1–17절에서 느헤미야는 지도자들과 함께 예루살렘 성벽 여기저기를 둘러보며, 목회분석을 실시하게 된다.13절, 15절 느헤미야는 예루살렘 성벽 복원 사업16절 하반절을 실시하기 전에 분석을 먼저 했다. 그의 사역의 필요성을 입증하기 위해 분석을 통해 얻어낸 결론들을 이용했고17절 상반절, 그의 사역을 추진해 나가기 위해 예루살렘에 살아남은 유대인들에게 용기를 북돋웠다.

바울과 바나바는 사도행전 15장 36절에서 목회 분석을 계획한 것을 알 수 있다. "며칠 후에 바울이 바나바더러 말하되 우리가 주의 말씀을 전한

각 성으로 다시 가서 **형제들이 어떠한가** 방문하자 하고"내가 강조하는 것이다

이것은 "무엇을 할 수 있는가"를 촉진시킨다

우리는 교회를 관찰할 수 있고 서로 다른 두 가지 시간적 관점을 가지고 어떻게 행하고 있는지를 살펴볼 수 있다. 첫 번째는 현재라는 시각이며, 그에 대한 질문은 "무엇 인가?"이다. 이것은 교회의 사역 평가에 초점을 맞추는 것이며 교회에 나타나는 현재 모습에 초점을 맞추는 것으로 최근 교회는 어떻게 했는가에 대해 질문할 수 있다.

또 다른 시간적 관점은 미래이다. 그에 대한 질문은 "무엇이 될 수 있는가?"이다. "무엇 인가?"라는 질문에 답을 할 때, 교회는 미래에 무엇을 할 수 있는가에 관해 생각하도록 촉진시켜 준다. 사역 평가는 우리에게 무엇을 할 수 있는가에 대해 말해 주지 않는 반면, 이것은 이러한 생각을 할 수 있도록 촉진시켜 준다. 예를 들면 이 질문은 교회의 약점을 발견할 수 있도록 해주며, 미래에 대한 그들의 생각이 항상 올바르도록 인도해 주며, 미래를 위한 교회의 비전을 개발하는데 용이하도록 해 준다. 교회는 무엇을 할 수 있는가에 관한 생각을 하기 시작한다.

이것은 "빙산 효과"를 낳는다

내가 했던 상담 가운데 어느 한 교회의 사역 평가를 다시 살펴보고 있었다. 휴식시간에 어떤 남자가 내게 다가와 "평가를 하는 것은 빙산을 발견하는 것과 같군요"라고 이야기를 건넸다. 나는 그가 말한 것에 동의했다. 그는 그의 교회를 거대하고 매우 위험한 빙산을 향해 뱃머리가 돌진하고 있는 배와 비교했다. 항해 중에 있는 배는 빙산을 볼 수 없다. 왜냐하면, 엄청난 안개가 끼여 있기 때문이다. 그는 사역 평가는 안개를 멀리 날려 보내고 빙산을 발견함으로서 항로를 변경하고 죽음의 충돌을 피할 수 있는 강

력한 바람과 같다고 소리쳤다. 그의 관심은 교회가 올바른 길을 위해 항로를 수정해야 할지 말아야 할지에 있었으며 깊은 곳에 장애물이 있는지 탐색하는 것이었다.

나는 이렇게 상상하는 것을 좋아한다. 그리고 사역 평가에 관해 언급하며 빙산 효과로서 무엇을 할 수 있을지에 대해 이야기한다.

이것은 자기만족을 떠오르게 한다

그 사람이 갖는 관심의 핵심은 그의 교회의 자기만족이다.[24] 우리는 종종 교회가 쇠퇴의 증거를 보임에도 불구하고 대부분의 교회들은 자기만족에 빠져 있다는 사실을 깨닫는 데 실패하곤 한다. 그리고 모든 사람들은 곤경에서 벗어날 수 있는 변명을 늘어놓는다. 예를 들면, 당신은 "아마 조금의 갈등은 있지만 교인들 대부분은 교회의 일부분임을 확신하고 있습니다"라는 말을 듣게 될 것이다.

자기만족을 설명하는 방법은 심각성을 창출하는 것이다. 이것은 어떻게 지도자들이 구약 성경에서 이것을 조정하는지 느2:17-18, 사55:6, 호10:12 그리고 신약에서 조정하는지마3:2, 28:19-20, 고후5:14-6:2를 찾아볼 수 있다. 그리고 갈등에 휩싸인 교회에 교회 사역 평가의 충격을 설명해 준다. 이것은 굉장한 것이다. 교회 사람들로 하여금 지식적으로 감정적으로 후크를 열어두지 않도록 해 준다.

이것은 변화를 촉진한다

나는 교회가 빙산을 이해했을 때, 그들은 항로를 변경한 경험을 가지고 있다. 심지어 자기만족을 하고 있다고 할지라도 변화를 저항하는 사람들은 빙산에 직면하게 되면 움츠러든다. 내가 목회 평가를 한 뒤 삶의 주기

---

24) 코터(John Kotter)는 그의 책 『변화 이끌기』*Leading Change*(Boston: Harvard Business School Press, 1996), 4-5, 35-49에서 이 문제를 잘 설명하고 있다.

가운데 그 교회가 위치하고 있는 곳을 가리킬 때, 만일 그 교회가 침체 위치해 있다면 나는 교회가 얼마 지나면 문을 닫게 될 것이가를 이해할 수 있도록 침체의 속도또는 침체의 비율를 이야기해 준다. 아직 늦지 않았다. 대형교회는 그 길이가 긴 편이지만, 소형교회는 단지, 일 년 혹은 이 년 안에 문을 닫을 수도 있다. 내가 위에서 이야기했듯이 이것은 사람들의 주의를 이끌어 낸다. 이것은 감정적인 면을 만져주며 위원회의 과정을 꺼려하는 사람들에게 그것을 푸는 열쇠가 될 수 있다.

객관성의 필요성

나는 당신과 당신 팀이 분석을 통해 움직이는데 있어 객관성의 필요성에 관해 강조해야만 한다. 당신과 다른 사람들이 발견하지 못한 정보를 왜곡하거나 과소평가하려는 유혹에 직면하게 된다. 특별히 당신의 개인적인 실수나 사역의 실수를 발견하게 되었을 때 그렇다. 이러한 평가는 다소 가슴을 찌르는 질문을 포함한다. 이것은 사역의 좋지 않는 경향을 찌르고 자극한다. 이 과정을 통해 당신이 사역함으로서 정직, 개방성 그리고 정확성을 가지고 수술함에도 불구하고 그 결과는 왜곡되고 잘못 인도될 수도 있다.

사역 평가

나는 두 부분으로 나누어 사역에 대한 평가를 실시한다. 첫째는 내부에 대한 평가이다. 이것은 교회가 자기 스스로의 모습이 무엇인지 말해주는 열두 가지 평가 항목으로 이루어져 있다. 나는 여기에 요약 정리한 것과 예만을 제시할 것이다. 당신의 실제 사역 유형 검사를 통해 더욱 확실한 답을 찾을 수 있을 것이다.

다음 질문에 답을 하라. 당신 교회의 사역과 지역 공동체에서 사역을 펼칠 때, 어디서 위협이 일어나는가?

1. **삶의 주기에 관한 평가**는 교회가 S자 곡선서문에 있는 S자 곡선을 참고하라상에 어디에 위치해 있는지를 보여준다. 다음 질문에 답을 하라. 교회의 1년 평균 예배 출석수교인이 아닌 사람의 예배 출석수에 근거하여 당신이 기록한 바와 같이 당신의 교회는 성장, 정체, 쇠퇴 중에 어디에 위치해 있는가?이런 정보를 그래프로 나타내 보라. 교인의 출석수와 헌금 상황을 쉽게 알아 볼 수 있을 것이다 이러한 검사는 교회의 출석수가 성장, 침체, 쇠퇴 중 어디에 위치하는가를 보여주기도 한다. 그리고 삶의 주기에 관한 평가는 교회가 얼마나 건강한지 강력한 지표를 표시해 준다. 누가가 복음의 영향력에 대해 순차적으로 보고하고행2:47, 6:7, 9:31, 12:24 등 교회 성장에 대해 보고하면서행1:15, 2:41, 2:47, 4:4, 5:14등 사도행전의 평가 유형을 반영하고 있다.

2. **성과에 대한 평가**는 사역의 강점, 약점, 영성, 그리고 다른 것들을 평가한다.요한은 요한계시록 2장과 3장에서 이러한 유형의 평가를 하고 있다 다음 질문에 답을 하라. 당신 교회의 강점과 약점은 무엇인가? 당신은 어떤 것이 약점이고 강점인지를 파악하게 될 것이다. 담임목사, 목회적 돌봄, 예배, 설교, 성경공부, 탁아시설, 친절도, 지도자들, 성인 목회, 친교, 교육, 위원회당회, 집사회 등, 스텝, 용기, 여성 사역자, 남성 사역자, 교회 위원회, 가정, 주일학교, 헌금/청지기 정신, 연합, 계획성, 소그룹사역, 어린이 사역, 조직, 청소년 사역, 소통, 지역사회에서의 평판, 교육사역, 교회사역에 성도들의 참여도, 마무리, 건물, 세계선교, 변화에 대한 태도, 결혼, 사명, 공동체 사역, 리더십, 개발, 비전, 전도.

3. **방향성 검사**는 교회가 사명과 비전을 가지고 있는지 평가해 주며, 만일 가지고 있다면 그것인 무엇인지 회중이 알고 있는가를 평가해 준다. 다음 질문에 답을 하라. 당신 교회는 사명이나 사명 선문을 가지고 있는가? 만일 있다면, 무엇인가? 당신 교회는 비전이나 비전 선언

문을 가지고 있는가? 만일 있다면 그것은 무엇인가?

4. **전략 평가**는 교회가 누구에게 다가서야 하며 어떻게 제자를 만들 것인가를 평가해 준다. 다음 질문에 답을 하라. 교회의 초점이 교회 자체에 맞추어져 있는가 아니면 교회 공동체, 잃어버린 사람들, 혹은 교회에 전혀 다니지 않는 사람들에게 초점이 맞추어져 있는가? 아니면 모두에게 사역 초점을 맞추고 있는가?

5. **아웃 리치**out reach 평가는 교회가 지역 혹은 국제적인 공동체에 영향력을 얼마나 행사하는가에 관해 평가한다. 다음 질문에 답을 하라. 당신 교회는 지역 공동체에 효과적인 아웃 리치를 하고 있는가? 당신 교회는 국제적인 공동체에 효과적인 아웃 리치를 하고 있는가?

6. **인 리치** in reach 평가는 교회의 예배, 지도자들의 권한 부여, 평신도 사역의 참여도, 성경의 가르침을 삶에 얼마나 적용하는가를 평가한다. 다음 질문에 1~5점으로 답을 하라.1점은 매우 낮음이고 5점은 매우 높음이다 당신 교회의 예배에 성도들은 얼마나 참여하는가? 지도자들은 권한 부여를 어느 정도 실현하고 있는가? 평신도들이 교회 사역에 얼마나 참여하고 있는가? 그리고 성도들은 성경의 가르침을 자신의 삶에 얼마나 적용하고 있는가?

7. **문화 평가**는 핵심 가치들, 전통, 영웅, 기억, 그리고 예식같은 것을 평가한다. 다음 질문에 답을 하라. 당신 교회의 핵심 가치는 무엇인가? 어떤 전통이 교회에 남아 있는가? 누가당신 교회를 개척한 사람, 목사, 선교사 등 당신 교회의 영웅인가? 교인들은 시시 때때로 교회의 어떤 추억을 회상하고 담소를 나누는가? 당신 교회는 어떤 예식이 있는가?

8. **장애물 평가**는 더욱 영향력 있는 사역을 펼치는데 누가 혹은 무엇이 이를 방해하는가를 평가한다. 다음 질문에 답을 하라. 당신 교회에서 영향력 있는 사역을 누가 혹은 무엇이 방해 하는가? 이 평가는 비밀

이기 때문에 이름을 거명할 수도 있다.

9. **연령 평가**는 성도들의 연령을 평가하고 젊은 교인들의 필요성을 나타내 준다. 다음 질문에 답을 하라. 당신 교회는 몇 년 되었는가? 당신 교회의 주된 연령층은 젊은층인가 아니면 중년층인가 아니면 노년층인가? 아니면 이 세 개의 층이 조화를 이루는가? 만일 주된 연령층이 노년층이라면 이것은 당신 교회의 미래에 대해 어떤 메시지를 주는가?

10. **에너지 평가**는 성도들이 얼마나 즐겁게 사역에 참여하는가를 평가한다. 다음 질문에 1~5점으로 답을 하라.¹점은 매우 낮음이며 5점은 매우 높음이다 당신 교회는 성도들이 사역에 얼마나 즐겁게 참여하는가?

11. **감정 평가**는 성도들의 감정적 수치를 평가한다. 다음 질문에 답을 하라. 당신 교회의 성도들이 긍정적린가 실망하는가? 성도들의 감정이 어디에 위치해 있는가?

12. **재정 평가**는 당신 교회의 재정 상채를 평가한다. 다음 질문에 답을 하라. 당신이 알고 있는 대로 당신 교회는 재정을 어떻게 처리하는가?

두 번째 이루어지는 사역 평가는 외부에 대한 평가이다. 이것은 지역 공동체에 관해 무엇을 알아야 할 필요가 있는지 말해 준다. 네 가지 평가 항목으로 이루어져 있다.

1. **공동체 평가**는 얼마나 회중이 공동체를 잘 알고 있는지 그리고 그 공동체에 부합하기 위해 잘 가고 있는지를 평가하게 된다. 다음 질문에 답하라. 1-5점으로 답하라.¹점은 낮음, 5점은 높음 당신 교회의 지역 공동체의 인구지도에 관해 알고 있는가?인종, 수입, 교육 수준 등 당신 교회는 얼마나 지역 공동체의 특징에 걸맞게 다가서기를 하고 있는가?

2. **위협에 대한 평가**는 교회가 속한 지역 공동체 안에 사역을 하는데 있어 범죄율의 증가, 지역 공동체의 사람들이 다른 곳으로 이주하는 것과 같은 평가를 통해 해가 되는 것은 무엇인지 확인시켜 준다. 다음 질문에 답하라. 당신 교회가 지역 공동체를 향해 사역을 실시할 때, 어디서 위협이 일어나는가?

3. **경쟁자에 대한 평가**는 교회에 다니지 않는 사람들과 교인이라고 할지라도 교회와 경쟁에 있는 다양한 행사들과 기관들에 대한 것이다. 다음 질문에 답하라. 누가 당신 교회의 경쟁자인가? 대부분의 경쟁상대는 이웃 교회일 것이라고 가정하지만, 내가 해 본 상담에 의하면, 이웃교회가 경쟁상대가 결코 될 수 없다. 이것은 일반적으로 스포츠 이벤트, 쇼핑몰, 레저 활동, 그리고 엔터테인먼트 회사와 패스트푸드 체인점피자헛, 버거킹등이다.

4. **기회 평가**는 교회와 지역 공동체에 사역할 수 있는 많은 기회들을 설명해 준다. 다음 질문에 답하라. 당신 지역 공동체에 사역을 펼치기 위해 당신 교회가 가지고 있는 다섯 가지 기회를 설명하라. 지역 공동체 안에 있는 학교 돌보기, 소방서 지원하기, 주택 보수해 주기, ESL English as a Second Language 강의 제공하기 등이 좋은 예이다.

교회의 사역 분석을 광범위하게 사용하기 보다는 당신 교회가 갖는 특성을 설명할 수 있는 것부터 창조해 내기를 제안한다. 당신은 아마도 위에 있는 분석을 이용하고자 할 것이며, 다른 질문을 가지고 전적으로 새로운 도구를 창조하려는 당신의 마음을 수정하기를 바란다. 할 수 있는 것부터 하는 것이 좋다. 나의 상담을 통해 얻은 특징들을 나의 온라인을 통해 제공하고 있다. 이것은 매우 쉽고 그 결과를 정확하게 표로 나타내 줄 것이다. 반면에 손으로 작업할 경우 며칠이 걸릴 수도 있다.

6단계 : 기획 과정을 위한 합리적인 기대 시간 설정

전략 기획 과정은 당신의 교회에 변화를 일으키고 새로운 방향을 설정해 주는 나침반을 제공해 준다. 하지만 이것은 날밤을 샌다고 해서 일어나지 않는다. 교회가 위치해 있는 곳을 찾는 것도 시간이 걸리며, 하나님께서 되기를 원하시는 바를 찾는데도 시간이 걸린다. 나는 이것을 시간이 걸리는 점진적인 과정으로 설명했다. 과정이 이루어지는데 얼마의 시간이 걸리는가에 관해 생각한다는 것은 매우 중요한 문제이다.

프로세스가 진행됨에 따라 변화는 규칙적으로 일어난다. 몇몇 변화는 매우 빠르게 그리고 일찍 일어날 수도 있다. 변화에 대한 동의는 과정이 어떻게 진행되는가에 대한 척도로 사용될 수 있다. 하지만 성장에 위치한 교회는 특별히 정체나 쇠퇴의 소용돌이 속에 있는 교회보다 시간이 더 오래 걸릴 것이다.

텍사스 주의 알링턴Arlington에 있는 판티고 성서 교회Pantego Bible Church의 목사인 나의 친구 프레이지Randy Frazee는 "전문가들은 한 문화에 융화되기 위한 언어교육은 3년쯤 걸린다고 주장한다…. 제자 교육을 받고 우리 교회의 문화를 습득하여 지체가 되기까지는 3년이 걸린다. 그리고 만일 누군가가 그렇게 되어 우리가 놀랄 때면, 시간이 그만큼 걸려 있었다" 25)

코터John Kotter는 변화된 것이 그 단체에 적용되기 위해서 그들의 문화 속으로 깊이 침투해야만 한다고 믿고 있다. 그는 새로운 접근 방법이 부서지기 쉽고 오히려 반전이 일어날 수 있기에, 한 문화에 융화되는 것은 3년에서 10년이 걸린다고 설명한다.26) 콜린스Eliza Collins는 그녀의 책 『경영진의 성공』Executive Success에서 대규모 조직에 완전히 융화되기 위해서 중요한 가

---

25) Randy Frazee, *The Connecting Church* (Grand Rapids: Zondervan, 2001), 91.
26) Kotter, *Leading Change*, 13.

치의 이동은 3년에서 8년이 걸린다고 주장한다.27) 결론적으로 내가 언급한 의미 있는 변화에 걸리는 시간은 3년에서 10년이 걸린다. 하지만 영적으로 건강한 교회는 항상 조금의 변화를 경험할 것이다.

문제

시간을 계산하는 문제에 관해 몇 교회는 문제를 제기할 수 있다. 소형교회와 깊은 침체와 쇠퇴의 소용돌이에 빠져 있는 교회는 비평적인 변화를 가져오는데 3년이 걸리지 않을 수도 있다. 나는 40-50명 정도가 출석하는 교회를 상담한 적이 있다. 그 교회는 살아남기 위해 의미 있는 변화를 가져오는데 1년 밖에 걸리지 않았다. 오래 걸리는 일은 일어나지 않았다.

교회가 죽어 가는가에 관심을 갖는 모든 사람을 위해 감정적으로 어려운 것만큼이나 어려운 상황이 오히려 최고의 것이 될 수 있다. 대부분은 교회가 조금의 충격을 받는 것을 좋아하며 출석하는 모든 사람들은 더욱 영향력있는 사역을 펼칠 수 있는 더 좋은 새로운 교회를 찾으려고 한다.

해답

시간 문제에 대한 가장 좋은 답은 인내이다. 인내는 덕이며 성령의 열매이다.갈5:22 우리 문화에서 문제는 우리가 무엇을 원할 때, 우리는 그것을 매우 성급하게 갖기를 원한다는 것이다. 백만 달러를 벌어들이는 패스트푸드 회사는 우리 사회의 가장 빠른 만족에 대해 갈망을 가지고 있다는 것을 증명해 주고 있다. 이것이 전략 리더십 팀이 해야 하는 질문들이다. 우리는 얼마동안 매달려야 하는가? 그 과정이 시작할 때 가졌던 새로움과 흥미를 잃어 버렸을 때, 우리는 계속해서 움직여야 하는가? 우리 뒤에서 사람들이 힘담하고 변화를 방해할 때, 우리는 얼마나 많은 시간동안 조정해야 하는가?

---

27) Eliza G. Collins, *Executive Success: Making It in Management* (New York: John Wiley, 1985), 210.

나의 경험은 많은 팀들이 거기에 많이 매달리지만 목회자가 다음 조치를 따를 것인가를 알고 싶어 한다. 위에서 언급했듯이 북미에 있는 교회에 목회자가 재임하는 기간의 평균이 3년에서 4년이다. 그리고 비록 전략 기획 과정을 깨닫지 못한다고 할지라도 그들은 직감적으로 이것을 알고 있다. 그래서 나는 상담을 하기 전에 목회자들에게 헌신할 것인가를 물어보는 이유이다. 내가 처음 그들에게 하는 질문은 '이 교회에 얼마동안 계실 겁니까?'이다. 몇몇 사람들이 반응을 보이지 않을 때, 어떻게 당신은 반응을 보일 것입니까? "결코 변화를 수용할 수 없다"라고 당신을 공격할 때 무엇을 하시겠습니까? 당신은 달아나겠습니까 아니면 끝까지 버티겠습니까?

7단계 : 영적 기초 다지기

내 경험으로 미루어 볼 때, 과정을 시작하기 위해 영적으로 빈약한 준비를 하고 사역의 배를 띄웠던 교회가 바다 밑으로 가라앉는 것을 그저 물끄러미 바라보고만 있는 것을 보아왔다. 그래서 이번 단계는 영적 기초의 중요성, 정의, 영적발달의 열세 단계들, 그리고 교회의 삶에 있어 영적 발달의 이행을 설명할 것이다.

영적 기초의 중요성
교회의 지도자들이 교인들에게 영적 갱생과 부흥을 불어 넣어주는 것은 매우 중요한 일이다. 이를 위한 몇 가지 근거들을 이야기할 것이다.
첫째, 영적 기초는 비전을 가진 전략 기획에 있어 기본적인 요건이다. 영적인 기초가 없는 사역은 후에 아무런 영향력을 발휘할 수 없다. 스가랴 4장 6절에서 천사가 스룹바벨에게 다음과 같이 이야기한다. "이는 힘으로 되지 아니하며 능력으로 되지 아니하고 오직 나의 영으로 되느니라." 영적 기초는 전략 기획 과정을 통해 하나님을 만나는 것이며 사역을 창출하거나 사역 모델을 만들어 내고 전체 과정을 강화시켜준다. 만일 당신이 전략 과정을 집이나 건물처럼 그림을 그린다면 영적 기초는 집이나 건물을 떠받들어 주는 기초석과 같다. 교회에서 추진하려고 하는 어떠한 기획이라도 교회의 영적 기초에 관해 생각하고 영적인 면을 가지고 시작해야만 한다.

둘째, 영적 기초는 한 번으로 끝날 수 없다. 이것은 당신이 시작할 때 지니고 있어야 하는 그 어떤 것도 아니다. 또한 당신이 다음 단계로 접어들 때 잊어서도 안 되는 것이다. 영적 기초는 전체 과정에 고루 영향을 준다. 이런 점에서 영적 기초는 모든 단계들의 최종적인 것이다. 비전이 있는 전체 과정은 교회의 영적 기초에 대해 생각해야만 하고 영적이어야만 한다.

셋째, 교회의 영적 기초는 변화에 관한 것이다. 신학적 용어로 볼 때, 우리는 사람의 영혼의 희생이라고 부른다. 이런 경우 영적 기초는 교회의 정신이다! 또 다른 모든 변화는 영적 기초에 종속되며 영적 기초 다음에 온다. 우리는 개인을 촉진시키기 위해 사역의 형태에 변화를 가한다. 영적 변화 혹은 영적 발달은 일부 어떤 사람들이 생각하는 것처럼 사람들을 열광주의자로 만들지 않는다.

영적 기초에 대한 정의

영적 기초란 성령을 통해 그리스도의 형상 혹은 모습으로 우리를 변화시키는 과정이라고 말할 수 있다. 이 과정을 가장 잘 이해하게 해 주는 구절은 갈라디아서 4장 19절이다. 바울은 갈라디아에 있는 교인들에게 편지했다. "나의 자녀들아 너희 속에 그리스도의 형상을 이루기까지 다시 너희를 위하여 해산하는 수고를 하노니" 여기서 두 가지에 주목해야 한다. 그리스도는 당신 안에 형성되며, 이것은 성령을 통해 이루어진다.

그리스도는 당신 안에서 형성 된다

바울은 믿는 사람들 안에 그리스도의 존재가 형성된다는 것에 대해 이야기하고 있다. 나는 바울이 쓴 글자 그대로 받아들인다. 나는 문자적으로 바울이 오랜 시간동안 사람들이 그리스도인의 삶 속에서 그리스도를 본다고 한 말을 믿는다. 사람들은 무엇을 보고 그리스도의 형상을 발견할 수 있는가? 그에 대한 답 역시 갈라디아서에서 찾을 수 있다. 특별히 성령의 열매를 이야기하는 갈라디아 5장 22-23절의 말씀을 통해서 찾을 수 있다. 땅 위에서 그리스도에게 성령이 임하는 것마3:16과 같이 기독교인들에게도 성령이 임하시며고전6:19 신앙인의 삶 속에서 성령의 열매를 맺는다. 그러므로 사람들은 신앙인을 관찰한다. 11세기에 그들은 성령의 열매를 그리스도인들의 삶을 통해 보았다. 고린도후서 3장 18절에서 바울은 우리를 그리스도의 형상으로 변혁된 존재로 이야기하고 있다.

성령의 사역

고린도후서 3장 18절에서 바울이 기독교인 안에 형성된 그리스도에 관해 이야기하는 것에 주의를 기울여보라. 사실 이것은 수동태이다. 기독교인들은 이것을 이루지 못한다. 비록 그가 혹은 그녀가 행동한다고 할지라도 이것은 성령의 사역이다. 그는 우리를 그리스도에게 인도한 분이며 우리의 삶 속에서 그의 열매를 맺게해 준다. 바울은 설명한다. "우리가 다 수건을 벗은 얼굴로 거울을 보는 것같이 주의 영광을 보매 저와 같은 형상으로 화하여 영광으로 영광에 이르니 곧 주의 영으로 말미암음이니라"

바울은 이것을 영적 변혁의 과정으로 기술하고 있다. 그리고 이것은 개인적인 신앙과 교회 전체의 신앙 모두를 포함하고 있다. 바울은 고린도 교회뿐 아니라 고린도에 있는 성도들에게 쓴 것이다.고후1:1 신학적인 용어로 사람의 영혼의 과정적인 희생이라고 또한 부른다. 전략 기획 과정에서 이것은 교회의 영혼에 대한 과정적인 희생에 대해 깊이 생각한다.

영적 발달의 과정

나는 팀과 함께 전략 리더십 팀을 이끌어갈 때, 영적 발달에 대한 최소한 13단계를 이야기한다. 특별히 성장하도록 도전을 받고 있는 사람들에게 영적 성장을 설명한다. 왜냐하면, 그들은 이러한 문제들을 일으키는 대부분의 문제들을 설명해 주기를 바라기 때문이다.

죄 깨닫기

당신의 **개인적, 인격적 죄를 성찰하고 깨닫는 것이다.** 시51:5, 롬7:14, 요일1:8, 요일1:10 요한일서 1장 8절에서 저자는 "만일 우리가 죄가 없다고 말하면 스스로 속이고 또 진리가 우리 속에 있지 아니할 것이요"라고 기록하고 있다. 그는 믿는 사람들에게 편지를 했으며 비록 우리가 구원을 받았지만 계속해서 죄를 짓고 있다는 사실에 밑줄을 그었다. 우리는 죄의 형벌로부터 구원을 받았다. 만일 우리가 더 이상 죄인이 아니라고 생각하기 시작하고 심지어 주장까지 한다면, 우리는 자기를 속이는 죄를 짓게 되며 진리에 속하지 않게 된다. 로마서 7장 14절에서 바울은 "우리가 율법은 신령한 줄 알거니와 나는 육신에 속하여 죄 아래 팔렸도다"라고 기록하고 있다. **육신**이라는 단어가 **육체**라는 단어보다 더 잘 된 번역이다. 바울의 강조점은 여전히 죄 가운데 있고 대부분 이것을 깨닫고 있다는 점이다. 사실 그는 죄의 노예의 시기가 있었다. 롬6:15-23

성장에 도전을 받은 교회에 무엇을 적용할 것인가? 나는 예배를 드린 후에 늙은 여인이 목사의 손을 잡고 흔들며 "당신의 설교는 최고였어요. 완전히 이웃에 사는 사람을 위한 설교였어요"라고 이야기하고 있는 만화를 가지고 있다. 대부분 교회에 다니는 사람은 영적인 갈등 속에 빠져 있다. 그리고 다른 사람을 손가락질하려는 유혹에 빠져 있다. 특별히 교회의 변화를 시도하려는 사람이나 자기 의견에 동의하지 않는 사람에게는 더하다. 영적 성장에 있어서 중요한 것은 유혹을 뿌리치는 일이며 다른 사람을 감시하던 눈을 감는 것이며 자기의 죄를 보지 못하고 여전히 자기만족을 위한 죄인이라는 사실을 기억해야 한다. 이것은 때때로 당신이 잘못될 수 있다는 것이며 교회를 분열시킬 수 있는 잘못된 편에 있을 수 있다는 것을 의미한다. 자기 눈 속에 있는 들보는 보지 못하면서 형제의 눈에 있는 티끌을 본다는 예수님의 이야기가 당신의 이야기인가?마7:3-5 모든 사람은 누군가에게 죄의 값을 지불하고 당신 자신도 그렇게 되어야 한다는 걱정을 하지 말라.

죄 고백

당신의 죄를 하나님께 고백하라.시51:1, 요일1:9 거울 속에서 근사하게 보이는 모습을 찾고자 한다면 당신이 무엇인가 찾을 수 있는 최고의 기회이다. 이것은 전체 판자나 톱밥의 티끌과 같이 될 것이다. 당신이 그것을 바꾸려고 하지만, 어떻게 바꿀 것인가? 먼저 요한복음 1장 9절은 우리가 죄를 고백할 때, 용서가 있다는 것을 가르쳐 주고 있다. 이에 대한 최고의 예는 시편 51편에서 다윗의 죄에 대한 고백에서 찾을 수 있다. 특별히 그때는 다윗의 인생에 있어 어려운 시기였다. 다윗은 밧세바라는 여인과 간음죄를 짓고 말았다. 그가 그 사실을 덮고자 했을 때, 하나님은 나단 선지자를 보내셔서 다윗 앞에 세우셨다.삼하11-12장 시편 51편에 있는 기도는 죄에 대한 신실한 고백의 증거를 우리에게 보여주고 있다.

다윗은 하나님께 부정함을 씻어 내도록, 그의 죄로부터 순결하게 되도록, 그리고 또 다른 유사한 수많은 죄를 용서해 달라고 간구했으며 그의 죄로부터 그의 얼굴을 숨겨 달라고 간구했다. 다윗은 그의 죄를 잊지 못했다.3절 그리고 다윗은 죄가 하나님에 반한다는 사실4절을 알아 차렸다. 죄를 지은 후 다윗이 구원의 기쁨을 잃어버렸다는 것12절을 깨닫게 되었다. 우리는 다윗이 비록 죄를 지었지만 깊이 뉘우치는 마음을 가지고 있다는 것을 알고 있다.17절 우리의 죄를 하나님께 용서를 빌고 죄로부터 순결하게 해달라고 기도하는 지혜를 가져야 한다. 교회는 영적 발달을 위해 우리는 죄인임을 깨닫고 깊이 회개해야 한다는 사실을 알아야 한다. 누가 먼저 그렇게 해야 할 것인가?

이웃을 용서하기

당신에게 죄지은 사람을 용서하라. 마18:21-22, 엡4:31-32, 골3:13-14 어떤 사람이 당신에게 잘못을 저지르거나 당신에 대해 죄를 짓는다는 것은 의심할 여지가 없다. 이것은 아마도 당신이 아버지를 필요할 때 대부분 아버지가 없었던 것과도 같을 것이다. 당신의 삶에 대한 비밀을 다른 사람들에게 폭로하는 목사나 당신을 지지해 주지 않고 배신한 친구, 그리고 친구가 필요할 때 대부분 거기에 있지 않는 가장 친한 친구일 수도 있다. 교인 중에 당신에게 손해를 입히거나 당신의 신용도를 떨어뜨리는 것에 관한 루머를 퍼뜨릴 수도 있다.

진짜 문제는 누가 당신에게 죄를 지었느냐 아니냐가 아니라 그런 죄가 끔찍하다는 것이다. 진짜 문제는 이것에 관해 당신이 무엇을 했는가이다. 만일 당신이 일반적인 기독교인라면, 당신은 그 상황을 해결하기 위해 아무 것도 하지 않았을 것이다. 하지만 당신은 분노를 선택했을 것이다. 심지어 그 사람에 대해 심한 적의심을 가졌을 것이다. 그리고 당신은 이러한 짐들을 당신의 교회에 이야기했을 것이다.

성서는 당신에게 잘못을 저지른 사람이 누구든지 얼마나 마음이 힘들든지 그 사람을 용서하라고 명백하게 이야기하고 있다. 에베소서 4장 31-32

절에서 바울은 우리에게 "너희는 모든 악독과 노함과 분냄과 떠드는 것과 비방하는 것을 모든 악의와 함께 버리고 서로 친절하게 하며 불쌍히 여기며 서로 용서하기를 하나님이 그리스도 안에서 너희를 용서하심과 같이 하라"라고 명령하고 있다.

하나님께서 그리스도 안에서 우리를 용서하신 것처럼, 우리 역시 우리에게 잘못을 저지른 사람을 용서해야만 한다. 우리에게 잘못을 저지른 사람에 대해 분냄과 적의를 갖고 소문을 내고 소리를 지를 수 있으며 평생에 우리 마음에 가지고 살아갈 수 있다. 하지만 밤새 분을 품지 말고, 지금 용서의 여정을 시작하라. 기억하라. 매번 당신은 다른 사람들을 용서하라. 용서가 거듭되면 쉬워진다.

교회를 위해 기도하라

교회를 위해 강력하게, 적극적으로 기도할 수 있는 시간을 가지라. 마7:7-12, 약5:16 하나님은 우리에게 기도하기를 요청하고 계신다. 마태복음 7장 7절에서 예수님은 "구하라 그리하면 너희에게 주실 것이요 찾으라 그리하면 찾아낼 것이요 문을 두드리라 그리하면 너희에게 열릴 것이니"라고 말씀 하신다. 달라스 신학교Dallas Seminary의 교수 가운데 기도에 전문가가 한 사람 있다. 나는 그가 기도는 어렵지 않다고 말하는 것을 여러 차례 들었다. 당신이 기도할 때, 당신은 항상 응답을 받게 될 것이다. 기도에 대한 응답은 그렇다, 아니다, 그리고 기다리라로 이루어져 있다. 우리는 자주 응답이 없다고 알고 있지만, 마태복음 7장 7-12절에 응답하신다는 것을 알 수 있다.

야고보는 야고보서 5장 16-18절에서 우리의 기도의 능력에 대해 조명했다. 16절에서 야고보는 믿는 자는 서로를 위해 기도해야한다고 명령하고 있다. 특별히 병 가운데 있는 자를 위해 기도해야 한다고 이야기하고 있다. 그리고 나서 그는 엘리야 이야기를 설명하고 있다. 엘리야의 기도는 3년 반 동안 비를 멈추게도 했으며 그 기간이 지난 후 다시 비가 오게 하는 능력이 있는 기도였다.

성장에 도전을 받은 교회에 나타나는 유혹은 우리 자신의 문제를 우리 손으로 처리하려고 하는 것이며 우리가 생각하는 것이 최고인 양 우리에게 잘못을 저지른 사람들을 처리하려는 것이다. 교회의 성도들이 기도하며 지도자들은 특별히 규칙적으로 기도하고 교회를 위해 적극적으로 기도하는 것을 보이라. 그러면 당신은 하나님의 축복이 교회에 임하는 것을 볼 수 있을 것이다. 보통 기도하는 사람들은 그들 자신이 가지고 있는 문제를 위해 기도한다. 하지만 적극적으로 기도하는 사람들은 새로운 목회자를 보내 달라는 것과 같은 것을 하나님께 기도하지 않는다. 왜냐하면, 그는 변화를 위해 "우리가 어떻게 해야합니까?"를 기도하기 때문이다. 현재 유지되고 있는 것을 손상시키려는 어떤 새신자를 떠나게 해달라고 기도하지 않는다. 적극적으로 기도하는 사람들은 교회가 잃어버린 영혼에게 다가갈 수 있는 교회가 되게 해달라고 기도하며 믿음 안에서 성도들이 성장하기를 간구하며, 지역 사회 속에서 존경받는 교회가 되게 해 달라고 기도하며 하나님께 모든 영광을 돌릴 수 있도록 해 달라고 간구한다.

긍정적으로 되라

어떠한 부정적 "짐"이라도 벗어버리라. 고전10:10, 엡4:1-3, 빌2:14 교회를 통해 들을 수 있는 것과 어떻게 하는 것이 영적인가를 알 수 있는지 주의를 기울여 본 적 있는가? 당신의 교회 성도들이 부정적 혹은 긍정적 "짐" 가운데 어떤 쪽이 더 많은가? 부정적 짐이란 무엇인가? 끊임없이 불평이 지속되고고전10:10, 불평과 논쟁이 끊임없이 지속되고빌2:14, 험담하며, 심지어는 이간질까지 지속되는 것고후12:20, 딛3:1-2이다. 종종 나는 영적인 전쟁 중인 "부정적

짐"을 지고 있는 교회로 특징지을 수 있는 교회를 발견하곤 한다.

바울은 이러한 것들은 성도들의 일부분이 되지 않도록 하여 향후 교회의 특징이 되지 않도록 하라고 매우 명백하게 이야기한다. 빌립보서 2장 14절에서 바울은 "모든 일에 원망과 시비가 없이 하라"라고 이야기하고 있다. 또한 에베소서 4장 29절에서 "무릇 더러운 말은 너희 입 밖에도 내지 말고 오직 덕을 세우는 데 소용되는 대로 선한 말을 하여 듣는 자들에게 은혜를 끼치게 하라"라고 이야기하고 있다. 끊임없는 불평과 부정적 태도는 다른 것을 세울 수 없으며 덕을 세울 수 없다. 이런 종류의 말은 대적자를 만드는 꼴이 되고 만다. 일반적으로 부정적 "짐"을 지고 있는 사람들은 분노를 잘 내는 사람들이다. 그리고 나는 부정적 행위를 가진 기독교인들은 결코 해결되지 않는 분노에 기인한다는 것을 믿는다. 나는 바울이 에베소서 4장 29절31-32절을 보라에서 억제되지 않는 분노에 대해 설명하듯이 그 의견에 동의한다. 윗 단계인 이웃을 용서하라는 것은 이런 문제를 해결하는 데 도움을 줄 것이다. 내가 2장에서 고충을 풀어가는 단계에서 언급했던 것 역시 도움이 될 것이다.

에베소서 4장 1-3절에서 바울의 말은 우리가 다른 사람에게 어떤 행동을 해야 하는가를 반영하고 있다. "그러므로 주 안에서 갇힌 내가 너희를 권하노니 너희가 부르심을 받은 일에 합당하게 행하여 모든 겸손과 온유로 하고 오래 참음으로 사랑 가운데서 서로 용납하고, 평안의 매는 줄로 성령이 하나 되게 하신 것을 힘써 지키라" 다음에 있는 부정적 삶의 태도에 관한 테스트를 이야기할 것이다. 어떻게 당신이 하고 있는지 살펴보라. 배우자나 친구 같은 다른 사람에게 묻고 당신에 관한 질문에 답을 얻으라.

부정적 태도를 발견하기 위한 테스트
1. 당신은 낙천주의자인가 아니면 비관론자인가? 2. 교회에서 어떤 것들, 즉 변화 혹은 사람들이 행동하는 방식과 같은 것이 당신을 화나게 하는가? 3. 언제 당신은 화가 나는가, 당신은 불평하는가? 4. 당신은 다른 사람들에게 불평을 이야기하는가?

만일 당신이 2, 3, 그리고 4개의 답에 긍정적이라면 당신은 부정적 태도의 사람이다.

화해하기

형제, 자매와 화해하라. 마5:23-24, 18:15-19 나는 대부분의 교회에서 극히 작은 숫자만이 그들을 공격하거나 그들이 공격했던 사람들과 화해를 시도하는 것을 발견한다. 이것은 아마도 화해에 대한 성경의 가르침을 깨닫지 못했기 때문일 것이다. 하지만 나는 이것 또한 그런 문제를 넘어 너무 접근해 오는 것에 두려워하는 것으로부터 나온 것이라는 것에 대해 의구심을 품고 있다. 일반적인 대답은 "왜, 나는 그것을 결코 하지 못할까"이다. 성서적으로 지식이 보다 적은 사람들이 다른 사람과 대결하겠다는 생각을 하는 것은 기독교적이지 않다.

화해에 대한 성서적 가르침은 두 가지 중요한 본문에 기초를 두고 있다. 하나는 마태복음 5장 23-24절이며 다른 하나는 마태복음 18장 15-19절이다. 마태복음 5장 23-24절에서 만일 우리에게 잘못을 저지른 형제나 자매가 있다는 사실을 깨닫게 된다면 우리는 하던 것성경에서는 예배의 상황을 멈추고 그 사람에게로 가서 화해를 먼저 하라고 주님은 명령하신다. 화해가 믿는 사람에게 예배보다 더 앞선다는 것은 중요하다. 더욱이 우리의 삶 가운데 화해가 없는 관계를 가지고 진심으로 드리는 예배가 어떻게 가능한가?

마태복음 18장 15-19절에서 주님은 사람들이 잘못을 저질렀다고 믿고 있는 또 다른 화해의 결말에 관해 설명하신다. 이 본문에서 예수님은 형제나 자매를 공격하는 사람은 잘못을 저지른 사람과 화해를 추구하며 구하라고 명령하신다.

그 본문이 명백하게 가르쳐주고 있음에도 불구하고 어떤 사람들은 그에 따른 결과의 두려움 때문에 따르지 않으려고 한다. "만일 그들이 화를 내고 듣지 않으려고 하는가? 그것은 좋지 않는 장면이 될 수 있겠군." 실제로 이런 일이 나에게도 일어났다. 내 생각에 나를 공격한 사람들과 함께 화해를 시도했었다. 하지만 그것은 보기 드문 사건이었고 나는 후에 그와 혹은 그녀에게 승리를 거둘 기회를 놓쳐버렸다기보다 형제와 자매에게 화를 냈다. 내 경험으로 볼 때, 대부분의 사람들이 이에 긍정적으로 반응하며, 이 사람들과 화해했다는 사실은 내 경험으로 얻어진 것이며, 이 사람들은 그 사람을 소외시키기보다 오히려 좋은 친구가 된다.

교회의 가르침에 동의하기
교회의 가르침을 동의하고 받아들이라. 마18:15-20, 고전5:1-13 당신은 교회의 가르침에 참여하지 않고서는 교회에 대해 잘 알지 못할 것이다. 왜냐하면, 대부분의 교회들은 작거나 그들 자신을 가족으로 여기기 때문일 것이라고 믿는다. 가족으로서 그들은 생물학적으로 가족의 일부분이 된다기보다는 너그럽게 봐주려는 경향이 있다. 우리는 가족 구성원이 우리 때문에 미치지 않기를 원하거나 우리를 배신하지 않기를 원한다.

성서는 만일 그들의 상황을 수정하지 못하거나 교회에 남아 있는 사람들에게 시도하려면, 교회가 죄에 빠져 있는 자들 고전5:1-13과 화해를 거부하는 자들 마18:15-20을 가르쳐야 한다는 사실을 명백하게 밝히고 있다. 이러한 교육은 잘못된 사람의 파문을 연기시켜 줄 것이다. 마18:17, 고전5:13

교회에 부임한 지 얼마 되지 않아 교인 중 두 사람이 한 목사에게 방문했다. 그들은 새로운 목사로 선택 된 것에 대해 불만을 품었고 그들이 가지고 있던 모든 권한을 이용하여 그를 쫓아내려고 하였다. 그들은 2년 안에 그 일을 성취시켰다. 나는 더 이상 그런 일이 벌어지지 않기 위해서는 당회가 그들을 내쫓고 그들이 무슨 일을 벌인 건지 그들에게 알려 주고 그들을 훈계해야 한다그들과 상관없이 훈계해야 한다고 주장했다. 여기에서 목사는 승리를 거둘 수 없는 상황이었다. 그는 그들의 목표물이 되었던 것이다. 그는 무엇을 했던 간에 방어로 간주되었을 것이다. 이것이 위원회가 개입을 해야 하고 행동을 취해야 하는 이유였다.

교회의 가르침을 받아들이는 것과 목표가 그들에게 상처를 주거나 당황하지 않도록 해야 하지만 교제를 회복시키는 것을 이해한다는 것은 중요하다.

리더십에 순종하기

교회의 리더십에 순종하고 복종하라. 살전5:12-13, 히13:17 우리는 지도자들과 교회의 권위에 따르기 보다는 오히려 도전하고 질문을 던지는 유행, 심지어 그런 트렌드 속에서 살고 있다. 교회에서 지도자라고 인식되는 사람들은 거의 목표를 가지고 있다. 왜 그런가? 나는 진리는 주된 문제라고 믿고 있다. 당신은 당신을 신뢰하지 않는 사람들을 절대로 지도할 수 없다! 이것은 교회와 기업의 수많은 지도자들이 사람들의 신뢰를 서서히 쇠퇴시키는 것과 같은 문제이기 때문이다. 목회자들에게 이것은 도덕적 결함이 많은 부분을 차지하고 있다. 기업 지도자들은 탐욕이 많은 부분을 차지하고 있다.엔론 주식회사[Enron Corporation], 타이코 인터내셔널[Tyco International], 월드컴[WorldCom] 등과 같은 기업의 이름을 들을 때 제일 먼저 당신의 마음에 드는 생각은 무엇인가? 그럼에도 불구하고 하나님은 그의 교회에 성도들이 따라야 하는 지도자들을 선물하셨고 주셨다. 히브리서 13장 17절은 매우 명백하게 "너희를 인도하는 자들에게 순종하고 복종하라"라고 말씀하고 있다.

결론적으로 순종에 불만을 품은 사람들은 지도자들을 따를 것인지, 아니면 그렇지 않을 것인지 결정을 내려야만 한다. 만일 그들이 어떤 이유에서든지 할 수 없다면, 교회의 고충을 해결하는 과정을 따라야만 한다.2장을 보라 만일 여전히 그런 감정이 남아 있다면, 교회를 떠나거나 성도들이 순종할 수 있고 복종할 수 있는 또 다른 누군가를 찾아야만 한다. 가장 나쁜 것은 그 사람이 교회에 여전히 남아 있어 불평과 불만, 그리고 리더십에 대한 고통의 이유가 된다는 점이다.위의 긍정적으로 되라는 부분을 참조하라 그들은 하나님의 훈계와 쫓아냄에 순종하지 않으려고 한다.고전5:9-13, 히12:1-13, 요일 5:16-17

다른 사람의 말을 듣기

더 나은 듣는 자가 되라.약1:19-21 만일 우리가 다른 사람의 말을 잘 듣고 한다면, 더 잘 이해해야 하고 우리 교회에 존재하는 불필요한 잘못된 이해를 피해야만 한다. 야고보는 경고하고 있다. "내 사랑하는 형제들아 너희가 알지니 사람마다 듣기는 속히 하고 말하기는 더디 하며 성내기도 더디 하라 사람의 성내는 것이 하나님의 의를 이루지 못함이라"약1:19-20 일반적으로 갈등 속에 있는 교회들이 야고보의 충고를 뒤집는 경우를 너무 많이 보아왔다. 그들은 듣기를 더디하고 말하기를 속히 하며 너무 속히 분내고 있다.

더 이상 말이 필요 없이 듣는 것이 좋은 의사소통에 있어 매우 중요한 요소이다. 듣는데 실패한다는 것은 우리가 그 사람과 대화할 가치가 없다거나 그가 혹은 그녀가 말하는 것에 귀를 기울일만한 것이 아니라는 생각을 잘 전달하는 것이다. 또한 이것은 우리가 이미 마음을 정했다는 것이 될 수도 있다. 우리는 신앙 안에서 형제들과 자매들에게 어떠한 주제든지 귀를 기울여야만 한다. 만일 그들이 우리의 의견에 동의하지 않거나 우리가 지지하지 않는 문제의 편에 서있다면 더욱 들어야만 한다. 한편으로 교회에서 우리를 갈라놓는 문제에 대해 대화하지 않으려는 경향을 가지고 있다. 다른 한 편으로는 우리가 그럴 때, 잘 듣지 않음으로서 그 과정을 단락지을 수 있다.

이번 장 앞부분에서 보았듯이 기획 과정을 위한 세 번째 단계는 교인들과 최고의 의사소통을 개발하는 일이다. 전략 기획의 결과를 전달하는 것은 회중의 신뢰를 얻을 뿐 아니라 그들의 관심사나 생각을 듣기 위해 매우 중요한 요소들이다. 사람들은 당신이나 당신과 함께 한 사람들에 대해 동의하지 않는다. 중요한 것은 만일 당신이 잘 들어주고 그들이 잘 들어준다고 느낀다면, 사람들은 당신을 존경하고 신뢰할 것이다.

진리를 말하라

사랑 가운데 진리를 말하라. 엡4:15 에베소서에서 바울은 "사랑 안에서 서로 진리를 말하라"라고 이야기하고 있다. 하지만 무엇이 진리인가? 이 본문 가운데서 말하는 진리는 속임이 없이 가르치는 것 혹은 단순히 진실을 말하는 것으로 보인다. 이것은 에베소 교회가 몇 가지 문제를 가지고 있었을 것이다. 그렇지 않으면, 바울은 이것을 말하는데 거리낌이 없었을 것이다. 에베소 교인들은 진리를 빨리 말하지만, 그것은 잘못된 방법이다. 그들은 진리를 가지고 사람들을 속였다. 바울의 지적은 사람들에게 진리를 전달하기 위해 옳은 방법과 잘못된 방법이 있다는 것이다.

진리를 전달하는 가장 좋은 방법은 그 마음에 진리가 필요한 사람들에게 진실한 사랑을 통해 전하는 것이다. 우리가 사람들에게 진리를 이야기할 때, 당신의 동기를 점검해 볼 필요가 있다. 당신은 그들에게 진리를 말하기 위한 다양한 좋은 동기들을 분별할 필요가 있다. 그 본문을 통해 얻을 수 있는 질문은 "당신의 마음에 사랑의 동기가 있는가?"이다.

사랑 가운데 진리를 말하지 않는 일반적 예는 험담이다. 험담에 대한 평신도의 정의는 비록 그것이 사실일지라도 우리가 사실인지 몰랐던 누군가의 혹은 무엇인가에 대한 부정적인 정보를 전하는 것이다. 이것은 바울의 가르침에 대한 명백한 위반이며, 죄를 탐닉하는 사람들로 인해 상처받은 사람들이 그들은 사랑하지 않는다는 것을 드러내는 것이다. 험담에 참여한다는 것은 인간관계에 염산을 들이 붓는 것과 같다. 이것은 사람에게 상처를 주며 때로는 사람을 파멸시킨다.

현명한 지도자들은 이것이 죄라는 것을 이야기하며 죄 가운데 있는 사람을 회중과 마주하게 한다. 전략 과정에서 종종 기득권을 상실하거나 소중한 전통을 잃어버리는 변화에 의해 두려움을 느끼는 사람들이 발생한다. 이것이 고충거리를 처리하는 과정이 필요한 이유이다. 어떤 사람이 교회에 계속해서 다른 사람의 생각에 관해 험담한다면, 그 사람을 고충거리를 해결하는 과정에 직접 세울 수 있다. 만일 우리가 강력하게 충분히 강조하고 실천한다면 상당부분 험담을 줄일 수 있다고 믿는다.

거룩을 추구하기

개인적 거룩을 추구하라. 롬6:1-15, 롬12:1-2 로마서 6장에서 바울은 어떻게 거룩을 추구할 것인가에 관해 교회에 주의 깊은 가르침을 주고 있다. 나는 이 짧은 공간에 로마서 6장 1-15절 말씀에 초점을 맞춰 이야기를 진행할 것이다. 거기에서 바울은 우리가 믿고 행동하는 어떤 것에 관하여 알 필요가 있다고 썼다. 먼저 우리는 믿는 사람으로서 더 이상 죄에 종노릇하지 말아야 함을 알거나 이해해야 할 필요가 있다. 롬6:1-10 이 본문에서 바울은 죄에 종노릇하는 것과 비교하고 있다 우리가 그리스도를 영접할 때, 우리의 삶을 뒤덮고 있는 죄의 능력을 죽일 수 있다. 우리가 그리스도를 영접하기 전에는 죄의 종노릇하고 죄를 따르는 것 외에 다른 것을 선택할 여지가 없었다. 하지만 지금 우리는 그리스도 안에 있으며 옛 사람을 십자가에 못 박았다. 그리고 우리는 죄의 종노릇 할 필요가 없다. 우리는 하지 말아야할 것과 해야할 것 중에 선택할 수 있다. 주님은 우리의 삶을 덮고 있는 죄의 통제를 깨뜨리셨고, 뿐만 아니라 주님과 함께 우리를 살리셨다. 그래서 우리는 새로운 삶의 방법을 일으키셨다.4, 8절

둘째, 바울은 11절에서 믿음 안에서 진리를 기꺼이 받아들여야 한다는 것을 가르쳐주고 있다. 비록 그런 일이 일어났다고 할지라도 만일 우리가 그 일을 믿지 못하거나 알지 못한다면 우리에게 아무런 소용이 없을 것이다. 그래서 바울은 "너희도 너희 자신을 죄에 대하여는 죽은 자요. 그리스도 예수 안에서 하나님을 대하여는 살아 있는 자로 여길지어다"라고 이야기하고 있다.

마지막으로 바울은 그리스도는 우리를 위해 이루셨다는 것을 이야기하고 있다.우리의 죄를 위해 죽으시고 새로운 삶을 위해 부활하셨다 그리고 우리는 죄의 통치 아래 있지 아니할 뿐 아니라 육신의 갈망을 순종치 말아야 한다.12절 대신에 우리는 우리 자신을 하나님께 드려야 하며 우리의 몸을 그의 의의 도구로 드려야 한다.13절

이러한 가르침에 순종한다는 것이 우리 교회에 일어나기를 기대해야만 한다. 왜냐하면, 우리는 우리 성도들이 거룩을 갈망하기 때문이다. 바울은 19절과 22절에서 저희 지체를 의에게 종으로 드려야 한다다른 곳에서는 "성화"로 이야기한다고 확신하고 있다. 만일 우리 교인들이 영적 갈등에 휩싸여 있다면, 아마도 지도자인 우리는 개인의 거룩에 대해 더욱 가르쳐야할 필요가 있으며 우리의 몸으로 거룩을 추구하는데 헌신할 수 있는 기회를 제공해야만 한다.

종이 되라

종의 태도를 취하라. 마20:20-28, 빌2:3-11 예수님은 지도자들은 종이 되어야 한다고 명확하게 가르쳐 주고 있다. 하지만 어떤 종이 되어야 하는가? 종의 리더십은 최소한 네 가지를 가져야 한다. 겸손, 섬기려는 의지, 다음 사람 중심, 그리고 사랑이다.

마태복음 20장 25-26절에서 예수님은 제자들을 함께 불러 놓으시고 "이방인의 집권자들이 그들을 임의로 주관하고 그 교관들이 그들에게 권세를 부리는 줄을 너희가 알거니와 너희 중에는 그렇지 않아야 하나니"라고 말씀하셨다. 예수님은 그의 말을 강조하기 위해 부정적인 예를 드셨다. 그들은 이방인의 지도자들이 행했던 것과 같이 자기 자신이 중심이 아닌, 겸손을 가지고 인도해야 했다.

마태복음 20장 26-28절에서 예수님은 계속해서 "너희 중에 누구든지 크고자 하는 자는 너희를 섬기는 자가 되고 너희 중에 누구든지 으뜸이 되고자 하는 자는 너희의 종이 되어야 하리라 인자가 온 것은 섬김을 받으려 함이 아니라 도리어 섬기려 하고 자기 목숨을 많은 사람의 대속물로 주려 함이니라"라고 말씀하신다. 예수님은 종의 리더십의 본질은 군림이 아닌 섬김에 있다고 가르치신다. 첫 번째 특징과 관련하여 우리는 리더십이란 겸손한 섬김에 관한 것이라는 사실을 알 수 있다. 다른 사람을 취하는 것이 아니라 자기 자신을 내어 주는 섬김이다.

종의 리더십은 그 초점이 다른 사람에게 맞춰져 있다. 마태복음 20장 20-28절에서 우리가 섬기는 대상은 우리 교회의 교인들처럼 다른 사람이다. 예수님은 섬기러 이 세상에 오셨고 자기 목숨을 많은 사람들에게 주시기 위해 오셨다. 그러므로서 우리의 섬김은 나의 이익이 아닌 다른 사람의 이익이 된다. 종의 리더십은 이기심이 없는 것이다. 이것은 우리를 위한 것이 아니라 모두 다른 사람을 위한 것이다.

종의 리더십에 대한 또 다른 특징은 사랑이다. 지도자를 따를 사람을 사랑한다는 것은 종의 리더십의 근거이다. 이것은 섬김을 위한 동기이다. 이것은 요한복음 13장 1-17절에서 예수님께서 그의 제자들의 발을 씻기실 때 명백하게 가르쳐 주셨던 것이다. 그들은 누가 그들 가운데 가장 크냐는 논쟁에 혈안이 되어 있었고 그 누구도 자기 자신을 낮춰 다른 제자의 발을 씻겨 주지 않았다. 일반적인 예법에 따르면 집 안에 들어온 순서대로 종이 그의 발을 씻겨 주었다. 이러한 행동은 그가 가장 큰 자가 아니란 것을 시인하는 것과 같은 것이었다. 그래서 그들은 더러운 발을 가지고 거만하게 식탁에 둘러 기대고 앉아 있었다. 그때 주님은 종의 역할을 이야기하시고 그들에게 본을 보이면서 손수 제자들의 발을 씻겨 주셨다. 여기가 중요한 대목이다. 우리는 다른 사람을 단순한 사랑의 마음을 가지고 겸손으로 섬겨야 한다. 그들의 더러운 발을 씻기는 것은 그들에게 대한 우리의 사랑을 시험하는 것이다. 만일 우리가 그들을 사랑하지 않는다면, 그들의 발이 조금 더러워 졌을 때, 재빨리 수건을 들고 그 수건을 던져 줄 뿐이다. 하지만 그들을 깊게 사랑한다면, 수건을 들뿐 아니라 우리 자신의 허리에 동여매게 될 것이다. 우리는 약간의 흙을 개의치 않을 것이다.[28] 아마도 이 점을 생각하면 집에 가는 도중에 당신의 전략적 리더십 팀원들에게 실제적으로 발을 씻어주는 의식을 생각할지도 모르겠다.

누구의 교회인가 기억하라

당신의 교회는 주님께 다시 되돌려 드리라. 마16:18 예배를 드리는 곳이 "나의 교회"라고 말하는 사람들의 말은 일반적으로 많이 듣는 말이다. 이러한 표현에 관해 조금 생각하지만, 사람들은 자신의 교회라는 생각으로 받아들일 수 있다. 아마 교회가 시작한 첫날부터 그런 생각을 가질 수 있

---

28) 나는 나의 책 『지도자 되기』*Being Leaders*의 2장에서 종의 리더십에 관한 개념을 더 많이 다루고 발전시켰다.

으며, 그들은 또한 교회에 많은 것을 줄 수 있으며, 지도자의 위치에 있을 수 있으며, 새로운 목사로 누군가가 부임하고 그 목사와 함께 그들의 교회를 변화시키기 위해 어떤 것을 시도하려고 할 것이다. 이것은 그가 집에 들어와 가구를 재배열하고 벽을 다시 칠하는 것과 비교할 수 있다. 이것은 그들의 잘못된 주인의식에서 비롯된 것이며, 그들은 어지럽힌다고 느끼게 될 것이다.

마태복음 16장 18절에 나오는 진리는 교회는 어느 누구에도 속하지 않는 것이다. "나의 교회"가 아니며 당신의 교회도 아니다. 교회는 그리스도에게 속한 것이다. 이 구절에서 예수님은 명백하게 "나의 교회를 세우리니"라고 말씀하고 계신다. 그러므로 나는 리더십 팀에 속한 모든 사람들에게 교회는 누구의 것인가라는 질문을 던지고 싶다. 그들 가운데 교회는 나의 것이란 생각을 누가 가지고 있는가? 그럼에도 불구하고 누구든지 교회를 주님께 되돌려 드려야 하며, 왕좌에 다시 주님을 앉혀 드리며, 그에게 통치권을 되돌려 드려야 할 때이다. 만일 우리가 주님께서 말씀 하셨던 것처럼 교회를 세우기 원한다면, 우리는 반드시 교회가 우리 것이 아닌 그의 것이 되어야만 한다. 그는 우리의 교회가 아닌 그의 교회를 세우실 것이다.

그렇게 되기 위해서 당신은 전략 기획 팀이나 전체 회중과 함께 예배 의식을 드릴 수 있으며, 대관식 시편에 초점을 맞출 수 있다. 시47편, 시93편, 시96-99편 당신은 선포하고 심지어 이러한 시편의 노래를 노래할 수 있다. 교회의 머리로서 그리스도를 보좌에 이미 앉힌 사람들을 초청하여 그 앞에 무릎을 꿇고 그 앞에 나갈 수 있다. 기도와 헌신의 시간이 이를 뒤 따른다.

영적 기초 다지기

일반적으로 목회자와 시작하여 교회의 사역 공동체와 결론을 맺기까지 지속되는 사건들은 당신의 교회에 영적 발달을 가져오게 될 것이다.

목회자

교회의 담임목사와 함께 시작한 영적 발달과 부흥은 중요하다. 나의 경험으로 볼 때, 성장의 도전을 경험한 교회에서 목회자들은 낙심하기도 하지만 영적 부흥을 필요로 할 것이다. 대부분의 교인들은 자신들의 목사를 영적 지도자로 본다. 이것은 매우 어려운 것이다. 왜냐하면, 목사도 갈등에 휘말릴 때가 있기 때문이다. 그리고 교회가 성장의 도전을 통해 움직일 때, 목회자는 그의 리더십의 능력에 대해 의문을 갖게 될 것이며 그의 영적 발달은 하락될 수 있다. 그러나 이러한 영향력은 목회자뿐 아니라 영적 지도자들에게 미친다.

바울처럼 우리 모두는 우리의 삶 속에서 죄와 투쟁을 벌이고 있다.롬7:14 그 전쟁은 끊임없고 무자비한 것이다. 그러므로 나는 먼저 목회자들이 자신의 영적 부흥을 추구하듯이 영적 발달의 13단계를 시작하라고 권하고 싶다. 성도들이 영적으로 성숙되지 못한 경우라면 목회자들은 전략 기획이나 다른 어떤 것을 통해 그들의 사람들을 인도해 나갈 수 없다. 단순히 성령님께서 성도들의 영을 활성화 시키고 새롭게 하는 것처럼 성령은 그리스도의 형상으로 변혁시키는데 교회를 이끌어 갈 수 있도록 해 주신다.

전략 리더십 팀

영적 활성화는 매력적이다. 성령께서 중요한 지도자들과 그들의 삶을 변혁시킨 것 같이, 리더십 팀을 그리스도의 열렬한 추종자가 되도록 자극한다. 그들이 그리스도를 따르듯이 목회자들이 경험했던 것과 같은 활성화를 경험할 것이며 그들의 영혼의 변혁을 경험하게 될 것이다.

내가 교회를 상담할 때, 나는 한 번의 모임은 팀원들의 영적 발달을 위해 따로 떼어 놓는다. 그리고 그 과정의 이해를 통해 그들을 인도한다. 만일 팀에 영적 활성화가 일어나지 않는다면, 결국 회중들에게도 영적인 활성화가 일어나지 않게 된다. 왜냐하면, 팀은 휴톤E. F. Hutton 사람들이기 때문이다. 교회의 지도자들은 좋아하건 싫어하건 교인들의 본이 된다.

회중

영적 활성화는 전염성이 강하다. 목회자와 리더십 팀으로부터 시작된 영적 활성화는 빠르게 회중들에게 퍼져간다. 회중들은 그들의 지도자를 바라보고 그 뒤를 따른다. 회중들이 그러했던 것처럼, 영적 성장은 그들의 가족과 친구들에게까지 퍼져간다.

이것이 교제하는 이유이다. 교회의 네 가지 기능행2:42 가운데 하나인 교제는 매우 중요하다. 사람들은 친밀해지고 서로 깊은 관계 속으로 들어가게 되며 서로에게 전염시킨다. 성령의 열매는 열심인 사람으로부터 전염되며 일반적으로 그들의 영혼의 영적인 발달을 포함하고 있다.

나는 목회자들에게 주기적으로, 최소한 1년에 한 번은 성도들에게 영적 발달에 대한 진리를 설교하고 가르칠 것을 권면하고 싶다. 왜냐하면, 진리를 듣고 진리를 보게 되면 강력하고 영적인 자극이 되기 때문이다. 그러므로 목회자가 성도들에게 회개와 강력한 주님의 변혁의 능력을 그들의 삶 속에서 일어나도록 동기를 제공하는 것은 매우 중요하다.

지역공동체

영적 발달은 멈춰서는 절대 안 된다. 지역에 사는 믿지 않는 사람들은 끊임없이 기독교인을 관찰하고 판단하며 우리들의 삶을 통해 그리스도를 판단한다. 그들은 확인된 경험과 감각에 반응을 보인다.

예수님은 그의 제자들에게 너희는 세상의 소금이며, "세상의 빛"이 되라고 말씀하셨다. 더욱이 주님은 "언덕 위의 동네가 숨기우지 못할 것"이라고 말씀 하셨다.마5:14 그래서 교회는 믿는 사람과 믿지 않는 사람이 함께 살아가는 공동체의 등대가 되어야 한다. 그리고 그 빛은 지역 사회에 믿지 않는 어두움의 세계에 스며들어야 하며 비춰야 한다.

전략 기획 과정을 위해 한 가지 더 준비할 것이 있다. 그것은 영적 기초 다지기이다. 나는 이 주제를 이번 장 맨 마지막에 자리 잡도록 했다. 단지 영적 기초 다지기가 과정의 마지막 단계는 아니다. 영적 기초 다지기는 전체 비전 풀기 과장을 단단하게 해 줄 것이다.

반영, 토의, 그리고 적용을 위한 질문들

1. 사역을 위해 권한을 부여받은 지도자들, 즉 위원회, 목회자, 스텝, 장로들 혹은 여성 지도자들은 전략 기획 과정을 지지할 것인가? 어떻게 할 수 있는가? 만일 몇몇 사람이나 모두가 과정을 지지하지 않는다면 당신의 계획은 무엇인가?
2. 목회자나 평신도 지도자인 당신이 전략 리더십 팀의 모집이 중요한 이유를 알고 있는가? 이 팀을 위해 누구를 선택할 것인가? 당신 교회에서 누가 이 팀을 구성할 것인가? 명단을 기록하라. 얼마나 많은 사람들이 명단에 있는가? 이 명단에 올라 있는 사람들의 자격은 어떤가? 당신은 헌신 서약서에 서명할 것인가?
3. 당신은 회중과 어느 정도 소통을 하는가? 평균, 평균 이상, 평균 이하 교인들은 당신을 신뢰하는가? 그들의 신뢰를 구축하는 소통의 방법은 무엇인가? 당신의 교회는 고충거리를 해결하는 과정을 진행하고 있는가?
4. 교회 사역 평가를 실시하라. 이번 장에 있는 것을 사용해도 좋고, 당신 팀을 위해 새롭게 만들어도 좋다. 당신의 교회에 관해 드러난 것은 무엇인가? 만일 당신 교회가 쇠퇴에 있다면, 어느 정도 진행되었

는가? 그 진행도에 따라 언제쯤 교회가 문을 닫게 될 것이라고 생각하는가? 이러한 사실이 성도들의 주의를 갖도록 하는가?

5. 당신의 교회는 변화를 위해 준비되었는가? 어떻게 알고 있는가? 만일 아니라면 변화의 길을 함께 걷기 위해 당신은 무엇을 하겠는가?

6. 심도 있고 의미 있는 변화를 위해 당신의 교회는 얼마나 걸릴 것이라고 생각하는가? 기간이 얼마이든 간에 당신은 헌신하려는 의지를 가지고 있는가? 왜 그런가 아니면 왜 그렇지 않는가? 만일 그렇지 않다면, 당신의 선택사항은 무엇이며 당신은 무엇을 선택할 것인가?

7. 당신은 전략 기획을 위해 영적 발달의 중요성과 관련하여 위의 글에 동의하는가? 만일 그렇다면 어떻게 당신의 준비에 영향을 미칠 것 같은가?

8. 당신은 영적 발달에 대해 정의를 내린 위의 글에 동의하는가? 만일 그렇지 않다면 왜 그런가? 당신은 어떻게 바꾸거나 추구할 것인가?

9. 당신 교회의 영적 성숙은 어느 정도 필요하다고 생각하는가? 1점 ~ 10점 사이에 평가해 보라.¹ 점은 낮음, 10점은 높음이다

10. 만일 당신이 목회자, 스텝, 또는 전략 기획 팀원이라면, 어떻게 당신의 개인적인 영적 발달을 진행 시킬 것인가? 당신은 다소 낙담하고 있는가? 만일 그렇다면 왜 그런가?

11. 당신은 13단계를 통해 영적 발달 과정을 진행할 수 있다는 것을 읽었다. 당신이 보기에 특별히 중요하다고 생각되는 것이 있는가? 만일 있다면, 어떤 것인가?

12. 만일 당신이 목회자나 리더십 팀원 가운데 한 사람이라면, 당신의 사역 가운데 영적 발달 단계를 어떤 방법으로 이행할 것인가?

3

보트 준비하기
PREPARING THE BOAT

전략 개발하기

    1장에서 나는 좋은 항해사는 보트를 띄우기 전에 주의 깊게 준비해야 한다는 것을 이야기 했다. 보트를 띄우기 전에 체크리스트를 확인 한다는 것은 배가 출발할 준비가 되었는지 확인 해 준다. 이 체크리스트에 맨 꼭대기에 있는 것 중에 하나는 항해사가 진정한 항해사인지 결정하는 것이다. 하지만 우리는 2장에서 항해사 혼자 준비하는 것은 충분치 않다는 것을 발견했다. 우리는 보트를 타고 항해를 준비하는 승무원을 준비해야만 한다. 이를 위해 승무원을 준비하기 위한 일곱 단계의 과정을 이용했다. 여기 3장에서 우리는 사역보트를 준비할 것이다. 항해를 위해 배를 준비할 뿐만 아니라 올바른 보트가 되어야만 한다. 잘못된 배는 재난을 초래하게 될 것이다. 만일 체크사항이 미비 될 때 누수 될 가능성이 있으며, 가고자 했던 사역의 항구에 도달하기도 전에 침몰하게 될 것이다. 이번 장은 항해사를 얻기 위한 최고의 전략을 개발하고 그들이 가고자하는 열망을 준비시킬 것이다.

    전략개발은 기획을 가진 채로 손에 손을 맞잡고 걸어가는 것이다. 좋은 개발은 좋은 기획을 필요로 한다. 문제는, 많은 지도자들이 좋은 기획을 가지고 있지 못하다는 것이다. 그래서 그들의 사역은 목적한 바를 이루지 못하고 만다. 이에 대한 몇 가지 이유를 나열하면 다음과 같다.

- 지도자들은 기획의 필요성을 이해하지 못한다. 왜냐하면 그들의 전임자들이 대신해서 기획을 세어 놓았기 때문이다. 그들은 "깨지지 않으면 고칠 필요 없어."라고 이야기한다.
- 지도자들은 몇몇 성공을 거둔 대형 교회의 모델을 수용하고 모방함으로써 대형교회들이 성취한 것들이 자기들에게 똑같이 일어날 것이라고 여긴다. 그들은 "하나님께서 축복을 주신 프로젝트인데 우리가 어떻게 고쳐?"라고 이야기 한다.
- 어떤 지도자들은 기획과 개발이 중요하다는 사실을 생각하지 않는다. 그는 좋은 설교가이고, 설교가 가장 중요한 것이라고 믿는다. 그들은 "단지 설교하고 성경을 가르치면 다 "거야."라고 이야기 한다.
- 지도자들은 전략을 어떻게 개발하고 기획할 것인가를 모른다. 이것이 가장 중요한 이유이다. 그들은 신학교에서 이에 대해 배우지 않았다. 그들은 "도와줘!"라고 이야기 한다.

이런 이유와 관계없이, 목표에 관한 옛 속담, 즉 '계획에 실패하는 것은 실패할 계획이다'는 속담을 되새겨 보기 바란다. 하지만 우리는 이에 대해 무엇인가를 할 수 있다. 우리는 어떻게 기획하고, 전략을 개발할 것인지 배울 수 있다. 그러므로 이번 장에서 우리는 왜 전략을 개발하는 것이 중요한가, 무엇을 개발하고, 전략개발을 누가 책임지며, 당신 교회를 위한 사역전략을 개발하는데 도움을 주는 네 단계 과정을 짧게나마 살펴보게 될 것이다.

전략 개발의 중요성

교회의 전략은 다섯 개의 작은 전략으로 구성되어 있다. 이는 전략 개발이 중요한 사역이라는 것을 보여준다.

지역 공동체로 다가서도록 용기를 주는 전략

지역 교회는 지리적 공동체 안에 존재한다. 이 사역의 핵심은 복음을 들고 지역 공동체로 다가가는 것이다.행1:8 이를 성취하기 위해 모든 교회는 지역 공동체로 다가서기 위한 전략을 개발해야만 한다. 이것은 지역 공동체의 부드러운 경계를 설정하고 그 경계선 안에 누가 살고 있는지 확인하는 것까지 포함한다. 이를 설명하기 위해 나는 사도행전 1장 8절을 언급한다. 초대교회는 지역 공동체를 예루살렘으로 확인 했으며, 그 안에 살고 있는 사람들로 설정했다. 오늘 우리 교회의 경계선을 교회로부터 차를 몰고 가서 도달할 수 있는 곳까지 설정해야 한다. 그리고 유연성을 가지고 교회를 중심으로 반경을 그려 설정할 수 있다. 인구 통계학과 심리학적 연구의 도움으로 교회는 그 경계선 안에 누가 살고 있는지 확인할 수 있다. 지역 공동체에 다가서기 위한 전략이 없다면, 교회는 그리스도를 위해 지역 공동체에 효과적인 충격을 줄 수 없으며 8장에서 지역 공동체로 다가설 수 있는 전략을 소개할 것이다.

제자 만들기를 위한 과정을 디자인하기 위한 전략

앞에서 교회는 지역 공동체에 다가서기 위하 전략을 개발했다면, 자연스럽게 지역 공동체 안에 있는 사람들을 어떻게 제자로 만들 것인가에 관한 전략을 필요로 할 것이다. 이러한 전략은 명료성, 단순성, 제자를 만들기 위해 모든 사람들이 이해하기 쉽고 이 과정에서 자신들이 어디에 서있는지를 깨닫는데 도움을 줄 수 있도록 기억하기 쉬운 길을 제공한다. 이러한 전략을 개발하기 위해 다섯 가지 단계를 거쳐야 한다.

1. 대사명 수용하기
2. 성숙한 제자에 대한 성경적 특징 확인하기
3. 제자들의 특징을 심어주기 위해 무엇이 중요한 사역인지 결정하기
4. 특성을 배열하고 사역하기
5. 어떻게 제자 만들기 전략을 실행할 것인지 평가하기

나는 이러한 전략을 어떻게 개발할 것인지 9장에서 소개할 것이다.

꿈의 사역팀을 세우기 위한 전략

모든 교회는 지역 공동체 안에서 제자 만들기 사역을 성취하기 위해 팀을 구성하기 위한 전략이 필요하다. 이러한 전략을 위해 둘 혹은 세 팀을 소개할 것이다. 첫째는 회중으로 구성되며 사역을 위해 동원된다. 둘째는 평신도 가운데 선출된 스텝으로 구성된다. 이들은 교회의 사역을 수행하기 위한 사역을 인도한다. 세 번째 팀은 당회로서 어떤 교회는 구성되어 있지 않을 수 있다. 당회는 목회자와 함께 교회의 최고 리더십을 가진 사람들로 구성된다. 이러한 팀 전략에 관해 10장에서 이야기할 것이다.

사역 환경을 설정하기 위한 전략

교회의 환경, 즉 위치와 건물을 소개하는 전략을 개발하는 교회는 현명하다. 그 이유는 두 가지이다. 교회가 성장함에 따라 사역과 공동체에 미치는 영향이 제한됨으로 제자를 만드는 교회는 빠르게 설비를 확장할 수 있다. 환경을 소개해야 하는 교회가 지역 사회 속으로 들어가기 위해 더 전략

적인 위치로 옮겨야할 필요가 있기 때문이다. 종종 교회 주변의 지역 사회가 변화를 맞이해서 죽기 시작한 경우가 많다. 나는 11장에서 사역 환경을 설정하기 위한 전략을 소개할 것이다.

필요한 재정을 충당하기 위한 전략

제자 만들기 사역을 지역 공동체에서 실행하는데 사실상 모든 교회는 재정을 필요로 한다. 이것을 성취하기 위해 필요한 재정을 조성하고 조성된 재정을 관리하기 위한 전략을 교회가 개발하는 것은 매우 중요하다. 이러한 전략은 세 가지 요소로 구성된다. 누가 필요한 자금을 조성하고 관리할 것인가 결정하기, 제자 만들기를 위해 교회가 필요한 재정을 어떻게 충당한 것인가 결정하기, 어떻게 교회가 충당된 재정을 관리할 것인지 결정하기가 그것이다. 12장에서 전략을 통해 당신 교회의 사역을 위한 재정을 충당할 수 있도록 도움을 줄 것이다.

다섯 가지 작은 전략
1. 지역 공동체로 다가서도록 용기를 주는 전략
2. 제자 만들기를 위한 과정을 디자인하는 전략
3. 꿈의 사역팀을 세우는 전략
4. 사역 환경을 설정하기 위한 전략
5. 필요한 재정을 충당하기 위한 전략

전략 개발이란 무엇인가?

명확하게 우리는 잠시 멈추고 '전략 개발이란 무엇인가?'라는 이 질문에 대해 '명확한 답'을 하고 넘어갈 필요가 있다. 이번 장은 당신 사역을 위해 전략 개발을 소개할 것이다. 그리고 전략 개발의 의미를 안다는 것으 매우 중요하다. 이 책에서 내가 사용한 용어는 **교회의 전체적인 전략을 구성하는 각각의 작은 전략들의 목표와 목적을 결정함으로 교회 사역을 수행하는 과정**을 의미한다. 또한 특정한 시간에 이러한 작은 단계의 목표와 목적을 개발하기 위해 개발팀DTs을 모집하는 것도 포함된다. 그리고 이 과정은 '언제, 어디서, 누가'의 상황 속에서 발생한다.

첫째, 전략 개발하기는 과정을 포함하고 있으며, 그것은 진행 중이라는 것을 의미한다. 당신은 항상 당신의 전략을 평가하고 개발해야만 한다. 이 책에서 이야기했듯이 이것은 사역 후반부에 다루는 것보다 사역 처음에 다루는 것이 더욱 의미 있고 시간을 줄일 수 있다.

다음으로 전략 개발은 당신의 목표와 목적으로 구성된 방향성을 가지고 있다. 이것은 각각의 작은 전략지역 공동체에 다가서기, 제자 만들기, 꿈의 팀 세우기, 환경, 그리고 재정에 있어 중요하다. 이 모두는 당신의 전체적인 전략을 구성한다.

셋째, 각각의 전략 과정 혹은 작은 전략 과정을 인도하는 지도자는 개발팀DT을 모집해야만 한다. 결국 이 팀은 전략을 개발하고 개발 사역을 위한 기한을 설정해야 한다.

이 모든 일들은 세 가지 요소, 즉 교회의 정체성누가 교회이며, 사명, 비전, 그리고 가치, 교회가 위치한 곳도시, 외곽, 혹은 시골, 시기개발이 일어난 시기 혹은 해가 사역의 상황 속에서 발생한다. 교회가 확실하게 전략화를 이루려고 한다면, 이 모든 세 가지 상황을 고려해야만 한다. 나는 교회가 성공을 거둔 대형 교회와 같은 다른 교회를 모방하지 않기를 바란다. 국가의 한 부분에 적용되었던 것이 다른 국가의 같은 부분에 적용되지 않을 수도 있다.

전략 개발을 위한 책임

담임목사

일반적으로 리더십을 가진 사람들[스텝, 당회원, 전략 리더십 팀]과 특별히 담임목사는 전략기획을 개발할 책임이 있다. 전체 과정에서 가장 중요한 사람이 바로 목회자이다. 여기에 담임목사가 전략과정에서 중요한 이유를 적어 본다.

1. 그는 과정에 헌신해야 하며 과정개발에 함께 참여해야만 한다. 목사가 개발하기 전에 일찍 떠나는 것은 재앙을 초래하게 될 것이다. 그러므로 그 과정에 함께할 때 피해를 줄일 수 있다. 과정을 시작하기 전에 담임목사가 전략 기획 과정에 헌신을 할 것인가 물어야 한다.
2. 그는 과정을 인내해야만 한다. 개발은 하루 저녁에 이루어지는 것이 아니다. 담임목사는 그의 열정을 포함하여 앞에서 언급한 많은 방해물들에 주의를 기울여야 한다. 여기에는 막대한 훈련이 필요하다. 성공적 전략개발은 담임목사의 주의력과 에너지를 집중시키는 것이 중요하다.
3. 담임목사는 그의 사역 혹은 직무설명서를 재검토 해야만 한다. 만일 그가 어떤 것을 배워야 한다면 리더십의 중요성을 배워야 한다. 만일 신학교에서 훈련을 받는다면 설교와 성경을 가르치는 것에 대해 과도한 훈련을 받을 것이다. 그들은 아마도 설교와 성경공부에 시간을 지나치게 낭비할 것이다. 이것은 설교나 성경공부가 중요하지 않다는 것이 아니다. 하지만 리더십은 초대교회와 사도행전에서 보듯이 오늘날도 중요한 것이다. 설교와 성서를 가르치는 것은 그의 리더십에 있어 매우 본질적인 것이다. 그들은 함께 가야한다.

4. 담임목사는 "그만 둬야 할 것"에 대한 리스트를 작성해야 한다. 그는 다음과 같은 질문을 던져야 한다. '최근 내가 하지 말아야할 일을 한 것은 무엇인가?' '80퍼센트를 이루기 위해 포기했던 20퍼센트는 무엇인가?' '내가 의뢰인에게 위임했어야 했던 것은 무엇인가?' 이것은 하나님이 목사가 하기를 원하는 것, 즉 전략적으로 인도하고 전략을 개발하고 재개발해야 하는 압박감으로부터 해방시켜준다.
5. 당신이 목표를 잊어버리지 않도록 볼 수 있는 곳에 적어두라. 당신의 달력이나 스케줄표에 적어두라. 당신이 해야 할 일을 적어둔 리스트를 만들라. 당신 사무실에 붙여두거나 화장실 거울에도 붙여두라. 당신이 자주 볼 수 있는 곳이면 어디든지 붙여두라.

스텝

담임목사가 전체적인 전략 기획을 책임지는 반면 스텝은 그 과정의 일부를 책임진다. 객관적으로 볼 때, 아무리 소형 교회라고 할지라도 목회자가 스스로 모든 일을 감당할 수 없다. 그는 전략적 리더십 팀 뿐 아니라 전임 사역자 혹은 평신도 스텝들의 도움을 필요로 한다.

몇몇 대형교회들은 행정 목사가 있거나 많은 짐을 함께 나누어짐으로서 담임목사를 돕는 전략 기획 담당 목사가 있기도 하다. 하지만 담임목사는 궁극적인 책임을 가지고 있다. 글고 담임목사에게 적용되는 많은 요인들이 스텝들에게도 적용된다.

개발 과정 가운데 어떤 부분은 오직 스텝만이 성취할 수 있는 부분이 있다. 뿐만 아니라 전략적 리더십 팀과 함께 성취할 수 있는 것도 있다. 그럼에도 불구하고 스텝들은 과정에 함께 동참해야만 한다. 왜냐하면 개발이 많은 부분 영향력을 행사하기 때문이며, 개발에 일조하기 때문이다. 그리고 스텝들은 과정에서 소리를 낼 필요가 있다.10장을 보라

당회

만일 교회에 당회가 구성되어 있다면, 전략 기획에 동참해야만 한다. 당회의 전부가 전략적 리더십 팀에 함께 할 수 없을 뿐 아니라 당회 자체가 리더십의 책임을 가질 수 없기 때문이다. 당회의 중요한 책임은 과정을 모니터하고 그 과정을 통해 담임목사와 스텝을 따르는 것이 옳다는 확신을 심어 주어야 한다. 당회는 과정을 이해시킬 책임이 있으며 그 과정을 보호할 책임이 있다.

전략적 리더십 팀

전략적 리더십 팀 또한 개발에 참여하고 많은 부분 책임이 있다. 그 과정을 시작할 때 각각 헌신하겠다는 헌신 서약서부록 C에 서명함으로 책임을 지겠다고 동의했기 때문이다. 때때로 팀 전체가 책임을 질 때도 있지만, 때때로 거기에 맞는 은사나 재능을 가진 개인이 전문적 분야를 책임질 때도 있다. SLT는 작은 전략의 한 부분을 개발하고 그것에 책임을 져야 한다.

개발에 대한 책임
■ 담임목사
■ 스텝
■ 당회
■ 전략적 리더십 팀

전략 기획 개발하기

이제 당신은 왜 개발이 중요한지, 전략이 무엇이고 누가 책임을 져야 하는지에 대해 깨닫게 되었다. 이제 전략 개발의 실제로 들어갈 차례이다. 여기에서 어떻게 기획을 디자인 할 것인지에 대해 논의할 것이다. 여기에는 네 단계 전략 개발 과정이 포함된다.

당신은 과정을 실행해 보려고 하지만 그 과정에 장애물이 나타나고 그 장애물은 과정의 실행을 막기도 한다. 나는 그 장애물을 당신의 전략 기획의 효과적인 활동을 방해하는 습관, 정책, 혹은 사람이라고 정의를 내리고 있다. 과정을 개발하고 특별히 가정을 실행할 때, 당신에게 방해물들은 예고 없이 들어 닥칠 것이다. 그래서 나는 13장에서 "몇 가지 중요한 시행 요강"이라는 제목으로 장애물의 정체와 어떻게 그것들을 제거해 나갈 것인가에 대해 이야기할 것이다. 당신은 과정을 실행하면서 방해물들과 맞서 싸워야 하고 어떻게 다룰 것인가에 관한 정보를 이용해야 한다.

1단계 : 목표를 가지고 개발 목적 만들어 내기

이번 과정에 있어 첫 번째 부분은 전체 사역 전략을 구성하는 작은 전략을 효과적으로 개발하기 위해 특별한 목표를 만들어 내는 것이다. 멜퍼스 재단은 11개의 목표를 만들었다. 기도, 회중에게 전달하기, 지역 공동체에 다가서기, 제자 만들기, 회중을 동화시키기, 스텝 채용, 위원회 개발, 환경 지역과 건물, 재정 혹은 청지기, 창조성과 혁신, 그리고 지도자 개발이다. 각각의 목표는 다섯 개에서 20개, 혹은 그 이상이 될 수 있다. 각각의 목표를 보기 원한다면 부록 D에 있는 전략 개발 작업표를 보기 바란다. 당신의 특별한 상황에 적당한 목적과 목표가 필요할 것이다.

우리가 특별한 목표를 설정하기 전에 좋은 목적의 특성을 이해하는 것은 현명한 일이다. 여기에는 최소한 다섯 가지가 포함된다. 첫째, 명확성으로 사람들은 그것이 무엇인지 이해하게 된다. 둘째는 긴급성으로 사역에 있어 매우 중요한 것으로 어제 성취했어야 하는 것들이다. 셋째는 시각성으로 사람들은 바로 눈앞에서 벌어진 일들을 볼 수 있을 것이다. 넷째는 의미로서 사람들은 의미가 매우 중요한 항목이라고 여긴다. 마지막으로 적절성으로 시기적절하게 그리고 빠르게 성취될 것이다. 그래서 교회에 짧은 시간 안에 승리를 안겨다 줄 것이다.

2단계 : 개발팀 모집 – 리더들과 팀들

사역을 이끌어 가는 사람 뿐 아니라 그 과정을 수행하는 사람들 모두는 훌륭한 사람들이다. 이 단계에서는 이 점을 염두해 두면서 팀들과 그 팀의 지도자들을 모집해야 한다. 대부분 사람들은 그들의 삶 속에서 어떤 의미를 성취하고자 하는 열망을 가지고 있다.

지도자로서 역할을 감당하는 것은 그리스도를 위해 이것을 성취하고자 하는 사람들을 돕는 것이다. 그리고 지도자로서의 역할은 성도들이 그 자리에서 봉사하도록 요청할 때 가능하다. 전도의 은사가 있는 사람은 지역 공동체에 다가서기를 위한 개발 팀에서 사역이 가능하다. 다르게 말하면 그 사람의 전문분야라고 할 수 있다. 예를 들면, 건축업자, 건설업자, 혹은 목수는 사역 환경을 세우는 팀지역과 건물에서 함께 할 수 있다.

첫째 당신은 필요한 개발 팀을 결정할 필요가 있다. 그리고 나서 팀원을 모집해야 한다. 우리 멜퍼스 재단은 위에서 밝힌 각각의 목적에 맞는 팀을 조성하고 그 개발팀을 이끌어갈 사람을 추천한다. 다음과 같은 팀을 조성한다. 기도 팀, 회중에게 전달하는 팀, 지역공동체에 다가서는 팀, 제자 만들기 팀, 회중을 동화시키기 위한 팀, 스텝 팀, 사역 환경지역과 건물, 재정이나 청지기 팀, 그리고 창조와 혁신팀이다. 이 모든 팀은 교회가 변화 문화를 빠르게 수용하도록 도움을 줄 것이다. 추가적으로 통치 위원회를 위촉할 수 있다. 통치 위원회가 추가적 팀으로 분류되어야 하는 이유는 어떤 교회는 당회가 구성되어 있지 않기 때문이다. 그리고 다른 팀을 추가한다면 교회 지도력 개발팀이다.

개발팀을 인도하는 목회자나 또 다른 지도자는 위에서 언급한 개발팀을 위한 챔피언 혹은 SLT를 이끌어가는 지도자들 중에서 선출하거나 모집할 수 있다. 하지만 자원봉사자에게 부탁하는 실수를 범하지 말라. 자원봉사자에게 팀원이 되어 달라고 부탁하는 것은 괜찮지만, 팀을 이끌어가는 지도자가 되어서는 안 된다. 당신이 팀을 이끌어 가기 위해 자원봉사자에게 부탁할 때, 그 자원봉사자는 팀을 이끌어 갈 수도 없고 이끌어 가는데 능숙하지도 못하다. 예수님도 자신이 보기에 좋은 자도자라고 여겼던 사람들을 제자로 임명했다.막1:17-20

다음으로 개발팀은 자신의 팀원을 다른 팀을 인도하지 않고 또 다른 팀에 속해 있지 않으며, SLT에 헌신하고 있는 교인들 중에 임명해야 한다.최소 두 명 혹은 아홉 명 이하

만일 당신이 개발팀원이면, 그 팀의 팀원들은 서로의 목표를 나눌 수 있다. 어떻게 그들은 각각의 목표를 알 수 있는가? 먼저 위에서 언급했듯이 사람들은 은사재능, 열정 그리고 기질에 따라 배치하면 된다. 둘째, 사람들의 관심에 따라 배치할 수 있다. 어떤 사람들은 특별한 영역에 대한 지식이나 은사, 혹은 경험을 가지고 있지 않지만, 그 사역의 영역에 관심을 가지고 있을 수 있다.

3단계 : 마감시간 정하기

언제 목표를 성취할 것인지 결정하라. 이것은 완성 날짜를 정하는 것이며, 성공을 위한 기준날짜를 정하는 것을 의미한다. 내가 사역을 인도하면서 대부분의 모두 일이 그렇듯이 어떤 사람들은 행동으로 옮기지만 대부분의 사람들은 늑장부리는 사람이라는 것을 발견했다. 모든 사람들이 늑장을 부린다고 할지라도 당신은 행동에 옮기는 사람을 찾아내야 한다. 행동에 옮기는 사람 뿐 아니라 늑장을 부리는 사람 모두 마감시간은 분명히 필요하다. 왜냐하면 마감시간은 우리가 끝마칠 때와 우리가 다시 시작해야 할 때를 알려주기 때문이다.

전략을 디자인 하는데 있어 시간은 필수적이라는 사실을 마음에 항상 새겨두라. 우리는 긴 시간동안의 승리 뿐 아니라 짧은 시간 안에 승리를 거

두기 위해 노력한다. 왜냐하면 어떤 사람들은 최선을 다하기 위해 충분한 시간을 요하기도 한다. 그들은 급하게 행동하는 것을 좋아하지 않는다. 그들은 생각하고 창조하기 위해 충분한 시간을 갖는 것을 좋아한다. 또 어떤 사람들은 강제력이 동원 될 때 최선을 다해 행동하기도 한다. 마지막 이닝의 막바지에 다달았을 때 그들은 타석에서 야구장 밖으로 볼을 날려버리기도 한다. 어느 경우에나 마감시간은 없어서는 안 될 것이며 강제성을 필요로 한다.

마감시간은 상황에 따라 달라질 수 있다. 그들은 마감시간에 깜짝 놀랄 수도 있다. 지역 공동체에 다가서기 위한 개발 팀처럼 어떤 팀들은 다른 팀에 비해 몇 주 혹은 한 달 먼저 개발과정을 착수하기 때문이다. 어느 쪽이든 우리는 과정목표를 완수하기 위해 120일을 기준으로 정할 수 있다. 어떤 팀들은 그 기준보다 더 많이 혹은 더 적은 시간을 요할 수 있다.

반면에 마감시간이 같을 수도 있다. 이는 모든 팀이 같은 날짜에 종결하는 것을 의미한다. 이런 경우 과정을 먼저 시작한 팀들은 그들의 목표를 개발하기 위해 다른 팀들이 90일 혹은 60일 정도 걸리는 것에 비해 더 많은 120일을 소요할 수 있다. 나의 경험으로 볼 때 기간은 문제가 되지 않는다. 그들이 필요한 시간에 따라 기간을 늘릴 수도 있고, 줄일 수도 있다.

그리고 특별한 마감시간을 설정할 수도 있다. 어떤 팀들은 다른 팀들과 본질적으로 달라 특별한 마감시간이 요구 될 수 있다. 예를 들면, 기도 팀이 그럴 수 있다. 기도를 위해 전략을 개발하기보다 전략개발을 위해 기도하는 것이 목적이다. 이 기도 팀은 첫날부터 시작해야 한다.

마지막으로 당신은 각각의 팀의 과정을 돕기 위해 시한을 개발할 필요가 있다. 나는 이것을 성취하기 위해 간트 차트Gantt chart를 이용할 것을 제한 한다. 간트 차트는 처음부터 끝까지 한눈에 볼 수 있는 프로젝트 스케줄을 조명해 주는 가로로 된 차트이다.

4단계 : 목표 전략 개발

당신의 목표 혹은 당신이 궁극적으로 이루고자 한 목적을 어떻게 개발할 것인가? 사실 이 부분은 2단계와 다소 겹치는 부분이 있다. 왜냐하면 그들은 '어떻게'의 부분에 영향을 주기 때에 우리는 리더들과 그들의 팀에 관해 재논의 할 필요가 있다. 더욱이 규칙적으로 목표를 개발하는 과정 가운데 그 과정을 성도들에게 규칙적으로 전달하는 중요성을 염두해 두어야 한다. 기억하라. 그들은 종종 실망 할 것이다.

팀원

팀을 구성하는데 있어 각각의 팀은 회원의 숫자를 결정 할 필요가 있다. 나는 사람들이 자기가 원하는 데로 시간을 활용 할 수 있는 것을 제외 하고는 하나 이상의 팀에 소속되지 않도록 하라. 왜냐하면 그가 혹은 그녀가 은퇴를 했다 하더라도 자유로운 시간을 보낼 수는 없기 때문이다. 팀원에 대한 기본적인 목록은 다음과 같다.

1. 당신이 개발하고자 하는 목표를 결정하라. 앞에서 언급했듯이 당신의 특별한 은사와 능력뿐만 아니라 흥미까지도 불러일으키기 위한 목적을 추구하는데 지혜로워야 한다.
2. 당신의 목표를 개발하기 위해 당신이 알아야 할 스텝들 혹은 상담사들의 현재 자료에 대한 믿음을 가져야 한다. 본질적으로 8~12장에서 그 자료들을 찾을 수 있다. 또한 당신이 가지고 있는 의문점에 대해 노트에 기록하고 확실한 답을 찾아야 한다.
3. 당신의 목표 개발영역에 대해 전문가에게 문의하라. 예를 들면 당신의 영역에 대해 전문지식을 가진 교인들과 대화를 나누고 자료들을 충분히 읽는 것이다.

4. 팀 지도자와 팀원들이 만남을 결정하라. 일주일에 한 번 혹은 한 달에 한 번 모임을 가질 수 있다. 어떤 팀원들은 스스로 일을 처리 할 수 있지만, 팀원들 가운데 어떤 사람은 그룹 전체가 일할 때 최고의 열매를 거둘 수 있다.
5. 당신에게 의문점이 생겼을 때 직접적으로 팀의 지도자에게 질문을 던져라 만일 그가 혹은 그녀가 답을 해줄 수 없다면 LDT에 문의하라.
6. 과정을 위해 기도하라. 팀은 기도를 통해 과정을 실행 할 수 있기 때문이며 당신의 팀과 지도자를 위해 기도하라.

팀 지도자

LDT와 팀원들 사이에 다리를 놓아주는 팀 지도자는 팀원들에 의해 팀을 이끌어 주기를 바라는 사람으로 선택하라. 이것은 매우 중요하다 팀원들과 함께 팀의 지도자를 선택하는 것은 그들의 은사, 능력 그리고 흥미에 기초를 두어야만 한다. 다음은 팀의 지도자에 대한 기본적인 항목들이다.

1. 팀의 목표를 개발할 때 당신은 팀원들과 함께 작업하라.
2. 팀원들처럼 당신은 특별한 목표 혹은 팀의 목표를 설정할 때 이를 개발하도록 도우라.
3. 팀 모임의 스케줄을 정할 때 팀을 구성하고 있는 팀원들과 모임의 필요성에 그 기초를 두라. 다시 말하지만 이것은 팀마다 다를 것이다. 이런 팀 모임은 특별한 장소에 함께 모이기도 하고, 혹은 전화를 통해 모임을 가질 수 있으며 스카이페와 같은 또 다른 방법들을 용 할 수 있다.
4. 당신 팀원으로부터 질문을 받았을 때 당신이 답을 알지 못할 경우 LDT에 문의하라.

5. LDT와 함께 팀의 목표를 개발하라. 당신이 실행하고 결정하는 것이 최선이라는 확신을 가지라.
6. 팀원들 각자가 과정을 모니터하라.
7. 팀원들 간에 문제가 생기거나 다른 팀과에 문제가 생길 경우를 대비하여 준비해 두라.
8. 당신의 팀원들의 의견을 마음껏 제시하도록 용기를 북돋우라.
9. 팀원들의 목표를 개발하는 것과 같이 목표를 달성했을 때 축하해 주라.
10. 당신 팀원들을 위해 기도하라.

개발과정
1단계 : 목표를 가지고 개발 목적 만들어 내기
2단계 : 개발팀 모집 – 리더들과 팀들
3단계 : 마감시간 정하기
4단계 : 목표 전략 개발

반영. 토의 그리고 적용을 위한 질문들

1. 당신은 전략 기획의 개발이 중요하다고 인식하고 있는가? 왜 그런가? 아니면 왜 그렇지 않은가? 만일 그렇다면 저자가 언급하지 않았던 다른 이유는 무엇인가?
2. 당신 사역가운데 누가 전략 개발에 대한 책임을 가지는가? 담임목사인가, 아니면 특정한 스텝인가, 아니면 위원회의 회원인가? 어떤 팀원들이 의문을 제기할 것이라는 점을 예측하고 있는가? 다른 사람들은 어떤 역할을 수행하는가?
3. 당신이 가지고 있는 전략 개발에 대한 정의는 무엇인가? 저자의 의견

에 동의한 것은 무엇인가? 왜 그런가?
4. 당신이 다른 사람에게 위임해야 할 것들은 무엇인가?
5. 당신은 각각의 목적을 위한 목표들을 가지고 있는가? 부록D를 살펴보았는가? 당신의 목표들은 부록D와 많은 부분 닮아있는가?
6. 당신은 장애물에 대한 대책을 준비하고 있는가? 만일 그렇다면, 그것이 무엇이고, 누구인가? 당신은 지금 과정을 실행하거나 착수 할 때까지 기다리는 것 보다 장애물들을 어떻게 다룰 것인가에 관해 소개할 필요가 있다고 느끼는가?
7. 당신의 목표를 성취하기 위해 어떤 활동이 필수적인가? 각각의 목표에 대해 누가 책임을 지고 있는가? 각각의 목표를 위한 마감시간을 정했는가? 팀원들은 마감시간에 대해 당황 하는가? 아니면 동의하는가? 그것도 아니면 특별한 마감시간을 정하자는 의견인가? 그들이 필요한 자원의 종류재정, 장비, 건물 등는 무엇인가?

제2부
항로를 정하라!
전략 기획 과정

4
성경적 사명 개발하기
DEVELOPING A BIBLICAL MISSION

실천하기 위해 무엇을 해야 하는가?

나는 1장에서 전략 기획이 4개의 주제, 즉 성경적 사명 개발하기4장, 강력한 비전 개발하기5장, 교회의 핵심 가치 발견하기6장 그리고 사명과 비전을 성취하기 위한 전략 디자인하기7~12장로 구성된다고 설명했다. 나는 7장에서 전략 디자인에 대해 논의 할 것이며, 8~12장에서 단계별로 좋은 전략을 디자인 하는 것에 대해 논의 할 것이다. 나는 각각의 단계를 나누는 것이 전략을 구성하는데 매우 중요하다고 생각한다. 각 단계는 다음과 같다. 1단계는 교회 공동체에 다가서기8장, 2단계는 성숙한 제자 만들기9장, 3단계는 사역팀 세우기10장, 4단계는 교회 환경 평가하기11장, 5단계는 교회의 재정 충당과 관리12장가 그것이다.

이제 네 가지 과정을 구성하고 있는 것 가운데 첫 번째 핵심 주제를 시작할 차례이다. 사역을 위한 성경적 사명 개발하기가 바로 그것이다.

주님도 이것이 중요하다는 것을 믿고 있었다. 왜냐하면, 주님이 부활하시고 승천하시기 직전에 이러한 사명을 교회에 주셨다. 마28:19-20, 막16:15, 눅24:45-49, 행1:8을 보라 코비Stephen Covey가 쓴 『영향력을 가진 사람들의 일곱 가지 습관』*The Seven Habits of Highly Effective People*에서 "조직 속에서 사역하는 나에게 있어서 가장 중요한 핵심 가운데 하나는 영향력 있는 사명 선언문을 개발하는데 도움을 주는 것이다"29) 이것이 이 장에서의 내가 가진 목표이기도 하다. 다시 말해서 나는 항해사들이 사역을 통해 가고자 하는 항구를 설명하는데 도움을 주고자 한다.

영향력을 가지고 있으며, 성서적인 사명을 개발하는 것은 모든 교회의 지도자들의 목표이다. 베니스Warren Bennis는 "지도자의 임무는 사명을 규정하는 것이다"30)라고 이야기한다. 더욱이 드러커Peter Drucker는 『비영리단체 운영』*Managing the Non-Profit Organization*에서 "문제는 지도자의 카리스마가 없는 것이 아니다. 지도자의 사명이 없는 것이 문제이다. 그러므로 지도자의 첫 번째 임무는 그 조직의 사명을 생각하고 규정짓는 것이다"31)라고 진술했다. 객관적으로 교회의 사명은 목회에 활력을 불어 넣어준다. 사명은 목회에 대한 가장 기본적이고 근본적인 세 번째 질문이 '우리가 이를 실천하기 위해 무엇을 지원해야 하는가?' 혹은 '어디로 가야 하는가?'에 답을 해 준다. 우리는 이번 장에서 교회에 있어서 사명이 왜 중요한가, 사명에 대한 정의를 내리며, 다른 종류의 사명들을 연구하며, 조직의 사명 선언문을 어떻게 개발하고 전달할 것인가에 대해 배우게 될 것이다.

전략 기획
제3부 전략 기획 준비
제2부 전략 기획 과정
제3부 전략 기획 실행

---

29) Stephen Covey, *The Seven Habits of Highly Effective People* (New York: Simon & Schuster, 1989), 139.
30) Warren Bennis, *On Becoming a Leader* (New York: Addison-Wesley, 1989), 183.
31) Peter F. Drucker, *Managing the Non-Profit Organization* (New York: Harper Business, 1990), 3.

사명의 중요성

이것은 여러 가지 본질적인 방법으로 교회에 영향을 주기 때문에 목회에 있어 사명은 매우 중요하다. 그중에 아홉 가지를 여기에 나열해 본다.

목회 방향을 결정한다

크루즈에 승선하기 전에, 대부분의 사람들은 그 크루즈의 행선지를 알기를 원할 것이다. 그렇지 않으면, 뉴욕 양키즈New York Yankee의 포수였던 베라Yogi Berra가 이야기했듯이 "만일 당신이 어디로 가야할 지 모른다면, 당신은 결국 어딘가 다른 곳으로 가게 될 것이다"라고 말한 것처럼 되어 버린다. 최고의 항해사와 그들의 교회는 방향성을 가지고 있어야만 한다. 그리고 중요한 방향성을 제시하는 바로 이것이 사명이다. 이것은 "우리가 어디로 가야 하는가?"에 대해 방향을 제시하는 답변을 해 주는 것이다. 그래서 목회의 사명은 방향성이다. 사명은 사람을 가만히 두지 않는 방향 감각을 제공하며 모든 사람이 추구하려는 목표를 제시하며, 육지로 들어갈 수 있는 항구를 보여주며, 교회의 에너지를 거기에 초점을 맞추도록 해 준다.

네 가지 과정
사명 개발하기
비전 개발하기
가치 발견하기
전략 디자인하기

성경에 언급된 강력한 방향 감각을 가진 지도자들이 있다. 하나님은 아담과 이브에게 창세기 1장 28절에서 사명을 주신다. 모세는 이스라엘 백성을 이끌어 내어 하나님께서 약속한 땅으로 데리고 가야한다는 사명을 가지고 전진했다.출3:10 여호수아도 같은 사명을 가졌다.수1:1-5 다윗삼하5:2, 느헤미야느2:17, 그리고 다른 사람들도 동일했다. 주님의 사명은 그의 사명의 방향을 결정지었다.막10:45 그리고 바울은 그의 목회 기간 동안 내내 일정한 방향성을 유지했다.행21:12-14, 롬15:20

목회의 기능을 결정한다

당신은 문제가 무엇인지 **정의를 내릴 때**까지 문제를 안고 사역을 해서는 결코 안 된다. 방향성에 비해 사명은 교회가 가지고 있는 목적에 대해 성서적 기능을 명확하게 해 주거나 결정을 내릴 때 도움을 준다. '우리는 그것이 실행되도록 무엇을 지원해야 하는가? 교회의 대사명을 성취하기 위해 존재하는 교회의 기능은 무엇인가? 하나님께서 성취하시기 위해 우리를 부르신 중요하고 주된 것은 무엇인가? 우리가 하나님을 위해서 그리고 하나님의 백성을 위해서 무엇을 할 수 있는가?'라는 전략적이고도 기능적 질문에 답을 준다.

그러므로 사명은 전략적 의도에 대한 표현이다. 사명은 성서적 과제를 가지고 있는 교회를 설명하고 증명해 준다. 그리고 대사명을 성취하기 위해 노력하는 결과를 명백하게 보여준다. 지도자들이 의미 있고, 성서적인 사명을 성도들에게 전달 할 때, 그럴듯하게 들린다. 성도들은 머리를 끄덕이며 생각한다. 그래, 바로 그것이 우리가 반드시 해야 할 일이다. 누군가 운송 업무가 현실과 부합되지 않는다는 이유로 미국의 기차 시스템에 큰 오류가 있음을 지적해 낸다. 대부분의 영향력 있는 기관들은 어떤 사업을 하고 있으며 어떤 기능을 하고 있는지 알고 이해하고 있다. 예수 그리스도를 선포하는 교회도 마찬가지로 진리를 선포하고 있다.

목회의 미래에 초점을 맞춘다

방향적, 근본적 질문 모두는 교회의 미래를 표현해 준다. 이것은 교회의 비전처럼 사명은 그 미래와 관련된 모든 것을 가지고 있기 때문이다. 비록 우리가 예언할 수 없다고 할지라도 성경의 예언자들을 제외하고 우리는 그것을 창조할 수 있고 사명의 직무를 수행할 수 있다. 명백하면서도 성서에서 말하는 사명은 교회의 목회 미래에 그 초점을 맞추게 된다. 그 반대 역시 진리이다. 사명이 없이는 미래도 없다.

더욱이 미래에 초점을 맞춤으로서 사명을 과거의 목회에 초점을 맞추게 하는 것이 아니라 현재 우리가 살고 있는 것에 초점을 맞추도록 도움을 준다. 바울은 과거를 뒤로 한 채 그리스도를 경험하기 위해 앞을 향해 전진한다. 빌립보서 3장 13-14절에서 바울은 이렇게 고백한다. "형제들아 나는 아직 내가 잡은 줄로 여기지 아니하고 오직 한 일 즉 뒤에 있는 것은 잊어버리고 앞에 있는 것을 잡으려고 푯대를 향하여 그리스도 예수 안에서 하나님이 위에서 부르신 부름의 상을 위하여 달려가노라" 사역의 과거 속에 산다는 것은 마치 뒷거울을 보면서 주의 깊게 운전해 가는 것과 같다. 우리는 과거로부터 반드시 배워야 하지만 과거 속에서 살아서는 안 된다.

결정을 내릴 수 있도록 지침을 제공한다

매일 교회의 지도자들은 결정을 내린다. 이는 목회의 영역에 속한다. 역동적인 사명이나 의도성은 교회의 미래에 초점을 맞출 뿐만 아니라 중요한 경계를 형성해 준다. 이것은 교회가 시도하려는 것 혹은 시도해서는 안 될 것들에 대한 지침을 제공해 준다. 이것은 우리가 '그렇다'고 대답하거나 '아니다'고 말할 때 방향성을 제공해 준다. 목회에 있어서 사명은 배의 방향타와 같으며, 항해사에게 있어서 나침반과 같으며, 기계공에게 있어서 공구와도 같다. 이것은 모든 결정을 내리는데 비평적 생각, 표준 혹은 기준을 위한 틀을 마련해 준다.

성실한그리고 때로는 그렇게 성실하지 않는 사람들은 종종 결정된 방향성으로부터 어쩌면 교회를 멀리 가버리게 할 수 있는 새로운 영역의 제안서를 가지고 교회의 위원회 혹은 목회자에게 접근한다. 그러나 명백하고 공유된 사명은 목회자들과 위원회를 수많은 빗나가는 행동에 연루되는 것으로부터 보호해 준다. "당신의 높은 관심에 감사를 드리지만, 그 기획은 우리를 우리의 사명으로부터 멀리 빗나가도록 만듭니다"라고 대답할 수 있다.

사역의 연합을 고취시킨다

성서는 그리스도인들 사이의 연합에 대한 중요성을 명확하게 이야기하고 있다. 요한복음 17장 20-23절에 주님은 당신과 나, 그리고 그리스도 안에서 모든 믿는 자들이 하나가 되도록 해 달라고 기도한다. 이러한 연합의 결과는 우리가 추구하는 세상이 아버지가 그의 독생하신 아들을 이 세상에 참으로 보내신 것을 믿게 하는 것이다. 바울은 지역 교회에 속한 그리스도인의 연합의 중요성에 대해서 강조한다. 에베소서 4장 3절에서 바울은 "평안의 매는 줄로 성령의 하나 되게 하신 것을 힘써 지키라"라고 이야기한다.

연합은 의도나 사명에 대한 잘 구성되고 공유된 사명 선언문에 대해 또 다른 기능을 감당한다. 명백한 방향성은 모든 성도들에게 연합된 테마를 전달하며 그들 모두가 하나님의 팀 혹은 공동체라는 사실을 그려준다. "여기가 우리가 가야할 곳입니다. 우리 함께 합시다. 그리고 이곳에 하나님의 도움이 함께 하실 것입니다"라고 퍼뜨린다. 그래서 이것은 같이 연대하고 있는 사람들에게 제공된다. 동시에 이것은 다른 의도나 다른 것을 찾으려는 또 다른 의견을 가진 자들에게 동참하도록 용기를 북돋워준다. 만일 모든 사람들이 당신이 시도하고 있는 것에 동의한다면 성도들이 이룰 수 있는 것이 무엇인지 단순히 생각하라!

전략을 형성한다

역동적인 사명은 교회가 어디로 가야할 지를 이야기해 준다. 이것은 전략이다. 그러나 그것은 거기에 도달하도록 해 준다. 비록 상호간에 의존하지만, 사명은 교회의 전략을 이끌어주며, 형성해 준다. 사명은 '무엇'에 대해 이야기하지만, 전략은 '어떻게'에 대해 이야기한다. 사명이 항상 처음에 오며 전략의 바로 끝 부분에서 발견된다. 전략은 사명만큼이나 좋은 것이다. 만일 당신이 어디로 가야할지를 모른다면, 어떠한 고속도로도 당신을 그곳에 데려다 주지 않는다.

나를 놀라게 하는 것은 오늘날 수많은 교회가 그들의 프로그램이라고 표현되는 전략을 가지고 있지만 사명은 가지고 있지 않다는 사실이다. 이것은 아무런 의미 없다. 드러커Peter Drucker는 "중요한 행동을 결정하는 전략은 주어진 일 안에 있다. 그리고 전략은 '우리의 임무가 무엇이며 무엇을 해야 하는 지를' 깨닫기를 요구한다"32)라고 주장한다.

목회의 영향력을 강화시킨다

드러커는 시장 경제에 공통적으로 나타나는 사명에 대한 영향력을 관찰해 왔다. "사업을 통해 추구하고자 하는 목적과 사명에 대해 좌절과 실패를 맛본 기업들은 중요한 근거라고 생각되는 것을 발설하지 않는다. 역으로 성공한 사업을 벌인 기업들은…. 성공은 항상 명백하게 그리고 신중하게 '우리 기업은 무엇을 하기 위해 사업을 벌이는가?'라는 질문을 던지며, 그것에 대해 깊이 생각하며 철저하게 대답하고 있다."33)

만일 당신이 더욱 큰 효과를 얻기 위해 시간이 주어진다면, 크던지 작던지 북미 전역에 걸쳐 있는 교회 가운데 하나님을 경외하고 교회가 가지고 있는 의미와 그에 집중하고 있는 교회들에 대한 연구를 해야만 한다. 그들은 그들 안에 존재하는 사명이 무엇인지 잘 알고 있다. 모든 좋은 사업은 명백한 방향성을 가지고 있기 때문이다. 그들이 무엇을 하고 있는지를 깨닫고 있는 성도들은 목표에 도달하기 위해 더 많은 노력을 기울이게 될 것이다.

---

32) Peter F. Drucker, *Management: Tasks, Responsibilities, Practices* (New York: Harper & Row, 1973), 75.
33) Ibid., 78.

영구적인 조직을 지켜준다

어떠한 목사도 영적으로 건강한 교회를 영속시킬 수는 없을 것이다. 목회자들은 왔다가 가버린다. 이것은 반드시 나쁜 것만은 아니다. 언젠가 목회자가 은퇴할 나이에 들어서면, 그는 떠남으로서 그의 목회를 잘 마무리하게 된다. 이것은 아마도 슬픈 일일 것이다. 하지만 이것은 현대적 문화와 하나님께서 축복을 베푸시는 목회 패러다임을 가지고 더 많은 곳에서 사역할 수 있는 젊은 사람들을 위한 자리를 마련해 주는 것이기도 한다.

모든 목회 지도자들의 목표는 그가 떠난 뒤에도 계속 진행되어야 하는 사명을 남긴 채 떠나야 한다는 것이다. 가치와 같이 사명은 한 목회자의 사역이 완전히 끝났다고 할지라도 변화될 수 없다. 성서적이며 역동적인 사명은 영구적이고 위대한 교회의 영속성을 지키는데 도움을 줄 수 있다.

평가를 용이하게 한다

당신이 사명이 무엇인지 깨달았을 때, 당신은 과정을 어떻게 평가할 것인지 알게 된다. 예를 들면, 교회의 사명이 제자를 만드는 것이라면, 사명의 평가를 하면서 당신의 제자를 나에게 보여 달라고 요구하게 된다. 고린도후서 13장 5절에서 바울은 고린도 교회를 "너희는 믿음안에 있는가 너희 자신을 시험하고 너희 자신을 확증하라"라고 가르친다. 고린도 교회에 보내는 두 번째 편지에서 시종일관 바울은 그 자신과 그의 사역 모두를 면밀히 검토해야 함을 제시했다.

나는 세 교회에서 사역을 했고 한 동안은 무수히 많은 교회에서 봉사했다. 나는 목회를 하는 동안 교인들이 나를 시험하고 내가 믿음에 서 있는지 그렇지 않는지 질문을 할 때 다소 행복하지 않았다는 것을 깨달았다. 그러나 나의 리더십이나 교회의 목회에 대해 몇 가지를 가지고서 결코 형식적으로 평가할 수 없었다. 교회는 사명에 비추어 볼 때, 목회 그 자체가 마치 부합한 것처럼 보일 때 성도들과 그들의 노력에 대해 평가하는데 실패한다. 만약 그렇지 않으면, 교회가 그 사명을 얼마나 성취했는지 알 수 있는가? 형식적인 평가 없이 어떻게 개선할 것인가? 당신이 이루어 놓은 것 뿐 아니라 잘 한 것에 대해서도 평가를 해야 한다.

주의 깊은 평가는 어떤 조직이 되었던지 행복을 선사해 주지는 않는다. 그러나 교회의 목회와 성도들의 사역을 개선시켜 줄 것이다. 나는 이 점에 관해 사역 평가를 소개하는 전략 기획 과정의 마지막 장에서 더 많이 언급할 것이다.

왜 사명이 중요한가

- 목회의 방향을 결정한다.
- 목회의 기능을 명확하게 해 준다.
- 목회의 미래에 초점을 맞춘다.
- 결정을 내릴 수 있도록 지침을 제공한다.
- 사역의 연합을 고취시킨다.
- 전략을 형성한다.
- 목회의 영향력을 강화시킨다.
- 영구적인 조직을 지켜준다.
- 평가를 용이하게 한다.

사명에 대한 정의

사명이란 무엇인가? 우리가 사명은 중요하며 당신의 교회를 위해 명확하고 일치된 사명을 개발하기를 열망하는데 동의 한다고 가정해 보자. 엄밀히 말해서 당신은 이를 위해 무엇을 시도했는가? 조직의 사명에 대한 정의는 무엇인가? 그 개념에 대해 정의를 내렸을 때, 무엇이 사명이며 무엇이 사명이 아닌지를 명확하게 하는데 도움을 준다.

사명이 아닌 것

사람들은 사명을 몇몇 개념과 혼동하며 사명에 대한 개념과 같은 뜻으로 사용하고 있다. 가장 널리 퍼진 혼동은 목적에 대한 이해이다. 예를 들면, 콕스Allan Cox는 "… 조직의 신념, 목적에 대한 주목할 만한 진술"34)로서 사명을 규정짓는다. 그러나 하나의 조직으로서 교회의 목적은 여러 가지 점에서 사명과는 매우 다르다.

첫째, 목적은 다른 질문에 대해 답을 준다. 이것은 **왜**Why에 관한 답이다. 왜 우리는 여기에 있는가? 왜 우리는 존재하는가? 우리의 존재 근거는 무엇인가? 그러나 사명은 **무엇**What에 관한 대답이다. 이를 실천하기 위해 우리는 무엇을 지원해야 하는가? 우리의 거룩함과 전략적 의도는 무엇인가? 지구상에 존재하는 동안 하나님은 우리에게 무엇을 원하시는가? 당신은 '왜'라는 질문을 통해 당신의 목회 목적을 발견할 수 있다. 먼저 당신의 사명을 적어보라. 아마도 제자가 되는 것일 것이다. 그리고 나서 '**왜**'라는 질문을 던진다. 왜 우리는 제자가 되려고 하는 것인가? 그 답은 당신의 목적인 하나님께 영광이다.

목적은 사명과는 다르다. 왜냐하면, 목적은 사명보다 더 광의적 개념이다. 가치, 비전, 전략, 그리도 다른 개념들과 마찬가지로 교회의 사명은 목적에 포함된다.

세 번째 차이점은 교회의 목적은 하나님께 영광이다.시22:23, 50:15, 사24:15, 롬15:6, 고전 6:20, 10:31 그래서 목적은 추상적이다. 교회의 사명은 "제자를 삼으라"마28:19처럼 실천적이다. 사명은 더욱 구체적이다. 우리가 제자가 될 때우리의 사명, 우리는 하나님께 영광을 돌린다.우리의 목적

목적과 사명의 초점이 다르다. 목적은 하나님께 그 초점을 둔다. 하나님은 우리가 영광을 돌려야 할 대상이지 우리 자신이나 다른 어떤 것도 영광

---

34) Allan Cox, *Redefining Corporate Soul* (Chicago: Irwin Professional Publishing, 1996), 25.

을 돌려야 할 대상이 될 수 없다. 사명은 그 초점을 사람들에게 둔다. 우리는 제자를 위한 사람들이다.

마지막으로 목적은 교회 안에 있는 성도들과 지역 공동체 안에 살고 있는 사람들을 위한 것인 반면에 사명은 교회 안에 있는 사람들만을 위한 것이다. 언젠가 나는 교회 개척 그룹을 대상으로 상담을 할 때, 윌로우 크릭 교회의 사명 선언문 "우리의 사명은 신앙이 없는 사람들이 완전히 그리스도를 따르는데 헌신하도록 변화시키는 데 있다"을 사용한 적이 있다. 어떤 사람이 교회 공동체 안에 있는 교인들이 윌로우 클릭 교회는 지역에 사는 사람들을 신앙이 없는 사람으로 본다는 것을 알고 있는지 질문을 던졌다. 그 질문은 사명 선언문이 지역 공동체를 위한 것이냐는 가정을 품고 있다. 물론 아니다. 이것은 교인들과 교회에 출석하는 사람들, 그리고 교회의 지체가 되는 일에 관심을 갖는 사람들을 위한 내부 문서이다. 이것은 지역 공동체가 아닌 교회를 향한 전진 명령이다.

그러나 하나님께 영광을 돌리는 교회의 목적은 내적으로 교회를 향한 것이지만, 외적으로는 지역 공동체를 포함하고 있다. 어떻게 지역 공동체를 포함하는가? 교회의 목적은 지역 공동체 안에 살고 있는 사람들의 마음에 그 자체를 자리 잡게 하는 것을 돕고 이를 위해 다가가는데 있다. 교인들은 교회가 지역 공동체 안에 위치하고 있다는 사실을 알아야 하고 왜 그곳에 있는지를 알아야만 한다. 교회에 대한 답으로 교회는 하나님께 영광을 위해 존재한다. 교회의 탁월함으로 삶에 본을 보이며 사역을 할 때, 먼저 믿지 않는 세상이 존경하게 될 것이다. 지역 공동체를 위한 답으로 교회는 지역 공동체를 섬기는 적극적 차별성을 가지고 차별화를 만드는 것이다.

당신의 교회가 지역 공동체에 위치한 근본적인 이유는 적극적으로 하나님의 형상을 잘 전달하기 위함이다. 당신의 이미지가 좋을 때, 하나님께 영광을 돌리는 것이며 하나님의 명성이 높아진다. 왜냐하면, 당신은 지역 공동체에 하나님을 드러내는 것이기 때문이다. 만일 당신의 이미지가 나쁘다면, 당신이 지역 공동체에 하나님의 모습을 잘못 드러냄으로 하나님의 형상이 나쁘게 보여질 것이다.

어떻게 하나님의 형상과 하나님의 영광을 당신의 교회는 개발할 것인가? 실제로 만일 당신이 교회를 세웠다면, 당신은 이미 당신의 공동체로부터 존경을 받았다. 어떤 이미지인가? 그 이미지가 좋은가 아니면 나쁜가? 공동체 안에 좋은 이미지를 나타내는 최고의 예가 바로 예루살렘교회이다. 누가는 사도행전 2장 47절에 "온 백성에게 칭송을 받았다"라고 기록하고 있다. 그리고 사도행전 5장 13절에서 예루살렘교회의 성도들은 "백성에게 칭송을 받았다"라고 기록하고 있다. 당신 교회의 이미지는 하나님께 영광을 돌리는가 아니면 다소 손상 받은 것을 조정할 필요가 있는가?

다음으로 당신은 당신의 이미지가 어떻게 되기를 바라는가라는 질문을 던져야만 한다. 이것은 당신의 아웃리치와 지역 공동체를 향한 사역을 포함하고 있다. 교회로서 지역 공동체에 당신은 어떤 사역을 펼치고 있는가? 몇몇 교회들은 자신의 건물을 지역 공동체에 값없이 혹은 낮은 대여료만을 받고 이용할 수 있도록 한다. 어떤 교회들은 정치가, 소방관, 또 다른 공공 서비스를 위한 사역을 펼치기도 한다. 또 다른 교회들은 공립학교, 병원, 공공기관이나 자선 기관에 자원봉사를 펼치기도 한다.

목적과 사명의 차이점

	목적	사명
질문	왜 우리는 존재하는가?	실천을 위해 우리는 무엇을 해야 하는가?
범위	광범위함	한정적
의도	하나님께 영광	제자 만들기
초점	하나님	사람
이용	내외적	내적

모든 목회는 사명과 마찬가지로 목적을 파악해야만 한다. 목적은 목회에 있어서 심장과 영혼의 한 부분이다. 이것은 목회 존재의 이유이지만, 사명은 아니다. 계속해서 사명이 무엇인가에 대해 이해해보자.

무엇이 사명인가

나는 사명을 광범위한 것, 신념, 그리고 실천을 위해 어떤 목회를 해야 하는가에 관한 성서적 진술로서 규정했다. 이러한 규정은 다섯 가지 중요한 요소를 가지고 있다.

사명은 광범위하다

사명에 대한 광범위성을 언급하는 것이 첫 번째 요소이다. 좋은 사명은 광범위하고, 포괄적이어야만 한다. 이것은 중요한 목표이며, 명령이다. 그렇지 않으면 목회에 대해 다른 명령들과 목표로 가득 차게 된다. 그들 모두는 사명에 포함된다. 이것은 교회가 행하는 모든 사역을 이끌어 가는데 중요한 요점이다. 이것은 모든 목회적 활동을 종합하는 우산이다.

가장 중요한 것은 교회 안에 있는 모든 사역은 어떤 식으로든 그 사명을 발전시켜야 한다. 항상 우리는 '사역이 무엇인가?' 그리고 '교회의 사명에 성도들을 헌신하도록 어떻게, 그리고 무엇을 해야 하는가?'에 대한 질문을 항상 해야만 한다. 그리고 교회 안에서 사역을 시작하고자 하는 모든 성도들에게 같은 질문을 던져야 한다. 이런 점에서 나는 당신에게 사역을 빨리 창조해 내며 교회의 사명을 실현시키는데 성도들이 어떻게 해야 할 것인가를 질문하도록 도전을 줄 것이다. 즉 성도들은 사역에 동참해야 하는 그 이유를 깨닫게 해 주는 질문을 해야 한다.

이것은 당신이 그 어떤 것도 언급할 수 없을 정도로 확장될 가능성을 가지고 있다. 그에 대한 하나의 예는 교회가 하나님께 영광을 돌려야 한다고 말하는 사명선언문이다. 하나님께 영광을 돌리는 것은 교회의 목적이지 사명은 아니다. 그리고 설명이 없는 그 개념은 교회가 실제적으로 할 행동이 무엇인지 전달하지 못한다. 수많은 목회자들과 마찬가지로 보통의 성도들은 하나님께 영광을 돌리는 것이 무엇인지 알지 못한다.

사명은 간결하다

사명에 대한 선언은 간결해야만 한다. 콕스Cox는 75단어 이상 넘지 말아야 한다고 이야기한다.35) 다른 사람들은 더 긴 것도 괜찮다고 이야기한다.36) 성경에 있는 사명 선언문은 짧다. 한 문장을 넘지 않는다. 예를 들면, 애굽의 노예였던 하나님의 백성인 이스라엘 백성을 이끌어내는 것이 모세의 사명이었다.출3:10 다윗의 사명은 이스라엘의 목자와 그들의 통치자가 되는 것이었다.삼하5:2 느헤미야의 사명은 예루살렘 성벽을 재건하는 것이었다.느2:17 그러나 해석학적 관점으로 볼 때, 성경에 있는 사명 선언문들은 서술적이지만, 규범적인 면을 찾아볼 수 없다.37) 모세의 사명, 느헤미야의 사명, 그리고 다윗의 사명은 우리의 사명이 아니다. 그래서 대부분의 경우 대사명은 예외이다 성서는 우리의 사명을 명령하지 않고 있다.

비록 명령문이 아닌 서술문이라고 할지라도 한 문장으로된 사명 선언문은 우리에게 좋은 본보기가 된다. 목회의 리더십을 가진 사람들은 간결하고 한 문장으로 된 사명 선언문을 만들 줄 알아야 한다. 드러커Drucker는 그 선언문은 티셔츠에 새겨 넣을 수 있어야 한다고 주장한다.38) 텍사스주, 앨링톤Arlington에 위치한 팬티고 바이블 교회Pantgo Bible Church의 지도자들은 사명은 "티 셔츠 테스트"를 반드시 통과해야 한다고 주장한다. 이유는 간단

---

35) Ibid., 26.
36) Patricia Jones and Larry Kahaner, *Say It and Live It* (New York: Doubleday, 1995), 264.
37) 나는 2부의 끝 부분에 이러한 해석학적 원리에 대한 중요성을 밝힐 것이다.
38) Randy Frazee with Lyle E. Schaller, *The Comeback Congregation* (Nashville: Abingdon, 1995), 6.

하다. 만일 사명이 짧지 않다면, 사람들은 기억할 수 없다.

사명은 성서적이다

사명에 대해 정의를 내릴 때 기억해야 할 세 번째는 교회를 위한 사명은 반드시 성서에 그 근거를 두고 있어야 한다는 점이다. 하나님은 교회의 사명을 결정하신다. 하나님은 각각 사명을 본성으로 가진 삼위일체 하나님이시다. 성부 하나님은 그의 아들을 보내셨다.요3:17 그리고 성자 하나님은 성령을 보내셨다.요16:7 또한 성자 하나님은 성령과 함께 우리를 세상에 파송하셨다.요20:21 가장 첫 번째 사명이자 최초의 사명은 하나님의 사명이다. 그리고 우리는 사명 안에서 하나님과 함께 동행한다. 질문은 이것이다. 교회의 사명에 대해 하나님은 무엇을 행하라고 말씀하시는가? 답은 대사명이다. 하지만 무엇이 대사명인가? 나는 이에 대한 답으로 대사명에 대한 성경 구절들을 함께 모아 하나의 표로 만들어 답을 하려고 한다. 마태복음 28장 19절에 예수님은 제자들에게 "그러므로 너희는 가서 모든 민족을 제자로 삼으라"라고 가르친다. 대사명은 교회가 국내외적으로 제자를 삼고 성숙한 제자를 만드는 것을 포함하고 있다. 이것은 1세기 교회의 사명이었다. 그리고 그 사명은 21세기 교회에도 계속된다. 제자를 삼는다는 것은 주님께서 승천하시는 것과 같이 다시 오실 때 까지 잃어버린 영혼을 되찾는 것눅19:1-10과 그들에게 복음을 전하는 것막16:15, 그리고 새로운 성도들이 성숙하도록 도와주는 것을 포함하고 있다. 교회는 국내외 모두에서 성취시켜야 한다.막16:15, 행1:8 마지막으로 교회의 사명은 초청이라기보다 성육신이다. 이것은 공동체가 사역하기 위해 오기를 기다리는 것이 아니라 교회가 지역 공동체를 향해 사역을 가지고 다가가야 한다. 우리는 이것을 반드시 기억해야 한다.

대사명

성서	누구에게 명령하는가	무엇을	누구를 위한 사역인가	어떻게	어디서
마28:19-20	열한 제자	가라, 제자 삼으라	열방	세례와 가르침	-
막16:15	열한 제자	가라, 복음을 선포하라	열방	-	열방
눅24:16-48	열한 제자	증인이 되라	열방	회개와 용서의 선포	예루살렘에서 시작하라
행1:8	열한 제자	중인이 되라		권능을 가지고	예루살렘, 유대, 사마리아와 땅끝

사명은 선언문이다

네 번째 요소는 사명은 선언문이라고 이야기하고 싶다. 교회는 반드시 성도들에게 사명을 선포하고 전달해야만 한다. 이것은 선언문의 형식을 취한다. 그리스도는 대사명을 구두口頭로 표현했다. 그리고 마태는 문장으로 기록했다. 사명 개발자들은 그들의 생각을 구두뿐만 아니라 문장으로 표현하기 위한 지혜를 겸비해야 한다. 그들에게 생각할 수 있는 힘을 제공하고 그들 스스로가 명백하게 표현해 낼 수 있도록 해야 한다. 만일 그들이 쓸 수 없다고 한다면, 그들은 아마도 아직 사명을 명백하게 파악하고 있지 못하고, 사명을 설명할 수 없을 것이다. 또한 사명은 당신이 글로 적을 수 있을 때까지 권위를 가지지 못할 것이다.

사명은 우리가 실천해야 할 것을 지원하는 것이다

마지막 요소는 '실천을 위해 우리는 무엇을 지원해야 하는가?'라는 기능적인 질문에 초점을 맞춘다. 위에서 우리가 논의했듯이, 2000년 전에 그리스도는 "제자를 삼으라"라는 교회의 사명을 이미 결정해 놓았다. 이것은 교회가 실천해야만 하는 행동지침이다. 그러나 이 연구를 통해 수많은 북미의 교회들이 그리스도의 대사명의 명령을 전체적으로 잘못 오해하거나 그리스도의 사명으로부터 멀리 떨어져 나갔다는 사실을 알게 되었다.

목회 후보생들을 위한 좋은 질문은 "교회의 본질, 즉 교회의 사명이 무엇인가? 그것을 실천하기 위해 무엇을 해야 하는가?"에 대한 질문을 해 보는 것이다. 나는 그들의 교회의 사명에 관해 컨설턴트를 요구하는 교회에게 이것을 이용하고 특징적인 질문으로서 세 가지의 유사한 질문을 던지도록 한다. 목회자들 역시 교회를 잘 섬기기를 바라며, 이러한 질문들을 던진다. 여기에 당신이 이용할 수 있는 네 가지 질문을 모두 이야기하면 다음과 같다.

1. 교회는 무엇을 실천하기 위해 존재하는가?
2. 교회는 무엇을 하고 있는가?
3. 왜 당신은 실천을 위해 교회가 해야 하는 것들을 실천하지 않는가?
4. 변화를 위해 당신은 무엇을 해야 하며, 이를 실천하기 위해 당신은 무엇을 지원해야 하는가?

첫 번째 질문은 리더들을 성서적으로 생각하도록 만든다. 그들은 교회의 존재 이유에 대해 성서는 무엇이라 하고 있는지에 대해 질문을 던져야만 한다. 두 번째 질문은 목회가 그리스도의 방향성과 맞지 않다는 것을 가정을 한

사명에 대한 정의
- 사명은 광범위하다
- 사명은 간결하다
- 사명은 성서적이다
- 사명은 선언문이다
- 사명은 우리가 실천해야 할 것을 지원하는 것이다

다. 이것은 합리적인 가정이다 만일 당신이 제자를 삼고 있지 않다면, 당신은 무엇을 하고 있는가? 어떤 교회들은 기독교인들의 은퇴 센터로서의 기능을 하고 있고, 다른 교회들은 전도적 목회의 기능을, 그리고 또 다른 교회들은

소규모 신학교로서의 기능을 하고 있다. 세 번째 질문은 매우 되돌아볼 수 있게 하는 것이다. 그 방에는 침묵으로 가득 차게 될 것이다. 마지막 질문은 가장 어렵고 중요하다. 왜냐하면, 그 질문에 대한 답은 그리스도에게 복종하겠다는 교회의 의지를 반영하기 때문이며 궁극적으로 공동체에 영향을 행사하는 것이기 때문이다.

다양한 종류의 사명들

전 장에서 사역의 핵심 가치들을 발견했을 때, 당신은 의식적 가치들 대 무의식적 가치들, 공유된 가치들 대 공유되지 않는 가치들 등 다양한 종류의 가치들이 있다는 것을 깨닫게 되었다. 대부분의 사명도 이러한 카테고리로 나눌 수 있다. 그들 가운데 다섯 가지만 여기에 제시할 것이다.

의식적 사명 대 무의식적 사명

대부분의 교회들은 알든지 모르든지, 혹은 말로 표현 할 수 있든지 없든지 사명을 가지고 있다. 내가 가치에 관해 이야기했듯이 당신의 실제적 가치가 당신을 이끌고 가며 당신을 어디론가 데리고 간다. 사명의 배는 어떤 사역의 항구를 향해 움직이며, 이것은 교회의 사명이다. 하지만 교회가 이것을 깨닫지 못한다면 교회의 가치가 그들을 어디로 데리고 가는지 알지 못할 것이다. 그래서 무의식적 단계에서 의식적 단계로 움직일 필요가 있다. 그래서 무엇이 사명인지 알아야 한다. 실제적 사명을 발견하고 글로 이야기해야만 한다.

이것을 성취하는 방법은 교회의 가치들을 살펴보는 것이며 그 가치들이 교회를 어디로 데려다 주는지 결정해야 한다. 교회를 상담할 때, 나는 화이트보드에 가치들을 나열한다. 그리고 그 가치들이 어디로 데려다 줄지 SLT 회원들에게 물어 본다. 그 답이 교회의 사역 사명이다. 다음으로 나는 그 사명을 사명선언문으로 문구화 시키라 요구한다. 그래서 그 사명들은 의식적 수준으로 옮기게 된다.

개인적 사명 대 조직의 사명

그들이 사명을 알든지 모르든지, 하나로서 교회는 사명을 가지고 있는 반면에 대부분의 개인들은 마음속에 교회를 향한 사명을 가지고 있다. 조직의 사명이 먼저이고 두 번째가 개인적 사명이다. 대부분의 개인적 사명들은 삶의 초반에 형성된다. 일반적으로 사명들은 교인들이 믿어질 때 교회에서 일어나게 된다. 교인들은 자신의 사명처럼 마음속에 교회의 사명을 간직한다. 그렇지 않으면 나중에 발견하게 되거나 그리스도를 위하여 울리는 사역이 되고 만다. 환경과 관련 없이 사명은 삶에 영향을 주며, 그들은 사명을 그들의 교회로 끌어들일 것이다.

이것이 교회의 목회자들에게 진리라면, 그의 스텝들에게도 마찬가지이다. 교회가 그들을 고용할 때, 대부분의 목회자들은 개인적 사명을 가지고 들어온다. 몇몇 목회자들은 그들의 개인적 사명을 깨닫지 못하는 경우도 있다.

나는 모든 교회에 이러한 문제를 설명하도록 용기를 북돋워주고 있다. 사람들은 그들의 개인적 사명이 교회의 사명과 갈등 속에 놓여 있으며 교회의 사명이 우세하고 교회는 동시에 함께 모으기 보다는 각각 서로 다른 수많은 방향성을 가지고 움직이려고 시도한다는 것을 알고 있어야만 한다. 나는 이것을 어떻게 할 것인가에 관해 나중에 좀 더 자세하게 이야기할 것이다. 목회자들과 스텝에 관하여 교회는 그들과 함께 사역해야 하며 개인적 사명을 발견하는 것은 목회자를 청빙하여 교회에서 사역하기 전에 먼저 이루어져야 할 것이다. 당신의 사역을 극대화하기 위해 목회자들과 스텝들은 당신의 사명과 교회의 사명이 일치하는지 그렇지 않는지를 고심해야만 한다.

공유된 사명들 대 비공유된 사명들

몇몇 교회들은 사명 선언문을 심각하게 개발하고 글로 표현하지만 대부분의 교회들은 그렇지 않다. 한 번은 어떤 교회가 사명 선언문을 개발하면서 몇몇 사람만 참여하고 공유되지 않는 사명 선언문을 개발하게 되었다. 위에서 언급했듯이 사람들은 서로 다른 이유로 교회에 나왔으며 많은 성도들은 자기 자신의 개인적 사명을 가지고 들어왔다.

공유된 사명은 교회의 영향력에 있어 본질적인 것이다. 공유되지 못한 사명들은 불일치를 이끌어 내며 잠재적 재해를 가지게 하며 성도들을 함께 모으지 못하고 뿔뿔이 흩어지게 한다. 그러므로 교회가 이 문제를 교인들과 함께 논의한다는 것은 매우 중요한 문제이다. 나는 이를 위해 성도들이 교회에 왔을 때가 좋은 시간이며 장소라고 제안한다. 나는 모든 교회가 교회의 가치들, 사명, 비전 그리고 전략 뿐 아니라 교리와 같은 문제를 소개할 수 있는 새가족반을 운영해야 한다고 확신한다. 할 수 있는 한 많은 사람들이 이에 동의한다면 교회는 사역의 영향력이 극대화되는 것을 경험하게 되며 사역의 영향력의 극대화를 성취하게 될 것이다.

전체적 사명 대 부분별 사명

대부분 혹은 모든 교회가 사명을 가지고 있지만, 집합적 사명은 아닐 것이다. 나는 대부분의 교회들이 이러한 카테고리에 빠져드는 것을 경험했다. 2000년 보다 더 훨씬 전에 주님은 교회에 성서적 사명을 이미 주셨다. 이것이 대사명이며 제자를 만들고전도 성숙한 신앙인으로 가르치라양육는 것이다.마28:19-20, 막16:15 다른 사명을 추구하는 교회는 그것이 얼마나 고귀한 것인지 상관없이 잘못된 사명을 추구하고 있는 것이다. 예를 들면, 몇몇 교회가 가르치는 사명이 성경을 선포하는 것이다. 몇몇 예배 중심적 교회들의 사명은 하나님께 예배하는 것이다. 그리고 항상 소형교회가 그런 것은 아니지만, 몇몇 교회의 사명을 교제에 두었다. 내가 말하는 것을 오해하지 말기를 바란다. 성경에 기초한 모든 사명들은 좋은 것이지만, 대사명과는 거리가 멀다. 그들은 대사명이 교회를 이끌기를 바라지만, 전적으로 그런 것은 아니다.

그러므로 교회의 사명을 발견하는 것은 매우 중요한 문제이다. 스스로에게 다음과 같은 질문을 던진다. 우리의 사명이 잘못된 것인가? 이것은 대사명에 부합되는가? 만일 그에 대한 답이 벗어나 있거나 완전히 아니라면, 그것이 무엇이든 간에 교회는 우리 주님께서 결정하여 우리에게 말씀하신 대사명으로 바꿀 필요가 있다. 잘못되거나 오류가 있는 사명을 계속해서 밀고 간다는 것은 성경에 위배라는 것이며 교회를 향하신 하나님의 뜻에 불순종하는 것이다.

실제적 사명들 대 염원적 사명들

핵심 가치들에서 다루었던 것처럼, 교회는 실제적 사명 뿐 아니라 염원적 사명을 가지고 있다. 실제적 사명은 위에서 이미 살펴보았다. 하지만 오류가 없는 사명이라면, 교회는 대사명을 사명으로 품을 필요가 있다. 나는 교회를 상담하면서 이것을 가지고 사명을 발견할 때, 그들은 매우 **빠르게** 대사명을 받아들인다. 하지만 교회가 새로운 사명을 받아들이고 잘못된 사명을 받아들일 때, 그것은 단순히 염원적 사명이라는 점을 이해하는 것은 매우 중요하다.

문제는 많은 교회가 새로운 그들의 실제적 사명이라고 믿지만, 여전히 염원적 사명에 머물러 있다고 생각하는 것이다. 이것은 교회가 시간을 가지고 목표와 자신의 사명을 바꿀 때까지 실제적 사명이 되지 않는다는 것이다. 어떻게 교회가 이러한 변화를 성취하여 새롭고 전체적인 성경적 사명을 품을 수 있는가? 그에 대한 답은 실제적 가치들을 시험해 보는 것이다. 아마도 그들은 몇 개의 가치들을 변화시킬 필요가 있으며 전체적인 사명을 이끌어 갈 수 있도록 기꺼이 받아들여야 한다. 이러한 가치들의 리스트는 사도행전 2장 41-47절에서 찾아 볼 수 있다. 그 리스트 가운데 중요한 것은 전도이다. 사실 이것은 다른 가치들을 위한 마지노선이다. 41절과 47절을 보라 만일 교회가 핵심 가치로 전도를 이야기하지 않는다면, 대사명을 품는 교회가 될 수 없다는 것을 더욱 이야기해야만 할 것이다. 전체적인 핵심 가치들은 전체의 사명, 성경적 사명으로 늦지 않게 받아들인다는 것은 중요한 문제이다.

사명 개발

앞에서 당신은 영향력 있고 성서적인 교회의 사명을 가질 필요성에 대해 이해했다면, 당신은 다음단계로 이동할 준비가 되었다. 이것은 당신의 교회를 위해 역동적인 기능과 강력한 선언문에 당신 자신과 당신의 팀을 참여시키는 것을 포함한다. 이번 장에서는 선언문을 개발하기 위해 적당한 인원을 선택하고, 개발 과정을 통해 팀을 이끌어가는 것에 대한 논의를 시작하려고 한다.

사명 개발에 필요한 인원

교회 안에 있는 사람 가운데 어떤 사람이 교회를 위한 사명 선언문을 만들어야 하는가? 그에 대한 답은 '쉽다'이다. 그것은 전략적 리더십 팀이다. 그들은 사명을 개발해야 하며 뿐만 아니라 교회의 핵심 가치들을 발견해야 할 임무가 주어져 있다.

지침

당신 교회의 사명 선언문을 개발하는 네 가지 지침을 이야기하게 될 것이다.

1. 교회의 사명 결정하기

기업세계에서 리더십 팀은 다음과 같은 질문을 던진다. '당신에게 있어서 비지니스는 무엇인가?' 교회는 본질적으로 같은 질문을 해야 한다. '**우리에게 있어서 비즈니스는 무엇인가?** 기업세계에서 나오는 대답은 회사마다 다르고 시간이 흘러가면서 변화할 것이다. 그러나 목회에 대한 대답은 교회마다 차이가 없을뿐더러 결코 변할 수 없다. 하나님은 그의 교회가 행하도록 그의 원하시는 것을 결정해 놓으셨다. 제자 삼으라.마28:19

2. 당신의 사명 선언문을 적으라

다음으로 당신은 새롭게 개발된 사명을 종이에 적어야만 한다. 두 번째 단계는 당신의 사명을 종이에 옮겨 적음으로 사명 선언문을 기록하도록 요구하는 질문이다. 『이끌기 위해 배우기』 Learning to Lead의 저자 스미스Fred Smith는 그의 책에서 "내 생각으로는 당신이 적기 전까지는 아마도 아무 것도 정의 내릴 수 없을 것이다. 쓴다는 것은 당신에게 특별한 것을 불어 넣어 줄 것이다. 이것은 당신의 생각을 활활 날아오르도록 해 줄 것이다"라고 기록했다.[39] 만일 당신이 쓸 수 없다면, 당신은 아마도 사명에 대한 생각

---

39) Fred Smith, *Learning to Lead* (Waco: Word, 1986), 34.

을 잘 드러낼 수 없게 될 것이다. 다음의 세 가지 질문은 그들의 선언문을 잘 표현하도록 도움을 주게 될 것이다.

3. 당신의 사명 선언문을 명료화, 단순화 시켜라

어떻게 당신의 사명을 명료화시키고 단순화 시킬 수 있는가? 다음 질문에 답하라.

당신의 목표 그룹에게 어떤 단어들이 가장 잘 전달될 수 있는가? 사명 기안자들은 언어의 마술사가 되어야만 한다. 그들의 업무는 선언문을 생각하고 또 생각하고, 구성하고 또 구성하며, 기안하고 또 기안하는 것이다. 그들은 단어를 가지고 이 일을 행한다. 어떤 단어들이 우리 교구 사람들에게 잘 전달할 수 있을 것인가에 대해 생각하라. 그들은 다른 지역에 비해 좀 더 전통적인가, 현대적인가, 또는 결속력을 가진 공동체인가? 진부한 전달체계가 가장 좋은 것인가 아니면 신선하고 현대적 용어가 좋은가? 또한 당신이 거주하고 있는 지역의 주민들을 계산에 넣어야 한다. 어떤 용어가 이 지역 사람들에게 자연스럽고 그 사람들에게 잘 전달할 수 있을까? 다음의 선언문을 주의해 보라.

> 우리의 사명은 복음을 가지고 보스턴의 북서부 지역을 개척하는 것이며 이것을 통해 어두움의 권세로부터 자유를 찾으며 예수 그리스도의 혁명적 가르침을 기꺼이 받아들이는 새로운 영적 체질로 변화시킨다.

이 선언문은 보스톤Boston 주위에 있는 주민들과 뉴 잉글랜드New England의 또 다른 주민들을 잘 섬길 수 있다. 그러나 이것은 북미의 주민들에게 지역적으로 적합하지 않거나 잘 전달될 수도 없다.

당신이 기록한 것을 성도들이 이해하고 있는가? 여기서 강조하고자 하는 것은 명확성에 관한 것이다. 당신이 전달하기 위해 선택한 단어가 얼마나 잘 선택되었는가? 성도들이 그것을 이해하는가? 당신이 하고자 하는 말을 그들이 깨닫는가? 만일 사명 선언문이 주님의 대사명이라면, "왜 당신은 단순하게 마태복음 28장 19-20절, 마가복음 16장 15절, 혹은 사도행전 1장 8절이라고 쓰지 않았느냐?"라고 어떤 이들은 질문하게 될 것이다. 당신도 그렇게 할 수 있었지만, 많은 성도들은 신약 성경에 있는 전문 용어를 이해하지 못한다. 이런 말들은 그들에게 명확성을 주지 못한다. 예를 들면, 주님께서 마태복음 28장 19에 사용한 제자라고 하는 단어는 그 뜻이 모호하다. 제자가 무엇인가? 제자를 삼는다는 것은 단순히 복음 전파를 언급하는 것일 수 있고 또는 희생을 의미하는 것일 수 있으며, 혹은 두 가지 모두를 언급하는 것일 수 있다. 심지어 신학교에 다니는 보통의 신학생들은 이 질문에 대한 답에 대해서 논쟁하게 될 것이다. 윌로우 크릭 커뮤니티 교회는 그들의 선언문 안에 제자에 대한 정의를 포함시킴으로서 탁월한 사명 선언문을 가지고 있다. "우리의 사명은 불신자들을 **완전히 그리스도를 따르데 헌신하도록** 변화시키는 것이다."

그러므로 나는 사명 선언문을 기안하는 사람들이 주님의 대사명을 개인화시키기를 바란다. 그렇게 되면 그들의 특정한 회중들에게 명확성을 제공하게 된다. 우리는 나의 교회인 노스우드 커뮤니티 교회에서 사명 선언문을 만들 때, 이러한 과정을 거쳐 왔다.

> 노스우드 커뮤니티 교회의 사명은 성도들이 그리스도를 전적으로 직분을 감당하며 따르는 자가 되도록 성도들을 돕는데 하나님을 선용하는 것이다.

"선용하다"라는 말은 우리는 홀로 아무 것도 할 수 없다는 것을 의미한다. 하나님은 제자를 만드시는 단 한 분이시다. 그리고 "성도들을 돕는다"

라는 말은 우리는 우리 스스로 모든 것을 책임질 수 없다는 것을 의미한다. 우리는 성도들에게 과정을 위해 개인적인 책임을 져야만 한다는 단순한 조언만을 해 줄 수 있다. 그들은 그 과정을 위해 개인적인 책임이라고 생각해야만 한다. 우리는 "제자"가 있어야 할 곳에 "전적으로 직분을 감당하며 따르는 자"라는 말로 대용하였다. 성도들이 이 단어를 잘 이해하고 있기 때문에 우리는 명확하게 제자라는 용어가 의미하는 바를 규정짓는다. 우리는 제자가 알라신이나 부처를 따르는 자가 아니라 그리스도를 따르는 자라는 사실을 명확하게 만들었고, 제자는 그리스도를 추종하는 사람들이라는 것을 명확하게 규정지었다. 그 의미는 그가 혹은 그녀가 교회에 방관자가 아닌 참여자로서 함께 한다는 것이다. 마지막으로 참여한다는 것은 완전히 깊게 참여한다는 것이다. 그리스도의 제자들은 단순한 헌신이 아니라 그들의 삶이 주님을 따라가는데 깊은 헌신을 이야기한다. 나는 또한 F로 시작되는 단어를 fully functioning followers 반복하는 것은 사람의 마음을 끌게 하며 잘 기억할 수 있도록 한다는 것을 확신한다.

4. 당신의 사명 선언문을 짧고 단순하게 만들라

사명을 표현하는 힘은 간결성과 단순성에 있다. 간결성과 단순성은 매우 어려운 문제이다. 우리는 종종 선언문 속에 너무 많은 것들을 집어넣기를 원한다. 두 가지의 짧은 질문은 간결하고 단순한 선언문을 창조해내는 데 도움을 줄 것이다. 대신 전략에 대한 문서와 선언문을 구분하라. 사명 선언문 안에 전략을 포함한다면 문제가 될 것이다. 사명을 길게 표현할 필요가 없으며, 기억하기가 더욱 어려워질 것이다.

사명 선언문은 티셔츠 시험을 통과했는가? 티셔츠에 새길 만큼 충분히 짧은가? 만일 그렇지 못하다면, 당신은 너무 많은 정보를 담는 실수를 저지른 것이다. 당신은 나의 조력자인 만시니 Will Mancini의 말을 잘 기억해야만 한다. "적게 말함으로서 더 많은 것을 말하라" 혹은 "적은 것이 더 많은 것을 이야기한다" 가장 저지르기 쉬운 공통된 실수는 사명 선언문에 어떻게에 대한 언급을 포함시키는 경우이다. 여기에 예가 있다.

페이스 커뮤니티교회는 그리스도를 사랑하고 이웃을 사랑하고, 그리스도를 위해 우리의 세계에 사랑을 전함으로서 제자를 삼기 위해 존재한다.

이 사명 선언문은 "페이스 커뮤니티 교회는 제자를 삼기 위해 존재한다."이다. 전치사 '~함으로서By'를 사용하여 어떻게에 대한 언급은 사명 선언문에 필요치 않다. 이것은 사명을 성취하기 위한 전략을 제공하는 것이다. 물론 이것은 중요하고 반드시 다뤄야하지만, 사명 선언문에서 다룰 내용은 아니다. 대신 전략에 대한 문서와 선언문을 구분하라. 사명 선언문 안에 전략을 포함시킨다면 문제가 될 것이다. 사명을 길게 표현할 필요가 없으며, 기억하기가 더욱 어려워질 것이다.

사명 선언을 위한 지침

1. 교회의 목표를 결정하라.
    당신은 누구를 섬기려는가?
    당신은 어떻게 이 사람들을 섬기겠는가?
2. 당신의 사명 선언문을 적으라.
    당신의 목표 그룹에게 어떤 단어들이 가장 잘 전달될 수 있는가?
    당신이 기록한 것을 성도들이 이해하고 있는가?
    당신이 선택한 형식은 당신의 사명을 잘 전달해 주는가?
3. 당신의 사명 선언문을 명료화, 단순화 시켜라.
    이 선언문은 단순한가?
    이 선언문은 명백한가?
4. 사명 선언문을 짧고 단순하게 만들라.
    1. 사명 선언문은 티셔츠 시험을 통과했는가?
    2. 당신의 사명은 기억 가능한가?

당신의 사명은 기억 가능한가? 사명을 표현하는 좋은 방법은 기억이 가능한 것이다. 이것은 좋은 단어와 짧은 글로 쓰여져 있기 때문이다. 당신은 그것을 읽을 수 있어야 하고 고개를 끄덕이거나 당신의 눈을 감고 그것을 기억할 수 있어야 한다. 여기 기억할 수 없는 한 선언문이 있다.

> 트리니티 교회는 영생을 위해 콜린 카운티(Collin County) 남서부에 영향을 주기를 갈망하는 사람들을 돌봄으로서 공동체를 구성하는데 깊이 헌신한다. 우리는 잃어버린 영혼을 찾으며 구원받은 사람들을 열정적으로 사랑함으로서 하나님의 영광을 성취할 것이다.

이 선언문은 기억하기 어려운 선언문이다.

과정

네 가지 지침을 손에 들고 당신은 당신의 사명 선언문을 개발을 준비하라. 그리고 세 가지 선택사항이 당신에게 주어져 있다.

선택사항 1: 당신의 최근 사명 선언문을 확인하라

첫 번째 선택사항은 만일 필요하다면 당신의 최근 올바로된 사명 선언문을 확인해 보라는 것이다. 당신은 이미 당신이 활용했던 사명에 초점을 맞추게 될 것이다. 당신의 생각을 촉진시키기 위해 두 가지 질문을 할 수 있다.

무엇이 당신의 실제적 사명인가? 당신의 최근 실제적 사명을 살펴봄으로서 시작하라. 당신은 이번 장 처음에 내가 이야기한 것, 즉 교회는 사명을 깨닫든 그렇지 않든, 실제적 사명을 가지고 있다는 말을 상기해 보라. 지금 당신의 목표는 사명을 개발하고 발견하기 위한 것이다.

당신의 사명을 발견하고 문서화하는데 있어서 중요한 것은 당신의 실제적 가치들이 당신을 이끌고 가는 곳이 어디인가에 관해 질문을 던지는 것이다. 그들은 현재 교회의 실제적 사명을 보여줄 것이다. 과거에 당신이 사명 선언문을 만들어 보았다고 할지라도 그것은 실제적 가치들이 아니라 염원적 가치들이었을 것이다. 당신의 사명을 결정하기 위해 당신의 핵심 가치들의 시각으로 조명해 본다는 것은 현명한 방법이다. 만일 성경에서 가르치는 가치들이 이끌어 간다면, 그것은 또한 교회의 사명이 될 것이다. 만일 하나님을 예배하는 것이 가치라면, 그것은 교회의 사명이 될 수 있다.

그것은 전체적 사명인가? 당신은 교회를 위한 전체적 사명이 있다는 것을 배웠다. 이것은 대사명이다. 당신은 아마도 지금쯤이면 지겨워 할 것이다. 하지만, 그렇지 않다. 이것은 매우 중요하다. 당신의 최근 실제적 사명과 마태복음 28장 19-20절에 기록되거나 다른 성경에 인용된 대사명을 비교해 보라. 만일 대사명을 잘 반영했다면, 당신은 선언문의 조정 과정을 생략하고 이 과정을 마치라. 만일 선택사항 2, 혹은 선택사항 3을 따르고자 원한다면, 전 단계에서 당신의 사명을 발견하기 위한 지침들을 기억하라. 만일 당신의 실제적 사명이 대사명이 아니라는 사실을 발견했다면, 다음에 나오는 선택사항 2, 선택사항 3을 따를 필요가 있다.

선택사항 2: 새로운 사명 선언문을 개발하라

두 번째 선택 사항은 당신의 독특한 사역을 담은 새로운 사명 선언문을 개발하는 것이다. 이것은 당신의 미래 목회 혹은 "되고 싶은 것"에 초점을 맞춘다. 이를 위해 당신은 당신의 최근 가치들을 설명할 필요가 있으며 대사명의 모델을 따를 필요가 있다.

당신의 최근 가치들을 설명하라. 미국의 대부분의 교회의 사명은 염원적이다. 만일 당신의 가치들이 당신의 사명을 지지하지 않거나 당신의 사명을 향해 교회를 움직일 수 없다면, 당신은 그것을 이룰 수 없다. 이것은 당신이 대사명을 지지할 필요가 있는 가치들을 결정해야 하며 당신의 중요한 활동을 통해 교회 안에 이 가치들을 심어줄 필요가 있다는 것을 의미한다. 우리가 전략 부분을 다룰 때, 나는 중요한 활동에 관해 더 이야기할 것이다. 이러한 가치들을 발견하는 두 가지 방법은 사도행전 2장 41-47절에 주어진 가치들을 시험해 보는 것이다. 누가는 대사명을 성취하기 위해 최소한 네 가지 리스트를 기록하고 있다. 성서의 교리, 예배, 교제아마도 공동체, 그리고 전도이다. 몇몇 교회들은 실제적으로 전도를 추구하고 있는 것을 보았다. 그래서 나는 거기에서 시작한다.

마태복음 28장 19절 모델을 이용하라. 나는 이 구절을 가지고 다음 모델을 개발했다. 이 모델은 다른 어떤 사명선문과 다르게 대사명 선언문을 정교하게 이용할 수 있다.

1. 제자란 무엇인가? 마태복음 28장 19절에서 예수님은 그의 교회와 제자들에게 명령하신다. 하지만 우리는 이 질문을 할 필요가 있다. 제자가 무엇인가? 우리는 윌로우 크릭 교회의 사명 선언문에서 이에 대한 답을 찾아낼 수 있다. 그들의 목적인 종교가 없는 사람들이 완전히 그리스도를 따르는 사람으로 변화시키는데 있다고 이야기한다. 제자라는 단어를 사용했다는 것보다 그들이 그 용어가 의미하는 바를 이해할 수 있도록 정확하게 정의내리고 있다는 것에 주목하라. 당신 교회의 교인들이 의미를 주도록 하기 위해 어떤 용어를 이용할 것인가? 당신의 선택은 제한적이다. 나는 이 질문에 대해 생각해 보았지만, 다음에 나오는 선택들을 선택하게 되었다. 만일 당신이 다른 것을 생각해 낼 수 있다면, 다음의 항목들에 추가할 수 있다. 당신의 숙제는 당신의 전략 리더십 팀과 함께 논의하여 하나를 선택하는 것이다.

   - 그리스도를 따르는 자
   - 그리스도의 추종자

- 기독교인
- 믿는 자
- 학습자

2. 추가로 이 용어를 수정하라. 나는 예수님께서 마음속에 성숙한 제자를 품고 있었을 것이라고 믿고 있다. 어떤 교회의 목표는 그것이 남자든 여자든 믿는 사람이든 믿지 않는 사람이든 그 사람, 즉 그를 혹은 그녀를 그리스도 안에서 성숙한 제자로 만드는 것이다. 윌로우 크릭 교회는 제자라는 용어 대신에 "완전히 헌신한다"라는 말을 위치시킴으로서 그들의 사명 선언문에 이용하고 있다. 이것을 다른 말로 표현할 수 있다.

- 그리스도를 따르는데 헌신하는
- 그리스도를 따르는데 전적으로 헌신하는
- 그리스도를 따르는 기능을 함
- 그리스도를 따를 자를 개발하는 것
- 그리스도를 따를 자를 완전히 개발하는 것
- 그리스도를 따르는데 전념하는 것
- 그리스도를 따르는데 완전히 전념하는 것
- 그리스도를 따르는데 전적으로 헌신하는 것

1번에 나와 있는 것을 다른 용어로 대체해야만 한다. 어떤 것이 교인들이 가장 잘 기억할 수 있으며 성서의 본문을 잘 따르고 있는지 물어야 한다. 이것에 관해 읽고 생각했듯이 어떤 것이 당신의 주의를 끄는가? 어떤 용어가 성숙을 전달할 수 있는가? 만일 당신이 이것들을 좋아하지 않는다면, 당신의 비전을 가진 단어로 구성할 필요가 있다.

3. 당신이 이루고자 하는 것을 가장 잘 표현하고 있는 구절은 무엇인가? 우리가 의미하는 제자에 대해 정의를 내리기 위해 사명 선언문의 결론을 내릴 수 있다. 지금 우리는 선언문의 시작을 향해 움직일 것이다. 윌로우 크릭 교회의 사명 선언문에서 **변화시킨다**는 용어에 주의를 기울일 필요가 있다. 이것은 그들이 지역 공동체에 살고 있는 사람 가운데 "하나님을 믿지 않는 자"들을 위해 그들이 이루고자 하는 것이 무엇인지를 설명하는데 핵심적인 단어이다. 그들이 원하는 것은 "그들이 완전히 주님을 따를 사람이 되도록 변화시키는것"이었다. 하나님께서 당신의 교인들의 삶 속에서 무엇을 성취해 주시기를 원하는가? 이러한 정보를 잘 전달할 수 있는 구절을 선택하는 것이 중요하다. 다양한 사명 선언문에 내가 채택했던 몇 가지 말을 제시해 본다.

조력하기 위함	만들기 위함
개발하기 위함	성숙하게 하기 위함
능력을 부양하기 위함	성숙을 위함
용기를 주기 위함	보여주기 위함
세우기 위함	추구하기 위함
따르기 위함	제공해 주기 위함
충만하게 하기 위함	성취하기 위함
돕기 위함	변혁하기 위함
영향을 주기 위함	변화시키기 위함
알기 위함	승리를 위함
인도하기 위함	

만일 당신이 성취하고자 하는 것에 부합하는 단어가 없다면 당신 자

신의 말로 구성할 수 있다. 당신과 당신의 팀은 당신의 사명의 빛으로 가장 잘 사역할 수 있는 하나를 선택할 필요가 있다. 이번 장 첫 부분에 이것에 대해 내가 논의했지만, 나는 여기에 좀 더 많은 것을 제공하고자 한다. 성령은 교회를 통하여 사명을 이루신다. 제자들에게 명령하신 제자를 "삼으라"라는 것을 마음에 간직하라. 이것은 그들을 통해 예수님이 성취하시고자 하는 것을 이해할 수 있도록 해 준다. 만일 여전히 당신이 갈등 속에 있다면, 당신은 "그리스도를 전적으로 따르도록 개발하기 위해 하나님의 말씀을 이용하자"라고 이야기할 수 있다.

4. 당신은 누구와 혹은 누구를 위하여 이것을 성취하고자 하는가? 이 질문에 답은 선택이다. 누가 또는 무엇이 활동의 목표가 구절이 말하는 바를 받아들이는인가? 윌로우 크릭 교회의 구절은 믿지 않는 사람들변화시키기 위해이다. 당신의 목표는 사람들, 교회에 출석하지 않는 사람들, 교인들, 믿지 않는 사람들, 종교를 가진 사람들, 구원 받지 못한 사람들, 구원받은 사람들, 순종하는 사람들, 모든 백성들, 모든 사람들, 당신의 지역 공동체, 당신의 도시, 당신의 마을 등이 될 수 있다. 당신의 상황을 가장 잘 표현해주는 것을 선택하라. 예전에 당신이 네 단계를 완수했다면, 당신은 당신의 교회뿐 아니라 지역 공동체에 잘 전달하기 위해 잘 짜인 사명 선언문을 가져야만 한다.

선택사항 3: 이미 존재하고 있는 사명 선언문을 채용하라
당신이 이미 다른 교회에서 창조된 사명 선언문을 채용하는 것이 최고의 선택사항이 될 수 있다. 다음 아래에 몇 개 교회의 사명 선언문을 제시할 것이다. 어떤 것들은 탁월하지만 어떤 것들은 정말 형편없다. 다음 장에 있는 사명 테스트를 가지고 평가해보라. 몇몇 선언문은 마태복음 28장 모델과 유사하다. 아래에 제시한 것을 읽어 보고 그것들이 당신의 창조성에 영감을 불어 넣어주고 자극해 주기를 바란다. 당신이 하나를 선택하거나 하나를 선택하여 개조한다면, 바로 그것이 당신의 것이 될 수 있다.

우리의 사명은 집에서나 직장에서 성도들을 성숙하게 하기 위함이다. 무명

우리의 사명은 그리스도를 깨닫게 하고 그를 알리는 것이다.
네이게이토와 몇몇 교회들

우리의 사명은 그리스도를 구주로 보여주며 주님으로서 그리스도를 따르게 하는 것이다. 이키 소마Ikki Soma

우리의 사명은 그리스도를 따르고 제자가 되는 것이다.
엠마누엘Emmanuel과 라레비치Jelena Ralevich 두명의 세르비안 기독교인

우리의 사명은 그리스도 안에서 참된 삶을 공동체가 발견하는데 도움을 주는 것이다. 무명

우리의 사명은 사람들이 그리스도를 따르는데 완전히 헌신하도록 하기 위해 최고의 기회를 제공하는 것이다. 벨리달 침례교회Valleydale Baptist Church

우리의 사명은 삶 속에서 그리스도의 특사가 되도록 보통 사람들을 인도하는 것이다. 힐크레스트 침례교회Hillcrest Baptist Church

우리의 사명은 사랑의 하나님의 살아 계신 증거를 주변에 보여주는 사람이 되는 것이다.

세이지모운트 교회 Sagemeont Church

우리의 사명은 그리스도 중심의 공동체를 연결시키는 것이다.

파사데나 제일교회 First Church Pasadena

우리의 사명은 모든 사람들의 삶을 변화시키고 그리스도와의 관계를 지속적으로 성장시키는 것이다.

모버리 침례교회 Mobberly Baptist Church

우리의 사명은 그레이터 오스틴 Greater Austin에 있는 모든 남성, 여성, 그리고 어린이들이 힐 컨트리 성서 교회의 누군가의 입술로부터 복음을 듣도록 하는 것이다.

힐 커트리 성서 교회 Hill Country Bible Church

그리스도를 빛나게, 성도를 세우자　　　　　　　　레이크포인트 교회 Lakepoint Church

선택사항4 : 기존에 사명 선언문 수정하기

교회의 최근 사명이나 다른 교회의 사명을 폐기하는 사역을 나는 경험했다. 사명은 단순히 옳은 것처럼 보인다. 하지만 어떤 부분은 잘못된 부분이 있다. 선언문을 수정함으로써 그들은 오래된 것들은 보존하고 새롭고 올바른 것들은 추가 할 수 있다. 다음을 예로 들어보자

우리의 사명은 그리스도를 따르고 따르는 자들을 만드는 것이다.

어떤 교회가 이 선언문을 좋아한다고 하지만 다소 잘못된 것을 느낄 수 있다. 그래서 그들은 **열정적으로**라는 단어를 추가했고, 다음과 같은 선언문을 받아들였다.

우리교회의 사명은 그리스도를 따르고 따르는 자들을 만드는데 열정을 기울인다.

그들은 이 선언문을 사랑했다.

사명 테스트

당신은 완전한 사명 선언문을 만들었으며, 사명개발 과정을 잘 이행했다. 이제 당신은 사명 테스트를 해야 할 차례이다. 사명 테스트는 질문 형식으로 된 사명의 정의를 이용하면 된다.

질문 1 : 사명은 충분히 광범위한가? 모든 사역들은 조화를 이루고 성취하는데 기여를 하는가?

질문 2 : 사명은 간결한가? 명함 사이즈에 적을 만큼 짧은가?

질문 3 : 사명은 성서적인가? 사명은 성경과 조화를 이루는가 아니면 모순되는가?

질문 4 : 우리가 실천해야 할 것들을 지원하는 사명인가? 대사명, 즉 제자 만들기가 당신 사명의 핵심인가?

사명 질문

사명 질문은 '당신 사명 선언문을 가지고 있거나 사명적 교회이기를 원하는가?'이다. 당신은 사명 선언문을 가지고 있거나 사면 선언문을 곧 가지게 될 것이다. 이것은 바람직한 시작이며, 목표는 사명적 교회로 만드는 것이다. 즉 지리학적 공동체 안에서 교회의 사명을 따르거나 실행하는 교회를 말한다. 이것은 교회가 가지고 있는 사명에 있어 매우 중요한 부분이다.

당신의 교회가 사명적 교회라는 것을 당신은 알게 될 것이다. 왜냐하면 사람들이 그들의 신앙을 공유하게 될 것이며, 교회 주변에 새롭고 행복한 얼굴들이 많아질 것이기 때문이다. 당신이 알지 못하는 사람들이 늘어날 것이며 교회는 수많은 세례자들을 양산하게 될 것이기 때문이다. 하지만 어떤 사람들은 화가 나서 교회를 떠나겠다고 위협할 것이다.

사명 도전

사명 도전이란 성서적 사명을 발견할 뿐 아니라 그 사명에 초점을 유지하려는 것이다. 여기에는 많은 혼란이 있을 것이다! 사탄은 그 사명이 당신의 교회의 사명이 되지 않기를 바라고 있다. 잘 훈련된 사람을 포함해 많은 종류의 장애물이 발생할 때 놀라지 말라. 당신이 당신의 사명을 전달하고 교회에 초점을 맞춘 사명을 이야기할 때, 장애물이 발생하더라도 놀라지 말라. 코비Stephen Covey의 말은 이런 점에서 현명한 조언을 해주고 있다. 중요한 것은 중요한 것을 유지하는 것이다!

어떻게 이것을 성취시킬 것인가? 나는 열정이 중요하다고 믿는다. 나를 포함해서 전략 리더쉽 팀, 스텝, 그리고 특별히 담임목사가 대사명을 성취하기 위해 사명 선언문에 대한 열정을 가지고 있어야 한다고 믿는 상담가의 숫자가 많아지고 있다. 열정을 가진 사람들은 사명대로 살기 시작하고 숨쉬기 시작한다. 열정은 사역의 평범함과 탁월성의 차이를 결정한다. 당신의 사명 선언문에 대해 얼마나 열정을 가지고 있는가? 만일 그에 대한 답이 냉담하거나 낮다면, 그 문제는 사명을 만들어낼 때 나타나며, 당신은 처음부터 다시 시작해야 할 것이다.

만일 그 사명이 좋은 사명 가운데 하나임에도 불구하고 문제가 나타나게 된다면, 당신의 열정에 대해 다시 재평가해야할 필요가 있다. 이 시간에 당신이 교회의 사명을 포용하는 열정인 사람이 될 수 있다. 많은 목회자들은 설교하는데 열정을 가지고 있다. 대사명에 대한 열정을 갖는 것이 더 중요하며 누군가가 할 수 있도록 여지를 만들어 놓을 필요가 있다.

마지막으로 당신 교회가 실행하고 있는 모든 사명에 당신은 관심을 가져야 한다는 것이 매우 중요하다. 예를 들면, 당신이 결정한 사항은 마음속에 있는 사명 선언문과 함께 일한다. 그래서 항상 우리가 마음에 둘 질문은 '당신의 사명에 부합한 결정을 어떻게 내려할 것인가?'이다. 또한 '그리스도의 사명을 위해 무엇을 해야 하며 사명을 손상시키는 것은 무엇인가?'이다.

사명 전달

사명을 전달하는 것은 가치를 전달하는 것만큼이나 중요하다. 심지어 당신이 명확하고 기억할만한 사명 선언문을 가지고 있다고 할지라도 만일 당신이 당신의 성도들에게 그것을 알리는 것에 실패한다면, 팀을 기획하고 개발하려는 노력에 비해 거의 성취를 가져올 수 없다.

가치들을 알리기 위한 많은 방법들은 사명을 알리기 위한 방법과 흡사하다. 지도자들은 본보기가 되고, 설교, 형식적 그리고 비형식적인 대화, 이야기들, 안내문, 포스터를 만들고, 교회 안내장, 잘 만들어진 자료들, 슬라이드나 테잎을 통한 프리젠테이션, 오디오와 비디오 테잎, 스킷과 드라마, 새신자 교육, 교회 신문, 그리고 실적평가가 그것이다. 당신은 남성들의 지갑이나 여성들의 핸드백에 넣고 다닐 수 있는 조그마한 카드에 사명을 적어두기를 원할 것이다. 또는 티셔츠에 적어두기를 원할 것이다. 팀과 함께 일할 때, 나는 작은 메모지명함 사이즈 정도를 주고 그들에게 팀에 관한 그들의 사명 선언문을 적어보도록 요구한다. 마지막으로 그 적은 것을 지갑에 넣고 수시로 보기를 부탁하며 그들은 사명을 보고 그들의 교회의 사명을 기억해 낸다.[40]

반영, 토의, 그리고 적용을 위한 질문들

1. 이 장은 당신의 교회가 성서적 사명 선언문에 대한 필요성을 인식시켰는가? 왜 그런가? 아니면 왜 그렇지 못한가?
2. 당신의 교회는 이미 사명 선언문이 준비 되어 있는가? 만일 그렇지 못하다면, 왜 그런가? 만일 그렇다면, 무엇인가? 그것은 좋은 사명 선언문인가? 그것은 당신의 교인들의 가치를 잘 반영하고 있는가? 누군가가 기록된 형식으로 분명하게 표현했는가? 회중은 그것이 무엇인지 알고 있는가? 왜 그런가? 아니면 왜 그렇지 못한가?
3. 실천을 위해 당신의 교회는 무엇을 해야 하는가? 어떤 목회를 해야 하는가? 왜 그렇고 왜 그렇지 않은가? 교회를 위한 그리스도의 사명을 당신이 실천하고 추구하기 위해 어떤 변화를 선택해야 하는가? 변화에 대한 저항은 어느 곳에 나타나는가?
4. 당신의 교회가 무엇을 추구하고 있는지 알고 있는가? 만일 그렇다면, 무엇인가?
5. 당신의 실제적인 사명 선언문을 평가하기 위해 네 가지 지침을 이용하라. 당신이 바꾸기를 원하는 것이 있는가? 만일 그렇다면, 무엇인가?

---

40) 만일 당신이 사명이나 사명 선언문에 대한 개발을 어떻게 전달할 것인가에 대해 더욱 풍성하게 심도 있고 깊이 알기를 갈망한다면, 나의 책 『당신의 목회를 위한 역동적인 사명 개발』Developing a Dynamic Mission for Your Ministry을 보라.

6. 만일 당신이 사명 선언문을 개발하기를 원한다면, 또는 당신이 현재의 언어로 개정하기를 원한다면, 그 과정에 누구를 참여시킬 것인가? 사명 표현에 대해 평가를 받으려는 의지를 가지고 있는가? 누구에게 이 평가를 의뢰하려는가?

7. 당신의 교회는 영향력 있고, 집합적이며 성서적인 사명 선언문을 만들기 위한 장소는 준비되어 있는가? 그렇지 않다면, 왜 그런가? 만일 그렇다면, 언제 시작 할 것인가?

8. 당신 교회는 사명 선언문을 가진 교회 혹은 사명적 교회가 되기를 원하는가? 어떻게 알 수 있는가? 그리고 이 둘은 어떤 차이가 있는가?

9. 당신이 만든 사명 선언문을 호소하기 위해 어떤 방법을 선택할 것인가? 왜 그 방법을 선택했는가? 그것들을 이용하여 당신의 사명을 보급하려는가? 왜 그런가? 아니면, 왜 그렇지 않은가?

10. 당신의 모든 사역에 대한 항목을 작성하라. 각각의 항목은 그리스도의 사명을 실현시키는데 공헌하고 있는가? 그렇지 않다면, 무엇이 이에 해당하는가? 당신은 무엇을 실천하려고 하는가?

5

강력한 비전 개발하기
DEVELOPING A COMPELLING VISION

어떤 비전을 품는 교회가 되어야 하는가?

전략 기획 과정에 있어 세 번째 단계는 교회의 비전을 창조하는 것이다. 나는 이것을 세 번째 단계에 위치시켰다. 내가 개발 목적을 위해 여기에 비전을 포함시키는 것을 좋아하지만, 비전을 품는 것은 과정 내내 이루어진다. 그리고 그 과정에 대한 나의 순서에서 마치 사명을 개발하기 전이라든지 전략을 개발 후에 위치시키는 것처럼, 이것은 어느 위치라도 잘 맞을 수 있다. 나는 이번 장 후반부에 "비전 과정"이라는 항목으로 교회에 어울리는 비전에 관해 이야기할 것이다.

핵심 가치들과 사명처럼 비전은 조직에 있어 중요하다. 이것은 부르심의 사역의 항구이다. 하지만 가치나 사명과는 달리 비전은 변화를 일으키는 데 있어 중요한 주제이다. 이것은 정적이지 않고 역동적이다. 비전을 성취하게 되면, 그 교회가 위치하고 있는 문화적 상황 속에서 비전은 그 때 그 때 새로워져야만 하며, 개선되어야만 하고, 조정해야만 한다. 비록 비전이 변한다고 할지라도 변화는 오로지 비전의 가장자리에서 일어난다. 핵심, 즉 대사명the Great Commission은 변할 수 없다. 하지만 비전의 세부사항과 단어들은 변화를 수행하는데 이용된다. 비전은 우리들에게 그 사명이 우리의 공동체 안에서 반드시 이루어질 것이라는 것에 대한 그림을 제시해 주며, 우리의 뱃머리가 향하는 항구에 대한 그림을 제시해 준다. 사명과 비전 모두는 배의 방향성을 설명해 준다. 하지만 사명은 방향을 보여주는 반면에 비전은 그에 대한 그림을 제공해 준다.

비전의 개념은 성서에서 찾을 수 있다. 당신은 비전이 구약과 신약 성경에 곳곳에 산재해 있다는 것을 발견하게 될 것이다. 예를 들면, 하나님은 창세기 12장 1-3절 아브라함 계약에서 아브라함을 위한 하나님의 비전을 가지고 아브라함의 순종을 이끌어내셨다. 출애굽기 3장 7-8절, 그리고 민수기 8장 7-10절에서 잘 보여주듯이 하나님은 모세에게 이스라엘 백성, 즉 하나님의 백성을 위한 하나님의 비전을 전달하셨다. 십자가의 고난 가운데서도 주님께서 앞에 있는 "즐거움"을 바라보신 것은 하늘에 계신 아버지께로 돌아가려는 비전이었다. 히12:2

이번 장의 목적은 비전에 대한 개념이 무엇인지 이해하고 교회의 사역을 위해 독특하고 강력한 비전을 어떻게 개발할 것인지에 대해 도움을 주기 위함이다. 여기에는 본질적인 질문에 대한 답을 해 줄 수 있다. 우리는 어떤 종류의 교회가 되기를 원하는가? 만일 우리가 우리의 방식대로 답을 할 수 있었다면, 우리는 무엇처럼 되고 싶은가? 준비 단계에서는 "무엇인가", 즉 현

네 가지 과정
사명 개발하기
비전 개발하기
가치 발견하기
전략 디자인하기

실을 밝혀 주었고, 비전의 단계는 "무엇이 될 수 있는가"를 보여줄 것이다.

이번 장은 네 부분으로 구성되어 있다. 첫 번째는 비전이 교회에 있어 왜 중요하며 그 목적은 무엇인지 깨닫게 될 것이다. 두 번째 부분은 비전에 대한 정의를 내림으로서 비전의 정의가 무엇인지 이야기를 나누며, 개발을 위해 무엇을 해야 할 지를 알게 된다. 세 번째 부분은 비전을 가진 지도자

가 그의 조직을 위한 비전을 개발하는데 도움을 줄 것이며, 마지막 부분은 그들이 그들의 성도들에게 비전을 전달 할 수 있는 몇몇 실제적인 사례를 제시할 것이다.41)

비전의 중요성

목회자들과 교회가 보여줄 수 있는 제한된 정보는 비전의 개념에 대해 갈등에 휩싸이게 된다. 예를 들면, 목회자들과 그들의 비전에 관해 언급하면서 바르나George Barna는 "그러나 이러한 목회자들에게 '당신은 당신의 교회의 목회를 위한 하나님의 비전을 이야기할 수 있습니까?'라고 질문을 했을 때, 우리는 응답자 중 거의 90%의 목회자들이 목회에 대한 기본적인 정의를 이야기할 수 없다는 사실을 발견하게 된다. 하지만 단지 2%만이 그들의 교회를 위한 비전을 이야기할 수 있다"42)라고 지적했다. 고츠David Goetz는 "리더십 연구에서 목회자들은 교회에서 발생한 갈등 가운데 가장 큰 요인이 바로 비전의 문제였으며, 목회자들이 직접 그 비전을 마무리해야한다는 강박관념과 강압적으로 하도록 하는데 가장 큰 원인이었다고 지적하고 있다"43)라고 언급했다. 명백하게 비전은 지도자들과 그들의 사역에 있어서 가장 중요하다. 여기에 왜 중요한 것인가에 대한 일곱 가지 이유를 이야기해 본다.

---

41) 만일 당신이 이 책을 읽은 후에 비전의 개념에 대한 더욱 깊은 연구를 하고자 한다면, 나의 책『21세기 목회를 위한 비전 개발하기』*Developing a Vision for Ministry in the Twenty-first Century*를 보라.
42) "The Man Who Brought Marketing to the Church," *Leadership* XVI, no. 3(summer 1995) : 124-25.
43) David Goetz, "Forced Out," *Leadership* XVII, no. 1(winter 1996): 42

에너지를 공급한다

영감이 있고, 사람을 가만히 두지 않는 비전이 없다면 수많은 일들이 일어나지 않는다. 느헤미야 시대에도 많은 사람들이 일어나지 않았다. 사람들은 비전이 없었다. 예루살렘은 패망해 버렸고, 그것에 관해 어떤 일도 하려고 하는 동기도 없었다.느1:3 느헤미야 혼자 하나님으로부터 예루살렘의 성벽과 도시를 재건하라는 비전을 받게 되었다. 비전은 사람들을 흥분시키고 에너지를 불어 넣어준다. 비전들은 현실을 넘어선 사역을 실천할 수 있도록 하는 흥분의 스파크를 일으켰다. 그들은 교회 내부에 불을 밝히고 불을 태울 수 있는 연료를 제공할 수 있다. 지도자들은 불을 꺼버릴 수 있으며 다른 어떤 것에 불을 붙일 수도 있다. 하나님으로부터 오는 비전은 현실에 안주하려는 성향을 사역 성향으로 바꿀 수 있는 잠재력을 가지고 있다. 그리고 당신이 당신의 가치와 사명과 함께 비전을 울려 퍼지게 할 때, 이것은 목회 과제를 성취할 수 있는 연료를 발생시킨다.

목적을 창조한다

올바른 비전은 사람들의 삶 속에 있는 의미를 창출해 준다. 이것은 그들에게 목적을 가지라 이야기하며 신성한 목적에 대한 의미를 심어 주게 된다. 그들은 하나님의 역사의 순간에 그리고 하나님의 시간에 성취하시는 어떤 거대한 것의 한 부분이 된다. 비전을 공유함으로서 성도들은 자기 자신을 또 다른 공동체로서 혹은 "자리를 채워주는 사람"으로 이해하는 것이 아니라 사라져가고 죽어가는 세상에 강력한 충격을 가지고 있는 교회의 살아 있는 한 부분으로서 이해하게 된다. 그들은 단순히 교회에 출석하고 있는 성도가 아니라 십자군이며, 그들은 이 세상을 변화시킬 수 있는 잠재력을 가진 혁신의 한 부분이며, 그리스도를 위한 놀라운 충격을 가진 존재이다. 예를 들면, 하나님께 헌신하고 봉사하는데 있어서 그리고 성도들 상호간에 개인적으로 추구하고자 하는 의미에 있어서도 광범위한 차이를 보이고 있다. 그가 혹은 그녀가 무엇을 하느냐에 대한 질문에 "나는 교사입니다"라고 대답할 것이며 일반적으로 다른 사람 역시 마찬가지이다. 하지만 비록 같은 봉사를 하고 있다고 할지라도 비전을 가진 교사는 "언젠가 그리스도를 위해 거대한 일을 성취할 수 있는 청소년들의 삶을 변화시키는 사람입니다"라고 대답할 것이다.

모험을 불러일으킨다

공유된 비전은 회중들에게 모험을 불러일으킨다. 이것은 교회가 성장하는 상황에 있는 교회에 특별히 더 일어난다. 교회의 중진들 혹은 교회를 이끄는 목사들이 비전을 선정할 때, 성도들이 이것을 행하기 위해 무엇이 필요한 지를 깨닫게 된다. 여기에서의 질문은 이것이다. 어떻게 우리는 그것을 행해야만 하는가? 가끔 우리는 그에 대한 답을 알고 있지만, 자주 실천하지 못할 때가 많다. 그로 인해 그리스도를 위한 사역은 알려지지 않은 세계로 흥미진진한 모험을 떠나게 만든다. 우리는 그리스도를 위해 무엇인가를 시도하려고 하지만, 그것은 사역이 아니다. 우리는 무엇인가 특별한 것을 시도할 때 그것은 비로소 사역이 된다. 비록 우리가 풍부하게 사역을 실천한다고 할지라도 명백한 이유를 제공해 준다. 즉 우리가 왜 그러한 일을 했는지 그 이유를 명백하게 해준다. 이것은 하나님을 위해서 그리고 주님을 위한 것이다. 성도들은 성공에 대한 보증을 요구하지는 않는다. 그들은 보증이 존재하지 않는다는 것을 알고 있다. 그럼에도 불구하고 성도들은 어떤 말을 해도 헌신한다. 모험은 대단한 것이다. 하지만 그것이 그들이 하나님을 섬기는 것이며, 그들에게 하나님은 비전을 허락하신다. 우리는 얼마나 많이 초대 교회와 하나님께서 그들을 통해서 또는 히브리서 11장에 등장하는 신앙의 위인들을 통하여 이루신 역사를 설명하는가?

리더십을 정당화시켜준다

하이빌스Bill Hybels 목사는 "비전은 리더십에 있어 가장 중요한 핵심적 위치에 있다. 지도자로부터 나오는 비전을 취하고 당신의 마음을 비우라"[44]라고 이야기한다. 만일 지도자들이 어디로 가야할지 알지 못한다면 아마도 그들은 지도자가 아니며, 최소한 아직 지도자가 아니다. 지도자들은 어디로 가야할 지를 분명히 알고 있어야 하며 뿐만 아니라 가야할 그곳을 바라보아야만 한다. 이것이 리더십에 있어 가장 중요한 것이다. 지도자들은 그들이 어디로 가야할 지에 대한 비전뿐 아니라 사명에 대한 감각을 가지고 있어야 한다. 항해사들은 지갑에 그들이 가야할 항구에 대한 그림을 가지고 다니는 것처럼, 지도자들은 교회가 할 수 있는 것에 대한 그림을 정신적 지갑에 가지고 다녀야 한다. 그 비전은 지도자들과 하나님께서 인도하실 곳과 닮고자 하는 꿈을 따르는데 초점을 맞추는 사람들에게 도움을 준다.

리더십에 에너지를 공급해 준다

빌 하이빌스 목사는 "비전은 지도자들이 달려가는데 있어 연료이다. 비전은 행동을 창조하는 에너지이다. 따르는 사람들의 열정을 점화시켜주는 불이다"[45]라고 이야기한다. 사람들이 비전을 볼 때, 비전을 느끼게 된다. 비전을 개발하고 그에 따라 힘차게 살아가는 것은 리더십에 있어 핵심적인 요소이다. 지도자는 그가 혹은 그녀가 가야할 곳이 어디인지 알고 볼 수 있으며 제자들을 얻을 수 있는 신실한 종이다. 지도자들은 주님뿐 아니라 제자, 그리고 사도행전에 기록된 것처럼 초대 교회에서 사역했던 사람들에 대해 설명해 준다. 그들은 하나님 주신 열정을 가지고 움직이다. 그들은 뼈를 불태우며 인도해 간다. 그들은 비전의 불길, 그리스도와 같은 열정에 휩싸여 있으며 따를 사람들의 마음에 불을 지핀다. 교인들이 자신의 비전, 타

---
[44] Bill Hybels, *Courageous Leadership* (Grand Rapids: Zondervan, 2002), 31.
[45] Ibid.

오르는 비전을 가지고 그 안에 그리스도와 같은 열정에 따라 삶을 사는 지도자를 가졌을 때, 그들은 지도자를 땅 끝까지라도 따라간다.

목회를 유지시켜 준다

목회는 매우 어려울 수 있고 심지어는 고통스러울 수 있다. 전형적인 교회에서 목회하는 동안 목회의 현관과 복도에서 낙담과 절망이 가끔 슬며시 발생한다. 이것은 기독교 교회에 대한 핍박을 가하는 적군에는 미치지 못한다.행8:1 영적 전쟁은 목회의 영토에서 시작된다.엡6:10-18 많은 성도들은 주님과 복음의 전진을 위하여 모험을 감행하거나 자신의 삶을 드린다. 그리스도를 위한 순교자의 이름들은 광범위하다.

무엇이 사도행전에 기록된 초대교회로부터 지금까지 기독교인들의 신앙을 유지할 수 있도록 해 주는가? 어떤 사람은 성서적이고 사람을 가만히 두지 않는 비전이라고 답을 한다. 이것은 사람들에게 세계를 넘어 볼 수 있도록 도전을 주며 목회의 고통에 대해서 도전을 준다. 비전은 혼란에 빠져 있는 성도들이 할 수 있는 것이 무엇이며 할 수 있는 것을 선포함으로서 그들 앞에 청사진을 유지시켜 준다. 비전은 사나운 폭풍우 가운데서도 교회를 함께 잡아 주는 접착제이다. 우리가 주님을 섬기는 동안 이 세계에서 우리가 경험한 모든 고통과 큰 슬픔은 우리가 주님을 위해 시도했던 것의 중요성과 비교해 보면 하찮은 것들이다. 그러한 그림과 우리의 마음의 지갑을 여는 것은 나쁜 시대에 살아가는 우리들을 도와주시는 하나님의 한 방법이다.

기금을 마련하는데 동기를 부여해 준다

비전에 대한 마지막 이유는 사람들의 주의를 끈다. 특별히 목회자들의 주의를 사로잡는다. 사역을 위해서는 비용이 들어가며, 지도자의 책임 가운데 하나는 기금을 조성하는 일이다. 내가 가르치는 신학생들은 강의 도중 이것을 강조하면, 좋아하지 않는다. 그들 가운데 많은 학생들은 성경을 가르치는 것이 주된 요구이다. 그들의 답은 이렇다. "나는 가르치는 은사를 가졌어요. 누구나가 할 수 있는 것은 아니죠!" 문제는 하나님이 의도하는 기능을 감당하기 위한 사역을 위해 필요한 자금을 불러일으키는 지도자를 요구하는 것이 교회라는 것이다.

비전을 발견한 대부분의 지도자들은 비전이 주는 것에 동기를 부여하고 있다는 것을 깨닫게 된다. 달라스 신학교에 있는 우리들은 이것을 이해하고 있다. 몇몇 기부자들은 나의 급여나 가벼운 빚을 위해 헌금한다. 그들은 다음 해에 그리스도를 위해 신학교가 성취해 갈 것을 보고 기부하며 이것은 과거에 성취한 것에 그 기준을 둔다. 다시

비전이 중요한 일곱 가지 이유
1. 에너지를 공급한다
2. 목적을 창조한다
3. 모험을 불러 일으킨다
4. 리더십을 정당화시켜 준다
5. 리더십에 에너지를 공급한다
6. 목회를 유지시켜 준다
7. 기금을 마련하는데 동기를 부여해 준다

빌 하이빌스 목사는 이렇게 이야기하고 있다. "지도자들이 교인들을 위해 그림에 색칠 하는데 시간이 걸린다는 것을 알며 그들의 응집된 노력의 결과로 하나님의 나라의 선한 것을 상상하는데 그들을 도와준다면, 교인들은 즐거운 마음으로 헌금하게 될 것이다. 그리고 일반적으로 좀 더 웅대한 비전은 좀 더 많은 기부를 하게 될 것이다."[46]

비전에 대한 정의

비전이 그렇게 중요하다는 것을 깨닫게 되었다면, 우리는 비전이 무엇

---
46) Ibid., 113.

인가를 알 필요가 있다. 먼저 무엇이 비전이 아닌가를 결정하기로 하자.

비전이 아닌 것

사람들은 수많은 다른 개념, 즉 목적, 목표, 그리고 비전과 같은 개념들과 비전을 혼돈하고 있다. 다음에서 나는 비전과 사명 사이의 차이점을 강조하려고 한다.

교회의 비전은 교회의 사명과 같지 않다. 비전과 사명에 대한 개념은 위에서 다루었던 그 어떤 개념보다도 더 혼동된다. 그들은 몇 가지 공통점을 가지고 있다. 둘은 성서에 근거한 것이며, 미래에 초점을 맞추고 있고, 방향을 지시해 주며 사역이 어디로 가야 하는 지를 교인들에게 말해 줌, 기능적교회가 실천을 위해 무엇을 지원해야 할 것인 설명이다. 하지만 유사성보다는 차이점이 더 많다.

몇 가지 차이점

나는 비전과 사명 사이의 열 가지 차이점을 설명하려고 한다.

1. 사명은 교회의 본질과 목표를 설명한 것이라면, 비전은 그에 대한 그림 혹은 스냅 사진이다.
2. 사명은 교회가 어디로 가야할 것인가에 대한 기획을 수립하는데 이용하는 반면에 비전은 교회가 어디로 가야할 것인가를 전달하는데 사용한다.
3. 사명 선언문은 T셔츠에 새기기에 충분한 짧은 문장으로 되어야만 한다. 그러나 비전 선언문은 세부적인 선언이며, 하나의 문장으로부터 긴 몇 개의 문장으로 배열할 수 있다.
4. 사명의 목적은 목회의 기능에 대한 모든 것을 설명하기 위한 것이다. 비전의 목적은 사람들에게 목회의 기능을 성취하도록 영감을 불어

넣어주는 것이다.

5. 사명은 깨달음을 포함하고 있다. 사명은 성도들이 어디로 가야할 지를 깨닫게 하는데 도움을 준다. 비전은 보는 것을 포함하고 있다. 이것은 사람들에게 그들이 어디로 가야할 지를 보여주는데 도움을 준다. 만일 사람들이 그것을 보지 못한다면, 아마도 그런 일은 일어나지 않을 것이다.

6. 사명은 머리로부터 나온다. 그래서 사명은 그 기원이 더욱 지식적이다. 사명은 지식을 충족시킨다. 비전은 마음으로부터 온다. 그래서 비전은 그 기원이 더욱 감정적이다. 비전은 열정을 충족시킨다.

7. 논리적으로 사명은 비전보다 앞선다. 비전과 사명을 개발하는데 있어서 비전은 사명으로부터 일어나고 사명 여기저기를 세부적으로 발전시킨다.

8. 사명은 광범위하고 일반적인 것에 초점을 맞추는 반면 비전은 폭이 좁은 곳에 초점을 맞춘다. 비전은 목회 공동체의 세부적이고 특별한 것을 간추려낸다.

9. 사명 개발은 과학이며 가르칠 수 있다. 그러나 비전은 잡을 수 있는 예술이다. 당신이 잡을 수 있을 뿐 아니라 당신은 모두를 놓쳐버릴 수도 있다.

10. 마지막으로 사명은 시각적으로 전달하며 어디엔가 써 놓을 수 있다. 비전은 구두로 전달한다. 그것이 설교이다. 이에 대한 예가 부록 G에 있는 마틴 루터 킹 목사의 "나는 꿈을 가지고 있습니다"라는 비전이다. 그의 설교를 듣는 것이 활자로 된 것을 읽는 것 보다 더 감동이 있다.

나의 친구 만시니Will Mancini는 이 둘을 구분하기 위해 다음을 이용한다. 그는 스위스의 알프스와 같은 경치 좋은 곳으로 휴가를 가는 것과 비슷하다고 이야기한다. 사명은 단순히 당신이 가고 싶어 하는 곳이다. 하지만 강력한 비전을 가진 여행사는 당신이 보고 싶어 하는 수많은 사진들을 담고 있는 홍보 책자를 준비해 놓고 있다. 이것은 당신이 그곳에 더욱 가고 싶게 만들 것이다.

사명과 비전의 차이점

	사 명	비 전
정의	선언	짧은 사진
길이	단(短)	장(長)
적용	기획	전달
목적	안내	영감을 불어 넣음
활동	행동	바라봄
자료	머리	마음
명령	첫째	둘째
초점	광범위함	좁음
개발	가르침	보다
전달	시각적	구두

성서의 예

사명 선언문에 대한 수많은 성서의 예 가운데 하나는 모세에게 주신 하나님의 비전이다.

이제 내가 너를 바로에게 보내어 너에게 내 백성 이스라엘 자손을 애굽에서 인도하여 내게 하리라(출애굽기 3장 10절)

사명 선언문의 기준을 충족시켰다는 것에 주의를 기울이라.

비전 선언문에 대한 성서의 예는 하나님의 비전을 모세를 통해 이스라엘 백성에서 전달하신 것이다.

네 하나님 여호와께서 너를 아름다운 땅에 이르게 하시나니 그곳은 골짜기든지 산지든지 시내와 분천과 샘이 흐르고 밀과 보리의 소산지요 포도와 무화과와 석류와 감람나무와 꿀의 소산지라 네가 먹을 것에 부족함이 없는 땅이며 그 땅의 돌은 철이요 산에서는 동을 캘 것이라 네가 먹어서 배부르고 네 하나님 여호와께서 옥토를 네게 주셨음으로 말미암아 그를 찬송하리라신명기8장 7–10절

비전 선언문의 기준을 충족시켰다는 것에 주의를 기울이라. 또한 둘 사이의 차이점을 살펴보라.

비전인 것

나는 당신이 실천할 수 있고 반드시 해야만 한다고 믿고 있는 것처럼 비전을 사역의 미래에 대한 명확하고 도전을 주는 그림으로 정의를 내렸다. 여기에는 6가지 요소를 포함하고 있다.

명확성

우리는 사람들이 이해하지 못하는 정보에 따라 그대로 실천할 것을 기대할 수 없다. 고린도전서 14장 8절에서 바울이 이야기한 말씀을 다음과 같이 의역을 하게 된다. 즉 "만일 나팔수가 군대를 불러일으킨다면, 군인이 자기 자신이 전쟁을 위해 무엇을 준비해야할지 알게 될 것이다"로 의역하게 될 것이다. 그렇게 되면 우리는 전쟁을 하기도 전에 패배를 맛보게 된다. 만일 비전이 명확하지 않고 정확하지 않다면, 비전은 아무것도 이룰 수 없다. 만일 사역을 수행하는 회중이나 사람들이 비전이 무엇인지 알지 못한다면, 그 사역은 비전도 없고, 단지 종이 조각이나 막연한 소리, 즉 리더의 입술로부터 계속 들려지는 소음이라 할 수 있는 속 빈 말에 불과할 뿐이다. 이것은 『이상한 나라 엘리스』*Alice in Wonderland*의 이야기에 나오는 엘리스

의 목적지와 매우 흡사한 것이다.

"제가 지금부터 어디로 가야만 할까요? 저에게 제발 이야기해 주세요."
"네가 가고 싶은 곳으로 가는 것이 매우 좋은 길이야"라고 고양이가 말했다.
"저는 정말로_____ 어디로 가야할 지 걱정이예요." 엘리스는 이야기했다.
"네가 가고자 하는 길로 걸어가면 문제될 것은 없어"라고 고양이가 대답했다.
"내가 거기로 가는 동안_____," 엘리스는 덧붙여 설명했다.
"맞아. 그렇게 하면 되는 거야." 고양이가 말했다. "그렇게 네가 걷기만 하면 충분해."47)

우리는 사람들이 미래에 대한 두려움을 가지고 있다는 것을 발견했다. 사람들은 현재 혹은 과거에 살기를 좋아한다는 사실은 그들을 놀라게 한다. 성공을 위해 지도자들은 그 두려움을 설명해야만 한다. 틀림없이 가장 영향력 있는 방법은 비전의 명확성이다. 회중의 머리가 어디로 향해야 하는 지 볼 수 있는 확실한 용어를 가진 미래에 대한 그림을 제기해야 한다.

명백하게 이스라엘과 예루살렘의 재건축을 위한 느헤미야의 비전은 명백하고 특별했다. 그와 그를 따르는 사람들은 성문이 달린 새로운 성벽의 건축이 그들의 손에 달려 있음을 봐야만 했다. "그들의 말이 일어나 건축하자 하고 모두 힘을 내어 이 선한 일을 하려 하매"라고 이야기하는 느헤미야 2장 18절의 말씀을 주의하라. 이것이 비전의 명확성이다. 즉 비전의 명확성은 회중이 가진 두려움을 교정 하는데 영향력 있는 것이다.

---

47) Lewis Carroll, *Alice in Wonderland* (New York: Book-of-the-Month Club, 1994), 85.

강력함

비전은 종종 궁극적으로 죽음이라고 하는 민감한 사안에 직면한다. 어떤 목사가 그의 교회로부터 그가 가진 비전을 지지받고 있다는 소식을 접한 후 재빠르게 그가 하고자 했던 것을 추진했다. 그러나 그는 단순히 움직임을 통해 수행한 것뿐이다. 왜냐하면, 그는 그의 마음에 확신을 가지지 못했기 때문이며 뼈저리게 느끼지 못했기 때문이다. 그는 비전의 중요성에 대한 부분을 읽지 않았다. 결론적으로 그는 빨리 끝을 보고 교회가 서류철을 넣어두는 캐비넷과 같이 어떤 사역의 무덤을 보기 위해 비전이라고 부르는 어떤 것을 생각하고 탄생 시켰던 것이다. 만일 당신의 비전이 당신의 교인들에게 도전을 주지 못한다면, 당신은 비전을 가지고 있지 않는 것이다.

좋은 비전은 강력하다. 사람들이 행동으로 옮길 수 있는 열정에 불을 붙인다. 사람들을 자극하고 사역 활동에 초점을 맞추는 원인이 된다. 사람들은 도전을 필요로 한다. 이러한 도전은 마음의 깊은 원천에 영향을 주며 인간의 영혼을 만져준다. 도전은 성도들을 이끌어 영향력이 있고, 열정적인 사역의 영역으로 인도함으로서 비전을 성취하는데 공헌한다.

그림

열정이 우리의 깊은 감정을 이해해 주는 감정에 관한 단어인 반면에, 비전은 상상력과 창조적 상상력을 탐구할 수 있도록 만드는 보여지는 단어이다. 우리의 비전은 우리 사역에 대한 스냅사진이다. 이것은 당신이 당신의 마음속에 있는 지갑을 꺼내어 드는 사진이다. 당신이 지금으로부터 2년, 5년, 10년 혹은 20년 후의 성취하고자 하는 사진을 보는 것이며, 그 미래에 대한 그림은 당신이 하나님께서 창조해 주실 것이라는 믿음이다. 신학교 교수이자 저명한 저자인 로빈슨Haddon Robinson은 "디즈니 월드가 오나성된 후 어떤 사람이 '디즈니Walt Disney가 이것을 보지 못하고 죽다니. 이것은 정말 불공평한 일이군요.'라고 이야기하자 디즈니 스튜디오의 광고 제작 담당자인 반스Mike Vance는 '디즈니는 이것을 보고 있어요. 디즈니 월드가 이곳에 있는 이유죠.'라고 대답했다"고 이야기했다.[48] 다시 말해서 비전은 해외여행을 가고 싶어 하는 여행자들을 위해 사진을 담은 안내 책자를 보여주면서 여행자로 하여금 그곳에 가고 싶도록 만드는 것에 비유할 수 있다. 비전을 가진 교회의 개척자들은 매우 초기의 이야기부터 세세한 이야기를 당신에게 할 것이다. 그들은 교회가 살펴보고 꿈비전이 자리 잡았을 때 무엇처럼 되고자 하는 사진을 가지고 있다.

전략 리더십 팀과 함께 사역할 때, 만화를 이용하는 것을 좋아한다. 세 마리의 개구리가 손에 삽을 들고 사망으로 가는 그림이다. 다음 그림에는 선인장이 있고 그들 앞에 전갈이 있으며 먼 곳에 몇 개의 산과 또 다른 선인장이 있다. 한 마리 개구리가 다른 개구리들에게 "우리 여기에 늪을 만들자!"라고 말을 한다. 여기서 나는 팀원들에게 "무엇이 보입니까?"라고 질문하는 것을 좋아한다. 그들은 내가 언급한 것에 대한 답을 찾기 위해 노력한다. 그후 나는 다시 팀원들에게 "개구리가 본 것은 무엇일까요?"라는 질문을 던진다. 물론 답은 늪이다. 중요한 것이 이것이다. 개구리처럼 비전을 가진 사람은 다른 사람이 보지 못한 것을 보는 사람이다. 비전을 가진 사람은 다른 사람이 보는 것을 넘어 본다. 그들은 무엇인가가 아닌 무엇을 할 수 있는가에 관한 그림을 보는 것이다.

나는 신명기 마지막 장에서 하나님께서 느보산에 오른 모세를 보시면서, 이 위대한 지도자가 가지고 다녔던 것에 대한 실제를 보셨고, 광야에서 방황했던 그 모든 세월동안 그의 머릿속에 젖과 꿀이 흐르는 땅을 그려 넣고 있었다는 것을 보셨다고 짐작한다. 이것은 확신이었고, 비록 모세는 그 땅에 들어가지는 않았지만, 그 꿈은 실현되었다.

---

48) Malphurs, *Developing a Vision for Ministry in the 21st Century*, 11.

비전은 지도자가 보는 것에 영향을 줄 뿐 아니라, 지도자를 따르는 사람들이 보는 것에도 영향을 준다. 당신은 반드시 질문을 던져야 한다. 내가 보는 것을 나의 사람들이 보고 있는가? 만일 그들이 비전을 볼 수 없다면, 이런 일은 일어나지 않는다.

목회에 대한 미래이다

비전은 우리가 창조하려는 미래에 대한 그림이다. 이것은 교회의 미래를 그려준다. 성서의 예언을 훑어보는 동안 우리는 미래를 그릴 수 없다. 그러나 우리는 미래를 창조할 수 있다. 이것이 비전의 역할이다. 이것은 사역 초반에 끝을 그려준다. 당신이 정말로 원하는 것을 창조할 수 있는 최고의 방법은 당신이 성취하고자 하는 것을 시각화하는 것이다.

또한 비전은 과거와 미래의 가교 역할을 해 준다. 올바른 비전은 과거 우리가 어디에 위치해 있었으며, 지금은 어떤 위치에 있으며, 조직이 미래에 이루고자 하는 포부를 가지는데 있어서 모든 중요한 고리들을 제공해 준다. 강력한 비전은 교회의 과거지향형으로부터 미래지향형의 태도로의 변화를 가져온다. 이것은 교회의 위대함에 대한 시각을 높여주며 어떻게 위대한 일을 할 수 있을지 그들에게 도움을 준다. 비전은 '우리의 최고의 날이 바로 우리 앞에 있다!'고 선언하는 것이다.

할 수 있는 것이다

좋은 비전은 가능성으로 넘친다. 왜냐하면, 이것은 현실이라는 기본 위에 건축되기 때문이다. 꿈은 아직 이루어지지 않았지만, 가능한 어떤 것을 보는 것을 포함하고 있다. 비전을 가진 리더는 비전은 이룰 수 있다는 확신을 가지고 있다. 케네디Robert Kennedy는 "어떤 사람들은 그들이 존재하는 방식을 보면 왜 그런가를 묻지만, 나는 그들이 할 수 있는 것을 보고 왜 그렇지 못한가를 묻는다"라고 말할 때 그들의 마음에는 비전을 가지고 있다는 것을 알 수 있다.

반드시 해야만 하는 것이다

비전은 할 수 있는 것 이상이다. 비전은 반드시 해야 할 일에 관심을 둔다. "할 수 있는" 단계의 끝 부분 어딘가에서 놓치지 않고 붙잡아야 하는 것이 바로 비전이다. 지금 비전을 가진 신앙인들은 비전으로 옮길 수 있고, 반드시 실천해야만 한다는 사실을 확신하고 있다. 절박감에 대한 비평적 생각은 비전에 대한 질문 속으로 그를 인도할 것이다. 이것은 아마도 그를 어둠에서 일깨워줄 것이다.

어두움을 일깨워 줄 세 가지 일을 경험하게 될 것이다. 첫째, 지도자는 비전 안에 계신 하나님을 확신하며 하나님 그 자신이 그의 마음 가운데 계심을 확신한다. 이것은 "하나님의 일이다" 그리고 이것은 하나님의 행함이지 그의 행함이 아니다. 그래서 그는 교회가 비전을 받아들일 때까지 안식처를 찾을 수 없다. 둘째, 지도자들은 그가 비전을 통하여 보려는 하나님의 사람이라는 사실을 믿는다. 하나님은 그의 교회의 물 위에 떠 있는 비전의 배를 부드럽게 혹은 요동칠지라도 운전하게 하기 위해 그를 선택하셨다. 마지막으로 그는 잃어버리거나 구원받은 교인들을 위해 가장 좋은 것이 바로 비전이라는 사실을 확신한다. 왜냐하면, 지도자들은 사람들에게 관심을 갖고 있기 때문이며, 그들이 비전을 품고 그들 자신의 것으로 여길 때 더 나아질 것이라는 사실을 알고 있기 때문이다. 그들은 영생과 영적인 새로움을 경험하게 될 것이다. 마틴 루터 킹 목사(Martin Luther King Jr.)는 만일 미국 전역의 흑인들이 결코 인종주의와 인종에 대한 편파성으로부터 구원을 경험하기 원한다면, 그의 비전을 "반드시 이뤄야 할 것"이라는 사실로 알고 있었을 것이다.

비전 개발

리더들은 성도들의 머릿속에 그들의 비전을 심어 주어야 할 뿐만 아니라 그들의 머릿속에 새기는 일은 피할 수 없다. 비전에 대한 정의를 내리는 데 있어서 중요한 요소들 가운데 하나는 명확성에 관한 것이었다. 비전 선언문을 기록한다는 것은 비전의 선각자로부터 명확성을 촉진시켜준다. 이러한 과정은 올바른 사람들이 독특한 산물인 비전을 창조하는 것을 요구한다.

비전을 가진 사람들

지난 번 장에서 사명 개발하기에 대해 이야기하면서 나는 전략 기획팀에 회중을 위한 명백한 사명 선언문을 만들어내는 데 책임을 진 담임목사가 참여해야 한다는 것을 확인시켜 주었다. 여기에 참여했던 똑같은 사람들이 비전 선언문을 만들어야 한다. 나는 비전을 개발하고 실행에 옮기데 가장 중요한 책임은 목회자에게 있다고 믿는다. 그래서 목회자는 "비전을 지키는 사람, 마음에 비전을 담고 있는 사람"이다. 비전을 개발하는 담당자는 규칙적으로 비전을 정하고 다시 정해야 한다. 그리고 현명한 목회자는 그 과정에 다른 사람을 포함시킨다. 나의 경험으로 볼 때, 화이트칼라 계층의 사람들은 비전 개발이 많이 참여하려 들지만, 블루칼라 계층의 사람들은 그저 목회자가 이끌어 주기만을 바랄 것이다.

비전 개발은 비전을 품고 있는 목회자나 지도자, 그리고 그 사람이 누구든지 간에 팀을 이끌고 가는 사람과 함께 시작해야 한다. 그리고 팀을 구성한 사람, 특별히 비전을 품고 있는 사람이 추진해야한다. 당신이 비전가라는 것을 어떻게 알 수 있는가? 첫 번째 방법은 성격유형검사MBTI-Myers-Briggs Type Indicator를 하거나 키얼시 기질 검사Kiersey Temperament Sorter를 하는 것이다.49) 이러한 도구들은 그 사람이 감성적S인지 직관적N인지를 알아볼 수 있다. 감성적 유형의 사람들은 실천적이고, 현실주의로 빠질 수 있다. 그들은 비전은 가질 수는 있지만, 그들은 생각했던 것과는 다른 방법으로 일을 추진한다. 반면에 직관적 유형의 사람들은 그의 머리에 자연적으로 비전을 보게 된다. 감성적 유형의 사람들은 의도적으로 그들의 시야를 가지고 이해해야 한다. 그들은 그들의 다섯 감각을 통해 인식한다. 그래서 비전을 볼 수 있고, 냄새를 맡아볼 수 있고, 만질 수 있는 교회를 방문함으로서 비전을 "잡아낸다." 그들이 교회의 복도를 걷고 그 교회의 목회를 경험하는 것으로부터 비전을 발견할 수 있다. 직관적 유형의 사람들은 추상적이고, 상상력이 풍부하며, 본성적인 비전가이다. 그들에게 있어서 비전은 여섯 번째 감각을 이용한다. 그들은 그들의 머릿속을 뒤져 하나를 끄집어 내는 것처럼 보인다.

또 다른 방법은 부록 F에 있는 비전 유형 검사Vision Style Audit를 통해 어떻게 비전과 관계하는 지를 발견해 보는 것이다. 이것은 당신의 비전 유형이나 어떻게 비전을 만들어 가는지에 관해 설명해 줄 것이다.

비전을 세우는 과정

비전 세우기 과정 속에 적당한 인원을 보충한다는 것은 쉽지 않다. 비전을 세우는 과정에서 최후의 결과를 낳는 데까지는 비평적 과정을 거치게 된다. 그 과정은 두 단계, 즉 준비과정과 세우는 과정으로 이루어진다.

1단계: 준비 단계

준비단계는 정확히 말한 대로이다. 이것은 이미 당신의 비전을 발견할

---

49) 당신은 개인 상담사나 대학 혹은 대학교에서 가르치는 상담사를 통해 MBTI검사를 해 봐야 한다. 당신은 Prometheus Nemesis Book Company, Box 2748, Del Mar, CA 92014; 619-632-1575; fax 619-481-0535를 통해 키얼시 기질검사지(Kiersey Temperament Sorter)를 받아볼 수 있을 것이다. 이런 종류의 검사들은 한 장당 25센트 정도 경비를 지불해야 한다.

때 해 본 것이다. 이것은 당신의 생각하기와 행동하기의 과정을 준비시켜 주고 도움을 준다. 여기에는 여섯 가지 단계이다.

비전을 품는 기도. 비전을 가진 지도자는 반드시 기도 가운데 전체적인 비전 과정을 인지하고 있어야 한다. 비전을 품는 기도는 과정 개발에 있어 처음에 반드시 필요한 과정이며, 과정을 추진하는 내내 유지시켜야만 한다. 리더십을 위한 기도처럼, 하나님은 세상에 속한 사람들에게 그의 말씀과 말씀의 적용을 위해 그들의 눈을 열어 줄 것이다.

느헤미야 1장 4-11절에서 느헤미야는 비전을 품는 기도를 한다. 하나님께서는 그에게 가망이 없는 백성들과 그의 도시인 예루살렘으로 돌아가라는 말씀을 한다. 그의 반응은 고백과 기도를 위해 무릎을 꿇는 것이었다. 그리고 기도하는 동안 하나님은 느헤미야의 마음에 비전을 심어 주었다. 하나님은 그에게 예루살렘으로 돌아가서 그 도시를 재건하는데 있어서 그의 백성을 인도하기를 원하셨다.느2:5

크게 생각하기. 마태복음 28장 19-20절에서 예수님은 복음을 가지고 그들의 세상에 나아갈 수 있도록 신학 수업으로 훈련받지 않았지만 순례를 위한 용기를 북돋워주셨다. 부활 후 첫 번째 설교에서 예수님의 대사명에 대한 통찰력에 대해 당신이 설명했던 것처럼, 사도행전으로부터 오늘에 이르기까지 당신은 주님이 작은 비전을 가진 분이 아니라는 사실을 빠르게 인식한다. 주님은 비전가 중에 비전가이다.

결론적으로 비전을 가진 목회자는 큰 생각을 하는데 주저하지 말아야 한다. 최근 현실이 당신의 꿈을 꾸는데 억제하지 않도록 해야 한다. 누군가가 "작은 기획을 품지 말라. 왜냐하면, 작은 기획들은 사람들의 영혼을 감동시킬 수 있는 힘을 갖고 있지 않기 때문이다"라고 말했다. 에베소서 3장 20절의 찬양에서 바울은 에베소에 있는 에베소 교회에 도전을 주듯이 우리에게도 기도하고 큰 생각을 하라는 도전을 주고 있다. 더욱이 "우리 가운데서 역사하시는 능력대로 우리가 구하거나 생각하는 모든 것에 더 넘치도록 능히 하실"이라는 말씀은 이것은 기도하지 않고 큰 것을 생각하지 않는 사람들에게 가벼운 경고를 하고 있는 것처럼 보인다. 바울은 하나님은 우리가 구하는 것보다 또한 우리가 생각하는 것보다 더 많은 풍부한 것들을 하실 수 있다고 이야기한다. 그러므로 비전은 "이 비전은 그 크기가 충분한가?"라는 질문과 함께 반드시 개발되어야만 한다.

당신의 열정을 발견하기. 열정은 비전의 핵심이며 당신의 비전을 발견함에 있어 중요하다. 당신의 열정은 당신이 강력하게 느끼는 것이며 관심을 깊게 갖는 것이다. 이것은 당신의 감성과 함께 나타난다. 왜냐하면, 열정이 감성적 개념이기 때문이다. 당신이 교회를 이끌며 사역을 감당하게 될 때, 당신의 열정을 잡기 위해 당신의 감정에 접근해서 당신을 움직이고 동기를 부여하는 특별한 감정이 무엇인지 물어야 한다. 어떤 경험이 당신을 흥분시켰으며 살아 있다는 느낌을 언제 받았는가? 어떤 것이 당신의 삶과 사역에 초점을 맞추며 의미를 주는가?

이러한 감정은 게시판으로 기능을 하며, 당신의 사역을 위해 당신의 열정을 밝혀낸다. 그리고 이 열정은 당신 비전의 핵심에 위치한다. 이것은 당신의 사역에 의미를 부여하며 당신 교회에 생기를 불어 넣어준다. 당신 교회를 위해 당신의 열정을 발견하고 당신의 비전을 가지고 땅 끝까지 나가는 전진을 시작하라.

꿈을 경험하기. 당신의 비전을 형성해 가는데 당신이 가진 감정의 능력을 절대로 과소평가하지 말라. 비전의 그 형태를 드러냄에 따라 당신이 그 비전을 봄으로서 그것을 경험하고 느끼도록 해야 한다. 비전의 씨가 당신 안에서 자람으로서 지금부터 비전을 품고 살아가기 위해 무엇이 되기를 바라는지에 그 초점을 맞추어야 한다. 그럴 준비가 되었다면, 당신은 비전을 시각화하고 느낌을 경험하기 시작해야 한다. 이를 위해 당신은 다섯 가지 방법을 채용해야 한다. 당신의 비전으로 이동해 보자. 그리고 이 질문에 답을 해 보라. 무엇을 보는가? 무엇을 듣는가? 어떤 냄새가 나는가? 무엇을 느끼는가? 심지어 당신의 새로운 비전에 빠져 맛을 보라. 어떤 맛이 나는가?

당신의 머릿속에서 당신의 꿈을 더 경험하기 위해 회중들보다 먼저 그 꿈을 가지고 살아 보라. 꿈꾸는 삶은 비전을 발견하는데 필수적인 것이다. 당신의 비전을 반드시 개발하고 발전시킬 뿐 아니라 당신의 비전을 잘 전달해야만 한다. 왜냐하면, 만일 당신의 비전을 전달할 수 없다면 단 한 가지도 가질 수 없게 될 것이기 때문이다. 미래에 대한 영향력 있는 꿈을 발견하는 것은 현재 꿈을 가지고 살고 경험하는 것이 직접적으로 비례한다. 당신은 가장 잘 선택한 꿈을 가지고 살기 시작해야만 한다.

잘 선택된 비전은 당신 교인들에게 강력한 감동을 주게 될 것이다. 그들은 열정을 느끼게 되고 그 꿈을 집어 들게 될 것이다. 그리고 그들은 당신의 삶 속에 있는 비전을 보고 느꼈기 때문에 울려 퍼지게 할 것이다. 당신이 미래에 어떻게 되기를 원하는 지 지금 보여주고 경험하도록 해 주었기 때문에 그 비전은 강력한 힘을 가지게 된다.

꿈에 대해 질문하기. 당신의 비전을 그림으로 제시했기 때문에 아마도 많은 질문들을 받게 될 것이다. 비전 선언문의 질을 시험하기 위해 비전의 정의를 이용하라. 첫 번째 질문은 비전은 명확한가? 내가 이해했다면, 나에게 명확한 비전인가? 달라스 신학교의 헨드릭스Howard Hendricks 교수가 "설교에 낀 안개가 성도들의 자리에도 안개가 끼게 만든다!"라고 말했던 것처럼, 당신도 질문을 던져야 한다. 나의 성도들을 위해 이 비전은 명확한 것인가? 그 질문에 대한 답을 알 수 있는 한 가지 방법은 관찰하고 질문을 던지라는 것이다. 비전을 개발했던 전략 기획 팀이 보인 반응에 관해 생각해보라. 이것은 그들을 움직였는가? 당신의 교인들 중 몇 명에게 랜덤으로 이 비전을 보여 주고 그들의 반응을 살펴보라.

그리고 나서 '이 비전은 도전을 주는가?'를 물어야 한다. 이 비전은 나에게 도전을 주는가? 만일 그렇다면 교인들에게도 도전을 줄 수 있는가? 당신이 그에 대한 답을 알고자 한다면, 당신이 당신의 비전을 그들에게 제시했던 것처럼 교인들에게 보여주고 감정적 반응을 잘 살펴보라. 그들이 흥분하는가? 열정을 가진 반응을 보이는가?

다음 질문은 '그 꿈을 볼 수 있는가?'이다. 미래 목회에 대한 청사진을 머릿속에 창조해 낼 수 있는가? 그 다음, 이 비전이 실현될 거라고 당신은 믿고 있는가? 이것은 실현 가능한가? 마지막 질문은 이것을 반드시 실천해야 한다는 확신을 가지고 있는가? 이것은 내 안에 있는 열정을 불태우는가?

인내를 가지고 설득하라. 당신은 비전 개발과정을 추진하는데 있어 인내심을 가져야만 한다. 당신은 그것을 서두를 필요가 없다. 그것을 성취할 충분한 시간을 가져야만 한다. 때때로 비전은 날짜에 상관없이 비전을 품는 사람의 머릿속으로 완전한 형태로 갑자기 들어올 수 있다. 느헤미야 1장에서 찾아볼 수 있는 느헤미야의 비전은 완전한 형식으로 그에게 다가왔다. 그러나 그는 많은 시간을 갖지 못했다. 심지어 비전은 한 주간에 걸쳐서 이루어지기도 하고 심지어는 한 달에 완전히 성취될 수도 있다. 비전은 지도자의 마음에 중요하지 않다고 생각한다면 심지어 몇 년이 걸릴 수도 있다.

그러나 비전 있는 생각은 비전을 품는 사람들의 삶의 방식이 되려는 경향이 있다. 그들은 그들의 미래와 그들의 목회사역을 기획하는데 많은 시간을 보내기도 한다. 기록된 선언문을 발전시킬 때가 이르렀을 때, 대부분의 사람들은 그들의 사역을 처음 시작했던 이래로 단순히 그들의 마음에 있는 것을 기록한다.

2단계: 과정 단계

비전 과정 단계는 세 가지 잠재적 과정을 가지고 당신에게 소개할 것이다. 사명 선언문을 확장시키기, 당신의 핵심 가치 위에 세우기, 다른 비전 선언문에 따라 당신의 비전을 만들기이다. 각각을 시험하고 당신에게 말한 것을 당신 스스로 질문해 보라. 어떤 것이 좋게 느껴지는가? 그리고 나서 그것을 추진하라.

사명 확장시키기. 이 시점에서 지도자는 두 번째 단계5장을 보라에서 개발했던 사명 선언문을 다시 살펴야만 한다. 비전 선언문은 제자 삼으라마 28:19-20는 그 사명 선언문을 확대시키는 것이다. 그 비전은 사역 공동체 안에서 제자 삼으라는 사명을 품고 있으며, 비전의 효력이 발생하는 곳에서 "나는 무엇을 보아야 하는가?"란 질문을 던져야 한다. 비전은 사명을 발전시키고 세부 항목을 첨가하며 구체화시키는 것을 포함한다. 이것은 사명 선언문을 가지고 시작할 수 있으며, 확장시킬 수 있으며, 교회의 목적을 추가시킬 수 있고, 어떤 핵심 가치를 추가시킬 수 있다. 그리고 후에 목회 전략을 추가시킬 수 있다. 다시 말해서 과정을 진행해하는 가운데 계속해서 이런 질문, 즉 "무엇처럼 되고 싶은가?"라는 질문을 되풀이해야 한다. 이를 설명하고, 꿈을 꾸며, 창조적이어야 하고, 도전하기 위해 당신 자신을 확장시킬 수 있도록 허용해야 한다. 이 모든 것으로부터 출발하고 긴장을 푼 시간 동안 할 수 있는 대로 꿈을 꾸고 상상하라.

전략 기획 팀과 함께 사역할 때, 나는 다음과 같은 방법으로 접근한다. 나는 둘에서 네 개의 그룹으로 나눈다. 그리고 그들이게 사명 선언문을 인쇄하여 나눠주거나 모두가 볼 수 있도록 화이트보드에 적는다. 나는 각 그룹에서 서기를 선출할 것을 부탁하고 서기에게 4X6인치 카드를 나누어 준다. 그리고 나서 나는 그들이 품고 있는 비전이 무엇인지를 설명하고 언제 그 비전이 이루어지기 시작할 것인가에 대해 설명할 시간을 준다. 서기는 그 결과를 적고 그 그룹에서 나눈 것을 모든 회원이 들을 수 있도록 발표하게 한다. 모든 과정을 끝마쳤을 때, 목회자나 팀의 리더에게 이 카드를 넘겨주고 리더는 그것들을 혼합하여 마지막 선언문을 작성한다. 만일 목회자가 강력히 원하거나 창조적인 비전을 가지고 있다면, 최후 비전 선언문을 편집할 때 개입할 수 있다. 그래서 그는 최종 인쇄물을 통해 그가 가진 비전을 반영할 수 있게 된다.

핵심 가치들을 세우기. 비전을 개발하기 위한 두 번째 접근방법은 당신의 핵심 가치들을 들어 올리는 것이다. 그 핵심 가치들은 이미 당신이 발견한 것이며 1단계4장을 보라에서 명문화한 것들이다. 여기에 보여줄 예는 교회 개척을 위해 준비하고 있는 어느 한 학생에 의해 개발된 것이다. 첫 번째 선언문은 그의 핵심 가치들 가운데 하나를 명문화한 것이며 가치들은 비전에 따른 것이다.

가치 : 창조적 전도에의 헌신

교회에 다니지 않는 사람들은 하나님의 관심의 대상일 뿐 아니라 우리에게도 관심의 대상이다. 그러므로 우리는 다양한 도구들과 미디어를 통해 창조적인 방법으로 그들이 복음을 들을 수 있는 기회를 제공함으로서 그들이 믿음에 응답하도록 하는 것이다.

하지만 이렇게 되기 위해 무엇을 해야 하는가? 교회가 이러한 가치를 행동으로 옮길 때, 그리고 사역 공동체에서 이것을 통해 삶을 살 때, 성도들은 무엇을 이해해야 하는가? 그에 대한 답은 다음에 제시하는 비전이다.

우리는 새로운 친구들을 위해 주일 아침 예배를 구도자에 초점을 맞춘 예배를 드려야 함을 이해해야 한다. 왜냐하면, 그들은 예배를 통해 복음을 명백하게 그리고 창조적으로 수용하는 분위기 속에서 들을 수 있기 때문이다.

우리는 잃어버린 사람들에게 멀티미디어, 예술, 그리고 인터넷 등을 통해 그리스도의 메시지를 전달하는 꿈을 가지고 있다.

우리는 성도들이 가진 신앙을 커피를 나누는 장소, 가정에서 저녁 식탁, 성도들의 어린 아이들이 노는 동안 공원에서 듣게 될 것이다.

우리는 새신자가 하나님의 은혜로 삶의 변화를 선서하고 세례를 받는 것을 보게될 것이다.

우리는 맥헨리McHenry County와 그 지경을 넘어 건강한 교회의 네트워크를 구성하는 비전을 품고 있다.

만일 당신이 이러한 선언문을 교인들에게 설명한다면, 당신은 비전 선언문이 가지고 있는 가치들을 결합시키거나 다른 자료로 나눌 수도 있다.

   SLT와 함께 사역할 때, 나는 사명 선언문을 확장시키기 위해 유사한 과정을 따른다. 하지만 나는 각각의 팀에게 한 가지 가치를 할당하고 비전 선언문으로 그것을 확장시키도록 요구한다.

   다른 비전 모델을 따르기. 세 번째 접근방법은 다른 비전 모델에 따라 당신의 비전을 작성해 보는 것이다. 우리들 대부분이 사명 선언문을 듣거나 읽을 때, 우리 모두가 기뻐하는 것에 의문을 갖고 있다. 어떤 것은 우리 맘에 들고, 우리의 열정에 불을 지핀다. 하지만 다른 어떤 것은 그렇지 못할 때도 있다. 심지어 우리는 왜 지도자가 선택했고 특별한 것을 개발했는지

의구심을 불러일으키기도 한다. 그럼에도 불구하고 하나님은 지도자의 생각을 사용할 수 있으며 다른 상황 속에 있는 성도들의 생각을 사용할 수도 있다.

이러한 접근방법은 당신이 주의를 끄는 사명 선언문을 찾도록 도전을 준다. 당신이 이것을 듣거나 볼 때, 당신은 재차 확인할 것이다. 그것은 우리를 가만 두지 않을 것이다. 이것은 당신을 깊게, 그리고 영감을 불러 넣어줄 것이다. 당신 자신의 선언문을 개발하기 위해 다른 패턴이나 다른 선언문을 이용하여 필요하다면 단어를 바꿀 수도 있다. 이것은 과정 속에서 시작될 것이다.

부록F에는 다양한 비전 선언문들이 있다. 그 모든 것이 교회를 위한 것은 아니다. 한 가지 예를 들면, 만시니Will Mancini의 선언문은 텍사스 주의 휴스턴에 있는 클리어 레이크 커뮤니티 교회Clear Lake Community Church에서 그가 스텝으로 섬기고 있을 때, 어린이 사역을 위해 디자인한 것이다.

전략 기획 팀과 함께 일할 때, 나는 각각의 그룹에 4X6인치 카드보다는 비전 선언문을 인쇄하여 나누어 준다. 나는 그들에게 2년, 5년, 10년, 20년 이상을 내다보고 인쇄된 선언문에 관한 반응을 적어보라고 요구한다. 전체 그룹의 생각과 의견을 공유한 뒤에 지도자는 선정을 하고 편집을 한 후 최종 선언문과 그들이 작업했던 것과 대조해 본다.

전략 세우기. 네 번째 접근 방법은 당신의 비전을 당신의 사역 전략 위에 세우는 것이다. 나는 비전을 개발하면서 위의 모든 방법을 사용해 보았지만, 나는 나 자신을 위해 내가 팀을 훈련시키는 것이 최고의 방법이라는 것을 알게 되었다. 이것을 이용할 때, 나는 교회의 전략을 디자인 할 때까지 의도적으로 비전 개발을 늦추기도 한다. 그래서 사명을 개발한 후 우리는 비전을 개발하기보다 핵심 가치 발견하기 과정으로 넘어가기도 한다. 왜냐하면 전략 디자잔인에 접근하는 방법을 가지고 비전을 개발하는 것은 중요하기 때문이다.

이 책의 후반부에서 당신이 발견하겠지만, 전략은 다섯 가지 중요한 요소로 구성된다. 교회 공동체에 다가서기, 성숙한 제자 만들기, 사역의 환경 평가하기, 사역 재장 충당하기가 바로 그것이다. 나는 교회의 비전이 이 모두를 이끌어 간다고 믿는다. 각각의 다섯 가지의 개발팀은 전략에 대한 다섯 가지 요소 중에서 한 가지를 평가한다. 그들의 목표가운데 하나는 특별한 전략적 요소를 위해 하나의 문단으로 된 비전 선언문을 개발한다. 나는 디자인에 대해 이야기할 때 예를 들 것이다 DT가 전략 디자인을 마쳤을 때, 그들은 비전 개발로 그 과정을 옮기게 된다. 거기에서 그들은 다섯 가지의 모든 비전 선언문을 규합하여 하나나 두 개의 페이지로 편집하고 조합시킨다. 아마도 그들은 사명, 핵심 가치들 등과 같이 비전 선언문에 자신들의 생각을 추가할 수도 있다.

비전이 시작되는 네 가지 접근방법에 대해 어떤 작업이든지 시작하기 전에 나는 목회자들이 교회를 위한 그의 사명을 개발하고 공유하며 그 팀원들과 대화를 나눌 것을 부탁한다.

비전 선언문 만들기

누군가가 하나의 그림은 천 개의 단어의 가치를 가지고 있다고 이야기했다. 나는 에덴동산에 아담이 있었을 때라고 짐작한다. 누구나가 비전을 품고 있어야만 한다고 이야기한다. 그림과 비전은 손을 잡고 함께 걸어간다. 왜냐하면, 비전이 그의 머릿속에 있는 그림이나 상상이기 때문이다. 비전을 위해 마음의 그림은 중요할 뿐만 아니라 실제적인 비전 선언문과 마찬가지로 중요하다. 그들은 비전을 그리는 사람들에게 도움을 준다. 비전 과정을 통해 비전을 가진 사람들의 사역에 있어서 극치는 독특한 산물인 비전 선언문이다. 이것은 한 가지 방법으로 회중에게 비전을 전달할 수 있을 뿐 아니라 전략 기획 팀의 생각을 기록할 수도 있다. 거기에는 어떤 불일치가 있을 수 있고 누군가는 다른 비전을 실행하려고 시도할 수도 있다. STL의 사역은 기록하는 것이다.

명문화된 선언문에서 비전을 확실하게 표현한다는 것은 목회자들과 지도자들에게 대화를 나누고 비록 전에 공정한 연구를 위해 이 선언문을 그들이 기록했다고 할지라도 목회자들과 지도자들의 비전에 대해 교회에 동의를 얻도록 하는데 도전을 줄 만한 가치 있는 경험이다. 비전은 기록된 선언문보다도 더 많은 대화를 지속해야 한다. 이것은 공동체를 세우기 위해 우리를 사용하시는 하나님의 공동체에 관해 개인적으로 그리고 전체적으로 우리가 생각하는 방식이다. 우리에게 이것이 중요한 것이다. 이것이 우리가 함께 해야 하는 이유이다.

비전 시험하기

먼저 당신은 당신의 비전을 개발했으며 그것이 좋은 것인지 시험해 보는 것이 중요하다는 것을 이해했다. 다시 한 번 이것을 시험하기 위해 비전의 정의를 이용하라. 당신 스스로에게, 당신의 팀에게, 그리고 교인들에게 다음과 같은 질문을 던져 보라.

질문 1: 비전은 명백하고 강력한가?
질문 2: 우리의 미래에 대한 그림을 그려주고 있는가? 몇 년 뒤에 하나님께서 원하시는 곳에 있게 될 것인가?
질문 3: 이것은 교회의 스냅 사진인가? 이것은 미래 지향적인 그림인가? 아니면 과거 지향적인 그림인가?
질문 4: 어떻게 될 것이라고 믿는가? 정말로 실현 가능하다고 믿는가?
질문 5: 반드시 해야 한다는 확신을 가지고 있는가?

교회를 상담했던 나의 경험에 의하면 이 시험을 통해 그들이 개발한 비전이 좋은 것인지 아니면 나쁜 것인지 알게 된다는 것이다. 만일 당신이 좋은 비전을 가지고 있다면, 당신은 그렇게 느낄 것이다. 당신은 감정적인 접속을 경험하게 될 것이다. 이것은 성도들의 마음의 열정의 불을 타오르게 할 것이며 성도들은 그것에 흥분하게 될 것이다. 하지만 그것인 어떤 점에서든지 부족하다고 느끼게 되면, 다소 사역이 필요하다는 것을 결정하는데 도움을 주게 될 것이다.

비전 전달하기

더욱이 강력하고 성서적인 비전을 개발하기 위해 비전을 전달하는 것은 성도들에게 사명과 가치들을 전달하는 것만큼이나 매우 중요한 문제이다. 만일 당신이 비전을 전달하지 않거나 전달할 수 없다면 모든 것을 잃게 될 것이다. 당신이 이것을 종이조각에 적는 것은 전달방법이 아니라는 것을 말해 주고 싶다. 당신은 이것을 말로 전달할 수 있다.

나는 비전에 대해 예를 보여줌으로서 이를 언급했다. 어부가 미끼를 물속으로 던지듯이, 그가 릴을 던지기를 희망한다. 어떤 고기들은 따를 것이며, 비전을 품은 사람들은 회중이라는 물속으로 비전을 던지는 것과 마찬가지로 그가 회중 속으로 릴을 던질 때를 소망하고 있으며, 교인들은 따르게 될 것이다. 비전을 던지는 사람은 사람을 낚는 어부이다. 그러나 만일 비전을 던지지 않거나 아무 것도 전달하지 않는다면 아무 것도 일어나지 않는다.

지도자의 모범

지도자가 모범을 보이는 것은 비전을 전달하기 위해 중요하다. 그의 혹은 그녀의 행동은 비전을 믿는 사람에게는 반드시 영향을 주게 되어 있다.

만일 지도자가 그 꿈대로 살지 않는다면, 어느 누구도 따르지 않을 것이다. 사람들은 지도자들이 말하는 것만큼 그의 행동도 살펴본다.

설교

설교는 비전을 던지는데 중요한 의미를 가진다. 사명은 종이에 적거나 티셔츠에 적어서 전달할 때 잘 전달되는 데 반해 비전은 말을 통해 전하는 것이 가장 좋은 전달 방법이다. 비전의 힘은 설교를 통해 들을 때 나타나는 것이지 읽을 때 나타나는 것은 아니다. 당신은 이것을 마틴 루터 킹Martin Luther King Jr. 목사님의 큰 비전의 메시지를 읽는 것과 설교를 통해 듣는 것을 비교해봄으로서 분별할 수 있을 것이다. 그는 대단한 열정과 확신을 가지고 전달했다. 그것이 중요하다!

오늘날 많은 설교가들은 그들의 비전이 열정과 신념을 설명해 준다고 믿고 있다. 만일 목회자들이 비전을 선정하는 사람이라는 사실에 갈등을 겪고 있다면, 교회는 아마도 고통에 빠져들 것이다. 이것은 나쁜 소식이다. 목회자들이 비전을 선정하기 위한 능력을 배우고 성장시킬 수 있다는 것은 좋은 소식이다. 이를 위해 그는 먼저 그의 열정을 발견해야만 한다. 목회가 그것에 관해 열정을 가지고 있다는 것을 최선을 다해 전달해야만 한다! 그의 열정은 그를 움직이기 때문이다. 그리고 그는 올바른 열정을 품고 있다는 것을 확신해야 한다. 상담가로서 나의 연구와 경험에 의하면 대사명에 대한 열정은 목회자의 핵심 비전이어야만 한다. 그리스도를 영접하고 그 안에서 성장하는 성도들의 생각은 지도자를 깊게 움직이게 할 것이다. 만일 그렇다면, 목회자는 어렵지 않게 그의 비전을 전달할 수 있다.

다른 방법들

가치와 사명을 전달하기 위해 사용하는 대부분의 방법들은 비전을 던지기 위해 사용할 수 있다. 여기에는 다음과 같은 것들이 포함된다. 형식적 비형식적 대화, 이야기, 게시물, 의도된 포스터, 교회 홍보물, 훈련 자료들, 슬라이드 유형의 설명회, 오디오와 비디오 유형의 설명회, 스킷과 드라마, 새가족반, 신문, 매년 교인들의 투표, 그리고 평가자료 등이 그것이다. 각각의 목회에서 그들에게 가장 좋은 방법을 발견할 필요가 있다. 교회의 상황에 가장 잘맞는 것이라면 어떠한 형태로든 좋다.

반영, 토의, 그리고 적용을 위한 질문들

1. 이번 장에서 비전이 왜 중요한 지 그 이유를 일곱 가지를 제시해 놓았다. 당신은 다른 것들보다 무엇이 가장 중요하다고 생각되는가? 만일 있다면, 하나를 선택해 보라. 여기에 제시된 이유 이외에 또 다른 중요한 이유가 있는가? 만일 있다면, 무엇인가?

2. 당신은 이미 비전 선언문을 준비해 두었는가? 만일 그렇지 않다면, 그 이유가 무엇인가? 만일 가지고 있다면 무엇인가? 비전 선언문에 대한 정의에서 평가기준을 마련했는가? 이것은 명확한가? 미래 목회에 대한 그림인가? 실천 가능한 것인가? 그리고 반드시 해야 할 것인가?

3. 어떤 비전의 종류들을 전략 기획팀에 재설명할 것인가? 얼마나 많은 사람들이 비전을 선택하는데 참여할 것인가? 얼마나 많은 비전을 창조해 내는 사람이 있는가? 담임목회자가 비전을 선택하며 창조하는 사람인가? 비전을 품는 과정에 어떤 노력이 필요한가?

4. 비전을 위해 얼마나 기도하고 있는가? 혹은 왜 그렇지 못하는가? 만일 그렇지 않다면, 언제 기도를 시작하려고 하는가? 만일 그렇다면, 마음에 어떤 생각이 드는가?

5. 당신은 크게 생각하는 편인가? 아니면 작게 생각하는 편인가? 당신은 이것을 어떻게 설명하는가?

6. 당신은 열정이 있는가? 당신의 사역에 대해 강력하게 느끼는가? 당신의 사역이 언제 깊어지는가? 무엇이 당신을 움직이는데 중요한 작용을 하며 당신의 사역에 의미를 주는가?

7. 당신의 비전에 대해 생각할 때, 비전을 개발하는데 있어서 어떤 과정이 당신이 가진 생각을 가장 잘 나타내 주는가?

8. 부록 F에 있는 비전 선언문을 살펴보라. 어떤 것이 당신을 흥분시키는가? 혹은 어떤 것이 당신에게 흥분된 반응을 보이는가? 만일 그렇다면, 어떤 것인가? 당신이 조직하고 당신의 비전 선언문을 개발하는데 어떤 도움을 줄 수 있는가?

9. 당신의 지전을 전달할 그림이나 만화를 그리거나 사진을 찍어보라. 어떤가?

10. 비전을 던지는데 어떤 방법을 사용하는 것이 당신에게 가장 좋은가? 왜 그런가? 당신의 교회에 어떤 방법을 사용할 것인가?

11. 대사명에 대한 열정이 있는가? 어떻게 알 수 있는가? 전도와 교육 모두를 강력하게 추진하는 목회를 펼치고 창출하고 있는가?

6
핵심 가치들 발견하기
DISCOVERING CORE VALUES

왜 우리가 해야 하며 무엇을 해야 하는가?

항해사들은 배를 항해할 뿐 아니라 정신을 가지고 있다. 대부분 건전한 무신론자들이 신비로운 것에 사로잡혀 있다는 것은 사실이다. 왜냐하면, 이 사실은 오래전부터 흘러 내려온 사실이기 때문이다. 어떤 사람들은 마치 사람처럼 교회가 영혼집약된 정신을 가지고 있다는 사실에 대해 이해하지 못한다.50) 교회나 기업의 정신은 그 조직에 있어 가장 중심부에 위치하고 있다. 이것은 교회만이 가지고 있는 독특한 가치들이 포괄적으로 조화를 이루는 리더십의 개념이다. 성공한 교회들은 서로 다른 사명, 목적, 그리고 비전을 각각 발견하고 그것을 성도들과 조직 속에 밀어 넣어, 가장 깊은 단계와 연결한다. 이번 장은 이 모든 것에 관한 것들이다.

우리는 이번 장에서 계속해서 가치들을 발견함으로써 전략 기획의 항로를 따라갈 것이다. 주워진 상태며 이미 우리는 사명과 비전 선언문이 마지막 단계에 이르러 성도들과 함께 실행하라.

이 단계들을 마음에 새기라. 마치 배의 기내에 있는 나침반처럼 사역 나

---

50) 나는 회중이나 기업의 정신을 신학적인 개념이 아닌 리더십과 같은 상황 가운데서 이용한다.

침반 또는 당신의 특별한 사역 공동체에 적합한 사역 모델 혹은 사역을 생산하기 위해 인도하는 과정을 형성해 준다. 하나님께서 사용하시고 축복하시는 수많은 서로 다른 교회를 관찰하면서 나는 이 과정을 통해 모든 사역을 의도적으로, 직관적으로 하지 않는다면 결국 문을 닫게 된다는 확신을 가졌다. 다시 말하면 이러한 접근방법은 최근 유행하고 있는 교회의 프랜차이즈업에 거슬러 항해하며, 최고의 항해사들은 네 가지 과정을 통해 주의 깊게 생각해보도록 요구받는다. 재봉사처럼 그들의 회중과 공동체는 적합한 모델을 만든다. 마음속에 이러한 중요한 차이점을 가지고 우리의 항로를 계속해서 유지하라.

이번 장은 전략적 생각하기와 행동하기의 첫 번째 단계이다. 이것은 목회에 대한 근본적인 질문과 그에 대한 답을 얻게 될 것이다. 왜 우리는 그것을 행하고 우리는 무엇을 행해야 하는가? 예전에 교회 목회분석을 완벽하게 끝마쳤다면, 이번에는 두 번째 단계를 거쳐야만 한다. 나는 이번 장에서 당신 교회의 열정과 정신을 하나로 묶을 수 있도록 시작하는데 도움을 주려는 의도를 가지고 있다. 특별히 가장 중요한 요소인 핵심가치에 대해서 심도 있게 논의할 것이다. 핵심 가치들은 당신이 누구인가, 즉 당신의 정체성을 설명해 준다. 그들은 당신의 사역에 있어 매우 필요한 요소DNA이며 당신이 해야 하는 이유와 무엇을 해야 하는 지에 대해 설명해 준다. 그들은 사명과 비전을 짓는데 기초를 구성하며 그들과 함께 교회의 핵심 이데올로기를 형성한다. 항해 용어로 볼 때, 그것들은 배가 어디에 위치해 있는지 항해사들에게 말해주는 GPS위성 위치 확인 시스템와 같은 기능을 한다.

여기에서 중요한 것은 나쁜 소식에 대해서는 성서의 예언을 넘어서서 어느 누구도 미래에 대해 알 수 없다는 것이다. 하지만 좋은 뉴스들은 이것을 준비하기 위해 미래를 알 필요가

네 가지 과정
사명 개발하기
비전 개발하기
가치 발견하기
전략 디자인하기

없다는 것이다. 당신은 당신 자신과 당신의 문화를 알 필요가 있다. 가치들을 발견한다는 것은 당신의 정체성을 알고 이해하는데 기초적인 것이다. 왜냐하면, 그들은 교회 문화의 핵심에 있기 때문이다.

예루살렘 교회는 핵심 가치에 대해 많은 고민을 했다. 누가는 사도행전 2장 42-47절에서 핵심가치를 실현하기 위해 교회 스스로가 노력했다고 기록하고 있다.[51] 사명을 선언한 후에 가치들은 조직의 기초를 세우는데 영향력을 발휘하게 된다. 블랭가드Ken Blanchard와 오코너Michael O'Connor는 "오늘날 교회들은 무엇을 위해 존재하며 어떤 원리들이 교회에 영향을 주는지에 대해 반드시 깨달아야만 한다. 가치에 기본을 둔 교회의 행동은 더 이상 철학적 선택을 하는데 흥미를 가지고 있지 않다. 이것은 살아남기 위한 필수조건이다"라고 주장했다.[52] 또한 스칼러Lyle Schaller는 "그러나 어떤 회사, 교회, 또는 교단의 문화에 있어서 가장 중요한 단 하나의 요소는 가치체계이다"라고 주장했다.[53] 이번 장에서 우리는 왜 가치들이 중요한 것인가를 보게 될 것이다. 나는 가치에 대해 정의를 내리고 당신이 당신의 교회가 갖는 핵심 가치를 발견하여 개발하고, 전달하는데 도움을 주고자 한다.[54]

가치들의 중요성

마치 개인적인 가치가 우리의 삶 가운데 가장 중요한 것이라고 말하는

---

51) 예루살렘 교회의 가치는 부록 C에 있는 신앙고백에 포함시켰다.
52) Ken Blanchard and Michael O'Connor, *Managing by Values* (San Francisco: Berrett-Koehler Publishers, 1996), 3.
53) Lyle E. Schaller, *Getting Things Done* (Nashville: Abingdon Press, 1986), 152.
54) 만일 당신이 핵심 가치에 대한 세밀한 프리젠테이션을 통해 더욱 완전해지기를 갈망한다면, 내 책『리더십을 이끄는 가치들』*Values Driven Leadership*을 읽어 보라. 그러나 이번 장은 내가 그 책을 저술한 후에 배운 정보를 포함하고 있다.

것처럼, 교회의 가치는 교회의 삶에 있어서 가장 중요한 것이라고 말할 수 있다. 왜 핵심 가치가 교회의 삶에 있어서 중요한 것인가에 관한 아홉 가지의 이유들을 이야기할 것이다.

목회의 특성을 결정한다

엄밀히 말해 교회들은 두 가지의 모습을 가질 수 없다. 각각의 교회는 수많은 방식으로 독특성을 가지고 있다. 어떤 교회들은 매우 전통적인 반면에 다른 교회들은 더욱 현대적인 형태를 채용하기도 한다. 어떤 교회는 강력한 성경 공부와 가르침에 그들의 모든 노력을 기울이지만, 다른 교회는 복음 전도, 구도자를 찾는 일, 상담, 혹은 어린이 교육에 모든 노력을 기울인다. 무엇이 각각의 교회의 독특한 문화를 가지도록 하며, 그 문화에 있어서 가장 중요한 요소는 무엇인가에 대해 스칼러가 한 말을 위에서 인용했듯이 그것은 바로 가치이다.

만일 당신이 부록 C에서 이야기하고 있는 가치선언문이나 신앙고백을 연구해 본다면, 당신은 많은 차이점을 발견하게 될 것이다. 각각의 문항은 당신에게 교회와 교회의 특성에 대해 풍부한 것들을 알려 줄 것이다. 당신은 당신이 사역을 진행하기에 앞서 교회에 관해 많은 것을 배울 수 있게 될 것이다. 예를 들면, 나는 예전에 열 한 개의 가치를 교회의 신앙고백으로 선포했다. 그 중 여섯 번째 가치인 가정Family은 매우 중요한 가치였다. 이것은 이 교회에 관해 진실로 독특한 것이었음을 나는 표현한 것이다. 나는 다른 교회의 신앙고백과 내가 수집한 많은 자료들 가운데 가정에 그 가치를 둔 항목을 발견하지 못했다.

가정家庭

우리는 기독교 신앙을 보호하기 위해 하나님의 역동적인 의미 가운데

하나로서 가정의 영적 양육을 지속한다.딤후1:5

이러한 가치는 어떤 사람들, 특별히 가정을 가진 사람들의 관심을 이끌어 낼 수 있다. 이것은 가정은 우리들에게 중요한 것임을 이야기해 준다. 그래서 이것은 교회가 고려할만한 가치가 있다.

가치 특성에 대한 개념은 매우 중요하다. 그러므로 나는 다시 짧게 핵심 가치 발견하기에 관해 이번 장에서 되살펴볼 것이다.

개인적 참여에 영향을 준다

교회를 찾는 사람들은 그들이 가지고 있는 가치와 같은 가치를 지닌 교회를 찾는다고 지혜로운 교사들은 이야기한다. 이것은 결혼과 매우 흡사하다. 같은 가치를 가진 커플들은 협력한다. 그러나 같은 가치를 가지고 있지 않는 커플들은 불행하며 떨어지게 된다. 마치 같은 가치를 가지지 않는 커플이 결혼한다는 것은 어리석을 일인 것처럼, 사람과 교회 그리고 교회를 찾는 교회의 목회자도 똑같이 적용된다. 그는 헌신할 교회를 찾기 전에 그가 가진 핵심 가치가 무엇이며 교회의 핵심 가치가 무엇인지 안다는 것은 현명한 일이다. 교회는 새로운 목회자를 찾기 전에 그가 가지고 있는 중요한 신앙고백과 교회가 가지고 있는 가치들들 안다는 것은 현명한 일이다. 목회자가 다른 핵심 가치를 가진 교회와 결합하게 되면 한쪽 혹은 두 쪽이 실제로 이혼을 청구하게 될 것이다. 그러나 교회 개척은 예외이다. 대부분 교회 개척가들의 개인적 사역 가치들은 자연스럽게 회중의 핵심 가치가 된다. 그는 이러한 가치들을 주장하고 가치들을 공유하고 있는 성도들은 그들에게 영향을 받는다. 이것은 개척교회에 일반적으로 나타나는 것이며 몇몇 교회만이 이혼의 결과를 낳는다. 가치들을 나열했다는 것은 교회에 다니는 사람들과 스텝뿐 아니라 목회자들 까지도 비평적인 안목을 제공해 준다. 교회에 다니는 사람들이나 스텝들을 위한 초기 규범 가운데 하나는 반드시 가치를 나열해야 한다는 것이다. 성도들은 교회가 나열해 놓은 가치와 자기 자신의 가치를 확인하는 것은 가치를 확인하지 않는 사람들보다 더 행복도가 높다.

무엇이 중요한 것인가를 전달한다

핵심 가치는 목회의 기초를 의미한다. 핵심가치들은 실제적인 문제들을 전달한다. 명백하게 표현된 가치는 모든 사람들에게 전달할 수 있는 곳에 그 기초를 정하게 된다. "이것이 우리가 존재하는 이유이며, 이것이 우리 모두의 관심사이며, 이것이 우리의 존재이다. 그리고 이것은 우리가 할 수 있는 일이며, 당신을 위해 할 수 없는 것이다" 예루살렘 교회는 사도행전 2장 42-47절에서 교회의 가치선언문을 통해 중요한 것들을 전달했다.

교회의 핵심 신앙과 가치에 대해 전달하는 것은 목회자들이 모래밭 어느 곳에 선을 그어야 할 것인지를 깨닫게 되는데 도움이 된다. 내가 달라스 신학교Dallas Seminary에서 교수로 재직했을 당시에 얻어낸 결론을 예로 들면, 나는 달라스 포트 워스시Dallas-Fort Worth에 있는 많은 목회자들을 알게 되었다. 일 년에 최소한 한 번 혹은 두 번 정도 교회의 어려운 문제를 가진 목회자들이 찾아와 상담을 하곤 했다. 그 상담 내용이란 지금이 사역지를 옮길 때인가, 다른 목회지를 찾아야 하는 것인가를 묻는 내용이었다. 이에 대한 나의 대답은 항상 같았다. "당신의 상황이 당신이 가지고 있는 근본적인 목회 가치를 위태롭게 하며, 부정하며, 혹은 압박을 가하고 있습니까?" 일반적으로 그 목회자들은 그렇지 않다고 대답을 한다. 만일 그렇지 않다면, 나는 그들의 목회와 그들 자신이 더 많은 시간을 목회할 수 있도록 용기를 북돋워 보내곤 했다.약1:3~4 하지만, 만일 목회자들이 그렇다고 대답을 하게 되면, 나는 떠날 때가 되었다고 이야기해 준다.

좋은 변화를 포함한다

나는 이미 이 책에서 변화에 대해 많이 나누었다. 요약하면 오늘날에 일어나는 변화는 그 속도에 있어서나, 그 강도에 있어서 북미가 전에 결코 경험하지 못했던 것으로 동요를 일으키게 된다. 한 국가에서 일어나는 가치관의 이동, 즉 모더니즘에서 포스트모더니즘으로의 변화와 같이 더 많은 변화를 경험하게 된다. 그리고 그러한 변화는 전에 경험하지 못했던 것보다 더 그 시간이 짧다. 이러한 영향력으로부터 어떠한 조직들도 특별히 교회도 피해갈 수 없다.

교회에 대두되는 문제는 어떻게 우리에게 일어난 변화가 좋은 것이고 나쁜 것인지 분별할 수 있느냐는 문제이다. 이러한 변화는 우리의 목회에 어떤 도움을 주며, 어떤 점에서 해를 줄 수 있느냐에 대해 어떻게 우리가 알 수 있는가? 잘못된 변화는 비참한 상황을 연출할 수도 있다. 이러한 딜레마에 대한 한 가지 답은 우리의 핵심 가치에 있다는 것이다. 우리는 반드시 다음과 같은 질문을 던져야 한다. 이러한 변화는 우리가 가진 사명처럼 우리의 신앙과 일치하는가 아니면 모순되는가? 우리는 그러한 변화를 우리의 신앙과 부합된 것이라면 품고 갈 수 있으나, 우리의 신앙에 반대한다면 거절해야만 한다.

행동 전체에 영향을 준다

교회의 가치나 신념은 목회를 구성하는 것들이다. 나는 이것을 가치 있는 충격으로 이름을 붙였다. 교회의 가치나 신념은 우리가 내리는 모든 결정에 영향을 주며, 우리가 생각하고 그러한 행동을 취하는데 있어 철저하게 모든 행동에 영향을 준다. 교회의 가치나 신념은 목회의 정책과 절차를 세우는데 있어 전제조건이 된다. 뿐만 아니라 교회의 가치는 조직에 관한 모든 것, 즉 결정들, 목표들, 우선순위, 문제 해결, 문제해결을 위한 갈등,

기간, 그리고 더 많은 것들에 영향을 준다.

    사도행전 6장 1-7절에서 예루살렘 교회는 문제에 직면하게 된다. 이러한 상황에서 교회의 가치가 그 문제를 해결하는데 결정적인 역할을 하게 되는 것을 찾아볼 수 있다. 열 두 사도들은 차별에 대한 비난으로 인해 교회 분열이라는 문제에 직면하게 되었다. 헬라파 유대인들은 자기의 과부들이 매일의 구제에서 빠지고 무시당하는 것에 대해 히브리파 유대인들을 비난하기 시작했다. 열 두 사도들은 과부에 대해 가치 있는 시간을 빼앗기는 것 대신에 과부 구제에 관해 책임질 수 있는 일곱 명의 덕망 있는 사람들을 선택하도록 했다. 반면 열 두 제자들은 더 높은 가치를 가진 기도와 말씀 선포하는 일에 전무하기로 결정을 내린 것이다.

사람들에게 행동하도록 영감을 불어 넣어 준다

    교회의 신념은 성도들로 하여금 의미 있는 사역을 펼칠 수 있도록 해 주는 보이지 않는 동기들이라고 말할 수 있다. 지도자들과 지도자를 따르는 성도들 모두에게 가치란 성도들을 격려하고 자극하는 역할을 해 준다. 예를 들면, 당신은 교인들에게 믿지 않는 사람들에게 복음을 전하도록 말할 수 있고 그들에게 사명을 감당할 수 있도록 격려하는 말을 할 수 있다. 그러나 만일 성도들의 가치와 조화시키지 않는다면, 그러한 일은 절대로 일어나지 않을 것이다. 최고의 에너지를 불어 넣어 주고, 사람들의 심장을 고동치게 하며, 기회를 포착하기 위해 개교회의 지도자들은 성도들의 마음을 꿰뚫어 보아야만 한다. 교회의 지도자들은 성도들에게 그들의 삶에 의미를 발견하게 하고 가치를 심어 주기 위해 그들의 마음을 자극해 주어야 한다.

믿을만한 리더십을 강화시킨다

    어떤 단계탄생, 성장, 정체, 쇠퇴, 소멸에 있던지 좋은 리더십은 성공적인 조직에 있어서 필수조건이다. 좋은 리더십을 조직에 발휘해야 하듯이, 교회에서도 마찬가지이다. 가치들은 지도자들을 이끌고 가며 교회도 마찬가지이다. 그러므로 지도자들은 조직이나 교회가 왜 존재하는지, 그들의 기본적인 가치가 무엇인지 깨닫고 선포해야만 한다. 모든 기초는 핵심 가치를 보강해 주며, 성서적으로도 반드시 포함시켜야만 하는 것이다.

지도자들이 이러한 가치들로 구성된 생활양식의 모델이 된다는 것은 매우 중요하다. 견실한 신앙과 조화를 이룬 리더십은 믿음을 심어주나, 그 가치를 무시하거나 부정하는 리더십은 매우 빠르게 지금까지 쌓아왔던 신용을 무너뜨리고, 결국 목회의 일선에서 벗어나게 된다. 타이레놀Tylenol을 만든 존슨 엔 존슨사Johnson & John Company가 그 좋은 예이다. 이 회사는 제품의 하자에 대해 백만 달러의 비용이 든다고 할지라도 자발적인 리콜을 통해 자기 회사의 제품에 대해서는 책임을 지고 있다. 소비자의 건강이라는 가장 중요한 신념 때문에 이런 일이 가능한 것이다. "우리는 우리의 가장 첫 번째 책임은 우리의 소비자들이라는 사실을 믿는다."55) 이러한 가치는 지금도 계속되고 있다. 그래서 나는 타이레놀을 다른 어떤 제품보다도 좋아한다.

목회성공에 기여한다

기독교이든지, 그렇지 않던지 간에 성공을 경험하고 싶은 소망을 가진 조직이라면, 그 단체가 선포했던 기본적인 신념에 충실해야만 한다. 교회를 포함한 모든 조직은 살아남기 위해서 뿐 아니라 성공을 위해서 모든 정책과 행동을 제한하는 신념을 확고하게 설정해 놓아야 한다. 이것은 성공을 가능하게 해 주는 기술적인 기능보다도 핵심 가치를 조직이 깊이 공유하고 있을 때 더욱 가능하다는 것을 이해해야한다. 이것은 공유된 가치가 사원들에게 더 많은 시간을 일하게 하고 더욱 열심히 일하도록 용기를 북

---

55) James C. Collins and William C. Lazier, *Beyond Entrepreneurship: Turning Your Business into an Enduring Great Company* (Englewood Cliffs, NJ: Prentice Hall, 1992), 66.

돋워주는 기능을 감당하고 있기 때문이다. 공공의 목적에 하나가 되어 영감을 받은 신앙 공동체는 열정적이며 사역을 담당하고 있는 성도들에게 강력한 영향력을 행사하게 된다. 이것은 초대 교회가 가졌던 영향력의 핵심이다.행2:42-47, 4:32-37

그렇다면 목회 성공이란 무엇인가? 교회는 성령의 권능을 통해 다른 목회의 가치들을 손상시키지 않고 그 목회 사명대사명, 마28:19~20을 이룰 때 성공을 거두게 된다.

목회 사명과 비전을 결정한다

교회의 사명은 행동이다. 비전은 추구하는 것이라 말할 수 있다. 사명은 교회의 방향에 대한 선언이다. 비전은 사명에 대한 짧은 묘사이다. 먼저 우리가 지금 어디로 가고 있는지를 말해 주며, 둘째로 우리가 어디로 가는지 보여주는 것이다. 양자 모두는 사역 조직에 있어서 매우 중요한 것들이며 심장과 영혼 중심에 가치를 심어주는 것이다.

가치들이 중요한 아홉 가지 이유

1. 목회 특성 결정
2. 개인적 참여에 영향을 줌
3. 무엇이 중요한 것인가를 전달
4. 좋은 변화를 포함
5. 행동 전체에 영향을 줌
6. 사람들에게 행동할 수 있는 영감을 불어 넣어 줌
7. 믿을만한 리더십 강화
8. 목회 성공에 기여
9. 목회의 사명과 비전을 결정

지금까지 나는 이 책에서 성도들의 심장과 영혼을 구성하는 모든 것들과 핵심 가치가 가장 중요하다는 것에 대한 두 가지 힌트를 주었다. 이것은 가치가 사명과 비전을 추구하도록 영향력을 행사하기 때문이다. 교회

의 가치들은 교회의 사명과 비전의 기초를 이룬다. 공유된 신념은 '사명은 무엇이며 비전이 무엇인지' 영향을 주며, 결정을 내리도록 해 준다. 단순히 교회가 대사명을 교회의 사명으로 결정지었기 때문에 그런 일이 일어날 것이라는 것을 의미하지 않는다. 만일 교회가 복음전파를 가치로 여기지 않는다면, 현실 속에서 교회가 어떤 가치를 가졌던 간에 가치들과 더욱 밀접한 관계가 있는 또 다른 몇몇 사명을 갖게 될 것이다. 복음적이지 않거나 성서에 가치를 두고 있지 않는 교회들은 아마도 그들이 가지고 있는 가치에 근거를 둔 다른 사명과 비전을 갖고 있을 것이다.

가치들에 대한 정의

자 우리는 핵심 가치가 왜 중요한지 알게 되었다. 그럼 이제 가치가 무엇인가 발견할 때가 이르렀다. 나는 핵심 가치를 변함이 없고, 정열적이며, 사역을 이끌어 가는 성서의 핵심적인 신념으로 정의를 내린다. 이러한 정의는 다섯 가지의 중요한 요소로 구성되며 하나씩 살펴보게 될 것이다.

변함이 없다

가치들은 오래 지속된다. 만각류가 선체에 붙어 있는 것처럼, 가치들은 단단히 매달려있다. 우리의 사역에 관해 가치들은 결코 변할 수 없는 천들을 이루고 있는 변함없는 실가닥들이다. 2장에서 콜린스Eliza Collins는 가치들의 중요한 이동은 3년에서 8년이 걸린다고 소개했다.[56] 가치들은 변하지만 그리 쉽게 빨리 변하지도 않는다.

가치들은 좋을 수도 나쁠 수도 있다. 가치들은 회중의 행위를 장려한다

---

56) Collins, *Executive Success*, 210.

는 것이 좋은 이유이다. 만일 교회가 가치 수준을 너무 빨리 변화시키면, 사람들은 계속해서 혼란의 상황에 남겨져 있을 것이다. 회중들은 혼란스러워 하며 교회의 구조들은 빠르게 해체된다. 반면에 어떤 가치들은 변해야 함에도 불구하고 변하지 않는다는 것은 좋지 않은 이유에 속한다.

열정적이다

열정은 감정을 나타내는 단어이다. 이것은 당신이 깊은 관심을 가지고 있으며 그것에 관해 강력하게 느낀다는 것을 설명해 준다. 좋은 핵심 가치는 교회의 가장 중심에 위치한 심장과 정신을 자극하며 강력한 감정을 불러일으킨다. 열정은 이성적이라기보다 더 감정적인 것을 포함하고 있다. 열정은 당신의 신앙에 영향을 줄 뿐 아니라 얼마나 깊게 신뢰하는가에 대해 영향을 준다. 이것은 감정적 태도에 달려있다는 것이다. 열정은 성도들이 행동으로 옮길 수 있는 흥분과 동기를 강력하게 느낄 수 있도록 하는 감정을 불러일으킨다.

이 개념, 즉 열정에 대한 개념은 가치발견을 다루는 다음 장에서 매우 유용한 것들을 다루게 될 것이다. 당신의 가치 선언문이나 신앙고백을 읽음으로서 당신 자신의 가치를 발견할 수 있다. 당신이 가지고 있는 가치는 당신이 서 있는 자리에서부터 시작하도록 해 줄 것이다. 당신이 그 가치들에 대해 강력한 감정을 가지고 있기에 열정은 한층 두드러지게 될 것이다. 가치들은 당신의 감정에 호소한다.

당신의 가치를 함께 공유하고 있는 성도들은 당신이 느끼는 것과 마찬가지로 똑같이 느끼게 된다. 만일 그들이 가치 선언문을 듣게 되거나 교회 소개서에서 가치 선언문을 접하게 된다면, 그들은 당신의 추구하는 목회에 동참할 것이라는 결단을 내리게 될 것이다. 그들은 그들 마음 가운데 당신이 느끼는 것과 같은 열정을 느끼게 될 것이다. 이렇듯 비전을 공유한다는 것은 사람들을 하나로 묶어주며 열심을 다해 노력하도록 해 준다.

성서적이다

내가 가치가 성서적이라고 이야기할 때, 목회에 대한 대부분의 가치는 성서에서 찾아야만 한다는 것을 의미한다. 우리는 우리의 행동 모두가 성서적이기를 원하는데 동의한다. 그러나 우리 교회에는 성서에서 발견할 수 없는 많은 일들이 일어난다. 예를 들면, 냉방장치, 내부 가스관 장치, 컴퓨터, 팩스, 오르간, 피아노, 무릎 방석, 그리로 다른 유용한 도구들이 그것들이다.

어떤 가치들은 성서에서 찾아낼 수 없지만, 대부분 성서와 모순되지 않거나 부합되는 것들이다. 그러므로 우리의 모든 가치들은 성서에서 분명하게 표현될 수 없지만, 그럼에도 불구하고 그들은 성서와 모순되어서도 안 되며 반드시 부합되어야만 한다. 심지어 시장에서 타나나는 조직이라고 할지라도 수많은 핵심가치들은 성서와 부합되는 것들이 많다. 예를 들면, 텍사스주에 있는 리버티 은행Liberty Bank in Fort Worth은 나를 그 회사를 위한 핵심가치를 발견할 수 있도록 도울 수 있는 컨설턴트와 조련사로 고용한 적이 있다. 그들은 다섯 가지 가치를 가지고 있었다. 통합/성실, 사람들을 지도하는 것, 팀워크, 탁월성, 그리고 높은 성과가 그것이었다. 그 모든 것을 성서에서 찾을 수 있는가? 어떤 것이 비성서적인가? 존슨 앤 존슨스 사의 첫 번째 핵심가치는 그들의 소비자들을 책임지는 것이다. 이것이 성서적인가? 아니면 성서와 모순되는 것인가?

핵심적인 신념들이다

전체적으로 이번 장에서 나는 신념이라는 단어를 가치와 같은 의미로 사용했다. 이것은 혼용하여 사용할 수 있다. 신념이라는 것은 무엇인가?

핵심 신념은 신앙고백서가 내포하고 있는 신념이나 교리항목과 어떤 다른 점이 있는가?

많은 증거를 제시할 수 있는 것에 기초를 둔 진리와 마찬가지로 신념이란 당신이 주장하는 것에 대한 확신이나 관점이다. 당신은 그러한 확신을 믿거나 신뢰했다. 그러나 신념은 하나의 사실이 아니라, 당신이 내린 정의에 의해 내려진다.

사실이란 수많은 사람들이 확실히 의미가 있고 광범위한 증명을 제시할 수 있는 것으로 그것이 진실이라고 믿는 의미에 대한 확신이다. 교회의 교리나 신앙 선언문을 포함하고 있는 교리는 성서에 그 기초를 두고 있다. 교회의 가치 선언문이나 신앙고백을 포함하고 있는 가치들이 신념이다. 그 차이는 우리가 가지고 있는 확신과 그 확신을 증명에 동의하는 사람들의 숫자에 달려 있다. 당신은 노스우드 교회의 가치 선언문과 신앙 선언문을 비교해 봄으로서 유용한 것을 찾아낼 수 있을 것이다. 모두 부록 H에 있다.

다양한 교회들은 수많은 신념들을 주장한다. 내가 교회에서 그들의 신념이나 가치들을 발견할 수 있도록 도움을 주기 위해 컨설턴트로 사역했을 때, 나는 이 책의 1장에서 유용한 기획 도구로서 제시한 바 있는 스토리보드 과정을 사용했다. 우리는 브레인스토밍 과정을 통해

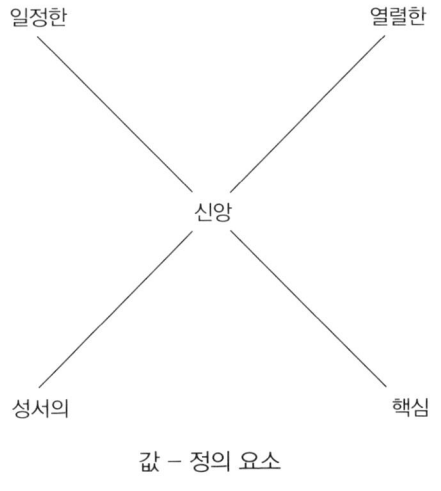

값 - 정의 요소

교회의 모든 가치를 열거해 본 후, 우리는 스토리보드 과정을 위해 고정된 40-50개의 교회 가치를 발견해 냈다. 그러나 우리가 추구했던 것이 교회

의 핵심적 또는 주요한 신념들이었다. 이것들은 교회의 중심에 위치한 가치들이었고, 그것들은 사역의 가장 중심부에 있다고 믿는 것들이었다. 그것들은 4-5개 혹은 10-11개로 줄일 수 있을 것 같았다. 스토리보드 과정에서 나는 6개로 제한했다. 그래서 나는 6개의 붉은 색 스티커를 참석자들에게 나누어 주었고, 6개의 중요한 가치에 그 스티커를 붙여 달라고 부탁했다. 모든 과정이 끝났을 때, 나는 그저 교회의 핵심 가치를 발견하기 위해 가장 많은 선택을 받은 가치들을 찾아내기만 하면 되었다. 나는 이러한 과정을 따라서 해 볼 것을 권유한다.

사역에 힘을 주고 사역을 이끌어간다.

핵심 가치들은 교회를 몰고 가며 인도해 간다. 마치 배가 높은 파도를 가르며 어떤 항구를 향해 항해해 가듯이, 사역이라는 항구, 즉 사명과 비전을 향해 교회는 항해해 간다. 교회의 사명은 그 항구를 결정하며 비전은 그 항구에 다달았을 때 어떤 모습인가에 관한 그림이다. 그리고 교회의 가치들은 교회의 목적지를 향해 인도해 가며 몰고 간다. 적어도 사역을 지지해 주는 방법이다. 문제는 너무 많은 교회들이 이러한 사명과 비전이라는 개념을 통해 생각하지 않을 뿐 아니라 선포하지도 않는다는 것이다. 나는 이러한 예를 들었다.

만일 교회가 항로를 벗어났을 때, 교회의 가치들은 사명과 비전의 길에서 벗어나게 된다. 가치가 사명과 비전을 결정했듯이, 가치들은 어떤 사명을 향해 교회를 몰고 간다. 하지만 가치들이 교회의 선언문이나 훌륭한 사명이 되지는 못할 것이다. 교회의 중요한 신념은 마치 드라이버가 자동차 휠 뒤에 앉아 운전하는 것과 매우 흡사한 기능을 담당한다. 신념들은 교회의 모든 성도들이 행할 뿐 아니라 그것을 행하는 방법에 영향을 미치는 힘을 가진 것들이다. 가치들은 행동 전체에 영향을 준다는 제목 하에서 이야기했던 것처럼, 가치들은 교회가 해야 할 것과 하지 말아야 할 것에 대한 결과로 구성된다. 그러므로 교회 해야 할 가장 중요한 질문은 '언제 혹은 어떤 사명을 위해 우리의 가치를 위할 것인가?' 그리고 '그것은 대사명을 충분히 반영하고 있는가?'이다.

자세한 내용

핵심 가치들에 대해 내가 정의 내린 것, 즉 가치들은 변함이 없고, 열정적이며, 성서적이고, 사역들을 몰고 나간다는 정의는 가치가 무엇인가에 관해 당신에게 일반적인 이해를 하는데 도움을 될 것이다. 그러나 나는 회중들이 그 안에서 사역을 하는 것을 발견했으며, 다음에 나오는 특징들 역시 당신에게 도움이 될 것이다.

형식이 아닌 기능

첫째, 가치들은 형식유한이 아닌 기능무한이다. 예를 들면, 공동체나 교제는 영원한 기능이며 또한 교회의 가치들이다. 그에 반해 소그룹 모임은 유한한 형식이다. 소그룹은 가치가 아니다.

결말을 의미하지 않는 결말

둘째, 가치들은 결말을 의미하지 않는 결말이다. 예를 들면, 소그룹 모임들은 그 자체가 결말이 아니며 결론을 얻기 위한 도구이다. 그러나 결말은 공동체가 될 수 있으며 그것은 가치이다. 그러므로 만일 당신이 어떤 것을 가치로 결정을 내리기 원한다면, '이것은 결론인가 아니면 결론을 내리기 위한 도구인가?'라는 질문이 도움을 줄 것이다.

당신이 해야 하는 이유, 무엇을 해야 하는가를 설명한다

셋째, 가치들은 해야 하는 이유와 무엇을 해야 하는 지를 설명해 준다. 다시 말하지만 소그룹은 당신이 할 수도 있는 것이다. 그러나 당신이 해야 하는 이유는 공동체처럼 가치이다. 만일 당신이 어떤 것이 가치인지 결정을 내리기 원한다면, 당신이 해야 할 것 혹은 당신이 하고 있는 것에 대한 이유를 결정해야 한다. 후자는 가치가 될 것이다.

가치들의 종류들

우리는 지금 핵심 가치와 신념의 정의에 대해 논의하고 있다. 이것은 우리에게 가치 발견 과정에 도움을 준다. 그러나 우리가 그 과정으로 넘어 가기 전에 우리는 서로 다른 가치의 종류에 대해 논의함으로서 그 정의를 더욱 연마할 필요가 있다. 우리는 일곱 가지의 시험을 통해 이것들을 보강하게 될 것이다.

의식적 가치들 대 무의식적 가치들

모든 교회의 핵심 신념은 의식적인 단계, 혹은 무의식적인 단계가 존재한다. 내 경험으로 볼 때 대부분 교회의 성도들은 그들의 가치를 깨닫지 못하고 있다. 이것을 무의식적 단계에 있다고 말할 수 있다. 그러므로 리더십을 통해 성도들로 하여금 교회의 가치에 대해 무의식의 단계에서 의식의 단계로 이동시켜

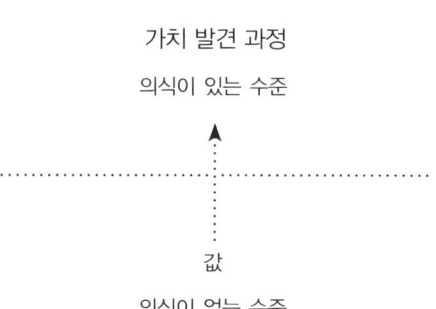

야만 한다. 이것이 가치 발견의 과정이다. 사역하는 성도들이 목회의 가치가 좋은 것인지, 아니면 나쁜 것인지 알고 선언할 때, 그들은 그들을 인도하고 영향을 주는 목회 가치에 대한 의식적인 단계에 있음을 깨닫게 된다. 성도들은 왜 우리가 그 일을 하며, 우리가 무엇을 해야 할 지에 대한 질문에 대해 비평적인 답을 할 수 있게 된다.

공유된 가치들 대 공유되지 못한 가치들

공유된 가치는 목회에 있어 본질적으로 영향을 준다. 반면에 공유되지 못한 가치는 목회에 손상을 가져온다. 처음 창시자는 공공의 목적들을 이끌어 가지만, 점점 그 공동의 목적들로부터 멀리 떨어진 곳으로 인도해 간다. 피터스Peters와 워터만Waterman이 쓴『탁월성을 탐구하면서』*In Search of Excellence*라는 책에서 "나는 회사가 사원들이 가지고 있는 매우 큰 에너지와 능

력들을 조직이 어떻게 잘 이끌어낼 수 있는가에 대한 질문을 얼마나 자주 하는가에 의하여 성공과 실패의 차이가 생긴다는 것을 믿는다. 사원들 서로가 가지고 있는 공공의 목적들을 깨닫기 위해 무엇을 해야 하는가?"57) 공유된 가치는 공동의 목적이라는 열리지 않는 문을 열 수 있는 열쇠이다. 만일 지도자들과 같은 비전을 공유하고 사역을 형성해 가는 사람들이 함께 할 때, 그들은 그들의 사명과 비전을 이룰 수 있다.

개인의 가치들 대 조직의 가치들

사람들은 가치를 가지고 있다. 그리고 사람들이 구성하고 있는 조직들도 가치를 품고 있다. 교회가 어떤 모습을 가져야 하는지에 대해 성도들은 다양한 신념들을 주장한다. 이것들은 개인적 그리고 조직적인 가치이다. 그리고 그들은 그것을 이용한다. 예를 들면 새로운 교회를 찾을 때 나타난다. 왜냐하면, 교회는 성도들로 구성되어 있기 때문에, 교회는 성도들의 가치를 집약시켜야만 한다. 역동적인 사역을 감당하는 교회들은 대부분의 성도들이 함께 공유하고 있는 가치를 발견해야 한다는 사실을 깨닫게 될 것이다. 갈등 속에 있는 교회들은 대부분의 성도들이 같은 가치를 가지고 있지 않다는 사실을 발견하게 될 것이다.

스텝들에게도 마찬가지이다. 연구해 보면 스텝들의 핵심 가치들은 담임목사뿐 아니라 교회의 가치들과 같이한다. 그들은 사역에 더욱 많은 헌신을 하며, 더 작은 충돌을 경험하고, 더욱 능동적인 사역 태도들 가지고 있으며, 더 큰 직업 만족도를 경험한다. 결론적으로 만일 당신이 목회자이거나 스텝이라면, 그리고 이런 문제로 고민하고 있다면, 대부분 가치문제일 것이다.

---

57) Thomas J. Peters and Robert H. Waterman Jr., *In Search Excellence* (New York: Warner, 1982), 281.

현실적 가치들 대 염원적 가치들

지도자들과 그들의 사명자들은 모두가 실제적인, 그리고 염원을 담은 가치들을 가지고 있다. 현실적인 가치들은 사람들 자신이 가지고 있는 신념이며 매일의 삶의 실천이라고 말할 수 있다. 그것은 실제reality이다. 사도행전 2장 42-47절에 있는 예루살렘 교회의 핵심 가치는 실제적이다. 왜냐하면, 누가는 그들은 "그들 자신을 헌신했다"42절라고 기록하고 있다. 염원적인 가치들이란 지도자들이나 성도들 모두가 아직 실천하지 못한 신념을 말한다. 그것들은 이루어지기를 소망하는 것들이다. 예를 들면, 교회는 하나의 가치로서 복음 선포를 리스트에 올려놓게 된다. 왜냐하면, 교회가 복음을 전하는 교회가 되기 위해 필요하다는 것을 알기 때문이다. 그러나 그 교회 성도들은 일 년 동안에 어느 누구 하나 복음 선포하지 않는다. 그들에게 있어서 복음 선포는 염원적인 가치가 된다. "푸딩을 증명하라"라는 속담은 원하지 않는 것을 실천하는 것이다.

지도자들과 그의 교회가 선포했던 것들은 현실적인 가치들이다. 그래서 성도들은 그들이 이끌어 가는 것이 무엇인지를 알고 있다. 더욱이 혼재해 있는 현실적 그리고 염원적인 가치들에 대해 판단을 하게 된다. 성도들은 무엇이 가치이고, 무엇이 가치가 아닌 것을 알고 있다. 신념이 실제적인 가치라고 말하는 것은 염원적 가치가 통합적인 문제가 될 때 나타난다. 그러나 그것은 당신이 당신의 염원적인 가치를 전달할 수 없다는 것을 의미하지는 않는다. 단지 당신은 무엇이 염원적인 가치들이며 무엇이 현실적인 가치들인가를 확실히 구분할 수 있다는 말이다. 부록 D에 있는 '노스우드 커뮤니티 교회의 신앙고백은 어떻게 그것을 할 수 있을까'에 대한 하나의 예이다. 염원적인 가치들은 그들 다음에 별표를 받는다.

당신은 위의 두 단락을 통해 염원적 가치란 대부분 나쁜 것이라고 가정을 할 것이다. 하지만 그렇지 않다. 염원적 가치들은 상향식이거나 하향식일 수 있다. 대등할 수 있다. 현실적 가치들은 교회가 무엇인가를 확인해 주는 반면에, 염원적 가치들은 누가 그렇게 되기를 원하는가를 확인하고 나타내준다. 교회가 염원적 가치들이 아닌 현실적 가치들을 확인할 때, 어디로 가야할 것인지, 그 가치들을 실현하고 이행하기 위해 왜 새로운 사역을 추진해야 하는지를 전달한다. 이것이 상향식이다. 하향식이란 교회가 염원적 가치들이 현실적 가치들이라고 믿거나 가정할 때, 그 자체를 속이는 것이다. 예를 들면, 그들은 복음적이지 않지만, 복음적이라고 생각한다. 그들이 이것을 믿는 한 그들은 복음적이지 않다는 것을 바꿀 수 있는 좋은 기회이다.

하나의 가치 대 다양한 가치

모든 조직은 다양한 가치들을 가지고 있다. 그들은 수 백 개의 신념들을 가질 수 있다. 그러나 나머지 사람들을 이끌어 가고 리더십을 발휘하는 하나의 가치를 가진 사람들에게는 별난 일이 아니다. 다음에 나오는 표에서 보듯이 이것은 가치의 단일화라고 일컬어진다. 이것은 단 하나의 가치이며 교회를 단일화시키기고 중앙의 추진력을 전달할 수 있도록 제공하는 조정된 가치이다. 이것은 가치들의 힘을 증명한다. 이것은 목회자의 역할, 성도들의 역할 등에 관해 설명해 준다. 누가 가치들이 교회에 중요하지 않다고 말하는가?

나는 다음에 나오는 표에서 북미 복음주의 교회들을 위한 이러한 가치들에 대해 도표로 나타내었다. 주의 깊게 살펴보라. 예를 들면, 성경공부 중심의 교회가 추구하는 하나의 가치는 성경에 대한 정보, 즉 성경에 대한 지식이다. 이 가치는 목회자의 역할목회자에 대한 교회의 기대, 성도들의 역할성도들에 대한 목회자의 기대, 그리고 중요한 강조점에 차례로 영향을 준다. 계속해서 그 도표를 살펴보라. 강력하게 복음주의적인 사람들에게 나타나는 하나의 가치는 복음이다. 사회적 양심에 깊은 관심을 가지고 있는 많은 교회는 정의가 그들의 가치이다.

교회의 유형	통합된 가치	목사의 역할	성도들의 역할	핵심 강조	전형적 도구	기대하는 결과	합리성의 근거	긍정적 특성
성경공부 중심의 교회	교리	교사	학생	아는 것	OHP	교육받은 성도	주해설교	성경의 지식
전도중심의 교회	전도	전도자	데려오는자	구원	제단으로 부르심	다시 태어나는 사람	세례	잃어버린 자들을 위한 마음
경험적 교회	예배	수행자	청중	느낌	손에 잡고 있는 마이크	능력을 부여받은 성도들	영성	생명력
가정화해 중심의 교회	교제	예배당의 목사	형제 자매	속하는 것	소찬	안정된 성도들	뿌리	정체성

나는 단 하나의 가치를 갖고 추구하는 사역은 "특정한" 목회 접근방법만을 사용하고 대사명Great Commission에 대한 비전을 약화시킨다고 믿는다. 하나의 가치만을 추구하는 교회들은 성서적으로 불균형을 이룬다. 예를 들면, 성서 중심적 교회는 전도를 소홀히 하며, 반대로 영혼 구원 중심의 교회는 성서에 대한 정보가 약할 수밖에 없다. 영적인 건강, 성서적 균형을 이룬 교회, 하지만 사도행전 2장 41-47에 나오는 예루살렘 교회에 의한 증거들은 이러한 네 가지 가치들이 균형을 이룬 것을 보여준다. 네 가지 가치란 예배와 진교, 성경적 가르침, 그리고 사역과 전도이다.

전체적 가치들 대 부분별 가치들

이 책에서 내가 많이 강조한 것은 전체적 본질로서의 교회 혹은 조직이다. 그리고 이번 장의 다음 부분은 당신 교회의 핵심 가치들을 발견하는데 도움이 될 것이다. 내가 다음에 언급하는 집합적 핵심 가치들이란 독특하게 교회 전체에 나타나는 것이다. 교회 안에서 성인, 청소년, 그리고 어린이 사역과 같은 다양한 부분적 혹은 하위사역들 역시 각각의 핵심 가치들을 가지고 있다. 예를 들면, 교회는 전체적으로 잃어버린 영혼, 교회를 다니지 않는 사람들을 가치로 여길 수 있다. 이에 따라 성인 사역은 잃어버린 영혼, 교회에 출석하지 않는 사람들을 가치로 삼게 된다. 청소년 사역이 가지는 가치는 구원받지 못했거나 교회에 출석하지 않는 청소년들에게 있으며, 어린이 사역 역시 구원받지 못한 어린들에게 그 가치를 둔다. 다양한 사역들은 그들의 핵심 가치들을 발견할 필요가 있다.

사역들	가치들
성도들	잃어버린 사람들, 교회에 다니지 않는 사람들
성인 사역	잃어버리거나 교회에 다니지 않는 성인
청소년 사역	잃어버리거나 교회에 다니지 않는 청소년
어린이 사역	잃어버리거나 교회에 다니지 않는 어린이

좋은 가치들 대 나쁜 가치들

나는 가치 발견 과정을 통해 어느 단체를 이끌고 있을 때, 우리는 사역에 있어서 좋은 가치를 추구했지만, 나쁜 가치를 추구하지는 않았다. 그러나 잘못된 신념을 잘 발견한다는 것은 현명한 목회가 될 수 있도록 해 준다. 왜냐하면, 잘못된 신념들은 좋은 가치와 다른 방향으로 목회를 이끌고

가치의 종류들
의식적 대 무의식적
공유된 대 비공유
개인적 대 조직적
현실적 대 염원적
하나의 대 다양한
전체적 대 부분별
좋은 대 나쁜

갈 수 있기 때문이다. 전자에 관한 몇 가지 예는 교회가 여성보다 남성들에게, 가난한 자보다 부자들에게, 젊은 "새가족"보다는 오래 믿어왔던 사람들에게 가치를 둘 때이다. 특별히 교회의 리더십과 관련지어 볼 때, 좋은 가치를 갖는 교회는 현 상태를 유지하면서 종교적인 색채급진적 혹은 보수적를 가진 정책들이 혼재해 있으며 다른 것들도 혼재해 있다.

핵심 가치들 발견

나는 예전부터 가치가 중요한 이유와 가치에는 어떤 종류가 있는 지를 깨닫게 되었다. 그리고 이미 당신은 영향을 주는 핵심 가치들에 대해 확인했다. 이번 장에서 우리는 세 가지 질문을 연구하게 될 것이다. 누가 그 가치들을 발견할 것인가? 누구의 가치들을 발견할 것인가? 그리고 어떻게 실제적으로 가치를 발견할 것인가?

누가 가치들을 발견할 것인가?

전략적 리더십 팀은 교회의 가치들을 발견해야만 한다. 목회자들은 가치들을 알지 못할 수도 있다. 특별히 새로 교회에 부임한 경우라면 더욱 그렇다. 내가 연구한 바에 따르면 이것은 일반적으로 교회의 가치를 발견하는 데는 최소한 1년 정도가 소요된다 전략 리더십 팀에 관계하는 수많은 지도자들은 오랫동안 교회에 몸담았던 사람들이다. 그들은 교회의 가치들에 대해 감을 가지고 있으며 가치들을 발견하는데 중요한 사람들이다.

만일 소형교회라면 가치를 발견하는 과정 가운데 전체 교인들이 참여할 수 있다. 하지만 당신이 리더십 팀에 참여하는 한 그렇게까지 할 필요 없다. 또한 나는 목표를 어디에 둬야할지 결정하기 위해 일 년 뒤 다시 그 가치들을 살펴보도록 충고해 주고 싶다.

누구의 가치들을 발견할 것인가?

이번 장의 중요한 요점은 교회와 교회의 지도자들이 무엇보다도 소중하고 그들의 전략적 생각하기와 행동하기를 결정짓는 중요한 신념을 발견하도록 돕는데 있다. 그러나 교회의 가치는 개인적 그리고 공동적인 교회의 단계 모두에 존재한다. 그리고 교회의 가치들은 각각 개인의 가치들의 요약이다. 그래서 우리는 양자를 모두 살펴볼 필요가 있다.

개인의 조직적 가치들

개인의 조직적 가치들은 사역 조직을 구성하고 있는 성도들의 현실적 핵심 신념들이다. 이것은 가치들을 끌어내고 다시 사용하는데 본질적인 것이며, 그 가치들을 살펴보는데 어려움을 겪게 된다. 개인의 조직적 가치들은 세 단계로 존재한다. 첫 번째 단계는 전형적인 교회에 출석하고 있거나 등록된 성도들의 가치이다. 그들의 개인의 조직적 가치는 그들의 현재 교회에 대해 행복하도록 결정을 하고 새로운 교회를 찾아 정착할 곳을 지시해 주기도 한다. 두 번째 단계는 은퇴목사와 사례를 받는 전문 목회자, 경우에 따라서는 자원 봉사자까지 포함한 스텝들을 이야기한다. 그들의 핵심 신념은 교회의 미래를 결정하며, 교회 전체에 영향을 주며, 어떻게 하면 그들이 함께 사역을 잘 감당할 수 있는가를 결정한다. 마지막 단계는 교회의 위원회를 이야기한다. 비록 교회와 전통에 따라 개인의 조직적 가치들이 다르다고 할지라도, 위원회의 본질적인 신념들은 얼마나 오랫동안 그 팀이 교회에서 사역을 감당할 것인지 결정을 내리는 목회 팀에 속한 사람들에게 주로 영향을 주며, 궁극적으로 교회의 일반적인 방향성을 결정한다.

각각의 단계에 속한 사람들은 그들의 가치들을 깨닫게 됨으로서 큰 이익을 얻는다. 그러나 현실 속에서 단지 목회를 감당하는 스텝들과 팀원에 속한 성도들은 현실적으로 이것을 성취한다. 일반적으로 다른 일로 바빠 예배만 참석하는 성도들과 단순히 등록된 성도들은 그들의 가치를 발견하려는 노력을 하지 않는다. 이것은 그들에게 매우 새롭고 중요한 요소다. 특별히 스텝으로 헌신하는 사람들은 각각 그와 그녀의 자리들을 발견해야만 한다.

신학 교수로서 내가 가지고 있는 목표 가운데 하나는 신학교에 있는 동안 미래의 목회자들이 자신의 가치를 발견할 수 있도록 도움을 주는 것이다. 나는 그들에게 비록 궁합이 잘 맞는 결혼이라고 할지라도 그들의 가치를 잠재력을 가진 교회와 접목시키도록 가르치고 있다. 위원회 역시 현명해 지기를 원한다면 그들도 자신들이 가지고 있는 가치를 확실히 알고 무엇보다 소중한 신념들을 발견해야만 한다. 위원회로서 그들은 같은 비전을 품고 있는가? 그들의 가치가 스텝의 가치, 그리고 교회의 가치와 같은가?

이것은 가장 중요한 의문점을 불러일으킨다. 만일 위원회의 회원들, 목회자들, 혹은 스텝들이 찾아낸 개인적 핵심 가치들이 교회의 가치들과 부합되지 않는 경우가 발생한다면 어떻게 할 것인가? 여기에는 최소한 네 가지 답을 할 수 있다. 첫 번째 방법은 그들이 발견한 개인적 가치들을 교회에 맞게 바꿔 볼 수 있다. 이것은 시간이 다소 걸릴 것이다. 두 번째 방법은 교회의 가치들을 바꾸려고 시도할 것이다. 이것은 다소 시간이 걸릴 뿐 아니라 유익이 되기보다는 오히려 더 실망을 주게 될 것이다. 세 번째 방법은 발견한 가치들을 그대로 놔두고 교회가 공유하고 있는 가치들을 발견하는 방법이다. 가장 최고의 방법같이 보이는 네 번째 방법은 개척할 때 그들이 공유하고 있던 가치, 예컨대 사도행전 2장 41-47절과 같은 가치들을 찾아보는 것이다. 이것은 좋은 선택사항이 될 수 있다.

공동의 조직적 가치들

공동의 조직적 가치들은 염원적인 것이 아니라 실제적인 것이며 전체 교회의 가치이다. 이러한 공동의 조직적 가치들은 우리가 주로 이 책에 다루고자 하는 내용이다. 지금까지 나는 공유된 신념들을 확인할 수 없는 단체나 교회와 함께 일해 본 적이 없다. 그러나 많은 사람들이 저지르기 쉬운 실수는 목회자나 지도자가 교회의 가치를 세우거나 그 새로운 가치를 사람들에게 서서히 스며들 수 있도록 하는 능력을 가졌다고 생각하는 것이다. 핵심가치들은 사람들이 단순히 구입할 수 있는 것이 아니다. 그들은 이미 가치들을 가지고 있으며 지도자가 해야 할 일은 가치가 무엇인지를 발견하거나 확인시키는 것이다. 발견 과정은 판매할 수 있는 것도 아니다. 다시 말 하건데, 공동의 조직적 가치들은 실제적인 가치이지만, 염원적 가치는 아니라는 점이다. 지도자들이 반드시 해야 할 일은 실제적인 가치를 발견하는 것이며, 성도들이 그 가치를 추구할 수 있도록 인도하는 것이다. 그리고 가치를 공유하지 못하는 사람들이 다른 어떤 곳으로 떠나가도록 하는 것이다.

내가 이야기했듯이, 나는 사람들이 그들의 가치를 변화시킬 수 있다고 믿는다. 우리의 삶 가운데 다양한 시간에 우리의 가치를 시험하고 변화시킬 때, 변화된 가치를 통해 삶을 살아간다. 이것은 주로 대학이나 신학교에 다니는 기간 동안 일어난다. 몇몇 기독교 부모들은 그들의 자녀들을 공립대학에 보낼 때 이러한 두려움을 느낀다. 전략 기획 과정은 교회가 핵심 가치들을 발견하고 재검토하는데 시간이 걸린다. 그러나 내가 이미 언급했듯이 가치를 바꾸는 것은 시간이 오래 걸린다. 블랭가드Ken Blanchard는 새로운 가치를 적용하는 데는 2년 혹은 3년 이상 걸린다고 믿고 있다.58) 콜린스Eliza Collins는 3년에서 8년의 시간이 걸린다고 이야기한다. 나는 2년에서 4년 정

---

58) Blanchard and O'Connor, *Managing by Values*, 31, 108, 121.

도 걸린다고 이야기한 바 있다. 나의 생각에는 지도자들이 반드시 해야 할 일은 성도들이 가치를 발견하고 가치에 동의하는데 의도적으로 도움을 주는 것이다. 그녀나 그가 해야 할 일은 새로운 가치를 창조하거나 형성하는 데 있지 않다. 이제 당신은 무엇이 가치인지 발견하고, 무엇을 할 수 없는지를 살펴보아야 한다. 새로운 가치들을 형성하는 것은 이 과정 다음에 올 필요가 있다.

실제적 핵심가치 발견하기

나는 몇 가지 그들의 가치를 조직교회가 발견할 수 있도록 몇 가지 기술을 이용할 것이다.

하나의 접근방법은 다른 몇 개 교회의 가치 선언문이나 신앙고백을 살펴보는 것이다. 몇 개의 예는 부록H에 실려 있다 어떤 사람들은 이 페이지를 뛰어 넘어갈 수 있겠지만, 그것들을 가지고 확인하고 당신 가치들과 가장 유사한 것들을 찾아보라.

다음은 내가 상담했던 교회에 적용했던 두 번째 방법이다.

1. SLT가 이번 장의 처음 두 부분에서 핵심 가치에 대한 중요성과 정의에 대해 다루었던 자료들을 검토하라. 나는 먼저 사람들에게 그들의 신념을 확인하도록 동기를 부여했으며 두번째는 그들이 추구하고 있는 것이 무엇인지 깨닫고 이해하도록 도움을 주었다. 담임목사는 이 자료들을 통해 그들을 이끌어 갈 필요가 있으며 정신적으로 잘 소화할 수 있는 시간을 줄 필요가 있다.

2. SLT는 두 번째 핵심 가치 유형 검사, 즉 회중과 개인이 평가할 수 있는 검사를 활용하라. 부록I 에서 찾아볼 수 있다 그들은 제목과 설명을 제외하고 실제로는 같다. 개인의 유형 평가는 개인적 가치들을 확인하는

데 도움을 주고, 조직의 유형 평가는 교회의 가치들을 확인하는데 도움을 준다. 나는 각각의 팀원들이 그녀 혹은 그가 가진 가치들과 교회의 가치들이 일치하는지 비교해 볼 것을 요청한다. 만일 그들의 가치가 일치하지 않는다면 교회에 다니는 것이 행복하지 않을 것이며 그 반대도 마찬가지이다.

3. 스토리보딩1장에서 과정의 도구 부분을 보라은 당신 교회의 가치들을 확인하는데 도움을 줄 것이다. 스토리보딩은 가치 발견에 가장 효과적인 도구이다. 이것은 창조적 생각하기를 포함하고 있는 브레인스토밍과 함께 진행된다. SLT는 조직의 핵심 가치 유형 검사의 결과를 기초로 가치들을 언어화하고 8X6인치 카드에 그것들을 기록하여 스토리보드에 고정시킨다. 그리고 나서 우리는 비평적 생각을 통해 구조조정을 실시한다. 팀원들은 서로 유사하거나 같은 것들은 확인하여 폐기시킨다. 뿐만 아니라 어떤 염원적 가치들을 삭제해 버린다. 휴식기간을 갖는 동안 팀원들은 가장 중요하다핵심적인고 생각되는 가치들 위에 빨간색의 스티커를 붙인다. 우리는 그저 스티커의 숫자만 계산하면 된다.가장 많은 스티커를 얻은 것이 승리하게 된다 이러한 거사를 실시한다는 것은 어떤 그룹의 가치들을 확인하기 위해 충분하다.

당신의 실제적 가치 발견하기
가치에 대한 정의와 중요성 이해하기
개인의 핵심적 가치 검사하기
회중의 핵심적 가치 검사하기
스토리보딩을 활용하여 개발하기

그렇다면 어떻게 염원적 가치들을 발견할 것인가?

1. 내가 선호하는 방법은 교회의 실제적 가치들과 교회의 영적 건강, 성경적 기초와 비교하는 것이다. 이에 대한 가장 큰 예는 사도행전 2장 41-47의 예루살렘 교회이다. 그 말씀에서 누가는 교회의 비평적 핵심 가치를 자세히 나열하고 있다. 예배, 친교, 성경적 가르침이나 교리, 전도와 사역, 그리고 봉사이다. 그리고 묻는다. 우리의 가치들 가운데 놓친 것은 무엇인가? 어떤 부분이 부족하다고 생각하는가?대부분 전도와 사역이다 그 답은 당신의 염원적 가치들을 제공해 준다. 그 목표는 이러한 염원적 가치들이 시간이 지남에 따라 실제적 가치로 변화하는데 있다.

2. 염원적 가치들을 발견하는 또 다른 방법은 팀원들에게 한 페이지 정도 완벽하고 영적으로 성숙한 교회가 되기 위해 그들이 품고 있는 비전을 적어 보도록 하는 것이다. 이것은 "당신이 품고 있는 것"이라는 프로그램이다. 당신은 '만일 당신이 하나님을 위해 부제한적인 도구를 이용하여 교회를 개척하고자 한다면 어떤 교회처럼 되고자 하는가?' '어떤 것이 가치가 되어야 하는가?'라는 질문을 던져야 한다. 당신의 염원적 가치는 현재 당신의 모습당신의 현재 모습 확인이 아니라 당신이 되고자 하는 것당신의 미래 모습 확인을 드러내 준다. 당신이 염원적 가치에 관해 생각했듯이 그들은 당신의 교회를 최근 교회와 구별되는 새로운 사명으로 인도한다는 것에 주목하라. 그것은 아마도 대사명이 될 것이다. 어떤 것이 사명이 될 것인가? 만일 전도와 사역이 당신의 핵심 가치에 실제적으로 힘을 주거나 이끌어가지 못한다면 대사명은 염원적 가치로서 최고이다.

염원적 가치 발견을 위한 두 가지 방법
첫 번째 방법 • 염원적 가치에 대한 본성 이해하기 • 교회의 실제적 가치와 초대 예루살렘 교회의 가치 비교하기 • 무엇이 중요한 실제적 가치에서 빠졌는지 확인하기
또 다른 방법 • 염원적 가치에 대한 본성 이해하기 • 완전하고 영적으로 성숙한 교회에 대해 써 보기 • 교회의 가치 확인하기

염원적 가치들 발견하기

내가 어떤 교회의 가치들을 발견하는데 처음으로 도움을 주었을 때, 그들의 최종적인 신앙고백 가운데 어떤 염원적 가치들을 담은 리스트를 주지 않았다. 나는 그 사람들이 실제적 가치들을 모르고 있었고 확실치 않거나 모르고 있는 것들은 지울 것이라고 생각했다. 하지만 나는 나의 마음을 바꾸었다. 이제 나는 여덟 개의 가치들 가운데 두 개의 염원적 가치들을 선택하라고 이야기한다. 그리고 가치선언 안에 그들은 명백하게 염원적 가치에 '우리가 염원하는 가치'라는 용어를 사용함으로써 별을 달거나 각주를 달거나 또 다른 지적 사항을 기입한다.

아마도 다음에 오는 예들은 당신의 연구에 도움을 줄 것이다. 먼저 펠로우쉽 바이블 교회Fellowship Bible Church의 예이다. 다른 교회들이 한 가지 가치를 가진 반면에 이 교회는 두 가지를 가지고 있다. 나는 윌로우 크릭 교회Willow Creek Church는 열 가지의 가치를 가지고 있으며 성도들의 사랑과 가치는 잃어버린 영혼을 위한 것, 특별히 교회에 출석하지 않는 잃어버린 영혼들에 대한 가치는 다른 교회와 구별되는 가치라고 믿고 있다. 이것은 교인들을 이끌어 가고 교회를 찾도록 만든다. 다른 교회와 구별되는 가치들은 다음과 같다.

은혜의 철학

당신은 하나님의 수용을 받아들일 자격이 없다. 단지 예수 그리스도를 믿는 믿음을 통해 하나님은 당신을 받아들인다. 교회는 성도들에게 동기를 부여하기 위해 죄에 초점을 맞춰서는 안 된다. 하지만 주님께 감사와 사랑의 마음으로부터 흘러나오는 선한 삶을 살도록 용기를 북돋워야 한다.

그리스도의 자기형상

당신은 긍정적 자기 형상을 가질 수 있다. 이것은 당신 그 자체가 아닌 예수 그리스도 안에서 당신을 향하신 하나님으로부터 나온 것이다.

펠로우쉽 바이블 교회(달라스, 텍사스)

잃어버린 사람들

하나님이 보시기에 잃어버린 사람들은 똑같이 우리에게도 잃어버린 사람들이다

윌로우 크릭 교회(베링턴, 일리노이주)

준비된 교인

건물을 넘어선 사역 – "모든 교인들은 사역자이다"

헤리테이지 교회(몰트리, 조지아주)

가정

우리는 하나님께서 기독교의 신앙을 영속시키기 위한 도구 중에 하나인 가정의 영적인 양육을 지원한다. 딤후1:15

노스우드 커뮤니티 교회(달라스, 텍사스)

나는 달라스 외곽에 위치한 그래이프바인Grapevine의 펠로우쉽 교회의 가치들을 싣지 못했지만, 웹사이트에서 교회의 정보와 가치들을 읽을 수 있었다. 대형교회이며 현대 교회에 관한 독특성은 창조성에 있다는 것을 볼 수 있다. 그들의 갈망은 그리스도를 위해 창조적으로 그들의 지역 공동체에 다가가는 것이었다. 그리고 그들은 매우 독특한 주말 예배를 제공할 뿐 아니라 교회 공동체를 구성하고 있는 교인들에게 강력하고 적절한 주말예배를 제공하고 있다. 가치 있는 창조성은 다소 방해가 될 수 있다. 그들은 성서에서 그것을 찾아냈다는 것에 놀란다. 나의 대답은 하나님의 특징에서 찾았다. 그는 창조하신 하나님이다.창세기 1장과 2장을 보라

모든 교회가 하나나 두 개의 독특한 가치를 알고 언급하는 것은 아니다 몇몇의 경우에서 이것들은 부정적인 가치가 될 수 있다. 이 모든 것은 그들의 실제적인 핵심 가치들을 발견하고 결정하는데 교회들에게 근거를 제공해 준다.

가치 발견에 따른 후속조치

당신의 실제적 핵심 가치들을 발견한 것은 당신의 DNA나 정체성을 그려내는 것이다. 그들은 당신이 누구인가를 설명한다. 이제 당신은 당신 교회 문화의 중요성과 왜 해야 하며 무엇을 해야 할 것인지를 알아야 한다.

당신은 먼저 당신이 선택한 가치들이 어디에 있는지 먼저 생각하라. 당신의 사명과 비전을 성취해 가는데 가치들은 당신 교회를 어떻게 이끌어 갈 수 있는가? 혹은 가치들은 당신 교회를 어떻게 이끌어 갈 수 있는가? 혹은 가치들은 당신의 또 다른 사역과 비전을 이끌어 가는가? 나의 항해 비유로 돌아가서 당신의 가치들은 당신의 배를 올바른 항구로 인도해가

는가?

각각의 가치들이 내부에 초점을 맞추고 있는지 외부에 초점을 맞추었는지 검토하라. 내부에 초점을 맞춘 가치들과 외부에 초점을 맞춘 가치들을 균형을 이루어야 한다. 내 경험으로 볼 때, 내부에 초점을 둔 가치들을 가진 교회들은 실제로 정체하거나 없어졌다. 외부에 초점을 둔 가치들을 가진 교회들은 성장하지만, 영적 깊이가 없다. 영적으로 건강한 교회들은 사도행전 2장 41-47절에 언급한 예루살렘 교회처럼 양자의 균형을 잡으려는 경향이 있다. 건강한 교회의 외부에 초점을 둔 한 가지 가치는 전도이다. 나는 강력한 전도를 이야기하는 교회가 다른 가치들을 유지하기 위해 노력하는 것보다 전도를 유지하기 위해 두 배 혹은 세 배의 노력을 하고 있다는 것을 언급했다.

가치 발견의 결과

가치 발견의 결과라는 개념은 실제적 가치로서 예루살렘 교회의 핵심 가치를 교회가 실제적 가치로 채택하기 위한 것이다. 하지만 나의 경험으로 볼 때, 이것이 결코 교회에 채택된 적이 없지만 항상 실천하고자 하는 가치들이다.

이번 장의 이번 부분은 "가치의 종류"이다. 나는 대부분 모든 교회가 다른 교회보다 탁월하고 목회자들의 역할, 교인들의 역할 그리고 다른 본질적인 교회의 역할에 영향을 주는 단 하나의 가치를 갖는 것이 적합하다고 생각하지 않다고 이야기했다. 내가 중요하게 생각하는 것은 모두 똑같은 가치들이 아니라는 것이다. 하나 혹은 두 개 정도의 가치들은 다른 교회보다 월등할 수 있고 교회에 더욱 강력한 영향력을 줄 수 있다. 이런 점에서 가치들을 발견하는 과정 가운데 만일 당신이 아직 준비되지 않았다면, 당신 교회가 가지고 있는 최고의 가치를 확인하기 위해 당신 교회를 즉시 살펴보라고 충고한다.

또한 교회들이 어떤 독특한 교회의 ㄱ치들을 가지고 있을 수 있다. 다음에 나오는 몇 가지 질문들은 당신의 가치들을 결정하는데 도움을 줄 것이다. 당신 교회는 어떤 독특함을 가지고 있는가? 이것은 지역 공동체 내에 있는 다른 교회와 어떤 차이점이 있는가? 이것은 교인들에게 어떤 영향을 주는가? 왜 사람들은 다른 교회를 지나쳐 당신 교회로 차를 몰고 오는가? 그들은 무엇을 찾고 있는가? 이런 질문에 대해 답을 하면 당신 교회 역시 답을 찾을 수 있을 것이다.

핵심 가치 선언문 개발

전에 팀 회원들이 그들의 사역에 대한 핵심 가치를 발견한 후 그 다음 단계는 회중의 남은 사람들에게 선포하는 것이다. 이것은 부록 D에서와 마찬가지로 가치 선언문 혹은 신앙고백의 형태로 선포해야 한다. 이번 주제는 이에 대한 준비와 과정 모두를 포함하고 있다.

준비

팀이 발견한 가치들을 선포하기 위한 준비는 두 부분으로 나뉜다. 첫째, 당신은 누가 그 신앙고백을 개발시켜야 하는지 결정을 내려야 한다. 나의 경험으로 이러한 가치를 성취하려고 하는 사람들은 연장자이거나 그 팀을 이끌고 있는 목회자라는 사실이 드러난다. 그는 최소한 처음 기초를 세우는데 있어서 사명 선언문을 작성하거나 기록하는 자로서의 역할을 담당한다. 비록 전략 기획 팀에 관여하는 어떠한 스텝과 위원회의 위치에 있다고 해도 그가 책임자로서의 기능을 감당할 것이다. 이것은 그들에게 가치 있는 정보를 제공해 주며 주인의식을 얻도록 해 준다.

둘째, 당신은 왜 당신이 신앙고백을 작성하고 기초를 잡아야 하는지에 대해 생각해야만 한다. 기록된 가치 선언문은 몇 가지 점에서 목회에 이익을 준다. 하나는 리더십의 권위를 갖는 가치에 영향을 준다. 또한 중요한 신념을 기록해 내는 것은 더욱 큰 명료성을 제공해 준다. 그리고 여러 감각적인 문화 속에서 좋은 전달을 위해 기록된 신앙고백문은 기본적인 것으로 기억된다.

과정

명백히 규정된 가치를 신앙고백으로 개발시키는 과정은 네 단계로 이루어진다.

1단계 : 가치인지 형식인지 결정하라

첫 번째 단계는 그 팀이 그 형식이 아니라 가치를 가지고 사역하고 있다는 사실을 확신시키는 것을 포함하고 있다. 예를 들면, 부록 C에 있는 신앙고백 가운데 하나는 하나의 가치로서 소그룹을 이야기하고 있다. 실제로 소그룹은 가치를 표현하거나 함축하고 있는 형식이다. 그러나 소그룹 그 자체는 가치가 아니다. 당신은 하나의 형식으로 소그룹에 가치를 두려고 하지만, 소그룹은 가치라고 말할 수 없다. 성도들 스스로 가치들을 가지고 있는 당신의 가치를 거절하지는 못한다.[59] 핵심 가치에 대한 정의를 기억하라. 가치는 변함이 없으며, 열정을 가지고 있으며, 목회를 이끌어 가는

---

[59] 일반적으로 그들은 그들의 가치를 평가하는 것에 실수를 저지르고 만다. 우리는 복음전파를 위한 특별한 방법, 설교 유형, 우리가 공동체를 섬기는 방법, 소그룹, 성경을 공부하는 방법 등과 같은 모든 것에 가치를 부여한다. 그러나 그것들은 가치들이 아니다. 설명을 다시 듣고자 한다면 이번 장의 가치들의 정의부분으로 다시 돌아가라.

성서적인 핵심 신념이라는 사실을 기억하라. 가치와 거리가 먼 소그룹은 성서적인 공동체나 전도 혹은 다른 어떤 기능을 감당할 수 있다. 이 질문에 대해 결정을 내리도록 하는데 또 다른 방법은 '그 아이템이 목표에 대한 질문이거나 목표를 이루기 위한 수단인가?' 하는 질문이다. 소그룹은 그들 스스로가 추구하는 최후의 목적은 아니다. 소그룹들은 목적, 즉 성서적인 공동체나 다른 어떤 기능들을 이루려는 도구이다. 또는 질문하라. '왜 우리는 그것을 해야 하며 우리는 무엇을 해야 하는가?' 그 대답은 가치들이다.

현실적 가치 결정하기

	가치(Value)	형식(Form)
예	성서적 공동체	소그룹
목적	목적	목적을 위한 도구들
답	왜?	무엇?

2단계 : 가치들의 숫자를 결정하라

두 번째 단계는 가치의 숫자를 결정하는 것이다. 당신은 당신의 선언문 안에 얼마나 많은 가치들을 기록할 것인가를 결정할 필요가 있다. 만일 당신이 스토리보딩 과정을 이용한다면, 빨간 스티커를 나누어 주기 이전에 당신은 이에 대해 결정을 내려야만 한다. 왜냐하면, 얼마나 많은 스티커를 각각의 사람들에게 나누어 줄 것인지 결정을 내려야 하기 때문이다. 나의 연구 결과에 따르면 대부분의 교회들은 5개에서 10개로 결정을 하는 것 같다. 이례적으로 LA에 가까운 새들백 교회Saddleback Valley Community Church는 열일곱 개의 가치를 결정했다. 콜린스James Collins와 폴라스Jerry Porras는 그의 책『목적 세우기』Built to Last에서 우리에게 여섯 개 이상의 가치를 넘기지 말며 대부분의 비전 있는 캠페인은 더 적었다고 충고하고 있다.60) 블랭카드 Blanchard와 하지Hodges는 "만일 당신이 성도들에게 인상을 심어주려고 하지만 셋 혹은 네 개의 가치 이상은 성도들이 초점을 맞추지 못했다"라고 조사결과를 이야기한다.61) 엄지손가락의 법칙은 가치가 작을수록 더 좋다는 것이다. 나 역시 여섯 가지의 실제적 가치들을 추천한다.

3단계 : 신앙고백 형식에 관해 결정하라

세 번째 단계는 신앙고백의 형식을 결정하는 단계이다. 이것은 당신이 어떻게 신념을 기술할 것인가에 영향을 준다. 이에 관해 부록 D에 있는 신앙고백을 참고하거나 나의 책으로 위원회에 대한 샘플을 포함하고 있으며 서로 다른 몇 가지 형식들을 취하고 있는 가치선언문을 보여주고 있는『리더십을 이끌어가는 가치』Values-Driven Leadership에 있는 부록광범위한 실례가 포함되어 있다을 참고하라. 나는 당신이 미리 몇 개의 신앙고백을 적어보고 그 중에서 가장 좋은 것을 선택하라고 제안하고 싶다. 여하튼 당신은 그 선언문이 단순하고, 명료하며, 솔직하고 강력함을 유지하도록 노력해야만 한다.62) 나는 몇몇 성서의 구절들을 포함하는 가치 선언문을 인용했다. 대부분 부록에서 그렇게 했다 그리고 텍사스의 라르도에 위치한 그레이스 바이블 교회 Grace Bible Church처럼 적용하라.

4단계 : 신앙고백 형식을 시험하라

마지막으로 신앙고백 형식을 시험해보라. 다음과 같은 질문을 던져보라. 이것은 흥미를 불러일으킬 수 있는가? 이것은 단순하고, 명료하며, 솔직하고, 강력함을 갖추고 있는가? 너무 많은 가치를 가지고 있는 것은 아닌가?

---

60) James C. Collins and Jerry I. Porras, *Built to Last* (New York: Harper Business, 1994), 74, 219.
61) Ken Blanchard and Phil Hodges, *The Servant Leader*(Nashville: Thomas Nelson, 2003), 50.
62) Ibid., 74.

핵심 가치들 전달하기

당신은 당신의 사역을 위해 완전한 신앙고백을 개발하고 가치 선언문을 개발한다. 그러나 성도들이 이것을 이해하지 못한다면, 또는 어느 누구도 그것을 전달받지 못한다면, 이것은 시기를 잡지 못하고 결국 사멸되고 말 것이다. 당신은 가치 전달 과정에 모든 교인들이 참석하도록 권면해야만 한다. 그러나 위원회와 스텝을 포함한 목회 팀은 모든 기관과 접촉할 수 있는 능력을 갖추고 있다는 것이 교인들에게 전달과정에 참여할 수 있도록 하는데 중요한 책임을 갖고 있다는 것을 이해해야 한다.

신앙고백 개발 과정
■ 가치인지 형식인지 결정하라 ■ 가치의 숫자를 결정하라 ■ 신앙고백 형식을 결정하라 ■ 신앙고백 형식을 시험하라

다음은 교회가 그들의 가치를 전달하거나 선출하는 몇 가지 방법들이다.

지도자의 삶과 본을 보임

기록된 신앙고백

설교들

형식적 그리고 비형식적 대화

이야기들

게시판

적합한 목사들

교회 안내장

자료 연습

슬라이드-테잎 제안서

오디오와 비디오 테잎들

스킷과 드라마

새신자 모임

신문

평가 실행

나는 빙산의 일각만을 제시할 뿐이다. 교회의 가치들을 전달하기 위해 단순하게 제한하는 것은 결국 창조적인 능력을 제한하는 것이다. 텍사스주 러벅[Lubbock]에 있는 베이컨 하이스트 침례 교회[Bacon Hights Baptist Church] 목사인 조플린[Jerry Joplin]은 교회 안에 성도들의 발과 손으로 핵심 가치를 줄 수 있는 암벽타기 코스를 만들었다.

반영, 토의, 그리고 적용을 위한 질문들

1. '왜 가치들이 중요한가?'에 대해 미처 이번 장에서 언급하지 못한 이유들을 추가할 수 있는가? 가치란 무엇인가? 어떤 이유가 다른 이유들보다 월등히 더 중요한 이유가 있는가? 있다면 무엇인가?
2. 실제적 가치와 염원적 가치의 차이점은 무엇인가? 어떤 것이 당신의 목회를 이끌어가는가? 왜 그런가?
3. 당신의 목회에 있어서 누가 목회의 가치를 발견할 책임이 있는가? 목회 팀에서 중요한 사람은 누구인가? 누가 중요한 결정을 하는가? 목회의 가치를 발견하는데 있어서 그들의 역할은 무엇인가?
4. 당신의 목회에 있어서 핵심 조직적 가치들이 무엇인지 알고 있는가? 만일 그렇다면 그들은 무엇인가?
5. 어떤 사명이 당신의 가치들을 이끌어 주는가? 대사명인가? 아니면 또 다른 사명인가?
6. 사람들을 교회로 유혹하는 다른 모든 교회와 구별되는 하나의 가치가 있는가? 만일 그렇다면, 무엇인가?

7. 어떤 염원적 가치들에 대한 리스트를 가지고 있는가? 만일 그렇다면 얼마나 많고 무엇인가?

8. 교회는 교회의 핵심가치를 알고 있는가? 만일 그렇다면, 그 가치들은 무엇인가? 스텝을 선출하는 과정에서 교회는 그 가치들을 사용하고 있는가?

7

목회 전략 소개하기
INTRODUCING THE MINISTRY STRATEGY

어떻게 사명과 비전을 이루어 갈 것인가?

『버팔로의 비행』*Flight of the Buffalo*이라는 책에서 블라스코Belasco와 스테이어Stayer는 "지속적으로 성장한다는 생각은 미국의 병이다"63)라고 주장했다. 비록 내가 다른 국가들도 마찬가지고 이런 갈등 속에 있다고 생각하지만, 미국은 심각하게 삶의 초기부터 이런 질병에 감염되었다. 우리들에게 단순히 더 많은 몇 개의 당근과 완두콩을 먹이기 위해 우리들에게 용기를 북돋워 주고 저녁식탁을 치우려는 것이 우리 부모의 열망이었다. 우리가 겪는 고통은 우리에게 좀 더 많은 노력을 기울일 것을 가르쳐 주며, 우리가 이루고자 하는 A라는 것을 우리 다음 세대에 반드시 이룰 수 있다는 것을 가르쳐 준다. 실제 경기가 펼쳐지는 축구장 밖에서 코치는 우리에게 다음 주에 더 열심히 할 것을 우리에게 충고한다. 그리고 우리는 결국 승리를 하게 된다. 블라스코와 스테이어는 지속적으로 성장할 것이라는 생각은 나쁘지 않지만, 그런 생각을 갖게 된다면, 당신은 새로운 비전과 사명을 위해 생각하지 않게 될 것이라고 지적한다. 지속적으로 성장할 것이란 생각은

---

63) James A. Belasco and Ralph C. Stayer, *Flight of the Buffalo* (New York: Warner, 1993), 138.

비전과 사명을 전혀 갖지 않는 빈약한 생각이다. 또한 지속적으로 성장할 것이라는 생각은 옛 전략, 옛 방법을 가지고 시작하며 뿐만 아니라 새로운 비전과 사명을 옛 전략과 옛 방법으로 시도하려고 한다는 것을 의미한다. 문제는 무엇을 할 수 있게 된다는 당신의 비전을 포함하여 당신이 가지고 있는 당신의 패러다임에 대한 모든 문제들과 한계를 가져오게 된다는 점이다.64)

  항해사들은 여러 가지 생각할 겨를이 없다. 그렇지 않으면 그들은 바다 밑바닥이 아니라면 절망 속에서 바다에서 길을 잃어버린 자신을 발견하게 될 것이다. 그들은 가야할 항구를 가지고 출발한다. 그리고 어떻게 항해할 것인지도 결정해서 출발한다. 그것이 전략적 항해이다. 전략적으로 생각하는 항해 지도자들은 앞을 바라본다. 그들은 그들의 사명과 비전을 가지고 시작한다. 왜냐하면, 목회가 어디로 가야 할지에 대해 정확하게 표현하고 그림을 그려야 하기 때문이다. 다음으로 그들은 단지 그들이 질문했던 판단력을 가지고 과거를 돌이켜 본다. 그리고 지금 '우리는 어디로 가야 할 지', 그리고 '거기에서 어떤 일이 일어날 것인가?', 그리고 '어떻게 우리가 행동을 해야 할 것인가?'에 대해 알고 있고(사명) 볼 수 있다.(비전) 여기에서 "과거를 살펴보라"라는 것은 전적으로 새로운 전략을 개발하라는 의미이지, 옛 것을 다시 추구하라는 의미는 아니다. 블라스코와 스테이어는 "미래로부터 과거를 살펴본다는 것은 전략적으로 생각할 수 있는 능력을 준다. 왜냐하면, 그러한 통찰력은 오늘날 당신이 처한 한계 상황으로부터 벗어날 수 있도록 해 주기 때문이다"라고 계속해서 이야기한다.65)

    전략적 과정을 추진하기 위해 준비하는 과정에서 우리는 주의 깊게 목회 분석을 해야 한다. 분석은 무엇이라는 것에 대해 증명하거나 영속시키는 것을 제공하는 것이 아니라 무엇을 할 수 있느냐는 것에 관한 생각을 할

---

64) Ibid.
65) Ibid.

수 있도록 우리에게 결점을 보게 하고 동기를 부여해 준다. 우리는 무능함을 뒤로 한 채 할 수 있는 것부터 시작한다. 그리고 나서 우리는 전략에 관해 질문을 던진다. 즉 어떻게 하면 우리가 원하는 곳에 들어갈 수 있는가? 만일 우리가 전략적으로 생각하고 지속적으로 성장할 것이라는 안일한 생각을 하지 않는다면, 우리는 우리의 과거로부터 앞으로 전진하는 것이 아니라 미래의 통찰력을 가지고 과거를 살펴보는 것으로부터 시작해야 한다.

이번 장의 목적은 지도자들이 표현하고 꿈을 꾸며 그들이 보는 것을 실현하기 위해 '어떻게 전략을 개발할 것인가?'에 대해 지도자들에게 가르쳐 주는 것이다. 지도자들은 구약 성경과 신약 성경 모두를 통해 인도함을 받으며 전략에 따라 목회를 하게 된다. 비록 이스라엘 백성들이 다소 빗나가고 불순종했을지라도 모세는 광야를 통과하는데 이스라엘 백성을 전략적으로 인도했다.출3 느헤미야는 느헤미야 3-6장에서 예루살렘 성전의 벽과 문들을 재건하기 위한 그의 전략을 밝혔다. 예수님은 그의 제자들을 선출하고, 양육하고, 사역을 위해 파송할 때, 전략에 따라 인도하고 목양을 했다. 마태복음 28장 19-20절에서 예수님은 교회에게 교회의 사명을 주신다. 그리고 사도행전에서 누가는 어떻게 교회가 전략적으로 그 사명을 수행하는지 보여주고 있다.66)

전략적으로 생각하기와 행동하기 과정 가운데 이번 단계에서 목회에 대한 근본적인 질문들은 다음과 같다. 우리가 원하는 곳에 들어가기 위해 우리는 어떻게 해야 하는가? 어떻게 우리는 우리의 목회에 대한 꿈을 이룰 것인가? 어떻게 하나님은 하나님의 목적을 성취하시기 위해 이러한 목회를 사용하시는가? 어떻게 우리가 가야할 항구에 성공적으로 항해할 것인가?

네 가지 과정
사명 개발하기
비전 개발하기
가치 발견하기
전략 디자인하기

---

66) 나는 전략에 대한 신학을 제시할 시간과 공간을 할애하지 못했다. 이에 대해 더 알고 싶다면, 나의 책 『전략 2000』*Strategy 2000* 제 4장을 참고하라.

그에 대한 답은 매일의 삶에 영향을 주며 교회를 지도해 나갈 수 있는 조직적이고도 전략적인 결정을 내리기 위한 안내를 제공해 주는 성서적, 전략적인 건축물이다.

이번 장에서 나는 전략에 대한 네 가지 근거를 발견하고 정의를 내림으로서 전략에 대한 개념을 소개할 것이다. 다음 5개의 장을 통해 그 과정을 형성하는 다섯 가지 요소를 제시할 것이다.

전략의 중요성

당신이 의미 있고, 부담이 큰 전략을 개발하기 전에 당신과 다른 목회 팀원들은 전략이 중요하다는 사실을 확신해야만 하고, 당신은 그 중요성에 대한 인식의 필요성을 가져야만 한다. 그렇지 않으면 이러한 노력도 허사가 될 것이다. 전략은 많은 이유에서 중요하다. 여기서는 다섯 가지를 제시할 것이다.

1. 사명과 비전을 성취한다

모든 교회는 부분적으로 사역과 프로그램을 반영하는 전략을 가지고 있다. 교회는 반드시 질문을 던져야 한다. 그것은 좋은 전략인가? 일반적으로 나쁜 전략은 비전 혹은 사명을 반영하지 않는 것들이다. 비록 사람들이 사역에 대한 동기를 갖고 실행하지만, 대부분은 목적에서 벗어난 일을 하고 있기 쉽다.

좋은 전략은 교회가 사명주님이 명령하신 대사명과 비전을 성취할 수 있도록 교회에 능력을 불어 넣어주는 수단이다. 전략은 영적으로 어디에 있든지 간에 구원을 잃어버렸든지 구원을 받았든지 하나님께서 원하시는 곳 성숙 속으로 그들을 도달시키기 위해 성도들을 움직이게 한다. 그러므로 좋은 전략은 실천할 수 있도록 해 준다. 즉 좋은 전략은 하나님이 설정해 놓으신 성서적 사명을 교회가 성취하는데 도움을 준다.

2. 이해를 용이하게 해 준다

회중 가운데 사람들은 "왜 우리가 그 프로그램에 참가해야 하는가? 왜 우리는 주일학교 수업이나 소그룹 모임, 또는 예배 때에 참석해야하는가? 여기에서 우리는 무엇을 해야 하는가?"에 대한 생각을 가지고 있다. 교회를 설립하고 갈등에 빠져 있는 몇몇 오래된 성도들 가운데, 그 누구도 이러한 질문에 대한 답을 가지고 생각해 본 것이 없다. 그들이 자주하는 답은 "우리는 항상 그 방법으로 해 왔다"이다. 이러한 교회들의 목회 프로그램은 일반적으로 그들의 건물 외벽을 하얀색 페인트로 겹 칠하는 것과 같이 많은 층위에 층이 존재해 왔다. 그러한 교회는 그 누구도 오래된 계층을 긁어내기 위해 시간을 가지려 하지 않는다. 그러나 결국 제일 낮은 위치에 있는 계층들은 설 자리를 잃어가고 결국은 영향을 미치게 된다.

교회의 목회 전략은 목회의 모든 프로그램을 통해 실천해 가며, 함께 시도하고 성도들에게 의미를 부여하려고 한다. 당신이 보았듯이 지도자들은 전략에 관한 프로그램을 구성한다. 그들은 성도들로 하여금 프로그램에 참여하도록 하며, 그 프로그램을 실천할 수 있도록 몇 가지 전략들을 디자인 한다. 예를 들면, 지난 번 내가 목회했던 교회의 사명과 비전의 핵심은 대사명이었다. 각각의 프로그램은 그 대사명을 성취하는데 헌신하도록 몇 개의 전략으로 구성되어 있다. 우리 교회의 소그룹들은 성서적 공동체를 준비하기 위한 프로그램으로 구성되어 있었다. 주일학교는 성서의 깊은 가르침을 인식할 수 있도록 프로그램을 구성했으며, 예배 프로그램은 예배를 드릴 수 있는 기회를 제공하며, 하나님으로부터 오는 말씀을 잃어버린 영혼과 구원을 갈망하는 사람들이 인식할 수 있도록 구성되어 있다. 그리고 우리 교회의 모든 성도들이 전체를 위해 각각의 헌신을 이해하고 알기를 우리는 갈망하고 있다.

3. 영적 추진력을 제공해 준다

1994년에 길리암Bob Gilliam은 오늘날 교회들이 제자를 만들고 있는지 확인하기 위해 영적 여행의 평가를 개발했다. 그는 이를 위해 플로리다Florida에서부터 워싱톤Washington에 이르기까지 무작위로 거의 35개 교회에 출석하고 있는 4,000명의 성도들에게 질문을 던졌다. 분석 결과 길리암은 다음과 같이 이야기하고 있다. "교회에 출석하고 있는 대부분의 사람들이 영적으로 성장하고 있지 못했다. 조사에 따르면 24퍼센트의 사람들은 그들의 행위가 나빠졌다고 답했으며 41퍼센트의 사람들은 그들의 영적 성장에 '정체' 상태에 있다고 답했다."[67] 결국 응답자의 65퍼센트가 자기의 영적 성장을 반성해 볼 때, 정체 혹은 쇠퇴의 위치에 있다고 답했다. 이러한 기독교인들은 주님과 함께 한다는 느낌을 가지고 있지 않았다. 하지만 교회의 전략을 이해하고 있는 성도들은 제자가 되며, 전략에 동참한 사람들은 하나님과 함께 걸어가면서 영적으로 성장한다는 사실을 경험했다.

릭 워렌Rick Warren 목사는 그의 교회의 전략을 조명해 보기 위해 야구의 다이아몬드를 이용한다. 그 교회는 각각의 교인들에게 1루에서 홈까지 돌아올 수 있는 그들만의 방법으로 사역하도록 도전을 주고 있다. 첫 번째 베이스에서는 알고 있는 그리스도를 설명하기, 두 번째 베이스는 그리스도 안에서 성장하기, 세 번째 베이스에서는 그리스도 섬기기, 그리고 마지막 홈베이스에서는 그리스도 공유하기이다. 각각의 베이스에서 요구하는 것을 깨닫고 있는 성도들처럼 그들은 성취 뿐 아니라 활동을 경험하게 된다.

---

[67] Bob Gilliam, "Are Most Churches Intentionally Making Disciples?" Finding from the Spiritual Journey Evaluation (March 29, 1995): 1.

그들은 "주저앉아 흠뻑 젖거나" 물을 밟는 것이 아니고 주님과 함께 앞을 향하여 걸어간다. 이와 동시에 그들은 영적으로 어느 단계에 서 있는지, 정확하게 어디로 가야할 필요가 있는지를 알고 있다. 그것이 영적 목회 추진력이다.

4. 하나님의 자원을 올바르게 투자한다

하나님의 자원이란 하나님의 백성, 특별히 그들의 재능, 시간, 그리고 물질을 이야기한다. 물론 하나님은 사람을 의지하지 않지만 하나님의 목적을 선택하신 하나님의 백성을 통해 이루신다. 첫째, 그는 우리의 재능을 이용하신다. 그는 우리 각자를 독특하게 창조하셨다.욥10:8-9, 시119:73, 사29:16, 사64:8 이러한 기획은 영적인 은사, 재능, 열정, 기질, 그리고 또 다른 요소들롬12장, 고전12장, 엡4장과 같은 것으로 구성되어 있다. 하나님은 사역을 위해 이러한 우리들의 특징들을 사용하실 수 있다.

둘째, 하나님은 우리의 시간을 이용하신다. 우리들 중 어느 누구도 그 혹은 그녀가 매일 행해야 하는 모든 것을 성취하기 위해 충분한 시간을 가지고 있다고 느끼는 사람은 아무도 없다. 우리는 항상 시간이 부족한 것처럼 보인다. 그러나 하나님은 우리의 시간을 조정하시며 그의 프로그램을 성취시키기 위해 풍성한 필요를 제공해 주신다.잠16:3

마지막으로 하나님은 우리의 물질을 이용하신다. 우리가 가진 모든 것은 하나님의 은혜로운 손으로부터 나온다.고후9:10 그리고 하나님은 교회와 하나님의 나라를 건설하기 위해 우리의 재정을 사용하실 수 있도록 특별한 은혜를 우리에게 주신다.고후8-9장

그래서 어떻다는 것인가? 사역에 있어 우리의 재능, 시간, 그리고 재물을 사용하여 헌신하는 제자를 만든다는 전략을 가지고 있지 않다. 뿐만 아니라 하나님의 자원을 잘 사용하지 않고서는 좋은 성과를 기대할 수 없다.

아마도 하나님은 성도들로 하여금 사역의 현장에서 자유로운 헌신을 위한 전략을 가지지 않는 교회는 문을 닫기를 원하실 것이다. 그런 교회는 문을 열어 놓은 채 하나님의 기획에 그들의 축복을 투자하는데 방해만 하게 될 것이다. 아마도 우리는 오래된 전략이나 갈등에 휩싸인 사역이 있다면 그만 둘 필요가 있으며 오히려 성도들이 제자 삼는 것에 흥미를 갖고 열정을 가진 새로운 교회를 시작하는 일에 은사, 시간, 물질을 사용하는 것이 올바른 투자이다.

5. 하나님이 주신 축복을 드러내 준다

2장에서 나는 변화의 신학에 관해 논의했다. 나는 그 개념을 다시 살펴보기를 원하고 심사숙고하여 내린 중요성을 전략에 적용해 보기를 원한다. 나는 복음 전도, 예배, 친교, 그리고 또 다른 영원한 것들과 절대 변할 수 없는 것들과 같은 교회의 기능에 대해 논의했다. 그것들은 1세기에 유효했던 것처럼 21세기에도 유효하다. 그러나 그러한 기능을 가진 것들은 교회의 전략을 구체화 시키고, 시간을 뛰어 넘고 반드시 변화를 일으키기 위해 모든 노력을 기울이는 역할을 감당하게 된다. 예를 들면, 하나님은 1800년대 미국에서 복음전도에 대한 혁신적인 전략의 형식이나 방법으로 여겨지는 전도 집회를 이용하셨다. 또한 하나님은 피니Charles Finney와 같은 유명한 사람을 하나님의 사람으로 개종시키셔서 사용하시고 전도자들은 1940년대와 1950년대 성공을 거두었다.

21세기 초에 이러한 형식들은 그들이 예전에 사용했던 것만큼 북미에서 효력을 발휘하지는 못했다. 그리고 우리는 또 다른 더 영향력을 발휘하는 형식이 그 자리를 대신하는 것을 관찰할 수 있다. 이에 대한 한 가지 이유는 우리의 시대와 문화는 변화한다는 점이다. 사람들은 지금과는 다르다. 시대가 변화하는 것처럼 모든 종류의 사람들에게 다가갈 다양한 방법이 필요하다. 하나님은 변화를 통해 주권적으로 선택하셨다. 교회와 사역을 연구하기 위한 환경적 이해는 우리에게 도움을 주고 도전을 준다. 그래서 우리는 현재 하나님이 축복하시고 사용하시는 전략적인 방법을 발견해 낼 수 있다. 이것은 아마도 더 좋은 전략화를 이루며 우리의 목회 공동체에 있는 성도들에게 다가가는데 도움을 줄 것이다.

전략의 정의

나는 전략을 당신의 사역이 어떻게 당신의 사명을 성취할 수 있는가를 결정하는 과정이라고 정의를 내린다. 이러한 정의는 사명, 과정과 관련되어 있으며 '어떻게?'라는 질문에 대한 대답과 관련이 있다.

사명

위에서 내가 이야기했듯이 모든 전략은 사명을 필요로 한다. 사명이 없는 전략은 목적지가 없이 비행하는 것과 같으며 비행기 조정사가 비록 이륙했다고 할지라도 어디로 갈지 모르는 것과 같다. 좋던 좋지 않던 간에 모든 교회는 전략을 가지고 있으나 사명을 가지고 있지 않는 교회가 있다. 이것은 이상하게 보일지 모르나 만일 전반적으로 수많은 북미 교회를 연구해 본다면 당신은 대부분의 북미 교회가 명백한 사명을 가지고 있지 않거나 교회를 인도하는데 강력한 의식이 없다는 것을 발견하게 될 것이다. 어떤 교회는 사명과 전략을 혼동해서 사용하는 경우도 있다. 예를 들면, 만일 당신이 기능에 대한 질문, 즉 "실천을 위해 우리는 무엇을 지원해야 하는가?"라고 질문을 던진다면, "성경을 공부한다"라는 대답을 듣게 될 것이다. 성경을 공부하는 것은 매우 중요하다. 그러나 이것은 교회의 사명이 아니라,

전략의 한 부분일 뿐이다.

  5장에서 사명 개발 단계를 아래 단계에 놓는 것처럼, 그리스도는 교회의 사명을 마태복음 28장 19-20절, 마가복음 16장 15절, 누가복음 24장 45-49절, 그리고 사도행전 1:8에서 이미 미리 결정해 놓으셨다. '제자 삼으라!'는 명령은 곧 대사명이다. 그러므로 모든 교회는 정기적으로 세 가지의 비평적 질문을 스스로에게 던져야만 한다.

  1. 교회의 목표가 무엇인가?
  2. 이것을 우리가 해야 하는가?
  3. 만일 그렇지 않다면, 왜 그렇지 않아야 하는가?

  나의 관점은 북미의 너무 많은 교회가 대사명에 대한 몇 가지 관점을 전문화하는 "틈새 교회"가 되어 버렸다는 것이다. 그들은 양질의 성경 가르침이나 양질의 상담이나 수준 높은 친교를 갖는다. 하지만 북미의 교회들이 전체적으로 대사명에 대한 잘못된 인식을 가지고 있다. 나의 개인적 사명 가운데 중요한 부분은 그리스도가 그들에게 명령하신 것을 다시 교회에 소명으로 불어 넣는 것이다.

과정

  전략은 사람을 영적인 조산早産으로부터 그리스도의 형상이나 성숙으로 움직이는 과정이다.마28:19-20, 엡4:11-13, 골1:28, 골2:6-7 그가 혹은 그녀가 영적으로 어디에 있을지라도구원받지 못함, 구원, 그리고 미성숙 하나님께서 어떤 사람이 되기를 바라시는 곳영적 성숙까지 움직여 주시는 것을 포함한다. 이러한 과정은 그 사람의 영적 삶의 여정의 한 부분이다. 일평생 걸릴 수도 있다. 우리가 성장해 감에 따라 우리는 다음 현상들을 통해서 성장해 간다.

현상 1 : 조산⁽비개종⁾
현상 2 : 새로 태어남⁽개종⁾
현상 3 : 성숙⁽헌신⁾

목회자들과 교회의 지도자들이 성도들을 제자화시킨다는 것에 대해 이야기할 때, 이것은 일반적으로 이러한 현상들이나 1루 베이스나 2루 베이스에 있는 성도들, 즉 젊은 사람들, 새신자들, 정열적인 사람들을 포함시키기도 한다. 이 책과 이번 장의 전략적 목적은 몇몇 사람을 선출하자는 것이 아니고 제자화의 과정에 전체 교회가 함께 해야 한다는 것이다. 전략적 목표는 교회의 모든 성도들을 그리스도의 제자가 되게 하기 위해 도전을 주고 가능성을 열어 주는 교회 전체 프로그램⁽"하나의" 프로그램이 아닌 교회의 "그" 프로그램을 말한다⁾을 함께 시도하려고 한다.

어떻게

교회의 비전과 사명은 '**무엇**'이라는 질문에 관한 답이다. 우리는 실천을 위해 무엇을 지지해야 할 것인가? 그리고 우리는 어떤 교회가 되기를 원하는가? 전략은 우리에게 그런 실천해야 할 것에 대해 어떻게 해야 할 것인가에 대해 답을 준다. 좋은 전략은 '**어떻게**'에 대한 답을 준다. 이것은 교회가 사명을 성취할 수 있는 종합적인 과정이다. 전략은 사역의 목표를 성취하는 것을 의미한다. 만일 교회의 사명이 제자를 삼는 것이라고 한다면, 전략은 어떻게 교회가 제자화를 시킬 것인가에 대해 방향을 잡아가도록 해줄 것이다. 이것은 어떻게 교회가 조산아로부터 성숙에 이르기까지 사람들을 이동시킬 것인가에 대해 포함된 모든 것을 설명해 준다.

전략의 종류

전략에 대해 정의를 내릴 때, 이것은 전략에 있어 서로 다른 종류가 존재한다는 사실을 깨닫게 하는데 도움을 준다. 하나는 개인적 전략이다. 기독교인들은 그의 삶속에서 하나님의 목적을 성취하기 위해 개인적인 전략을 가지고 있어야만 한다. 교회의 전략은 개인적인 기독교인들이 성숙하도록 그의 혹은 그녀의 책임을 경감해 줄 수는 없다. 또 다른 전략의 종류는 관료적 형식주의나 프로그램식이 될 수 있다. 교회의 전체 전략을 기획하는데 있어서 교회는 각각의 사역, 각 부서, 또는 프로그램에 대한 전략을 필요로 한다. 예를 들면, 성인, 청소년, 그리고 어린이의 사역은 교회의 핵심 가치DNA들을 가르쳐 주고 그들 자신의 사명과 비전을 개발하기 위한 전략이 필요하다. 하지만 그들은 핵심 가치, 사명, 비전과 모순되지 않는 전체적인 전략의 우산 밑으로 데리고 와야만 한다.

이번 장과 다음 장은 주로 교회의 전체적 혹은 광범위하고 유기적인 전략에 초점을 맞추게 될 것이다.

당신의 사역을 위한 전략 개발하기

이제 당신은 왜 전략이 당신의 사역에 있어서 중요하며 정확하게 전략이 무엇인지를 알게 되었다. 당신의 독특한 목회 환경을 위해 이제는 일반적이고 전체적인 전략을 개발하는 것에 대해 논의할 때가 왔다.

전략적인 비전 품기를 위한 준비 단계와 전략적 생각하기와 행동하기 과정에서 초기 단계들은 전략 개발에 의미 있는 충격을 준다. 예를 들면 목회 분석은 오래된 전략에 대한 유효성을 평가하며, 새로운 전략에 대한 영향력에 대한 평가를 해 준다. 영적 발달은 전략을 세우기 위한 영적 기초를 제공해 준다. 당신의 핵심 가치들은 전략을 이끌어 간다. 사명은 전략의 방향성을 설정하며 성취를 위해 추구해야 할 전략을 결정한다. 그리고 비전은 전략에 에너지를 공급해 준다.

전략에 대한 초기 단계에서 발생하는 충격

단계	충격
1단계 : 핵심가치들 발견하기	전략을 이끌어 감
2단계 : 사명 발견하기	전략의 반향
3단계 : 비전 창조하기	전략에 에너지 공급

가치들, 사명, 그리고 비전은 영원하며 쉽게 변하지 않는다. 비록 비전이 약간의 변화를 가져올 수 있으나 그의 핵심은 변하지 않는다. 일반적인 전략에 있어서도 똑같이 적용된다. 전략에 대한 핵심적 요소들 공동체, 제자화, 팀 구성하기, 사역의 장, 그리고 재정은 변하지 않는다. 이것들은 전략을 구성하는 중요한 요소들이다. 하지만 그들은 시대에 때라 약간의 변화를 줄 수 있다. 예를 들면, 첫 번째 핵심 요소는 공동체이다. 그 요소는 변하지 않는다. 거기에 항상 사역 공동체가 존재하지만 공동체 자체는 변하게 된다. 변화하는 세상 속에서 교회의 사명을 수행하기 위해 연습, 구조, 시스템, 그리고 정책들과 같은 것을 포함하고 있는 일반적인 전략은 시간이 흐름에 따라 변하게 된다. 사역이 갖는 전략이 냉담한 반응을 얻게 될 때, 이것은 부서지기 쉽고, 부패하기 시작한다.

전략이 중요한 다섯 가지 이유

사명과 비전을 성취한다
이해를 용이하게 해 준다
영적 추진력을 제공한다
하나님의 자원을 올바르게 투자한다
하나님이 주신 축복을 드러낸다

일반적으로 전체적인 전략 구조는 다섯 가지의 특별한 활동을 포함하고 있다. 이에 대해 나는 다음 다섯 개의 장에서 논의할 생각이다. 그 다섯이란 사역 공동체 개발, 제자 만들기, 꿈의 팀 세우기, 최고의 장을 결정하기, 그리고 필요한 재정을 충당하기이다. 이러한 각각의 요소들은 중요한 전략적 질문을 하게 된다.

1. 우리는 누구에게 다가가야 하는가?
2. 그들을 위해 우리는 무엇을 시도할 것인가?
3. 그들을 위해 누가 이것을 해야 하는가?
4. 어디에서 이것을 이행해야 하는가?
5. 비용은 얼마나 들겠는가?

반영, 토의, 그리고 적용을 위한 질문들

1. 전략이 당신 교회에 중요하다는 저자의 주장에 당신은 동의하는가? 어떤 것이 가장 강력하게 보이는가? 최근 당신의 프로그램과 사역이 당신의 전략에 관해 무엇을 말해 주고 있는가?
2. 당신은 저자가 말하는 전략에 대한 정의에 동의하는가? 만일 그렇지 않다면, 당신은 무엇을 바꾸고 싶은가? 전략적인 비전 품기 과정에 공급해야 할 필요한 전략적 요소는 무엇인가?
3. 저자는 앞부분에서 전략을 바꿔야만 한다고 언급했다. 이러한 변화의 종류에 당신은 마음이 열려 있는가? 회중은 어떤가?
4. 전략에 대한 핵심 가치들, 사명, 그리고 비전에 영향을 미치는 것은 무엇인가? 그리고 이러한 영향력의 중요성을 이해해야 하는가?

8

교회 지역 공동체에 다가서기
REACHING THE CHURCH'S COMMUNITY

전략 활동 1

만일 당신이 사회학 혹은 사회 과학에 대해 연구한 다면, 나는 당신이 지리학적 공동체에 대한 이러한 개념을 확실하게 파악할 수 있다고 믿는다. 만일 당신이 나에게 '특별히 가톨릭교회에 의해 대중화 된 옛 교구 체계의 목적이나 의도가 모두 죽었다는 것을 발견했습니다. 심지어 교회 가까운 곳 혹은 주위에 살고 있는 사람들마저도 가까운 지역 교회에 출석하려는 의도를 가지고 있지 않습니다'는 질문을 하게 된다면, 당신이 '우리의 삶은 더 이상 지역 중심이 아니라'는 것에 대해 논의하기를 원할 것이다. 나는 당신의 의견에 동의한다. 또한 당신은 나에게 '지역 공동체는 한 지역, 이웃에 사는 사람들에 국한 된 것이 아니라 최근 지역과는 관계 없이 직장, 가족, 함께 스포츠를 즐기는 사람들, 또 다른 사회적 환경을 가지고 있는 사람들과 하나의 공동체를 구성하고 있다'는 점을 지적해 줄 것이다. 사실상 '얼마나 많은 사람들이 그 지역에 살고 있는가?'를 질문할

> **사역 전략 디자인하기**
>
> ■ 교회의 지역 공동체 다가서기
> ■ 성숙한 제자 만들기
> ■ 사역팀 세우기
> ■ 사역 환경 평가하기
> ■ 재정 조성과 관리

것이 아니라 '얼마나 많은 사람들이 목적의식을 가지고 혹은 의도성을 가지고 함께 살고 있는가?'를 물어야 한다. 물론 나도 같은 생각이지만, 나는 지리적인 공동체보다 더 큰 지역 공동체에 대해 이야기하고자 한다. 예를 들면, 당신이 텍사스의 달라스에 살고 있다면, 그것은 당신이 도시의 지리적인 경계 혹은 도시 안에서 살고 있다는 의미이다. 누가가 이와 유사한 의미로 예루살렘을 언급한 것에 주의하라. 훨씬 넓은 규모로 볼 때, 달라스 카운티는 유대와 사마리아와 비슷하다. 더욱이 교회에 출석하거나 잠재적으로 출석할 수 있는 사람들은 교회로부터 너무 먼 거리에 떨어진, 다시 말해서 좀 더 큰 지리적 공동체 안에 살고 있다. 아마도 반경 5, 10, 심지어 15마일 떨어진 곳에 살 수도 있다. 도시일 수도 있고, 마을, 혹은 또 다른 영역일 수도 있다. 그리고 이것은 내가 공동체라고 부르는 지리학적으로 경계를 가지고 있는 것을 말한다. 이에 대해 논의함으로서 당신에게 도움이 되기를 소망한다.

주님은 이에 대해 교회는 비밀리에 모이는 것 혹은 교회 내의 가족과 사람들에게 초점을 맞추기보다는 더 큰 모임이 되어야 한다는 것을 누가의 펜을 통해 명확하게 해 주셨다. 그럼에도 불구하고 교회는 필사적으로 주님이 필요한 잃어버린 영혼과 죽어가는 세상, 즉 외부에 더욱 초점을 맞추라는 그리스도의 방향성을 가져야 한다. 이것은 신학적으로 중요한 질문을 일으킨다. "하나님의 뜻 안에서 교회는 교회가 속한 지역 공동체에 영적인 영향력을 끼칠 의도를 가질 수 없는가?" 나는 그렇지 않다고 생각한다.

당신이 해야 할 근본적인 질문은 다음과 같다. 우리 교회가 공동체에 미치는 영향력이 갑자기 사라진다면, 교회 공동체에 남겨진 심각한 구멍은 무엇인가? 당신의 대답은 무엇인가? 멜퍼스 재단이 교회 사역 평가를 가지고 함께 작업을 했던 대부분의 교회는 전도와 사역에 회중이 참여하는 것에 약점을 드러냈다는 것에 주의하라.

마지막으로 개발팀과 함께 이 책을 통해 과정을 추진한다면, 이번 장은 공동체의 아웃리치 개발 팀이 그들의 목표를 소개할 필요가 있다는 것을 깨닫게 될 것이며 공동체의 아웃리치 전략을 개발할 것이다.

당신의 공동체에 다가서기 위한 전략을 디자인하기 위해 당신은 네 가지 질문에 답을 해야 한다.

1. 당신의 공동체에 다가서는 것에 대해 성경 무엇이라고 가르쳐 주는가?
2. 누가 당신의 공동체인가?
3. 당신의 공동체에 다가가기 위해 어떤 교회가 되어야 하는가?
4. 당신 교회는 당신의 공동체에 어떻게 다가갈 것인가?

당신의 지역 공동체에 다가서는 것에 대한 성경의 가르침

교회의 지역 공체에 다가가기에 대한 성경적 가르침을 이해하기 위해 우리는 복음서와 사도행전의 대사명을 다시 살펴보아야만 한다. 다음 표는 당신은 이미 4장에서 보았으며 나는 거기에서 성경적 사명 개발하기를 다룰 때 소개했다.

성서	누구에게 명령하는가	무엇을	누구를 위한 사역인가?	어떻게	어디서
마28:19-20	열 한 제자	가라 제자 삼으라	열방	세례 가르침	-
막16:15	열 한 제자	가라 복음을 선포하라	열방	-	열방
눅14:16-48	열 한 제자	증인이 되라	열방	회개와 용서의 선포	예루살렘에서 시작하라
행1:8	열 한 제자	증인이 되라	열방	권능을 가지고	예루살렘 유대 사마리아 땅 끝

복음

우리는 세 군데의 복음서에서 대사명을 볼 수 있다. 첫 번째는 마태복음 28장 19절이다. 거기에서 예수님은 그의 제자들에게 가서 제자를 삼으라고 명령하고 있다. 그래서 사실상 우리는 두 가지, 즉 '가라'와 '제자 삼으라'라는 명령이다.

그 구절은 명확하게 제자들이 기다리지 않고 갔다고 이야기하고 있다. 명백하게 대사명은 내부를 향한 다가서기가 아니라 외부를 향한 다가서기이다. 우리는 사도행전 1장 13절에서의 제자들처럼 우리 교회 안으로 쭈그리고 앉거나 내부에 초점을 맞추는 것이 아니다. 우리는 외부를 향해 초점을 맞추어야 한다. 이것은 교회 안으로 초청하는 것이 아니라 지역 공동체로 성육신하는 것이다. 잃어버린 사람들에게 복음을 듣기 위해 교회로 초청하지 않고서는 많은 사람이 복음을 듣기 위해 교회를 찾는 것을 기대하면 안 된다. 우리는 그 사람들이 우리에게 오기를 기다리기보다 우리가 그들에게 다가가야만 한다. 이것은 수동적인 입장이 아니며 능동저긴 입장이다. 우리는 세상을 교회로 넣으려고 하는가 아니면 교회가 세상으로 나가기를 원하는가?

마가복음 16장 15절에서 우리는 같은 구조를 발견할 수 있다. 예수님은 제자들에게 "온 천하에 다니며 만민에게 복음을 전하라"고 명령하신다. 다시 말해서 '다니며'라는 것은 우리가 수동적 입장이 아닌 능동적인 입장을 의미한다. 예수님은 마태복음 5장 13절에서 우리는 "세상의 소금"이라고 하셨다. 하지만 우리가 세상으로부터 멀리 떨어져 있다면, 어떻게 세상의 소금이 될 수 있겠는가? 마태복음 5장 14절에서 주님은 우리가 "세상의 빛"이라고 선포하고 계신다. 우리가 세상에 어떠한 빛을 비추지 못하면서 어떻게 세상의 빛이 될 수 있겠는가?

마태복음, 마가복음과는 달리 누가복음은 교회의 보호막을 벗어 던지라고 말하지 않지만 다른 두 개의 복음서에서 추론할 수 있다. 이제는 우리 교회의 성벽을 허물고 우리의 성을 벗어나 교회에 다니지 않는 사람들에게 나가야 할 때이다.

사도행전

대사명을 언급한 또 다른 곳은 사도행전 1장 8절에 기록한 예수님의 마지막 말씀이다. "오직 서영이 너희에게 임하시면 너희가 권능을 받고 예루살렘과 온 유대와 사마리아와 땅 끝까지 이르러 내 증인이 되리라" 누가복음을 썼던 누가는 사도행전에서 증인이라는 용어를 사용했다. 복음서에서 그는 '너희는 증인이라'고 말하고 있지만, 여기에서는 '증인이 되라'고 말하고 있다. 다시 말하면 당신이 된다는 말이다. 그들의 지역 공동체에 다가선다는 것이 중요하다는 것은 예루살렘 교회가 증인이 될 것이라는 점이다.

마지막 말은 지속적인 말이다. 그리고 주님은 교회의 사역 연못에 돌을 던져 모든 지리적 방향을 향해 교회를 보낸다. 이 구절은 대사명을 핵심 가치로 표현하고 있을 뿐 아니라 지역적인 면까지 포함하고 있다. 교회가 증인이 되어 가야할 곳을 이야기해 주고 있다. 이것은 지리적인 면과 함께 교회가 대사명을 가지고 가야 한다는 것을 가르쳐 주고 있다. 오히려 예루살렘에 쭈그리고 앉아 있기보다13절 교회는 바깥으로 나가 그리스도의 복음을 가지고 세계를 향해 다가가야 한다.

예수의 가르침은 인종학적 면을 포함하고 있다. 8절에서 그는 사마리아 지역을 포함하고 있다. 대부분의 유대인들은 사마리아 사람들이 지위가 낮고 그들과 상종하지 않았다.요4:7-9 갈릴리에서 유대로 가는 가장 짧은 길이 사마리아를 통해 가는 것인데, 유대인들은 사마리아를 통하지 않고 빙 돌아갔다. 그러므로 나는 사마리아라는 단어를 들었을 때, 깜짝놀라는 제자들의 얼굴을 상상할 수 있다. 예수님은 유대인 뿐 아니라 사마리아로 가서 증인이 되라고 말씀하신다.

적용

사도행전 1장 8절의 말씀을 가지고 오늘날 지역 교회는 지리적 공동체, 특별히 인종을 포함한 지역 공동체에 다가서며 사역을 펼쳐야 한다고 이야기했다. 나는 교회의 지역 공동체를 지리적으로 영적 영향력을 줄 수 있는 지역으로 정의를 내렸다. 특별히 이 질문에 답을 해야 한다. 당신 교회가 다가가야 할 사람과 지역은 어디인가? 만일 초대 교회들이 그들의 지역 공동체에 다가서기를 전략적으로 생각했다면, 오늘날 교회들도 똑같이 해야만 한다.

만일 우리가 사도행전 1장 8절을 우리의 지침으로 사용하고자 한다면, 우리는 교회가 영적 영향력을 줄 수 있는 세 가지 지리적 공동체를 발견할 수 있다. 첫째, 우리 교회와 가까운 지역 혹은 우리 교회가 위치한 지역으로 예루살렘에 비유할 수 있다. 먼저 우리는 이것에 초점을 맞추어야 한다.

둘째는 중간 정도에 위치한 지역으로 유대와 사마리아에 비유할 수 있다. 마지막으로 국제적 공동체로서 전세계를 말한다. 당시는 당신의 사역에 대한 지리학적 관점, 특별히 당신의 예루살렘을 결정하는데 지혜로워야 한다. 이에 대해 모든 교회는 다르다. 왜냐하면 각각의 공동체는 지리적으로 다르기 때문이다.

우리는 어떻게 실천해야 하는가?

성서는 그리스도의 공동체가 그들의 지역 공동체로 다가서고 복음화를 이루라고 말씀 하신 것은 명백한 사실이다. 이런 점에서 중요한 질문은 다음과 같다. 우리 북미 교회들은 그리스도를 위해 그들의 지역 공동체에 어떻게 다가서야 하는가? 교회 성장 전문 상담사인 길리안Bob Gillian은 40개의 교단에서 500개의 복음주의 교회들이 10년이 넘는 기간 동안 130,000명의 교인들이 늘어났다고 이야기했다. 그의 정보에 따르면 매년 평균적으로 복음주의 교회들이 1,700만 명의 사람들에게 전도했지만, 100명 만이 교회에 남았다. 만일 당신 보험회사를 운영하는데 판매원들이 1년 동안 1,700만 명의 사람들에게 보험 상품을 팔았다면 당신은 매우 바쁠 것이다. 이런 우스꽝스러운 이유는 너무 많은 교회들이 단순히 그들의 지역을 무시하기 때문이다. 그래서 어떻게 그리스도를 위해 복음을 가지고 우리의 공동체가 소금이 될 수 있는가? 그 답은 예수의 이름으로 위의 지역 공동체에 다가서기 위한 전략을 시작하는 것이다. 하지만 먼저 우리는 우리 공동체의 정체성을 발견해야만 한다.

당신의 지역 공동체 발견하기

남부 캘리포니아에 있는 새들백 교회Saddleback Church의 담임목사 릭 웨렌Rick Warren은 교회는 그 지역 공동체에 관해 전문가가 되어야만 한다고 주장한다. 릭 워렌이 남서부 세미나에 참석하는 동안 그의 부인이 나에게 그는 교회를 개척하기 전에 몇 달 동안 인구 통계학과 인구조사 데이터를 연구하는데 시간을 보냈다고 이야기했다. 그는 신학교 기숙사 벽에 그 데이터를 붙여 놓았고 첫 번째 질문에 대해 답을 하려고 시도했다.

당신은 어떻게 이 질문에 답을 할 것인가? 당신은 지역에 대한 분석, 교회에 대한 분석, 그리고 둘을 비교한 후 당신의 선택사항을 심사숙고 해야만 한다.

지역 공동체에 대한 분석

지역 공동체에 대한 분석은 당신의 지역에 대한 다음 질문에 대해 묻고 답하는 것을 포함하고 있다. 당신의 지역 공동체는 어디에 위치하고 있는가? 당신 지역 공동체에 누가 살고 있는가? 어떻게 당신은 그 결과를 전달할 것인가?

당신의 지역 공동체는 어디에 위치해 있는가?

'당신의 지역 공동체는 어디에 위치해 있는가?'라는 질문은 당신의 지역 공동체에 대한 자연스러운 경계선을 발견하는데서부터 시작된다. 이것은 당신의 교회에 인접한 지역을 설정하는 것이다. 당신이 일반적인 경계를 결정하기 전까지 당신의 지역 공동체에 누가 사는가에 관한 질문에 답을 할 수 없다. 다시 말하면, 당신의 공동체의 일부분이 될 수 없는 사람 혹은 배제할 사람을 결정해야만 한다. 다음에 오는 특별한 질문들은 당신의 지역에 대한 경계를 결정하는데 도움을 줄 것이다.

1. 교회 주위를 한 바퀴 도는데 얼마나 시간이 걸리는가? 안Win Arn은 걸리는 시간에 관한 연구밑에 나오는 표를 실시했다. 그는 20퍼센트의 교인들이 집에서 교회까지 차로 5분 안에 도착할 수 있는 거리에 살고 있다는 것을 발견했다. 40퍼센트는 5분에서 15분이 걸리며, 20퍼센트는 15분에서 25분이 걸리며, 17 퍼센트는 25분 이상 걸린다. 결국 대부분의 교인들83 퍼센트은 운전하여 교회까지 25분 이상 걸리지 않는 곳에 살고 있다.[68] 다년간의 수많은 교회들을 상담한 멜퍼스 재단이 경험한 바에 따르면 이 그림이 매우 정확하다는 것이다. 미국 인구 센서스 사무국U. S. Census Bureau은 직장까지 걸리는 시간을 제공하고 있다. 그것은 당신에게 유용한 도구가 될 것이다. 왜냐하면, 교회까지 걸리는 시간과 직장까지 걸리는 시간은 비슷하기 때문이다.www.quickfacts.census.gov 당신의 근교에 있는 사역 공동체를 확인하고 설정하기 위해 다양한 도로길, 고속도로, 주를 연결하는 고속도로를 연결하여 당신 교회로부터 직접 운전해보고 운전하여 20분 혹은 25분까지 걸리는 곳을 가보라. 아마도 그 경계는 당신이 살고 있는 도시에 제한될 가능성이 높다. 예를 들면, 나는 텍사스에 있는 러벅Lubbock에 있는 교회에서 사역을 했었다. 우리는 운전 시간에 기초하여 그 지역의 경계를 설정하여 사용했다. 나는 러벅보다 더 시골 지역인 미조리주의 한 교회에서 사역할 때는 운전 시간을 기초로 하여 카운티를 경계로 설정

---

[68] Win Arn, "Average Driving Time to Church," *The Win Arn Growth Report* 1, no. 20.

하여 사용했다. 나는 이것을 "자연스럽게 형성된 경계'로 언급한다. 왜냐하면, 경계를 정확하게 설정한다는 것이 어렵기 때문이다. 그래서 차를 몰고 도시의 경계 혹은 카운티의 경계를 가보는 것이 가장 좋은 방법이다. 이러한 거리를 반영한 지리학적 경계를 그려보라. 그러면 교인들과 함께 시각적으로 유용하게 이용할 수 있을 것이다. 도움이 될 만한 또 다른 접근 방법은 교회의 잠재적인 예루살렘으로 구성된 곳의 우편번호를 살펴보는 것이다. 교회의 경계를 결정하는데 우편 번호를 보고 결정하는 것은 매우 현명한 일 가운데 하나이다.

교회까지 걸리는 시간

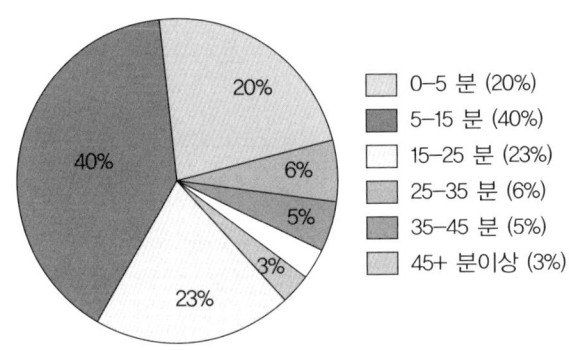

2. 당신의 교회가 위치하고 있는 지역 공동체에 대해 특징을 지을 수 있거나 특별한 이름이 있는가? 이것은 일반적으로 당신의 카운티, 도시, 작은 마을, 혹은 심지어 도시나 마을 안에서 공동체의 이름을 사용한다.

3. 당신의 근교 지역 공동체의 경계는 무엇인가? 지리학적 경계인가. 도시 경계인가, 카운티의 경계인가, 인구조사를 위한 지역인가, 우편 번호에 따른 지역인가 아니면 다른 어떤 것인가?

4. 당신의 교회는 도시 안에 위치해 있는가, 도시 근교에 위치해 있거나 시골에 위치하고 있는가, 아니면 다른 어떤 종류의 지역에 위치하고 있는가?

5. 그 지역은 오래 되었는가, 죽어가고 있는가, 신생지역인가, 성장하고 있는 지역인가 아니면, 어느 사이에 위치해 있는가? 신생, 혹은 성장하는 지역들에 대한 조사는 더 쉽게 오래되고 죽어가는 지역임을 보여 준다.

당신의 지역 공동체에 누가 있는가?

당신이 지역 경계를 설정해 놓았다면, 다음으로 당신의 지역공동체에 대한 분석을 위해 '누가 그 지역 공동체에 살고 있는가?'에 대한 질문을 던져야 한다. 그에 대한 답은 지역 공동체의 인구통계학적 연구와 심리학적 연구를 포함하여 당신의 지역 공동체 내에 누가 살고 있는지를 알 필요가 있을 뿐만 아니라 그들이 누구인가에 대해 잘 이해할 필요가 있다.

당신 교회로부터 근접한 지역을 확인하기 위해 당신은 당신 지역에 대한 인구통계학적 연구를 실시해야만 한다. 인구 통계학적 연구는 다음과 같은 외부적 정보를 제공해 준다. 중간 연령, 직업, 수입, 결혼 여부, 가정의 크기, 집, 성, 인종, 그리고 교육. 더욱이 인구통계학적 연구는 미래에 대한 기획 뿐 아니라 최근 정보를 제공해 준다.

주변의 변화는 회중들에게 흥분을 일으킨다. 새로운 소수 민족이 지역 안으로 이사를 해 오는 것은 교회 성장과 재발전에 대한 새로운 기회와 도전을 제공해 준다. 교회들은 인구통계학적 관계를 반드시 다루어야만 한다. 그러므로 인구 통계학적 분석을 업데이트한다는 것은 강력한 회중의 노력을 위한 본질적인 도구이다.

누가 지역 공동체에 살고 있는가를 안다는 것은 내가 함께 사역하고 있는 교회를 위한 것이다. 이러한 영역을 위해 다음에 인구 통계학적 질문들을 소개한다. 이에 대해 당신 살고 있는 카운티나 도시를 반영하여 답을 해보라. 이 질문은 인구 통계학적 연구에 해당하는 질문이다.

- 지역 공동체 내에 얼마나 많은 사람들이 살고 있는가?전체 인구 수
- 그 지역은 숫자적으로 성장하고 있는가, 침체인가 아니면 쇠퇴인가?
- 중간 연령에 대한 인구 비는 어떤가?
    - 5살 이하의 인구 비
    - 18세 이상의 인구 비
    - 65세 이상의 인구 비
- 평균 교육 수준은 어느 정도 되는가?
    - 고등 교육 이상의 인구 비
    - 전문대 이상의 학위를 가진 인구의 비
- 결혼한 사람들과 결혼을 하지 않는 사람들의 인구 비는 얼마나 되는가?
- 한 가정에 평균적으로 얼마나 많은 사람들이 살고 있는가?
- 자기 집을 소유하고 있는 사람과 임차하여 살고 있는 사람의 비는 얼마나 되는가?
- 여성의 인구가 더 많은가 아니면 남성의 인구가 더 많은가?
- 어떤 인종이 많이 살고 있는가? 다음의 인구 비를 확인하라.
    - 백인
    - 흑인
    - 아시안
    - 라틴/히스패닉
    - 기타
- 중산층의 수입은 얼마나 되는가?

교회는 가장 최근 인구센서스 조사를 통해 위 질문에 대한 정보들을 가장 잘 규합할 수 있다. 이 질문에 관한 대부분의 답은 교회가 속한 지역에 대해 발견할 수 있도록 해 주지만, 전체 인구에 대한 통계를 살피는데 가장 최근 정보를 이용해야 한다. 이런 점에서 지역 분석에 대한 정보를 모집할 때, 당신은 좀 더 최근 정보를 이용하는 것이 좋다.

다음 질문들은 인구센서스 조사에 근거하지 않는 유용한 정보이다. 당신은 지역 공동체 자료들로부터 찾을 필요가 있다.

- 대부분의 사람들의 직업은 무엇인가?화이트 칼라인가 아니면 블루 칼라인가
- 만일 결혼 했다면, 맞벌이 부부인가?
- 사람들은 캐주얼한 복장을 선호하는가 아니면 정장을 선호하는가?
- 대부분 여가 시간을 어떻게 활용하는가?
- 가장 좋아하는 음악 장르는 무엇인가?

좋은 인구 통계학적 연구는 당신 지역을 이해하기 위해 중요한 추가 정보를 제공해 준다. 이러한 정보를 제공하는 교단이나 스폰서를 하고 있는 단체를 통해 이러한 정보를 체크해 보라. 이것은 무료로 이용할 수 있는 것이 아니다. 하지만 적은 비용으로 당신의 지역 공동체에 관해 당신이 알고 싶어 하는 것들을 극대화시켜 알려 줄 것이다.

- 당신 지역 공동체에 누가 사는 지를 발견한 후에 당신은 그들에게 다가가기 위해 그들이 누구인지 이해해야만 한다. 당신 지역과 당신 자신에 대한 심리학적 연구는 이에 대해 도움을 줄 것이다. 심리학적 정보는 태도, 견해, 그리고 가치들을 자세하게 다룬다. 이것은 철저하게 인구통계학적 외부 정보들을 넘어 지역 공동체에 속한 사람들의 감정

과 지능, 그리고 마음과 정신의 범위까지 이르게 한다. 이것은 사람들의 신념, 감정뿐 아니라 그들의 주된 관심, 스트레스 레벨, 그리고 변화에 대한 저항과 같이 그들에게 영향을 주는 문제들을 벗겨 내준다. 당신의 공동체에 대한 이해를 얻기 위해 다음의 질문에 답을 해 보라.

- 얼마나 많은 사람들이 교회에 오지 않는가? 당신 주변의 사람들 가운데 교회의 예배에 얼마나 많은 사람들이 출석하고 있는 가를 살펴보는 것이 이 질문에 답을 찾는 방법이다. 그 지역에서 몇몇 교단은 이러한 정보를 갖고 있으며 특별히 남침례회는 가지고 있다 그 지역의 인구수에서 그 수를 빼면 된다. 그 인구비를 나타내 보라. 미국 종교 데이터 기록 보관소America Religious Data Archive 웹 사이트는 이러한 정보들을 제공하지만 회원을 가입한 후에 이용이 가능하며 실제로 예배드리는 숫자보다 덜 정확하다. 이 보관소는 비용 없이 지역 종교협회에 가입할 수 있도록 해 주고 있다. 당신은 교회에 출석하지 않는 대부분의 사람들이 청소년이란 사실을 발견하게 될 것이다.

- 그들이 가지고 있는 일반적인 예상혹은 고정관념은 무엇인가? 이런 질문을 던졌을 때, 샌프란시스코San Francisco에 있는 어떤 사람은 교회가 가장 부요하고, 세금도 내지 않고, 다른 사람을 도와주지 않기에 기생충 같다는 대답을 했다. 텍사스의 프라노Plano에 사는 한 사람은 지역에 어떠한 기부도 하지 않는다고 대답했다.

- 언제, 그리고 어떤 상황에서 사람들은 교회를 방문하려 하는가?

- 그들은 어떤 요구를 느끼며, 어떤 욕구가 교회로 그들을 인도하고 있으며, 어떤 기대를 가지고 교회에 오는가?

- 그들은 삶으로부터 깊숙이 무엇을 바라는가?그들의 소망, 꿈, 그리고 열망은 무엇인가?

- 그들은 전에 혹은 지금, 교회를 방문 후에 어떤 느낌을 받았는가?

이 질문에 대한 답들은 많은 것을 얻기가 더 어렵다. 몇몇 인구통계학적 기관들은 조금의 심리학적 정보를 제공해 주고 있다. 하지만 당신은 당신 자신의 지역의 자료, 지역에 대한 조사, 다른 사람들과 접촉을 통해 모은 일반적인 지식을 더 많이 필요로 한다. 당신 교회와 일반인들, 특히 교회에 출석하지 않는 사람들과 더 많은 상호작용을 통해 심리학적 질문에 대한 더 좋은 답을 얻게 될 것이다. 나는 부록 H에 자료들을 제공했으며, 그것은 특별한 정보를 얻도록 하는데 유용한 것들이다. 교회에 다니지 않는 친구들이나 지인들에게 이것을 이용해 보라. 만일 교회에 나오지 않는 사람들이 이름을 밝히지 않기를 원한다면, 그에게 혹은 그녀에게 인쇄하여 나누어 주고 스스로 답을 하고 회신용 우표를 주어 우편으로 그 답을 보내 달라고 부탁할 수도 있다.

인구통계학적 그리고 심리학적 정보 자료들을 제공하는 곳은 인구센서스 사무국 http://quickfacts.census.gov 이며, 인구통계학적 자료들을 얻을 수 있는 곳도 있으며, Scan/US, Inc. at http://scanus.com 그리고 퍼셉트같은 곳은 전문적 자료들을 제공하는 곳도 있다. http://percept.info 무료로 인구통계학적 자료들을 얻을 수 있는 곳도 있다. http://freedemographics.com 그리고 미국 종교 데이터 저장소같은 곳에서 정보를 얻을 수 있으며, http://thearda.com 지역 혹은 더 정확한 정보를 제공하는 곳은 유틸리티 회사, 상공회의소, 신문, 도서관들, 그리고 도시 기획국 등이 있다. 일반적으로 훌륭한 인구통계학적 자료를 『광고시대』 *Advertising Age* – 미국의 인구통계학 잡지를 찾아보는 것이 좋다.

당신은 이런 정보를 규칙적으로 수집할 필요가 있으며 최소한 일 년에 한 번씩은 업데이트를 해야 한다. 왜냐하면, 당신의 지역 공동체는 끊임없이 변하기 때문이다. 내년은 지금과는 또 달라질 것이다.

전략 기획 과정을 준비하는 가운데 당신은 교회 사역 평가를 실시했다. 2장을 보라. 당신은 내부적으로 '여기에서 어떤 일이 계속 일어나는가?'에 대해 질문을 던졌다. 이번 장은 당신이 외부를 살펴볼 것을 제안한다. 세상이 어디쯤에 와 있고, 미래에는 어떤 일이 일어날 것인가에 대해 발견하게 될 것이다. 이것은 사역이 진행되는 동안, 그리고 당신이 리더로서 사는 동안 계속해서 해야만 하는 활동이다. 당신과 교회는 항상 교회가 위치한 "그곳"에서 일어나는 일들을 알 필요가 있다. 왜냐하면, 그 정보는 무엇을 할 것인지에 영향을 주며, 특별히 전략에 있어 영향을 주기 때문이다.

이것은 "그리츠키 요인Gretzky Factor"이다. 그리츠키Wayne Gretzky는 그가 살던 시대의 가장 최고의 하키 선수였다. 그리고 그는 지금 퍽이 어디에 있는가가 중요한 것이 아니라 앞으로 퍽이 어디로 움직일 것인가가 더욱 중요하다고 믿고 있다. 좋은 지도자들은 문화가 어디로 가고 있는가에 대해 감지해야 한다. 만일 성장을 하고자 한다면 그 조직이 어디로 가야할 것인가를 알아야만 한다. 시장에서 진리라면, 교회에도 진리이다. 당신과 교회는 항상 "외부, 즉 거기"에서 일어난 일이 무엇인지 알 필요가 있다. 그래서 나는 당신과 당신 교회가 어떻게 문화 파수꾼임을 스스로 인정하게 하며 어떻게 급진적으로 변화하는 세상에 대한 문화를 해석하고 전략적으로 어떻게 응답할 것인가를 찾아보려고 시도하도록 도전 받기를 원한다.

어떻게 당신은 그 결과를 전달할 것인가

당신은 교인들에게 당신 지역 공동체에 대한 정보를 어떻게 전달할 것인가? 여기에는 몇 가지 방법이 있다.

첫 번째는 아마도 가장 객관적인 방법으로서 설교를 통해서 전달하는 방법이다. 전략적 목회 지도자들은 교회의 공동체를 구성하고 있는 성도들을 확인하기 위한 설교 시간을 갖는다. 그들은 특별히 지역에 초점을 맞춘 설교를 하거나 다른 주제들을 설교 안에 언급할 수 있다.

또 다른 방법은 지역 공동체에 대한 개요를 발전시키는 것이다. 여기에는 다음과 같은 구성 요소들이 있다. 당신의 인구통계학적인 결과에 당신의 심리학적 결과를 더하면 당신의 지역공동체에 대한 개요가 나오게 된다. 당신은 그 결과에 이름을 붙일 수 있다. 예를 들면 칼Carl에 대한 개요이다.

이것은 새들백 교회의 샘Sam 혹은 윌로우 크릭 교회의 비신자 해리Herry와 유사하다. 하지만 전형적인 사람을 창조하는 생각은 오늘날 젊은이들보다 개척 시대나 붐세대에 더 적합하다.

교회분석

당신의 지역 공동체에 대한 분석을 통해 얻은 정보를 가지고 있다면 당신은 교회 분석을 실시할 준비가 되어 있다. 이것은 당신이 누구인지를 알고, 당신이 누구인지를 이해할 수 있도록 이에 대한 정보를 찾고 전달하는 것까지 포함된다.

당신이 누구인가 알기

당신 교회에 다니는 사람들을 안다는 것은 매우 중요한 문제이다. 지역 공동체에 대한 분석을 가지고 있는 것처럼, 당신 교회의 인구통계학적 정보는 당신이 필요한 정보들을 줄 것이다.

- 당신 교인 가운데 주류를 이루고 있는 연령층은 어떻게 되는가?
    - 5살 이하의 비율
    - 18살 이상의 비율
    - 65살 이상의 비율
- 평균 교육 수준은 어떻게 되는가?
    - 고등학교 졸업자의 비율
    - 전문대학 이상 졸업자의 비율

- 결혼한 비율과 결혼하지 않은 비율은 얼마나 되는가?
- 집을 소유하고 있는 비율은 얼마나 되는가?
- 집을 임차하여 사는 비율은 얼마나 되는가?
- 여성이 더 많은가 아니면 남성이 더 많은가?
- 인종별 구성은 어떻게 되는가? 비율을 나타내보라.

  백인

  흑인

  아시아계

  라틴계, 스페인계

  기타
- 주류 가정의 수입은 얼마나 되는가?

다음 질문에 대한 답은 당신의 회중을 이해하는데 또한 도움을 주며, 당신 지역 공동체에 살고 있는 사람들과 교인들을 비교하는데 도움을 준다.

- 대부분 직업은 무엇인가? 화이트 혹은 블루 칼라인가
- 만일 결혼 했다면, 맞벌이인가?
- 사람들은 캐주얼하게 입는가 아니면 정장을 입는가?
- 여가시간을 대부분 무엇을 하며 보내는가?
- 가장 좋아하는 음악 장르는 무엇인가?

당신은 교회의 인구통계학적 정보와 당신의 지역 공동체의 인구통계학적 정보를 비교해볼 필요가 있다. 두 자료를 양 옆에 놔두라. 지역공동체에 사는 사람들과 비슷한 점과 차이점은 무엇인가? 만일 이 둘 사이에 차이점이 많다면, 교인들이 지역 공동체에 다가가기 더욱 어려울 것이다. 이런 경

우 교회는 다른 선택사항을 고려해야만 한다. 다음 장에서 세부적으로 다룰 것이다.

당신이 누구인지 이해하기

당신은 당신 교회에 출석하는 사람들이 누구인지 이해해야만 한다. 당신 교회의 심리학적 정보에 기초하여 다음 질문에 답을 해보라.

- 교인들은 교회에 관해 어떤 예상을 하고 있는가?
- 교회로 이끄는 필요가 무엇인가?
- 깊은 내면을 들여다 볼 때, 정말로 교인들은 어떤 삶을 바라며 교회에 무엇을 바라는가?
- 성도들의 희망, 꿈, 열망은 무엇인가?
- 그들이 경험했던 과거, 현재, 그리고 미래 교회에 대한 꿈은 어떤 것인가?

정보 찾기

이 정보들을 위해 여기 몇 가지 자료들을 제공한다. 교인들의 경험, 당신이 잘 알고 있는 다른 사람들의 경험, 교인들에 대한 개요, 교회의 인구통계학적 좋은 자료, "신고 엽서", 무작위적인 교인들의 샘플, 그룹에 초점을 맞추기와 교회의 기록.

정보 전달하기

당신은 어떻게 교회에 관한 정보를 교인들에게 전달할 것인가? 목회자들은 아마도 이것을 설교를 통해 전달하고자 할 것이다. 당신은 또한 이 정보를 내가 앞에서 개발한 칼에 대한 개요와 유사하게 교회 파일로 변형시켜 기억하기 좋은 형태로 요약하기를 바랄 것이다. 이것은 당신 교회의 인구통계학적 정보와 심리학적 정보를 모아야 하며 유형별로 나눠야 할 것이다. 아마도 교인 몰리와 마이크, 또는 초신자 칼처럼 말이다.

공동체 분석과 교회 분석 비교하기

이런 점에서 당신은 교인들교회 분석 혹은 파일과 지역 공동체의 사람들지역 공동체 분석 혹은 파일을 비교할 준비가 된 것이다. 가장 쉽게 비교할 수 있는 자료들은 양쪽 그룹의 인구통계학적 정보이다. 양 옆에 이 둘을 놓고 당신이 발견한 것을 보라. 당신 교회와 지역 공동체가 공통적으로 공유하고 있는 것은 무엇인가? 두 영역이 공유하고 있지 않은 것은 무엇인가? 어디에서 차이가 있으며 그 차이는 얼마나 큰가? 또한 심리학적 정보를 비교해보라. 당신은 의미 있는 차이점을 기대할 수 있을 것이다. 왜냐하면, 신앙인들과 신앙을 가지지 않는 사람들을 반영한 것이기 때문이다.

당신의 최고 사역을 위한 선택사항

당신이 누구이며 당신의 지역 공동체에 살고 있는 사람들이 누구인지에 대해 당신 교회의 선택사항을 살펴보길 원할 것이다. 만일 당신 교회가 공동체와 유사점이 없다면 어떻게 전략적으로 반응할 것인가? 특별히 인구통계학적인 차이점은 무엇인가? 아마도 당신 교회는 오랫동안 그 지역에 위치해 있었지만, 그 지역에 살고 있는 사람들의 대부분은 당신 교회가 시작하면서부터 어디론가 이사 갔을 것이다. 그 자리를 다른 인종들이 대체하여 이주하게 되었을 가능성이 높다. 당신 교회와 당신 지역 공동체를 비교한 것은 당신 공동체에 사역할 수 있는 가장 영향력 있는 방법은 무엇인가?

여기에 몇 가지 사역을 실어본다. 이것을 읽어본 후 어떤 것이 미래에 가장 영향력 있는 사역을 펼칠 수 있는지 생각해 보라. 하나님께서 당신을 통해 방향을 설정할 수 있도록 심사숙고하고 기도하라.

1. 통합합병 : 다른 교회와 합병하는 것이 더 영향력을 미칠 수 있다고 생각하는가? 나의 충고는 또 다른 선택사항 가운데 하나에 불과하다. 교회가 합병하는 것은 대단히 드문 일이다. 왜냐하면, 두 개의 교회 문화가 묶인다는 것은 매우 어려운 일이기 때문이다. 이것은 둘 다 실패하거나 조만간 한 교회가 다른 교회에 귀속될 것이다.

2. 재편인수 : 더 좋은 사역을 펼치기 위해 또 다른 방법을 묻는다면, 더 강한 교회가 당신을 인수하는 것이 어떤가? 당신 교회는 많은 교회 가운데 하나의 교회가 되는 것이다.

3. 다시 시작하기교회개척 : 당신은 교회 문을 닫고 성도들에게 다른 교회에 가도록 할 수 있다. 그리고 나서 당신은 교회개척을 위한 스폰서를 현재 상태 혹은 더욱 지역공동체와 공감을 형성하는 지역 공동체의 어디에선가에서 찾을 수 있다.

4. 은퇴해산 : 이 지역에서 당신 사역을 마무리할 단계에 이르렀는가? 모든 교회는 문을 닫을 그런 시기가 다가오기 마련이다. 이것은 조직의 사이클에서도 보아왔고 결국 죽게 된다. 아마도 당신은 교회 문을 닫을 수도 있고 성도들은 지역 내 영향력을 행사하는 다른 교회로 이동할 수도 있다.

5. 이주이사 : 당신이 누구인가에 대한 통찰력으로 비추어 볼 때, 지리학적으로 지역 공동체에 더욱 영향력을 행사할 수 있는 곳으로 이주할 필요가 있는가?

6. 활성화갱신 : 현재 장소에서 다시 시작해야겠다고 생각하는가? 당신 성도들을 새롭게 변화시키고 당신 교회를 활성화시키려는 의지를 가지고 있는가?

어떤 종류의 교회가 당신의 지역에 다가갈 수 있는가?

만일 당신의 지역 공동체 안에서 당신의 사역에 대해 활력을 주고자 결정했다면, 당신은 다음 질문에 답을 해야만 한다. '그리스도를 위해 어떤 종류의 교회가 당신 지역에 다가설 수 있는가?'이다. 하지만 이 질문에 답을 하기 전에 당신 스스로에게 교회의 성도들이 지역 공동체에 다가서려는 의지를 가지고 있는지 먼저 물어야 한다. 당신 교회 안에 있는 구원받은 사람들에게 이 질문은 시간적 환경에 관한 문제이다. 하지만 지역 공동체 내에 잃어버린 사람들에게 이 질문은 영원한 저주의 문제이다. 이 질문에 대한 답을 당신의 교인들이 이해한다는 것은 매우 중요한 문제이다. 왜냐하면, 이 문제는 결국 영원의 의미를 갖기 때문이다.

당신은 이 질문에 대해 인구통계학적 그리고 심리학적 연구에 기반하여 답을 내릴 수 있다. 누가 당신의 지역에 살고 있는가? 이 질문에 대한 당신의 답은 9장에서 성숙한 제자 만들기를 소개하고 있는 전략에 대한 두 번째 요소를 적용할 수 있도록 해준다 다음의 질문들은 교회의 종류를 설명하는데 도움을 줄 것이다. 그리고 그리스도를 위해 당신의 지역에 다가갈 수 있다고 믿는 교회에 대해 도움을 줄 것이다.

1. 목회자의 유형. 목회자가 젊어질 필요가 있는가 아니면 중년 혹은 노년에 있는가? 그는 대학 학위, 신학교 학위 혹은 다른 학위를 가질 필요가 있는가? 그가 얼마나 많은 경력을 가지고 있어야 하는가? 어떤 기술, 능력, 그리고 은사가 필요한가? 결혼은 반드시 해야만 하는가? 반드시 자녀는 있어야 하는가?
2. 스텝의 유형. 얼마나 많은 스텝이 필요한가? 다양한 인종인가? 필요한 위치는 어디인가? 필요하다면 그들이 받아야할 교육은 무엇인가?

어떤 기술과 능력이 요구되는가? 어떤 질문들은 목회자 뿐 아니라 스텝에게도 적용될 수 있다

3. 예배의 스타일. 예전적 형식, 성가대복, 종과 같은 것을 포함하고 있는 좀 더 전통적인 예배인가 아니면 독특한 예배와 현대적 악기팀이 포함된 현대적인 예배인가? 혼합 형식의 예배가 가장 좋은가? 교회는 나눠서 두 가지 스타일을 제공하는가, 다양한 예배를 제공하고 있는가?

4. 회중. 성도들은 방문자들에게 성실하게 따뜻함과 친밀하게 대하며 외부에서 오는 사람들을 환영하는가? 성도들은 인종적 차별을 하는가 아니면 그것이 문제가 되는가? 연령별로 어떤 차이가 있는가? 대부분 노인이 많은가 아니면 젊은이가 많은가?

5. 구도자에 대한 반응. 먼저 나는 구도자에 대해 정의를 내리고자 한다. 로마서 3장 11절은 잃어버린 사람들은 하나님을 찾지 않는다고 가르쳐 주고 있다. 하지만 사도행전 17장 27절은 그들도 그럴 수 있다고 가르쳐 주고 있다. 로마서 3장 11절에서 가르쳐 주는 것은 잃어버린 사람이 시도하지 않으면 하나님을 찾지 않을 것이라는 점을 강조하고 있다. 하지만 성령님께서 그들의 삶 가운데서 역사하기 시작할 때, 영적인 문제에 관심을 갖고 하나님을 찾는 것을 보여줌으로서 하나님을 찾게 될 것이다. 몇 가지 명백한 증거는 니고데모, 삭개오, 고넬료, 그리고 에디오피아 내시를 들 수 있다. 그래서 구도자는 성령의 역사를 통해 잃어버린 사람들이 영적인 문제를 추구하는 사람이라고 정의 내릴 수 있다. 이머징 교회 운동을 펼치는 몇 교회는 구도자가 강조하는 때는 과거라고 말한다. 당신이 구도자 혹은 믿지 않는 사람들에게 영적으로 관심을 갖는 사람들을 무엇이라고 부르던 간에 정말로 문제가 되지 않는다. 그들은 여전히 항상 우리의 문화 속

에 현재도 존재하고 있으며 그리스도를 위해 그들에게 다가갈 필요가 있다.

구도자들이나 잃어버린 사람들에게 영적으로 관심을 갖는 사람들에 대한 교회의 반응은 전도에 대한 가치가 어느 정도인지를 알려 주는 것이며 영적인 문제를 추구하는 잃어버린 사람들에게 다가가려는 의지가 얼마인지를 알려주는 것이다. 나는 구도자들에게 다가가는 최소한 네 가지 반응에 대해 관찰한 결과를 아래 구도자에 대한 유형이라는 제목의 표에 나타냈다. 좌측에는 구도자를 위한 교회로서 외부 지향적이다. 시카고에 있는 윌로우 크릭 교회와 같은 교회들은 구도자를 인도하는 교회이다. 그들은 자기의 목표가 바깥으로 나가 구도자들이 그리스도 안에서 믿음으로 승리하게 하는 것이 목표임을 매우 명확하게 한다. 그래서 그들은 구도자를 위한 예배를 따로 드리며 구도자에게 다가가며 유혹할 수 있는 형식으로 디자인된 예배를 드린다. 다른 교회들은 구도자들에게 친밀한 교회이다. 그들의 중요한 초점은 구도자들에게 다가가는 것이 아니지만 구도자들의 존재가 있음을 상기시켜 주며 예배를 디자인 하며 사역자들 마음에 항상 각인 시켜 준다. 오른 편에 있는 교회들은 구도자들에게 다가가는 것에 관심을 두지 않으며 내부에 초점을 맞춘다. 구도자들에게 관대한 교회들은 구도자들을 유혹할 수 있는 현대적 스타일의 예배를 드리지만 그들의 존재를 간과하는 경향이 있다. 또 다른 교회들은 구도자를 배척하는 교회이다. 그런 교회들은 구도자들에게 우호적이지 않은 경향이 있다. 만일 그들이 매몰차게 대하지 않거나 공공연하게 "우리는 구도자를 위한 교회가 아닙니다!"라고 드러낸다면, 그들은 최소한 신앙인을 위한 예배와 사역으로 디자인된 교회임을 명확하게 할 필요가있다.

구도자에 대한 유형

외부 지향적 교회	구도자 중심	구도자에게 관대한	내부 지향적 교회
	구도자에게 친밀함	구도자를 배척하는	

6. 사역의 유형. 당신은 탁월하게 교회의 사역을 펼칠 필요가 있다. 당신 지역은 소그룹 형태의 사역을 원하는가? 주일학교나 성인 성경공부는 최고를 지향하는가?성인 성경공부는 주일학교보다 더 광범위하다. 이것은 소교회일수록 더 좋아한다 그들은 남성 사역과 여성 사역을 기대하고 자녀들을 위한 스포츠 모임을 기대하는가? 교회의 목표는 독신자들에게 맞춰져 있는가?

7. 시설. 사람들에게 좋은 영향을 주는 시설인가 또는 그 시설들이 정말로 문제가 없는가? 사람들이 기대하는 건축문화는 무엇인가? 예를 들면 서부 유럽 혹은 근대 미국 양식을 기대하는가? 당신은 지교회가 필요한가? 주차장 시설은 충분한가?

8. 기술. 사람들은 고도의 기술 혹은 낮은 기술을 기대하는가? 당신은 웹사이트가 필요한가? 다른 지역에 사는 사람들과 다른 나라에 사는 사람들을 위한 사역을 위해 웹 사이트를 이용할 의지가 있는가?당신의 인터넷 환경과 국제적인 소통

당신의 답은 당신 지역에 아웃 리치 하는데 있어 가장 영향력을 행사할 수 있도록 하기 위해 어떤 변화를 가져와야 할지 그리고 그것을 이해하는데 도움을 줄 것이다. 당신은 한 번에 이 모든 것을 시도하려고 하지 말라. 오랜 기간 동안 이 방향으로 끌고 가면 된다.

어떻게 당신의 지역 공동체에 다가서야 하는가?

이번 장에서 나는 지역 공동체에 다가서기 위한 성경적 가르침, 누가 공동체인가, 그리고 어떤 종류의 교회가 지역 공동체에 다가설 수 있는가를 소개했다. 이제 마지막 질문은 '어떻게 당신은 지역 공동체에 다가서야 하는가?'이다. 여기에는 수많은 답을 찾을 수 있겠지만 나는 일곱 가지로 논의할 것이다.

본을 보이기

몇 가지 선태가항이 존재하지만 교회의 담임목사는 교회에 대단한 영향력을 준다. 일반적으로 사역을 일으키거나 그렇지 않으면 지도력을 추락시키고 만다. 목사는 인도하고 성도들은 이를 따른다. 결론적으로 교회가 지리학적 공동체에 그리스도를 위해 강력한 충격을 안겨주기를 원한다면, 목회자가 본을 보여야만 한다. 만일 그렇지 못하다면 쉽게 그런 일이 일어나지 않는다. 목회자는 단순히 지지하는 것이 아니라 그 길을 인도함으로서 목회가 본을 보여야 한다.[69]

중요한 질문은 '목회자가 전도에 대한 은사와 열정을 가지고 있는가?'이다. 나는 대형교회의 목회자들은 복음에 대한 은사와 열정을 가지고 있다는 사실을 발견했다. 웨렌Rick Warren 목사, 하이빌스Bill Hybels 목사, 스텐디Andy Standy 목사, 그리고 스투르프Steve Stroope 목사가 좋은 예이다. 만일 목회자가 이러한 은사를 가지고 있지 못하다면 자역 공동체에 다가서는 것은 매우 어려울 것이다. 라이너Thom Rainer는 "영향력 있는 교회의 지도자는 평균 일 주일에 다섯 시간 정도 다른 사람과 복음을 나눈다."고 이야기한다.[70]

---

69) Floyd Bartel, *A New Look at Church Growth*(Newton, KS: Faith & Life, 1987_, 59.
70) Thomas Rainer, "Pastors and Time", Christian Poster, April 26, 2010. http://www.christianpost.com/article/20100412/pastor-and-time/index.html.

강력한 비전 선택

내가 달라스 신학교에서 공부할 때, 선교학 교수 중에 한 분이 우리에게 도전을 주는 질문을 던졌다. "선교사가 되고 선교지로 나가기 위해 하나님께 기도해 본 적이 있는가?" 그 교수님은 우리가 신학교를 마쳤을 때, 이 첫 번째 질문을 할 것이라고 믿고 있었다. 나는 이 질문을 가지고 다시금 씨름을 했다. 그 후 선교지에 갈 수 있는 길이 열렸다. 하지만 지금 다시 이 질문을 해 본다. 나는 그 교수님의 의도가 선하다고 할지라도 잘못된 질문이라는 것을 깨달았다. 성경은 우리의 상황에 관계없이 이미 우리는 선교사이며 파송을 받았다.요20:21 그리고 선교지는 우리 집과 교회를 벗어나 첫 발을 내딛는 순간부터 시작된다.

마음속에 이 진리를 간직할 때, 우리는 회중의 자기 정체성에 관해 언급했던 것을 발견해야만 한다. 이것은 우리 자신을 어떻게 이해할 것인가를 알려준다. 그리고 그것은 우리가 하고자 하는 것 그리고 공동체 안에서 하지 말아야 할 것들에 영향을 준다. 디즈니 월드에서 일하는 사람들이 좋은 예이다. 그들은 자기 자신을 고용된 사람이라고 여기지 않는다. 오히려 그들은 그들 자신을 디즈니가 선택한 사람이라고 여긴다. 이것은 그들이 자신의 일을 어떻게 해야 할 것인지에 관해 긍정적 영향을 준다.

교회를 다니는 사람들은 우리가 누구이며 교회 안에서 우리를 어떻게 볼 것인가에 관해 반드시 질문을 던져야 한다. 너무 많은 사람들이 자기 자신을 교인과 선교사로 보지 않는다. 대신에 나는 교회들이 자신의 건물들을 선교사를 훈련시키는 곳으로 보도록 도전을 주고자 한다. 스텝들은 성도들이 자기가 살고 있는 지역의 선교사가 되도록 훈련시키는 선교사들이다. 그리고 교인들은 단순히 교인이 아니라 선교사로 자신을 바라보아야 한다. 실제로 나는 교인이라는 단어를 모두 없애버리고 싶다. 이것은 무엇을 의미하는가? 왜 우리는 그것을 전혀 사용하지 않는가?만일 아니라면 나는 교인이라는 용어가 교회와 사역에 헌신하는 사람이라는 것을 의미해야만 한다 마지막으로 우리가 차를 몰고 주차장을 벗어 날 때, "당신은 지금 선교지로 들어가고 있습니다!"라는 문구를 가진 큰 간판을 보아야만 한다. 이것은 교회의 비전 선언문을 구성할 수 있고 그것이 없더라도 최소한 비전 선언문의 일부분을 반영한 것이다. 그것은 다음과 같이 보일 것이다.

지역 공동체에 다가서기 위한 비전

우리는 선교사 자신들이 가지고 있는 믿음을 열정적으로 지역 공동체에 전할 수 있도록 훈련 받을 선교 선물로 교회의 건물을 세우고자 하는 비전을 품어야 한다. 목회자들과 스텝들은 선교사를 훈련시키는 사람으로 여겨야 한다. 회중인 우리는 교인이 아닌 선교사들이다.

도전을 주는 목표 세우기

목표를 세우는 것은 교회 뿐 아니라 기업에서도 성공을 이루기 위해 필수적인 일이다. 그리고 이것은 당신이나 당신의 팀, 그리고 당신 교회가 당신의 지역 공동체에 다가서도록 하는데 중요한 의미를 갖는다. 목표는 우리에게 목표물을 설정해 준다. 목표는 우리에게 도전을 주고, 자극을 주며, 뻗어나갈 수 있도록 해 주며, 영감을 주고, 마음속에 자리 잡도록 해 준다. 이것은 우리의 시간과 집중력에 강력한 힘을 가진 방해물이 찾아 왔을 때, 트랙을 유지할 수 있도록 해 준다. 가장 중요한 것은 목표가 우리로 하여금 탁월하게 만든다는 것이다. 우리 멜퍼스 재단은 단순히 오래된 목표를 유지시키기 보다는 도전을 주는 새로운 목표를 세우도록 요구한다. 지역 속으로 다가서라는 면에서 한 사람이 일 년에 한 번1.1.1 목표이라는 목표를 요구한다. 우리는 교회가 이런 방식으로 단어들을 이용하도록 자극을 준다. 왜냐하면 기억하기 쉽기 때문이다. 이런 개념은 1년에 성도 한 사람이 그리스도를 위해 한 사람에게 복음을 전할 수 있는 목표를 세울 수 있도록 모든 성도에게 도전을 준다. 이것을 행할 수 있는가? 우리가 무리한 부탁을 하는가? 첫 번째 질문에 항상 우리는 '그렇다'고 대답을 하지만, 두 번째 질문에는 항상 '아니다'라고 대답을 한다. 중요한 것은 누군가와 구원의 관계를 형성했거나 우리 지역 공동체의 누군가에게 복음을 공유하기 위해 그 시간을 인도할 관계가 형성되어 있어야 한다는 것이다.

어떤 사람은 일 년에 한 번 그리스도를 위해 어느 누구에게도 복음을 전하지 않는다는 것이 사실이다. 바텔Bartel은 "북미의 기독교인들 가운데 95퍼센트가 일평생 그리스도에게 한 사람도 인도하지 못한다."고 기록하고 있다.[71] 하지만 나는 그들 대부분이 도전을 주는 목표를 설정하지 않았기 때문이라고 생각한다. 그리고 거기에는 그리스도를 위하여 일 년에 한 사람이상 전도에 성공한 사람도 있다. 교인들이 도전을 주는 목표를 설정할 때, 당신은 단지 몇 년 안에 교회가 두 배, 세 배로 성장하는 것을 볼 수 있을 것이다. 그리고 나는 이런 도전을 주는 목표가 대형교회의 폭발적인 성장 뒤에 숨겨진 이유라고 생각한다.

당신의 지역 공동체를 위해 기도하라

우리는 모든 성도들이 지역 공동체에 다가서기 사역을 위해 기도할 것을 강조해야 한다. 골로새서 4장 3-4절에서 바울은 "또한 우리를 위하여 기도하되 하나님이 전도할 문을 우리에게 열어 주사 그리스도의 비밀을 말하게 하시기를 구하라 내가 이 일 때문에 매임을 당하였노라 그리하면 내가 마땅히 할 말로써 이 비밀을 나타내리라"고 부탁하고 있다. 우리 역시

---

71) Floyd Bartel, *A New Look at Church Growth*(Newton, KS: Faith & Life, 1987, 59.

우리의 이웃이 문을 열어 우리가 복음을 명백하게 선포할 수 있도록 해 달라고 기도하고 하나님께 간구해야 한다. 바울의 기도에 주목해야 할 것은 그의 상황과는 관계없이 복음을 공유할 수 있는 명백한 기회를 달라고 기도하는 것이다. 나는 당신이 당신의 교회에 이것이 수많은 목표 가운데 최우선적으로 해야 할 일이라고 소리 높여 강조한다. 기도가 없다면 누군가에게 다가가서 복음을 전할 수 없다. 당신의 중보기도팀이 가장 먼저 해야 할 기도 제목이 바로 이것이다. 기도팀은 기도뿐 아니라 지역 공동체를 위해 기도할 것을 성도들에게 도전을 주는 역할을 수행해야 한다. 이를 위해 질적 수준이 높은 두 가지 방법이 있다. 첫째, 지역 공동체를 걸어 다니며 기도할 것을 당신 교회에 도전을 주라. 둘째, 당신이 지역 공동체를 위해 기도하고 사랑하기를 원한다는 것을 교회 공동체가 알 수 있도록 하라는 것이다. 그들에게 지역 공동체를 위한 기도 제목을 그들에게 주고 그에 대해 기도할 수 있는 기회를 제공하라. 이웃에게 전화하고 그 집 앞에 서라. 그들과 접촉하고 당신의 기도를 통해 전도할 수 있도록 하나님께 기도하라. 점점 관계가 가까워짐으로서 복음을 공유할 수 있게 될 것이다.

지역 공동체를 위한 특별한 사역 품기

지역 공동체의 욕구가 무엇인지 파악하여 성도들에게 제공하라. 다음으로 지역 공동체 내에 차별성을 둔 몇몇 사역을 소개하라. 학교, 소방서와 경찰서와 자매결연 맺기, 군인 가족 혹 은 또 다른 가족의 필요를 돕기, 대학교 스포츠 사역, 건강 돌봄이, 온라인 혹은 오프라인 영어 강좌 개설, 이웃의 범죄 지킴이 등이 있다. 남부 캐롤라이나South Carolina의 반웰Barnwell에 있는 제일 침례교회의 크램프Lee Clamp 목사는 자기 교회의 사역을 다음과 같이 소개하고 있다. "우리 교회 고등부 여학생들이 네 명의 자녀를 둔 가정과 자매결연을 맺었습니다. 그들이 아이들의 침실을 보았을 때, 수리를 해야 할 필요가 있다는 결론을 내렸습니다. 그들은 스파게티를 만들어 팔았고 500달러를 모았습니다. 그들은 굿윌Goodwil 상점으로 가서 밝은 색의 가구들을 구입했고 밝은 색으로 물방울무늬를 그려 넣었습니다. 어린 아이들은 새롭게 꾸며진 방을 보고 기뻐하며 울음을 터뜨렸습니다. 그들을 변화시켰습니다. 우리 교회의 어린 소녀들이 변화시켰습니다."

당신이 속한 지역 공동체의 사역을 위해 가장 좋은 자료들은 쇼그랜Steve Sjogren의 책 『친절한 음모』Conspiracy of Kindness이다. 지역 공동체를 섬기기 위한 사역 300가지가 넘게 그 리스트를 작성했다. 그의 웹 사이트www.stevesjogren.com에 들어가 확인할 수 있다. 실제로 지역 공동체에 대한 한계점을 긋는 것은 우리의 창조성과 혁신의 능력을 부인하는 것이다. 이러한 자료를 가지고 교회와 상담을 할 때, 나는 다음에 있는 적용을 위한 과제를 준다.

적용과제
1. 그룹으로 나누어 기록할 사람을 정하라.
2. 당신의 지역 공동체가 누구이며, 어디에 위치해 있는지, 그리고 당신의 지역 공동체를 위한 사역 방법이 무엇인지 브레인스토밍을 실시하라.
3. 큰 종이나 보드에 그것을 적으라.
4. 다시 돌아와 그것을 나누라.

전도할 수 있도록 당신의 성도들을 훈련시키라

나쁜 소식이 하나 있다. 그것은 우리 지역 공동체에 있는 믿지 않는 사람들에게 다가서는데 가장 중요한 한계점을 제공하는 것은 우리 성도들이 원치 않는 것이 아니라 어떻게 다른 사람들과 그리스도를 공유할지 모른다는데 있다. 하지만 좋은 소식은 이에 대해 뭔가를 할 수 있다는 것이다. 다음의 순서를 따라 해 보라.

1. 전도에 대해 단순한 정의를 내리라. 그리스도를 그들의 구세주로 영접시키겠다는 의도성을 가지고 그리스도를 소개하는 것이다.
2. 일 년에 두 번 정도 초고의 전도 교육 코스를 개설하라. 여기에는 두 가지 코스가 있다. 윌로우크릭 교회의 『전염시키는 기독교인 되기』 Becoming a Contagious Christian와 케네디D. James Kennedy의 『전도 폭발』Evangelism Explosion이다. 그리고 내가 좋아하는 자료는 트라이온Howard Tryon의 『당신을 위해 기도하기』Praying for You가 있다.
3. 성도들 자신의 전도 스타일을 찾도록 도움을 주라. 『전염시키는 기독교인 되기』에서 하이빌스 목사와 미트레베르그Mark Mittleberg 목사는 성경을 언급하고 예를 들면서 다음 몇 가지 스타일을 이야기한다.

    사도행전 2장 – 베드로 / 지적이며 철학적
    사도행전 17장 – 바울 / 증언적, 소경
    요한복음 9장 – 초청
    요한복음 4장 – 우물가의 여인
    사도행전 9장 – 도르가다비드
    사도행전 8장 26-39절 – 빌립, 에디오피아 내시[72]

4. 복음을 제시할 수 있는 단순한 방법을 개발하라. 하나는 로마서를 기초로 하여 구원의 계획을 선포하는 『로마서의 길』이다.

로마서의 길
- 우리 모두는 죄인이다롬3:23
- 죄의 삯은 사망이다롬6:23

---

72) Bill Hybels and Mark Mittleberg, *Becoming a Contagious Christian* (Grand Rapids: Zondervan, 1994), 119-34.

- 우리의 죄를 위해 그리스도가 돌아가셨다롬5:8
- 그리스도를 영접하면 구원을 얻는다롬10:9-10, 13

또 다른 방법은 『나쁜 소식 좋은 소식』이다.

나쁜 소식
- 당신은 죄인입니다롬3:23
- 죄에 대한 형벌은 죽음입니다롬6:23

좋은 소식
- 그리스도가 당신을 위해 죽임을 당했습니다롬5:8
- 당신은 오직 그리스도를 믿어 구원을 얻을 수 있습니다엡2:8-9

내가 좋아하는 복음 제시는 트라이온의 전도방법이다.www.prayforyou.org

5. 당신의 성도들이 의도적으로 믿지 않는 사람들, 특별히 지역 안에 있는 믿지 않는 사람들과 시간을 보낼 수 있도록 도전을 주라. 나는 이런 질문을 던지는 것을 좋아한다. "만일 누군가가 당신과 당신 친구들의 사진을 본다면 사진 속에 믿지 않는 친구가 있습니까?"

교회 개척

교회 개척은 당신의 성도들을 훈련한다는 것과 함께 병행된다. 와그너 Peter Wagner는 "하늘 아래 가장 효과적인 단 하나의 복은 전도 방법은 새로운 교회를 개척하는 것이다"라고 주장하고 있다.[73] 당신이 그려 놓은 선 혹은 당신의 예루살렘행1:8으로 자연스럽게 생긴 경계선에 의지하여 멀다는

---

73) C. Peter Wagner, *Church Planting for a Greater Harvest* (Ventura, CA: Regal, 1990), 11.

핑계로 그리고 당신을 좋아하지 않는다는 핑계로 당신의 교회에 차를 몰고 오려는 의지가 없는 변두리에 있는 사람들이 있을 것이다. 이에 대해 "오케이. 만일 당신이 교회에 오지 않는다면 우리가 가겠습니다"라는 반응을 보여야 한다. 그리고 나서 그곳에 교회를 개척하고 그곳에 믿지 않는 사람들에게 다가가자고 그곳에 사는 성도들에게 용기를 심어 주어야 한다.

어떻게 당신 지역 공동체에 다가설 수 있는가?
담임목사의 지도력은 반드시 본을 보여야 한다
강력한 비전을 선정하라
도전적 목표를 설정하라
당신의 지역 공동체를 위해 기도하라
지역 공동체를 위한 특별한 사역을 품어라
전도할 수 있도록 당신의 성도들을 훈련시키라
교회를 개척하라

반영, 토의, 그리고 적용을 위한 질문들

1. 당신은 사도행전 1장 8절이 교회에 대해 지리학적인 의미를 함축하고 있다는 것에 동의 하는가? 교회가 내적으로 초점을 맞추고 지역으로 복음을 들고 나가지 않는 것이 하나님의 뜻이 아니라는 것을 당신은 믿고 있는가? 당신 교회의 인근지역, 그리고 조금 떨어져 있는 지역, 더 나아가 세계 공동체에 비추어 볼 때, 당신 교회가 어디에 위치해 있는가?

2. 당신의 지역 공동체 내에 어떤 사람들이 살고 있는가? 어떻게 그들을 알고 있는가? 당신 교회와 지역 공동체를 비교해 볼 때 무엇을 발견하였는가?

3. 지역 공동체에 복음을 들고 가기 위해 당신의 교회는 어떤 교회가 되어야 한다고 생각하는가? 그런 교회가 되기 위해 얼마나 많은 것들에 변화를 일으켜야 하는가? 지금 당장 혹은 먼 훗날에라도 이것을 시도할 의지를 가지고 있는가? 이러한 변화를 일으키기 위해 얼마나 많은 시간이 걸린다고 생각하는가?

4. 교회 밖에 있는 사람들이 당신 지역에 당신 교회가 위치해 있다는 것을 알고 있는가? 당신 지역에서 당신 교회가 어떤 평가를 받고 있는가? 그 평가에 대해 알고 있는가? 어떻게 알고 있는가? 이것에 대해 당신은 어떻게 생각하는가? 어떤 평가를 받고 싶은가? 최근 당신은 지역 사회에 어떻게 사역을 펼쳐나가고 있는가?

5. 담임목사의 리더십은 본이 되는가? 왜 그런가? 아니면 왜 그렇지 않은가?

6. 당신은 강력한 비전을 선정했는가? 왜 그런가? 아니면 왜 그렇지 않은가?

7. 도전을 주는 목표를 세울 의지를 가지고 있는가? 왜 그런가? 아니면 왜 그렇지 않은가?

8. 당신의 지역 공동체를 위해 기도하는가? 얼마나 하는가? 당신 지역을 돌면서 기도해 본 적이 있는가?

9. 최근 당신 교회는 지역 공동체를 위해 어떤 일을 실천했는가? 만일 있다면 그것이 무엇이고 없다면 앞으로 어떤 계획을 가지고 있는가?

10. 당신의 성도들이 어떻게 복음을 전할 것인지 알고 있는가? 만일 그렇지 않다면 왜 그런가? 이를 위해 당신의 계획은 무엇인가?

11. 당신의 예루살렘이나 이곳을 벗어나 교회를 개척할 생각이 있는가? 만일 아니라면 왜 그런가? 만일 그렇다면 당신이 속한 지역으로부터 얼마나 떨어져 있는가?

9

성숙한 제자 만들기
MAKING MATURE DISCIPLES

전략 활동 2

7장에서 나는 당신의 사명과 비전을 성취하기 위한 5단계 혹은 다섯 가지 적은 전략을 소개한다. 그 질문은 '어떻게 지도자가 사역의 배를 지정된 항구로 인도하고 항해해 갈 것인가? 무엇을 이루기 원하는가?'였다. 나는 전략 활동 1에서 당신에게 당신의 지역 공동체에 다가가기 전에 당신 지역 공동체에 대해 파악할 것을 요청했다. 이제 우리는 교회가 성도들이 성숙한 제자가 되도록 도움을 주는 전략을 살펴볼 것이다. 먼저 기능적 질문을 던질 것이다. '당신 교회는 성숙한 제자 만들기를 위한 명료하고도 간단하며, 기억하기 쉬운 길을 가지고 있는가? 우리 멜퍼스 재단은 대부분의 성도들이 가지고 있지 않다는 것을 발견했다. 당신은 맨 끝 쪽(그리스도에 대해 조금 아는 것)에서부터 다른 쪽(그리스도 안에서 성숙)으로 신앙이 없는 사람들을 끊임없이 하나님께서 움직여줌으로서 그리스도 안에서 믿음이 성장하는 것을 볼 수 있다. 회심은 이 둘 사이의 어디에선가 일어나게 된다. 당신은 어떻게 사람들이 이쪽 끝에서 저쪽 끝으로 끊임없이 움직이도록 하겠는가?

나는 이에 대한 최고의 답은 다음 다섯 단계를 거쳐야 한다고 믿는다.

1. 교회를 위한 사명 개발 – 어떻게 당신은 성숙한 제자를 만들 것인가? 이미 4장에서 다루었다
2. 성숙한 제자의 특징을 확인함으로서 당신의 성도들이 그곳에 도달했을 때 누구를 닮아있을 것인가를 알게 될 것이다.
3. 성도들의 삶 속에서 이러한 특성들이 깊이 스며들어 있는 중요한 사역을 결정하기, 즉 성도들의 삶 속에 청사진 혹은 항해 지도를 가지고 이러한 특성을 얻을 수 있는 길을 만드는 것이다.
4. 성숙한 제자의 특징을 가지고 중요한 사역에 접목시키도록 한다.
5. 어떻게 성숙한 영적 과정을 이뤄가야 할지 결정해야 한다.

이 다섯 단계를 먼저 다룰 것이다. 주의할 것은 만일 이 책을 통해 당신의 개발팀이 사역을 하고자 한다면, 그들의 목표와 교회의 제자 만들기 전략을 이용하여 제자 만들기 개발팀이 가진 정보를 공유하라는 것이다.

사역 전략 디자인하기
■ 교회의 지역 공동체 다가서기
■ 성숙한 제자 만들기
■ 사역팀 세우기
■ 사역 환경 평가하기
■ 재정 조성과 관리

1단계 : 교회를 위한 그리스도의 사명 나타내기

2000년 보다 훨씬 전에 주님은 우리에게 전진 혹은 항해를 위한 대사명을 마태복음 28장 19-20절, 마가복음 16장 15절, 누가복음 24장 46-48절, 사도행전 1장 8절을 통해 주셨다.

지금쯤이면 당신의 지역 사회에 이루고자 하는 일을 지원하기 위한 위원회, 개요, 성서적 선언문의 개발을 완료해야만 한다. 이것들은 티셔츠에 새길 수 있을 만큼 짧고 간결해야 하며 회중들에게 개별화시키고 암기시켜

야만 한다. 만일 당신이 사명 선언문을 개발하지 못했다면 더 앞으로 향해 해서 나가기 전에 개발을 마쳐야만 한다. 만일 당신이 이미 개발을 마쳤다면, 전진할 준비가 된 것이다.

사명에 관해 이야기할 때, 나는 마태복음 28장 19절 말씀인 "가서 제자 삼으라"라는 말에 초점을 맞출 것이다. 나는 이 구절이 제자를 삼고전도 성숙한 제자함양를 만들어야 한다는 것을 함축하고 있다고 믿는다. 이것은 당신이 그들잃어버린 영혼이든지 아니면 구원을 받은 영혼이든지을 발견한 곳이 어디이든 간에 성숙을 향해 끊임없이 움직이도록 하는 과정을 포함하고 있다. 그래서 마지막 목표 혹은 "완성"은 단순히 제자가 아니라 성숙한 제자에 있다. 비록 내가 성서적 용어인 **성숙한** 혹은 **성숙**이라는 용어엡4:13, 빌3:15, 히6:1를 사용할지라도 "너희 속에 그리스도의 형상을 이루기까지"갈4:19, "그리스도 안에서 완전한 자"골1:28, "완전함"마5:48, 빌3:12, 골1:28에서 쓰인 것처럼 완전히 개발됨, 충만하게 성장함, 성인, "성장"엡4:15, 그리고 "거룩" 혹은 "거룩하여짐"롬6:19, 22과 같은 뜻을 가진다.

이번 장을 위해서 당신 교회를 위한 사명 선언문이 그리스도를 따르는데 전적으로 헌신하도록 성도들을 도와주는 것이라고 우리 가정해 보자. 나는 이 선언문을 좋아한다. 왜냐하면, 이 사명 선언문은 교회를 위한 제자가 무엇인지를 한정지어주며 "성숙" 혹은 "성장하는" 제자들에 대한 설명을 해주기 때문이다. 하지만 모든 사람들이 이 의미를 알고 있다고 생각하지 말라. 강점이 또한 약점이 될 수 있다. 이에 대해 더욱 설명이 필요할 것이다. 그래서 교회의 사명이 이야기 되고 전달될 때마다 명료하게 제공되도록 준비해야 한다. 그리고 이것이 당신이 가지고 있는 사명 선언문과 상관없는 경우가 될 수도 있어 주의해야 한다.

2단계 : 성숙한 제자의 특징을 확인하라

이번 주제는 성숙한 제자 혹은 그리스도를 전적으로 따르는 헌신에 대한 특징을 확인하는 것이다. 만일 누군가가 당신 교회의 현관문을 통해 걸어 들어온다면, 그녀 혹은 그가 누구를 닮았는가? 그 특징들은 당신 교인들을 위한 당신의 목표가 된다. 만시니Will Mancini는 그 특징들은 "사명 측정"으로 언급하고 있다. 사명의 성취를 반영하는 개인의 삶에 대한 특징 혹은 속성을 말한다.

성숙한 제자는 무엇을 닮아야 하는가

그리스도의 성숙한 제자의 특징을 확인함으로서 우리는 성경을 살펴보아야 한다. 성경을 살펴보면서 당신은 제자에 관해 이야기하는 것에 주의를 기울여야 한다. 어떤 사람들은 올바른 특징들을 강조하지만, 몇몇 사람들은 잘못된 특징들을 강조한다. 사도행전 2장 41-17절에서 저자 누가는 제자들이 예배, 친교, 성경공부, 전도 그리고 봉사 사역이것은 교회의 기능뿐 아니라 핵심가치들이다을 언급하고 있다. 나는 이 다섯 가지를 좋아한다. 왜냐하면 더 구체적으로 말하자면 기억하기 어렵고, 성경의 다른 모든 특성들은 이들 밑에 있기 때문이다. 예를 들면 주의 만찬과 헌금은 예배 밑에 위치한다.

만일 당신이 요한복음에서 성숙한 제자의 특징들을 찾고자 한다면, 당신은 세 가지만 찾을 수 있을 것이다. 성경적 가르침8:31, 사랑13:34 그리고 열매 맺기15:8이 그것이다. 그리고 바울은 갈라디아 5장 22-23절의 성령의 열매를 강조한다. 성경에서 특징들을 언급한 곳이 많음에도 불구하고 우리는 그 모두를 규합해 보면, 영적 성숙이라는 결론을 내릴 수 있을 것이다.

사람들이 요구하지 않더라도 모든 목회자들은 자신의 설교 계획서에 성숙한 제자에 대한 특징들을 가득 매우고 있다는 것을 발견할 수 있다. 예를 들면, 기본적 특성인 예배, 친교, 성경적 가르침, 전도 그리고 사역이다. 목회자는 이 다섯 가지 영역으로 매년 설교할 계획을 가져야 하며, 기독교인의 성숙에 대한 각각의 중요성을 명료화시켜야 한다.

그래서 그와 그의 스텝들예배 인도자와 같은 뿐만 아니라 평신도들은 설교자가 처음부터 어디로 이끌고 가는지 그리고 그에 따라 한 해의 설교가 계획된다는 것을 알 수 있을 것이다. 교회의 성경공부와 적용 사역을 많은 부분 다음과 같은 방법을 사용한다. 주일학교와 소그룹 성경공부를 통해 설교 주제를 보완하고 실행시키는 방법이다.

특성을 전달하기

성경의 특성을 당신이 확인한 후에는 당신은 어떻게 성도들이 기억할 수 있는 방법으로 전달해야 할 것인지 결정을 내려야 한다. 여기에는 몇 가지 방법이 있다. 첫째, 만일 다섯 가지 혹은 그 이하라면 내가 경험해 본 바에 따르면 잘 암기할 것이다. 둘째, 두음 법칙 방법을 이용할 수 있다. 예를 들면 교회의 사명은 당신 성도들이 완전한 그리스도의 제자가 될 수 있도록 도움을 줄 것이다. 완전한 제자가 될 수 있도록 네 가지 특징4가지C을 당신은 잘 전달할 수 있을 것이다.

1. 회심Conversion – 그들은 그리스도를 구주로 알고 개종하는 것이다.
2. 공동체Community – 그들은 성경적인 공동체소그룹의 지체가 되며 가치를 둔다.
3. 헌신Commitment – 그들의 삶 속에 가장 깊은 곳으로부터 나오는 헌신을 주님께 해야만 한다.
4. 기여Contribution – 성도들을 섬기며serving 교회를 유지하며supporting 그들의 신앙을 나눔sharing으로서3S 하나님의 나라와 교회를 위해 기여해야

한다.

또 다른 방법은 각행의 첫 글자 맞추기 방식이다. 예를 들면 어떤 교회가 은혜GRACE에 맞추어 개발했다.

의미 있는 예배를 통해 하나님께 영광을 돌린다. Glorify
성경적인 공동체 안에서 함께 교제를 나눈다. Relate
하나님의 진리를 훈련을 통해 적용시킨다. Apply
봉사의 삶을 경작한다. Cultivate
전도를 통해 하나님의 나라를 확장시킨다. Expand

만일 당신이 당신 교회의 이름을 따라 만든다면 성숙한 제자에 대한 특성을 쉽게 기억할 수 있을 것이다.

3단계 : 성숙한 제자 만들기를 위한 중요한 사역 확인하기

교회가 영적인 성숙의 특징에 관해 확인하고 교인들에게 그것들을 명백하게 전했다면, 성도들은 그 특징을 파악하고 기억했을 것이다. 그렇다면 다음 단계는 당신의 성도들 삶 속에서 항해 지도에 따라 성숙을 위한 중요한 사역을 결정하는 일이다. 이것은 각 사람이 이해하고자 원하는 당신의 제자 만들기 과정을 이루고 있는 지표석이 된다. 이것은 성숙과 그리스도의 형상을 닮아가도록 인도하는 영적 변혁의 과정이다. 나는 먼저 제자 만들기 과정에 누가 참여해야 하는지 그리고 어떻게 교회들이 제자 만들기를 위한 사역을 이용할 것인지 논의 할 것이다.

참여

제자 만들기 과정에 누가 참여해야 하는가? 이미 이에 대한 답은 하나님, 성도 개인, 그리고 지역 교회라고 찾아냈다.

하나님의 역할

성령의 역할 가운데 하나는 신앙인의 점진적인 성화의 과정을 인도하시는 것이다. 바울은 고린도후서 3장 18절에 다음과 같이 기록하고 있다. "우리가 다 수건을 벗은 얼굴로 거울을 보는 것 같이 주의 영광을 보매 그와 같은 형상으로 변화하여 영광에서 영광에 이르니 곧 주의 영으로 말미암음이니라"

우리는 스스로 그것들을 성취할 수 없다. 스가랴 4장 6절 말씀은 이 사실을 명확하게 이야기해 주고 있다. "이는 힘으로 되지 아니하며 능력으로 되지 아니하고 오직 나의 영으로 되느니라" 우리 자신을 그리스도의 특징 갈4:19, 5:22-23으로 변혁시키기 위해 성령에 의지해야만 한다. 우리의 모든 성화에 관한 것이며 점진적 성장과 그리스도 안에서의 성숙에 있어 중요한 열쇠이다.

기독교인의 역할

또한 신앙인은 그의 혹은 그녀의 성화의 단계에 역할을 감당해야만 한다. 그 혹은 그녀는 어떤 책임을 져야 하는가? 바울은 로마서 6장 12-14절에서 자신을 하나님께 드리며 우리의 지체를 의의 무기로 하나님께 드리라고 가르쳐 주고 있다.

그리스도는 십자가에서 죄의 권세를 깨뜨리셨다.6절 그리고 우리는 더 이상 죄를 갈망하지 말아야 한다. 그리스도에게 회심하기 전에는 우리에게 선택의 여지가 없었다. 죄는 우리에게 "점프!"라고 이야기하고 우리는 그에 순응하여 점프하고 만다. 하지만 그리스도가 십자가를 통해 모든 것을 변화시키셨다. 그리스도 안에서 우리는 선택할 수 있다. 우리는 계속해서 죄를 선택할 수 있고12-13절 상반절 하나님을 섬기기13절 하반절로 선택할 수 있다. 결론적으로 지금 중요한 것은 하나님의 의를 이루기 위해 악의 도구로서 죄를 짓지 말고 우리의 지체를 하나님께 드리기로 선택해야만 한다는 것이다.

교회의 역할

기독교인들은 변혁된 성숙한 과정에 역할을 감당해야 할 뿐 아니라 교회 역시 큰 역할을 감당해야만 한다. 기독교인들의 역할은 인격적이며 개인적인 것이다. 하지만 교회의 역할이란 공적이고 집합적이다. 우리는 공동체 안에서 함께 성숙해져야 한다.행2:42-47, 4:32-35 그리스도 안에서 지체된 우리는 다른 지체를 필요로 한다.고전12:12-31 그리고 교회의 역할은 이 과정을 성취하기 위하여 신앙인들의 공동체와 협력하여 성령께서 쓰시고자 하는 제자를 성숙하게 만드는 과정을 개설하는 하는 것이다. (하나님은 그의 목적을 수행하는데 우리를 필요로 하지 않으신다. 한 가지 예는 하나님의 목적을 성취하기 위해 직접적으로 개입하신다면 그것이 바로 기적이다. 하지만 나는 개인적으로 하나님의 백성들과 집합적으로 공동체 안에서 그의 교회를 통해 사역하시기를 좋아하신다고 믿는다.)

그러므로 모든 신앙인들은 지역 교회다른 신앙인들를 필요로 한다. 이것은 성숙 과정을 성취할 수 있도록 도움을 주는 하나님의 중요한 수단 가운데 하나이다. 한 몸으로서 신앙인들은 서로를 위해 섬겨야 한다고 성경은 95번이나 이야기하고 있다. 그 중 21번1/3은 서로 사랑하라고 가르쳐 주고 있다. 이에 대한 대표적인 성경구절은 다음과 같다.

"서로 화목하라" 막9:50

"서로 우애하라" 롬12:10

"서로 존경하라" 롬12:10

"서로 받으라" 롬15:7

"서로 같이 돌보라" 고전12:25

"서로 종노릇하라" 갈5:13

"서로 친절하게 하며 불쌍히 여기라" 엡4:32

"각각 자기보다 남을 낫게 여기고" 빌2:3

"피차 가르치며" 골3:16

"피차 권면하며" 히3:13

"은사를 사용하여…. 서로 봉사하라" 벧전4:10

나는 그리스도의 몸에 우리가 기여해야 한다는 것을 이렇게나 많이 강조하고 있다는 것을 믿지 못했다. 아마도 이것은 오늘날 많은 교회들이 어리석은 짓으로 실망했기 때문이다. 그럼에도 불구하고 하나님은 그의 교회를 통해 축복을 베푸시는 것을 포기하거나 옮기시지 않았다. 이번 장의 나머지 부분은 교회의 역할에 그 초점을 맞출 것이다.

어떻게 하나님은 성숙한 제자로 만들기 위해 교회의 사역들을 이용하시는가? 여기에는 두 가지 사역이 포함된다. 하나는 중요한 사역이고 다른 하나는 이차적 사역이다. 이것은 모든 교회가 실행하고 있는 것들이다.

중요한 사역들

교회의 중요한 사역들은 성도들의 삶 속에서 하나님께서 직접 일하심으로 성도들의 삶을 변화시킨다. 모든 교회의 사역은 중요한 사역 그리고 이차적인 사역, 이렇게 두 가지 종류가 있다.

중요한 사역에 대한 특징들

중요한 사역이란 당신 교회가 제자의 성숙의 특징을 기꺼이 받아들이고 성숙해 갈 수 있도록 도움을 주는데 가장 중요한 것 중에 하나이다. 당신은 모든 성도가 이러한 사역에 참여하기를 바라며 그렇게 이야기할 것이다. 이에 대해 잠시 덧붙여 언급하자면, 나는 이러한 중요한 사역을 정돈된 사역으로 언급한다. 이 사역들은 체계에 따라 배열되는데 일반적으로 성도들이 당신 교회에 흡수되는 정도에 따라 배열된다.

동화는 성도들이 교회 밖으로부터 교회 안으로 들어오는 정도를 말한다. 만일 사람들이 당신 교회에 관심을 갖는다면, 당신은 그 혹은 그녀를 어떻게 할 것인가? 어떤 활동과 관계를 통해 그 혹은 그녀가 첫 번째, 두 번째, 그리고 계속해서 어떤 경험을 하게 할 것인가? 먼저 대규모 그룹이 드리는 예배에 참여하게 할 것인가 아니면 소그룹 모임에 참여하게 할 것인가? 그 답은 당신의 동화과정에서 나타난다. 그리고 성도들이 어떻게 영적인 탄력성을 가지고 움직일 것인가를 드러내 준다.

전형적이고 전통적인 형태는 초신자들이 예배와 설교가 있는 교회의 대중 집회에 먼저 참여하게 된다. 초신자들은 예배에 참여하여 단순히 몇 가지를 체크하고 당분간은 무명으로 남아 있기를 원한다.[74] 만일 초신자가 경험하는 것을 좋아한다면, 그들을 다른 이벤트에 참석할 것이다. 과거 전통적인 교회는 일주일에 네 개 혹은 다섯 개의 중요한 활동을 제공한다. 예배, 주일 저녁예배, 주일학교, 수요 기도회가 그것이다.

중요한 사역의 숫자

수많은 현대 교회는 두 가지 혹은 세 가지의 중요한 사역을 가지고 있

---

74) 나는 전형적, 전통적 형태와 이해를 가진 교인들은 초대교회의 예배 형태를 따라야 한다고 믿고 있다. 이것은 두 가지 이유에서 유감스러운 일이다. 먼저 초대 교회의 예배 형태가 오늘날에 적용하기에는 문제가 있다는 점이다. 둘째는 사역 활동을 어떻게 설계하느냐는 교회의 자유를 제한하는 것이기 때문이다.

다. 이런 생각은 작은 일들을 잘 할 수 있을 것이라는 생각에서 나온 것이다. 어떤 교회는 예배에 소그룹 사역을 더한다. 펠로우십 바이블 교회가 지향하는 바가 바로 이것이다. 또 다른 교회는 예배와 소그룹에 주일학교나 성경공부를 더한다. 성경공부는 비형식적인 방법으로 이뤄지며, 소그룹은 목적을 가지고 관계를 갖는다. 윌로우크릭 교회는 이를 지향하며 더 나아가 점진적 일곱 단계를 만들어 놓고 성도들에게 제공한다.

당신은 두 개의 중요한 활동 혹은 윌로우 크릭처럼 일곱 가지의 중요한 활동을 설정할 수 있다. 더 많은 활동을 설정할 수도 있으나 아마도 성도들을 거기에 순응하기를 좋아하지 않을 것이다. 당신은 규칙적으로 그리고 열정적으로 그것들을 강조해야만 한다. 그리고 성숙한 제자로 만들기 위해 설정한 중요한 활동들을 교인들에게 전달하는 것은 중요한 일이며, 반복적으로 전달하는 것 역시 중요한 일이다. 이런 일들은 필수적인 것들이다.

이차적 사역

이차적 사역이란 교회의 중요한 사역을 지원하는 사역이다. 그런 의미에서 볼 때 이차적 사역은 반드시 필요한 사역이라고 볼 수 없지만, 교회가 성숙의 특징을 받아들이는데 지원해 주는 역할을 담당한다. 여기에는 남성들의 모임 혹은 여성들의 모임, 상담 사역, 임산부를 위한 자료 센터, 그룹을 지원하는 다양한 활동, 열 두 단계 프로그램 등이 여기에 포함된다. 나의 이차적인 활동이 누군가에게는 중요한 활동이 될 수 있다는 사실을 깨닫게 되었다. 하지만 나는 여기에서 가볍게 다루기로 했다

중요한 차이

당신의 중요한 사역과 이차적 사역을 개발하고 구별하는 것은 매우 중요한 문제이다. 당신은 대부분의 스텝들과 예산을 중요한 사역에 배치할

것이다. 왜냐하면 실제로 당신은 중요한 사역에 스텝들을 주로 배치하고 스텝이나 은사를 가진 평신도들이 이 사역을 이끌어 가고 있기 때문이다. 나는 10장에서 사역팀 세우기를 할 때 이에 관해 더 이야기할 것이다 또한 당신의 재정을 여기에 쏟아 부었기 때문이다덧붙여 당신의 수입 가운데 많은 부분을 "돈 먹는 하마"라고 언급하는 예배에 쏟아 부었을 것이며, 나는 이에 대해 12장의 필요한 재정 충당하기에서 더욱 이야기를 할 것이다

하나님께서 그의 목적을 성취하는 도구를 실행하는 책임을 가진 우리를 신뢰하고 계신다는 것을 안다는 것은 중요하다. 요컨대, 하나님의 지도 아래 우리는 성령님이 이용하시고자 하시는 활동을 선택한다. 그래서 우리는 매우 심각하게 이 과정을 추진해야만 한다. 모든 겸손 가운데, 우리는 하나님의 목적을 성취하기 위해 이러한 사역 활동을 실시하고 도구로 사용하기 위해 하나님께 간구해야만 한다. 이것은 최고의 겸손을 경험하게 하며 우리는 결코 가볍게 이 도구들을 사용해서는 안 된다. 이러한 이유로 나는 이러한 개념들을 자세하게 다룰 것이다.

보상은없다

비록 교회 지도자들이 이러한 사역 활동을 개발하기 위해 하나님의 인도하심을 따르려고 최선을 다하지만, 사람들은 그 활동에 참여하고 그것들을 하고자 하는 의지를 가지게 될 것이라는 보증은 없다. 어떤 사람들은 교회의 사역 과정에 모두 참여하지만 단순히 그 프로그램에 참여할 뿐 성숙하지 않는 것을 볼 수 있다. 당신의 모든 성도들에게 성숙을 독려해야만 한다. 하지만 어떤 사람들은 하려하지 않는다.

무엇이 사역의 목적인가?

모든 사역 활동도구은 사역의 목적을 가지고 있다. 이것은 '왜 당신은 그

일을 하고자 하는가?'에 대한 질문의 답이다. 우리는 자신을 위해 아무 것도 하지 않는다. 예를 들면, 만일 우리 활동 가운데 하나가 소그룹 모임이라고 하지만, 그것은 목적이 될 수 없다. 단순히 한 장소에서 모이는 소그룹 사역은 할 필요가 없다. 그것은 말이 되지 않는다. 소그룹 모임이 갖는 목적은 반드시 어떻게 해서든지 교회의 사명에 기여하기 위한 것이어야만 한다. 그래서 소그룹 사역활동은 제자 만들기교회의 사명에 있어 중요한 친교와 공동체성목적을 제공하기 위한 도구이다. 만일 당신 교회가 목적도 없고 교회의 사명에 기여하지도 않는 활동을 지원하고 있다면, 당신 혹은 누군가가 반드시 왜 그 사역을 시작했는지 설명해야 하며 왜 계속해서 그 사역을 해 왔는지 설명해야 한다.

4단계 : 특성과 사역 정렬하기

당신은 영적 성숙에 대한 특성들과 중요한 사역들 혹은 당신 교회의 성도들의 삶 속에 뿌리를 내릴 수 있는 길을 확인했다면, 이제 당신은 이 둘을 접목시켜야 한다. 여기에서의 질문은 "어떻게 성숙 과정을 함께 이루어 갈 수 있는가?"이다.

성숙 모형은 당신에게 큰 도움이 될 것이다. 이것은 적용하는데 도움을 주며 당신 교회와 지도자들, 그리고 성도들의 상황에 맞는 가장 최고의 활동을 개발하는데 도움을 줄 것이다. 여기에는 일곱 가지 측면이 있다.

1. 당신의 메트릭스 구출하기

종이나 화이트보드에 이 도형을 그리라. 수평 축의 맨 위에 성숙의 특징을 채워 넣으라. 다음으로 당신의 최근 중요한 사역 활동을 배열에 따라 수

칙 축에 기록하라.

		성숙의 특징들(사역 목적)				
성숙 활동 (성숙 도구들)		회개 (전도)	공동체 (친교)	축하 (예배)	육성 (성경적 가르침)	헌신 (봉사)
	예배					
	소그룹					
	주일학교/ 성경공부					

2. 당신의 성숙 메트릭스 비평하기

다음과 같은 질문에 답을 하라. 성숙의 특성들 가운데 하나 혹은 더 많이 성취하기 위해 초점을 맞추어야 할 중요한 사역은 무엇인가? 이것은 성숙에 대한 모든 특성들을 뿌리내리는데 중요한 사역이 돕는다는 생각이다. 많은 교회를 통해 얻은 경험 대부분이 그렇지 않다는 것이다. 위에 제공한 표는 성경적 가르침은 강점을 가지고 있지만 전도나 사역봉사는 약점을 보이고 있다는 것을 쉽게 발견할 것이다. 이것은 2장에서 전통적인 교회의 평가를 etl 살펴보면 더욱 이해할 수 있을 것이다

3. 부적합한 항목 수정하기

만일 당신이 성수의 특성을 하나 혹은 그 이상 성취하기 위해 중요한 사역이 영향을 주지 못하고 있는 것을 발견 했다면, 당신은 그것들이 적당한 것인지 고려해 볼 필요가 있다. 만일 어떤 사역들이 당신의 성도들을 성숙으로 인도하는데 빈약하다면, 당신은 이것을 어떻게 수정할 것인가 고려해 볼 필요가 있다. 아마도 당신은 당신의 사역을 인도하는 지도자들을 위한 훈련을 제공할 필요가 있을 것이다. 당신은 중요한 사역들을 실패하거나 수정하거 없앨 필요가 있는가? 당신은 모든 사역을 새롭게 하거나 몇 개의

사역을 새롭게 디자인할 필요가 있다고 보는가? 이 문제를 어떻게 해결할 것인가? 여기에는 몇 가지 선택할 수 있는 사항이 있다. 아마도 당신은 성도들이 실시하는 사역이 소그룹 사역이나 성경공부, 전도나 사역을 포함하고 있는지 묻거나 심지어 요구할 수 있다. 예를 들면 성도들이 군인 가족을 돕거나 학교를 섬기는 프로젝트를 진행할 때, 복음을 전하는 것에 초점을 맞추라고 요구할 수 있다. 또 다른 선택사항은 복음제시를 설교나 강의를 통해 창조적으로 실시하는 것이다.

4. 하나님께서 축복하시는 것 발견하기

당신은 다른 교회의 활동에 관해 연구할 필요가 있다. 프레이지Randy Frazee는 이것을 통해 주의 깊게 그리고 능숙하게 연구하여 그 결과를 『교회와 접속하라』The Connecting Church라는 책으로 펴냈다. 그의 연구가 정말 좋은 것이라고 말하는 것으로는 불충분하며 이 책을 읽고 이해하라고 강력하게 권하고 싶다. 그 책은 네 가지 활동을 이야기하고 있다. 예배, 대규모 그룹 모임, 가정 그룹 모임, 그리고 개인적인 모임이 그것이다. 나의 교회는 다음과 같은 중요한 활동을 실시했다. 교회에 나오지 않는 사람과 관계 맺기, 구두로 복음을 공유하기, 그 사람을 대규모 집회에 초청하기, 소그룹에 참여하도록 독려하기가 그것이다. 소그룹에 있어 가장 중요한 것은 상호관계적인 성경공부, 친교, 돌봄, 사역 참여하기, 그리고 책임지기이다. 내가 하나님의 축복을 받은 교회를 발견하고 그 교회가 행했던 사역 활동들을 살펴본 것처럼 당신이 주위의 환경을 이해한다는 것은 매우 중요한 문제이다. 나의 웹사이트 www.malphursgroup.com를 방문해 보라

5. 언제 만날 것인지 결정하기

그 모형은 여기에서 유용한 것이 될 것이다. 더욱이 당신 자신의 정돈된

활동을 개발하는데 도움을 줄 것이며, 성도들을 성숙하도록 하는데 이용했던 다른 교회의 과정을 평가하는데 도움을 줄 것이다. 당신은 성숙한 제자의 특징들을 찾거나 유사한 것들목적을 찾아야 한다. 그리고 그것을 성취하기 위해 이용할 활동들도구을 확인해야만 한다. 이 과정은 신속하게 강점뿐 아니라 약점까지도 노출시킨다.

당신은 일주일에 몇 번 운영할 것인가 그리고 언제 활동을 위해 만날 것인가를 결정해야만 한다. 최근 모임을 가졌던 숫자와 시간을 가지고 객관적으로 연구하라. 그리고 나서 당신은 다음 질문에 답을 하라. 우리는 일주일에 한 번, 두 번, 혹은 세 번 모임을 가졌는가? 언제 모임을 가졌는가? 무슨 요일 그리고 몇 시에 우리는 모임을 가졌는가? 우리는 토요일 저녁 모임 혹은 주일 아침에 모임을 가졌는가 아니면 둘 다인가? 이러한 활동들이 제자가 되는 데 중요하다는 것을 기억하라. 그래서 당신이 참여하고자 하는 기대를 주의 깊게 살펴보아야 한다. 교인들이 매일 낮과 밤에 교회에서 모임을 갖는다는 것은 상상도 하지 말라. 무엇이 합리적인 것인가? 제자를 만드는데 무엇이 촉진제 역할을 하는가?

6. "적을수록 조다"는 것을 기억하라

여기에서의 훈련 지침도 몇 가지 더 있다. 많은 사람들이 믿는 것과는 반대로 제자를 만들기 위해 매일 모이는 과다한 사역 활동은 불필요하다. 당신이 정한 성숙의 특징을 실현하기 위해 가장 좋은 시간에 올바르게 그리고 가장 좋은 활동을 해야 한다. 또한 당신은 결코 모든 사람의 스케줄을 고려할 수는 없다. 그래서 당신은 모일 때를 결정하는 일에 심사숙고해야 한다. 그리고 교인들, 교회에 나오지 않는 사람들, 믿지 않는 지역 공동체의 스케줄이 어떠한가를 살펴보아야 한다. 만일 가능하다면, 둘 다를 고려해야 한다. 하지만 우선 고려해야할 대상은 다름 아닌 교인들과 교회의 사명이다.

7. 당신의 성숙한 제자 만들기 과정 전달하기

만일 당신 교회의 성도들이 당신의 성숙한 제자 만들기 과정을 전혀 모르고 있다면, 그들은 당신의 과정을 따르지 않을 것이다. 그래서 당신은 이 과정을 어떻게 전달할 것인지 결정을 내려야만 한다. 다른 장에서 우리가 보여준 몇 가지 방법에는 설교, 웹사이트, 전단지, 새들백 교회는 집과 같은 도표를 만들어 제공하고 있다. 당신은 세 가지 주요한 사역을 핵심적으로 제시하는데, 사과를 껍질 째, 혹은 과육만을 가지고 전달에 이용할 수 있다. 성숙한 제자 만들기 과정을 전달할 때, 7-11의 법칙을 기억하라. 성도들은 과정을 들을 필요가 있으며, 그로 인해 나타나는 문제들을 해결해야 하고 그것을 기억할 수 있도록 7-11의 법칙을 이용해야만 한다.

5단계 : 교회의 영적인 진보를 측정하라

성숙한 제자 만드는 것이 매우 중요하다는 것을 거듭 강조해 왔다. 어떤 사람은 "행했던 것을 측정하라!"라고 이야기한다. 또 다른 사람은 "당신이 성취한 것을 측정하라!"라고 이야기했다. 중요한 것은 영적인 진보를 측정하는 것은 성숙의 과정을 성취하기 위해 필수적인 것이라는 점이다. 어떻게 우리는 당면한 목적특징들과 궁극적인 목적성숙을 성취하기 위한 활동이나 도구들을 측정할 수 있는가? 우리가 행한 것을 측정하는 길만이 유일한 방법이다. 여기에는 문제 드러내기, 목적 이해하기, 평가 과정, 그리고 디자인하기가 포함된다.

문제 드러내기

문제는 영적 진보를 몇 교회만이 측정하고 있다는 사실이다. 우리는 아마도 우리가 제공하는 것과 우리의 태도를 측정할 것이다. 그것은 유용하고 좋은 것이다. 하지만 대부분의 교회는 영적 성숙을 향하여 나아가는 교회의 성장을 측정하고 있지 않다는 것이다. 이는 모든 사역에 있어 매우 중요하다. 그들은 사역에 대해 변명을 늘어놓기 마련이다. 그래서 다음 질문에 대해 비평적으로 답을 해야 한다. 우리는 어떻게 실행할 것인가? 우리는 제자를 만들어가고 있는가?

어떤 사람들은 이러한 측정이 속세적인 것이고 세속적인 것이며 교회 안에 이것을 측정할 기관도 없고 사역도 없다고 주장한다. 지난 몇 년 동안의 나의 경험에 비추어 볼 때, 교회에서 가장 많이 이런 말을 하는 사람들은 영적인 갈등에 있는 사람들이었다. 그들은 어떻게 일을 추진하고 있는지 측정해야 하며, 그들은 잘 수용하고 있는지 아니면 무엇이 잘 못 되었는지, 그들이 이미 성취한 것보다 낙담하고 있는지 측정해야만 한다. 초대교회는 다음 몇 가지 사항에 대해 숫자로 측정했다.

세례 - 행2:41, 행8:12-16, 행8:36-38, 행9:18, 행10:47-48, 행16:15, 행16:33, 행18:8, 행22:16

예배참석 - 행4:4, 행5:14, 행6:1, 행6:7, 행9:31, 행9:34, 행9:42, 행11:21, 행11:24, 행14:1, 행14:21, 행16:5, 행17:12

모임 - 행2:44, 행2:46, 행5:12

소유 공유 - 행2:45, 행4:32

목적 달성 - 행4:32

다음에 우리가 살펴보겠지만, 초대 교회는 모임에 참여하고 세례를 받는 수를 측정했다. 여기에서 정말 중요한 것은 교회의 동기이다. 그들은 "영적 최고의 지도자"의 역할을 하고 있는가? 아니면 마태복음 28장 19절의 말씀에 순종하여 제자 만들기의 능력을 결정하기 위해 측정하고 있는가?

목적 이해하기

몇 가지 이유에서 우리가 행한 것을 측정하기 위해 우리는 지혜로워야 한다.

성도들의 성숙

교회는 무엇이 사역이고 무엇이 아닌지를 파악하기 위해 회중의 수준을 알아야 한다. 우리는 어떤 중요한 그리고 이차적인 활동이 열매를 맺으며 어떤 것이 열매를 맺지 못하는지 반드시 질문해야 한다. 모든 활동은 유효기간이 있다는 것이 문제이다. 이것은 오랫동안 영향력을 행사하지 못하며 시간이 지나면 바꿔야 한다 그래서 우리는 지속적으로 그 활동이 여전히 영향력을 행사하는지 아니면 유효기간이 지나 버렸는지 질문을 해야만 한다.

프레이지는 회중의 수준을 측정하는 것에 대해 다음과 같이 이야기하고 있다. "우리는 분기에 특별한 주일 혹은 주말 모임을 전달하기 위해 혹은 일 년에 한 번 교인들의 스냅 사진을 찍을 수 있다. 그리고 모임 계획과 평가하는데 그 정보를 이용할 수 있다. 그래서 교회의 영적 발달에 대한 목표를 설정할 수 있다."[75]

우리가 행한 것이 영향력을 발휘하지 못하고 있는 것을 발견해야만 한다. 그리고 우리는 사역의 항구로 항해하는 동안 잘못된 것을 수정할 필요가 있다.

또한 우리는 개인의 수준을 알아야만 한다. 우리 교인들은 성숙을 향한 자신의 개인적 성장과 이것을 가장 잘 촉진시켜줄 수 있는 활동을 평가할 수 있어야 한다. 프레이지는 "우리는 교인 각자에게 기독교인의 삶의 파일

---

75) Frazee, *The Connecting Church*, 105.

의 한 일면과 관련하여 그의 혹은 그녀의 삶을 평가하도록 요구해야만 한다"라고 주장한다.[76]

과정 디자인하기

여기에는 영적 성숙을 측정할 수 있는 최소한 두 가지 방법이 있다. 하나는 진보 지표이며 다른 하나는 교인들에 대한 광범위한 조사이다.

숫자 세기

1세기 초대교회로 돌아가 보면, 우리 모두가 잘 사용하는 방법 하나를 찾을 수 있는데 그것은 "숫자 세기"이다. 누가는 사도행전 4장 21절과 4장 4절 등에서 계속해서 숫자를 세고 있다. 왜 그런가? 나는 누가가 교회가 어떻게 성장했는지에 관해 업데이트 해 주는 한 가지 방법이라고 믿는다.

숫자를 세는 방법이 몇 몇 목회자들에 의해 흥미를 잃고 있다. 숫자 세는 방법이 오용되면 목회자는 마치 "산신령"과 같은 역할을 수행하는 사람으로 전락해 버린다. 또한 어떤 목회자는 자신의 교회의 양적 성장을 과시하기 위해 사용하는 경우가 있다. 하지만 이 방법을 받아들이지 않는다면, 원치 않는 것을 없애려다가 소중한 것까지 잃어버릴 위험이 있다. 단순히 이 방법이 남용된다고 해서 우리가 이를 포기해야 한다는 의미가 아니다.

매주 숫자를 세기 위해 어느 누군가는 숫자를 세고 기록해야만 한다. 이것을 어떻게 할 것인가? 나는 이번 장 초반부에 몇몇 교회가 세 가지 사역, 즉 설교를 포함하고 있는 예배, 성경공부나 주일학교, 그리고 소그룹 모임을 가지고 있다고 이야기했다. 이 세 가지 중요한 사역에 성도들이 얼마나 참석했는지 숫자를 세어 도표에 표시해 두어야 한다. 나는 매주 이 세 가지 사역을 인도하는 사람이나 책임을 지고 있는 사람에게 보여 주고 앞전 주일과 비교하거나 혹은 1년 전과 비교해 보고 도전을 받도록 하고 있다. 숫

---

76) Ibid, 101.

자가 떨어졌다면, 먼저 그 상황을 파악해 보고 심각한 수준으로 떨어지기 전에 수정할 필요가 있다.

교인들에 대한 광범위한 조사

성숙을 향하여 끊임없이 전진하는 성도들의 진보를 측정하는 두 번째 방법은 교인들을 광범위하게 조사하는 방법이다.

텍사스 주 앨링톤Arlington에 있는 판티고 성서 교회Pantego Bible Church와 달라스에 있는 웨더마크 커뮤니티 교회Watermark Community Church에서 실시한 조사를 살펴보면 된다. 판티고 성서 교회의 조사는 기독교인의 삶의 프로파일Christian Life Profile이라고 부른다. 이에 관해 당신은 www.theconnectingchurch.com을 통해 살펴볼 수 있다. 웨더마크 교회의 조사는 www.watermarkcommunity.org를 통해 살펴볼 수 있다. 웨더마크 교회는 예배 시간 동안 조사가 진행되었고 온라인을 통해 조사에 응해 줄 것을 부탁했다. 교회는 제자의 특징을 개발하는데 있어 진보 상황에 관해 평가하도록 부탁했다.

또 다른 방법은 윌로우 크릭 교회가 그들의 성도들을 위해 개발한 것으로 다음 중 성도들이 어디에 위치해 있는가를 묻는 것이다. 그리스도를 탐색하는 과정, 그리스도 안에서 성장하는 과정, 그리스도를 향한 문을 닫아버린 상태, 그리스도 중신의 삶이 그 질문의 내용이다.

교인들에 대한 광범위한 조사는 당신 교회가 성숙의 특성들과 중요한 사역을 얼마나 잘 실행했는지 평가해 볼 수 있다. 다음 표들을 살펴 보라.

질문: 다음 다섯 가지 중에 당신 교회는 어떤 상태라고 생각하나요?

	약　　　강
예배	1 2 3 4
친교	1 2 3 4
교육	1 2 3 4
전도	1 2 3 4
봉사	1 2 3 4

질문: 당신 교회의 중요한 사역을 어떻게 평가하십니까?

	약　　　강
예　배	1 2 3 4
성경공부	1 2 3 4
설　교	1 2 3 4

반영, 토의, 그리고 적용을 위한 질문들

1. 당신 교회는 사명 선언문을 개발했는가? 만일 그렇지 않다면, 그 이유는 무엇인가? 만일 그렇다면, 성숙한 신앙인으로 개발하기 위해 강조해야할 것은 무엇인가?

2. 당신 팀과 함께 브레인스토밍을 통해 성서에서 발견한 성숙한 제자의 특징을 파악했을 것이다. 그렇다면 어떤 것이 기독교인의 성숙의 지표로서 당신 교인들을 위해 필요한 것은 무엇인가? 어떤 방법을 통해 그것들을 전달할 것인가?첫 글자 따는 법, 다이어그램 등

3. 성화의 과정 가운데 당신이 생각하는 하나님의 역할은 무엇인가? 기독교인으로서 개인의 역할은 무엇인가? 교회의 역할은 무엇인가? 신

앙인들에게 교회의 중요성에 관해 필자와 뜻을 같이 한다면, 당신 교회의 삶에 성숙을 성취하기 위한 활동을 선택할 것인가?

4. 왜 저자는 활동 혹은 사역 활동이라는 용어를 사용했는가? 당신의 모든 사역 활동은 목적을 가지고 있는가? 만일 아니라면, 왜 목적을 가지고 있지 않는가? 이것에 관해 당신은 어떻게 할 생각인가?

5. 칠판, 화이트보드, 종이 혹은 포스트잇에 교회의 사역 활동을 적어보라. 전략 리더십 팀이나 스텝들의 도움을 받아 당신의 중요한 활동을 확인하고 순서에 따라 정렬시켜보라. 남아 있는 활동들은 이차적 활동이 될 것이다. 이번 장에서 언급한대로 중요한 활동이라고 생각이 드는가? 그것은 명확하게 정렬 되어 있는가? 중요한 활동 그리고/혹은 이차적인 활동에 대해 다시 생각할 필요가 있는가?

6. 성숙 도표를 만들어 보라. 성숙의 특징들목적을 수평 축에 위치하게 하라. 중요한 활동도구을 수직 축에 기록해 보라. 각각의 활동은 최소한 하나의 특징을 현실화시키고 있는가? 만일 그렇다면, 어떤 것인가? 만일 그렇지 않다면, 왜 그런가? 당신은 어떤 활동을 생략하고자 하는가? 당신은 어떤 새로운 활동을 개발 하려고 하는가? 어떻게 이루어 갈 것인가? 다른 교회의 사역을 평가하기 위해 성숙 도표를 이용하라. 당시 교회의 제자화 과정 가운데 나타나는 약점과 강점은 무엇인가?

7. 그 활동은 얼마나 자주 그리고 언제 실시되는가? 당신은 성숙한 제자가 되기를 갈망하는 사람들로부터 너무 많은 혹은 너무 작은 요구를 받는가? 어떻게 그것을 아는가?

8. 당신의 성숙한 제자의 과정을 전달하기 위해 어떤 방법을 사용하고자 하는가? 그 과정을 위해 시각적인 자료들을 이용하려고 하는가? 만일 그렇다면, 그것은 무엇인가? 7-11법칙은 무엇이며 그 과정에

당신은 어떻게 적용하려고 하는가?

9. "당신이 행한 것은 측정해야 한다"라는 저자의 말에 동의하는가? 왜 그런가? 당신 사역에 대해 최근 평가해 본 적이 있는가? 만일 그렇다면, 그 평가는 무엇이었는가? 만일 평가를 하지 않았다면, 왜 평가를 하지 않았는가? 당신의 사역 활동을 위해 진보 지표를 결정하라. 이번 장에서 알려준 형태를 이용하라. 진보 지표에는 무엇이 포함되는가? 그것들은 현명한가? 온라인을 통해 두 교회의 교인들에 대한 광범위한 조사를 살펴보라. 당신의 사역을 위해 두 교회 중 어떤 것이 더 적합한가? 당신 자신의 것을 개발할 때 한 교회의 것을 이용하여 출발하라.

10

사역팀 세우기
BUILDING A MINISTRY TEAM

전략 활동 3

우리는 교회의 예루살렘행1:8 속으로 다가서거나 사역 공동체에 다가서기를 시작하면서 사명과 비전을 성취시키는 사역 전략을 보아왔다. 사도행전 1장 8절에서 우리가 경험한 것은 교회의 지리학적 위치를 전략적으로 소개하고 누구에게 가다갈 것인가를 결정한다. 그 후 전략은 교회가 누구를 닮아가야 할 것인지 명료화시켜주는 제자 만들기, 성숙 과정을 실행했다. 이것은 전략의 세 번째 요소인 꿈의 팀을 세우기 과정은 인도한다. 우리는 여기에서 사역팀에 집중할 것이며 그들을 누가 제자로 만들 것인가를 결정해야 한다. 누가 우리의 사역 항구로 사역의 배를 항해하는데 도움을 줄 것인가?

주의 : 만일 당신 교회가 이 책을 통해 사역팀을 개발하고자 한다면 이번 장은 위원회 전력 개발팀, 스텝 개발 팀, 그리고 교회의 스텝 전략을 개발하고 그들의 목적을 소개해야 할 동원 개발팀에 대한 정보를 제공할 것이다.

꿈의 팀은 세 그룹으로 구성된다. 그들의 사역을 통한 교회의 영향력은 잃어버린 공동체, 죽어가는 공동체에 대해 매우 중요한 것이다. 그들은 현명하고, 신실한 운영 위원회, 질 높은 은사, 영적으로 스텝들에게 자극을 주며, 그리고 잘 동원되는 교인들이 필요하다. 조화를 이루어 사역하며 이 세 그룹은 믿지 않는 사람들, 교회 공동체에 출석하지 않는 많은 사람들이 주님께 영광을 돌리는 성숙한 제자로 돌아서도록 해야 한다. 이번 장의 나머지 부분은 당신 교회를 위해 전체적인 팀 스텝 전략을 개발할 수 있도록 도움을 줄 수 있는 위원회, 스텝, 회중팀에 초점을 맞출 것이다.

당신 교회가 팀을 구성하기 위해서는 좋은 사람들이 필요하다는 것을 기억하는것은 매우 중요한 일이다. 드룩커는 "사람들은 기관의 수행능력을 결정한다. 어떠한 기관도 거기에 속한 사람보다 더 나은 기관은 없다"라고 주장한다.[77] 팀원 법칙은 좋은 교회를 세우고 좋은 교회로 이끌기 위해서는 반드시 좋은 사람이 필요하다는 것이다. 당신 공동체를 위해 가장 좋은 연구를 실행할 수 있으며 탁월한 제자 만들기 과정을 개발할 수 있다. 하지만 그것을 이끌어갈 사람이 마땅치 않다면, 결국 성공할 수 없다. 놀라운 것은 하나님은 하나님께 헌신하여 영광을 돌리기 원하는 그저 평범한 사람들을 사용하셔서 놀라운 일을 행하신다는 것이다. 이 사람들이 당신의 팀원이 되어야만 한다.

팀의 두 가지 요소
누가 팀을 만들 것인가? 무엇이 팀을 만들 것인가?

팀을 만들기 위한 두 가지 요소

누가 팀을 만들 것인가?

이 사람들은 당신 사역 팀을 이루게 될 것이다. 비록 내가 팀 내에서 사

---

77) Peter Drucker, *Managing the Non-Profit Organization* (New York: HarperCollins, 1990), 145.

역할 신앙인들을 지휘하기 위한 어떠한 통로도 알고 있지 못한다고 할지라도 신구약 성경을 통해 영향력 있는 사람을 통해 모델을 삼을 수 있다. 출애굽기 18장에서 이드로모세의 장인는 이스라엘 백성을 위해 사역하는 팀을 구성해 줌으로서 모세의 고된 사역으로부터 구조해낸다. 예수님은 다소 "초라한" 팀이지만 그 팀을 통해 영향력 있는 사역을 하게 된다.막3:13-19, 6:7 그리고 바울은 그의 사역 내내 팀과 함께 하지 않고 사역한 것처럼 보이지만, 그는 바나바행11:25-26, 13:2-3, 마가13:5, 실라15:40, 그리고 디모데16:1-3, 그뿐 아니라 많은 다른 사람의 봉사를 받았다. 그리고 고린도전서 12장 12-31절에 언급하고 있는 바울의 몸에 대한 비유는 영향력 있는 사역을 위한 팀의 중요성을 잘 투영해 주고 있다.

그 이유는 복잡하지 않다. 우리 모두는 한 사람이 일하는 것보다 더 많은 것을 할 수 있기 때문이다. 어떤 것은 나보다 당신이 더 잘할 수 있는 능력을 가지고 있기 때문이다. 그리고 어떤 것은 당신보다 내가 더 잘할 수 있기 때문이다. 그래서 우리가 함께 모여 일할 때, 주님을 위해 최고의 영향력을 행사할 수 있다. 지도자들은 하나님께서 주신 팀과 함께 언제나 주도면밀하게 사역해야 한다. 그리고 이를 위해 몇 가지 예외가 있다. 팀이 항상 함께 모일 수 있는 시간이 없을 때, 위기의 시간은 타나난다. 또 다른 예외는 팀이 결론을 내릴 수 없을 때이다. 이러한 경우에 핵심 지도자는 순서에 따라 결론을 내려가면 된다.

당신이 점차적으로 세우는 것이 아니라 전략적으로 사역 팀을 세울 때, 당신의 사명과 특별히 비전의 관점을 통해 모든 사람들을 시험해 볼 필요가 있다. 그 비전은 하나님을 위해 당신이 이룰 수 있는 당신의 꿈이다. 이것은 배가 어디로 항해하는 지와 누가 당신, 그리고 당신의 꿈의 팀과 함께 할 것인가에 대한 그림을 제공해 준다. 당신은 외적으로 나타난 능력과 이미 이루었던 사역 팀의 성과에 의존하지 않고 팀에 반드시 필요한 사람, 하나님께서 보내신 사람으로 선정해야만 한다. 그것이 고통스럽다고 할지라도 적합하지 않다면, 그를 포기해야만 한다.[78] 교회는 사람들에게 직업을 제공하는 것이 아니라 올바른 위치에 올바르게 배정함으로서 하나님을 섬길 수 있는 사역을 제공하는 것이다. 일반적인 생각에도 불구하고 어떤 사람은 없는 게 더 낫다. 21세기 초기에 존재하는 너무 많은 교회가 이런 생각을 하기에는 욕구가 너무 높다. 어떤 위치에도 완벽한 사람은 없지만, 도전하는 사람도 찾을 수 없다. 우리는 하나님께 그 팀에 함께 하기를 원하는 적임자를 찾을 뿐이다.

위원회 훈련시키기

교회는 목회자, 스텝, 그리고 교인들을 연결해 주는 기능을 담당할 현명하고 신실한 운영 위원회가 필요하다. 불행하게도 이러한 위원회를 모든 교회가 설치할 수는 없다. 대부분 목회자들은 훌륭한 사람들영적으로 성숙한 성도로부터 미성숙한 사람들영적으로 미성숙한 성도들까지 분포되어 있는 위원회를 경험했다. 위원회라는 용어를 들을 때, 그들은 현명하고 하나님을 사랑하는 사람들로 구성된 그룹과 밀접하게 사역했던 놀라운 기억을 떠 올리게 된다. 다른 사람들은 리더십을 거부하고 교회로부터 목회자를 쫓아내는 빈약한 능력을 가진 그룹과 사역했던 악몽을 되풀이 하는 것을 발견할 수 있다.

왜 운영 위원회가 존재해야 하는가?

어떤 교회는 위원회가 있는 반면에 없는 교회도 있다. 나는 두 가지 종류

---

78) 나는 사역 평가에 관해 어떻게 사람을 보낼 것인가에 관해 맨 마지막장에서 논의할 것이다.

의 교회와 상담한 적이 있다. 만일 내가 목회자이고 선택할 수 있다면, 대부분의 상황에서 나는 위원회를 선택할 것이다. 왜냐하면, 위원회의 역할은 높은 수준의 리더십을 발휘할 수 있기 때문이다. 위원회는 업무 설명을 구성하는 책임을 지기 위하여 중요하고도 임시적인 리더십으로 구성된다.

주요한 책임

위원회는 네 가지 중요한 책임을 가진다.

1. 위원회는 회중, 목회자, 스텝, 그리고 위원회 자신을 위해 기도해야 하는 중요한 책임을 가진다. 위원회는 하나님의 심장을 가지고 기도하며 함께 잘 사역에 임해야 한다.
2. 위원회는 최소한 네 가지 분야에 대한 사역을 모니터하고 살펴보는 책임을 가지고 있다. 행20:28, 딤전3:2을 보라 하나는 교회의 전체적인 영적 상태를 모니터하고 규칙적으로 '우리가 어떻게 해야 할 것인가'에 대해 질문을 해야한다. 다른 하나는 교회의 성경적, 교리적인 통합을 모니터해야 하며 '지금 우리는 하나님의 말씀 안에 거하고 있는가?' 라는 질문을 던져야 한다. 이것은 신약성경의 지속적인 관심사였다. 셋째는 대사명인 교회의 성서적 사역 방향을 모니터하고 '주님께서 제자를 만들고 성숙한 제자로 만들라마28:19-20고 우리에게 하신 명령을 실행하고 있는가?'를 질문해야 한다. 네 번째는 교회의 전체적인 목회자의 리더십을 모니터 해야 한다. 위원회는 감독권, 책임을 그에게 제공하며 보호해야 한다. 여기에서 위원회는 목회자와 교회의 방향성을 지지하는데 모두에게 투명해야 한다
3. 위원회는 교회의 삶에 영향을 주는 결정을 규칙적으로 내려야 하는 중요한 책임을 가지고 있다. 위원회가 모임을 갖고 어떠한 결정도 내

리지 않는다는 것은 좀처럼 드문 일이다. 그리고 대부분 교회를 치리하는 정책을 수립하는 일이 많다. 나는 다음에 이것에 대해 더 많이 이야기할 것이다.
4. 위원회는 사역을 이끌어 가는데 목회자에게 충고할 수 있는 중요한 책임을 가지고 있다. 어느 한 사람이 모든 것을 알아서는 안 된다. 왜냐하면, 어떤 사람이든지 매번 최고의 결정을 내릴 수 없기 때문이다. 최고의 지도자는 유능하고 현명하며 신실하고 영적으로 성도들을 인도하는 위원회의 지혜를 빌릴 필요가 있다.

임시적인 책임

위원회는 몇 가지 임시적인 책임을 가지고 있다.

1. 위원회는 담임목사를 청빙하는 과정을 감독할 수도 있다.
2. 목회자와 어떤 의견충돌이 있을 때 중재자로 봉사할 수 있다.
3. 위원회의 기능과 관계된 정책을 시행할 수 있다.
4. 위원회는 자신의 리더십을 개발하기 위해 준비되어야 한다.
5. 위원회는 교회를 훈련시킬 책임이 있다. 목회자는 그것을 실행할 필요가 없으며 위원회가 이를 감당하면 된다.
6. 위원회는 복음 사역을 위해 성도들을 위촉하며 부탁할 수 있다.
7. 목회자에게 공명정대한 보상과 혜택을 베풀기 위한 책임이 있다.

기능이 아닌 것

위원회가 하지 말아야 할 기능 몇 가지가 있다.

1. 모두의 행복을 유지하려고 노력하라. 이것은 위원회 스스로가 한 사

람의 행복, 교회 안에 있는 사람들의 행복에 초점을 맞추는 것이라고 이해하는 많은 소규모 교회의 특징이다.

2. 교회의 세부적인 것까지 관리하는 것이다. 목회자가 포함된 교회의 위원회는 너무 많은 책임과 교회의 세부적인 일까지 떠맡지 말아야 한다. 만일 목회자의 사역이 빈약하다면, 목회자가 할 수 있는 사역을 찾는 것이 아니라 새로운 목회자를 찾을 필요가 있다.

3. 목회자에게 "눈을 떼지 말라" 우리들 가운데 몇 사람은 그런 사람들을 "문지기"라고 부른다. 이런 위원회의 특징은 변화를 두려워하고 권력을 잃을까 두려워하는 감정적으로 영적으로 건강하지 않는 위원회이다.

4. 교회 안에 있는 특정 계층을 대변한다. 노인들, 발언권이 없는 사람들 등을 말한다. 교회는 민주주의를 대변하는 기관이 아니다.

5. 목회자의 인장기능을 하라. 영적으로 건강한 위원회는 목회자가 어떤 문제에 대해 실수했다고 위원회가 믿을 때 목회자에게 도전해야만 하고 맹목적으로 목회자의 생각에 따르지 않아야 한다.

성경적 기초

많은 사람들은 교회가 위원회를 설치해야 한다고 주장한다. 왜냐하면, 성경이 이를 말하고 있기 때문이다. 하지만 나는 성경 어느 곳에서 이런 사실을 발견하지 못했다. 대부분의 사람들은 장로와 관련하여 신약 성경에 다양한 구절들로부터 발견할 수 있다고 이야기한다. 하지만 도시 교회와 가정 교회의 시각으로 연구해 볼 때, 장로들은 도시 교회를 구성하고 있는 가정 교회의 목회자들이었다고 보는 것이 좋다. 만일 당신이 이에 대해 더 연구하고자 한다면, 나의 책 『지도자 지도하기』 *Leading Leaders*와 『리더가 된다는 것은,『Being Leaders』의 제1장을 살펴보라.79) 나는 위원회에 대한 성경의 언급은 지혜서에 더욱 많다고 믿고 있다.예, 잠11:14, 15:22, 20:18, 24:6

누가 위원회에 들어갈 수 있는가?

나는 위원회는 회원과 목회자로 구성되어야 한다고 믿는다. 그리고 의장도 있어야 하고 적당한 수의 회원도 있어야 한다고 믿는다. 위원회의 회원은 앞에서 살펴보았던 중요하고 이차적인 책임에 따라 지도하고 봉사하는 책임을 가지고 있다.

담임목사는 위원회와 중요한 세 가지 관계를 유지해야 한다. 첫째, 그는 지도자 가운데 최고의 지도자의 위치에서 위원회를 이끌어 가야 한다.이것은 그의 존재 이유이며 위원회와 관계를 맺는 사역이다 둘째, 담임목사는 다른 위원회의 위원들과 동등한 입장에서 서며 지도자들을 이끌어 가는 사람이다.이것은 그가 속한 공동체이며 위원회의 회원들과 가족관계와 같은 관계를 맺는다 셋째, 담임목사는 위원회에 의해 고용된 사람이며 그래서 위원회 아래에 있다.그를 영입한 것은 기업이며 위원회와의 법적인 관계를 말한다 이러한 관계들은 다음과 같이 다시 조명해 볼 수 있다. 나는 결정을 내리는 자, 공동체, 그리고 법인에 관해 다음

위원회와 목회자와의 관계

결정을 내리는 자

목회자

회원 회원 회원 회원 회원 회원 회원 회원

공동체

회원 회원 회원 회원 회원 회원 회원 **목회자**

법인

회원 회원 회원 회원 회원 회원 회원 회원

목회자

---

79) Aubrey Malphurs, Leading Leaders (Grand Rapids: Baker Books, 2005); Being Leader (Grand Rapids: Baker Books, 2003).

부분에서 팀을 구성하는 것에 대해 이야기할 때 논의할 것이다.[80]

위원회의 의장은 목회자가 되어도 좋고 그렇지 않아도 좋다. 위원장은 강력한 위치에 있을 수 있다. 의장은 의사일정을 조율하고 모임을 인도하며 위원회 뿐 아니라 다른 문제에 대한 정책을 설명해야 한다. 그러므로 위원회는 이러한 역할을 잘 감당할 수 있도록 기도를 해야 하며 심사숙고하고 고심해야만 한다.

위원회는 그의 리더십을 발휘 할 수 있도록 도움이 되는 사역 팀이나 사역 소위원회를 가지고 있어야 한다. 이러한 소위원회는 오직 조언만을 할 수 있으며 어떠한 권력도 가질 수 없고 어떠한 권력을 가지려고 해서도 안된다.

자격

위원회 회원들은 현명한 사람으로 위원회를 영적으로 인도할 수 있는 자격을 갖추고 위원회를 섬길 수 있는 사람이어야 한다. 사실 영적인 자격이란 최악의 상황을 예방할 수 있는 것이 중요하다. 그리고 이러한 영적인 자격은 모든 꿈의 팀에 필수적인 자격요건이다. 비록 초대 교회의 목회자에 대한 자격을 이야기한다고 할지라도 디모데전서 3장 1-7절과 디도서 1장 5-9절은 오늘날에도 잘 적용된다. 다른 자격으로는 성령에 충만하며 지혜롭고(행6:3) 성령의 열매를 맺으며 그리스도를 닮은 사람(갈5:22-23)이어야 한다. 내가 상담했던 교회 가운데 위원회를 조직하는데 저질렀던 가장 큰 실수는 그 팀에 성숙하지 못한 사람들이 포함되었다는 것이다. 그저 "순종적인 나이 많은 사람들" 혹은 목회자에게 잘 보이려는 사람들은 성서적이지 못하며 세속적이고 오랫동안 교회에 심각한 손상을 일으킬 것이다.

---

[80] 나는 이러한 세 가지 개념을 윌로우크릭 교회의 교육 목사인 디트머(Jim Dethmer)로부터 얻었다.

위원회의 크기

대부분의 교회는 위원회를 크게 하려는 경향을 가지고 있다. 우리는 50-75명의 집사가 있는 제일교회First Church에 관한 모든 것을 들었다. 나의 경험과 조사를 통해 그 교회의 재정 위원회는 10명 이하로 하는 것이 좋다는 결론에 이르렀다. 아마도 7~8명이 가장 최상의 숫자였다. 이런 점으로 미루어보아, 비록 이것이 설명적이며 규범적이지 않다고 할지라도 사도행전 6장 3절에 있는 것처럼 그렇게 큰 예루살렘 교회를 봉사하기 위해 일곱 명의 사람꼭 위원회가 필요한 것은 아니었다을 선출했다는 것을 유의 깊게 보라. 작은 크기의 교회들은 서로 알 수 있는 사람으로 구성하도록 하며 교회가 직면한 중요한 문제들을 친밀한 수준의 상호작용을 할 수 있어야 한다.

어떻게 위원회를 이끌 것인가?

위에서 언급한 교회의 책임 가운데 하나는 위원회 자체, 담임목사, 그리고 담임목사와 관계된 위원회에 영향을 줄 수 있는 교회의 정책을 산출해내고 그것을 인가하는 것이다.

이러한 정책들은 어떻게 위원회가 지도하고 운영할 것인지를 알려주며 특별히 어떻게 결론을 지을 것인지를 알려준다. 나는 정책을 교회 위원회가 시종일관 어떻게 결정을 내릴 것인지 지침이 되는 신념 혹은 가치와 같은 것으로 규정짓는다. 그들은 성경에서 신념과 가치들을 찾아냈다. 하지만 그들은 항상 그렇게 하지 않는다. 왜냐하면, 성경은 교회가 직면하는 모든 문제에 대해 이야기하고 있지 않기 때문이다. 하지만 그들은 성경과 모순되어서는 안 된다.

정책이 갖는 이익

일반적으로 위원회의 리더십과 비슷한 정책을 이용하는 것과 특별히 결정을 내릴 때 이용하는 정책은 많은 이익을 가지고 있다. 여기에 일곱 가지를 싣는다.

1. 사람들의 시간을 절약할 수 있으며 최소의 시간으로 큰 영향력을 행사할 수 있다.
2. 교회의 작은 문제들보다 필수적이고 근본적인 교회의 문제들을 다룬다.
3. 이것은 위원회가 목회자와 어떤 스텝들에게 방해되는 것을 최소화한다.
4. 시간이 지나더라도 위원회가 일관성 있는 결론을 낼 수 있다.
5. 이것은 위원회와 목회자 사이의 권위와 명확한 선을 그어준다.
6. 위원회와 목회자 사이의 신뢰를 일으킨다.
7. 결정 과정을 제어하고 방해하는 것으로부터 보호할 수 있다.

정책의 종류

위원회는 정책에 대한 세 가지 측면에 기초하여 결정을 내리고 운영해 간다.

1. 정책이란 위원회 자체를 통제하며 일 혹은 사역에 대한 설명, 의장의 역할, 자격, 책무, 운영, 위원회의 위임, 평가와 훈련과 같은 문제들을 다룬다.
2. 정책은 담임목사를 보좌하며 담임목사의 자격, 보수, 그리고 혜택, 담임목사의 일 혹은 사역에 대한 설명, 리더십의 스타일, 책무, 목회적 위임, 재정적인 계획과 예산, 재정 상태와 지출, 위급상황의 책임, 스텝들의 보수와 혜택, 위원회와의 소통과 같은 문제들을 다룬다.

3. 악몽과 같은 일을 피하기 위한 가장 중요한 정책은 위원회를 통제하며 담임목사와의 관계성이다. 여기에는 담임목사의 권위, 책임, 그의 리더십, 모니터링과 평가가 포함된다.

위원회는 어떻게 권력을 통제할 것인가?

자연스럽게 사람들은 다음과 같은 질문을 하게 된다. 어떻게 교회는 권력을 통제하는가? 모든 기관이나 단체들은 권력을 가지고 있으며 그것은 나쁜 것만은 아니다. 누가 권력을 가지며 권력을 행사할 수 있는가에 대해 논의해야 한다. 객관적으로 볼 때, 이 문제는 새로운 문제가 아니다. 사실 교회는 이 문제를 가지고 몇 세기 동안 씨름했다. 그에 대한 답은 교회 정책에 있다. 교회 정책은 세 가지 기본적인 형태를 가지고 발전되었다. 감독제주교에 의한 통제, 장로교장로에 의한 통제, 그리고 회중회중적 통치이 그것이다. 중요한 것은 집단적 권력과 개인적 권력 사이의 차이점을 구분하는 것이다. 이러한 비평적 문제에 대해 여기에서는 당신 교회에 도움이 될 만한 것을 이야기할 것이다.

회중적 통치

먼저 나는 회중적 통치에 대해 논의하고자 한다. 왜냐하면, 대부분 교회가 회중적 통치를 기꺼이 받아들이고 있기 때문이다. 회중적 통치가 의미하는 것은 교회의 권력을 회중에게 이양한다는 것이다. 일반적으로 위원회의 위원을 투표로 선출하게 된다. 이것이 의미하는 바는 어떤 문제에 대해 투표하는 것과 같이 집단적으로 기능을 할 때만 회중이 권력을 가지고 있다는 것이다. 그래서 회중은 목회자를 선출할 때만 권력을 행사하거나 위원회의 회원을 선출할 때만 권력을 행사할 수 있다. 이와 동시에 원칙적으로 어떠한 개인, 즉 목회자나 위원회라도 개인적으로 권력을 가질 수 없다. 특별히 우리는 모두 어떤 올바른 방법으로 개인이 권력을 갖게 되었고 그 권력을 어떻게 행사하는지에 관한 전율이 느껴지는 이야기를 들었다

같은 방법으로 위원회는 위원회로서 그리고 회중의 이익이 될 때 만 권력을 가질 수 있다. 목회자를 모니터할 책임을 가지지만 목회자에게 손상을 입히기 위해서 사용되어서는 절대 안 된다. 교회의 지도자를 위임 받은 목회자는 개인적으로 모든 성도들을 통제할 수 있는 권력을 갖지만 아무도 집단적으로 위원회 혹은 회중 전체 통치할 수는 없다. 목회자는 스텝을 통제할 수 있는 권력을 가지며 위원회와 궁극적으로 그들의 사역을 위해 교회를 책임져야한다. 스텝은 사역에 있어 심지어 위원회 회원이라고 할지라도 소속된 사람들만 통제할 수 있다.

장로의 통치

장로들 혹은 장로에 의한 통치는 권력이 회중이 아닌 장로들로 구성된 당회에 부여될 때 일어난다. 그렇게 되면 회중은 권력이 없어질 뿐만 아니라 심지어 집단적으로 행동에 옮길 때에도 그 권력은 없어진다. 하지만 위에서 살펴보았듯이 위원회는 위원회로서 함께 행동을 취할 때 권력을 가질 수 있다. 이것은 목회자를 해임할 때 투표에 붙일 수 있다는 것을 의미한다. 어떤 장로라도 교회에서 다른 사람보다 더 우월한 권력을 가질 수는 없다. 목회자는 교회 안에서 어떠한 개인들보다도 더 우월한 권력을 가질 수 있지만 교회나 위원회와 같은 집단보다 더 우월한 권력을 가질 수는 없다. 그래서 목회자는 훈련에 관한 것을 책임질 수 있으며 교회에서 어떠한 개인이라도 해임할 수는 있지만 전체 회중이나 위원회를 그렇게 할 수는 없다.

주교의 통치

주교의 권력은 교회의 권력을 장악하고 있다고 보면 된다. 어떤 주교는

그 교회의 교인도 아니고, 그 교회에 참여 하지 않을 수도 있지만, 교회를 다스리는 독점적 권력을 가지고 있을 수 있다. 이것은 성공회, 감리교, 가톨릭교회가 갖고 있는 특징이다.

만일 이것에 관해 더욱 살펴보고 알기를 원한다면 나의 책 『지도자 지도하기』를 보라.

스텝

스텝들은 교회의 사역에 전문적으로 가장 자주 참여할 수 있는 사람들이다. 성도수가 늘어나는 교회의 스텝은 세미나 혹은 성경 대학, 그리고 훈련도 늘어나며 대부분은 거기에 맞는 보수를 받도록 해야 한다. 당신이 원하는 스텝들은 자기 자신을 볼 때, 하나님 나라의 사업에 놀랄만한 의미 있는 일에 꿈을 가진 사람들일 것이다. 다음은 다양한 스텝을 보유하고 있는 교회에 관해 더욱 논의할 것이지만 소규모 교회를 이끌어 가는 목회자들 역시 유익한 정보를 얻게 될 것이다.

팀 세우기
위원회 훈련시키기
스텝 개발하기
회중 동화시키기

나의 경험으로 볼 때, 스텝을 디자인하고 배치할 때, 다른 팀에 소속되어 있는 스텝을 배치하고자 하는 경향이 있다. 이것은 혼란을 야기시킬 수 밖에 없다. 스텝들 가운데 직원과 비서를 포함시킬 것인가? 나는 여기에 동의하지 않는다.

어떻게 당신은 스텝을 규정지어야 하는가?

나는 꿈의 팀을 이루는 스텝들을 둘 혹은 그 이상의 양질의 은사를 가진 **사람들, 그리고 영적으로 지도할 맘이 있는 사람으로 명백한 사명과 성문화**

된 비전을 이루기 위한 사람들과 함께 깊은 헌신이 준비된 사람으로 규정짓는다.

꿈의 팀은 두 사람 혹은 더 많은 사람들로 구성된다. 꿈의 팀은 파트타임으로 자원 봉사하는 간사와 함께 동역하는 파트타임 목회자를 포함한 한 사람의 스텝으로부터 대형교회처럼 수많은 간사들과 교회의 물건 등을 관리하는 사람들과 함께 동역하는 백 명이 넘는 사람으로 구성될 수 있다.

그들은 지도자들이다. 이것이 의미하는 바는 그들은 사람들에게 영향력을 행사한다는 것이다. 하지만 나는 그들이 은사를 가지고 있으며 영적으로 지도할 준비가 되어 있다는 것을 밝혀야만 한다. 하지만 모든 기독교인들은 은사를 받았으며 이러한 지도자들은 다른 팀원들과 완벽함을 이루기 위하여 올바르게 은사를 조합시켜야 한다. 그들은 정당한 이유에서 팀의 일원이 되기 원하는 사람이어야 한다. 그들은 사역이 그들에 관한 전부라거나 그들을 위해 할 수 있는 것이 아니라 오직 주님에 관한 것이라는 것을 믿어야 한다.

그들에게 사례를 지급해야 한다. 대부분의 사역 스텝들은 사례를 받는다. 이것은 교회에서 자원봉사로 헌신하는 사람과 구별된다. 나는 농담조로 '당신은 우리에게 좋은 것을 제공 했어요'라고 이야기한다.

그들은 깊은 헌신을 해야 한다. 스텝들은 단순히 체크할 사항을 수집하는 것이 아니라, 그들의 목표는 밝히는 것 이상이다. 그들은 팀, 사역, 그리고 지도하는데 깊은 헌신을 해야 하며 팀원들과 함께 열정적으로 사역에 임해야만 한다. 그들은 아주 작은 사소한 일에도 손을 놓고 걸어 나가는 그런 사람들이 아니다. 그들은 좀 더 좋은 기회를 기다리는 자들이 아니다. 그들은 당신과 장기적으로 함께 해야 하는 사람들이다. 더욱이 그들은 그들 스스로를 작은 예수로 여기며 그리스도의 제자로서 종의 리더십을 가진 사람들이다. 마20:24-28

그들은 함께 통역하는데 헌신해야 한다. 그들은 함께 헌신하는 자들이다. 나는 이 부분이 팀 사역을 하는데 있어 가장 어려운 부분이라고 믿는다. 그 팀은 함께 걸어가야 하며 교회의 어려운 시기를 지난다 해도 그 어려움이 문제가 되지 않고 함께 헌신해야 한다.

그들은 사역 능력으로 헌신한다. 각각의 팀원들행정 목사, 청소년 담당 목사, 전도 담당 목사 등은 사역에 대한 전문지식, 즉 거기에 합당한 능력을 가지고 그 기능을 담당한다. 이것은 비서나 교회의 사찰과는 구별된다.

명백하게 정의되고 성서적인 사명과 성문화된 비전을 성취하도록 사람들을 인도하는데 깊이 헌신해야 한다. 목회자나 팀의 리더의 사명과 비전은 그냥 흘러 보내는 것이 아니라 그들을 사로잡도록 해야 한다. 그들은 대사명, 즉 하나님의 사명에 헌신해야 한다. 또한 그들은 같은 꿈을 꾸고 같은 비전을 품어야 한다. 사역을 위한 그의 꿈은 사역을 위해 그들의 꿈이 되어야 하며 열정을 유발시키는 성문화되고 영감을 불러 넣어주는 비전 역시 그들의 것이 되어야 한다.

꿈의 팀의 스텝 모집하기

당신은 어떻게 이와 같은 팀을 세울 수 있는가? 대부분 꿈의 팀을 세우는데 능력 있는 사람을 모집하여 세운다. 하지만 최고의 지도자들은 항상 가능한 것이 아니다. 그들은 빨리 누군가 낚아채 버린다. 그래서 당신은 항상 좋은 사람을 찾아야 하고 정신적으로 모집이라는 개념을 머리에 두어야 한다. 팀을 모집한다는 것은 수많은 중요한 모집 요건에 합당해야 할 것이다.

언제 모집할 것인가?

오직 교회를 개척한 사람만이 전체적인 새로운 팀을 모집할 수 있는 호화로움을 누릴 수 있다. 여기에는 찬성도 반대도 할 수 있다. 당신이 이미

이 책의 대부분을 읽었다는 것은 팀을 구성할 좋은 기회를 가진 것과 같다. 교회가 대형교회이든지, 소형교회이든지 상관없다. 그리고 꿈의 팀을 가졌던지 그렇지 않던지도 상관없다. 당신의 꿈의 팀의 크기와는 상관없이 지금부터 당신의 일은 한 번에 한 사람씩 팀을 세우는 것이다.

새로운 팀을 위해 사람을 모집할 때 몇 가지 중요한 사항이 있다. 먼저 교회의 생애에 대한 너무 많은 중요한 일들이 마무리가 아직 되지 않았다는 점이다. 누군가가 그것들을 성취시키거나 일을 감소시켰기 때문이 아니라 모두가 중요한 사역의 문제 때문에 바빴기 때문이다. 그 팀은 이미 오랫동안 사역을 해왔고 단순이 모든 것을 할 수 있다는 것이 아니다.

또 다른 중요한 사항은 교회가 정체될 때가 모집할 때라는 것이다. 교회 정체의 시기는 스텝이 충분치 않고 다음 단계로 넘어갈 때 적합한 스텝이 없기에 도래하게 된다. 교회가 성장의 단계에 접어들었다면, 새롭고 다른 리더십의 기술과 능력을 가진 스텝들이 필요하게 된다. 담임목사를 포함한 모두가 교회와 함께 성장하는 것은 아니다. 어떤 스텝들은 소형 교회의 사람들이며 어떤 스텝들은 대형교회의 사람들이다. 이것은 스텝의 자격을 결정하는데 필요한 것이다.

당신이 충분한 스텝을 가지고 있는지 어떻게 알 수 있는가?『성장을 위한 당신 교회의 스텝』*Staff Your Church for Growth*에서 그레이 메킨토쉬Gray McIntosh는 이 문제에 대한 답을 하는데 있어 당신의 상황에 도움을 주기 위해

평균 예배 출석 수	전임 스텝	지원 스텝
150명	1명	1명
300명	2명	1.5명
450명	3명	2명
600명	4명	2.5명
750명	5명	3명

다음과 같은 스텝 비율을 우리에게 보여주고 있다.[81]

당신이 대형교회라면, 당신 교회의 크기와 여기에서 말하는 비율을 감안해서 사용하면 된다. 평균 예배 출석수가 150명씩 늘었다는 것에 주의하고 150명에 전임 사역자 1명이 추가되며 지원 스텝이 150명 당 0.5명이 증가된다는 것도 기억하라. 만일 당신 교회에 900명이 평균 출석한다면 당신은 6명의 전임 스텝과 3.5명의 지원 스텝이 필요하게 된다.

꿈의 팀의 일원이 되기 위해 누군가를 모집하기 위한 가장 좋은 시간은 당신이 필요하기 전이다. 나는 당신이 정체되거나 균열을 통해 실패하기 전에 영적으로 건강하고 성서적으로 균형 잡힌 교회가 필요한 전임 스텝과 지원 스텝을 위원회에 청빙하는 것이 중요하다고 믿는다. 이것이 무모한 소리라는 것을 나도 알고 있다. 많은 사람들이 반대할 수 있다. 그렇다면 당신이 일반적인 스텝 혹은 특별히 최고의 리더라면 어떻게 교회를 믿음 안에서 적극적으로 전진하도록 하겠는가. 부수적으로 올바른 스텝은 짧은 시간에 받는 보수보다 자기 자신을 더 헌신한다. 왜냐하면, 좋은 스텝은 새로운 사람들을 교회에 인도하며 그들의 헌금을 통해 교회의 수입을 증가시키는데 도움을 주기 때문이다. 이러한 생각은 위에 있는 표의 정보를 적용하고, 앞으로 증가할 것을 예측하여 다음 단계로 인도하는데 도움을 얻기 위해 필요한 스텝을 모집하는데 "방해"가 된다. 반면에 당신이 다음 단계로 전진하기를 희망하며 계속되는 문제들과 그 문제들을 해결하는데 필요한 스텝을 모집하는데 "도움"이 된다.

당신이 필사적으로 노력해 보지만, 당신이 다음 단계에 다다르기 전에 정체가 온다는 점이다. 그리고 일단 정체기에 접어들면, 당신이 다음 단계로 전진할 수 있다는 보장이 없다.

---

[81] Gary L. McIntosh, Staff Your Church for Growth (Grand Rapids: Baker Books, 2000), 43. 이 표는 중형교회로 도시 외곽에 위치한 교회를 위한 것이며 낮은 소득의 도시 안에 위치한 교회와는 맞지 않다는 것을 이야기해 두는 바이다. 그래서 당신의 상황을 감안하여 적용하기를 바란다.

누구를 모집할 것인가?

나는 우선순위에 따라 스텝을 세 그룹으로 나눈다. 그들은 드림팀으로 구성된 사람들이며, 당신이 모집한 사람들이고, 당신이 선택한 사람들이다. 그들은 사역 스텝들이며 행정이나 실무 스텝, 그리고 특별 스텝으로 나눌 수 있다. 먼저 사역 스텝들, 특정한 연령층을 위한 스텝, 그리고 기능적 스텝들이다.

특정한 연령에 따른 사역 스텝

내가 경험한 대부분의 교회들은 특정한 연령의 사역에 따라 모집하고 있다. 예를 들면, 전통적인 교회는 일반적으로 어린이, 청소년, 교구 사역에 따라 모집한다. 좀 더 규모가 있는 교회는 이런 카테고리를 깨뜨리고 유치부, 중등부, 노년 등 사역에 따라 나누기도 한다. 특정한 연령에 따른 사역을 감당하기 위해 모집한 스텝이 갖는 문제점은 단순히 특정 집단만이 사역 대상이 된다는 것이다.

기능적 사역 스텝

나는 특정한 연령의 사역에 따라 스텝을 모집함과 동시에 기능적 스텝을 함께 모집한다. 그들은 교회의 다섯 가지 기능을 성취하도록 인도하며 다음과 같은 스텝이 포함된다. 전도 담당 목사아마도 여기에 선교목사도 포함될 것이다, 동기화, 공동체 혹은 친교 담당 목사소그룹 사역 감독, 헌신 혹은 사역 담당 목사성도들의 동기화 감독, 성경 교육 담당이것은 아마도 기독교 교육에 해당 될 것이다, 예배담당 목사가 그것이다.

교회의 특정한 연령에 따른 사역 스텝은 교회의 어느 한 부분을 감당하지만 기능적 사역 스텝은 교회 전체를, 즉 모든 연령을 대상으로 한다. 예를 들면, 청소년 담다 목사는 주로 교회의 청소년을 대상으로 사역을 하지만, 전도 목사는 모든 연령의 전도를 담당하고 모든 성도들의 전도 훈련을 시킨다.

기능적 스텝들과 균형을 이루는 특정한 연령에 따른 스텝들은 30~200명의 성도들이 모여 있는 전통적인 교회에서는 허황된 꿈과 같이 보일 것이다. 어떻게 그들은 이 모든 스텝을 감당할 수 있는가? 그 답은 은사를 가진 사역자들을 채운다는 것이 답이다. 교회가 성장함으로서 각각의 사역 영역에 대해 통제력을 가지고 인도할 전임 사역자를 고용할 수 있다. 전임 사역자가 아닌 평신도 사역자로 계속 채울 경우 허황된 꿈은 더욱 커져갈 것이다. 그럼에도 불구하고 특정한 연령에 따른 스텝들과 기능적 스텝들은 미래 스텝팀을 모집하고 개발하는데 헌신할 수 있다. 이번 장 후반부에 "팀 조직하기"라는 항목으로 청사진을 제시할 것이다.

사역에 대한 요약	
특정 연령에 따른 스텝들	기능적 스텝들
교회의 일부분	교회 전체
유치부	예배
어린이	성경공부
청소년	전도
성인	봉사
	친교

행정 혹은 실무 스텝

두 번째 스텝 그룹은 행정 혹은 실무 스텝을 맡은 사람이다. 예를 들면, 은행일, 예산, 자금 흐름, 인적 자원 등과 같은 교회의 행정적 문제에 대한 전체를 책임 있는 사람이 교회의 행정가이다. 대부분의 교회는 파트 타임 평신도로부터 전임 스텝까지 이 부분을 맡아야 할 사람이 필요하다. 교회다 성장함에 따라 또 다른 새로운 포지션인 경영 목사가 필요하다. 경영 목사는 교회에 수많은 서로 다른 역할을 실행한다. 최든 담임목사와 전체를 총괄하는 목사가 함께 같이 사역한다. 일반적으로 경영 목사는 담임목사가 부재중이거나 멀리 떠나 있을 때 그 업무를 감당한다. 그리고 어떤 사역자들은 설교하는 것을 로테이션식으로 돌아가며 맡는다.

특별 스텝 혹은 선출된 스텝

이 세 번째 그룹은 대부분 대형교회에서 찾아 볼 수 있으며, 몇 가지 예를 들면 부목사, 특정 성별에 따른 스텝남성 혹은 여성 담당 사역, 가르치는 목사담임목사와 함께 설교와 강의를 공유, 상담 목사, 한 부모 가정 담당, 가정 예배 담당 목사 등이다.

꿈의 팀의 기준은 무엇인가?

당신의 꿈의 팀을 위해 어떤 사람이 그 자리에 적합한 지를 찾는 것과 어떤 사람을 모집할 것인가는 밀접한 관계가 있다. 당신의 꿈의 팀에 적합하고 당신이 꿈의 보트를 가지고 항구까지 항해하는데 도움이 될 만한 사람이 누구인지에 대한 기준이 무엇인가? 그에 대한 답은 C에 있다. 성격Character, 능력Competence, 융화력Chemistry이 그것이다.

성격. Character 첫 번째 기준은 성격이다. 이것은 신념과 능력을 반영하는 것으로 사람의 자질을 모두 종합해 놓은 것이다. 그들은 좋을 수도 있고 나쁠 수도 있다. 그리고 모집하는 사람은 두 가지 모두에 관심을 가져야만 한다. 나는 핸드릭스Howard Handricks가 현대 가장 큰 위기는 수많은 경우 리더십의 위기이며, 리더십의 위기란 성격의 위기라고 말할 수 있다는 것을 들었다. 성격은 좋은 리더십에 있어 중요한 문제이다. 그래서 모집은 인격으로부터 시작된다.

성경은 초대교회의 지도자들에 대한 성격적 특징을 체크할 수 있는 구절을 우리에게 몇 가지 제공해 주고 있다. 이것은 21세기에도 관계가 있다. 남자를 위한 리스트는 디모데전서 3장 1-7절, 디도서 1장 6-9절에서 찾아볼 수 있다. 여성에 대한 체크 리스트는 디모데전서 2장 9-10절, 3장 33절, 디도서 2장 3-5절 그리고 베드로전서 3장 1-4절에서 찾아볼 수 있다. 나는 당신이 이용할 수 있도록 부록 K에 성격평가를 위한 리스트를 실어 놓았다.

특별히 팀 사역을 위해 유해한 성격에 관해 자기중심적 성격이 강하고 교만한 성격을 가졌는지 잘 살펴야 한다. 또한 혼자 행동하기를 좋아하는 사람인지 살펴보아야 한다. 즉 혼자 일하려는 경향을 가졌는지 혼자 하는 것에 가치를 두고 있는 사람인지 살펴보아야 한다. 마지막으로 자수성가 한 사람인지 살펴보아야 한다. 그들은 그들만의 방식으로 일할 것이다.

능력. Competence 두 번째 중요한 기준은 사역 능력이다. 이것은 그들이 하고자 하는 일을 다른 사람과 어떻게 잘 할 것인가에 관한 것이다. 이것은 하나님께서 주신 능력과 능력 개발로 구성된다. 하나님께서 주신 능력은 자연적, 영적인 은사, 열정, 기질을 말한다. 우리는 모집할 때 그 위치에 적합한 사람이 가져야할 은사, 열정, 그리고 기질을 결정해야만 한다. 예를 들면 내 경험으로 미루어 볼 때, 북미 문화권 속에서 훌륭한 담임목사들은 다음과 같은 세 가지 은사를 가지고 있다. 리더십, 전도, 그리고 소통설교와 가르침이 그것이다. 그들은 대상에 열정을 가지고 있으며 성격 항목표Personal Profile Inventory 상에서 권위, 영향력을 행사하는 기질을 가지고 있었다.

능력 개발에는 성격, 지식, 그리고 기술이 포함된다. 성격은 우리가 누구인가와 관련되어 있다. 지식은 우리가 알고 있는 것을 말한다. 기술은 일을 행하는데 능력을 말한다. 다시 말하지만 담임목사는 위에서 말한 것됨전 3:2이 필요하다. 그는 여러 가지, 즉 성경, 신학, 어떻게 지도할 것인가, 전략적으로 어떻게 생각하고 행동할 것인가에 관해 알아야 한다. 그는 설교, 지도하는 것, 그리고 상담과 같은 몇 가지 기술이 필요하다.

그는 정서적 건강이 필요하다. 목회자를 훈련시키는 우리는 너무 많은 목회자들이 어릴 적부터 많은 정서적 문제를 안고 있다는 것을 발견했다. 그 많은 문제 가운데 하나가 도덕적 문제이다. 마지막으로 담임목사는 육체적 건강, 규칙적인 운동 시간, 좋은 식습관, 그리고 충분한 잠을 필요로 한다.

잠재적인 꿈의 팀의 함께 할 사람을 생각해보고 잠재적 위치를 설계해 보고 다른 팀의 지도자를 영입하는 문제에 관해서 주의 깊게 연구해야 한다. 그리고 하나님께서 주신 은사가 무엇이며 어떤 은사를 개발해야 할 것인지를 생각해야 한다.

융화력. Chemistry 꿈의 팀을 위한 세 번째 기준은 융화력이다. 이것은 몇 가지 영역에 영향을 준다. 먼저 당신의 사역 협력이다. 잠재적으로 팀에 합류할 사람이 교회와 같은 가치, 사명, 그리고 비전을 가지고 있는가? 또 다른 영역은 신학 또는 교리의 영역이다. 팀에 합류할 후보자가 신앙에 있어 필수적인 것과 필수적이지 않는 것에 동의하고 있는가? 신앙에 있어 필수적인 요소란 정통적인 기독론과 같은 것이다. 불필요한 영역은 교회 통치 방법, 세례를 베푸는 방법, 여성의 역할, 더 많은 방을 나누는 것과 같은 일들이 여기에 속한다. 필수적인 요소에 동의를 하지 않은 것은 꿈의 팀에 함께할 후보에서 자격을 잃게 되는 것이다. 불필요한 사항에 동의하지 않는 것은 주의 깊게 평가해야만 한다. 어떤 한 그룹의 불필요한 것이 당신에게는 반드시 필요한 요소가 될 수 있기 때문이다. 예를 들면, 먼저 살펴보았던 회중의 통치이다. 회중이 통치하는 교회의 팀에 잘못된 사람이 들어오게 되면 후에 시스템에 변화를 가해야 할지도 모른다.

감정적인 면은 융화력의 또 다른 면이다. 당신은 다른 스텝들과 특별히 담임목사와 함께 지내고 싶은 사람 혹은 잠재적으로 팀에 합류할 사람은 누구인가? 감정적인 면은 기질, 열정, 그리고 지도자가 팀을 위해 요구하는 감정적 풍토에 의해 영향을 받는다. 이 질문에 대해서는 다음에 논의할 것이다. 당신은 빌리 그레이엄Billy Graham과 함께 일하고 싶은가 아니면 사담 후세인Saddam Hussein인가?

다른 C. 일부는 위에서 이야기했지만, 다른 C도 포함된다. 그중 하나가 **원인**Cause이다. 목사가 사역하는 이유를 찾아야 한다. 그들은 열정적인 사람들이다. 그들은 자유롭게 일할 것이다. 그들은 승부욕을 가지고 있고, 다른 조언을 받아들이지 않을 수도 있다. 뿐만 아니라 그들은 아무런 언급도 하지 않고 일을 할 수도 있다. 그런 점에서 왜 사역을 하는지 그 이유를 찾아내고 밝혀야 한다. 두 개의 또 다른 C는 문화Culture와 소명Calling이다. 유망한 스텝들은 교회의 문화와 자신의 사역을 일치시키는 것이 중요하다. 이것은 가치와 신념의 독특한 표현이다. 그리고 어떤 사람들은 유능한 스텝들이 하나님으로부터 부르심을 받은 소명을 표현해야 한다고 믿는다.

어디에서부터 시작해야 하는가?

스텝을 모집하는데 있어 네 번째 질문은 '꿈의 팀을 모집하는데 어디서부터 시작해야 하는가?'이다. 당신은 이미 조직되어 있는 위원회와 전략을 함께 세운 팀원들과 함께 시작하고자 하는가? 아니면 당신의 전략을 가지고 거기에 맞는 사람을 찾기 시작하면서부터 시작하고자 하는가? 그에 대한 대답은 두 가지 다이다.

반면에 당신은 빈약하거나 전략이 전혀 없는 사람들이 포함된 팀을 만들기도 하지만, 그들은 여전히 많은 일들을 성취할 수도 있다. 그것은 꿈의 팀에 대한 좋은 습성을 본 것이다. 그것은 그들이 할 수 있는 것이다. 반면에 위대한 전략을 가진 소수의 스텝과 올바른 사람이 포함된 위원회 없는 경우도 있으며, 심지어 가장 좋은 전략을 가졌다고 할지라도 좋은 결과를 생산할 수 없는 경우도 있다. 어떤 경우이든 중요한 것은 사역을 위한 꿈의 팀에 올바른 사람들을 배치해야 한다는 점이다. 만일 당신 목회자라면 이것은 결코 끝나지 않는 도전이 될 것이다. 즉 올바른 사람과 최고의 전략을 조합시켜야 하며, 두 가지 모두 당신의 책임이다.

올바른 전략을 가진 올바른 팀을 세운다는 것은 아래 표에 있는 데로 네 가지 R이 포함된다. 먼저 당신의 전략 면에서 볼 때, 당신은 현재 교인들 가운데 많은 수, 혹은 몇 사람이라도 **재확인**reaffirm할 수 있어야 한다. 그들은 적당한 시간에 올바른 위치에 올바른 사람을 배열한다면, 그들에게 행복을 유지시켜 줄 수 있다. 둘째, 당신은 스텝 가운데 몇 명을 **재배치**redepoly할 수 있다. 적당한 시기에 잘못 배치된 자리에 올바른 사람을 배열하는 것을 말한다. 셋째, 당신은 현재 출석하고 있는 사람들 가운데 몇 사람을 **대체**replace할 수 있다. 그것은 잘못된 시간에 잘못된 위치에 잘못된 사람들이 배치되어 있는 것을 말한다. 그들과 당신 자신이 다른 곳으로 갈 수 있도록 허락하거나 다른 올바른 위치에서 도움을 줄 수 있도록 해야 한다. 마지막으로 당신은 몇 사람을 **모집**recruit할 수 있다. 이것은 적당한 시기에 올바른 위치, 혹은 당신의 사역 팀에 필요한 적당한 사람을 청빙하는 것을 말한다. 그것이 지금일지도 모른다.

올바른 전략을 가지고 올바른 팀 세우기

네 가지 R	사람들	위치	시간
1. 재확인(Reaffirm)	올바른 사람	올바른 위치	적당한 시간
2. 재배치(Redeploy)	올바른 사람	잘못된 위치	적당한 시간
3. 대체(Replace)	잘못된 사람	잘못된 위치	잘못된 시간
4. 모집(Recruit)	올바른 사람	올바른 위치	적당한 시간

어디에서 모집을 해야 하는가?

여기에서의 질문은 '잠재적 스텝을 당신 교회 내부 혹은 외부에서 모집해야 하는가?'이다. 내 생각에는 당신이 필요한 스텝과 환경에 따라 다르지만, 두 가지 모두가 최고의 답이다.

교회의 외부. 일반적으로 교회 외부로부터 사람을 모집하는 것은 교회에 창조성과 혁신을 가져오는 모집일 수 있다. 그들은 다르게 생각하고 당신 상황을 상쾌하게 하고 기운을 북돋워줄 수 있는 다른 사역을 채택할 수 있다. 하지만 단점으로 당신이 그들의 성격, 능력, 융화력 혹은 최근 당신이 평신도 지도자들과 함께 사역했듯이 당신과 함께 얼마나 사역을 잘 할 수 있을지 읽을 수 없다는 점이다. 더욱이 그가 사역했던 것보다 더 나은 점수를 대부분의 교회가 준다는 것을 잊지 말아야 한다.

교회의 내부. 교회 안에서 모집된 지도자들 가운데 대부분은 그들의 성격, 능력, 그리고 융화력을 잘 읽을 수 있다. 물론 이것은 당신이 교회 안에서 당신의 평신도 지도자들을 모집하고 훈련시키는 위치인 리더십 개발 과정에 있었을 때 평가한 것이다. 교회 안에서 사역자를 찾는데 나타나는 단점은 외부로부터 교회 안으로 누군가 들어오는 다른 관점과 새로운 생각들을 놓칠 수 있다. 하지만 만일 교회 안에 있는 사람이 이미 창조적이고 혁신적이라고 할지라도 문제가 되지 않는다.

비록 당신이 교회 내외로부터 사람을 찾는다고 할지라도 항해사가 늘어나는 것은 차후에 선택할 수 있다. 예를 들면 하빌스Bill Hybels는 "때때로 나는 어디에서 스텝으로 봉사할 사람을 찾아야 하는지 묻는다. 나의 대답은 놀랍다. 거의 75퍼센트는 윌로우 크릭 교회 내부에서 찾게 된다."[82] 하니웰 인터네셔날Honeywell International을 창시하고 CEO인 보시디Larry Bossidy는 "우리 회사의 이사들 가운데 85퍼센트가 우리 기업 출신이다. 좋은 기업은 지

---

82) Hybels, *Courageous Leadership*, 85.

도자를 발굴하는 기업이다."[83]

당신의 꿈의 팀을 배치하는 방법

이미 당신의 팀에 합당한 사람을 보유하고 있다면, 당신은 그 혹은 그녀를 어떻게 배치할 것인지 결정을 내려야만 한다. 배치는 위치를 포함하고 있다. 즉 올바른 위치에 올바른 사람을 배치하는 것을 말한다. 여기에는 몇 가지 단계를 거쳐야 한다.

1단계: 주요사역을 결정하라

당신이 교회의 제자 만들기 과정을 개발할 때, 당신은 두 가지 항목으로 구성된 성숙에 대한 표를 만들어야 한다. 하나는 수평적이며 성숙한 제자의 특성목적을 포함해야 한다. 스텝을 배치하는데 적용할 수 있는 다른 하나는 수직적이며 중요한 사역 활동을 포함하고 있어야 한다. 그들은 목적이나 특성을 성취하는 도구들이다. 당신의 주요하고 체계적인 사역 활동에 스텝을 배치해야 한다. 만일 당신이 아직 주요한 활동에 대해 결정을 내리지 못했다면, 당신은 사람들을 사역에 배치하기 전에 먼저 주요한 활동에 대해 결정을 내려야만 한다. 만일 당신이 이러한 활동에 대해 결정을 내렸다면, 이미 당신의 사람들을 배치하기 위해 준비가 된 것이다.

2단계: 중요한 스텝 챔피언을 배치하라

당신이 담임목사라면 당신의 활동에 대해 각각 혹은 몇 개의 활동에 중요한 스텝을 활동의 성질에 따라 챔피언으로 배치할 필요가 있다. 예를 들면, 대그룹 예배 모임은 배치과정에서 가장 먼저 해야 하며 일반적으로 가장 중요한 사역 활동이다. 당신은 누가 이 활동을 이끌고 나갈지를 확인하

---

[83] Larry Bossidy and Ram Charan, *Execution: The Discipline of Getting Things Done* (New York: Crown Business, 2002), 112.

고 그 사람이 스텝 가운데 챔피언이 된다. 대부분 이런 경우 담임목사와 설교자가 배치될 것이다. 거기에 챔피언으로 배치된 사람은 예배를 인도하는 재능이 있거나 은사를 가질 수 있다. 당신의 중요한 활동을 통해 계속해서 사역할 필요가 있으며 각각의 활동에 책임을 져야할 챔피언 스텝이 누구인지 결정을 내려야 한다. 당신은 일대일의 비율, 혹은 몇 가지 활동에 한 사람의 챔피언을 둘 수 있다. 모든 활동을 다뤄야 하는 중요한 위치이다. 당신이 선택한 지도자는 그 역할에 있어 전문가가 되어야 한다. 하지만 소형 교회는 은사를 가지고 헌신된 평신도를 배치할 수도 있다.

나는 잠시 **챔피언 스텝**의 개념에 대해 설명할까 한다. 담임목사는 그들의 열정을 강조하려는 경향이 있고 심지어 지나치게 강조하려는 경향이 있다. 대부분 이것은 설교이다. 다른 사람에 있어 열정이란 전도, 심방과 돌봄 등이 될 것이다. 하지만 이에 대한 지나친 강조는 다른 핵심적이고 중요한 활동을 무시해버리는 단점을 가져오기도 한다. 결국 이것은 교회의 균형을 깨뜨리게 될 것이다. 챔피언 스텝에 대한 개념은 다른 활동 역시 가치가 있지만 각각의 중요한 활동이 그의 혹은 그녀의 사역에 열정이 있는 사람이 배열되어야 한다는 것이다. 사역의 챔피언을 고용하는 개념은 교회를 "사일로 효과부서나 조직 간의 나타나는 이기주의"로부터 교회를 보호할 수 있다. 사일로 효과란 자기 자신만이 가장 중요하고 특별히 교회에서 오로지 그 활동만이 필요하다고 여기는 것을 말한다.

3단계: 이차적인 사역을 위해 지도자를 배치하라

만일 당신이 각각의 중요한 활동에 챔피언 스텝을 배치하였다면, 이차적 활동을 위한 리더십을 설명할 필요가 있다. 대부분의 교회에서는 재능이 있고 헌신된 평신도 지도자들이 이에 포함된다. 더욱이 당신은 후에 전달하는 목회자, 웹을 운영하는 목회자, 기획전문 목회자, 청지기적 목회자와 같은 스텝의 위치에 올라설 수 있는 몇몇 평신도에 관심을 가져야 할 것이다.

팀 조직하기

당신의 꿈의 팀을 세우는데 있어 당신은 올바른 사람을 올바른 위치에 챔피언으로 배치시켜야 한다. 다음 단계는 당신의 제자화 과정을 가장 잘 지원하고 성취할 수 있는 방법으로 어떻게 이러한 위치들을 조직화해야 하는가를 생각하는 것이다. 당신은 어떤 조직에 사람을 배치시키고 어떻게 서로 관계를 맺으며 그 사람을 누가 책임질 것이며, 그리고 더 많이 생각해야 할 것이 무엇인지 검토할 필요가 있다.

사역 설명서

이미 조직된 기업 세계에서는 개혁적이며 변화를 수용하는데 민감하지만, 엄격하고 피라미드와 같은 조직을 허용하지 않는다. 어떤 사람들은 이것이 맞는 말이라고 생각한다. 반면에 몇몇 사람들은 조직을 가지지 않는 조직이 최고의 조직이라는 잘못된 주장을 하기도 한다. 하지만 사람들은 그들에게 그들의 역할과 책임과 마찬가지로 그들의 권위와 그들의 경계에 대해 알려줄 사람을 아는 것을 매우 필요로 한다. 이것은 사역이나 목회에 대한 설명의 목적이며 가치이다. 예를 들면, 내가 가장 최근에 목회했던 교회에서 기독교교육 담당 목회자가 필요했었다. 하지만 우리는 그 위치에 적합한 사람을 대부분 모집을 통해서 선정해 왔다. 왜냐하면, 그 일에 대한 설명이 없기 때문이다. 그런 가운데 교육목사로 지원했던 사람 가운데 한 사람이 그 위치에 대한 모든 것을 파악하고 싶어 했다. 교육 목사에게 바라는 성취 기대는 무엇이었는가? 실제로 그의 책임은 무엇이었는가? 무엇 때문에 그는 설명해야할 의무가 주어졌는가? 그는 누구에게 보고해야 하며,

누가 그에게 보고해야 하는가? 자신의 영향력이 전해지는 범위 그는 현명한 청년이었다.

조직 도표

그 교회를 통해 얻은 답은 두 가지였다. 첫째, 우리는 모든 위치에 대한 사역이나 목회 설명문을 개발했다. 나는 부록 L에서 하나의 예를 실어 놓았다 [84] 둘째 우리는 세 개의 조직적인 차트를 개발했다. 이것은 우리에게 굉장한 도움을 주었다. 교회가 갖는 존재 이유, 공동체, 그리고 법인의 기능에 의거하여 개발했다. 그 용어들은 앞에서 내가 목회자와 위원회와의 관계에 대해 이야기할 때 다루었다. 우리 교회 구조는 이 세 가지 기능을 반영하고 있다.

결정 내리기 (리더십)

결정을 내리는 기능은 교회의 리더십의 구조에 영향을 미친다. 우리의 갈망은 그리스도가 우리의 리더가 되는 것이다. 고전11:3 주로 리더이며 비전을 제시하는 위치로서 그리스도 아래에 있는 전임 목사는 대부분 위원회와 함께 일을 하며 대형 교회에서는 스텝들과 함께 일을 한다. 그들과 함께 목회자는 교회의 나아갈 방향을 제시하고 위원회와 스텝들은 회중과 함께 사역을 하고 이끌어 간다. 작은 교회에서는 목사가 위원회, 스텝, 그리고 회중들과 함께 일을 추진한다.

공동체의 기능은 어떻게 교회가 마치 가족과 같이 다른 교회와 어떻게 관계를 맺어 가느냐를 반영한다. 이것은 유기체로서의 교회를 의미한다. 가족처럼 우리 모두는 형제이며 자매이다. 히2:11-13 그러므로 우리는 그리

---

[84] 노스우드(Northwood) 교회의 사역 설명서에서 우리는 모든 사역의 책임을 주의깊게 성문화시켰다. 그 결과 우리는 먼저 그들 모두와 대화하지 않고서 무작위로 새로운 책임을 스텝들에게 퍼부을 수 없었다. 또한 우리는 추가된 책임에 맞는 보상을 하는 것에 관해서도 논의했다.

스도 안에서 동등하다.갈3:28

　법인으로서의 기능은 교회의 사업과 법률적 측면을 반영하는 것이다. 어떤 사람들은 교회가 사업적인 측면으로 봐야 한다는 것을 좋아하지 않는다. 그러나 교회는 사업을 하고 있다. 법적인 그리고 다른 목적을 위해 이것들은 필요하다. 예를 들면, 대부분의 교회들은 교회에 대해 법적 소송으로부터 교회 안에 있는 개인을 보호하기 위한 기능을 가지고 있다. 사업가가 건물이나 재산을 사고 팔 때와 마찬가지로 목회자들 또한 법적인 계약을 고려해야 한다.

　만일 팀원들이 팀 내에서 다른 사람들과의 관계를 어떻게 맺어야 하는지에 대해 알고 싶어 한다면, 그들은 결정을 내리는주도적 리더십, 공동체사랑하는 가족, 혹은 법인법적인 존재의 상황 속에서 먼저 결정할 필요가 있다.
　위에 있는 도표는 회중교회를 위한 것이다. 왜냐하면 회중이 주님 아래 있고, 목회자의 위에 위치해 있기 때문이다. 이것은 또한 스텝들을 책임지는 행정목사를 반영하고 있는 것이 그 특징이다. 연령에 따른 특별한 스텝들은 기독교교육학 아래에 위치하거나 성경공부 스텝 아래에 위한다는 점이다. 이것은 미래 사역을 위한 청사진으로 교회와 스텝들을 교회에 섬기도록 해 주는 역할을 한다. 이 도표는 궁극적으로 교회에 필요한 스텝들에 대한 리스트를 가지고 있을 것이며, 어떤 교회가 되고자 하는지를 반영하고 있다. 교회가 성장함에 따라 순차적으로 모집을 하면 된다.

팀을 경작하라

당신의 꿈의 팀을 세우는데 있어 당신은 올바른 위치에 올바른 사람을 챔피언으로 배치해야만 한다. 그리고 그들은 사역 조직에 그들이 적합하다는 것을 알아야 한다. 다음 단계는 각각의 사람들을 개발할 책임이 있다. 새로운 팀을 세우고 동시에 대부분의 팀을 보수한다는 것은 가장 어려운 일이 될 수도 있다. 이것은 믿을만한 공동체 안에서 함께 사역하고 일하는 사람들과 함께 해야 하며 가장 의미 있는 방법으로 서로 마음 깊은 곳으로부터 우러나오는 봉사가 포함되어야 한다. 하이빌스 목사는 "서로 깊이 있게 같이 생활을 하는 것"이라고 설명하고 있다. 믿을만한 꿈의 팀으로 개발하기 위해 최소한 다섯 단계가 필요하다.

1단계 : 신뢰를 기반으로 취약점 갈아엎기

첫 번째 단계는 신뢰를 기반으로 취약점을 갈아엎는 것이다.[85] 이것은 당신이 취약점의 위험을 감수하는 범위 내에서 다른 팀원들을 신뢰할 때이다. 취약점이란 알고 있는 사람들의 잘못, 약점, 실패, 그리고 다른 사람에 대한 방어를 의미한다. 나는 당신에게 이것이 쉽지 않을 것이라고 이야기했다 예를 들면,

---

[85] 이 개념은 렌시오니(Patrick Lencioni)로부터 얻은 것이다. Patrick Lencioni, The Five Dysfunction of a Team (San Francisco: Jossey-Bass, 2002), 195-202.

바울은 자신의 취약점을 로마서 7장 14절, 디모데전서 1장 15절에서 소개하고 있다.

대부분의 팀에서 겪는 신뢰에 기반을 둔 취약점에 직면하는 문제는 이러한 위험을 감수하지 않으려 한다는 것이다. 왜냐하면, 너무 많은 사람들이 경쟁, 자기 보호, 이미지, 자아 등과 갈등하고 있기 때문이다. 예수님 당시의 제자들의 사역 가운데서도 나타난다. 예를 들면 마태복음 19장 27절에서 주님을 위해 모든 것을 버렸다고 말한 뒤에 베드로는 주님께 우리에게 무엇을 해 줄 것이냐고 묻는다. 또 마태복음 20장 20-21절에서 우리는 제자들이 하나님 나라에서 권력, 중요한 자리, 명성을 획득하기 좋은 자리에 서기위해 제자들이 이런 방식으로 싸움을 벌였다면, 우리 역시도 그럴 가망성이 높다.

해결책은 무엇인가? 어떻게 당신이 이것을 넘어설 수 있겠는가? 다음에 언급하는 세 가지는 당신에게 풍성한 도움과 건강을 줄 것이다.

- 당신의 개인적 이력을 다른 팀원들과 나누라. 바울이 사도행전 9장 22, 26절에서 했던 것처럼 나쁜 이야기뿐 아니라 좋은 이야기도 포함된다.
- 개인의 강점과 약점에 대한 평가의 결과를 나누라.
- 강점, 약점, 그리고 당신의 기질이 갖는 한계에 대해 확인하고 나누라.

팀원 모두가 이러한 노력에 잘 참여해야 한다는 것을 마음에 새기라. 이 첫 번째 단계는 가장 어려운 것 중에 하나이며 다른 단계들의 기초를 제공해 준다. 이 단계의 성공을 위해 먼저 목회자와 사역 지도자들이 본을 보이는 것이 핵심이다. 이 사람에 대해 공감한 후 나머지 팀원들은 기대하는 것을 알게 된다. 만일 어떤 팀원이 첫 번째 단계를 실시하는데 너무 많은 두려움을 보인다면, 어떤 것은 현재 구성된 팀이 가지고 있는 것에 심각한 손상을 줄 수 있다는 암시를 해 주는 것이 좋다. 팀에 있기를 싫어하는 사람이 있을 가능성이 있으며 담임목사라도 그럴 수 있다.

개방적이지만 상처 받기 쉬운 사람은 새로운 팀을 구성하거나 새로운 팀원이 들어올 때 가장 힘들어한다. 서로가 공유하기 전까지 팀은 서로를 알기 위해 시간을 보내야만 한다. 얼마나 자주 그리고 얼마나 길게 팀원들이 함께 모임을 갖고 팀원들이 얼마나 함께 협력하고자 하는지에 따라 몇 달 후 그들은 개인적 이력, 강점, 약점을 나눌 모험을 감행하게 된다.

2단계 : 풍부한 대화에 참여하기

두 번째 단계는 풍부한 대화에 참여하기이다.[86] 일반적인 사역 속에서 그리고 특별히 함께 모일 때, 풍부한 대화는 개방, 진실, 그리고 비형식적인 대화를 통해 진리 혹은 사실을 얻을 수 있다. 먼저 사람들은 개방돼야 한다. 그들은 열린 마음을 가지고 새로운 정보를 얻으려는 의지와 다른 사람의 의견 뿐 아니라 그들 자신의 것을 들으려는 의지를 가지고 대화에 임해야 한다. 둘째로 사람들은 솔직해야 한다. 그들은 어떠한 보복을 받을 것이라는 암시도 없이 생각과 감정을 표현하는데 자유로움을 느껴야 한다. 셋째, 모임은 형식이 없다. 여기에는 질문, 도전, 심지어 건설적인 논쟁을 할 수 있다.

풍부한 대화를 위해 어느 누구도 궁지에 몰아 붙여서는 안 된다는 가정이 설정되어 있어야 한다. 그 목적은 다양한 관점으로 보고 각각의 문제에 대해 찬성과 반대 의견을 이해하며 최고의 대안을 마련하며 가장 정확한 관점으로 이해하는 것이다. 여기에는 어떤 도전, 우리의 생각을 해결하려는 난해한 질문도 포함된다.

---

86) 이 개념은 보시디(Bossidy)에게서 얻은 것이다. Bossidy and Charan, *Execution*, 102-5.

풍부한 대화에 있어서 나타나는 문제는 대부분의 사람들은 그에 따른 댓가에 대해 논쟁을 피하고 싶어 한다는 점이다. 왜냐하면, 그런 논쟁은 불편하기 때문이다. 개인 성격 검사에서 I, S, 그리고 C의 기질을 가진 사람들은 더욱 그렇다. 어떤 사람들은 상처받기를 꺼려한다. I, S의 기질을 가진 사람은 특별히 더욱 그렇다. 어떤 사람들은 풍성한 대화가 시간을 소비하는 것이라고 여기며 단순히 결정만 내리면 된다고 여기는 사람이 있다. 여기에는 D의 기질을 가진 사람이 대부분 그렇다.

일반적 진리에 따르면 신뢰는 이러한 대화 이전에 형성되고 신뢰의 근거를 제공해 준다. 팀으로서 신뢰에 근거한 논쟁이 없이 풍부한 대화를 시도하기란 어려울 것이다. 더욱이 이것은 당신의 생각과 개념을 당신 자신으로 분리시키는 것이 요구된다. 그래서 당신은 대화를 나누고 비평을 받을 때 인격적으로 공격을 받는다는 느낌을 갖지 못한다. 이것은 쉽지 않은 주제이다.

나는 다른 의견에 대해 논쟁이나 솔직함이 없는 것은 영적으로 그리고 창조적으로 메말라 있는 문화라고 믿는다. 예수님은 평소에 바리새인과 사두개인과 같은 적들과 논쟁을 벌였을 뿐 아니라 그의 제자와 같은 친구들과도 논쟁을 벌였다. 가장 중요한 것은 논쟁을 피하려는 사람들은 참으로 다른 사람으로부터 존경과 신뢰를 받지 못할 것이며 신뢰가 부족하다는 것을 느낄 필요가 있다.

다시 말해서 신뢰에 기반을 둔 논쟁을 함으로서 지도자들은 풍부한 대화 속으로 들어가는 모델이 되어야만 한다. 만일 리더가 그런 일을 어렵게 생각한다면, 그런 일은 절대 일어나지 않는다.

3단계 : 합의에 의한 인도

오늘날 너무 많은 지도자들은 여전히 "순찰 대원"으로 지도하고 있다.

그들은 대부분의 중요한 일을 결정하고 특별히 사역과 사역의 방향에 영향을 주는 일을 의도적으로 스텝의 의양을 물어보지 않고 주로 결정해 버린다. 단지 한 사람, 혹은 대규모 그룹으로 이루어진 팀으로서의 스텝은 그 결정에 동의하지 않지만, 그렇다고 말하려는 의지가 없이 그저 갈등을 피하려고만 한다.

나는 이미 1장에서 합의를 통해 결정을 내려야 한다는 것을 다뤘다. 나는 팀의 상황 속에서 합의의 리더십 이라고 부른다. 현명한 담임목사는 일반적인 사역과 특별히 그들의 특별한 사역의 영역에 영향을 미치는 중요한 결정을 팀에게 묻는다. 그는 문제를 제기하고 팀의 지혜를 구한다. 그 문제에 대해 찬성 하든지 아니면 반대하든지 그들의 생각을 자유롭게 표현하는 것은 매우 중요하다. 그리고 가장 중요한 것은 목회자가 그들의 정보를 매우 주의 깊게 듣는 것이다. 특별히 그것이 그들의 사역의 전문적인 영역에 관한 것이라면 더욱 그렇다. 만일 담임목사가 합의의 리더십을 불편해 한다면, 그가 주저하는 이유를 확인할 필요가 있다. 만일 단순히 그의 스타일이 아니라면, 그가 모든 결정을 내릴 때 그의 스타일을 바꿀 필요가 있다. 만일 그가 그의 팀이나 어떤 팀원과 좋은 대화를 나누고자 하는 의지가 없다면, 그는 팀원으로서 더욱 능력과 자질을 찾아야 한다.

당신은 누군가가 어떤 문제를 소개하고 그의 혹은 그녀의 생각을 추구하거나 상황을 "파악"하도록 합의로 결정을 내렸던 것을 기억할 것이다. 궁극적으로 팀의 중요한 일은 문제를 결정하고 특별히 동의가 이루어지지 않는 문제들을 합의에 이를 수 있도록 하는 것이다. 만일 그것이 아니라면, 지도자들은 결정을 내리고팀원의 대다수가 동의하지 못한 것을 목회자가 마지막으로 결정을 내릴 것이다. 이것은 교회의 중요한 지도자로서의 특권이다. 하지만 그 위치에 올바른 스텝이 배치되어 있다면 드문 경우가 될 것이다 성공을 위해 일하게 될 것이다. 이것은 만일 한 스텝이 그 결정에 동의하지 못한다면, 그 혹은 그녀는 그 결정에 대해 험담하며 돌아다니지 말아야 한다는 것을 의미한다. 팀과 함께 사역한다는 것은 당신은 결코 당신 뜻대로만 움직일 수 없다는 것을 의미한다. 합의에 의해 지도하고 이끌어 가는 것은 팀 역할에 있어 특징일 뿐 아니라 그룹의 지혜를 확보함으로서 지도해 가는 것이다.

4단계 : 부적절한 행동을 하는 회원과 맞서기

스텝의 부적절한 행동으로 팀에게 상처를 입히고 손상을 주는 일은 결코 용납해서는 안 된다. 부적절한 행동은 맡은 일을 하지 않는 것, 험담, 팀이 일치한 결론을 내린 후에 험담하고 다니는 일이 포함된다. 이것은 꿈의 팀의 특징이 아니다.

그러한 상황은 충돌을 불러일으킨다. 팀원 중에 그러한 행동을 깨닫는 사람이나 팀의 지도자는 반드시 방해를 받게 될 것이다. 갈라디아 2장 11-14절에서 베드로에 대한 바울의 책망을 찾아 볼 수 있다. 뿐만 아니라 아나니아와 삽비라를 책망하는 베드로의 모습을 사도행전 5장 1-10절에서 볼 수 있다.

그러한 경우 처리할 방법을 마태복음 5장 23-24절, 18장 15-19절에서 찾아볼 수 있다. 마태복음 5장 23-24절에서 예수님은 우리가 만일 예배를 드리다가 형제나 자매에게 원망을 들을 만한 일이 생각나거든 예물을 제단 앞에 두고 먼저 가서 화목하라고 우리에게 가르쳐 주고 계신다. 마태복음 18장 15-19절에서 예수님은 만일 형제나 자매가 죄를 범하면 사적으로 만나 그 문제에 대해 권고하라고 가르쳐 주고 계신다. 만일 그 사람이 화해를 거절하면 그는 사람들을 데리고 가서 추가적인 단계를 밟으라고 가르쳐 주고 계신다. 성경은 말하지 않고 있지만, 나는 바울이 베드로를 책망할 때 이 과정을 따랐을 것이라고 추측한다. 또한 나는 베드로가 그 행위를 충분히 수정했다고 추측한다.

5단계 : 팀이 갖는 관심의 우선순위를 정하라

너무 많이 우리가 접하는 중요한 문제는 우리가 주로 단 하나만을 찾아내다는 것이다. 이것은 일반적으로 우리의 자아와 개인적 칭찬을 듣고자 하는 갈망뿐 아니라 다른 문제에 대한 기반을 둔다. 그래서 우리는 팀의 관심보다는 우리 자신이 좋아하는 관심거리만을 추구한다고 믿는다. 그에 대한 예는 1단계에서 이미 들었다.

객관적인 해결책은 우리 자신의 관심보다는 팀과 팀의 관심을 먼저 구하는 것이다. 이것은 분명히 영적인 문제이다. 특별히 이것은 강력한 겸손이 필요한 교만에 관한 문제이다. 바울은 빌립보서 2장 4절에서 "각각 자기 일을 돌볼뿐더러 또한 각각 다른 사람들의 일을 돌보라"라고 기록하고 있다. 그 후 바울은 우리가 따라야 하고 팀이 추구해야할 겸손의 예표로 주님의 삶을 언급하고 있다.

팀을 개발하는 방법
1단계 : 신뢰를 기반으로 취약점 갈아엎기
2단계 : 풍부한 대화에 참여하기
3단계 : 합의에 의한 인도
4단계 : 부적절한 행동을 하는 회원과 맞서기
5단계 : 팀이 갖는 우선순위 정하기

잘 준비된 회중

당신의 꿈의 팀을 이루는 세 번째 그룹은 잘 준비된 회중이다.

고용되지 않은 문제

우리 회중의 대부분은 사역에 참여하지 않거나 전적으로 참여하지 않는다. 나는 이런 사람들을 고용되지 않는 사람으로 언급

팀 세우기
위원회 훈련시키기
스텝 개발하기
잘 준비된 회중

한다. 거의 80-90퍼센트의 전형적인 회중은 해안에 앉아 사역의 호수에서 믿음의 레이스를 펼치는 보트들을 그저 바라만 보고 있다.

오랫동안 교회 전통은 회중 대부분이 사역은 목회자의 책임이라는 인식을 가지고 있다. "우리는 그 책임을 위해 목회자에게 모든 비용을 지불했다!"라고 오래전부터 회중에게 입력되어 있었다. 다른 사람들은 목회자와 스텝은 그들을 위해서가 아니라 사역을 위해 훈련을 받고 안수를 받은 사람들이라고 민감하게 지적한다. 놀랍게도 많은 사람들은 하나님은 자기 자신보다 스텝의 사역을 사용하시고 축복하신다고 믿고 있다. 수많은 교회의 성도들은 하나님께서 자신의 기도에 앞서 목회자의 기도를 들으신다고 믿고 있다.

나는 사탄이 교회의 고용되지 않는 문제를 사용한 만큼 교회의 사역에 장애물이 되며 사탄에게 무릎을 꿇게 만든다고 믿는다. 만일 미국에 속한 이익 단체와 비영리 단체의 모든 고용주가 이러한 생각을 적용한다면, 이것은 국가에 경제적인 정체를 초래하게 될 것이다. 만일 GM의 고용주가 이것을 느끼게 되었다면, 더 이상 GM 차량은 없을 것이다. 그리고 만일 병원의 고용주가 이런 생각을 가졌다면 많은 사람들은 죽음을 맞이하게 될 것이다.

문제의 해결책

교회의 고용되지 않는 문제에 대한 해결책과 목회자의 꿈의 팀의 중요한 열쇠는 세 가지이다. 이것은 목회자와 스텝의 성경적 역할을 이해해야만 하며, 회중의 역할을 이해해야만 하고, 회중의 준비과정 개발을 실시해야만 한다.

목회자와 스텝의 성경적 역할

하나님은 목회자와 스텝에게 은사를 주셨을 뿐 아니라 평신도에게도 교회의 사역을 성취시키기 위해 회중을 준비시켜야할 목적을 설명해 주고 있다. 에베소서 4장 11-12절은 이를 명확하게 설명하고 있다. "그가그리스도가 어떤 사람은 사도로 어떤 사람은 선지자로 어떤 사람은 복음 전하는 자로, 어떤 사람은 목사와 교사로 삼으셨으니 이는 성도를 온전하게 하여 봉사의 일을 하게 하며 그리스도의 몸을 세우려 하심이라"

회중에 대한 성경적 역할

하나님은 사역의 일을 감당시키기는 목적을 설명하기 위해 회중을 준비시키셨다. 그것은 몸을 세우는 일이다. 다시 한 번 에베소서 4장 12절을 보라. "성도를 온전하게 하여 봉사의 일을 하게 하며 그리스도의 몸을 세우려 하심이라"

하지만 어떤 것들은 회중은 사역을 위해 부름을 받지 않았다고 주장하며 이야기할 것이다. 이 구절은 그러한 생각과는 모순된다. 하나님은 모든 기독교인들을 사역에 동참시키기 위해 부르셨다. 단순히 교회를 목회하는 사람만을 선택한 것이 아니다.롬8:28, 엡2:10 부르심과 소명이라는 용어는 신약성경에서 그리스도인의 사역을 주장하기 위해서가 아니라 구원을 위해 구분했다는 것을 나타내기 위해 주로 사용 되었다. 만일 부르심에 관한 문제에 대해 더욱 살펴보고자 한다면 나의 책 『당신의 영향력을 극대화하라』 *Maximizing Your Effectiveness* 87)를 보라.

회중의 준비 과정 개발하기

올바른 회중의 준비과정은 당신 교회의 사역을 위해 모든 교인들을 준

---

87) Aubrey Malphurs, *Maximizing Your Effectiveness* (Gradn Rapids: Baker Books, 1995), 112-14.

비하는 것이다. 잘 정비된 준비 과정은 세 가지로 구성된다. 발견, 상담, 그리고 배치이다.

발견. 발견의 목적은 사람들에게 자신의 특별한 은사를 발견하는데 도움을 주기 위한 것이다. 한 사람의 특별한 은사는 다른 영역과 함께 그 사람의 본질 그리고 영적 은사, 열정, 그리고 기질로 구성된다. 발견은 두 부분으로 구성된다.

1. 발견의 첫 번째 부분은 평가이다. 은사 개발, 열정 검사. 인성 검사, MBTI와 같은 올바른 도구들을 가지고 성도들이 자신의 은사를 발견하도록 한다.
2. 다음으로 첫 번째 검사를 통해 하나님께서 그들에게 주신 은사, 열정, 그리고 기질을 가지고 그들의 사역 방향을 발견하는 것이다. 어떻게 그들의 은사를 배치할 것인가? 그들은 하나님이 주신 은사를 가지고 그들 자신에게 하나님께서 주신 적절성을 결정할 수 있다. 그리고 나서 그들은 자기 자신을 개발하게 된다. 어떻게 은사를 활용함으로서 개선하고 성장시킬 것인가?

상담. 여기에는 세 가지 목적이 있다.

1. 은사를 결정하고 확신한다. 발견 단계를 통해 은사를 확인한 후 대부분의 사람들은 세 가지 D, 즉 계획Design, 방향Direction, 그리고 개발Development에 대해 많은 의문을 갖는다. 이 구절 안에 교회는 사람들이 개발한 은사와 확신에 관한 질문에 답을 하기 위해 사역 위원회의 회원들을 훈련시키는 것이 포함된다. 사람들은 목록에 기반을 둔 올바른 은사들을 가지고 있다고 말할 것이다. 훈련받은 평신도는 사람들

과 상담하고 질문을 던지고 은사의 존재를 확신하기 위해 시도한다.
2. 일반적으로 자신의 삶 속에서 그리고 특별히 교회 안에서 사역에 대한 사명을 발견한 사람들을 도우라.^{행13:36} 그들이 최선을 다한다는 것이 무엇인가? 그들이 가진 능력의 영역은 무엇인가?
3. 자신의 은사와 능력에 비추어 교회를 아는 사람과 상담하고 교회 안에 사람이 필요한 곳에 그리스도의 목적을 이루기 위해 그들을 잘 이용하려는 교회와 관련된 사역에 배치해야할 필요가 있다.

배치. 여기에서의 목적은 적절한 배치이다. 그리고 교회에 적합한 사역을 발견한 사람들을 돕는 것이 목적이다. 그 위치에 사람들을 배치하는 데는 두 가지 과정을 거쳐야 한다. 여기에는 사역 설명서와 사역 계획서가 각각의 사역 위치를 위해 작성되어 있어야 하며 사역에 동참하여 일하는 사람을 위하여 최고로 구분된 계획서가 있어야 한다. 이것은 그 위치에 맞는 사역 설명서에 기초하는 것이 좋다. 예를 들면, 성인 주일 학교 교사를 위한 사역 설명서는 사역 프로필, 필요한 은사, 열정, 기질이 포함되며 도움이 될 만한 다른 요소들도 포함되어야 한다. 또한 그 위치에 맞는 다양한 사역 책임에 대한 리스트가 적힌 사역 개요가 포함되어야 한다.

만일 회중의 준비 개발 과정을 세우는데 도움이 필요하다면 벅비Bruce Bugbee와 국제 네트워크 사역 협회Associates Network Ministries International www.networkministries.com 그리고 멀로이Sue Malloy의 책 『준비된 세대』*The Equipping Generation* 88)을 참고하기 바란다.

나는 여러 행사에서 하이빌스가 교회는 세상의 소망이라는 말을 들었다. 나는 예수님 역시 하이빌스의 의견에 동의하실 것이라고 믿는다.^{마16:18} 그는 계속해서 리더십은 교회의 희망이라고 이야기했다. 뿐만 아니라 회중

---

88) Sue Malloy, *The Equipping Generation* (Grand Rapids : Zondervan, 2001).

의 준비 역시 교회의 삶에 있어 중요하다. 하지만 이것은 좋은 리더십이 없이는 불가능하다. 유능한 리더십을 가진 사람들은 회중의 준비의 중요성이 얼마나 중요한 것인가를 이해하고 있으며 잘못된 리더십은 위원회의 사역에 대한 밑그림과 교회의 삶을 단절 시킬 수 있다는 것도 이해하고 있다.

그렇다면 교회는 지도자들을 어떻게 훈련시킬 것인가? 그에 대한 좋은 답은 없다. 얼마나 많은 교회가 국제 리더십 개발 프로그램이라는 이름으로 세미나를 개최하는가? 미래를 위해 지도자들을 양성하지 않는 교회는 미래도 없다. 이러한 영역에 대해 당신이 얼마나 많이 노력하느냐를 측정하는 것은 이번 장 앞부분에서 논의 했듯이 새로운 사역 스텝들의 자원이 된다. 당신 교회 안에서 스텝으로 임명할 수 있는 정도로 의도적인 마음을 가지고 충분한 지도자들을 훈련시키고 있는가? 그렇지 않으면 당신은 교회 외부에서 스텝을 영입해야 할 것이다.

릭 워렌Rick Warren 목사는 평신도 지도자들의 개발은 "내가 준비하고 지도하는 모임 가운데 가장 중요한 모임이다"[89]라고 쓰고 있다. 결론적으로 그는 이러한 사역에 대해 전적인 책임을 지고 있다. 한 달에 한 번 그들과 SALTSaddleback Advanced Leadership Training 프로그램을 통해 모임을 갖고 있다.

나는 이 책에 이것에 관해 할애할 여유가 없다. 하지만 만시니Will Mancini와 내가 공역한 『지도자 세우기』Building Leaders [90]가 당신에게 도움을 줄 것이며 이러한 리더십 훈련 과정을 실시하는데 도움을 줄 것이다.

반영, 토의, 그리고 적용을 위한 질문들

1. 당신은 팀사역을 믿는가? 만일 그렇다면 왜 그런가? 당신의 위치에

---

[89] Rick Warren, *The Purpose-Driven Church* (Grand Rapids : Zondervan, 1995), 143.
[90] Aubrey Malphurs and Will Mancini, *Building Leaders* (Grand Rapids : Baker Book, 2004).

대한 성경적인 근거를 가지고 있는가?

2. 당신 교회는 어떤 위원회가 존재하는가? 그것은 치리하는 위원회인가? 어떤 기능을 감당하고 있는가? 이번 장에서 논의한 기능이 아닌 것세부적인 것 까지 관리하는 것, 도장을 찍는 일 등을 수행하고 있는가? 당신의 위원회는 기능을 잘 수행하고 있는가 아니면 서로 방해하고 있는가?

3. 얼마나 많은 사람들이 당신 위원회에 포함되어 있는가? 너무 많다고 생각되는가? 왜 그런가? 아니면 왜 그렇지 않다고 생각하는가? 그들의 자격은 무엇인가? 대부분 당신 위원회가 설정한 정책을 좋아하는가? 이 책에서 다루었던 정책이 당신 교회가 더 좋은 방향으로 갈 수 있도록 도움이 되었는가? 또한 결정을 내리는데 도움을 주었는가?

4. 당신 교회의 정책은 무엇인가? 주의 깊게 분석하고 당신의 교회에서 권력이 자리 잡고 있는 곳이 어디인지 발견하라. 그 권력은 통치 위원회, 회중, 주교, 목회자, 스텝, 장로나 여성에 달려 있는가 아니면 조화를 이루고 있는가? 이것은 좋은가 아니면 나쁜가? 균형을 이루고 있는가? 만일 나쁘다면, 이것에 관해 당신은 어떻게 하겠는가?

5. 당신이 품고 있는 꿈의 팀에 관해 설명하라. 저자와 다르게 생각하는 것은 무엇인가? 언제 당신 교회는 스텝을 모집하는가? 스텝을 모집하는 것에 관해 특정한 크기에 도달할 때가지 기다리기보다는 오히려 그 크기에 도달하도록 역할을 설정해야 한다는 저자의 생각에 관해 당신은 어떤 생각을 가지고 있는가? 당신 교회는 후자의 생각을 따르겠는가?

6. 당신은 저자가 스텝을 세 그룹, 즉 사역 스텝연령에 따른 혹은 기능적 스텝, 행정이나 운영 스텝, 그리고 특별한 스텝으로 구분하는 것이 좋다고 생각하는가? 만일 그렇다면 연령에 따른 스텝만을 고집할 경우 어떤 문제가 발생할 것이라고 생각하는가? 만일 당신 교회가 연령에 따른

스텝과 기능적 스텝 모두를 채용하는 것이 불가능한 작은 교회라면, 어떻게 이 둘에 도전을 주려는가? 당신 교회는 사역의 배를 인도할 행정 목사를 영입할 계획이 있는가? 왜 그런가? 아니면 왜 그렇지 못한가? 당신 교회는 남성을 위한 스텝, 여성을 위한 스텝과 같은 선출된 스텝이 있는가? 앞으로 그럴 계획을 가지고 있는가?

7. 당신 교회는 꿈의 팀에 들어올 후보자들을 시험할 때 적용할 수 있는 세 가지 C성격, 능력, 융화력를 고려하고 있는가? 왜 그런가? 아니라면, 왜 그렇지 않는가? 만일 그렇다면, 세 가지 C 중에서 어떤 것이 가장 중요한가? 어떻게 사람들을 모집할 계획인가? 당신 전략에 가까운 사람을 세우려는가? 그리고 당신의 전략에 맞는 그 혹은 그녀를 모집하려는가? 일반적으로 교회 내에서 혹은 교회 밖에서 모집하려는가? 당신은 어떤 것을 더 좋아하는가? 만일 당신이 주로 교회 내에서 모집한다면, 교회 내에 리더십 개발 과정이 마련되어 있는가?

8. 당신은 저자가 말한 스텝 챔피언에 대해 동의하는가? 당신의 주요한 활동 혹은 체계적인 활동에 스텝 챔피언이 배치되어 있는가? 왜 그런가? 아니면 왜 그렇지 않는가? 당신의 팀은 어떻게 조직되었는가? 당신의 "주문 사항"은 무엇인가? 모든 사람들은 이러한 배열에 동의하는가? 당신은 조직표를 가지고 있는가? 존재 근거, 공동체, 혹은 법인에 대한 개념이 당신의 조직과 그 위치에 대해 하도록 이해하는데 도움이 되는가? 왜 그런가? 아니면 왜 그렇지 않는가?

9. 스텝들은 신뢰에 근거한 약점을 경험한 적이 있는가? 왜 그것을 경험하지 못했는가? 스텝들은 풍부한 대화에 참여하는가? 왜 그런가? 아니면 왜 그렇지 않는가? 당신은 이 질문에 대해 답을 피하고자 하는가? 당신이 가장 최근에 본 좋고 건강한 논쟁은 언제인가?

10. 당신 팀은 일치에 의해 운영되고 있는가? 왜 그런가? 아니면 왜 그

렇지 않는가? 적당한 행동 혹은 부적당한 행동에 직면한 적이 있는가 아니면 없는가? 1점에서 10점으로 측정한다면 몇 점정도 되며, 이는 스텝들이 자신의 관심 보다는 팀의 관심을 가지고 있다는 생각을 주는가?

11. 당신 교회는 고용되지 못한 문제를 가지고 있는가? 왜 그런가? 아니면 왜 그렇지 않는가? 당신 교회의 회중 가운데 몇 퍼센트가 사역에 동참하고 있는가? 만일 동참하고 있지 않는 비율을 나타낸다면 얼마나 되는가?

12. 목회자와 스텝은 사역뿐 아니라 사역을 운영하는 자로서 자격조건을 갖추어야 한다는 저자의 생각에 당신은 동의하는가? 왜 그런가? 아니면 왜 그렇지 않는가? 당신은 회중이 건강하게 사역에 동참해야 한다는 것에 동의 하는가? 왜 그런가? 아니면 왜 그렇지 않는가? 당신은 회중의 준비를 위한 과정을 실시하고 있는가? 왜 그런가? 아니면 왜 그렇지 않는가? 만일 그렇지 않다면, 당신은 가능한 빨리 준비과정을 실시할 계획이 있는가?

11
사역환경 평가하기
ASSESSING THE MINISTRY SETTING)

전략 활동 4

전략 개발의 관점에서 볼 때, 우리는 지역 공동체 안에서 누구에게 다가갈 것인가를 알고 있다. 우리는 제자 삼기와 성숙한 제자 만들기 과정을 기획했다. 그리고 우리는 위원회를 만들고 하나씩 하나씩 꿈의 팀을 세워 갔다. 우리는 이제 우리의 사역이 가장 좋은 장소, 즉 사역하기에 최적의 환경을 결정해야만 한다.

어떤 사람들은 우리의 꿈의 팀을 세우기 전에 사역 환경을 다뤄야 한다고 주장하기도 한다. 그렇다면 어떤 것을 먼저 해야 하는가? 환경특별히 건물인가 아니면 스텝인가? 내 생각으로는 침체 혹은 갈등에 빠져 있는 교회는 스텝을 추가하기기에 앞서 건물을 새로 건축하거나 개선해야 한다. 내가 케빈 코스트너Kevin Costner의 명대사, 즉 "세우라. 그러면 그들이 올 것이다!"영화 꿈의 구장에 기초를 둔 신학으로 언급했던 것을 끌어 들여야 한다. 교회가 침체나 쇠퇴기에 놓여 있고 그들이 갖는 딜레마를 해결한다고 믿고 있다면 그들은 더 많은 성도들을 끌어 들여야 한다. 그렇다면 더 많은 성도들을 끌어 들인다는 것은 무엇인가? 새로운 건물이다. 문제는 새로운 건물을 세웠다고 할지라도 한 사람도 오지 않는 것도 있다. 왜냐하면, 그들이 다른 문제를 간과해 버리기 때문이다. 예를 들면 회중은 목회자가 다른 교회로부터 부름을 받은 하나님의 음성을 듣고 다른 교회로 임지를 옮기거나 학위를 받기 위해 신학교에 입학하게 된 후 이를 위해 오랫동안 재정적 문제를 책임을 져야 한다는 것과 같은 문제를 말한다.

내 생각으로, 스텝을 모집하기 전에 환경에 초점을 맞추는 것은 명백한 잘못이다. 10장에서 우리가 발견한 것은 잘 균형 잡힌 스텝내외에서 모집한은 교회 성장을 위해 서로의 거룩한 기획에 헌신할 수 있는 능력을 가진 자라는 것이다. 또한 나는 환경의 문제가 전략 과정에서 교회가 결정했던 교회의 가치들, 사명, 비전, 그리고 풍부한 전략, 이 네 가지 요소들보다 먼저 온다는 것을 관찰해 왔다. 나는 그들이 누구인지그들의 DNA 이해함 없이, 하나님께서 그들이 하고자 하는 일이 무엇인지에 대한 비전을 만들지 않고, 그리고 비전을 성취하기 위한 전략도 없이 프로그

사역 전략 개발하기
■ 교회의 지역공동체에 다가가기 ■ 성숙한 제자 만들기 ■ 사역팀 세우기 ■ **사역환경 평가하기** ■ 재정 충당과 관리

램을 만드는 수많은 교회들을 봐왔다. 명백한 전략 없이, 다음과 같은 질문에 답을 할 수 있겠는가? 건물은 다목적 혹은 하나의 목적을 가질 것인가? 시각적인 장치를 할 것인가 아니면 더욱 전통적인 노선을 선택할 것인가? 건물을 위한 건물이거나 단순히 사람들을 유혹하기 위한 건물이 될 수도 있다. 케빈 코스트너의 신학적 접근방법을 이용하라. 건물은 교회 문화에 엄청난 충격을 준다. 그래서 당신은 어떤 문화적 에토스를 만들 것인지 파악해야만 한다. 나는 교회 건설업체와 가까이 한 적이 있었다. 그들에게 전략 기획을 훈련 받기 원했다. 왜냐하면, 그들은 교회를 건축하기 전에 이것에 관해 알 필요가 있기 때문이었다. 전략 기획은 건축 이전에 먼저 이행해야 하는 단계이다. 불행하게도 몇몇 목회자와 위원회는 이것을 이해하지

못하고 교회는 결국 댓가를 치르게 될 것이다.

여기에서 우리가 던져야 할 질문은 '만일 당신 교회가 갑자기 사라진다면, 당신 교회가 놓치게 될 것은 무엇인가? 그 놓칠 것에 대해 당신 교회는 무엇을 해야 할 것인가? 이에 대한 당신의 답은 당신의 예루살렘에서 당신의 환경을 극대화시키기 위한 전략을 개발해야 한다는 것이다. 이것을 준비하기 위해 우리는 기본적으로 세 가지를 다뤄야 한다. 첫째는 사역의 장에 대한 정의를 내려야 한다. 둘째는 환경의 중요성을 이해하고 개발해야 한다. 셋째는 이 질문에 답을 하기 위해 간단히 환경에 대한 신학을 제시할 것이다. 환경에 대해 성경은 무엇이라고 말하는가? 우리는 이미 우리의 사역 환경을 극대화시키기 위한 전략을 개발할 준비가 되어 있다.

만일 당신이 이 책을 통해 팀을 개발했다면, 이번 장은 당신 교회의 환경지역과 건물을 극대화시키기 위한 전략을 개발할 사역환경개발팀에 대해 이야기를 나눌 것이다.

환경에 대한 정의

이번 장의 서론으로부터 당신은 내가 교회가 위치한 지역과 건물을 주로 언급하는 용어로 **환경**이라는 단어를 사용한 것을 발견할 수 있을 것이다. 아마도 우리 가운데 대부분은 그렇게 할 것이다. 하지만 만일 우리가 전략적으로 생각하고 행동한다면, 우리는 반드시 환경이 그보다 더 넓은 의미를 가지고 있다는 것을 이해해야만 한다. 나는 교회의 환경을 사역이 펼쳐지는 장소, 어떻게 해서든 사역을 실행해야 하는 지역으로 정의를 내린다. 이것은 당신의 교회가 사역의 영향력을 줄 수 있는 곳을 말한다. 하지만 이번 장에서 우리는 주로 사역 이벤트가 일어날 수 있는 곳과 건물에 관해 살펴보게 될 것이다.

여기에는 물리적 영향력과 전기적 영향력, 이렇게 최소한 두 가지가 포함된다.

물리적 영향력

물리적 영향력이란 인구통계학적인 것을 말한다. 이것은 교회의 지역 그리고 근접한 지역에 초점을 맞추는 것을 말한다. 운전해서 갈 수 있는 정도의 범위 안에 살고 있는 사람들이 그 대상이다. 또한 교회의 건물은 매주일 함께 모일 수 있는 곳뿐 아니라 다른 지역, 즉 교인 가운데 누군가의 집, 커피 전문점, 사무실, 식당, 그리고 심지어는 길모퉁이와 같이 사역이 진행될 수 있는 곳들이 포함된다. 근접한 지역에 다가갈 수 있는 다양한 장소의 캠퍼스를 갖는 것이 최근 늘어나는 추세이다. 이번 장에서 주로 교회의 일반적인 물리적 영향력에 초점을 맞출 것이며 지역과 특별히 건물에 초점을 맞출 것이다.

전기적 영향력

전기적 영향력이란 물리적 영향력의 한계를 넘어서는 것을 말한다. 이것은 갈 수는 있지만 즉시 갈 수 없는 거리적 문제와 국제적 공동체에 더욱 초점을 맞추는 것이다. 여기에는 주로 전화, 인터넷, 웹사이트, 그리고 이메일이 포함되지만 라디오와 텔레비전도 포함될 수 있다.

이것은 추진력을 가진 유망한 사역이다. 릭 워렌과 조용기와 같은 목사들은 전기적 환경이 미래 교회에 거대한 충격을 가져올 것이라고 주장하고 있으며 어디서든 사역을 가능하게 할 것이라고 이야기하고 있다. 젊은 세대가 늙은 세대보다 컴퓨터를 더욱 능숙하게 다룰 수 있으며 그로 인해 젊은 세대는 더 많은 시간을 인터넷, 웹사이트, 그리고 PC방에서 보내는 시간이 더욱 많아질 것이라는 것은 뻔한 이치이다. 왜 교회는 집을 넘어서 이와 같은 실행 가능한 사역을 이용하지 않는 것인가? 만일 당신이 전기적 영향력에 대해 이해하고 더욱 많은 정보를 얻고자 한다면, 그 주제에 관해 내 아들과 내가 쓴 『교회 다음』Church Next 91)을 참고하라.

환경에 대한 중요성

사역을 위한 환경이 중요한가? 다음 여덟가지 이유가 답이 될 것이다. 사역 환경이 중요한가? '그렇다' 지역과 건물에 대해 적당한 환경을 결정함에 있어 교회는 반드시 몇 가지를 고려해야만 한다.

첫인상

교회의 물리적 환경은 교회의 첫인상으로 먼저 사람들에게 영향을 준다. 당신 교회의 첫인상이 사람들에게 영향력을 행사한다는 것을 고려한다는 것은 매우 중요한 문제이다. 왜냐하면, 첫인상은 끝까지 머릿속에 남아 있는 인상이 될 수 있기 때문이다.

목회자를 찾는 교회를 위해 임시 목사로 그 교회를 섬기는 시간을 자주 가졌다. 나는 내가 처음 방문했던 어떤 교회를 기억하고 있다. 많은 잡초가 교회 간판을 뒤덮고 있었기 때문에 찾기가 매우 어려웠다. 내가 그 표지만을 발견했을 때, 페인트 칠이 균열되고 벗겨졌기 때문에 읽기조차 어려웠다. 내가 주차장에 도착했을 때, 교회 건물의 페인트 칠이 벗겨져 있는 것과 포장도로에 무성하게 자라있던 잡초가 눈에 들어 왔다. 그 건물에 들어갔을 때, 나는 카펫이 잘 깔려 있었지만 천장에는 얼룩이 있었다. 나중에

---

91) Aubrey Malphurs and Michael Malphurs, *Church Next* (Grand Rapids: Kregel, 2003).

내가 교회에서 부적절하다고 느꼈을 때 나는 그 사실을 교인들에게 이야기했다. 그들은 충격을 받았다. 그들은 그것에 관해 아무런 관심 없이 사용했던 것이다. 그들은 매일같이 보았지만, 사실을 보지 못했다. 적어도 초기에는 내가 회중에게 깨우쳐 줄 때까지 이 교회의 첫인상으로 남아 있었다. 이것은 그들이 교회의 건물에 대해 돌아보지 않았다는 것을 입증해 준다.

당신 교회에 대해 방문자들이 어떤 첫인상을 받았는지 파악하기 위해 교회에 다니지 않는 친구들을 교회에 초청하고 그들에게 솔직한 생각을 들어 보라. 예배 후에 점심을 사고 그들이 관찰한 것에 관해 이야기를 하며 시간을 보내라.

지역공동체 사역을 위한 발사대 제공하기

교회의 환경은 일주일에 한 번 이상 교인들이 모일 수 있는 지리적인 위치를 제공해 준다. 신약시대 이후 교회들은 예배를 목적으로 모임을 가졌다. 비록 그것이 서로 다른 처소에서 모임을 가졌다고는 하지만 초대교회 시대에 주로 모임을 가졌던 장소는 성도의 집이었을 것이다. 교회가 어디에서 모임을 갖던 건물은 신약시대 교회의 기능이었던 성경을 가르치고 전도를 하며 예배와 친교를 할 수 있는행2:40-47 물리적 환경을 제공해 준다. 그리고 중요한 것은 사역을 하거나 지역공동체에 다가설 때, 이웃 공동체로 먼저 다가가는 것이다.

누가 교회에 참석하고 참석하지 않는지 살펴보기

당신의 지역적 환경은 소요 시간이 매우 중요한 요인이다. 당신이 구원을 받고 교인이 되었던지 구원받지 않고 교회에 출석하지 않던지 간에 오늘날 시간은 매우 중요한 문제이다. 만일 당신이 8장을 기억한다면, 안Win Arn이 걸리는 시간에 관한 연구를 실시했다는 것을 기억할 수 있을 것이다.

그는 20퍼센트의 교인들이 집에서 교회까지 차로 5분 안에 도착할 수 있는 거리에 살고 있다는 것을 발견했다. 40퍼센트는 5분에서 15분이 걸리며, 20퍼센트는 15분에서 25분이 걸리며, 17퍼센트는 25분 이상 걸린다. 결국 대부분의 교인들83 퍼센트은 운전하여 교회까지 25분 이상 걸리지 않는 곳에 살고 있다.

당신의 근교에 있는 사역 공동체를 확인하고 설정하기 위해 당신이 시내에 살고 있다면, 다양한 도로길, 고속도로, 주를 연결하는 고속도로를 연결하여 당신 교회로부터 가장 가까운 곳에 위치한 곳까지 운전해 보고 운전해서 20분 혹은 25분까지 걸리는 곳을 가보라는 제안을 기억하라. 당신의 지역에 관하여 살펴볼 때, 당신은 교회에 출석하고 몇 사람의 이야기를 무시한다면 그것은 도움이 되지 않는다. **거리가 먼 사람들이 사역에 참여할 수 있는가?**

이 질문은 다시 말하면, 사람들은 얼마나 운전해서 교회에 올 수 있느냐로 바꾸어 질문 할 수 있다. 즉 교회까지 오는 시간이나 거리가 교회의 출석 여부를 결정 내리는데 영향을 준다. 이것은 아마도 교회에 부정적인 영향을 줄 것이라고 생각된다. 물론 성도들은 교회에 오겠다고 결론을 내리겠지만, 소요 시간이 20분이 넘는다면, 교회 주변에 거주하는 교인들보다 교회에 출석하는 비율이 현저하게 낮아질 것이다. 길거리에서 보내는 시간 동안 성도들은 교회의 사역이나 전도를 하지 못할 것이라는 것은 기본적인 진리이다. 이것은 호킨스Gerg Hawkins와 파킨슨Gally Parkinson으 연구가 이를 뒷받침해 준다.

그들은 "우리는 성도들이 예배에 출석하기 위해 30분 이상 운전해서 참여하는 것을 발견했다. 하지만 이들은 이웃을 향해 전도를 하지 않거나 멀다는 이유로 친구를 교회로 초청하지 않는다. 뿐만 아니라 다른 전략적 사

역에도 참여하지 않는다"는 것을 기록하고 있다.92)

지역사회를 향한 메시지

21세기에 교회는 미묘한 메시지를 지역공동체에 보냈다. 심지어 믿지 않는 이교도 미국인들에게도 보냈다. 하지만 나는 이러한 메시지가 심각하게 손상을 입혔다고 믿는다. 이것은 미국과 해외에 많은 부분 여전히 남아있다. 비록 많은 사람들이 매일같이 교회 건물을 차를 몰고 온다고 해도 교회에 관해 완전히 이해하고 있다는 의미는 아니다. 심지어 그들이 도움이 필요해서 교회에 왔다고 해도 완전히 이해한 것은 아니다. 교회에 다니지 않는 북미의 사람들이 운전할 때, **우리는 교회의 부족함을 깨달았다면, 재빨리 그 사실에 관한 메시지를 보내야 한다.**

교회가 존재하지만, 건물이 잘 유지, 보수가 되지 않는다면 이 또한 부정적 메시지를 보내는 것이다. 잘 유지와 보수가 되지 않는 교회는 교회의 이웃과 지역 공동체로부터 분노를 사게 될 것이다. 반면에 교회가 매력적인 인상을 준다면, 이것은 긍정적 메시지를 전하는 것과 마찬가지이다. 물론 영적인 것도 중요하지만, 교회는 자기 건물에 대한 긍정적인 태도를 보이는 사람에게 전도하는 것이 더 긍정적이다. 이를 위해 교회는 새롭고 창조적인 방법을 가지고 다가감으로서 좋은 교회가 이웃에 있다는 것을 깨닫게 해 줄 것이다.

문화 반영하기

교회의 물리적 구조는 교회의 주류를 이루는 사람들의 문화를 반영한다. 전통적인 사람들은 더욱 더 전통적인 건물에서 모이려는 경향이 있으며 "교회 같은" 교회를 더욱 원할 것이다. 초기 교회는 오늘날의 전통적인

---

92) C. Peter Wagner, *Church Planting for a Greater Harvest*(Ventura, CA: Regal, 1990), 11.

교회와 같은 구조에서 모임을 가지지 않았기 때문에 1400년 혹은 1500년부터 현재까지의 서유럽에 있는 교회와 유사한 곳에서 모이기를 원한다. 하지만 더욱 현대적이고 젊은 세대는 신경 쓰지 않거나 그런 건물을 선호하지 않는다. 더욱이 아치형 건물을 선호하지 않는다. 그들을 위해 집을 개조하고 학교 강당과 교실을 빌리며, 쇼핑몰 가운데 공간을 대여하고 혹은 가게 앞과 슈퍼를 빌리거나 병원, 호텔에 있는 모일 수 있는 공동장소를 대여하거나 영화관을 빌리는 것은 사역을 수행할 수 있도록 만든다. 이것은 '어떤 문화를 교회에 반영할 것인가?' '이를 위해 당신은 누구에게 다가갈 것이며, 이것은 좋은가 나쁜가?'에 대해 질문을 던져야 한다.

형식은 기능을 따른다

형식은 기능을 따른다. 이것은 문제의 핵심으로서 나는 이번 장의 서론 부분에서 암시해 두었다. 기능은 전략의 문제임에 비하여 형식은 건물의 문제이다. 너무 많은 교회들이 기능적 문제를 무시한 채 전적으로 형식의 문제만을 결정해 버린다. 앞에서 교회의 DNA를 알았고 사명과 비전, 그리고 전략을 갖게 되었다. 이것은 이미 기능에 대해 결정을 내린 것이다. 이러한 기능의 문제는 성숙의 표에 더하여 다른 개념들에 대해 결정을 내리도록 해 준다. 그리고 당신의 주요한 활동들은 당신이 선택한 형식에 결정적인 영향력을 행사하게 된다. 예를 들면, 만일 당신이 소그룹 사역을 중요한 활동에 포함시키고자 한다면, 이것은 교회의 건물의 형태에 대해 결정을 내리는데 영향을 미치게 된다. 만일 당신의 소그룹이 동시에 당신의 교회 지역 안에서 모임을 갖기로 결정했다면, 이것은 건물을 어떻게 운영할 것인가에 관한 형식을 결정하는데 영향을 주게 된다. 당신은 이런 그룹들이 모임을 가질 수 있는 수많은 작은 방들을 개방하거나 건물을 증축해야 할 필요가 있을 것이다.

전략적 사역과 아웃리치 촉진시키기

우리는 반드시 두 가지 질문을 던져야만 한다. 첫째, 교회가 어디에 위치해야 하는가? 이 질문에 대한 답은 결국 교회의 돈과 재정에 관한 것이다. 둘째, 교회가 위치한 곳에서 무엇을 해야 하는가? 이 질문에 대한 답은 전략적 사역을 실시하기 가장 좋은 위치 즉, 지역 공동체에 대가서는 것이 먼저이고 주민들이 교회에 다가오는 것이 두 번째인데 이들이 쉽게 다가설 수 있는 것에 관한 질문이다. 위치는 21세기 교회에 있어 매우 중요했다. 우리는 이미 8장에서 사도행전 1장 8절의 지역적인 암시에 관해 논의한 바 있다. 또 다른 예를 사도행전 19장 1-10절에서 찾아 볼 수 있다. 그때 바울은 에베소에 있었다.1절 만일 당신이 그 지역에 대해 조금 안다면, 에베소는 소아시아로 가는 관문이었다는 것을 깨달았을 것이다. 소아시아를 여행하려는 사람이라면 누구나 에베소를 통과해야만 했다. 결론적으로 우리는 바울이 하나님의 말씀을 아시아 지역에 가장 잘 드러나게 할 수 있는 지역인 그곳에 교회를 개척했을 때 놀라지 않았다. 신학교 동기 중에 한 친구가 그를 가르쳤던 교수에게 바울이 전도 여행지에 가서 많은 교회를 개척했던 이유에 대해 편지를 보냈다. 그 도시에 대한 연구에 기초를 둔 그의 결론은 복음의 씨앗을 뿌리기 위한 전략적 위치에 교회를 개척했다는 것이다. 그래서 우리는 우리 교회의 위치에 대해 전략적으로 생각해야만 한다.

환경에 관해 성경은 무엇이라고 말하는가

성경은 교회가 우리가 가지고 있는 환경 신학대 대해 무엇이라고 가르치고 있는가? 이에 대한 답은 교회가 위치한 곳환경이나 지리이 교회가 아니라고 가르치고 있다. 교회는 하나님의 백성으로 형성되며 하나님의 백성이 어떤 지리적 위치에서 자주 만날 수 있는 곳 바로 그곳이 교회이다. 고린도전서 1장 2절에서 바울은 "고린도에 있는 하나님의 교회"라고 쓰고 있다.

교회와 만남의 장소를 구분하고 있다는 것에 주의하라. '하나님의 교회'는 사람들이고 '고린도에 있는'은 성도들의 모임, 특별히 가정에서16:19절을 보라 함께 모이는 장소를 이야기한다.

우리가 가지고 있는 교회 건물은 교회에 대한 신학을 반영하고 있다고 믿는다. 반면에 어떤 사람들은 "천상교회"로서 교회 건물을 간주하기도 한다. 즉 신성한 곳으로 여긴다. 또 다른 사람들은 청교도의 관점에서 본다. 즉 그저 비만 맞지 않으면 된다. 그 이상도 아니다. 그렇다면 어느 것이 맞는가? 교회는 신성한 곳인가? 이에 대한 답은 신구약 성경 모두가 예배하는 곳인 건물에 대해 이야기하고 있다. 구약 성경에서는 건물이나 성전은 하나님께서 임재하시는 곳히2:20이기 때문에 거룩한 곳이었다. 하지만 신약에서는 건물이 아닌 성도가 거룩한 곳이라고 이야기한다. 하나님의 백성이 성전을 대신한 것이다. 그리고 하나님은 다른 성전에 계시며 우리의 몸이 성전이다.고전3:16, 6:19~20

우리가 위에서 그리고 8장엣 보았듯이 교회는 지역 공동체를 위한 사역을 펼치는 전략적으로 중요한 장소이다. 주님은 중인이 되라고 명령하시면서 지리에 대한 전략뿐 아니라 민족까지 포함시키셨다.행1:8 그리고 위에서 보았듯이 바울은 교회를 개척하고 세우는 도시를 주의 깊게 그리고 전략적으로 선택했다.19:1-10

환경에 대한 이해
■ 첫인상은 매우 중요하다. ■ 지리적 위치는 함께 모일 수 있는 장소를 제공해 준다. ■ 소요시간은 오늘날 중요한 문제이다. ■ 공동체 안에 있는 교회는 메시지를 전달한다. ■ 물리적 구조는 문화를 반영한다. ■ 형식은 기능을 따른다. ■ 건물은 전략적 사역과 아웃리치에 영향을 준다.

교회의 환경을 극대화시키기 위한 전략 개발

자 이제 우리는 환경이 무엇이고, 왜 환경 신학과 함께 중요한 것인지 깨닫게 되었다. 우리는 우리의 예루살렘행1:8인 지역 공동체에 다가서기 위해 가정 같은 우리의 지역과 건물에 관해 이야기를 나누었고, 우리의 환경을 극대화시키기 위한 준비를 끝냈다. 우리는 전략적으로 당신의 지역, 주차장, 일반적 건물, 그리고 예배를 드리는 건물, 이 네 가지 영역에 걸쳐 극대화를 위한 전략을 개발할 것이다.

사역의 위치를 극대화하기

당신 교회에 대한 최고의 사역 위치를 결정하기 위해 당신은 열 가지의 지역에 관한 질문, 지역에 관한 법칙을 이해하기 위한 핵심요소, 아홉 가지 선택 사항을 보게 될 것이다.

10가지 지역에 관한 비평적 질문

1. 현재 교인들과 교회에 출석하는 교인들이 교회의 주요 건물과 관련하여 어디에 거주하고 있는가? 그들이 운전해서 교회 올 수 있는 곳에 거주하고 있는가?25분 이상 소요되면 안 된다 여기에 많은 교회들이 진행하는 방법을 이야기해 볼 것이다. 교회는 성장하고 분주한 교외 지역에 개척한다. 거기에는 아이들을 가진 수많은 젊은 가정이 있다. 조만간 그 지역은 오래 될 것이며 쇠퇴가 시작될 것이다. 그리고 사람들은 새로운 지역으로 이사를 가거나 도시로 되돌아 갈 것이다. 그들은 교회에 운전해서 올지 말지 선택하게 된다. 하지만 많은 경우, 오래지 않아 성도들은 자기들이 사는 곳에서 손쉽게 갈수 있는 새로운 교회를 찾게 된다. 이것은 21세기 북미에 있는 너무 많은 교회들이 최근 겪

고 있는 현상이다. 결론적으로 이 질문에 대한 당신의 답은 당신 교회의 연령에 따라 달라질 것이며 이 책에서 내가 소개한 조직의 삶의 주기 가운데 어디에 위치해 있느냐에 따라 달라질 것이다.

2. **당신이 다가가야 할 사람들, 즉 당신 초점을 맞춰야 할 지역은 어디에 위치해 있으며 그들은 대부분 복음을 좋아 하는가?** 그들은 당신 교인들 혹은 예배에 참여하는 사람들 주위에 살고 있는가? 그들은 교회에 운전하여 올 수 없는 외곽에 살고 있는가? 건물 주위에 살고 있는가?

3. **당신 건물은 교회에 출석하는 사람과 당신이 관심을 가지고 있는 그룹이 예배드리기에 좋은 위치에 있는가?** 이 질문에 대한 답은 처음 두 개의 질문에 대한 답으로부터 나온다.

4. **지역에 대해 결정을 내릴 때, 당신은 누구에게, 즉 교인과 예배 출석하는 사람인가 아니면 지역 공동체 내에 있는 교회에 나오지 않는 사람이나 구원 받지 못한 사람에게 우선권을 주려는가?** 이 질문에 대해 답하기가 매우 곤란하다. 왜냐하면, 당신은 이 두 그룹이 필요하기 때문이다. 한 편으로 당신의 교인들이 교회에 대해 선거권을 가지고 있는 사람들이며 그들을 위해 교회를 세웠다고 생각할 것이다. 그들의 시간, 재능, 그리고 돈을 투자하여 수 년 동안 기꺼이 교회를 지원했던 사람들이다. 다른 한 편으로 당신이 초점을 맞추고 있는 사람들은 주님께서 우리에게 맡겨주셔서 우리가 복음을 들고 다가가야 할 사람들이다. 그렇다면 교회의 위치를 정할 때 어떤 부류를 먼저 고려하겠는가? 이에 대한 교회의 답은 교회와 교회의 영적인 성숙, 그리고 교회의 미래와 관련지어 말하게 될 것이다. 예를 들면, 즉각적인 대답으로 지금 현재 출석하고 있는 교인들에게 그 초점을 맞춰야 한다. 이것은 교회를 위해 잘 이야기하지 않는다. 또한 교회의 답은 회중의 핵심 가치를 반영하고 그것으로 부터 결정을 내리게 될 것이다.

만일 교회의 가치가 잃어버린 영혼, 전도 그리고 진정으로 그리스도의 대사명을 수행하는 것이라면, 교회에 출석하지 않는 잃어버린 영혼들에게 우선권을 줘야만 한다. 믿지 않는 자들에게 다가서기 위해 믿는 자들은 희생을 감수해야만 한다. 나의 경험으로 볼 때, 이러한 종류의 문제들은 목회자들 그리고 성도들이 심도있게 다뤄야 하며 그 결정은 결국 진정한 영적 수준을 나타내 준다.

5. **어떻게 당신 교회를 찾을 수 있는가?** 당신 교회는 사람들이 볼 수 있는 곳에 위치해 있는가? 아니면 쉽게 볼 수 없는 곳에 위치해 있는가? 이상적 위치는 큰 도로 가까운 곳이다.

6. **얼마나 당신 교회에 접근하기 용이한가?** 방문자가 당신 교회를 찾는데 얼마나 쉬운가? 당신은 지도나 웹 사이트 같은 유용한 도구를 준비해 두었는가?

7. **표시판은 잘 되어있는가?** 지역 공동체 내에 당신 교회를 표시할 수 있는 표지판이 준비 되어 있는가? 교회의 현재 위치를 알려주거나 교회 건물로 인도해 주는 표지판이 있는가? 당신 교회를 확인할 수 있도록 건물에는 간판이 붙어 있는가?

8. **당신은 종합 기획을 가지고 있는가?** 옛 속담에 "계획에 실패한 전은 실패할 계획을 한 것이다"를 기억하라. 기획을 가진 당신을 도울 수 있는 좋은 건축가를 찾으라. 올바른 종합 기획은 당신의 최근 교회 건물과 매매를 위한 당신의 기획 모두를 심사숙고하여 생각한다. 이것은 미래에 당신의 교회를 확장시키려는 청사진을 개발하는데 도움을 준다.

9. **당신은 현재 교회의 위치에 얼마나 헌신하려고 하는가?** 성도들은 이전할 준비가 되어 있는가? 이주에 대한 주제를 이야기했을 때 교인들의 반응은 어떠했는가? 당신 교회 건물을 역사적인 장소로 디자인하

자는 의견은 없는가? 이것은 교회 이전에 악영향을 준다. 당신이 남이 있을 때, 얻을 이익은 얼마나 더 큰가? 건물을 유지하기 위해 과도한 비용이 지출되는가 아니면 당신의 중요한 사역에 자금을 투자하지 못하고 다른 곳에 지출을 많이 하는가?

10. **당신은 어느 정도의 크기를 원하는가?** 당신의 성장 목표는 어디인가? 이 목표는 하나님의 목표이며 동시에 당신 자신의 목표인가? 성도들은 이 목표에 동의했는가 아니면 폭넓은 차이가 있는가? 현재 교회에서 이 목표를 실현시킬 수 있는가? 교회의 크기와 지역 공동체의 인구수를 감안하여 교회 성장이 지속적으로 이루어질 수 있다고 생각하는가? 만일 교회가 2,000명 출석에 꾸준히 성장하고 있다면, 얼마나 많은 지역 공동체도시 혹은 국가에 거주하는 사람들에게 복음을 나누어 주어야 하는가? 교회 공동체에 많은 사람들이 모이기 위해서는 당연히 더 많은 사람들에게 다가가야 하는 것이 기본적인 원칙이다. 스켈러Lyle Schaller는 10퍼센트의 그림을 이용한다. 만일 당신의 교회가 200명이고 지역 공동체에 십만 명의 사람들이 거주한다고 치면 당신의 일반적 크기는 만 명을 수용할 수 있는 크기가 가장 적당한 크기이다. 만일 5천–8천명을 목표로 설정했다면, 그 목표를 계속 성취시키기 위해서 지역에 충분한 인구수가 있어야 한다. 당신은 인구수가 늘어나는지 아니면 줄어드는 지 확인할 필요가 있다. 예를 들면, 당신 지역 안에 대학이나 교도소가 있다면 인구수는 늘어날 가망성이 크다.

당신 지역 안에 있는 교회의 숫자는 당신의 성장 목표에 영향을 주지 못한다. 너무 많은 교회들이 외적으로 초점을 맞추거나 새로운 사람들에게 다가서기보다는 내적 사역에 초점을 맞추고 있다. 당신 교회의 경쟁 상대는 다른 교회가 아니라 미식축구나 프로야구, 혹은 쇼핑몰과 커피숍이다.

위치 원칙에 대한 핵심 이해하기

교회의 위치 혹은 넓이는 궁극적인 크기를 결정한다. 릭 워렌 목사가 언급했듯이 발의 크기는 실발 크기를 넘지 못한다. 교회 건축가들은 엄지손가락 법칙, 즉 1 에어커에 대략 100명의 사람들이 들어간다는 법칙을 이야기한다. 어떤 사람들은 150명이 들어 갈 수 있다고 말하지만, 이것은 극도의 인구과잉 현상을 초래할 수 있다. 손가락 법칙을 마음에 둘 때, 당신은 한 번 예배드릴 때 얼마나 많은 사람들에게 공간을 제공할 수 있는지 미리 결정을 내릴 수 있다. 그리고 당신의 건물들을 최대한 이용했을 때, 얼마나 많은 사람들에게 공간을 제공할 수 있는지도 미리 결정할 수 있다.

1. 현재 교회가 보유하고 있는 초지의 총량을 계산해 보라.
2. 이 중에서 범람한 위치에 있는 땅이라든지, 물이 고여 있는 습지라든지, 여러 가지 문제를 안고 있는 땅과 같이 사용하지 못하는 토지가 얼마나 있는지 계산해 보라.
3. 당신의 모든 토지에서 이용할 수 없는 형태의 토지를 제하라. 건물이 차지하고 있거나 주차장으로 이용하고 있는 토지 역시 빼라. 나머지 토지가 당신이 잠재적으로 건물을 확장시킬 수 있는 토지이다. 1 에어커는 43,560 피트라는 것을 기억하라

위치에 대한 아홉 가지 선택사항을 고려하라

당신의 특별한 상황에 적합한 몇 가지 선택사항이 있다. 유일한 제한점

은 당신의 창조적, 혁신적 눈이다. 여기에 아홉 가지 선택 사항을 소개한다.

1. **아무 것도 하지 말라.** 불행하게도 이 선택 사항은 북미에 있는 너무 많은 교회가 가지고 있다. 그들은 무엇을 하는지 알지 못한다. 그래서 그들은 얼어붙은 채로 아무 것도 하지 않는다. 어떤 사람들은 무엇인가 해야 하지만 도무지 무엇을 해야 할지를 모르고 있다는 점이다. 실수를 저지르느니 차라리 아무 것도 하지 말라. 이에 대한 종국은 교회가 성장 상태에 있었다면 정체를, 교회가 정체 상태에 있었다면, 쇠퇴와 죽음을 맞이하게 될 것이다. 나는 그리스도를 경외하고 헌신하기를 원하는 교회는 이것을 선택하지 않을 것이라고 믿는다.
2. **당신의 최근 예배를 증가시키라.** 엄지손가락 법칙에 의하면 1 에이커에 100명의 공간을 제공한다면, 두 번 혹은 세 번의 예배로 늘릴 경우 더 많은 사람들을 수용할 수 있다. 예배의 횟수를 늘린다는 것은 가장 객관적인 해결책이며, 가장 많은 교회가 수용하는 방법이다.
3. **교회에 인접한 부동산을 매입하라.** 이것은 당신 교회주변에 부동산이 있고, 당신 교회가 그것을 구입할 수 있는 능력이 있다는 가정 하에서 가능한 일이다. 만일 이런 경우 가능한 빨리 부동산을 매입할 수 있는지 연구하라. 일반적으로 부동산의 가치는 증가되고 오늘 가격이 내일 가격보다 싸다.
4. **당신 교회에 다목적 건물을 건축하라.** 대부분 이것은 두 가지 목적을 성취할 수 있는 체육관을 말한다. 하나는 더 많은 사람들이 모여 영상을 통해 예배 실황을 볼 수 있도록 하기 위함이다. 또 다른 목적은 교회의 청소년 뿐 아니라 지역 공동체의 청소년들을 위한 스포츠센터를 운영하기 위함이다.
5. **당신 교회의 여유 공간을 이용하라.** 영상을 통해 성도들이 예배를 경

험할 수 있도록 또 다른 공간이 있을 때 가능하다. 이곳은 교회가 작을 때 예배를 드렸던 작은 장소일 수 있다. 뿐만 아니라 사람들이 예배를 드릴 수 있는 또 다른 작은 방이어도 가능하다.

6. **현재 장소를 고수하며 교회를 개척하라.** 나는 모든 교회가 교회를 개척할 기획을 가지고 있다고 믿고 있다. 하지만 이것은 공간의 문제를 풀지 못했을 때 가능하다. 당신은 많은 교회를 떠나 새로운 교회를 시작하는데 일부분이 될 수 있도록 격려할 수 있다. 하지만 짧은 시간 안에 주차장과 좌석을 찾을 수 있는 사람들로 개척을 위해 떠난 당신 교회 성도들을 대처할 수 있을 것이다.

7. **현재 장소를 고수하며 복합형 교회를 지향하라.** 교회를 개척하거나 합병하는 것은 일종의 복합형 전략이다. 그 차이점은 당신이 다른 장소에 다른 교회를 시작하는 것이다. 즉 최근 교회에서 당신이 했던 것을 재생산하는 것과 같다. 새로 시작한 교회에 가까이에 거주하는 성도들에게 함께 할 것을 부탁할 수 있다.

8. **당신의 지역 안에 위치한 다른 곳에서 모임을 가질 수 있다.** 이 방법은 당신 교회의 건물을 유지하거나 매각할 수도 있다. 다만 당신 지역의 어느 장소에서 잃어버린 사람들이나 교회에 출석하지 않는 사람들과 함께 모임을 가질 수 있다. 여기에는 학교, 극장, 다리 밑, 커피 전문점, 공원 등이다. 이 방법은 많은 젊은 세대에 매력을 줄 수 있지만, 나이가 든 세대에게는 덜 매력적인 방법이다.

9. **다른 건물로 이주하라.** 이 방법은 대중적인 방법이지만, 비용이 많이 들고 교인들의 저항을 초래할 수 있다. 미리 경고하지만 대부분의 교회는 자기 교회가 크게 성장하고 이주하는 것을 원치 않는다. 그들은 과거를 추억하기를 좋아하고 서로가 서로를 잘 알고 지냈던 때를 생각하는 것을 좋아한다. 이러한 관점이 갖는 한 가지 문제는 교회

는 오랫동안 최근의 크기에 머무르지 않는다는 것이다. 만일 교회가 성장하지 않는다면, 정체 혹은 더 나아가 쇠퇴의 길로 걸어갈 수밖에 없다.

당신은 어떻게 이주에 성공할 수 있는가? 여기에 몇 가지 시나리오를 소개한다.

- 만일 당신 교회 예배 출석이 수용 능력의 80% 정도에 다다랐다면, 당신은 2부 예배를 신설하는 것을 기획해야 한다. 1부 예배를 그대로 드릴 수 있으며 혹은 1부는 전통적인 예배로 2부 예배는 대안 예배로서 현대적 예배 같은 형식을 기획해보는 것도 좋다. 예배를 신설할 경우 사역과 스텝의 일이 늘어 날 것이라는 것을 염두해 두기 바란다. 특별히 설교하는 담임목사와 예배 팀을 맡고 있는 사람에 관해서이다. 나는 설교를 위해 수석 목사를 고려하는 것이 좋다고 생각하며 팀 설교의 방법을 취하는 것도 한 방법이라고 생각한다. 동시에 당신은 성장을 이루기 위해 흥분과 기대의 감정을 창출할 뿐 아니라 예배드릴 장소를 증축하거나 새로운 성전을 건축하기 위해 필요한 자금을 모으는 캠페인을 시작해야만 한다.
- 지속적인 성장을 함으로서 당신은 계획을 세우고 3부 예배 신설을 심각하게 검토해야만 한다. 두 번의 예배는 주일 아침에 드리며 다른 한 번은 토요일 저녁 혹은 주중 저녁에 모일 수도 있다. 어떤 교회들은 주일 아침 예배를 구도자를 위해, 주중 예배는 자신 교인들을 먹이는데 초점을 맞추어 기도 한다. 하지만 당신은 당신 교회의 증축이나 새로운 예배 센터를 건축할 계획에 착수할 필요가 있다. 이를 위해 당신 마음속 대부분은 최소 3-4년 정도 자금을 모을 계획으로 가

득 차 있어야 한다. 당신은 캠페인이 끝날 때까지 건물을 구입하거나 착공에 필요한 헌금을 작정할 수 있다. 또는 당신이 착공할 때까지 기다릴 수도 있다.

- 만일 3부 예배도 가득 차게 될 경우 당신은 새로운 건물로 옮기는 것을 준비하고 다시 한 번 재산을 극대화 시킬 때까지 그 과정을 시작해야 한다. 하지만 이번에는 먼저 당신이 부동산 가운데 교회와 교인들이 사는 곳에서 가까운 곳을 조사할 뿐 아니라 당신이 필요한 만큼 수용할 수 있는 곳을 조사해야 한다. 그리고 나서 당신은 다시 한 번 기금을 마련하고 새로운 부동산을 구입하고 당신이 초점을 맞춘 지역 공동체의 사람들에게 복음을 전하기 위해 목표를 삼아 교회의 성장을 수용할 수 있는 새로운 건물을 건축하기 위해 캠페인을 벌여야 한다. 이 모든 것을 시도하여 현재 있던 장소를 높은 가격으로 매각하고 동시에 새로운 곳으로 이사를 할 수 있다.

위의 아홉 가지 선택 사항 가운데 당신 사역에 있어 최고의 것이 무엇인지 어떻게 알 수 있는가? 몇몇 목회자들은 선택의 여지가 있다. 예를 들면, 만일 교회에 인접한 부동산이 없다면, 당신을 부동산을 구입할 수 없다. 다음은 목회자들과 담임목사가 토지에 대해 형명한 결정을 내릴 수 있도록 도움을 주기 위한 방법들이다.

- 하나님의 지혜를 구하라약1:5
- 사실을 고려하라. 당신 교회는 성장, 정체, 혹은 쇠퇴 가운데 어디에 위치해 있는가? 나는 이것을 "사실적 묘사"라고 부른다. 하나님은 이 사실들을 통해 당신에게 일하시고 전달하실 것이다.
- 당신은 비용과 공간 문제에 관해 무엇을 할 수 있는가?

- 당신은 당회와 같은 지도자들이나 멘토에게 상담을 요청하라.
- 당신의 마음은 무엇이라고 말하는가? 나는 이것을 "직관적 묘사"라고 부른다.

주차 건물을 극대화하라

당신의 교회의 환경을 극대화시키기 위한 두 번째 전략은 당신의 주차 건물을 극대화시키는 것이다. 이를 위해 당신 교회의 주차장과 주차 문제가 중요하다는 것을 이해할 필요가 있다. 그리고 주차장에 대한 일반적 그리고 특별한 욕구를 발견하고 주차장에 대한 선택사항을 알 필요가 있다.

주차장 건물의 중요성 이해하기

당신 교회 성도들이 자신의 차량을 주차시키기 위해 당신은 규칙적으로 교회에 출석하지 않는 사람들의 입장에서 경험해 볼 필요가 있다. 이것은 잃어버린 사람과 출석하지 않는 사람들의 입장을 말한다. 당신 교인들 중에 어떤 사람들은 잃어버린 사람들이 당시 교회에 출석하기를 기도하고 초청한다. 교회에 출석하지 않는 사람들은 교회에 나가지 않을 핑계거리를 찾는데, 그 중에 하나가 주차문제이며 실제로 이 문제로 교회 왔다가 돌아가버리거나 다른 곳으로 가버린다. 당신 교회를 경험하기 위해 찾아온 사람들에게 만차 된 주차장은 잘못된 것이라는 점을 기억하라.

주차 욕구 발견하기

당신 교회의 성도들이 갖는 일반적인 주차장 요구를 발견하기 위해 다음을 참고하라.

1. 최근 당신이 갖고 있는 공간이 얼마인지 결정하라. 당신은 길가 주차를 고려하고 싶을 것이다. 하지만 시청에서 단속을 하거나 어느 누군가가 먼저 길가 주차를 해 놓는다면, 결국 그 기회는 잃어버릴 것이다.
2. 얼마나 많은 공간이 필요한지 연구하라. 이것은 교회 출석하는 사람과 그 사람들이 가진 자동차의 수를 계산해 보면 된다. 아마도 1-6명당 차 한 대 꼴일 것이다. 이 문제를 쉽게 계산하기 위해 멜퍼스 재단은 2사람당 자동차 한 대 꼴로 계산한다. 그래서 만일 100대를 주차할 수 있는 곳이라며, 한 번에 200명의 성도들이 주차장을 이용할 수 있는 셈이 된다. 얼마나 많은 차량이 주차할 수 있는가?

당신의 특별한 주차 욕구 발견하기

당신이 전략을 세우기 위해 다음에 여섯 가지 욕구를 소개할 것이다.

1. 오직 당신 교회 방문자나 장애인을 위한 주차장 공간이 마련되어 있는가?
2. 방문자를 위해 얼마나 많은 공간이 준비되어 있는가? 대부분 교회 출석 100명당 4대 정도 준비해 두면 된다
3. 장애인을 위해 얼마나 많은 공간이 준비되어 있는가? 시청 직원과 함께 장애인 주차장 공간에 대해 체크해 볼 필요가 있다. 대부분 100명당 5대를 주차할 수 있는 공간을 준비해 두면 된다
4. 이 공간은 누구나 알아보기 쉽게 표시되어 있는가? 어떻게 성도들이 찾을 수 있는가?
5. 거기에는 주차를 도와줄 주차 도움이가 배치되어 있는가?
6. 거기에는 사람들을 맞이하는 안내인이 있는가?

주차에 대해 일곱 가지 알아야 할 것

주차 문제는 미래를 위해 기획하는데 결코 이르지 않다. 마치 당신이 부동산의 문제에 대해 선택사항이 있는 것처럼 주차문제에 대해서도 선택사항이 있다. 예배를 여러 번 나누어 드리는 것, 인근 부동산을 구입하는 것, 그리고 새로운 곳으로 이주하는 것과 같이 몇 가지 중복된 것이 있다.

1. **한 가정 당 한 대의 자동차를 이용해 달라고 부탁하라.** 20세기 초 혹은 중반까지 한 가정에 자동차는 겨우 한 대였다. 하지만 오늘날에 한 가정에 여러 대의 자동차를 보유하고 있다. 빌리Billy와 셀리Sally처럼 아빠와 엄마는 각각의 자동차를 가지고 있다. 각 가정에 한 대씩 운전한다는 것은 성도들에게 무시될 수 있다. 왜냐하면 우리에게 오고 가는 것은 자유이기 때문이다. 이 부탁은 당시 교회에 더 많이 헌신하는 사람들에게 부탁하라.
2. **카풀을 운영하라.** 만일 성도들 가운데 몇몇 사람들이 같은 지역 혹은 이웃에 산다면, 돌아가면서 카풀을 운영할 수 있다. 이 방법 역시 교회에 헌신을 더 하는 성도들에게 부착하는 것이 좋다.
3. **근처에 주차하고 걸어오라.** 이것은 교회 가까운 곳에 주차장이 있고 그곳에 주차를 하고 걸어오는데 거리가 가까울 때만 가능하다. 백화점 주차장이나 주일에 쉬는 회사 주차장을 이용할 수 있다. 하지만 날씨가 좋지 않을 경우 이 방법은 내우 힘들어 진다. 또한 회사 주차장을 이용할 경우 확실한 허가를 받아야 한다.
4. **근처에 주차하고 셔틀버스 이용하라.** 위의 방법과 유사하며 나의 교회가 선택하고 있는 방법이기도 하다. 지역 주차장에 주차를 해 놓고 교회가 운행하는 셔틀버스를 타고 오고 갈 수 있다. 이 역시 날씨나 비용에 대한 문제가 있다.

5. **대중교통을 이용하라.** 이것은 거의 실현 불가능한 선택사항이다. 왜냐하면 미국의 대중교통은 정확한 시간에 제공되지 않기 때문이다. 이것은 미국 뿐 아니라 유럽도 마찬가지이다. 아마도 당신 지역의 대중교통은 예외일 수 있다. 만일 그렇다면 좋은 선택사항 가운데 하나이다.
6. **주차장을 세우라.** 이것은 비용이 가장 많이 들지만, 좋은 선택 사항 가운데 하나이다. 이것은 날씨 등 방해요소와는 전혀 관계없이 성도들에게 제공될 수 있다. 하지만 비용이 많이 들기 때문에 많은 교회들이 엄두를 내지 못하고 있다.
7. **발렛 주차를 이용하라.** 아마도 가장 혁신적인 방법일 것이다. 몇몇 교회는 이 서비스를 위해 노년층을 준비해 두었다. 그리고 이것은 싱글 여성들에게도 확대하여 부탁할 수 있다. 물론 당신은 전문가를 둘 수 있고, 단순히 당신 교회 안에서 운영할 수도 있다. 만일 전문적 서비스를 고용한다면, 그 비용은 오히려 교회에 불이익을 줄 수도 있다.

당신의 일반적 건물 극대화시키기

교회의 환경을 극대화시키기 위한 세 번째 단계는 건물을 극대화시키는 것이다. 나는 교회의 건물에 대한 일반적 법칙을 소개하고 특별히 예배당에 대해 논의할 것이다. 왜냐하면 이것은 교회의 중요한 사역예배, 설교 등에 있어 매우 큰 역할을 감당하기 때문이다.

당신의 일반적 건물을 극대화시키기 위해 당신은 네 가지 지침을 살펴보아야 한다. 그리고 교회의 건물을 반영하고, 건물 문제에 주의를 기울이는 일곱 가지 요소를 살펴 볼 것이다.

네 가지 지도 원칙

형식은 기능을 따른다. 위에서 살펴보았듯이 모든 교회가 기억해야 할 기본적인 원칙은 형식은 기능을 따른다는 점이다. 당신 교회는 형식을 결정하기 전에 적당한 기능을 결정해야만 한다. 그 원칙은 당신 교회가 어떤 기능을 감당해야 할 것인지 알고 있다면 이미 형식을 결정할 준비가 되었다는 것을 가르쳐주고 있다. 무시하거나 다시 생각해 볼 것은 불필요하게 설계된 건물의 비용과 건물을 수리하는데 교회가 지불해야 할 비용과 시간이다. 교회가 비록 전략적인 비전 과정을 통하지 않고서도 이미 건물에 대한 종합 계획을 가지고 있을 때, 다시 한 번 살펴보아야 한다. 건물에 대한 종합 계획은 필요하지만 먼저 실행에 옮기지 말고 전략 기획을 따라야만 한다.

건물에 대한 유지는 책무의 문제이다. 우리는 교회가 낡아서 허물어지는 것을 보았다. 이것은 건물을 유지하는 것보다 건물을 수리하는데 더 많은 비용이 든다. 이것은 책무의 문제이다. 침체기에 접어든 교회는 대부분 수입이 감소함으로 심각한 물리적 유지 문제에 직면한다. 그런 교회는 건물을 수리하는데 비용을 지불하거나 수리 후 비용을 지불하기 전에 현명한 생각을 가져야만 한다. 아마도 건물을 해체하고 떠나거나 건물을 유지할 수 있는 누군가에게 매각하는 것이 좋을 수도 있다.

건물의 유지는 증언의 문제이다. 아마도 누군가가 무시하고 상황을 악화시키는 이웃 때문에 아내가 불평하는 것을 들었을 것이다. 주부와 교회 건물에 대해 무시하는 교인들 사이에는 거의 차이가 없다. 모두가 나쁜 이웃이다. 일반적으로 건물을 잘 관리 하지 못하는 교회는 주차 문제 혹은 환경 문제와 같은 일로 지역 주민들과 마찰을 겪게 된다. 왜 교회 건물을 그대로 방치하는 것이 잘못된 상황인가? 어떤 것이 당신 이웃의 재산 가치에 악영향을 똑같이 미치는가? 이웃의 재정 상태에 악영향을 미칠 때, 당신은 격분시킬 것이다.

교인들은 건물을 방치하는 것에 대해 교회에 나오지 않는 사람들보다 더 높은 관용을 가지고 있다. 급속도, 혹은 갑작스러운 성장을 경험한 교회들은 성장과 함께 나타나는 스텝과 재정 문제로 인해 건물을 방치하는 문제에 대해 무관심하지 않다는 것을 알고 있어야 한다. 종종 성장하는 교회들은 많은 전도를 하고 있다. 그들이 기억해야 할 가장 중요한 것은 교인들이 교회에 나오지 않는 사람들보다 건물과 재정에 대해 높은 관용을 가지고 있다는 점이다. 당신의 메시지 때문에 교회에 출석하지 않는 사람들은 당신을 거절할지 모르지만 고전1:18, 22 당신의 물리적인 현상이나 설명 때문에 당신을 거부하는 것을 용납할 수 없다.

건물에 대한 일곱 가지 사실 고찰하기

교회는 건물에 대한 다음의 몇 가지 것을 심사숙고해야 한다.

1. **외형.** 교회 건물이 낡았는가, 아니면 낡은 것처럼 보이는가? 교회 건물 내외에 페인트칠을 하는데 비용을 지불할 수 있는가?
2. **교회의 크기.** 교회 건물은 교인들을 수용하는데 그 크기가 충분한가? 아니면 너무 큰가, 교인들을 위축시키고 있는가?
3. **조경.** 교회는 적당한 조경이 갖추어져 있는가? 그리고 규칙적으로 잔디에 물을 주고 잔디를 깎아주고 있는가?
4. **청결.** 교회 건물, 특별히 화장실이나 육아실은 청결을 잘 유지하고 있는가? 대부분의 사람들이 신앙 다음으로 청결함을 꼽고 있다는 것을 명심하라.
5. **운동장과 또 다른 외부 장비.** 그네, 미끄럼틀, 시소, 그리고 다른 기능

을 하는 장비들은 잘 갖추어져 있고 유지되고 있는가?
6. **장식**. 시간 조절 장치를 갖춘 교회 건물을 들어간 경험이 있는가 그리고 과거 시대로 돌아간 것 같은 경험을 한 적이 있는가? 어떤 사람들은 19세기 혹은 20세기 중반과 같은 생활을 깨닫게 될 때 떠나지 않겠는가?
7. **중립 공간**. 당신 교회는 성도들을 위해 특별히 방문자를 위해 중립 공간을 마련하고 있는가? 중립 공간이란 모든 사람들이 갈 수 있고 편안함을 느낄 수 있는 커피 숍, 스낵 바, 라운지, 주차장, 화장실과 같은 것을 포함한다.

제안

나는 어떤 교회들은 건물을 목적을 가지고 방치해두는 경우는 없다고 믿는다. 일반적으로 이런 경우는 예산 절감, 빈약한 교인들의 준비, 관리인과 자원봉사자들의 과도한 노동 그리고 사람들이 현실에 익숙해 있기 때문에 인식이 부족하기 마련이다.

만일 당신 교회가 건물의 위기와 같은 일을 경험한다면, 건물 순회를 위해 방 키를 사람들에게위원회 회원, 전략 리더십 팀원, 장로 혹은 여성 지도자 등 줄 것을 제안한다. 그들에게 교회에 다니지 않는 방문자 혹은 심지어 지방 건물 관리 책임자인 척 해 달라고 부탁하라. 그들은 건물이 갖고 있는 문제 혹은 잠재적 문제들을 찾게 될 것이다. 내가 언급했던 몇 가지 사실을 포함한 체크 리스트를 그들에게 주라. 순회가 끝마친 후 보고를 들을 수 있는 시간을 가지라. 그들이 관찰해 본 것을 들어보라. 그들은 수리를 요하는 것을 더 잘 찾아내고 심지어 자원봉사자가 그들 스스로 수리할 수 있는 것을 발견하게 될 것이다.

예배당 건물 극대화시키기

당신의 예배당 건물을 극대화시키기 위해 당신은 예배당에 법칙을 이해할 필요가 있으며 예배당에 필요한 사항을 발견하고, 당신의 예배당에 대하 선택사항을 살펴보라.

예배당 법칙의 중요성을 이해하라

사역을 위한 교회 건물의 중요성을 강조했던 것처럼 중요한 예배당 법칙의 핵심은 예배에 참석할 수 있는 사람의 숫자를 결정한다. 이것은 신발이 발이 얼마나 클 수 있는가를 말해 주는 것과 같은 이치이다. 여기는 예배에 얼마나 많은 사람들이 참여할 수 있는지 결정을 내릴 수 있도록 도움을 주는 몇 가지 수치를 소개할 것이다. 만일 당신이 교회의 좌석이 장의자 형태로 되어 있다면, 당신은 최대 좌석 용량의 80%만을 채울 것이다. 만일 교회의 좌석이 개별 의자로 되어 있다면, 그 수치는 90%로 올라갈 것이다. 이렇게 하면 쉽다. 만일 당신 교회의 좌석이 100명이 앉을 수 있는 좌석이라면 당신은 80명까지 채울 수 있을 것이다. 하지만 만일 100명이 앉을 수 있는 개인 의자라면 90명까지 채울 수 있다. 북미 사람들은 자신만의 공간을 좋아하기 때문이다. 우리가 잘 모르는 사람 업표에 앉기를 싫어하기 때문에 예배에 참석하는 대부분의 사람들은 좋아하는 사람 옆에 앉는다. 만일 장의자나 개인 의자가 충분히 준비되어 있지 않다면 결국 그 사람들을 놓치게 될 것이다. 만일 이런 경우가 아니라면, 그들은 교회를 떠나거나 집으로 돌아갈 것이다. 결국 당신은 그들에게 사역할 기회를 놓치게 될 것이다.

당신이 필요한 예배당 건물 발견하기

당신이 필요한 예배당 건물을 발견하는 것은 매우 중요하다. 다음을 확인한다면 당신에게 도움이 될 것이다.

1. **당신의 예배당에 최대 착석 용량을 결정하라.** 여기에는 발코니, 성가대 좌석, 밴드나 악기팀 좌석 등도 포함된다.
2. **당신의 성도들은 장의자, 아니면 개별의자에 앉는가?** 그것도 아니면 모두에 앉는가? 만일 후자라면 얼마나 많은 사람들이 어느 쪽을 선택하는가? 그리고 이 둘은 혼재해 있는가 아니면 구분되어 있는가?
3. **최근 당신이 준비해 둔 의자에 얼마나 많은 사람이 앉는가?** 만일 당신 교회가 장의자라면 당신은 장의자의 80%까지 채울 수 있다. 만일 개인 의자라면 90%까지 끌어 올릴 수 있다. 만일 이 둘이 복합적이라면 둘 모두를 계산하여 조합하면 된다.
4. **성도들이 편하게 앉기 위해 얼마나 많은 좌석이 더 필요한가?**
5. **당신이 준비한 좌석은 현재 충분한가 아니면 불충분한가?** 만일 충분하다면, 미래에는 어떻게 될 것인가? 만일 성장 중이라면, 지금이 미래를 위해 준비할 단계가 아닌가? 만일 불충분하다면 다음 단계에서 제시하는 해결책을 참조하라.

예배당 건물에 대한 다섯 가지 선택사항

예배당 건물에 대한 다섯 가지 선택 사항은 당신이 예배당의 좌석 문제를 해결할 수 있도록 도움을 줄 것이다. 이들 중 몇 가지는 부동산이나 이주 문제와 중복되는 것도 있다. 즉 당신은 아무 것도 하지 않을 수도 있고, 예배를 나누어 드릴 수 있다.예배의 경우 그리고 다목적 건물을 건축할 수도 있고체육과 여유 공간을 이용할 수도 있다. 또한 교회를 개척하며 지역 내 다른 곳에서 모임을 가질 수 있으며, 이주할 수도 있다. 또 어떤 것들은 주차장 건물과 중복되는 경우도 있다. 여기에는 예배당 문제를 해결하기 위한 독특한 선택사항을 다룰 것이다.

1. **성도들의 좌석 문제에 대해 안내자들을 훈련시키라.** 예배를 안내하고 있는 사람들은 공간을 활용하는데 엄청난 도움을 줄 것이다. 예를 들면, 그들은 맨 앞자리 같이 통상적으로 기피하는 자리에 사람들을 직접적으로 인도하여 앉힐 수 있다. 빈자리를 잘 파악하여 늦게 온 사람들을 안내하여 거기에 앉힐 수 있다. 마찬가지로 목회자들이 안내방송을 하고 성도들을 다른 사람을 위해 다른 좌석으로 옮길 수 있도록 부탁할 수 있다.

2. **예배당 뒤쪽 좌석을 통제하라.** 오래된 "장사 비법" 가운데 하나는 맨 뒤쪽 좌석을 철거하거나 버터로 덮어 그곳에 진입을 통제하는 것이다. 이것은 인기가 없는 좌석에 앉게 하는 힘이 있다. 예배가 시작한 후 늦게 오는 사람들을 위해 개방한다. 이런 방법이 갖는 문제점은 늦게 오는 사람들에게 상을 주는 격이 되고 만다는 점이다. 하지만 설교를 듣고자 하는 대부분의 사람들에게 고려해 볼 필요가 있다.

3. **헌신을 더 하는 사람들에게 앞좌석에 앉기를 부탁하라.** 대부분의 사람들은 맨 앞자리에 앉기를 꺼려한다. 아마도 강단과 너무 가깝기 때문이며 특별히 설교자가 "불과 유황"에 관한 설교를 할 때면 더욱 그럴 것이다. 하지만 더 헌신된 사람들은 바로 그 자리에 앉기를 원할 것이다.

4. **예배당을 증축하라.** 예배 공간을 확대하기 위한 방법과 장소를 찾으라. 아마도 당신은 몇개의 벽을 뜯어내고, 발코니를 확장시키며, 부엌처럼 배치를 바꿀 수도 있다. 공간 기획을 가진 당신을 도울 수 있는 기술자가 있다. 그를 통해서 당신은 방을 확장할 방법을 찾을 수 있을 것이다.

5. **새로운 예배 센터를 건립하라.** 이 선택 사항은 당신이 가지고 있는 부동산에 건립할 수 있으며 교회 건물을 헐고 지을 수 있으며 당신 소유의 집을 허물고 건립할 수 있다. 아니면 아예 다른 곳에 예배 센터를 건립할 수 있다. 위의 모든 선택 사항 가운데 비용이 가장 많이 드는 사항이다.

반영, 토의, 그리고 적용을 위한 질문들

1. 당신은 다른 중요한 전략적 결정을 내릴 때까지 사역 환경에 대한 결정을 내리는데 지체하고 있는 당신을 설득했는가? 그 이유는 무엇인가?
2. 정직하게 건물에 관한 케빈 코스트너의 신학을 유지하고 있거나 들어본 적이 있는가? 왜 그런가 아니면 왜 그렇지 않는가?
3. 환경에 대해 "사역 영향력"으로 내린 저자의 정의에 동의하는가? 물리적 환경과 전기적 환경 모두에 대한 개념을 이해하는가? 비록 저자가 전기적 영향력에 대해 면밀히 이야기하지 않더라도 당신은 이 개념에 대해 더 연구할 시간을 갖겠는가? 왜 그런가 아니면 왜 그렇지 않는가? 그들은 전략적 사역에 다가서는데 얼마나 헌신하는가?
4. 환경의 중요성에 관한 부분을 읽은 후 당신도 그런 생각을 갖는가? 왜 그런가 아니면 왜 그렇지 않는가? 만일 그렇지 않다면, 어떻게 하면 당신을 설득할 수 있겠는가? 만일 그렇다면, 어떤 이유가 가장 관심을 끄는가? 당신의 지역 공동체로 다가서기 위해 당신의 교회를 발사대로 이용할 것인가? 왜 그런가? 아니면 왜 그렇지 않은가? 당신 건물에서 어떤 문화를 발견할 수 있는가? 성도들은 당신 교회에 대해 갖는 첫인상은 무엇이고 특별히 방문자는 어떤 첫인상을 가지고 있

는가? 당신 건물은 지역 공동체에 어떤 메시지를 보내고 있는가? 좋은 것인가? 아니면 나쁜 것인가?

5. 당신은 지역을 극대화시키기 위한 열 가지 질문에 대해 당신의 답은 무엇인가? 지역 원칙에 대한 핵심을 이용하면서 얼마나 많은 사람들이 당신 지역에 살아가고 있는가? 어떤 선택사항이 당신의 상황에 가장 적합한가?

6. 당신의 주차장을 극대화시키기는 것에 관해 가장 중요하다고 생각되는 것은 무엇인가? 왜 그런가? 당신의 주차장에 관해 필요한 것은 무엇인가? 당신은 주차 공간을 얼마나 가지고 있는가? 얼마나 더 많은 주차장 공간이 필요한가? 장애인들을 위한 특별한 주차 공간이 마련되어 있는가? 방문자를 위한 주차공간은 있는가? 어떤 선택사항이 도움이 되었는가?

7. 당신의 건물과 관련해서 네 가지 훈련 지침은 도움이 되었는가? 당신 건물에 얼마나 영향을 주는가? 일곱 가지 비평적 질문 가운데 어떤 것이 긍정적이고 어떤 것이 부정적인가? 교회의 건물, 운동장을 부록 M에 있는 체크리스트를 통해 성도들과 함께 돌아보고 체크해 보라. 어떤 것이 당신 상황에 도움이 되었는가? 왜 그런가?

8. 당신 교회의 예배당에 관련하여 핵심 지침은 도움이 되었는가? 좌석 문제에 관해 당신 교회는 장의자인가 아니면 개별 의자인가? 그것도 아니면 복합적인가? 얼마나 많은 사람들이 예배에 참석해서 편안하게 앉는가? 충분한 공간을 가지고 있는가? 어떤 선택 사항이 당신에게 도움이 되었는가?

12

재정 충당 및 관리

RAISING AND MANAGING FINANCES

전략 활동 5

전략 개발에 있어 가장 최후의 요소는 재정이다. 항해사들은 바다를 항해하기 위해 돈이 필요하다. 그들은 일하기 좋은 환경 속에서 사람을 고용하고 그들의 장비를 유지해야만 한다. 교회의 지도자들은 비용도 심사숙고해야만 한다. 당신의 꿈의 팀이 교회가 위치한 지역에서 제자를 삼아 성숙한 제자로 만드는데 어떻게 비용을 충당할 것인가? 그리고 누가 그 필요한 재정을 충당할 것인가?

나는 사역에 대한 돈을 지불하는 것에 관해 조금의 현실적 상황을 이야기하도록 하겠다. 실제로 나는 사역에는 많은 돈이 들것이라고 말했다. 빌 하이빌스 목사는 "당신이 원하는 만큼 신학적인 준비를 하기 바랍니다. 하지만 교회는 결코 재정적 자원이 잠재력을 가지고 있을 뿐 교회의 방향에 따라 흐르기까지는 어려울 것입니다"[93]라고 기록하고 있다. 21세기 초의 몇몇 교회들은 목회를 위한 풍부한 재정을 가지고 있다. 기부는 낮아지는 반면에 지출과 기대는 올라간다. 교회는 주로 출석하고 있는 교인들의 헌

---

93) Hybels, *Courageous Leadership*, 98.

금에 의지한다. 이러한 비참한 상황 가운데, 교회에 출석하는 성인들의 1/3은 교회에 아무것도 헌금하지 않는다. 그리고 헌금하는 사람들 가운데 가정 수입의 3%도 헌금하지 않는다. 이에 대해 예수님은 마태복음 6장 21절에 "네 보물이 있는 곳에는 네 마음도 있느니라"라고 경고하셨다. 이것은 다음과 같은 질문을 불러일으킨다. 당신의 지역 공동체 가운데 있는 당신 교회는 재정문제에 대해 '주의 깊은' 혹은 '관대한'이라는 두 가지 가운데 어떤 평판을 받고 있는가?

더욱이 이러한 엄청난 재정적 상황에 대해 전통적인 목회자들은 재정에 관한 적은 지식, 혹은 재정을 관리하고 충당하는데 경험이 거의 없다. 물론 기업 세계에서 일한 경험을 가진 목회자들은 예외일 수 있지만, 전문적 지식은 부족하다. 어디서 혹은 어떻게 목회자들은 사역에 있어 재정문제에 대해 배우고 유능해 질 수 있을 것인가? 물론 대부분의 신학교에서는 이런 부분을 가르치지 않는다. 이번 장은 비록 목회자가 재정 문제에 대해 경험과 지식이 없다고 할지라도 능숙한 사람이 될 수 있도록 도움을 줄 것이다.

나는 이번 장이 교회의 재정에 대한 일반적인 문제들을 다루겠지만 특별히 교회의 재정을 관리하고 충당하기 위한 전략을 목회자가 개발할 수 있는 지침을 여기에 포함시킬 것이다. 이 전략을 개발하기 위해 나는 두 가지 기본적인 문제를 다룰 것이다. 첫째, 명확한 관리를 위해 청지기 정신에 대해 간단히 정의를 내릴 것이다. 둘째, 교회의 재정 문제에 대한 중요성을 이해하고 개발시키는 것이다. 이로서 우리는 재정을 관리하고 충당시키는 것에 대한 우리의 전략을 개발할 준비가 된 것이다.

사역 전략 개발하기
- 교회의 지역공동체에 다가가기
- 성숙한 제자 만들기
- 사역팀 세우기
- 사역환경 평가하기
- **재정 충당과 관리**

만일 당신이 이 책을 가지고 팀과 함께 사역을 하고자 한다면, 이번 장은 재정 혹은 청지기 정신 개발 팀이 당신 교회의 재정을 충당하고 관리하는데 도울 수 있는 전략 개발이 필요하다는 사실을 보여 줄 것이다.

청지기 정신이란 무엇인가

하나님께서 우리가 하늘의 목적과 그의 영원한 목적을 성취하기 위해 우리를 신뢰하고 현세적이고 이 땅에 주어지는 하나님의 물질을 관리하는 것이 청지기 정신이다. 우리는 구약성경에서 다윗이 하나님을 찬양할 때, 이렇게 이야기하는 것을 볼 수 있다.

> 다윗이 온 회중 앞에서 여호와를 송축하여 이르되 우리 조상 이스라엘의 하나님 여호와여 주는 영원부터 영원까지 송축을 받으시옵소서 여호와여 위대하심과 권능과 영광과 승리와 위엄이 다 주께 속하였사오니 천지에 있는 것이 다 주의 것이로소이다 여호와여 주권도 주께 속하였으니 주는 높으사 만물의 머리이심이니이다 부와 귀가 주께로 말미암고 또 주는 만물의 주재가 되사 손에 권세와 능력이 있사오니 모든 사람을 크게 하심과 강하게 하심이 주의 손에 있나이다 우리 하나님이시여 이제 우리가 주께 감사하오며 주의 영화로운 이름을 찬양하나이다 나와 내 백성이 무엇이기에 이처럼 즐거운 마음으로 드릴 힘이 있었나이까 모든 것이 주께로 말미암았사오니 우리가 주의 손에서 받은 것으로 주께 드렸을 뿐이니이다. 역대상 29장 10-14절

고대 그리스에서 청지기는 주인의 일을 관리하는 책임자대부분 종를 의미했다. 이때 주인은 멀리 떨어져 있다. 이와 똑같은 것을 신약성경 누가복음 12장 42-43절에서 찾아볼 수 있고 뿐만 아니라 누가복음 16장 1-3절의 지혜로운 청지기 비유에서 볼 수 있다.

왜 청지기 정신이 중요한가

일반적으로 재정 문제, 특별히 교회의 재정문제에 있어서 청지기 정신이 중요한 이유는 많다. 그 중 네 개만 여기에 소개할 것이다.

청지기 정신은 필요한 재정을 제공한다

우리에게 잘 알려지지 않는 몇 가지 이유 때문에 사역을 성취하기 위해 돈에 의지하는 것으로부터 교회를 면제 시켜주지 않는다는 것이 하나님의 지혜이다. 당신은 하나님의 나라를 발전시키기 위해 소위 말해 "부당 이익"은 필요하지 않다고 생각할 것이다. 하지만 그렇지 않다. 격언에 "돈이 없으면 사역도 없다"는 말이 있다. 어떤 사람들이 '교회의 성공은 사명을 완수하기 위해 전략적으로 헌금을 충당하고 그것을 이용할 능력에 달려 있다'고 정확하게 지적하고 있다. 특별히 우리는 이것을 교회의 사업적인 면이라고 이해한다. 하지만 불을 켜고, 사례비를 지급하고, 건물을 구입하고 대여하는데 자금이 필요하며 교회의 모든 사역을 유지하기 위해서는 자금이 필요하다.

청지기 정신은 성도들이 헌금하도록 도전을 준다

청지기 정신은 하나님이 성도들의 재정적 면에 대해 무엇을 기대하고 계시는지 알려 준다. 이것은 하나님에 대한 우리의 재정적 책임을 가지고 있다는 것을 보여 준다. 하이빌스 목사는 "만일 올바른 사람들이 적절한 시기에 적절한 방법으로 하나님의 나라를 위해 드린다면, 그 결과는 충만한 기쁨과 하나님의 능력을 체험하게 될 것이라고 나는 확실히 믿습니다"고 이야기한다.[94] 나는 성도들이 하나님께서 주신 것을 다시 되돌려 드리

---
94) Ibid., 100.

기를 바랄 것이라고 믿는다. 청지기 정신에 대한 좋은 가르침은 이러한 일을 이해하는데 중요한 단계이다.

청지기 정신은 마음의 문제를 드러내 준다

우리는 관심 있는 주제에 대해 이야기를 나눌 수 있다. 우리는 기독교인처럼 이야기하는 것을 배우고, 올바른 것과 영적인 것을 이야기한다. 하지만 만일 당신이 당신의 영적인 상태를 진실로 알기 원한다면, 당신의 재정을 하나님께 드리고 있는 것을 살펴보면 된다. 나는 이 진리를 가르칠 때마다 내 지갑을 가지고 내 지갑 속에 있는 돈을 가리킨다. 우리가 드리는 헌금은 우리가 성경 구절을 이야기하는 것보다 하나님과 함께 걷는 것이라고 말할 수 있다.

마태복음 6장 19-21절에서 예수님은 우리가 가진 보물에 대해 다음과 같이 말씀하신다. "네 보물이 있는 고세 네 마음도 있느니라"21절 다시 말하면 당신의 마음은 당신이 가장 가치 있는 것을 따른다. 그렇다면 당신의 마음은 어디에 있는가?

청지기 정신은 교회의 재정을 책임지도록 해 준다

하나님은 교회가 재정적 문제에 대해 올바로 처리되기를 원하신다. 교회는 반드시 돈의 문제를 잘 운영해야만 한다. 이것은 누가복음 12장 35-48절의 주인이 돌아오기를 기다리는 종의 비유를 통해 조명해 볼 수 있다. 예수님은 "주께서 이르시되 지혜 있고 진실한 청지기가 되어 주인에게 그 집 종들을 맡아 때를 따라 양식을 나누어 줄 자가 누구냐 주인이 이를 때에 그 종이 그렇게 하는 것을 보면 그 종은 복이 있으리로다 내가 참으로 너희에게 이르노니 주인이 그 모든 소유를 그에게 맡기리라"42-44절라고 말씀 하셨다.

교회가 재정적 실수를 저지르면, 그 실수만큼이나 지역 공동체에 좋지 않은 평판이 빠르게 퍼질 것이다. 교회는 예배를 참석하는 사람들 뿐 아니라 지역 공동체 내에 있는 잠재적 교인들에게까지도 신뢰를 잃게 될 것이다. 당신 교회의 재정 문제를 다룰 때 모든 위원회는 전력을 다하라. 깨끗이 닦으라.

교회의 재정을 충당하고 관리하기 위해 전략을 디자인하라

우리는 청지기 정신이 무엇인지 깨달았고, 재정의 중요성을 이해했다.

교회 재정을 위해 나는 이번 장에서 네 가지 전략적인 질문을 던지게 될 것이다. 누가 사역 재정에 대해 관리 책임을 질 것인가? 목회자는 얼마나 필요한 자금을 모을 것인가? 목회자는 어떻게 재정을 충당할 것인가? 재정을 충당하기 위해 목회자가 제시할 근거는 무엇인가?

누가 사역 재정을 관리할 책임이 있는가?

첫 번째 질문은 누가 사역 재정을 관리할 책임이 있는가? 이것은 이번 장에서 중요한 질문이다. 하지만 먼저 우리는 교회 전체 재정을 책임질 사람이 누구이며 그것이 의미하는 바가 무엇인지를 이해해야만 한다.

빌 하이빌스는 사역을 풍성하게 하기 위해 필요한 재정 자원의 강에 관해 썼다. 그는 "이것을 좋아하든 그렇지 않든 간에, 지도자의 사역가운데 하나는 재정의 강을 창조하고 현명하게 관리하는 것입니다. 지도자라면 그것이 더 좋다는 사실을 금방 깨닫게 될 것입니다"[95]라고 주장한다. 대부분의 지도자들은 이것을 받아들이지 않으려고 한다. 그럼에도 불구하고 교회의 재정을 책임져야 한다는 것은 진리이다. 매학기 나의 강의를 듣는 학생들이 내가 그들에게 이러한 목회적 리더십의 "현실"을 이야기할 때 쇼크를 받게 될 것이라는 것을 예견할 수 있다. 그리고 나는 그 학생들이 "**나는 돈을 모으고 관리하지 않고 성경을 가르치고 설교하는 사역에 헌신할꺼야!**" 라는 생각을 한다는 것도 알고 있다. 하지만 교인들이 막무가내로 목회자에 떠맡기고 책임질 만한 사람을 찾지 않는다면, 결국 목회자는 재정에 대한 책임을 져야만 한다.

교회 재정 충당 및 관리
■ 누가 사역 재정을 충당하고 관리하는데 책임이 있는가? ■ 얼마나 많은 재정이 필요한가? ■ 어떻게 목회자는 재정을 충당할 것인가? ■ 재정 충당을 위한 자료는 무엇인가?

그렇다면 어떻게 교회의 재정을 관리할 것인가? 다음에 오는 네 가지 중요한 점은 목회자의 재정 감독에 관해 짧은 형태로 답을 제공해 줄 것이다. 책임 수용하기, 최근 재정 관리하기, 미래 재정 관리하기, 재정 충당하기

책임 받아들이기

목회자. 목회자는 반드시 교회의 재정 관리에 대한 전체적인 책임을 져야만 한다. 이에 대해 당신이 어떻게 느끼는 것에 상관없이 당신이 회중을 인도하는 지도자라면 당신은 교회의 재정을 관리할 책임을 가지고 있다.

이것이 성서적이라는 것에 당신을 놀랠 것이다. 성서는 이것에 관해 명확하게 보여주는 것은 바울은 그 자신을 위해빌4:10-10, 고전9:11-12, 교회를

---
95) Ibid,.

위해고후8-9장 재정을 미안함이 없이 모으고 있는 것을 볼 수 있다. 하지만 최소한 오늘날의 시각으로 볼 때, 그는 사도였고 목회자들보다 교회를 더 많이 개척했다. 나는 1세기의 목회자들은 장로였을 것이며 거의 재정 관리에 대해 이야기하지 않았고 재정에 관해 이야기하는 것은 정결하지 못한 것이라고 믿는다.행11:29-30 성경이 이에 대해 규범을 정했으며 이러한 상황 속에서 나는 교회가 이러한 문제를 결정하는데 자유로웠다고 믿는다. 목회자의 책임은 오랫동안 교회 문화의 한 부분을 책임지고 그것은 빠른 시일 내에 변하지 않았다.

이것을 저주로 보기 보다는 오히려 도전으로 봐야하는 이유가 무엇인가? 목사로 헌신하고 있을 때 나는 필요한 고난으로 보았다. 왜냐하면, 그때는 내가 이것에 대해 거의 알고 있는 것이 없었고 내 자신의 수표장과 균형을 맞추는 것이 어려웠기 때문이다. 하지만 사역과 관련된 재정에 대해 더 많은 공부를 시작하면서는 모든 것이 도전으로 변하게 되었다. 그리고 이것은 궁극적으로 나의 일이 아닌 하나님의 일이었다. 얼마 되지 않아 나는 이 문제를 책무의 도전으로 보기 시작했다. 즉 교인들의 삶과 교회의 삶속에서 책무의 중요성에 대해 이해하도록 도왔다. 더욱이 나는 재정을 충당하고 관리하는 것이 당신이 해야 할 일이라는 것을 깨달았을 때 어려운 것만은 아니었다. 그래서 나는 당신에게 이 책임을 떠맡고 주님께서 주시는 도전이라고 받아들이기를 바란다.

위원회. 위원회 또한 같은 책임을 진다. 위원회는 담임목사가 재정 관리를 책임지고 있는 것을 나눠 가져야 한다. 나는 이 사실을 말하는 것이 매우 중요하다고 생각한다. 왜냐하면, 나의 경험으로 볼 때 소규모 교회는 나누어 갖기 보다는 더 떠 맡기는 경향이 있기 때문이다. 그리고 이것은 대형교회에도 적용된다. 위원회의 역할은 매달 재정 보고와 업데이트 한 것을 통해 목회자의 재정 관리를 모니터 하는 것이다.

비록 목회자가 재정 관리를 떠맡고 있다고 할지라도 모든 것을 담임목사 자신이 운영한다는 의미를 나타내지는 않는다. 그는 이 부분에 대해서 조력자를 두는 것이 매우 현명한 일이다. 특별히 재정적인 숫자를 사용할 때 그렇다. 그런 일은 즐겁지 만은 않다. 대형교회라고 할지라도 사무 행정가나 관리자가 따로 있거나 목회자에게 재정 상황과 보고하는 한 두 명의 회계사와 함께 목사가 재정을 관리 하는 경우는 좀처럼 드물다. 소형 교회는 일반적으로 재무와 관련된 일을 했던 평신도에게 자원봉사로 도움을 받는다. 게다가 목회자는 재정 팀을 모집하거나 재정 관리를 돕는 위원회를 모집할 수 있다. 하지만 이 위원회는 어떠한 권한도 가지지 않는다. 내가 10장에서 위원회와 목회자 위원회에 대해 논의할 때 언급했듯이 재정을 맡은 위원회는 언권 위원회 가운데 하나이다

스텝. 스텝 또한 몇 가지 책임을 진다. 그들은 예산의 한도 내에서 재정적인 성실함을 가지고 집행한다. 그들은 필요한 곳과 요구가 있을 때 목회자를 돕는다. 그리고 그들은 "현금에 민감하다" 그들의 행동은 현금을 사용하고 발생하는 것을 깨닫고 있다는 것을 의미한다.

중요한 재정 관리하기

목회자는 교회의 중요한 재정을 관리한다. 이것은 다음과 같은 것을 포함하고 있다.

1. 목회자는 재정을 운영하는 사람들회계, 사업 관리자, 혹은 평신도 자원 봉사을 두루 살펴야 한다. 그리고 그들이 어떻게 운영하는지모금, 계산, 그리고 예금 두루 살펴야 한다.
2. 목회자는 모든 수입과 지출을 모니터해야 한다. 이것은 어려운 일이 아니고 매주, 매달, 혹은 매년 정기적으로 보고를 받으면 된다. 이것은 아마도 대차 대조표, 자금 흐름보고서, 혹은 수입 설명서가 이

에 속할 것이다. 어떤 목회자들은 자신의 독특한 환경에 따라 그들만의 보고서를 만들기도 한다. 대차 대조표는 교회의 상황을 평가해 준다. 당좌예금, 보통예금, 건물의 가치, 부동산의 가치 등 그리고 부채대출, 모기지론 등에 대해서도 평가해 준다. 자금 흐름 보고서는 특별히 교회의 헌금이 내부 혹은 외부로 흘러가는지에 대해 이야기를 해 준다. 수입 설명서는 이전 기간과 비교하여 수입과 지출을 보여 준다. 마지막으로 목회자는 매주 헌금과 특별 헌금, 그리고 예배 출석과 함께 수입지표를 파악하기를 원하고 이에 따라 디자인하기를 원할 것이다.

3. 목회자는 수입에 맞춰 지출을 해야 하는 책임을 가지고 있다. 목회자는 '우리 수입으로 살고 있는가 아니면 수입을 넘겨서 사용하고 있는가?'에 대해 질문을 던져야만 한다. 이렇게 하는 중요한 도구는 교회의 예산인 자금 흐름보고서, 수입 보고서이다.

4. 목회자는 최소한 한 달에 한 번 모든 지출과 영수증이 맞는지 계산해야 한다. 다시 말하면 그는 다른 사람의 도움을 받아 그 일을 수행하고 위원회의 모임이나 서면으로 위원회에 이 정보를 넘겨야 한다. 현명한 목회자는 일 년에 한 번 교회 재정에 대한 평가서전체 평가서를 보고할 필요는 없다를 보고해야 한다. 이것은 교회를 보호하는 일일 뿐 아니라 목회자와 스텝을 보호하는 일이다.

5. 목회자는 스텝의 보수를 관리해야 한다. 교회는 보수를 어떻게 적용할 것인지에 대한 규정을 설정해 놓아야 한다. 이것은 그 사람의 교육, 사역 경험 기간, 교회에서의 위치 등을 고려해야 한다. 그리고 건강 보험, 생명 보험, 연금, 그리고 다른 혜택과 보너스가 포함되어야 한다. 스텝의 보수는 교회의 수입에 의지해야 한다. 교회는 피고용인의 모든 생활비를 지불해야 하지만 매년 자동적으로 갱신해 주는 것은 현명하지 못한 것이다. 대신에 교회는 급여를 인상해 줄 뿐 아니

라 그 사람의 사역 결과에 근거하여 가능한 보너스를 지급해 주는 것이 좋다.

미래의 재정 관리하기

목회자는 교회의 재정을 미래에 어떻게 사용할 것인지에 대한 계획을 가지고 있어야 한다. 미래 기획에 있어 중요한 사항은 교회 예산에 대한 설명이다. 이 예산은 목회자가 수입과 지출에 대한 예측을 반영해야 한다. 또한 예산은 교회의 핵심 가치를 반영해야 한다. 왜냐하면, 강제성이 없이 가치가 아닌 곳에 돈을 쓸 필요가 없기 때문이다.

잘 균형을 이룬 예산은 최소한 네 가지 영역에 대해 설명해야 한다. 선교와 전도, 인력, 프로그램, 그리고 건물이다. 이번 장 후반부에 예산에 대해 더 논의 하겠지만, 몇 가지 의견에 대해서 적절하게 이야기할 것이다. 선교와 전도는 교회의 사명과 묶여 있고 전도에 대한 핵심 가치를 증명해 주는 것이다. 그리고 스텝의 사례, 보수, 매 년 인상안, 그리고 보너스가 인력의 항목에 포함된다. 여기에서 목회자의 생각은 필수적이다. 프로그램 재정은 우리가 9장에서 성숙 도표로 발견했던 중요한 사역 활동을 위한 것이다. 마지막으로 건물을 위한 예산은 주요 건물을 위한 것인데 장기융자, 유지비, 추가적으로 구입할 건물이 이에 포함된다.

네 가기 예산 영역
■ 선교와 전도
■ 인건비
■ 사역비
■ 건물

재정 충당하기

목회자는 교회의 재정을 충당할 책임을 가지고 있다. 보통 부목사들이 내게 와서 몇 번 이고 담임목사가 아닌 다른 사람들이 교회를 위한 사역 비전을 세우고 책임질 수 있는 거냐고 묻는다. 일반적으로 담임목사가 비전을 가지고 있지 않다면, 비전을 세울 수 없다. 부목사가 비전을 세울 수 있는 기술을 가진 비전가라고 할지라도 내 대답은 절대 그럴 수 없다는 것이다. 왜냐하면, 사람들은 담임목사 외에는 그 누구도 비전을 세우는 사람으로 여기지 않기 때문이다.

문화적 증거. 뿐만 아니라, 교회의 재정을 충당하는 것조차도 담임목사가 아닌 다른 사람이 할 수 없다. 과연 누가 교회에서 담임목사를 대신하여 이 역할을 감당할 수 있겠는가? 다시 말해서 우리 문화에서 사람들은 교회의 재정을 충당하는 데 있어 방향을 제시하고 영감을 불어 넣어주는 것이 담임목사라고 여기고 있다. 이것은 성도들이 가지고 있는 문화적 기대의 일부분이다. 그것은 담임목사가 써야할 많은 모자들 가운데 하나이다. 반면 성도들은 재정 혹은 책무를 책임지는 위원회의 위원장, 행정 목사, 부목사를 강력하게 지원해야 한다. 장로들이나 여성 지도자는 이 역할을 수행할 수 없다. 복음적 교회에 출석하는 대부분의 성도들은 성경이 책무에 대해 많이 이야기하고 있으며 성경을 잘 알고 있는 사람이 목회자이며 성도들에게 성경에서 말하고자 하는 의미를 전달해주는 것이 목회자라는 사실 역시 알고 있다. 그 책임은 자연히 목회자의 어깨에 메워진다. 만일 담임목사가 이 기능을 잘 수행하지 못하거나 수행하지 않으려는 의도를 가지고 있다면 그 교회는 재정적으로 큰 어려움을 겪거나 갈등에 휩싸이게 된다.

성경적 증거. 여기에는 몇 가지 성경적 증거도 있다. 확실하지 않지만 1세기 가정 교회의 목회자였던 장로들은 사역 재정을 관리하고 충당하는 책임을 가졌다. 척 번째 구절은 디모데전서 3장 5-4절이다. 가정 교회의 목회자를 위한 자격을 이야기하고 있다.1-7절 여기에서 바울은 "자기 집을 잘 다스려 자녀들로 모든 공손함으로 복종하게 하는 자라야 할지며 사람이 자기 집을 다스릴 줄 알지 못하면 어찌 하나님의 교회를 돌보리요"라고 기록하고 있다. 바울은 만일 어떤 사람이 목회자 혹은 지도자가 되고자 한다면, 그의 가정을 잘 다스릴 줄 알아야만 한다고 지적하고 있다. "다스리다"는 단어는 로마서 12장 8절에서 "지도력"으로 번역하고 있다. 나는 이것이 가정의 재정 문제를 포함하고 있다고 믿고 있다. 왜냐하면 어떤 사람의 가정의 일에 있어 재정문제는 중요하고 본질적인 문제였기 때문이다. 그리고 나서 바울은 이것을 교회에도 적용하고 있다. 똑같은 방법으로 그들은 교회를 잘 인도하고 돌볼 줄 알아야 했다. 물론 이 구절에서 재정에 관해 언급하지 않았지만 바울은 가정의 재정관리와 교회의 재정관리를 함께 가루고 있다고 가정을 할 수 있다.

디모데전서 5장 17절에서 바울은 "잘 다스리는 장로들은 배나 존경할 자로 알되 말씀과 가르침에 수고하는 이들에게 더욱 그리할 것이니라"고 기록하고 있다. 여기서 바울은 1세기 가정 교회의 목회자가 장로라는 것을 이야기하고 있다. 그들은 교회의 일을 직접 재정도 그렇게 했다. 그들은 교회의 일을 직접 관리했고 재정적으로도 그렇게 했다. 비록 바울이 재정을 언급하지 않았다고 할지라도 나는 교회에 있어 재정 문제가 중요한 역할을 감당했기 때문에 재정 문제도 포함된다고 믿고 있다.

사도행전 11장 29-30절은 "제자들이 각각 그 힘대로 유대에 사는 형제들에 부조를 보내기로 작정하고 이를 실행하여 바나바와 사울의 손에 장로들에게 보내니라"고 기록하고 있다. 장로들목회자이 재정을 운영했다는 것에 주목하라. 아마도 도시 교회 상황 속에서 지도자로서 그들의 역할이었을 것이다.

질문. 왜 목회자들은 사역 가운데 재정적 문제를 책임지려는 것을 꺼리는가? 여기에는 최소한 세 가지가 있다.

1. 목회자들은 이 부분을 어떻게 할 것인지를 알지 못하고 있다. 재정을 충당하는 일은 대부분 세미나에서 소개하는 것에 의지한다. 그리고

우리는 잘 알지 못하는 것은 꺼리려는 경향을 가지고 있다. 하지만 이것이 꼭 나쁜 것만은 아니다. 사역의 성공을 위해 반드시 재정을 충당해야 한다. 이에 대한 해결책은 그것을 어떻게 할 것인가에 대해 배워야 한다. 그 주제에 대해 몇 권의 책이 출판되어 있다. 가장 좋은 방법은 이 문제에 대해 능력이 있고 배운 목회자를 찾는 것이다.

2. 목회자들은 성도들이 너무 많이 헌금하라는 것을 짜증내는 것과 성도들 자신이 가지고 있는 것에 관심을 가지고 있는 인상을 남기는 것에 대해 심히 걱정하고 있다. 그것이 성도들이 가장 싫어하는 것이라는 가정은 잘못된 것이며, 목회자가 성도들에게 헌금을 강조하면 목회자 자기 자신을 비판할 것이라고 생각하는 것 역시 잘못된 것이다. 그렇다면 교회를 방문한 사람들은 이를 어떻게 생각할까? 아마도 그들은 이러한 헌금이 없이는 사역을 이룰 수 없다고 생각할 것이다. 물론 몇몇 사람들은 목회자가 재정과 헌금에 대해 설교할 때마다 항의를 하고 때로는 강력하게 반발할 수도 있다. 그러나 목회자들이 깨달아야 할 것은 항의하는 사람들은 헌금을 적게 하는 사람들이며, 성경의 확신이 적은 자들이다. 그들의 반발 때문에 목회자가 헌금에 대한 설교를 중단하는 일이 없도록 해야 한다.

3. 목회자들은 자기 이미지에 관심을 가지고 있다. 그들은 돈을 요구하지 않는 상황 속에서 성장해 왔다. 그래서 헌금을 요구하는 사람은 자신의 자존심에 영향을 줄 것이라고 생각한다. 그들은 사역보다는 돈에 영향을 받는 텔레비전 복음 전도자로 볼 것이라는 잘못된 생각을 믿고 있다.

너무 많은 교회가 알려지지 않은 것들에 관심을 가지고 있었다. 실제로 그들은 일반 재정에 관해 이야기를 더 많이 듣기 원했고 특별히 성경에서 말하는 것에 대해 알기 원했다. 나는 이런 문제를 예상했지만, 이해하지는 못했었다. 내가 교회로 부터 이런 소리를 들으며 목회했을 때, 잠재적으로 자존심을 상하게 하는 것들이었으며 사역을 위한 재정을 충당하는 태도를 결정짓는 것이었다.

베풂, 최소한 성서에서 말하는 베풂과 재정을 충당하는 것에 대해 설명을 하지 않는다는 것은 책무를 더럽힌다는 잘못된 생각에서 나온 것이다. 그것은 성도들에게 베풀지 않도록 허용하는 것이며 베풀지 않는 것에 대한 합리성을 제공하게 된다. 하지만 만일 교인들 가운데 사람들이 그 문제로 험담하고 있다는 것을 알게 될 경우, 이 문제에 대해 계속해서 설명하지 않을 것인가? 몇몇 재정에 대해 이야기하는 지도자들에 대해 사과하는 설교를 해야 하지 않는가? 그들의 수표책보다 사람들의 영혼에 관심을 갖는다면 우리는 그들이 가지고 있는 수표책에 관해 설교하고 가르쳐야 한다. 왜냐하면, 그것이 결국 사람들의 영혼에 가장 관심을 가가지는 것이기 때문이다.

목회자는 재정 충당을 위해 얼마나 많은 돈을 필요로 해야하는가?

목회자는 교회의 재정을 충당해야 할 책임을 가진 사람들 중에 한 사람이기 때문에 그는 얼마나 많은 돈이 필요한가를 알고 있어야만 한다. 이 질문에 대한 틀에 박힌 대답은 교회의 예산을 파악하는 것이다. 예산은 일반적으로 자금을 운영하는 것이 가장 기초적인 것이다. 그리고 특별히 교회의 사명과 비전을 성취하기 위해 자금을 할당하는 것 역시 중요한 문제이다. 그러므로 예산은 목회자의 손 안에 있는 전략적 지도력의 도구이다. 목회자는 반드시 교회의 예산을 잘 운영해야 하고 예산을 세우며 규칙적으로 모니터해야만 한다.

예산 세우기

교회의 예산은 단순해야 하고 누구든지 예산서를 보고 이해할 수 있어야 한다. 특별히 목회자에게는 더욱 그렇다. 이것을 성취하기 위해 나는 목회자들이 회계상의 병폐들을 깨닫고 있어야 한다. 교회가 하나님으로부터 오는 선물들을 계산한다는 실수를 범하지 말라. 교회의 예산은 회계상의 원칙에 따라 작성되어야만 한다. 대부분 예산서들은 해독하는데 매우 어렵다. 나는 다음의 단순한 과정에 따라 예산을 세우기를 바란다.

기본적으로 교회의 예산을 세우는 것은 당신이 사역을 위해 기금을 어떻게 분배할 것인지를 알려 주는 예산에 대한 청사진이 영향으로 형성된다. 나는 앞에서 네 가지 분배 영역에 대해 이야기했다. 사명과 전도, 인건비, 사역 그리고 건물이 그것이다.

우리가 사도행전에서 살펴보았듯이 교회는 질적인 동시에 양적으로 성장하는 것을 갈망하고 있다는 것을 보여주고 있다. 행1:13-15, 2:41, 4:4, 5:14-15, 6:1, 9:31, 11:21, 11:24, 14:1, 14:21, 16:5, 17:4, 17:12, 18:8, 18:10, 19:26, 21:20 사도행전은 네 가지 영역으로 그들의 재정을 분할했다. 선교와 전도, 인력, 프로그램, 그리고 건물이었다. 만일 당신이 재정 회계 방식을 이용하려 한다면, 당신은 이 네 가지 범주로 나누어 정보를 이용할 필요가 있다

선교와 전도

대부분의 교회들은 선교와 선교의 확장을 위해 지원이 필요하고 그에 대한 중요성을 깨닫고 있다. 나는 여기에 선교를 이루기 위해 재정을 사용하면서 개척 세대, 그리고 전도를 대체하려는 경향, 특별히 성도들의 인접 지역 공동체에 전도하는 것과 같은 몇 가지 이유로 전도를 포함시키는 것을 좋아한다. 이 두 가지는 반드시 함께 해야 한다.

나는 성서적으로 그리고 숫자적으로 영적 건강에 맞추어 성장하려는 갈

망을 가진 교회는 교회 예산 가운데 약 10~15 퍼센트 정도 전도를 위해 사용한다고 믿는다. 이것은 전도와 선교가 그들의 가치 혹은 가치로 품기 원한다는 명백한 메시지를 보내는 것이다. 하지만 이것은 단순히 출발점에 불과하다. 선교와 전도의 영역에 모든 교회가 예산을 투자하는 것은 아니다. 나는 선교와 전도를 위한 재정을 추가로 일으키고 프로젝트를 위한 특별 재정을 설정하라고 도전을 주고 싶다.

사명. 특별히 사명과 관련하여 교회는 지원해줄 성도들을 인도하고 그들이 처한 환경과 얼마나 비용이 들 것인가에 관한 사명 정책을 개발해야만 한다. 더욱이 교회는 이에 대한 기대를 설명하고 어떻게 선교사들이 전달할 것인가를 알도록 해야 한다. 선교사들은 게으르다는 것을 이야기하지 말고 성서의 책무를 설명하라.마25:14-30 그리고 선교에 대한 비용이 하나님의 나라를 위하여 가장 잘 사용된다는 사실을 확신시키는데 도움을 준다.

어떤 사람들은 일반적으로 교회 예산의 10%이상 전도와 선교를 위한 예산으로 편성한다고 믿고 있다. 내가 어떤 교회와 사역을 했을 때, 오직 선교만을 위해 20-25%의 예산을 할당했다고 자랑하듯 이야기했다. 하지만 그들은 예산 분배가 폐쇄적이라는 것을 깨닫지 못했다. 그들은 선교를 수행할 때, 추가적인 비용이 다른 예산의 일부에서 차입했었다. 그들의 경우는 스텝의 사례비에서 차입했었다. 왜 그 교회는 그렇게 하는 것이 스텝들의 사기를 떨어뜨리는 일이란 것을 깨닫지 못했는가? 이에 대한 단순한 해결책은 선교를 위해 예산을 10%만 배분하고 나머지는 특별 캠페인을 통해 선교자금을 만들거나 별도의 예산을 세우는 것이다.

전도. 전도에 관해서 살펴보면, 교회는 전도를 위한 예산을 많이 배분하지 않는다. 통상 성장하는 교회는 전체 예산의 15%정도 할당하고 있다. 전도를 위한 예산 분배에는 전도 훈련, 전도를 위한 특별 이벤트, 그리고 광고 등이 이에 속한다. 지역 공동체에 다가서기를 위한 특별한 프로젝트는 더 많은 비용이 들 수 있다.

인력

대부분의 예산에서 가장 비중을 많이 차지하는 영역은 바로 사역자들의 사례일 것이다. 내가 기억하기로는 교회가 대략 50퍼센트의 예산을 사례에 할당하고 있다. 종종 대형교회에서는 조금 낮았고40-45 퍼센트 소형교회에서는 약간 웃돌았다.55-60 퍼센트

왜 그렇게 많은가? 당신은 사역을 극대화하기 위해 하나님의 대리인으로 이루어진 꿈의 팀의 모집에 관한 전략 부분을 되새겨볼 필요가 있다. 물론 하나님은 기적을 행함으로서 스스로 모든 일을 할 수 있을 것이다. 하지만 하나님은 하나님의 사람을 통해서 그의 목적을 이루고자 하신다.빌2:13 그리고 다시 그들에게 복을 주시기 원하신다. 당신의 사역은 교회와 주님께 봉사하는 사람들만큼이나 잘 될 것이다.

정당한 사역. 하지만 나는 단지 몇 사람의 사역자가 성도들이 가지고 있는 것을 빼앗거나 많은 돈을 쓰게 한다고는 생각하지 않는다. 성경은 사역자들이초대 교회의 목회자 그에 준하는 사례를 받고 있다고 명백하게 이야기하고 있다.딤전5:17-18 사실 바울은 인도하고 설교하며 가르치는 사람들은 두 배의 존경을 받아야 한다고 이야기하고 있다. 나는 바울이 교회에 "당신 교회 목회자들을 잘 돌보라. 그들에게 정당하고 적당한 보상을 하라"고 이야기한다.

하지만 오늘날 정당한 보상이란 무엇인가? 정당한 보상에는 교회의 크기, 교회의 위치어떤 지역은 다른 지역의 물가보다 비싸다, 책임의 정도, 재임 기간이것은 단순한 재임 기간이 아닌 향상을 의미한다, 특별한 훈련능력을 늘렸을 경우만, 선경험좋은 경험과 같이 수많은 항목으로 구성된다. 비슷한 교회의 스텝들에게 지

불하고 있는 인건비와 비교해 보라. 또한 공정한 보상이란 은퇴 프로그램 연금이나 퇴직금, 건강 보험, 장애, 집, 그리고 계속 교육 같은 것들도 포함된다. 추가로 어떤 교회들은 담임목사에게 셀 폰을 제공하며, 각종 보험도 이에 포함시킨다.

인금인상. 교회들은 아마도 매년 물가 인상에 따른 사례비를 조정하려고 할 것이다. 교회는 모든 스텝들에게 자동적으로 사례를 인상하는 것이 아니다. 임금을 인상시키는 것은 좋은 성과에 기초한다. 좋은 성과란 근속, 승진 혹은 책임의 증가 등이다. 임금인상에 동의 한다는 것은 직원들에게 동기를 부여할 수 있다. 만일 자연적으로 인상된다면, 동기부여급 실패할 것이다.

상여금. 교회들은 아마도 상여금을 지급할 것이다. 일반적으로 일회성이다. 교회는 상여금을 몇 년 후에 주겠다고 보장하지 않는다. 스윈돌Chuck Swindoll은 달라스 신학교의 총장을 부임한 후 성탄절 상여금 지급한 적이 있다. 하지만 우리는 상여금이 임금의 일부분이라는 기대를 하지 않았다.

교회가 사역자들을 돌보지 않는 것은 비성서적일뿐 아니라 수치스러운 일이다. 우리들 가운데 많은 사람들은 십일조의 예물을 드리지 않는 특별한 그룹과 목회자를 "항복" 시키려고 노력하는 사람들 사이에서 벌어진 교회의 권력 투쟁 이야기를 듣는다. 이러한 육체의 행위는 주님을 수치스럽게 할 뿐 아니라 이러한 사람들에게 하나님의 징계하심이 임하며 어쩌면 그 교회에 임할 것이다.

사역들

교회는 반드시 프로그램을 주의 깊게 살펴보아야 한다. 왜냐하면, 하나님과 사역에 참여하는 성도들이 어떻게 봉사할 것인가를 알려주기 때문이다. 또한 다양한 교회의 사역을 통해 성도들이 기부하는 것처럼 재정을 충당하는데 강력한 인상을 준다. 그래서 나는 이러한 중요한 영역에 재정의 20퍼센트 정도를 교회가 투자해야 한다고 제안하고 싶다.

프로그램에 있어 가장 중요한 것은 내가 9장에서 이야기 했던 교회의 주요한 그리고 이차적인 사역 활동을 말한다. 이들은 성숙의 표에서 수직적인 축을 이룬다. 하지만 교회는 먼저 성숙한 제자를 만들어 가는 주요 활동에 재정을 사용하도록 그 초점을 맞추어야 한다. 더욱이 예배와 같은 프로그램은 가장 큰 재정을 충당하도록 해 준다. 예를 들면 투자의 면에서 볼 때, 예배는 교회의 수입 가운데 대부분을 차지하고 있으며 이차적인 사역 활동뿐 아니라 주요한 사역 활동을 통하여 나머지 재정을 충당하게 된다.

선교와 전도, 건물, 인력에 해당되지 않는 다른 대부분의 문제들은 프로그램의 범주 안에 해당된다. 공공시설, 정책 등도 여기에 포함된다.

또한 교회는 교인들의 프로그램에 대한 기대에 깊은 관심을 가져야할 필요가 있다. 예를 들면, 어떤 사람들은 교회가 재정적으로 프로그램의 한 부분을 기원하며 뿐만 아니라 주일학교와 또 다른 인적 자원을 지원해 줄 것이라고 믿고 있다. 그런 생각은 우리가 하나님께 드리고 우리 자신의 개인적인 사역의 필요를 위해 지불한다고 생각하기 보다는 오히려 교회에 기부하고 어떤 것을 받기를 기대하는 것이라고 생각한다.

건물

11장에서 나는 위치와 건물에 대해 다룬 교회의 환경에 대한 중요성을 이야기한 바 있다. 나는 여기에서 특별히 건물에 초점을 맞추려고 한다. 잘 훈련된 교회 개척가들은 벽돌이나 몰타르를 생각하기 보다는 먼저 사람에게 투자해야 한다는 생각을 가지고 대부분 출발한다. 이것은 건물을 구입하거나 건축할 계획이 없다는 것을 의미한다. 개척가들의 계획은 필요한 것이 있으면 빌리면 되고 성도들을 위한 사역에 맞게 유능한 스텝을 모집하고 배치하면 된다는 것이다. 이런 말은 그럴사하게 들린다. 하지만 불행하게도 이것은 결코 좋은 방법이 아니다. 나는 그것이 문화의 일부분인 것을 알게 되었다. 성도들은 자기 자신이 누구인지 확인하기를 바라며, 자기 자신의 소명을 확인하기를 원한다. 우리 교회 성도들은 소유하지 못한 모든 불이익에 대해 불만이 쌓여간다. 예컨대 청결하지 못한 건물, 의자와 테이블을 준비하지 못하거나 낡아버린 것 등이 여기에 속한다. 결론은 대부분의 교인들이 조만간 영구적인 건물을 원하게 된다는 것이다.

나는 교회가 예산 가운데 대략 20~25퍼센트 정도 투자해야 한다고 제안한다. 이것은 주로 장기융자와 보수 유지하는 것이 포함된다. 나는 최근에 장기 융자를 끝내고 그 예산을 다른 곳에 사용하기를 원하는 교회와 상담을 나눈 적이 있다. 나는 교회가 그런 생각을 가지고 있는 것에 대해 동의하지 않았다. 왜냐하면, 미래에 건물을 건축하기 위해 저축해야 한다는 생각을 제거할 수 있기 때문이다. 만일 당신이 성장을 달성하기 위해 건물을 추가하거나 주요 건물을 증축하거나 보수해야할 필요가 있다는 것을 알아챘을 때, 이 목적을 위한 예산이 하나도 없게 된다. 결국 이것은 불가능하게 되거나 교회 예산에 극도의 긴장을 가져오게 될 것이다.

만일 당신이 성장을 위한 준비가 되었다면, 당신이 장기 융자를 사용하고 있든지 아니던지, 건물을 위한 재정을 마련하는 것이 현명하며 성도들에게 그럴 기회를 주는 것이 현명하다.

예산 모니터하기

예산을 수립한 후 당신은 어떻게 행할 것인지 당신이 알기 위해 모니터를 해야만 한다. 당신이 재정에 대해 수정해야 할 필요가 있는 부분과 필요로 하는 자금이 충당되는 축복을 확인할 수 있다. 예산을 모니터한다는 것은 다음 질문에 답을 하는 것이 필요하다.

1. 당신 재정 가운데 몇 퍼센트를 선교와 전도, 인력, 프로그램, 그리고 건물에 사용했는가?
2. 교회의 수입과 예산이 증가, 쇠퇴, 혹은 정체되어 있는가? 이것은 당신 교회에 무엇을 말해 주는가?
3. 교회의 가치에 관해 예산이 말하는 것은 무엇인가? 이 질문에 대한 최고의 답은 당신 교회가 재정 문제에 대해 어떻게 했는가를 보여준다. 이 수치에 도달하기 위해서 당신의 총수입예산서에 기록된 대로을 총교인수18세 이상로 나누라. 그 결과 수치가 좋은지 나쁜지 어떻게 알 수 있는가? 당신에게 비교점이 필요할 것이다. 낮은 쪽으로 볼 때, 2008년 미국인은 평균적으로 일주일에 28.86달러를, 1년에 500.72달러를 헌금했다. 높은 쪽으로 볼 때, 미국인은 평균적으로 일주일에 52.75달러를, 1년에 2,743달러를 헌금했다.[96] 이 두 가지 비교 점을 가지고 당신 교회와 비교해 보라. 멜퍼스 재단과 함께 작업했던 대부분의 교회는 보통 이 둘 사이의 어디에 위치에 있다. 교회가 당시 교회에 출석하는 성도들과 그들의 수입 상태, 그리고 교회가 위치한 장소에 의존한다는 것을 명심하라. 만일 당신 교회가 도심에 위치해 있고, 젊은이들과 구도자에 목표를 삼는다면기신자보다 새신자들이 헌금을 덜 한다 헌금은 당연히 줄어들 것이다. 많은 사람들은 교회의 영적인 상태와 교회의 성장과 관련이 있다. 사람들은 교회가 비전이 적거나 없다면, 헌금을 드리는 것에 주저할 것이다. 십일조에 관해서는 어떤가? 믿는 사람이든지, 그렇지 않든지 십일조는 구약성경에서 좋은 헌금의 기준이었고, 오늘날에도 그렇다고 믿고 있다. 그래서 오늘날에도 십일조는 성도의 기준으로 삼고 있다. 만일 그녀 혹은 그가 십일조를 드린다면, 위대한 헌금가 이다. 마지막으로 우리는 과부의 헌금을 기

---

96) *Leadership Network Advance*, no 70. (April 8, 2008), 2.

억해야 한다. 그녀는 무자보다 헌금을 덜 드렸음에도 불구하고 예수님의 시각으로 보면 부자보다 더 많이 드렸다. 왜냐하면 그녀는 가진 것이 거의 없었기 때문이다. 아마도 당신 교회 역시 '과부의 헌금을 드리는 성도들'이 많을 것이다. 드린 액수는 작으나, 사실은 전부를 드린 것이다.

4. 교회의 서도들 대부분이 헌금을 드리는가? 그렇지 않다면 적은 숫자가 헌금을 드리는가? 단순히 헌금을 드리는 사람이 성장하거나 총액이 많아지는 것이 전부가 아님을 의미한다. 당신 교회의 20%만이 최고의 헌금을 드리는 성도이지만, 80%는 그렇지 않다.

5. 예산에서 모든 항목을 살피면서 질문을 던져야 할 것은 '왜 교회가 거기에 지출해야 하는가'에 대한 질문이다. 예를 들면, 왜 교회는 주일 학교, 교구, 남성 혹은 여성을 위한 성경공부에 돈을 지불해야 하는가?

6. 만일 당신 교회가 교단에 속해 있고 그 교단을 지원하고 있다면 이 질문을 던질 필요가 있다. 그 돈이 아깝지 않은가? 당신 답에 근거해서 당신은 지원금액을 늘릴 수도 줄일 수도 있다.

7. 교회는 재정적 위기를 어떻게 대처할 계획인가? 당신 교회는 1~3달 정도의 돈을 현금으로 보유하고 있는가?

8. 스텝들의 개발을 위한 항목이 따로 되어 있는가? 기억하라. 지도자들은 배우는 자들이다. 만일 당신 교회의 스텝들이 배우기를 멈춘다면, 그들을 이끄는 것을 멈추는 것과 같다.

어떻게 목회자는 재정을 충당할 수 있는가?

우리는 목회자가 재정을 충당해야 할 의무가 있음을 알게 되었다. 그리고 대략 얼마나 충당해야 할지에 대해서도 알게 되었다. 자 이제 그렇다면 다음 세 번째 질문은 '어떻게 재정을 충당할 수 있는가?'이다. 내가 앞에서 이야기했지만, 나는 많은 지도자들이 항해 모험을 위해 재정을 충당하는데 자신이 터득한 방법으로 더욱 초점을 맞추고 있다는 점을 확신한다. 그래서 나는 이번 장에서 목회자들이 사역을 추진할 수 있는 재정을 충당하는데 이용할 수 있는 몇 가지를 소개할 것이다.

왜 성도들이 헌금하지 않는지 이해하라

재정을 충당할 때, 일반적으로 성도들이 왜 교회에 헌금을 하지 않는지 이해한다는 것은 당신에게 도움을 줄 것이다. 여기 중요한 여섯 가지 이유를 이야기 할 것이다.

1. 교회가 비전이 없기 때문이다. 아래에서 살펴보겠지만, 명백하고 강력한 비전은 좋은 헌금을 유도한다.
2. 사람들은 헌금하기를 주저한다. 죽어가는 교회는 하나님의 돈이 투자되지 않는다. 왜 사람들은 영적으로 강력하고 위대한 사역에 헌금하지 않는가?
3. 어떤 사람들은 기업처럼 교회가 살아남기 위해 수입이 필요하다는 것을 알지 못하거나 이해하지 못한다. 이런 생각은 결코 그들의 헌금을 불러일으킬 수 없다.
4. 사람들은 자기중심적이다. 우리는 돈을 지키려 하고 자신만을 위해 사용하려는 경향이 있다.
5. 사람들은 빚이 많다. 아마도 대부분의 사람들은 부채 상환을 하기 위해 또 다른 부채를 짊어지고 있다.
6. 너무 많은 사람들이 재정과 헌금에 관한 성경의 가르침을 알지 못한

다. 이 문제에 대해 다음에 설명할 것이다.

재정에 대한 성서신학적 견해을 설명하라

먼저 당신은 재정에 대한 성서신학적 입장을 설명할 수 있어야 한다. 나는 목회자들이 재정과 책무에 대해 성경이 가르쳐 주고 있다는 믿음을 통해 생각해야만 한다고 믿는다. 나는 목회자들에게 그들이 생각하고 있는 것을 써 내려 가라고 충고해 주고 싶다. 헌금에 대해 구약 성경은 어떻게 말하고 있는가? 주님은 우리에게 어떻게 가르쳐 주고 있는가? 사도들은 헌금에 대해 무엇이라고 이야기하는가? 이에 대한 고전적인 예가 바로 십일조이다. 이에 대해 다음과 같은 질문을 던져야 한다. 성숙한 제자는 십일조를 반드시 해야 하는가? 만일 그렇다면 얼마를 드려야 하는가? 성경은 무엇이라고 이야기하는가? 또한 목회자들은 헌금에 대해 가르치고 설교해야 한다. 그리고 반드시 성서 신학적 입장을 설명해야 한다. 스트로프Steve Stroop와 내가 함께 쓴 『교회의 돈의 문제』Money Matter in Church에서 재정에 관한 청지기 정신부록A에 대한 신학을 이야기했다.

교회의 비전을 규칙적으로 만들어 내야 한다

목회자들은 반드시 교회의 강력한 비전을 규칙적으로 만들어 내야 한다. 당신 교회의 사역을 위한 재정을 충당하는 일에 있어 중요한 것은 비전이다. 내 경험으로 볼 때, 사람들은 스텝들의 사례와 높은 이자를 지불하는데 관심을 두지 않는다. 뿐만 아니라 죄의식에 사로잡히지 않으며 부정론이나 욕구에 사로잡히지도 않는다. 성도들은 역동적인 비전에 헌금을 많이 하게 된다. 열정을 자아내는 비전은 헌금에 있어 매우 중요하다. 성도들은 "할 수 있는 것"미래의 가능성에 더욱 투자하려는 의지를 가지고 있지 "무엇"현재에 투자하지 않는다. 특별히 "무엇"이 허둥대거나 적신호가 켜져 있는 것이라면 더욱 그렇다. "무엇"이 객관적으로 하나님께 축복을 받는 것이며 영적으로 그리고 숫자적으로 성장할 때 기대가 생긴다.

재정을 충당하기 위해 올바른 동의를 끌어내려면 비전이 가치 있는 것이어야 한다. 이것은 무슨 의미인가? 사람들의 헌금은 당신 교회가 가진 비전의 질과 그 비전을 만들어내는 지도자의 능력을 말해 준다. 사람들은 오직 비전을 만드는 사람을 통해 교회의 비전을 알 수 있으며 그것을 설명하고 조직하는 방법을 알 수 있다. 그래서 비전을 만들 수 없거나 실패한 목회자는 교회의 수입을 올리는데 부정적인 영향을 미칠 수밖에 없다. 만일 당신이 이 책에서 말하는 전략 과정을 통해 일하려는 의지를 가지고 있다면, 지금 비전을 설정해야만 한다. 이것을 성도들에게 잘 전달하고 가능한 매 주 그 비전을 선포해야 한다는 것을 기억하라.

헌금할 수 있는 기회를 제공하라

교회가 헌금할 수 있는 충분한 기회를 제공하는데 실패한다면, 헌금이 줄어들 것이다. 어떤 사람들은 한 종류의 헌금을 하지만 다른 사람들은 그렇지 않다. 만일 당신이 그 기회를 많이 제공하지 못한다면, 어느 누구도 헌금을 하지 않을 것이며, 어느 곳에도 기부하지 않을 것이다. 다양한 기회는 교회가 필요한 자금을 충당할 수 있도록 해 준다. 우리 교회는 여섯 가지의 "헌금 주머니"를 제공하고 있다.

1. 주정헌금. 일반 예산을 충당하는데 대부분을 차지한다.
2. 선교헌금. 교회의 예산과는 별도로 선교를 위한 헌금으로 충당한다.
3. 구제헌금. 교회 안팎의 도움을 필요로 하는 사람들을 위한 헌금이다.
4. 건축헌금. 교회 건축 계획이 없다고 할지라도 건축을 위한 헌금을 할 수 있는 기회를 제공해야 한다. 미래에 교회를 확장시키는데 필요한

재정을 충당할 수 있다.
5. 지정헌금. 특별한 필요와 특별한 환경을 위해 헌금한다.
6. 특별헌금. 이것은 특별히 위에서 지정하지 못한 부분에 대해 헌금할 수 있도록 기회를 제공한다.

교회 전체의 사역에 대한 책임을 실행하라

당신은 반드시 교회 전체에 사역에 대한 책무를 실행해야만 한다. 이번 장에서 말했던 여섯 가지 재정을 충당하는 것이 가장 올바른 것이라고 확신한다. 성서는 헌금에 대해 많이 이야기하고 있다. 그리고 그 형식은 당신의 사역에 대한 책무에 대해 성서에 기본을 두고 있다. 그래서 당신의 사역에 성경적인 책무를 세우기 위해 전략을 개발하고 이행해야만 한다. 어떻게 하는 것이 이 책에서 말한 것처럼 할 수 있는가? 성숙한 헌금목적이 될 수 있도록 당신 교회의 성도들을 돕는 사역 활동수단에는 무엇이 있는가? 나는 당신 교회에 아래에 나열한 것을 실천할 것을 강력히 권한다.

설교

목회자와 가르치는 팀이 헌금에 대해 성경이 말하는 것을 전달하는 것은 매우 중요하다. 앞에서 언급했던 것과 같이 어떤 사람들은 이러한 책임을 회피하고 있고 성도들이나 "구도자"들이 무엇이라고 생각할까 두려워하고 있다. 많은 목회자들은 그들의 성도들에게 인기가 있고, 마음에 드는 것을 원한다. 그러나 이것은 일반적으로 인기가 있는 것과 존경을 받는 것 사이에는 의미 있는 차이점이 존재한다. 예수님은 성도들의 재정에 관한 부분을 이야기하는데 주저하지 않으셨다.마6:19-24 그러나 목회자들은 그렇지 않다. 대부분의 성도들은 실제로 돈에 대해 성서가 무엇이라고 말하는지를 알기 원한다. 왜냐하면, 이 문제는 그들의 마음과 밀접한 관계가 있기 때문이다. 많은 사람들은 그들의 재정이 참된 행복을 가져다주지 못한다고 알고 있지만, 그들은 진리를 알고 싶어 한다. 하나님의 사람들은 하나님의 말씀을 반드시 알아야 하고 진리를 말하는 사람이 되어야만 한다.

멜퍼스 그룹은 교회에게 온라인을 통해 목회자들이 돈에 관해 너무 많이 설교하는지 아니면 충분치 않는지와 같은 교회의 헌금 목록과 관련된 중요한 질문을 제공하고 있다. 다른 수많은 문제와 더불어 재정에 관해 성경에서 가르치고 있는 것을 그들이 알고 있다면 질문을 던져야 한다. 우리 경험으로 볼 때, 성도들은 목회자들이 그 주제에 관해 충분하게 설교하지 않고 있으며 더 이상 그 문제에 대해 알고 싶어 하지 않는다고 믿고 있다. 이에 대해 수많은 목회자들은 놀라움을 금치 못한다.

목회자들은 헌금에 대한 긍정적이고 동기를 부여하는 성서적 가르침을 위해 매년 한 달에 한 번 정도 할애한다. 조사에 의하면 이런 설교를 하기 가장 좋은 때는 사람들이 새해에 새로운 각오를 하고 성탄절 이후에 새로운 헌금 습관을 시도하려는 1월이다. 바르나George Barna는 일반적으로 연속해서 두 번 혹은 그 보다 많이 설교하는 목회자들은 단지 일 년에 한 번이나 일 년에 몇 번 메시지를 전하는 목회자들 보다 더 반응을 보이고 있다는 것을 발견했다.97) 당신은 헌금이 책임뿐 아니라 특권이라는 메시지를 가진 설교를 하도록 해야 한다. 당신은 성경적인 명령법을 가지고 성도들의 머리를 강타해야 한다는 유혹을 던져버려야 한다. 대신 성도들이 헌금하기를 원하며 하나님께 헌금해야 하는 특권을 가졌다는 것에 즐거움을 누릴 수 있도록 도와야겠다고 생각해야 한다.

주일학교

주일 학교나 성인 성경 협회 사역ABF Adult Bible Fellowship의 책무에 대해

---

97) George Barna, *How to Increase Giving in Your Church* (Ventura, CA: Regal, 1997), 92-93.

다루기 위해 연례적으로 세 번에서 네 번 정도 세미나를 가져야 한다. 당신은 이 강의를 하나님의 방법으로 당신의 재정 관리하기라고 명명할 수 있다. 이러한 세미나는 매년 다른 시간, 다른 설교를 가지고 조정할 수 있다. 만일 당신 교회가 예배 후에 주일학교 모임을 갖는다면 재정이나 헌금에 대한 설교 시리즈를 가지고 적용하는 방법과 도구에 대해 대화하는 방식으로 구성할 수 있다.

소그룹

만일 당신이 주일학교와 더불어 소그룹 사역을 실시하고 있다면, 헌금에 대한 성경공부를 포함시킬 수 있다. 설교 후 그에 대한 적용과 토의를 할 수 있다. 하지만 소그룹에 대한 또 다른 좋은 프로그램으로는 크라운 재정 사역Crown Financial Ministries과 같은 단체가 출간한 자료들을 이용하여 12주간 교육할 수도 있다. www.crown.org

새가족 모임

사람들이 교회와 교회의 사역에 가장 관심을 갖고 헌신하는 때는 그 교회에 함께 하기로 결정을 내린 때이다. 현명한 교회는 새가족을 위한 강좌를 준비하고 있다. 그 시간에 교회의 가치, 사명, 비전 그리고 목적을 성취하기 위한 전략과 같은 문제를 제시하는 것은 아주 중요하다. 또한 이 시간은 새가족을 위해 성서적인 기본과 기대를 전달하기에 가장 좋은 시간이다.

상담

성서가 말하는 헌금에 대해 다양한 가르침과 함께 교회는 부채와 또 다른 재정적인 문제에 관해 상담을 제공해야할 필요가 있다. 성도들에게 부채 문제에 대해 상담을 하고 개인의 예산, 재정 계획을 세우는데 도움을 줄 수 있는 재정 건강 센터Financial Fitness Center을 설립할 수 있다.

연기된 헌금을 위한 사역

21세기 초 대부분의 부유한 사람들은 이전보다 더 부를 누렸다. 그리고 그들 가운데 많은 사람들은 교인들이다. 그들 대부분은 토지에 대한 계획은 가지고 있었지만 그 안에 교회는 포함시키지 않았다. 교회는 토지를 헌물함으로서 교회에 큰 이익을 줄 수 있는 기회가 있다는 정보를 제공할 책임이 있다. 나는 이에 관해 이번 장 후반부에 수입의 재원을 다룰 때 더 이야기 할 것이다.

강습회와 세미나

교회는 분기별로 예산, 투자, 토지 계획, 은퇴, 그리고 또 다른 관심을 끄는 주제들처럼 헌금에 관해 세미나 혹은 강의를 개최해야만 한다. 이것은 성서적 재정 관리 혹은 이와 유사한 이름을 붙일 수 있다. 더욱이 교회에 출석하지 않는 지역민들도 강습회에 초청하는 것이 좋다. 그리고 긍정적이고 실제적인 것들로 준비해야 한다.

특별 재정 헌금

교회의 삶 가운데 성도들이 선교, 자녀들을 위한 사역, 그리고 건물 증축과 같은 특별 프로젝트를 위해 더 많이 헌금하고 평균 이상의 헌금을 드리고 싶은 때가 있다. 교인들은 반드시 교회가 특별한 프로젝트와 예산 이외의 재정이 필요할 때 헌금해야 한다는 것을 배워야 한다. 종종 이같은 특별한 캠페인의 결과는 헌금을 한 단계 끌어 올리며 동시에 캠페인이 끝난 후에 새로운 차원의 캠페인을 불러일으킨다.

지속적으로 회중과 소통하기

2장에서 전략 기획을 준비할 때, 교회의 리더십을 교인들과 함께 지속적으로 소통해야 하는 것이 얼마나 중요한지 설명했다. 거기에서 나는 만일 교인들이 당신을 신뢰하지 못한다면, 당신은 그들을 이끌고 갈 수 없을 것이라고 이야기했다. 재정을 충당하는 것도 이 공식이 적용된다. 만일 성도들이 당신을 신뢰하지 못한다면 성도들은 당연히 헌금하지 않을 것이다. 왜 신뢰하지 못하는 사람들에게는 기부하지 않는 것일까? 어떤 이유에서든 성도들을 어두움 가운데 그대로 놔두는 지도자들은 성도들로부터 신뢰를 얻지 못하게 된다. 그래서 만일 이러한 영역에 문제가 있다면, 스스로 질문하라. 나의 리더십은 성도들에게 신뢰를 받고 있는가?

지속적인 소통은 필연적으로 사역에 지원하도록 성도들을 초청하는 주인의식을 창조하게 된다. 당신이 펼치는 사역에 지원하려는 경향을 당신은 가지고 있을 것이다. 바르나는 "성도들을 이해하지 못하는 사역에 결단코 헌신할 수 없으며 이러한 상황에 대해 지속적인 업데이트를 하지 않는다면 그것을 이해할 수 없다는 것을 기억하라"[98]라고 기록했다. 간단히 말해서 퀵워렌 목사는 성도들이 이해하지 못하면 의기소침 되어 버린다고 이야기한다.

당신은 어떻게 실제적으로 지속적인 소통을 할 수 있는가? 그 답 역시 2장에 있다. 공식적 그리고 비공식적인 방법이다. 전략적 리더십 팀이나 목양을 담당하는 사람들은 캠페인이나 규칙적으로 매주 무엇을 할 것인가를 공유하기 위해 재정에 대한 모임을 갖도록 해야 한다. 형식적 소통은 한 방향 혹은 쌍방향 소통 방법을 가질 수 있다. 한 방향 소통방법은 게시판, 신문, 사적인 편지, 홍보 영상, 스킷, 당신이 좋은 역할자라는 공식적인 증언과 같은 것을 이용한다. 쌍방향 소통이란 온라인 채팅, 타운 홀 모임, 사적

---

98) Ibid., 118.

인 전화 통화와 그룹의 이야기 수렴 등이 여기에 포함된다.

헌금을 쉽게 하라

성도들이 헌금을 용이하게 하게 위해서 헌금 봉투를 이용하라. 어떤 사람들은 이것이 구식이하고 이야기하지만, 나의 교회는 가장 최근까지도 이 방법을 사용하였고, 그 효과도 매우 좋았다. 이것이 좋은 시스템으로 유지되었던 이유를 몇 가지 나열할 것이다.

1. 우리는 헌금봉투를 장의자 뒤편 난간에 놔둔다. 이에 따른 장점은 명백하게 볼 수 있고, 시각적으로 볼 때, 규칙적으로 헌금할 가능성을 높여 준다.
2. 헌금봉투는 헌금을 가능하게 한다. 사람들은 자신들의 헌금을 헌금봉투에 넣어 헌금함이나 헌금 주머니에 넣는다.
3. 이 방법은 누가 헌금했는지 기록할 수 있도록 하며, 성도들이 얼마나 헌금하는지 그리고 교회 헌금의 족적을 기록할 수 있도록 해 준다.
4. 성도들이 자신의 헌금을 디자인할 수 있도록 해 준다. 우리의 경우 주정헌금, 선교헌금, 건축헌금 봉투를 장의자 뒤편에 비치함으로서 성도들이 헌금의 목적을 체크할 수 있다.

성도들이 헌금을 용이하게 하기 위한 또 다른 방법은 디지털 헌금을 이용하라. 최근 디지털을 이용한 헌금은 인터넷을 통해 헌금하거나 스마트폰, 테블릿을 이용한 모바일 헌금, 자신의 통장을 자동이체시킴으로 헌금하는 방법이 있다.

특별 재정 캠페인 실시

나는 선교, 새로운 건물의 건축, 건물 이전, 건물의 증축, 대출금 상환, 매년 예산 캠페인, 그리고 예산 이외 더 많은 돈이 소요되는 또 다른 중요한 프로젝트를 위한 기금 마련 행사를 규칙적으로 실시할 것을 강력하게 주장한다. 선교에 대한 예산이 이미 편성되었다고 할지라도 더욱 광범위한 선교를 지원하기 위해 추가적으로 재정을 마련하는 것도 현명한 일이다. 사람들은 선교를 위해 더 많은 헌금을 드리려는 경향이 있다.

나는 이러한 캠페인을 실시할 때 **규칙적으로**라는 단어를 사용한다. 나의 경험으로 볼 때, 대부분의 교회들은 매 3년 마다 캠페인을 벌이는 것으로 밝혀졌다. 캠페인을 개최하는 시간적 텀이 짧으면 너무 많이 개최하는 것이고 시간적 텀이 너무 길면 그 기간이 너무 길다는 사실을 기억하라.

일반적으로 캠페인의 목표하는 바는 과거 3년 동안의 1년 평균 예산의 두 배에서 세 배이다. 훌륭한 캠페인은 예산보다 세 배 정도 달성할 수 있다. 통상 캠페인은 4~6개월 지속되며 헌금을 드리거나 최소한 평소 드리던 헌금보다 더 많이 드리기로 약정하는 헌신예배를 통해 정점에 다다르게 된다.^{매우 희생적이다} 약정한 헌금은 다음 해부터 3년 안에 이행하게 된다. 어떤 목회자들은 베푸는 은사를 가진 사람들과 또 다른 후한 사람들에게 한 주 안에 약정한 헌금을 드리도록 부탁하고 헌신예배 때 이것을 발표함으로서 나머지 교인들이 자유롭게 그리고 희생적으로 헌금할 수 있도록 도전을 주는 것은 어떠냐고 묻곤한다. 약정헌금은 교회가 언제 재정을 사용하고 어떻게 사용해야 하는 것에 관한 계획에 도움을 준다. 아마도 캠페인을 시작할 가장 좋은 시기는 1월이다. 왜냐하면, 새해에는 사람들이 시간이나 재정에 관해 상대적으로 그 압박감이 덜하기 때문이다.

이러한 캠페인에 있어 내가 매우 좋아하는 것은 교인들 가운데 대부분이 희생적인 헌금을 할 수 있도록 "굉장히 재미있는 일"을 제공할 수 있다는 점이다. 당신과 나처럼 비록 많은 사람들이 이 책에서 헌금에 대해 잘 읽었다고 할지라도 더 나아지는 것이 없을 수 있다. 그래서 우리는 일시적으로 자극하거나 추가로 조금만 더 헌금을 할 수 있도록 해주는 역할을 감당할 사람이 필요하다.

수많은 대형교회는 재정을 충당하는데 단체를 이용한다. 왜냐하면, 그들은 그들 스스로가 그 일을 할 수 있는 방법을 모르기 때문이다. 이것은 현명한 일이며 이를 이용한 수많은 교회들은 캠페인 후에 헌금이 전보다 더 많이 늘었다고 보고했다. 그래서 교회들은 실행 가능한 선택사항으로 기관을 이용하는 것에 심사숙고 할 필요가 있다. 수많은 기관들은 특별한 캠페인을 계획하고 실행하는데 가장 큰 도움을 준다. 그러나 어떠한 기관인지 체크해야 하고 추천서를 요구하거나 체크해 봐야한다.

헌금 챔피언 양육하기

당신은 베푸는 은사가 있는 사람이 누구인지 확인해야 한다. 목회자들은 그들을 돌보지 않기보다는 정기적으로 만나고 하나님과의 관계에 따라 당신이 리더십, 전도, 또는 설교의 은사를 가진 사람을 양육시켜 주었듯이 그들의 은사를 배양시켜 주어야 한다. 교회의 DNA, 사명, 비전 그리고 전략을 이해시켜야만 한다. 교회가 어떻게 그들을 효과적으로 양육시킬 것인지에 대해 질문해야 한다. 교회를 위한 그들의 사역에 대해 감사를 잊지 말라.

나는 이것이 어떤 사람에게는 논란거리가 되며 의문을 불러일으킬 수 있는 것이라는 것을 깨달았다. 심지어 당신에게도 그런 일이 일어날 수도 있다. 하지만 만일 우리 교인들의 다른 은사를 양육하려고 시도한다면, 왜 그것을 무시했었는가? 『리더십 저널』 Leadership Journal의 저자는 교회의 재정을 어떻게 운영하는가에 관해 잘 알려진 네 명의 목회자와 인터뷰한 것을 기사화했다. 네 명의 모든 목회자들은 누가 베풂의 은사가 있는지 정확히 알고 있었으며 필요할 때마다 그들에게 재정적 도움을 요청했다.[99] 여기에서 중요한 것은 당신의 동기이다. 그 동기 선한 것인가 아니면 나쁜 것인가? 당신이 요구하는 재정이 당신 개인의 이익을 위한 것인가? 당신의 사례를 지원하기 위한 것이지 사역에 필요하지 않는 돈이 될 때 어떻게 문제가 될 수 있는가? 또는 만일 그렇다면 이것은 여러 개의 특별 프로젝트를 지원하기 위해 헌금을 요구한다는 것은 간접적으로 문제가 될 수 있다. 일반적으로 리더십에 대해 낮은 신뢰를 가지고 있다면, 분명 그것은 하나 이상의 문제가 될 것이다.

베푸는 챔피언을 양육해 낸다는 것은 당신이 성도들이 얼마나 헌금하는가를 앎으로서 이러한 성도들을 알아낼 수 있다. 또한 이것은 몇몇 목회자들에게 논란의 여지가 있다. 왜냐하면, 성도들의 헌금 내역을 제한 없이 접근할 수 있기 때문이다. 하지만 주님은 너희의 보물이 있는 곳에 너희 마음이 있다고 가르치고 계신다.마6:21 결론적으로 만일 목회자가 성숙한 성도들인가를 파악할 필요가 있다면, 성도들의 헌금에 대해 신랄한 평가가 있어야만 한다. 이것은 재정을 충당하는 일에 적용될 뿐 아니라 위원회의 회원, 잠재적 스텝들, 그리고 다른 비평적 위치에 배치해야 할 지도자를 세우는데 적용되어야 한다. 이런 점에서 당신은 이러한 챔피언 뿐 아니라 다른 관심을 갖고 있는 성도들에게 베풂의 은사를 경험하도록 해야 한다. 아마도 선교와 새로운 건물과 같은 특별한 경우에 하도록 하는 것이 좋을 것이다. 우리는 인도해 줄 지도자, 전도하는 전도자, 그리고 설교하는 설교가를 기대한다. 그렇다면 왜 우리는 헌금할 헌금자를 기대하지 않는가? 당신과 함께 발전되어 온 관계에 호소하는 것이 좋다. 그들은 베풂의 은사를 가진 다른 사람들에게 다가가는데 도움을 줄 것이다.

어떻게 그 성도들에게 부탁할 것인가? 여기에 몇 가지 지침을 이야기할

---

99) "God, Money, and the Pastor," 30–31.

것이다.

- 열정과 헌금 챔피언의 관심을 발견하라. 그들은 어떤 일에 헌금하기를 좋아 하는가? 어떤 사람은 선교에 헌금하기를 좋아하는 사람이 있고 어떤 사람을 건물을 확장하는데 헌금하기를 좋아하는 사람이 있으며, 필요한 어린이를 위한 여름 캠프 학교를 후원하는 헌금하기를 좋아하는 사람이 있다. 만일 당신이 확신하지 못한다면, 다른 사람에게 물어볼 수 있다.
- 그들이 교회가 드리는 헌금의 총액과 어떻게 사용되었는지를 보여주라. 선교를 위해 20,000 달러 건물 확장과 주차 공간 확장을 위해 30,000 달러 등 50,000 달러가 필요할 경우, 그들은 그에 대한 정보가 필요할 것이며 자료를 요구할 수도 있다. 그들이 헌금 목표와 그 프로젝트에 대해 물어볼 수도 있다. 만일 그들이 특별 프로젝트에 대해 헌금하고자 하는 갈망을 느낀다면 그들에게 조심스럽게 질문을 던질 수 있다.
- 교회가 목표하는 헌금액에 얼마만큼 도달했는지를 설명하라. 예를 들면, "우리가 목표한 헌금액은 30,000달러였는데, 이제 20,000달러만 더 달성하면 됩니다."
- 당신은 챔피언이나 기부자에게 요구할 금액을 결정하라. 과거 헌금했던 액수를 참고하면 된다. 당신은 몇 백 달러에서 20,000 달러와 같은 거대한 금액이라도 요구할 수 있다.
- 그들의 은사가 다른 사람의 은사와 다른 점이나 그들의 은사가 교회의 목표에 얼마나 도움이 되는지 설명하라. 예를 들면 당신은 성도들에게 "만일 다섯 분의 성도가 4,000 달러를 헌금하면 우리가 목표했던 50,000 달러 가운데 쉽게 최소한 20,000 달러를 달성할 수 있습니

다"라고 말할 수 있다.
- 마지막으로 당신은 "터무니 없는 요구"를 해볼 필요가 있다. "당신은 여기에 동참하고 싶으십니까? 교회가 목표한 헌금액을 채우기 위해 4,000 달러를 헌금할 용의가 있으십니까?" 만일 그들이 아니라고 대답할 경우, 시간을 내 주셔서 감사하다는 말과 함께 다음에 도와줄 것을 부탁하는 말을 잊지 말라.
- 만일 그렇다고 대답할 경우 헌금을 언제 해야 하는지에 대해 이야기하라. 예를 들면, "우리의 캠페인이 끝나려면 한 달 남았습니다. 언제쯤 그 헌금을 하실 계획입니까?"라고 말할 수 있다. 아니면 헌금이 필요한 적당한 시기에 대해 설명해 주거나 가능한 때를 부탁할 수 있다.

청지기 정신을 가진 목회자를 모집하라

몇몇 대형 혹은 현식적인 교회들은 청지기 정신이나 관대함을 가진 목회자를 청빙한다. 이 사람은 교회의 삶의 모든 측면에 관대함의 문화를 스텝들에게 통합할 수 있도록 도움을 준다. 그는 또한 헌금을 미루고 있거나 다른 재정 분야를 위해 다른 사람들과 함께 사역할 수 있다.

성도들에게 도움을 준다

많은 사람들은 도전받기를 좋아하고 도전에 적극적으로 반응한다. 하지만 목회자들은 이것을 이해하지 못하고, 도전을 준다고 해도 조금밖에 주지 못한다. 나는 목회자들이 성도들에게 전년도에 비해 1-2%정도 헌금을 더 하라고 도전을 주는 것이 좋다고 조언하고 싶다. 이것은 이반 성도들에게는 큰 부담이 되지 않는다. 많은 사람이 도전을 받는다면, 시간이 지남에 따라 헌금을 드리는 사람들이 더욱 늘어날 것은 분명한 이치이다. 이러한 도전은 재정이나 성경적 청지기 정신에 대해 메시지를 통해 도전을 줄 수 있다.

부채

우리가 재정을 충당하는 것과 논란거리가 될 만한 문제들을 다루면서 동시에 교회의 부채에 대해 설명하려고 한다. 몇몇 교회와 개인들은 부채로부터 자유로울 수 있는 능력이 있다. 그래서 나는 교회가 부채를 짊어져도 괜찮다고 믿는다. 하지만 교회의 수입과 예산의 세 배가 넘어서는 절대 안 된다고 믿는다. 두 배 정도면 괜찮다. 『리더십』*Leadership*이란 책은 부채가 있는 교회는 1년 예산을 집행하는데 대략 64퍼센트를 지출하고 있는다는 것을 밝혀냈다. 또한 1년 예산 가운데 이자와 원금을 갚아 가는데 10-15 퍼센트 정도를 지불하고 있다는 것도 밝혀냈다.[100]

당신이 부채에 대해 논의할 때, 여기에는 교회가 어떠한 부채도 져서는 안 된다고 주장하는 사람은 항상 있다. 이것은 이해할 수 없는 상황이지만, 우리가 원하는 바이다. 내가 연구한 바에 의하면 이 사람들은 장기융자, 자동차 할부, 대학 학비 융자를 안고 있는 사람들이었다. 그 사람들이 안고 있는 채무와 교회가 안고 있는 채무와는 어떤 차이가 있는가? 나는 교회가 채무를 져야 한다고 강력하게 주장하지는 않고 싶다. 하지만 교회가 빚이 없어야 한다는 것에는 반대 의견을 갖는다.

나에게 좋은 채무와 잠재적으로 나쁜 채무와의 차이점을 안다는 것은 중요한 일이다. 좋은 의미에서의 빚이란 당신 교회의 최근 수입으로 이 빚을 감당할 수 있는 것을 말한다. 여기에는 당신의 주의 깊은 관리가 필요하다는 것을 깨달아야만 한다. 오랫동안 그 채무를 이행하기 위해 돈을 지불할 수 있어야만 한다. 잠재적으로 나쁜 빚이란 당신 교회의 수입으로는 변리할 능력이 없어 보이는 채무를 말한다. 그래서 교회는 전자를 시행하지만 나는 후자에 관해서도 다룰 것이다.

---
100) Ibid., 51.

나는 의도적으로 잠재적으로 **나쁜 빚**이라는 용어를 사용했다. 나는 하나님께서 믿음 가운데 교회가 전진하도록 이끄시는 때가 있을 뿐 아니라 하나님께서 위기를 맞도록 하실 수도 있다고 믿는다. 여기에는 교회가 예산을 충당하고 수입을 만회하기 위해 재정을 빌리는 것도 포함된다. 여기에는 이러한 결정을 내리까지 반드시 해야 할 질문 몇 가지가 있다.

- 영적으로 건강하고 성서적으로 균형을 이룬 교회의 사역은 양적으로 성장을 가져오는가? 하나님께서 이 안에 계시다는 증거를 찾을 것이다. 양적 성장어떤 다른 기대를 가지고 있는은 하나님께서 교회를 축복하시는 증거이다.
- 교회의 중요한 키가 영적으로 성숙한 지도자를 만드는 것에 맞추어져 있는가? 만일 교회가 신용등급이 없어 대출을 하고자 할 때, 교인들은 보증을 서줄 수 있는 준비가 되어 있는가?
- 특별 모금 캠페인을 통해 교인들로부터 재정을 마련하는데 실패했는가?
- 빚을 탕감하는데 시간이 얼마나 걸리겠는가?

채무에 대해 논의하면서 내가 마지막으로 소개할 것은 재정을 비축해 두는 것이다. 현금을 융통하기까지 필요한 돈, 즉 융통하는데 2주간 정도 걸리게 되는데 이 기간 동안 필요한 돈을 예비금으로 가지고 있는 것은 좋은 예이다. 헌금이 부족하거나 비상시 등에 지불하기 위한 것들이다.

재정을 충당하기 위해 제시할 근거는 무엇인가?

이제 마지막 질문만이 남았다. 어디로부터 재정을 끌어 모을 것인가?

교회의 "소득의 흐름"은 재정을 미리 정할 수 있다. 여기에는 최근 헌금과 연기된 헌금이 포함된다.

최근 헌금

최근 헌금은 지금 모을 수 있는 재정을 말한다. 여기에는 두 가지, 즉 전통적인 혹은 전형적인 것과 임시적 혹은 보통과는 다른 것이 포함된다.

전통적인 재정은 전형적인 수입의 근거로서 교회가 매년 해 왔던 방법이다.

1. 헌금함을 비치해 놓거나 헌금함을 예배 시간에 돌리는 것이다.
2. 개인의 세금을 계산하는 시기에 큰 이익을 제공해 줄 수 있다.
3. 새로운 건물, 기존의 건물 개축, 부채의 감소 그리고 다른 특별한 프로젝트를 위한 특별 재정 캠페인을 실시하라. 이것은 주정헌금과 특별헌금이 포함된다. 릭 워렌은 세 가지를 실시했다. 첫째는 "우리의 토지를 소유하자"라고 명명하고 1987년부터 1990년까지 실시했다. 그 목표는 교회의 토지를 구입하기 위한 재정을 마련하는 것이다. 두 번째는 "건축을 위해"라고 이름하고 1995년부터 1997년까지 실실했다. 그 목표는 교회 건물을 건축하는 것이었다. 세번째는 "삶을 세우자"라고 이름하고 1997년부터 2004년까지 실시했다. 그 목표는 다른 중요한 프로젝트를 위한 재정이었다.
4. 다른 건물을 이용하고 주차장과 고등학교 졸업식, 결혼식, 장례식 등 다양한 이벤트를 위해 지불해야할 재정을 모으는 것이다. 이 비용은 건물의 누수나 페인트를 다시 칠하는 것 등에 필요한 것들이다.
5. 중요하지 않는 부동산을 매각하고 교회에 귀속시키기 위해 재산을 헌납 받는다. 내가 언급한 중요하지 않는 재산이란 더 이상 넓힐 필요가

없는 것이나 미래에 다른 용도로 사용할 가치가 없는 것을 말한다.
6. 경매를 후원하고 , 빵을 팔고, 각자가 만든 음식을 가지고 와서 판매하며 세차 그리고 그와 같은 이벤트가 포함된다.

수입에 대한 **추가적 근거**는 당신이 생각하지 못했던 것들로 다음과 같다.

1. 특별히 책무를 세우는 것에 초점을 맞춘 전략을 개발하는 것은 교회가 마땅히 해야 할 일 가운데 하나이다. 나는 이에 대해 앞에서 다룬 바 있다. 교인들의 헌금을 늘리기 위해 동시에 수많은 서로 다른 활동을 이용할 수 있다는 이점이 있다. 하나님께서 그들에게 주신 것을 다시 되돌려 드리기를 갈망하는 성숙한 제자를 세우기 위해 나는 노력을 기울였다. 하나님은 이것을 통해 영광을 받으신다. 왜냐하면, 이것은 성경에 사람들의 태도에 초점을 맞추고 있기 때문이다.

2. 책무에 관한 좋은 강의를 교인들에게 제공해야 한다. 예를 들면, 나의 교회에서는 알콘Randy Alcorn의 책『값진 훈련』The Treasure Principle 101)을 헌금에 관한 목회자의 설교와 함께 인쇄하여 나누어 주었다. 우리는 헌금이 늘어난 것을 알게 되었다. 많은 부분 그 교회 담임목사Steve Stroope는 그의 설교가 아닌 그 책 때문이라고 생각했다.

3. 교인들이 가지고 있는 다양한 "열정의 호주머니"또한 모듈식 헌금으로 알려진 것들를 소개하라. 당신 교회의 성도들은 선교, 어린이, 청소년, ADIS 예방과 치료, 미혼모와 같이 헌금하기를 좋아하는 개인적 선호 사역 영역을 가지고 있다. 그들은 이런 사역을 지원하는 것을 즐거워 한다.

4. 교회 본당 좌석에 성도들이 특별한 헌금을 드릴 수 있도록 헌금봉투

---

101) Randy Alcorn, *The Treasure Principle* (Sisters, OR: Multnomah, 2001).

를 따로 비치해 두라. 내가 출석하고 있는 교회는 세 가지 헌금 봉투가 마련되어 있다. 일반헌금, 건축헌금, 선교헌금이 그것이다. 내가 출석하는 교회의 목사님은 이런 헌금 봉투가 그들에게 헌금을 더 많이 할 수 있도록 용기를 준다고 확신하고 있다.

5. 사용자에게 그에 합당한 비용을 받으라. 주로 이차적 사역 활동에 참여하는 성도들에게 그 비용을 부담하게 하는 것이다. 예를 들면, 주간학교, 주간에 열리는 성경공부, 대부분 주간에 열리는 교회의 사역전도는 예외이다, 스키 여행, 여름 캠프, 노인학교, 방과후 교실, 드라마 수업, 에어로빅 댄스, 여름 성경학교교재비와 다과비 등이 여기에 포함된다. 단순히 성도들이 교회에 기부한다는 이유로 교회가 비용 부과 없이 그런 활동을 제공할 책임을 가지고 있다는 것을 의미 하지 않는다. 하지만 청소년 스키 여행과 여름 캠프와 같은 몇몇 프로그램들은 교회가 장학금을 수여함으로서 수입이 적은 가정들의 어린이들이 참여할 수 있도록 한다.

6. 성도들의 축적된 부와 투자 소득 가운데 일부를 헌금하도록 독려하라. 교회에 얼마 정도대략 10퍼센트 정도 할애하여 헌금할 수 있도록 독려하라.

7. 교회 안에 커피숍을 운영할 공간을 마련해 주는 것도 좋다. 21세기 초 둘러 앉아 커피를 마시는 것실제로 공동체를 경험하게 된다은 미국 문화에서 대중적인 일로 자리 잡았다. 수많은 교회들은 자기 교회만의 커피숍을 운영하고 체인점을 낼 수 있는 공간을 마련해 주기도 했다. 달라스Dallas 외곽에 위치한 어빙 바이블 교회Irving Bible Church는 씨씨 커피Cici's Coffee 전문점을 요금을 받지 않고 임대해 주었다. 그 목적은 수입을 증가시키는 것보다는 어빙에 살고 있는 잃어버린 영혼, 혹은 교회에 출석하지 않는 사람들이 교회에 올 수 있도록 하기 위한 것이었다.

8. 부시Bush 대통령에 의해 촉진된 종교 봉사Faith Based Initiative 프로그램을 이용할 수 있다. 강력한 사회 사역의 역할을 감당하는 많은 도심 사역들은 비용을 지불하는 것이 적당하다고 생각하기 때문에 이것은 소득의 수단 이다.

9. 특별한 프로젝트를 위해 협력하는 것과 같은 사역에 사단 법인으로부터 위탁을 받을 수 있다. 사단 법인들은 교회에 면세된 돈을 기부할 수 있다. 당신 교회에 이런 법인의 중요한 위치에 있는 사람이 있다면, 그는 법적으로 그리고 합법적으로 당신 교회에 직접 기부할 수 있다.

10. 교회 예산 보다는 다른 특별한 프로젝트에 의해 조성된 기금으로 지원해야 하는 교회 사역이 있다. 이것은 주로 이차적인 사역 활동이 이에 속한다. 이것을 추진하려는 지도자들은 성도들이 좋아하는 사역으로부터 충당했던 재정을 다른 곳에서 충당할 수 있는 열정을 일으킬 수 있도록 "철면피"가 될 필요가 있다. 하지만 그 문제가 아니다. 여전히 돈은 유용한 것이지만 다른 자금으로부터 유입될 필요가 있다.

11. 정식 교인이 되고자 한다면 모든 새가족에게 사역에 동참해야 하며 정기적으로 교회에 헌금을 해야 하고 주요한 활동에 참여해야 한다는 높은 기준을 설정하라. 쉘러Lyle Schaller는 일반적으로 높은 기대는 더 많은 헌금을 드리는 사실을 발견해 냈다.[102]

연기된 헌금

오늘날 더욱 부유한 사람들이 많아졌다. 그리고 지금까지의 이전 역사에서도 찾아볼 수 없을 만큼 부를 축적한 사람들이 많아졌다. 41조 달러가

---

[102] Lyle E. Schaller, *The New Context for Ministry* (Nashville: Abingdon, 2002), 233.

한 세대로부터 다음 세대로 향 후 20년 후에 전해 질 것이다. 선교 중심의 교회와 비영리 단체는 대부분 이 사실을 알고 있다. 그리고 목적을 같이하고 특별한 은사를 요구하는 자기 팀을 전문적으로 훈련을 시켰다. 우리는 돈을 구하는 사람들은 그것을 반드시 얻게 될 것이라는 것을 발견했다.

대부분의 기부가들이 기부할 의지를 가지고 있고 그럴 계획을 세우지만, 열 명 중 아홉 명 이상은 교회에 그 어떤 것도 기부하지 않고 떠나는 경우가 있다.[103] 교회 역시 그들에게 헌금을 해 달라고 부탁할 생각조차 하지도 않는다. 이것은 교회에 추가적으로 수백만 달러를 기부 받을 수 있다는 것을 의미한다. 어떤 사람들은 생전에 헌금한 액수보다도 죽어서 남긴 헌금이 더 많은 경우가 있을 수 있다. 이것은 어떻게 교인들이 교회에 지속적으로 영향을 끼치며 그들이 이 땅에서 하나님께 봉사하고 천국에서 기쁨을 누릴 수 있는가를 이야기해 준다. 릭 워렌 목사는 이런 경우가 일생 일대의 기회보다 더 크다고 이야기하고 있다. 하나님은 당신의 삶 "이상으로" 기회를 주신다.

그렇다면 성도들은 어떻게 연기된 헌금을 통해 교회의 사역에 투자하고 사역에 참여할 수 있으며 그런 헌금으로부터 얻는 이익은 무엇인가? 여기에 몇 가지를 언급할 것이다.

1. **개인적인 재산과 돈과 관련된 유산을 포함시키려는 의지.** 이것은 개인의 유산 상속에 따른 세금을 줄일 수 있다.
2. **의지 대신에 강력한 위탁.** 이것은 유언에 대한 불이익으로부터 보호해 준다.
3. **개인퇴직연금**IRA, **401k**역자 주: 미국 직장인 퇴직 연금 **계획과 같은 은퇴 자금을 고려한다.** 어떤 사람들은 은퇴 자금을 교회에 남겨둔다. 그것은

---

103) Barna, *How to Increase Giving in Your Church*, 33.

어느 누구도 토지, 사랑하는 것, 혹은 교회 세금을 물지 않는다.

4. **남은 교인들과 투자를 이끌어 내는 자선 투자**. 남은 교인들의 신탁은 교회를 출입하는 성도들 가운데 수입이 필요한 성도들에게 관대한 공제를 제공해 줄 수 있다. 남은 성도들이 그 기금을 이용함으로서 토지와 증여에 대한 세금을 줄이거나 낮출 수 있다. 매우 큰 토지를 가지고 있는 교인들은 교회의 이익을 위해 투자를 이끌 수 있으며 가족들에게 세금에 대한 벌금을 조금만 물면 이용할 수 있다는 규칙을 전달해 줄 수 있다. 이것은 자산을 교회로 지불할 기간을 계약하고 이전시키는 것을 포함한다. 그 투자 규칙은 자녀들, 손자들까지 유효하며 재산세나 연방정부에 기부하는 것을 줄이게 될 것이다.

5. **생명 보험 기증**. 생명 보험의 소유주와 수혜자를 교회로 지정함으로서 기부자의 보험료에 대한 세금을 줄여줄 수 있다. 이것은 교회의 젊은이들에게 효과적으로 접근할 수 있는 방법이다.

6. **부동산**. 기부자는 재산을 기부할 수 있지만, 그가 혹은 그녀가 일생 동안 계속 거주하고 있거나 기부자 혹은 그의 배우자가 평생 거주하고 있는 집은 그럴 수 없다. 기부자는 감정 결과에 따라 정당한 시장 가치에 대해 공제를 받는다.

7. **그림, 보석, 자동차, 보트, 항공기, 등과 같은 개인적 재산을 기부할 수 있다**.

8. **가치 있다고 판단되는 유가증권의 기부**. 주식과 채권 기부는 기부자에게 세금을 줄여줄 수 있다. 왜냐하면, 그는 혹은 그녀는 유가증권의 가치가 올라감에 따라 붙는 특별 소비세를 피할 수 있으며 기부했을 때 유가증권의 공정한 시장 가치에 대한 공제를 받을 수 있기 때문이다.

9. **자선 기부 연금**. 기부자는 현금이나 유가증권의 기부를 취소할 수 있다. 또한 생활을 위해 교회에 기부한 부동산에 대해 고정 금리로 어

느 정도 지불 받을 수 있다.

10. **기부한 사람들을 기념하기 위해 돈을 남겨 두고 떠난 사람도 포함하여 기념비를 세우라.** 이것은 기부자의 돈을 어디에 사용했는지 건축물에 그 혹은 그녀의 이름을 새겨놓아야 한다.

11. **영구적 기금이나 수입의 근거를 가지고 교회에 제공할 수 있는 기부.** 다른 근거를 통해 예산을 확보하는 스텝의 위치에 있는 사람에 기부할 수 있는 가능성도 있다.

나는 이러한 사역을 실시하게 위해 당신 교회에 평신도 팀을 구성할 것을 제안한다. 이런 영역이나 이와 관련된 영역에서 함께 일할 사람아마도 은퇴자을 찾아보라. 그리고 그에게 혹은 그녀에게 그 사역에 동참하기를 부탁하라. 이상적 상황은 이러한 영역에 대해 지식이 있고 경험이 있는 성인 스텝이 파트타임 사역자로 동참하는 것이다. 당신은 법적문제를 해결하고 이 사역을 운영하기 위해 계산 서비스를 받아볼 필요가 있다.

어떤 사람들은 연기된 헌금 혹은 투자 자금에 대해 교회에 개입하는 것에 반대하는 사람도 있을 것이다. 그들은 그러한 돈은 게으른 기부자를 위한 것이며 전체 회중에게 큰 상처를 줄 것이라고 주장할 것이다. 하지만 이것은 교회의 리더십과 관련되고 기인한다. 그리고 그러한 기회를 어떻게 전달하고 운영할 것인가와 관련된다. 나는 연기된 헌금이 예산의 10~20 퍼센트 정도만 된다면, 불합리하게 교인들에게 헌금을 강요하지 않아도 된다는 것을 믿는다.

나는 엘리엇Jim Elliot의 말을 독자들에게 이번 장을 마무리하면서 해주는 것은 도움을 줄 것이라고 생각한다. "어떤 사람이 잃어버릴 수 없는 것을 얻기 위해 지킬 수 없는 것을 포기하는 것은 바보가 아니다." 교회 재정에 있어 좋은 지도자는 성도들이 가질 수 없는 것을 얻기 위해 지킬 수 없는 것을 기쁘게 포기할 수 있는 사람들을 양육하는 것이다.

반영, 토의, 그리고 적용을 위한 질문들

1. 당신 교인들 가운데 누가 재정을 관리하는데 누가 주로 책임을 지고 있는가? 당신이 알고 있는 한, 항상 그래 왔는가? 그것이 성서적인가? 어떤 책임이 수반하는가?
2. 교회 재정 관리에 목회자가 책임져야 한다는 것에 대해 당신의 생각은 어떤가? 목회자로서 신실하게 당신은 도전으로 받아들이는가 아니면 저주로 받아들이는가? 만일 후자라면 그 이유는 무엇인가? 이것을 도전으로 보기 위해 당신은 어떻게 성장하고 변화되어야 하는가?
3. 당신 예산에 중요한 항목은 무엇인가? 성장하고 건강한 교회를 위해 저자가 언급한 영역으로 예산을 투입하겠는가? 아니라면, 어디가 다른가? 저자가 제안한것과 비교하여 각각의 항목과 몇 퍼센트 정도 차이가 나는가? 이 책의 예산 부분에서 다룬 정보를 당신의 주요 예산에 반영하기 위해 어떻게 변화시켜야 하는가? 만일 당신이 변화를 가져오고 싶으나 할 수 없다면, 무엇이 문제인가?
4. 이번 장에 제시한 예산 분석을 통해 당신 교회의 예산을 분석해 보라. 당신 예산에서 볼 수 있는 단점은 무엇인가? 어떻게 하겠는가?
5. 재정과 책무에 대한 성선 신학적 언급을 해 본 적이 있는가? 만일 있다면, 종이에 적어 보라. 만일 그렇지 않다면, 왜 하지 않았는가? 왜 당신의 사역에 있어 이것이 중요한가?
6. 재정 충당하기에 관해 이번 장에서 다루었는데 이것은 적절하다고 생각하는가? 어떤 점에 가장 동의할 수 있으며 반면에 어떤 점이 가

장 갈등을 일으켰는가? 특별 기금 마련을 위한 캠페인을 개최하는 것을 어떻게 생각하는가? 왜 그런가 아니면 왜 그렇지 않은가? 만일 그렇지 않다면 당신은 무엇을 하려고 하는가? 외부에서 전문가를 영입하는 것을 적당한 방법이라고 생각하는가? 왜 그런가 아니면 왜 그렇지 않은가? 교인들을 헌금 챔피언으로 양육하는 것에 대해 어떤 느낌을 갖는가? 당신은 수입 근거가 필요한가? 왜 그런가 아니면 왜 그렇지 않은가? 성도들의 헌금 기록을 목회자가 볼 수 있다는 것에 대해 편안한 마음을 갖는가? 왜 그런가 아니면 왜 그렇지 않은가?

7. 당신은 교회가 빚을 짊어진다는 것에 대해 어떻게 생각하는가? 당신은 저자의 생각에 대해 동의하는가? 왜 그런가 아니면 왜 그렇지 않은가?

8. 최근 당신 교회가 사용했던 전통적인 헌금 자료는 무엇인가? 그 중에 어떤 것은 사용하고 어떤 것은 사용하지 말아야 하는가? 어떤 임시적인 재정 자료를 사용 했는가? 당신은 연기된 헌금을 사용하려는 의지를 가지고 있는가? 연기된 자금이 전체 교인들의 헌금에 영향을 준다는 것에 대해 어떻게 생각하는가?

제3부
배를 띄우라! 전략 기획의 실행

13

배를 띄우라
LAUNCHING THE BOAT

전략 실행

1부에서 항해를 준비함으로서 전략 기획에 대한 준비를 이야기했다. 2부에서는 항로를 정함으로서 전략적 비전 품기 과정을 실시했다. 이에 3부에서는 우리의 항로를 따라 항해하기 위해 항해사를 초청하여 전략 기획을 실제로 실천하는 것에 대해 이야기할 것이다. 이것은 기획의 실행 혹은 행동을 취하거나 코스에 따라 당신의 항로를 조정하고13장, 거기에 평가를 요구한다는 것을14장 포함한다.

전략기획
제1부 전략 기획 준비
제2부 전략 기획 과정
제3부 전략 기획 실행

사역을 이끄는 항해사는 목적하는 항구에 도착하기 위해 가장 좋은 전략을 개발할 수 있다. 그들은 최고의 선원들을 모집했으며 최고의 배를 임대했으며 필요한 모든 자금을 모았다. 그렇다면 어떤 시점에서 출항을 해야 하는가? 만일 그들이 항구를 떠나 항해를 해 본 경험을 전혀 가지고 있지 않다고 할지라도, 큰 어려움은 없을 것이다.

기획하기와 전략적으로 생각하기의 과정에 대한 대부분의 전문가들은 전략화의 과정 가운데 가장 큰 문제가 이행 단계에서 발생한다고 이야기한다. 전략가로서 지도자들은 좋은 전략적 기획을 개발은 하지만 어떻게 그것을 이행할 것인지에 대해 알지 못한다. 문자로 된 전략을 가진다는 것은 한 가지 일에 불과하며 실천으로 그것을 옮기는 것은 매우 다른 문제이다. 좋은 체계적인 전략을 개발했다면 지금 이행에 옮겨야만 하고, 이러한 이행이 일어나도록 해야만 한다.

여기에서 지도자들에게 다가오는 유혹은 행동에 옮길 정확한 시간과 이상적인 상황을 기다린다는 것이다. 이것은 이론상으로만 그렇다. 하지만 현실에서는 올바른 시간도 이상적인 상황도 존재하지 않는다. 몇 가지 점에서 당신은 목적을 성취하기 위해 뛰어 들어야 하고 움직여야 한다. 그렇지 않으면 하나님께서 주신 기회를 놓칠 수 있다. 지금 당장 실천에 옮기라! 여기서의 실패는 미식축구 운동장 전체를 이리저리 뛰어 다녀 보지만, 득점을 올리지 못해 실패하는 것과 같으며 결혼 하지 않고 간음을 하는 것과 같다. 이것은 구약성서에서 먼저 약속의 땅을 향해 출발했으나 결국 들어가는데 실패했던 모세와 하나님의 사람들이 경험한 것이다.^{신1:19-46} 결과는 같다. 실천이 부족하면 그 전략은 실패하고 만다.

실천은 전체적인 전략 기획 과정에 동의하면서 시작된다. 특별히 이번 장의 마지막 부분에 있는 질문에 답을 하고 당신이 한 그 답에 따라 행동에 옮긴다면 더욱 그렇다. 하지만, 이것은 전략에 대한 다섯 가지 요소를 완전히 실행한 후에 주로 초점을 맞추게 된다. 이번 장은 전략적 생각하기와 행동하기의 실천적인 면에 대한 첫 번째 요소를 설명할 것이다. 전략 기획을 실천하기 위해 어떻게 전달할 것인가를 다루며 교회라는 잘 짜여진 직조물 안에 파도를 일으킬 것인가에 대해 설명할 것이다. 이것은 당신이 교회의 목적지를 선포하며 어떻게 그곳에 갈 것인가를 가르쳐 준다. 뿐만 아니라 세부적인 지침에 따라 항해를 하도록 해 준다. 이것은 핵심적인 사역의 질문인 '어디에서 언제 시작하며 누구와 함께 시작할 것인가?'에 대한 답을 줄 것이다. 여기에서 우리는 이행의 중요성, 책임, 실천에 대해 다루게 될 것이다.

실행의 중요성

실행은 최소한 일곱 가지 이유로 당신의 전략 기획에 있어 중요성을 가진다.

전략 기획을 성취한다

실행이 없이 많은 일이 일어나지 않는다. 실행은 이상과 그들의 실행 사이에 있는 차이를 완화시켜 준다. 변화된 생각을 행동으로 옮기도록 해 준다. 전략적 생각하기는 전략적 행동하기와 연관되어 있다. 이론과 실제의 균형을 이룬다.

연구를 통해 우리가 알 수 있는 것은 만일 우리가 지속적으로 실행하지 않았고 심지어 지식 컨설턴트의 도움조차도 없었다면, 대략 1년 후에 교회는 옛날 모습으로 돌아가기 시작할 것이다.[104] 나는 이것을 "고무 밴드 효과"라고 이름 지었다. 만일 당신이 고무줄을 길게 늘어뜨린 후에 놔버린다면 다시 고무줄이 되어 버린다. 고무줄을 놓자마자 원래 모습 그대로 돌아오게 되어 있다. 하지만 당신이 더 길게 고무줄을 끊임없이 늘어뜨리면, 나중에 늘어진 상태가 된다. 우리 사역에도 이것을 적용할 수 있다. 시간이 지남에 따라 점점 늘어지는 것이 실행 단계이다. 그리고 이것은 금이 가서

---

[104] C. Kirk Hadaway, "Do Church Growth Consultations Really Work?" in David A. Roozen and C Kirk Hadaway, eds., *Church and Denominational Growth: What Does and Does Not Cause Growth and Decline?* (New York: Abingdon, 1993), 149–54.

모든 것을 무너뜨리는 것으로부터 보호해준다.

사역의 힘을 유지한다

내가 일했던 모든 전략적 리더십 팀은 과정에 대해 흥분을 감추지 못했고 주님과 교회를 위해 그들이 성취한 것에 대해 흥분을 감추지 못했다. 하지만 그 과정을 실행할 때쯤이면, 분석 마비 때문에 겁을 먹어 늦추기도 하며 리더십의 우유부단함으로 인해 늦춰지기도 한다. 이것은 중요한 사역의 힘을 잃어버리게 한다. 그렇다면 당신은 어떻게 하겠는가? 늦장부리지 말라. 이번 장에서 논의하고 있듯이 지금 당장 실천으로 옮기라. 다시 말하지만, 당신의 전략적 생각하기를 실행하기 위한 가장 이상적인 때는 만일 어제 시작하지 않았다면, 바로 오늘이 적기이다!

자기만족을 피하게 한다

우리는 이 책의 처음 부분에서 일반적으로 그리스도의 가장 큰 적이자 특별히 전략적 기획의 가장 큰 적은 교인들의 자기만족이라는 것을 배웠다. 이것은 소위 말해서 특별히 성공한 교회에서 나타난다. 일반적으로 이것은 "만일 깨지지 않는다면 고치지 말라!"라는 격언으로 요약된다. 사람들, 심지어 좋은 교회의 성도들조차도 현상태를 유지하고자 한다. 사역이 대략 몇 가지 사역으로 쪼개질 때조차도 그들은 그들의 머리를 모래 속으로 쳐 박고 모든 것이 오케이라고 주장한다. 그리고 자기만족은 최악의 상황이다. 하지만 실행은 행동하는데 있어 전략 기획을 따름으로서 지속적으로 긴급한 상황을 유지시켜준다.

시간의 문제를 설명한다

너무나 많이 시간은 교회의 전략적 생각하기를 성취하는데 중요한 범죄자이다. 시간이 지남에 따라 사람들이 가졌던 흥분과 열의는 점점 식어진다. 시간이 지남에 따라 자기만족의 안개는 죽음과 침체의 빙산을 숨기며 표류하게 만든다. 시간이 지남에 따라 목회자들과 스텝들은 다른 문제에 마음을 빼앗기며 그 과정은 매장되어 버린다. 전략의 실행은 이러한 일이 일어나지 않도록 해 준다. 이것은 시간의 문제에도 불구하고 그 과정을 추구하는데 집요하게 도움을 주며 이것은 마감시간을 할당하고 감시해 준다. 이것은 정확한 시간을 지킨다.

순조롭도록 팀을 유지시켜 준다

여기에는 일반적으로 교회가 직면하거나 특별히 리더십에 대한 여러 가지 일들이 포함되어 있다. 나는 이것을 "탈선"이라고 부른다. 왜냐하면, 그것들은 실행이라는 트랙으로부터 탈선을 지키는데 일조하기 때문이다. 이것은 사역의 불을 꺼뜨려 버린다. 변화에 저항하고 회의론자들로부터 나오는 끊임없는 압박은 그 과정을 탈선시켜 버린다. 목회자와 스텝들의 열정을 가지고 설교, 가르침을 지속해 나가려고 하는데 그 과정으로부터 떨어져 나가려고 하는 유혹의 문제들은 그 과정의 실행을 방해한다. 하지만 전략적 이행은 모두로부터 그 트랙과 목적의 속도를 유지키켜 준다.

믿음을 자라게 한다

실행 단계가 진행되는 동안 좋은 일들이 일어난다. 사람들은 믿음을 갖게 되고 신앙이 자라게 해 준다. "할 수 있는 것"과 "해야만 하는 것"은 이루고자 하는 "무엇"을 이루게 된다. 그리고 이러한 사

실 행
■ 전략 기획을 성취한다
■ 사역의 힘을 유지시켜준다
■ 자기 만족을 피하게 한다
■ 시간의 문제를 설명한다
■ 순조롭게 진행되도록 팀을 유지시켜 준다
■ 믿음을 자라게 해 준다
■ 낙관론을 고취시켜 준다

역은 사람들에게 동기를 부여하고 흥분을 일으킨다. 그들의 꿈이 하나씩 현실로 이뤄져가는 것을 정말로 보게 될 것이다. 그 과정 속에서 성도들의 신앙을 자라도록 해 준다. 이것은 그 과정과 함께 성도들의 정체성을 강화시켜주며 살아 있는 교회가 되기 위한 그들의 소망을 유지시켜 준다.

실행은 낙관론을 고취시켜 준다

사람들은 좋은 일이 일어나는 것과 나쁜 일을 수정하는 것을 볼 때, 나쁜 일에는 덜 관심을 갖게 되고 좋은 일에는 더 관심을 갖게 된다. 그들의 위치에서 으르렁거리고 반대하는 자들의 비평으로부터 지켜주는 역할을 한다. 왜냐하면, 영적인 영역에서 성공을 이룰 때 이를 반박하는 논쟁은 일어나기 어렵기 때문이다.

실행에 대한 책임

누가 실행에 대해 책임을 져야 하는가에 대한 질문을 던질 때, 누가 그런 일을 벌일 것인가라는 질문을 오히려 던진다. 이에 대한 답은 개발과정을 위한 것과 같다.

담임목사

3장에서 개발한 리더십 팀에 대해 논의한 바에 따르면, 특별히 목회자가 그 전략을 실행하는데 책임이 있다는 것이 전부이다. 그래서 담임목사는 과정에 헌신해야 하며, 그것을 실행해야만 한다. 목회자는 과정이 진행되는 동안 인내를 가져야만 한다. 왜냐하면 개발 과정이 시간이 걸리기 때문이며 실행에도 시간이 걸리기 때문이다. 담임목사는 기획을 실행하는데 어떤 것도 간섭하지 않을 것이라는 확신을 심어 주어야 한다. 목회자는 80%의 성취를 위해 사역의 20%에 초점을 맞추어야 한다.

스텝

담임목사가 전체적인 전략 기획의 실행을 책임진다면 스텝은 그 과정의 일부를 책임진다. 그들은 기획의 실행에 책임을 져야 하며 특별히 자신의 전문분야에 적용해야만 한다.

당회

만일 교회에 당회가 구성되어 있다면, 당회는 목회자를 면밀하게 모니터하고 기획이 실행된다는 확신을 심어 주어야 한다.

개발팀

개발이 계속해서 일어나는 동안 대부분의 개발침의 사역은 점점 끝나게 된다. 이에 따라 개발팀은 작은 전략들기역 공동체에 다가서기, 제자 만들기 등을 이행하는데 초점을 맞춤으로서 사역을 계속해 간다. 그들은 비전 품기 실행 결과를 위해 성도들 중 몇 사람들과 함께 책임을 진다. 그 기획을 실행하기 위해 목회자나 스텝들 스스로가 전문성을 가질 수 있는 방법이 없다. 그들은 개발팀에 필사적으로 의존하려고 한다. 그렇지 않으면 실행은 일어나지 않는다. 에베소서 4장 11-13절에서 성도들이 전략을 실행해야 한다는 중요성을 확실하게 보여주고 있다.

어떻게 당신은 전략 기획을 실행해야 하는가

우리는 실행이 중요하다는 이유를 알게 되었고 누가 이 일을 책임져야 하는지 깨달았다. 이제 우리는 기획을 행동으로 옮겨야 할 때이다. 과정 실행에는 네 단계로 구성된다.

1단계 : 각각의 목적과 목표를 실행하라
당신의 목적과 목표를 확인하라

먼저 우리는 전략 기획의 목적과 목표를 확인하고 그것이 무엇인지 알아야 한다. 우리는 개발 과정 3장에서 이것을 이미 끝냈다. 우리가 목적과 그에 따른 특별한 목표를 구성했을 때, 전체 전략대문자 S을 구성하는 영향력을 가진 적은 전략소문자 s을 개발할 필요가 있었다. 우리는 열 두 개의 목표와 두 개의 추가적인 목표를 개발했다.

1. 기획 과정을 인도하고 감독해야 할 개발팀을 인도할 사람을 모집하라.
2. 과정과 팀을 위해 기도할 사람들을 선발하라.
3. 과정을 전달하고 교회의 모든 과정을 전달해야 하는 전달팀을 모집하라.
4. 교회의 지역 공동체에 다가서기 위한 전략을 개발할 기역 공동체 다가서기팀을 선발하라.
5. 제자 만들기를 위한 전략을 개발할 제자 만들기 팀을 모집하라.
6. 성도들을 동기화시킬 전략을 개발할 동기화 개발팀을 선발하라.
7. 성장을 위한 전략을 디자인하고 교회의 스텝들을 개발할 스텝 개발팀을 모집하라.
8. 사역의 위치와 건물을 평가하기 위한 전략을 디자인할 사역 환경팀

을 모집하라.

9. 재정을 모니터하고 충당하기 위한 전략을 개발할 재정 혹은 청지기 정신 개발 팀을 모집하라.

10. 교회가 변화하는 문화를 빨리 받아들이고 창조적으로 적용하기를 도울 수 있는 전력을 개발할 청조적/혁신적 팀을 선발하라.

11. 관리 위원회를 준비시키기 위한 전략을 개발하고 훌륭하게 교회를 인도할 수 있는 전략을 개발하기 위해 선택적 관리 위원회를 모집하라.

12. 교회의 모든 단계의 지도자들을 개발하기 위한 전략을 개발하기 위한 리더십 개발팀을 모집하라. 이것은 어떤 교회에 있어 선택적인 목적이다.

각각의 목적은 몇 개의 목표를 수반한다. 목적과 목표를 이해하기 위해 부록 D를 살펴보라. 우리 멜퍼스 재단은 어느 교회라고 그 교회를 위한 목적과 목표에 대해 좋은 묘사를 한다고 생각한다. 하지만 당신은 당신의 특별한 상황에 그것들을 적용할 필요가 있다. 그럼에도 불구하고 당신은 목적들과 목표들을 확인하고 개발해야만 한다. 그리고 그것들을 실행할 준비를 해야 한다.

당신의 목적과 목표에 대한 우선순위 정하기

당신은 특별한 실행 목표를 설정했다면, 다음으로 당신은 구체적인 순서를 정해야 한다. 여기에서 중요한 것은 당신은 동시에 모든 것을 할 수 없고 모든 것이 같은 중요성을 가지지 않다는 것이다. 당신 스스로 어떤 목표가 제일 중요하고, 두 번째, 세 번째, 그리고 계속해서 순차적으로 순서를 정해야 한다. 가장 높은 순서들은 어제 했어야 할 일이 아니라, 지금 당장 실천해야 할 것들이 거기에 놓여야 한다. 전략적 순서를 정하는 것은 교회의 모든 자료, 즉 성도, 에너지, 재정, 창조성 등 지금 실천해야 할 필요성이 있는 것에 그 초점을 맞추도록 해야 한다. 순서를 잘못 정하게 되면 **모든** 순서가 어그러져 버리게 될 것이다. 모든 순서가 어그러질 때, 아무 것도 의미가 없으며, 아무 것도 할 수 없게 된다.

당신은 무엇이 우선순위이고 무엇이 그렇지 않은지 어떻게 결정할 것인가? 답은 네 가지이다.

1. 당신 기도 중에 당신의 상황을 닦아내야만 한다. 이미 하나님께서 이 모든 것을 이행하고 계심을 기억하면서 하나님께 그 순서를 보여 달라고 기도하라. 그러면 그 순위는 명백하게 드러날 것이다.
2. 사명을 성취하고 전략을 이행하는데 있어서 교회의 능력에 가장 큰 영향력을 갖게 되는 목표를 결정하라.
3. 가장 즉각적으로 영향력을 행사할 수 있는 것이 어느 것인가를 결정하라. "어느 것이 빠르며, 의미 있고 영속성이 있는 결과를 가져올 것인가?"를 질문하라.
4. 바로 전에 언급했던 좋은 실행에 대한 다섯 가지 특성을 집약한 것을 살펴보고 그 순서를 정해야 한다.

당신은 SIT와 함께 이 문제들을 해결해야만 한다. 목표들을 화이트보드나 종이에 적으라 그리고 당신 팀에게 그것들을 성취하기 위해 우선순위를 정하여 번호를 정하라. 여기에는 올바른 토의와 건강한 논쟁이 포함되어야 한다.

다음으로 동시에 얼마나 많은 목표를 실제로 실행할 수 있는지 결정해야 한다. 대부분의 교회가 4~5개의 목표를 실제로 실행할 수 있다. 그래서 당신은 먼저 네 개에서 다섯 개의 목표를 실행하라. 그 목표를 달성한 상위 네 개 혹은 다섯 개의 목록 가운데 하나를 버리고 나머지에 대해 초점을 맞춰 시작하라.

특별하고 올바른 활동 나타내기

이미 당신은 실행 목표를 설정하는 사역과 순서를 정하고 상위 네 개에서 다섯 개의 목표를 전달했다. 다음 네 번째 단계는 이러한 네 개에서 다섯 개의 목표를 깨닫게 되는 특별하고 올바른 활동을 나타내 주어야 한다.

올바른 행동이란 교인들을 개발하기 위해 필수적이고 핵심적인 행동으로 가장 잘 실천할 수 있는 것을 말한다. 교회가 특별한 목표를 위해 전략적 기획을 가지는 것만으로는 충분치 않다. 교회는 목표를 완수하고 목적에 다다르도록 반드시 올바른 활동을 제시해야만 한다.

예를 들면, 교인들의 준비 과정 실행뿐 아니라 다음의 특별한 올바른 행동들이 필요하다. 준비된 목회자 혹은 평신도 모집, 잘 준비된 평신도 팀 모집 및 훈련, 준비 과정 설계, 준비된 도구 선택평가 등, 그리고 교회 안의 각각의 사역을 위한 사역 설명문이 여기에 포함된다. 연대적 순서로 이러한 활동에 대해 표로 만들어 보라. 그것은 먼저 해야 할 활동, 두 번째, 혹은 세 번째 해야할 활동을 결정하도록 해 줄 것이다.

교회의 준비 사역			
특별활동	마감기한	책임자	필요한 자원
평신도 지도자 모집			
팀 모집 및 훈련			
준비 과정 설계			
준비 도구 선택			
사역 설명서 제작			

실행

자 이제 우리는 실행이 왜 그렇게 중요한지, 그리고 누가 그 책임을 져야하는 지에 대해 알게 되었다. 이번에는 우리가 실행에 옮길 차례이다. 여기에서는 어떻게 그 기획을 실천할 것인지를 말하게 될 것이다. 두 부분으로 이루어졌다. 첫 번째는 실행하는데 나타나는 장애물을 제거하는 것, 두 번째 부분은 실행 과정을 추진하는 것이다. 이들은 동시에 일어날 것이다.

2단계 : 각각의 목표와 목적을 누가 실행할 것인지 결정하라

목적과 목표를 성취하기 위해 책임자를 선정하고 위의 표에 그 이름을 적으라. 목회자와 개발팀을 인도할 사람이 해야 할 일을 각자의 목표에 불을 지필 수 있는 챔피언을 확인하는 것이다. 거의 대부분 개발팀을 구성하는 사람들과 같다. 즉 몇몇 스텝, 전략 개발팀원, 당회원, 그리고 교인이다. 당신은 탈퇴할 사람을 대비하여 몇 사람을 더 모집해 둘 필요가 있다 이 사람들은 사역 개발 모자를 벗고 사역 실행 모자를 써야한다. 물론 그들은 개발이 완수될 때까지 결코 사역 개발 모자를 던져버리지 말고 가지고 있어야 한다. 왜냐하면 이 과정은 계속 수정되어야 하기 때문이다.

교회의 준비 사역			
특별활동	마감기한	책임자	필요한 자원
평신도 지도자 모집	2/07	스미스 목사	
팀 모집 및 훈련	4/07	존 목사	
준비 과정 설계	5/07	존과 팀	
준비 도구 선택	5/07	존과 팀	
사역 설명서 제작	6/07	존과 팀	

3단계 : 출항 날짜를 정하라

출항할 날짜를 정했다면, 위의 표에 그 날짜를 쓰라. 이것은 실행 날짜를 정하거나 성공을 위한 기준 날짜를 정한 것이다. 지금부터 누가 행동에 옮기고 누가 이를 지연시키는지 알아야 한다. 두 가지 모두 개발과 함께 실행을 위한 마감시한을 정할 필요가 있다. 시간은 본질적으로 중요하다.

출항 날짜를 설정했을 때, 각각 개발된 목표들은 모두의 것이 되고, 가동이 된다. 여기에는 최소한 세 가지 고려해야할 사항이 있다.

1. 휘청거리는 출항 날짜. 이 용어는 개발 과정 속에서 엇갈린다는 것을 의미하는 것이다. 이것은 두주에서부터 한 달까지 시차가 있을 수 있다. 잘 진행되는 과정이라고 할지라도 실행하는데 아마도 차이가 있을 것이다. 왜냐하면 한 번에 전체 전략을 시작한다는 것은 성도들이 어쩔 줄 몰라 할 가능성이 있기 때문이다.
2. 같은 출항 날짜. 이것은 모든 전략을 한꺼번에 실행하는 것을 말하며, 사람들은 이것을 선호할 수도 있다. 다시 말해서 사람들에게 한꺼번에 실행되더라도 잘 진행될 것이라는 확신을 심어 주라. 이것은 당신이 판단할 수 있을 것이다.
3. 특별한 출항 날짜. 아마도 올바로 된 전략이라면 이미 어제부터 실행이 시작되었을 것이다. 예를 들면, 성도들은 교회 건물의 한계를 벗어날 수도 있다. 실행할 장소가 없기 때문에 사람들은 우왕좌왕 할 수도 있다. 전략을 빨리 개발하고 그들이 개발했던 것을 그 후 곧바로 실행하는 것이 좋다.

과정을 개발하면서 당신은 각각의 실행과정을 따라 갈 수 있도록 도움이 되는 시간표를 창조하고 싶을 것이다. 위는 이것을 성취하고 스케줄을 계획하는데 도움이 되도록 간트 차트를 이용하라.

교회의 준비 사역			
특별활동	책임자	마감기한	필요한 자원
평신도 지도자 모집	스미스 목사	2/07	
팀 모집 및 훈련	존 목사	4/07	
준비 과정 설계	존과 팀	5/07	
준비 도구 선택	존과 팀	5/07	
사역 설명서 제작	존과 팀	6/07	

4단계 : 필수적인 자원 제공

모든 일이 그렇듯이, 당신의 특별 활동을 실행하는 데는 자원이 필요하다. 이러한 자원이 무엇이 당신은 이미 알고 있고 실행표에 그것들을 적어 두라. 여기서 말하는 자원이란 시간, 재정, 건물, 도구, 장비 등이 포함된다. 가끔 우리는 챔피언들에게 올바른 기능을 해 달라고 요구하지만 그 기능을 잘 성취할 수 있도록 풍성한 자원을 제공해주지 못할 때가 있다. 이런 상황 속에서 우리는 실행이 잘 이루어지지지 않거나 결국 성취하지 못할 때 놀라지 말아야 한다.

교회의 준비 사역			
특별활동	책임자	마감기한	필요한 자원
평신도 지도자 모집	스미스 목사	2/07	5-6시간
팀 모집 및 훈련	존 목사	4/07	12시간, 200달러
준비 과정 설계	존과 팀	5/07	4시간, 상담비
준비 도구 선택	존과 팀	5/07	1시간
사역 설명서 제작	존과 팀	6/07	4시간

이러한 필수적인 자원에 대해 챔피언, 과거에 그 사역을 감당했던 사람, 슈퍼바이저가 잘 판단할 수 있다.

몇 가지 중요한 실행 요강

마지막 부분에서 나는 네 단계 실행 과정과 실행 요강에 대한 핵심을 구분했다. 이 요강은 과정을 보충해 준다. 그리고 이 요강은 성공적인 실행과 실패한 실행 사이의 차이를 만들어 줄 것이다. 만일 이 요강을 무시해 버린다면 당신의 과정은 위태로워질 것이다. 당신의 작은 전략들을 구성하고 있는 목적과 목표들을 당신이 수행하는데 도움이 될 수 있는 몇 가지 핵심적인 실행 요강을 이야기할 것이다.

실행 과정을 위해 기도하라

궁극적으로 기획 과정을 실행하는데 당신은 반드시 기도해야만 하고 하나님의 인도하심과 도우심은 말하지 않아도 매우 중요한 문제이다. 이것은 매우 중요한 문제이다. 모든 것은 기도 속에 어우러져 있다. 미태복음 7장 7-8절에서 예수님은 너희가 받지 못함은 구하지 못함이라고 말씀하고 있다. 우리는 하나님께서 이 과정을 인도해 달라고 구하는 것에 실패하여 과정 전체를 실패하는 일이 없기를 바란다.

당신이 성취한 것을 전달하라

중요한 것은 전달이다. 당신은 반드시 사역의 목적과 성취된 것을 성도들에게 전달해야만 한다. 여기에는 최소한 세 가지 중요한 근거가 있다. 첫째, 이 책의 2장을 읽은 사람이라면 명확히 알 수 있을 것이다. 나는 이 책의 많은 부분을 할애해서 이야기했으며 충분하다고 생각한다 둘째, 당신은 팀을 위해 성도들에게 기도를 부탁해야 한다. 그리고 성취를 위해 기도를 부탁해야만 한다. 셋째, 성도들은 어떤 일이 일어났는지 그리고 실제로 목표가 성취되었는지 이해할 필요가 있다. 이것은 하나님께서 교회를 통해 그의 목적을 성취하신다는 강력한 메시지를 보내는 것이다.빌2:13 이를 위해 성도들이 볼 수 있는 곳에 당신의 목표를 적어 두라. 또한 교회의 웹 사이트, 신문이나 소개서, 게시판 그리고 예배 때 광고를 통해서 알리는 것도 좋다.

MIR 모임 수립 책임감을 확고히 하라

실행 과정에서 마지막 단계는 MIR 모임이다. MIR 회의는 매달 이행 과정을 되돌아보고, 모임에서 결정된 것에 대해 기록에 남기는 모임이다.

최소한 한 달에 한 번 SIT와 다른 사람들SIT 회원이 아니지만 다른 책임을 지고 있는 사람으로 실행 과정의 일부 단계에 참여했던 사람들은 한 시간이나 또는 그 이상, 다시 말해서 필요한 만큼 만나 그 전략이 실천으로 옮기기에 타당하다는 것에 대해 정기적으로 진단하고 확신을 심어주어야 한다. 이러한 모임은 그 달의 행사 가운데 가장 중요한 모임이다. 당신은 매달 스텝 모임을 요구하는 것 가운데 하나가 바로 MIR모임이어야만 한다. 스텝들 모임에서는 다른 모임에서는 하지 않는 순서를 정해서 회의를 진행하라. MIR 회의는 한 달에 한 번 밖에 모이지 않기 때문에 지도자들은 전략 이행이 잘 진행되고 있고, 책임 있는 사람들이 설명함으로서 확신을 심어 주어야 한다.

이 모임은 실행 단계를 살펴보고 점검하는 것이지, 다른 모습을 띠거나, 사역을 벌이는 것이 아니다.

MIR 모임은 주로 두 가지 영역, 즉 과정과 문제점을 살펴본다. 첫째, 전략 이행에 있어 추진하고 있는 것과 스텝과 다른 성도들이 실천하고 있거나 실천하지 못하고 있는 과정에 대한 모니터를 위해 리더십 팀은 몇 가지 질문을 던져야 한다. 어떻게 진행되고 있는가? 수많은 책임 있는 사람들이 그들의 행동 단계에 대해 책임을 지고 있는가? 당신은 나아지고 있는가? 어떻게 알게 되었는가? 당신이 최종기한에 직면할 때 어떤 일이 일어날 것이라고 생각하는가? 분명하게 살펴보아야 할 것은 책임감을 심어주는 것이다. 대부분의 성도들이 자세히 살펴보는 것을 좋아한다. 이런 모임에 준비를 하지 않는 사람들은 그들의 진보의 결핍을 설명해야만 한다. 개인적 훈련의 결핍 혹은 "지체된 사람"은 받아들일 수 없다. 그리고 잘 이행하고 있는 사람들은 지지해 주어야만 한다.

둘째, MIR이 가지는 목적 가운데 하나는 전략 이행에서 만나는 문제를 직면하고 해결하는데 있다. 참석자들은 그들이 직면하고 있는 어떤 문제라도 이야기할 수 있다. 어떤 문제를 극복할 수 없는 지, 어떤 활동이 원래 생각했던 것보다 시간이 더 필요하고 덜 필요한지, 예상하지 못했던 일은 무엇인지, 그 문제를 풀어가는데 어떤 도움이 필요한 지에 관한 질문들이다. 당신과 당신 팀은 그 문제를 조정하는데 도움을 줄 수 있는 필요한 자료들을 살펴보아야만 한다.

목회자들은 한 달에 한 번 혹은 분기별로 모이는 위원회의 모임의 과정을 위원회에 보고하는데 책임을 져야 한다. 목회자는 실행 과정을 그들에게 설명해야 한다.

과정 모니터

실행 과정이 궤도에 잘 이행되고 있는지 면밀히 모니터하라. 이를 위해 끝없는 보고서를 요구할 필요는 없다. 이것은 거의 좋아하지 않으며 대부분의 성도들은 그들의 뒤를 따를 것이다. 대신 MIR^{매월 실행 점검 모임}을 이용하여 과정을 모니터하라. 또한 멜퍼스 재단이 어떤 교회와 상담을 실시할 때, 우리는 SLT와 DT가 10-15분 정도 그들의 과정에 대해 업데이트 하기 위한 모임을 갖는다. 세 번째 방법은 팀의 리더들을 불러 그들의 과정에 대해 업데이트를 하기 위한 짧은 시간을 갖는다. 과정 모니터의 추가적인 부산물은 책임이다. 팀이 그들의 발전에 대해 질문을 던질 때, 그들은 진보를 하는 경향이 있다.

과정 평가

당신이 어떻게 실행했고, 실행하고 있는지 알기 원한다면, 당신이 행했던 것을 평가할 필요가 있다. 여기에는 성도들이 평가하는 것과 과정 자체가 평가하는 것 모두를 포함하고 있다. 옛말은 여기에 적용해 보면, '평가를 받게 되는 것은 얻게 될 것이다.' '기대한다면, 평가하라.'는 것과 같다. 14장에서 당신은 어떻게 평가할 것인지 이야기할 것이다.

과정에 성도들을 참여 시키라

목회자 혼자 혹은 스텝들만이 과정 전체를 실행할 수 없다. 이것은 성가신 일일 수도 있고, 이것을 시도하는 것이 헛된 일이라고 여겨질 수도 있다. 왜냐하면 개발팀이 교회의 지도자들로 구성되어 있기 때문이다. 하지만 그들은 모든 실행과정을 개발할 수도 실행할 수도 없다. 당신은 실행을 위해 오직 리더십 개발팀에 의존하지 않기를 바랄 것이다. 당신은 과정의 일부분에 참여시킬 평신도를 모집하라. 작은 전략들 중에 하나인 성도들을 동기화 시키는 부분으로 되돌아가 보라. 표준 법칙은 파레토Pareto 법칙이다. 그것은 성도들의 20%가 사역의 80%를 감당한다는 법칙이다. 만일 이 전략을 실행하는데 진리라고 한다면, 과정을 일어날 수 없다. 대신에 30-40%의 교인들을 사역에 가담사키라. 그리고 이것을 시작하는 시간은 어제여야만 한다.

당신의 팀에게 동기를 심어주기

물론 전부는 아니지만 올바른 실행은 당신의 성도들에게 동기를 심어 줄 것이다. 실제로 이것은 당신이 성도들을 동기화시키는 것에 달려 있다. 그래서 교회의 지도자들은 몇 명을 동기화시킬 것인가를 결정하고 목회자와 스텝들 옆에 동기화 된 성도들에게 도전을 주는데 지혜로워야 한다. 특별히 어떤 스텝들은 충분한 시간을 주어야 한다. 스텝들과 평신도 자원봉사자들에게 다음 몇 가지를 시도해 보라. 그들이 의도한 바를 표현할 수 있도록 사역 팀에 소속된 누군가에게 질문을 던져 보라. 스포츠 이벤트 티켓을 선물로 주거나 스타벅스와 같은 커피 전문점의 쿠폰을 선물로 주며, 그들을 영웅으로 만들어 보라. 공공장소에서 그들을 칭찬하며 좋은 책을 선물하라. 그들에게 감사패를 증정하며 그들에게 감사의 표시를 담은 사적인 노트나 편지를 보내라. 그들의 집에 걸 수 있는 명판이나 감사패를 증정하라. 만일 여성이라면 꽃을 선물해도 좋다. 실제로 당신과 성도들이 당신의 팀을 어떻게 바꿀지에 대한 유일한 한계는 당신의 혁신적 창조적 능력이다.

잠재저인 법률 문제 조사하기

아마도 당신은 실천 문제에 있어 법률 문제가 중요하다는 것을 이상하게 여길 것이다. 하지만 모든 교회가 일반적으로 법에 저촉되며 교회만의 특별법을 가지고 있는 법적 단체이다. 특별법이란 교회 헌법과 규칙으로 구성되어 있다. 생각보다 많은 사람들이 교회의 헌법과 규칙을 잘 알고 있으며 법을 이용하여 실행과 변화를 가로막을 수 있다.

법적인 영역 가운데 하나는 위원회이다. 멜퍼스 재단은 당신이 위원회의 개념을 버리고 팀으로 대신할 것을 권한다. 위원회는 사역에 대해 논의하지만, 팀은 사역을 실행한다는데 그 차이가 있다. 하지만 대부분의 교회의 헌법과 규칙은 교회의 위원회에 국한되어 있다. 그래서 당신은 헌법이나 규칙을 바꾸거나 단수니 위원회 팀이라고 부르기를 원할 것이다.

또 다른 법적인 영역은 특별 위원회이다. 많은 교회들이 인적, 재정적 위원회가 있다. 그런데 문제는 그 위원회들이 작은 전략과 갈등을 빚는다는데 있다. 예를 들면, 교회의 재정에 관해 전략 개발을 인도해 가려고 하겠지만, 이것은 재정 위원회와 갈등의 소지가 있다. 어느 쪽이 교회의 재정에 관해 결정하는데 더 권위를 갖는가? 우리는 두 위원회를 병합하라고 조언한다. 팀원 모집과 함께 전략 기획을 시작할 때, 재정위원회를 존속시킬 것인지 아니면, 교회의 재정을 위한 전략을 디자인하는 팀으로 병합시킬 것인지 물으라.

실행 요강

1. 실행 과정을 위해 기도하라
2. 당신이 성취한 것을 전달하라
3. 책임감을 확고히 하라
4. 실행 장애물을 소개하라
5. 과정을 모니터하라
6. 과정을 평가하라
7. 과정에 성도들을 참여시켜라
8. 당신의 팀에게 동기를 심어 주라
9. 잠재적인 법률 문제를 조사하라

어떻게 실행하는데 나타나는 장애물을 제거할 것인가

당신은 과정을 실행하려고 시도해 보지만, 그 과정에서 장애물이 나타나고 그 장애물은 과정을 실행하는 것을 막기도 한다. 하지만 당신은 그 과정을 실행하기 전에 모든 장애물이 제거될 때까지 기다려서는 안 된다. 그런 일은 절대 일어나지 않는다. 그리고 결코 그 과정을 성취할 수도 없다. 과정을 실행하는 데는 항상 장애물이 뒤따른다. 그래서 당신은 그 과정을 실행하면서 장애물을 세부적으로 처리해야만 한다. 이것은 세 가지 단계로 전략적 리더십 팀이 해결해 가야 한다.

1단계 : 실행 장애물에 대해 규정하기

실행하는데 나타나는 장애물을 설명하기 위해 당신은 반드시 그것이 무엇인지를 알아야만 한다. 나는 그것들을 당신의 전략 기획의 효과적인 활동을 방해하는 삽입된 습관, 정책, 혹은 사람사물 혹은 사람이라고 정의를 내렸다. 그들은 아마도 내가 다음 단계에서 몇 가지 예로 든 지식, 감정, 관계, 혹은 재정 문제일 것이다. 나의 경험으로 볼 때, 대부분 감정적인 단계의 것이었다.

2단계 : 당신의 실행 장애물 확인하기
실행하는데 나타나는 장애물은 현상태 유지, 자기만족, 신성시 된 사람이나 조직, 변화에 대한 스트레스, 기득권, 그리고 그것들을 실행하는데 집요하게 불만을 이야기하는 사람들일 것이다. 나는 당신이 그 과정을 실행하는데 나타나는 특별한 장애물을 확인하는데 도움을 주기 위해 부록 K에 실행하는데 나타나는 장애물에 대한 평가를 실어 놓았다. 당신과 당신 팀은 이 평가를 해 볼 필요가 있으며 그 결과와 비교해 보라. 그리고 당신 교회의 장애물에 대한 일치된 리스트를 마련해 보라.

3단계 : 실행단계에서 나타는 장애물 처리하기
당신은 그 장애물을 회피해서는 안 되고 맞서야 한다. 이런 추세가 과정을 실행하는데 계속해서 주변에 맴돌고 있지만, 당신이 가장 작은 방해물이 있다는 사실을 알고 그 장애물에 직면한다면 그 과정의 죽음을 막아설 수 있다. 목회자는 스스로 이러한 방해물들을 처리할 수 없다. 전략적 리더십 팀과 강력한 통치 위원회는 방해물을 다루고 극복하기 위해 상호 지원해야 한다.
위에서 살펴보았듯이 당신은 한 번에 모든 방해물들을 처리할 수 없다. 뿐만 아니라 당신은 과정을 실행하는 것을 늦출 수도 없다. 그렇지 않으면 결코 과정을 성취할 수 없다. 하지만 당신은 과정을 통해 당신이 사역을 진행해 왔던 것처럼 중요한 것들을 처리해 나갈 필요가 있다. 방해물들 가운데 중요한 것들부터 순서를 정하라. 지금 당장 처리해야할 방해물부터 높은 순위에 위치시켜라.

반영, 토의, 그리고 적용을 위한 질문들

1. 당신은 전략 기획의 실행이 중요하다고 확신하는가? 왜 그런가 아니면 왜 그렇지 않은가? 만일 그렇다면 저자가 언급하지 않았던 다른 이유를 가지고 있는가?
2. 솔직하게 당신은 전략 기획을 실행할 때 늑장부리려고 갈등하지 않았는가? 왜 그런가 아니면 왜 그렇지 않은가? 만일 그렇다면 무엇 때문에 늑장을 부리려 했는가?
3. 당신 사역 가운데 누가 실행에 대한 책임을 지는가? 다른 사람은 어떤 역할을 감당하는가?
4. 실행 장애에 대해 당신은 무엇이라고 정의를 내리는가? 당신 교회에서 누가 혹은 무엇이 실행에 방해가 되는가? 당신은 그것들을 어떻게 처리할 계획인가? 이러한 장애물을 처리하는데 전략적 리더십 팀과 위원회를 전적으로 지원했는가? 그들은 당신 뒤에서 버팀목이 되어 주는가?
5. 당신이 다른 사람에게 위임해야 할 것은 무엇인가? "멈춰야할 것들"이라는 리스트를 만들어보라.
6. 당신은 실행 목표에 대한 리스트를 가지고 있는가? 좋은 목적으로 모임에서 그 모든 것을 통과시켰는가? 우선순위를 정했는가? 만일 그렇다면 상위 네개 혹은 다섯 개는 무엇인가?

7. 당신은 이 목표들을 성도들에게 어떻게 전달하여 그 목표가 성취 되었을 때 무슨 일이 일어날 것인지 성도들로 하여금 알게 할 것인가?

8. 당신의 목표를 성취하기 위해 어떤 활동이 필수적인가? 각각의 항목에 대해 마감시한을 정했는가? 각각의 활동에 대한 책임자는 누구인가? 그들이 필요한 자원의 종류돈, 장비, 건물 등는 무엇인가?

9. 얼마나 자주 MIR모임을 개최하려는가? 언제 모임을 가지려는가? 얼마나 오랜 시간 동안 모임을 가지려고 하는가? 그 시간을 통해 당신이 기대하는 바가 무엇인가? 준비되지 않는 사람들을 당신은 어떻게 할 생각인가?

10. 저자에 따르면 실행 과정과 실행 요강의 차이점은 무엇인가? 그것이 중요한가? 예를 들어 보아라.

14

항로를 정검하라
EVALUATING THE COURSE

어떻게 우리는 행할 것인가?

　성과 평가는 전략 기획 혹은 비전 품기 과정의 마지막 요소이다. 이것은 일반적으로 전략 지도력 팀과 특별히 개발팀이 교회의 영적 기초를 구성하고 있는지 교회의 핵심 가치를 개발했는지, 사명, 비전 그리고 전략을 개발했는지, 그리고 전략의 실행에 대해 평가를 해 보는 것이다. 다음의 근본적인 질문에 답을 해 보라. 우리는 어떻게 실행할 것인가? 적절한 비평이 없다면, 사역 뿐 아니라 과정은 빨게 수면 아래로 침몰하고 말 것이다. 하지만 규칙적인 비평은 항해사와 승무원들이 중요한 결정을 내릴 수 있도록 해 주며, 사역의 배가 수정을 통해 침몰하지 않고 항해할 수 있도록 해 준다.

　그러므로 모든 리더들은 다음과 같은 질문을 던져야만 한다. 나는 사역의 효과와 교회에 미치는 영향에 대해 평가하는가? 망일 교회의 사명이 제자를 만들기라면 담임목사의 사명이 무엇인지 평가하고 당신의 제자들이 누구인지 보여 달라고 요구하라. 개인적 사역과 교회의 사역 평가는 하나님을 위한 사역인지 재평가 받을 필요가 있다. 당신이 정직하지 않고 객관적인 평가를 피한다면, 도전을 피하고 안위를 선택할 것이며, 의미 있는 사역을 피하고 평범한 사역을 선택할 것이다.

이번 마지막 장은 반대 의견, 목적들의 성서적 기초, 그리고 좋은 평가 과정을 소개할 것이다.

평가의 반대

누군가가 당신을 지도자로서 그리고 목회자로서 평가하고 있으며 당신 교회의 사역을 평가하고 있다는 생각은 무섭고도 겁날 수 있다. 어떤 지도자나 목회자가 그들의 마음에 인격적 만남을 주선하며 목회 비평을 받으려 하겠는가? 어떤 사람들은 우리가 교회를 평가하지 않거나 교회의 성도들을 평가하지 않는 것에 대해 비판을 가한다. 왜냐하면, 이것은 영적이며, 비세속적이고, 중요한 일이기 때문이다. 오직 하나님만이 교회와 같은 영적 사역을 평가하신다. 그럼에도 불구하고 나는 우리가 정직하고 객관적인 피드백을 받는 일에 두려워하거나 놀라지 말라고 이야기하고 싶다. 목회는 건강한 비평에 더하여 목회 비평에 대해 논의하려고 시도하는 영적 노력이 있어야만 한다.

너무나 많은 교회들은 "교회는 하나님을 위해 영적인 책임을 가지고 있다!"라는 것을 가장하여 목회를 평범하게 만들어 버렸다. 성서는 하나님의 백성들이 하나님께 드리되 최고의 것을 드리도록 하는데 도전을 준다. 이스라엘은 희생제물을 위해 최고의 동물을 가져왔다. 레22:20-22, 민18:29-30 그들이 최고의 것을 가져오지 않는 경우, 하나님으로부터 그들의 마음에 경고하는 징후들이 있었다. 말1:6-8 에베소서 6장 5-8절과 골로새서 3장 23-24절에서 바울은 하나님께서 오직 우리의 최고의 것을 드리는 일을 기대하고 계신다는 것을 가르치고 있다. 예수님께서 가나에서 물을 포도주로 만드실 때, 이것은 최고의 포도주였지 평범한 포도주가 아니었다.요2:10 만일 하나님께서 우리를 위해 최고의 것, 즉 그의 독생자를 주셨다면요3:16, 우리는 가장 최고의 것을 드려야만 할 것이다.

항해사들이 싫어하든 좋아하든 평가를 받아야만 한다. 항해사는 매번 그들의 배에서 나와 성도들이 그들의 성과를 보고 판단할 수 있어야 한다. 그들은 다음과 같은 질문을 던질 것이다. 이 사람은 초보 항해사인가? 우리는 이 사람과 항해를 해야만 하는가? 비록 평가를 받을 때는 혼란스럽겠지만, 이런 건강한 평가는 어떻게 대처하느냐에 따라 좀 더 나은 항해사가 되게 하며 어떻게 운행할 것인지 깨닫도록 해 준다.

비록 교회가 교회를 평가하는 일이 일어나지 않기를 바랄지라도, 교회를 평가하는 일은 매번 일어난다. 이런 평가는 매주일 비형식적으로 일어난다. 성도들은 매우 잘 구별한다. 교회에서 집으로 돌아오는 길에 보통 남편들은 아내에게 "그 설교에 대해 어떻게 생각해?" 또는 "당신은 새로운 주일학교 수업이 좋아?"라고 묻는다. 어떤 사람들은 주일 점심을 위해 고기를 굽는 목사 또는 고기를 굽는 교회까지 비평하기도 한다. 교회를 찾는 목사들은 잃어버린 사람들이 교회에 예배드리러 와서 매우 비평적인 눈을 가지고 비평한다는 것을 우리에게 일깨워 준다. 만일 목회자가 성도들이 비공식적으로 평가하고 있다는 사실을 감지하였다면, 왜 비공식적 평가를 형식적 평가로 이르지 못하게 함으로 우리가 얻을 수 있는 이익을 얻지 못하게 하는가?

평가의 목적

모든 사람은 개인적 그리고 목회적 평가의 필요성을 확신하는 것은 아니다. 필요성을 확신하는 사람은 합리적인 평가와 객관적인 피드백을 하게 될 것이다. 평가의 목적은 필요성을 증명하는 것이다. 평가에 대한 목적은 최소한 일곱 가지가 있다.

사역 조절을 추구한다

우리가 위에서 보았듯이 교회의 가치, 사명, 그리고 비전 선언문은 매우 중요하다. 그리고 많은 지도자들은 그것들을 가지고 기초를 만들고 새로 만드는데 많은 시간을 보내려고 한다. 하지만 이것은 가치, 사명, 비전 그리고 전략을 가지고 그들의 목회가 일관성을 갖도록 하기 위한 비평이다. 가치, 사명 그리고 비전에 대한 선언문을 가지고 목회하는 것과 비전을 가지고 사명을 이끌어 내는 목회 사이에는 큰 차이가 있다. 일렬로 정렬시킨다는 것은 그 차이 사이에 다리를 놓은 것이며, 사역의 핵심 가치를 보호하고, 교회의 비전을 강화시키며, 사명을 향해 전진할 수 있도록 끊임없이 촉진시키는 움직임이다.

교회와 상담하면서 나는 목회를 조절하는 문제에 대해 대부분 갈등을 겪고 있다는 것을 발견했다. 영적으로 건강하고 성서적으로 균형을 잡고 있는 교회는 목회 선상에 필수적인 요소들을 모두 가지고 있다. 당신이 이에 대해 채찍질하고 갈등할 때, 한 개 혹은 더 많은 것들이 목회 선상으로부터 벗어나 있다는 것을 알기 때문이다.

일직선상으로 놓기 위해 우리는 먼저 일직선상에서 이탈해 있는 것들이 무엇인지 발견해야만 한다. 그리고 이것이 평가에 포함된다. 지도자들과 성도들은 교회를 살피고 교회에 일어나는 일에 대해 다른 사람들과 이야기를 나누며, 피드백을 얻고, 비평한다. 평가를 위한 질문을 예로 든다면, 만일 우리의 비전이 교회가 추구하는 비전과 같다면, 이 사명을 성취하는데 나타나는 방해물은 무엇인가? 우리는 일직선상에서 이탈하여 어디에 위치해 있는가? 서론의 마지막부분에서 언급한 일반 사역 개선 가이드General Ministry Troubleshooting Guide는 목회를 조절하는데 도움을 줄 것이다. 당신이 갈등하고 있는 부분에 대해 알고 있다면, 그 문제를 잘 다루고 있는 이 책의 적당한 부분을 가서 읽고 참고하라.

사역 성취를 위해 우선순위를 정해 준다

나는 우리가 평가했던 대로 교회는 목회 순환을 가지고 있다고 앞에서 언급했다. 우리는 어떤 것을 평가하고 다른 것은 평가하지 않는다. 우리가 평가하기 위해 선택한 것은 우리의 성도들에게 메시지를 보내는 것과 같다. 이것이 중요하다는 것을 말해 주고 있다. 즉 어떤 것은 중요한데 반하여 어떤 것은 중요하지 않다. 예를 들면, 교인 가운데 매주일 몇몇 사람들이 매우 높은 우선순위를 갖는 목회 영역인 예배와 설교에 대해 평가한다면, 이것은 예배 팀과 목회자가 함께 연루된다는 것을 이야기해 준다. 그 결과는 예배 팀이 예배에 초점을 맞추게 되고, 최고의 예배를 드릴 수 있도록 하게 된다.

사역 평가를 하도록 도전을 준다

평가를 위한 세 번째 목적은 목회 평가이다. 성도들은 "어떻게 내가 행할 것인가?"에 대한 질문에 답을 알 필요가 있다. 사람들이 일 년 혹은 그 이상의 세월을 사역을 하고 마음에 드는 것이나 좋은 것에 대해 생각하면서, 사역 개발만 하면서 보낸다는 것은 어려운 일이다. 그 혹은 그녀가 갑자기 실수를 하는 경우라면, 뜻밖에 해고를 당할 수 있다. 이것은 그 사람에게 불공평한 것이다. 그래서 그는 혹은 그녀는 초기 경보 시스템을 알 필요가 있다.

일부 교회들은 다른 방법으로 빈약한 일에 대해 대응하기도 한다. 어떤 교회들은 사역을 감당하는 사람이 수행해야할 일에 대해 능력을 가지고 있지 않거나 계속해서 빈약한 일을 처리하거나 혹사시키는 사람을 거부한다. 이러한 교회들은 이런 사람들을 좋게 여기거나 그들에 대해 미안함을 가지고 있으며, 그들이 다른 사람들을 비난한다면 다른 사람들이 어떻게 생각할 것인가를 걱정하고 있다는 것을 느낀다. 이러한 생각이나 행동이 가진 문제는 다른 사람들의 사역까지도 힘들게 한다는 점이다. 어떤 경우 또 다른 교회들은 침체를 회복하고 불필요하게 남용했던 것들을 제거한다. 어떤 교회들은 오랫동안 나약하고 야망을 좌절시키고, 교회 전체에 악영향을 끼쳤던 사역자들을 배려하고 버릇없이 키워주었다.

모든 고용 상황에 있어서 공명정대한 접근방법은 감독자나 멘토가 고용할 때, 문제 그리고 장점과 단점을 확인할 때 이루어지는 규칙적인 목회 평가가 있다. 이것이 행해졌을 때, 사람들은 어디에 문제가 있고 그가 혹은 그녀가 반드시 개선해야 할 점이 무엇인가 알 수 있다. 이러한 영역들은 다음 평가에서 다시 살펴볼 것이다. 만일 그러한 과정이 없거나 만들 수 없다면, 교회는 해고, 훈련, 또는 교회 안에서 다른 사역으로 개인을 이동시키기 위한 기초를 준비해야 한다.

사역 지지를 유도한다

세 교회를 목회하고 서로 다른 몇 개의 교단을 오가면서 다양한 교회에서 임시 설교목사로 목회했던 내 경험을 통해 나는 교회를 구성하는 보통의 성도들, 즉 그들이 목회자이든 평신도이든 그들을 잘 섬기는 사람들을 지지하지 않으려는 경향을 가지고 있다는 사실을 배웠다. 그들은 사역에 있어서 탁월함을 인정받지만, 그것을 성취하는 사람들을 지지하는 데는 인색하다. 그들은 칭찬보다는 더욱 비판적으로 보인다. 나는 그들이 잘 섬기는 사람들은 그들의 수행해야 할 일을 잘 알고 있으며 그들이 행한 일로 인해 영향력을 주었다는 사실을 인정한다고 믿는다. 그러나 이것은 일반적인 경우는 아니다. 잠언 16장 24절은 "선한 말은 꿀송이 같아서 마음에 달고 뼈에 양약이 되느니라"라고 말씀하고 있다. 주님께서 "잘하였다 착하고 충성된 종아"라고 말할 그 날을 누가 바라보지 않는가?

나는 한 교회를 상담했던 것을 기억하고 있다. 어린이 사역을 담당하고 있는 한 여인이 나를 찾아 왔다. 그리고 나에게 "누군가가 감사하는 말을 해 준다면 정말 좋을텐데 그리고 우리가 실시한 사역에 조금의 사의를 표해주면 좋을텐데 전혀 그런 일은 일어나지 않고 있어요"라고 이야기했다.

어떻게 우리는 사역을 잘하고 있는 우리의 교회에 정기적으로 지지할 것인가? 비록 우리 주위에서 일어나는 균열이 있지만 그럼에도 불구하고 우리는 실패하지 않을 것이라는 확신을 줄 수 있는가? 그 답은 정기적인 평가에 있다. 대부분 평가가 이루어지는 데 있어서 잡음이 발생한다. 왜냐하면, 이것은 그들에게 있어서 평가는 무서운 것이고 심지어 겁을 주는 것이기 때문이다. 그러나 문제가 무엇인지 확인하는 것은 평가의 한 부분일 뿐이다. 다른 면은 지지이다. 만일 우리가 일 년에 몇 차례 사역자들을 평가한다면, 심지어 한 사람도 그 사역자들을 지지하지 않는다고 할지라도 그들은 필요성을 받아들이고 그 시간 동안 가치 있는 지지를 이끌어 낼 수 있다.

사역을 수정하도록 한다

지지는 평가라는 동전의 한 면과도 같다. 그리고 수정은 또 다른 한 면이다. 그 말은 나쁜 징조처럼 들리며, 어려운 시간, 훈련과 징벌의 시간임을 상상하게 만든다. 어떤 사람들은 수정이라는 단어를 듣고 손에 채찍을 들고 있는 난폭한 아버지를 상상하게 된다. 수정이라는 단어가 우리 대부분에게 폭력적인 말로 들리는 반면에 이것은 매우 필요하지만 대부분 리더십과 목회적 사역에 있어서 부정적인 양상을 가지고 있다. 리더십과 목회적 사역에 대한 목적을 수정하거나 몹시 비난하는 것을 어느 누구도 원하지 않는다. 그러나 쇠락해 가는 세계 속에서 이것은 인생의 현실 속에서 피할 수 없는 것이 된다. 성경은 하나님은 우리의 유익을 위해 우리를 수정하고 훈련시킨다고 가르치고 있다. 히12:10

평가를 실시할 때, 우리 모두는 수정할 필요가 있는 영역을 가지고 있다는 사실을 발견하게 된다. 우리는 맹점을 가지고 있다. 그들은 우리가 문제라고 받아들일 수 없는 것들이 있을 수 있으나 그들은 우리의 목회적 노력에 방해가 된다. 이것들은 당황하게 만드는 매너리즘, 목소리의 톤, 또는 목회자의 메시지를 감소시킬 수 있는 행동, 뒤떨어지는 유머 감각, 또는 사역에 어울리지 않는 옷차림이 포함될 수 있다. 대부분의 사람들은 그것들에 대해 알게 된 후에는 수정할 수 있다. 하지만 문제를 주의 깊게 관찰하려고 하는 어떠한 종류의 평가 시스템이 없이는 일어나지 않는다.

수정은 바울이 갈라디아서 5장 16-21절에 이야기했듯이 죄의 본성이 일어날 때 또한 필요하다. 죄의 본성에 대한 행위는 성령의 소욕을 거스리는 열매 가운데 하나임을 나타낸다. 17-18절 이것은 목회의 사역 현장 속에서 매우 자주 일어난다. 어떻게 지도자들은 죄의 본성이 그들의 삶 가운데 지배하고 있다는 것을 알 수 있는가? 어떤 사람들은 그러한 문제에 직면하고 있다. 이것은 일어나지 않는다면 좋은 것들이나 규칙적인 실천 평가 시스템은 문제들을 직면하고 잘 해결할 수 있는 기회를 제공해 준다.

수정에 있어 중요한 한 모습은 스텝에 대한 평가이다. 스텝이 책임 있는 기대에 부응하지 못했을 때, 책임자는 그 문제를 지적할 필요가 있다. 실제로 무엇이 문제인지 설명하는 것은 반드시 수정이 뒤따라야 한다. 또한 그 사람을 돕기 위해 당신 스스로 도움이 되어야 한다. 한 달이나 두 달 후 재평가를 실시하라. 만일 스텝이 개선의 여지가 보이지 않을 경우 이에 대해 더욱 연구하라. 만일 그래도 그 상황이 개선되지 않는다면, 그 스텝을 다른 곳으로 보내줘야 한다.그녀 혹은 그를 해고하라 하지만 수정을 통해 평가에서 얻을 수 있는 이익은 다른 사람에 의해 해고를 당하기 전에 스스로가 그만둘 수 있다는 것이다. 이것은 두 가지 점에서 이익이다. 첫째, 사임하기 때문에 성도들은 실수한 것을 알아차릴 수 없다. 둘째, 만일 그가 혹은 그녀가 사임한다면 소송을 제기할 가능성이 낮아진다는 이점이 있다.

사역의 개선점을 이끌어낸다

평가를 허락하고 받아들인다는 것은 어려운 일이다. 그러나 그 결과는 개선점을 이끌어준다는 것을 배울 수 있고, 또한 배워야만 한다. 우리는 스스로 어떻게 하면 더 나아질 것인가에 대해 물어야 한다. 우리의 사역의 영역에서 더 많은 경험과 명성을 얻고 있는 누군가로부터 객관적인 피드백을 받았다는 것은 주님을 위한 행위가 최고의 것이 되게 해야겠다는 열망을 가진 사람들에게는 가치를 따질 수 없을 만큼 중요한 것이다.

듣는다는 것은 매우 어려운 일이지만, 우리는 우리의 삶 가운데 우리가 잘못을 행할 때 우리에게 용감하고 정직하게 이야기해 줄 사람이 필연적으로 필요하다. 이것은 우리가 행한 것보다 더 좋은 것을 얻을 수 있는 방법이다. 만일 우리가 우리의 사역에 불안정한 것들이 둘러싸고 있으나 안전에 스스로를 몰두시킨다면, 우리는 그리스도를 위해 할 수 있는 것보다도 더 적은 사역을 창출하게 될 것이다. 우리는 그리스도를 위해 우리가 시도하려고 하는 것에 대한 객관성을 제공하고 시각을 형성해 주는 사람을 – 희망하지만 부득이하게 사람을 사랑할 필요는 없다 – 필요로 한다.

나는 좋은 목회 평가에 대한 중요성을 충분히 강조할 수 없다. 평가를 함으로서 얻는 이익은 손해 보다 더 많다. 그러나 어떤 책임을 가지고 있고 당신은 이런 것들을 살펴야만 한다. 첫째, 평가는 자원봉사자들에게 부담을 줄 잠재성을 가지고 있다. 특별히 선두에 선 사람들에게는 더욱 그렇다. 누군가가 그것들을 비평한다는 생각은 때때로 무기력하게 만든다. 그래서 먼저 그들에게 심하게 책망을 하고 왜 평가를 해야 하는지 이해하게 함으로서 확신을 갖게 된다. 둘째, 당신의 평가를 위해 누군가에게 부탁하는 상황에서 당신은 당신을 능가할 만한 적당한 권위를 그 사람에게 주어야 한다. 그래서 사람을 선택하는데 신중을 기해야 한다. 셋째, 너무 많은 평가는 교회에서 지속적인 비판의 환경을 창조할 수 있다. "우리는 평가 과정을 시작하기 전보다 더 부정적 시각으로 비평을 하는가?"를 물어야 한다. 당신이 평가 과정을 시작하기 전보다 부정적으로 더욱 비판하지 않도록 주의를 기울이라. 넷째, 평가에 대한 지나친 강조는 열심, 창조성, 그리고 목회에 있어 자발성을 파괴할 수 있다.[105]

평가는 변화를 추구한다

나는 거기에서 C에 대해서 이야기했지만, 그것을 사용한 것에 대해서는 사과하지 않았다. 변화하지 않는 교회는 하나님의 뜻에 어긋나 있다고 주장한다. 왜냐하면, 기독교는 시작부터 끝까지 모든 변화 혹은 영적인 변혁에 관한 것이기 때문이다.

우리가 행한 것보다 더 좋아지고 영적으로 성장하기 위해 우리는 변화해야만 한다. 어떤 교회에서는 깊은 변화를 요구한다. 이러한 교회들은 지난 20년에서 30년 동안 조금씩 변화해 왔다. 그리고 만일 살아남고자 한다면 변

---

[105] 나는 맥킬바인(Rod MacIlvaine)으로부터 정보를 대부분 얻었다. 그는 오클라호마(Oklahoma) 바르트레스빌(Bartlesville)에 있는 은혜교회(Grace Community Church) 담임목사이다

화를 확장시켜야 한다. 하지만 나는 이러한 노력에 질문을 던지고자 한다. 왜냐하면, 변화 그 자체는 아마도 그들 자신에게 손상을 입힐 수 있기 때문이다.

중요한 것은 변화를 증대시키는 것이다. 또한 내가 "휘몰아치는 변화"라고 위에서 언급했다. 당신은 정기적으로, 평가의 시간, 여기저기에서 일어나는 변화의 소용돌이를 통해 휘몰아치는 변화가 일어난다. 가장 기본적 단계에서 당신은 매주 질문을 던져야 한다. 내가 어떻게 해야 다음에 더 좋은 결과를 가져올 수 있을까? 1년 뒤 혹은 그 후에 당신은 지금과는 다른 교회가 아니란 것을 발견하게 될 것이다. 당신은 영적으로 더욱 강한 교회가 될 것이며 변화가 일어났다는 것을 깨닫게 될 것이다.

> **평가의 목적**
>
> - 사역 조절을 추구한다
> - 사역 성취를 위해 우선순위를 정해 준다
> - 사역 평가를 하도록 도전을 준다
> - 사역 지지를 유도한다
> - 사역을 수정하도록 한다
> - 사역의 개선점을 이끌어 낸다
> - 변화를 추구한다

평가에 대해 성경은 무엇이라고 가르치고 있는가

평가의 목적은 설득이다. 이에 우리는 다음과 같은 질문을 던져야만 한다. 평가는 성서적인가? 평가를 하기 전에 우리는 성경이 무엇이라고 언급하고 있는지 논의하지 않았기 때문에 여기서의 질문은 '평가는 성서와 모순되는가?'이다. 아마도 답은 '그렇다'와 '아니다'일 것이다. 또한 '성경은 평가의 실례를 보여 주고 있는가?' 답은 '그렇다'이다. 이에 대해 다음에 살펴 볼 것이다.

평가는 성경과 이질적인 것이 아니다. 성과에 대한 평가 종류와 신약 성경에 그 예가 없지만, 그것은 기독교인들이 그들의 목회자들과 사역을 평가하지 않았다거나 우리가 평가로부터 자유롭다는 것을 의미하지 않는다.[106] 누가는 정기적으로 교회의 발전에 관해 사도행전에서 언급하고 있다. 2장 41절, 2장 47절, 4장 4절, 5장 14절, 6장 1절, 6장 7절, 9장 31절, 9장 35절, 9장 42절, 11장 21절, 11장 24절, 14장 1절, 14장 21절, 16장 5절 그리고 17장 21절이다. 디모데전서 3장 1-13절에서 바울은 집사와 장로에 대한 자격을 이야기하고 있다. 이것은 평가의 한 종류이다. 고린도전서 11장 28절에서 바울은 고린도교회에 있는 성도들에게 건강한 자기 평가를 하고 있다. 그는 성만찬 앞에서 그들 스스로를 평가하도록 도전을 주었다. 이것은 주님의 죽음에 대한 올바른 설교26절와 판단을 받지 않도록29-32절 해준다. 또 다른 예는 고린도후서 13장 5-6절이다. 여기서 바울은 그들이 믿음 안에 있는지 없는지 이해하기 위해 성도들에게 평가하고 시험하라고 권면하고 있다. 그 시험에 실패할 경우 재앙이 될 것이지만 시험을 하지 않는다면 오히려 더 큰 재앙이 임할 것이라고 이해했다. 요한계시록 2-3장에서 하나님은 그의 일곱 교회를 시험하시고 잘하는 것과 잘 하지 못한 것을 찾아 내셨다. 영적인 상태를 측정하는 것을 꺼린다는 것은 영적 성장을 가져올 수 없는 것처럼 교회의 영향력을 평가하는데 실패한다면 교회의 성장은 거의 불가능하다.

평가 과정
1. 지도자 선정하기
2. 누구를 평가할 것인지 결정하기
3. 무엇을 평가할 것인지 결정하기

평가 과정

자 당신은 평가의 목적과 중요성에 대해 이해했다. 그렇다면 여기서 우

---

[106] 실제로 신약성경은 초대교회가 실행했던 것에 대해 많이 언급하지 않는다. 나는 하나님께서 우리가 그것을 모방하고 불필요하게 1세기 문화에 얽매여 있게 될 것이란 점을 알고 계셨다고 믿고 있다.

리는 다음과 같은 질문을 해야 한다. 평가 과정은 무엇인가? 여기에는 세 가지 단계가 있다. 과정을 책임 질 지도자 선정, 당신이 누구를 평가하고자 하는지 결정하기, 그리고 무엇을 평가할 것인가 결정하기이다. 두 번째와 세 번째 단계를 위해 당신은 누가 평가를 실시할 것인지 그리고 어떻게 평가할 것인지를 결정해야 할 필요가 있으며 얼마나 자주 평가를 해야 할 것인지를 결정해야 한다.

1단계 : 지도자 선정

평가 과정을 담당하기 위해 자격을 갖춘 사람을 선출한다는 것은 중요하다. 어떤 사람들은 평가를 위해 책임을 가지고 있거나 사역 가운데 많은 다른 유익한 일을 좋아하지만, 그런 일은 일어나지 않기를 바란다. 작은 교회에서 이러한 일은 종종 목사의 몫이다. 그러나 나는 평가 과정 전부를 책임질 수 있고 목사에게 평가한 것을 보고할 수 있는 은사가 있고, 재능이 있는 평신도를 찾아야 한다고 제안한다. 이런 일을 할 수 있는 성도들은 모든 목회 현장에 실제로 있다. 그들은 평가의 영역에 있어서 항상 그들의 능력을 깨닫지 못하고 있거나 교회가 그들의 도움을 필요로 한다는 사실을 깨닫지 못하고 있다. 많은 사람들은 평가를 경험하고 그들의 사역을 살펴본다. 그리고 이들 가운데 몇 사람은 의심 없이 이 일을 추진하는데 책임을 가지고 있을 것이다. 이러한 사람들을 찾아냈다면, 교회에서 이러한 사역을 실천에 옮길 수 있도록 그들을 훈련시키고 사역을 활발하게 진행할 수 있도록 해 주라.

큰 교회에서 목사, 행정 목사, 또는 행정 스텝들은 평가 프로그램을 책임을 질 수 있다. 새로운 패러다임을 가진 많은 교회는 모집을 시작했고 평가를 위해 목회자들을 이용한다. 평가와 사정을 위한 목사 혹은 개선을 위한 목사와 같은 타이틀을 이용하는데 있어서 이 사람들은 두 가지 자격을 갖추고 있어야 한다. 첫째, 그들은 그들의 구별된 의도들을 개발하도록 평신도를 도와야 하며 하나님께 그러한 의도를 이용함으로서 헌신하도록 도와야 한다. 둘째, 그들은 평가 이행에 책임을 진다.

2단계 : 평가할 사람 결정하기

평가 과정에 있는 스텝이나 평신도는 평가 받을 사람과 사역을 결정하는데 다른 사람 특히 스텝과 함께 사역해야 한다. 나는 그런 사람들을 "사역자"라고 부르며 그들이 성취한 것들을 "사역"이라고 이야기한다. 나는 여기에서 사역자들에게 초점을 맞출 것이다. 사역에 대해 평가하기 전에 몇 가지 질문을 당신에게 하고 싶다. 누가 사역자인가? 누가 그들을 평가할 것인가? 어떻게 그들은 평가할 것인가? 얼마나 자주 그들을 평가할 것인가?

누가 사역자인가?

교회의 사역자들은 어떤 위원회의 회원, 목회자 그리고 행정 스텝, 평신도 사역 지도자, 각각의 사역에 참여하는 전임 사역자와 파트타임 사역자를 말한다. 이런 모든 사람을 통틀어 나는 사역자라고 지칭한다. 뿐만 아니라 목사 안수를 받고 전임 교역자의 사역을 하고 있는 사람도 여기에 포함된다. 내가 최근 사역했던 교회에서 우리는 몇 년 동안 사역했던 모든 사람들에 대해 평가를 시도했다. 나는 목회 팀이 여러 가지 점에서 서로 관련되어 있다는 것에 대해 처음 동의를 얻을 때, 이것에 대해 알리는 것이 중요하다고 생각했다. 이것은 내가 언급했던 처음 일은 아니지만, 우리가 봉사를 위해 사람들을 모집할 때, 나는 이런 것을 강조하여 포함시켰다.

왜냐하면, 평가는 대부분 사람들에게 협박할 수 있는 것이었기 때문이다. 특별히 남녀 평신도 자원봉사자들에게 더욱 그렇다. 나는 목사나 담임목사들이 가끔 평가의 주제를 가지고 이야기함으로서 성도들이 완전하게 평가의 중요성과 과정을 이해할 수 있도록 하자는 제안을 했다. 당신이 평가를 하고 받을 때 평가의 목적과 이익을 설명하라. 나는 평가에 관해 성도들에게 광고하고 그들은 평가를 믿게 되었고 평가되기를 원했다. 나는 그들에게 이러한 평가가 긍정적이고 성장의 경험이 되기를 원한다. 비록 우리들 모두가 평가하기 전에 불안한 감정을 겪는 것에 동의한다고 할지라도 우리가 주님이 원하시는 대로 일을 추진했다고 한다면, 실제적 평가는 결점보다는 더욱 지지의 시간이 되는 결과를 가져올 것이다. 우리는 우리가 잘 하지 못했던 것보다 우리가 잘한 것을 더욱 찾아내야만 한다.

누가 사역을 평가할 것인가?

평가 시스템, 평가를 실시하고 평가를 받는 일에 있어 중요한 역할을 감당하는 것은 사람들이다. 평가를 실시하는 사람들은 두 그룹으로 나눌 수 있다. 내부 평가단과 외부 평가단으로 나눌 수 있다.

내부 감정단은 사역을 구성하는 사람들이다. 그들은 그 교회에 오랜 동안 관심을 보인 사람들이다. 그들은 주로 사역에 동참하는 사람들과 정기적으로 사역에 동참하는 사람들로 구성된다.

구성원들은 교회의 현재와 미래를 책임지는 핵심인물들이다. 그들은 교인들로서 사역에 그들 자신을 헌신하는 믿을만한 스텝, 위원회, 평신도이다. 그들은 교회의 가치, 사명, 비전, 그리고 전략을 세웠던 사람들이다. 노스우드 교회에서 위원회는 그들 자신과 다른 사람들을 평가한다. 자연스럽게 스텝들은 그 평가에 상당히 연관되어 있다. 그들과 위원회는 모든 평가를 움직이는 엔진이다. 만일 그들이 비평하지 않고 비평적이지 않으려 한다면, 우리는 그들이 하지 않는 것을 다른 사람이 해야 한다는 기대를 할 수 없다.

또한 모든 교회는 규칙적으로 참석하는 성도들이 있다. 반면에 다양한 이유에서 함께 하지는 않는 성도들도 있다. 예를 들면, 만일 교회의 핵심 개념에 대해 동의하지 않는다면 확실히 참석하지 않을 것이다. 다른 사람들은 천천히 헌신하는 사람들이다. 왜냐하면, 일반적으로 헌신을 피하기 때문이거나 다른 교회에서 혹사를 당했기 때문이다. 그리고 위원회에 참석하기 전에 조금의 시간과 공간이 필요하다고 생각하기 때문이다.

나는 우리가 그들에게 사역이 잘되도록 평가하기 위해 질문을 던져야 한다고 믿는다. 그들은 전체적으로 교인들과는 다른 시각으로 교회를 살펴볼 것이다. 종종 교인들은 다른 사람이 명백하게 보는 것을 잘 보지 못하는 경우도 있다. 예를 들면 교인이 아닌 사람은 목사의 설교를 좋아할 수 있으나 시설을 갖추지 않는 교회에 함께 하는 것을 원치 않는다. 그러나 교인들은 빈약한 시설에 익숙해져 있고 더 이상 그러한 빈약한 조건들에 주의를 기울이지 않는다.

우리는 그들 자신을 평가하고 사역을 이끄는 자리에 리더십을 가진 사람이 배치되기를 기대한다. 예를 들면, 어린이 사역을 담당하는 사람은 어린이 사역에 대해 개인적 그리고 부서에 대한 비평을 책임진다. 반면에 청소년 사역을 이끄는 사역자, 스텝, 그리고 사역에 동참하는 다른 사람들은 사역자 혹은 그 자신 그리고 청소년 영역에 있어서 사역을 담당하는 사람들의 비평에 대해 책임을 진다.

당신은 또한 다른 교인과 교인이 아닌 사람을 당신의 사역을 평가하기 위해 초청할 수도 있다. 우리는 공적 예배를 드리는데 있어서 소위 전달 카드를 제공함으로 우리의 성도들이 우리에게 쉽게 전달할 수 있도록 한다. 이러한 카드들은 어떤 종류의 피드백이라도 쉽게 평가할 수 있도록 해 준다. 주기적으로 우리는 예배나 설교에 대한 평가를 위해 교인들과 비교인들에게 적당한 질문을 던져야 한다.

외부 감정단은 교회의 방문자들이다. 그들은 몇몇 다른 종류의 사람들로 구성된다. 어떤 사람들은 다른 교회에서 사역을 하고 있으면서 다른 교회에 출석하는 기독교인들이지만 몇몇 이유로 새로운 교회를 찾고 있는 사람들이다. 또 다른 부류의 사람들은 교회를 아직 정하지 않는 사람들로서 기독교인과 비기독교인이 포함된다.

지난 20세기의 마지막 절반 기간에 나타난 현상은 유럽과 마찬가지로 북미 전체에 교회를 정하지 않는 사람들의 수가 증가했다는 점이다. 미국에서 교회를 정하지 않는 사람이 전 인구의 60%였던 것이 80-90%에 이르렀다. 남부 지방은 교회를 정하지 않는 사람의 수가 최고이며, 북서부와 북동부의 몇몇 지역에서는 가장 낮았다. 심지어 유럽에서 교회를 정하지 않는 사람의 비율은 높았다. 예를 들면, 내가 암스테르담Amsterdam에서 목회했을 때, 도시 안에 있는 기독교인들 가운데 교회를 정하지 않는 인구의 비가 97.5%에 육박했다.

어떤 교회들은 교회를 정하지 않는 사람들에 대해 알지 못할 뿐 아니라 그들은 교회를 정하지 않는 사람들에게 어떻게 다가갈 것인가, 그리고 교회의 필요성을 알리는 것에 대한 전략을 가지고 있지 않았다. 이것은 노스우드 교회에서 있었던 전략과 사명의 일부분이다. 우리는 노스우드에 교회를 정하지 않는 사람이 출석했을 때, 그들은 아침 예배에 참석한다는 것을 알게 되었다. 이것은 많은 사람들이 익명성을 오히려 좋아하기 때문이며, 예배가 그것을 제공하기 때문이다.

어떤 교회는 교회를 정하지 않는 사람들을 찾아 나서기 때문에 그들은 교회와 교회가 행한 모든 것에 대한 그들의 평가를 요구하는 것은 현명한 일이다. 노스우드 교회에서 만일 우리가 어떤 것을 실천한다고 하려고 할 때, 우리가 쓸데없이 잃어버린 사람들을 영적인 일에 독려하는 것이 아닌지 알기 원했다. 우리는 복음과 결코 타협할 수 없었다. 만일 교회를 정하지 못한 잃어버린 사람들이 어떤 것에 걸려 넘어지려고 한다면, 우리는 그것이 복음이 되기를 원했지.고전1:23 교회의 문화에 관한 문제가 아니기를 원했다. 이것을 알 수 있는 단 한 가지 방법은 우리가 무엇을 하고 있는지 평가하는 것이다.

어떻게 사역을 평가할 것인가?

교회의 사역을 평가할 수 있는 수많은 방법이 있다. 특별히 외부 감정단과 내부 감정단은 수많은 방법으로 교회의 사역을 평가할 수 있다. 다음은 평가 도구 가운데 하나 혹은 몇 개를 조합해서 사용하라.

사역 설명서 혹은 일에 대한 설명서를 이용하는 것이다. 내가 최근 사역했던 교회에서 이를 논의하기 위해 많은 시간과 노력을 기울였다. 그로 인해 우리 교인들은 우리가 기대하는 바가 무엇인지 정확하게 알고 있다. 우리는 사역 설명서를 교역자를 청빙하고 사역에 대한 지침으로 활용했으며 평가에도 활용했다. 나는 우리 교회 기독교 교육 담당자를 위한 사역 설명서와 그의 사역 평가를 부록 L에 실어 놓았다. 뿐만 아니라 기독교 교육 담당자에 대한 평가 역시 부록 L에 실어 놓았다. 담당자의 사역에 대한 지식, 사역의 질, 활동 능력, 성격 그리고 그 위치에 적절한 다른 영역에 대해 평가할 수 있도록 질문을 포함하고 있다. 평가를 받는 모든 사람들은 그의 혹은 그녀의 평가 질문에 답을 한다. 이것은 평가 과정을 통해 일부 불안감을 해소시켜준다.

또한 **강점과 약점**에 대한 질문지는 평가하는데 유용하다. 이것은 주님께서 요한 계시록 2-3장에서 일곱 교회를 평가하실 때 사용하셨던 것이다. 당신은 평가단에게 사역자의 강점과 약점에 대한 리스트를 요구할 수 있다. 뿐만 아니라 당신은 개선을 위한 몇 가지 조언을 포함시킬 수 있다.

사역자의 성격, 능력 그리고 공감대 또한 평가를 받아야 한다. 사람의 능력은 그가 혹은 그녀가 사역 과제를 어떻게 성취하는 것과 관련되어 있다. 공감대는 관계성을 말한다. 질문은 다음과 같이 이루어질 수 있다. 그 사람은 감정적으로 다른 스텝가운데 누구와 잘 관계를 맺고 있는가?

이러한 평가 도구를 한 가지 혹은 몇 가지를 함께 조합하여 사용할 수 있다.

얼마나 자주 사역자들을 평가해야 하는가?

이론적으로 당신은 일 년 내내 공식적으로 당신의 사역을 자주 평가해야 한다. 하지만 현실적으로 일 년에 한번 정도 사역을 평가하는 것으로 드러났다. 하지만 나는 총체적 품질 혁명의 수호자인 데밍W. Edward Deming의 생각에 동의한다. 그는 기업세계에서 관리자가 고용인을 평가하고자 한다면 먼저 일 년 전체 행사를 가지고 있어야 하며 무능력에 대해 다시 살펴보아야한다고 주장한다. 대신에 그는 평가는 계속되어야 한다고 믿고 있으며 단순히 일 년에 한 번씩 평가하는 것은 반대한다. 예를 들면, 노동자들은 어떤 일을 잘 했거나 잘못했을 때 즉시 피드백을 해 줄 필요가 있다. 일 년을 기다린 후에 이야기해 준다는 것은 그 기간이 너무 길다. 이것은 공식적 평가와 마찬가지로 가치 있고 계속해서 지속되어야할 비공식적 평가라고 한다.

만일 사역자가 빈약한 평가를 받게 된다면, 당신은 이 사람에 대해 자주 평가하기를 원할 것이다. 의미 있는 문제 혹은 문제들이 드러나는 초기 평가 후에 나는 다음을 따를 것을 권고한다. 먼저 문제가 무엇인지 개인적으로 정확하게 이해하도록 해야 한다. 둘째 개선을 위한 계획을 설정해야 한다. 그 문제를 해결할 수 있도록 사역자와 교회가 도울 수 있는 방법을 부탁하라. 마지막으로 충분한 시간, 즉 3개월 혹은 6개월 후에 다시 만나서 진행 상황에 대해 점검하라. 어떤 이유에서든지 이 사람이 개선하지 못했다면 그가 혹은 그녀가 그만둘 좋은 기회를 주던지 그에게 더 잘 맞는 곳으로 옮겨주라. 내가 앞에서 언급했지만, 이런 상황은 교회나 그 사람 모두가 윈윈할 수 있다. 그 사람은 더욱 영향력을 행사할 수 있는 사역을 찾을 수 있는 기회를 갖는 것이다. 교회는 이 사람의 분노를 일으키지 않게 된다. 이것은 또한 개인적인 감정을 제거함으로서 법적 소송을 피할 수 있다.

3단계 : 무엇을 평가할 것인지 결정하기

당신은 사역자와 함께 사역에 대해 평가해야만 한다. 우리의 사람들을 평가할 뿐 아니라 사역 가운데 어떤 것을 생산해 냈는지 평가해야만 한다. 즉 사역의 열매를 평가하는 것이다. 요15:16 사역자들을 평가하기 위해 몇 가지 질문했던 것처럼 여기에서도 몇 가지 질문해야 할 것이 있다.

누가 사역을 평가할 것인가?

사역에 대해 평가하는 사람은 주로 스텝과 교인들이다. 스텝은 반드시 규칙적으로 사역을 평가 받아야 하며 특별히 자기가 책임을 맡고 있는 사역에 대해서는 더욱 그렇다. 그래서 담임목사는 일반적으로 교회 전체적인 사역뿐 아니라 전문적인 영역에 대해서도 평가해야 하며 특별히 설교와 같은 책임을 지고 있는 영역에 대해서 평가를 해야 한다. 기독교 교육을 담당하고 있는 스텝은 기독교 교육 프로그램 등에 대해 평가할 책임을 지고 있다.

교인들은 사역을 평가하기 위해 사역을 책임지고 있는 스텝을 평가의 자리로 초대할 수 있다. 교인들은 설문조사와 그에 대한 답을 이용할 수도 있다. 이 방법을 통해 교인들이 성숙을 향해 성장하는 과정 가운데 스텝이 행한 사역이 도움을 줄 수도 방해할 수도 있다는 것을 알 수 있다.

어떻게 사역을 평가할 것인가?

교회 사역을 평가하는데 최소한 세 가지 방법이 있다. 과정 지표 설정과 평가, 주요 활동과 이차적 활동 평가하기, 그리고 교인들에게 설문조사하기가 바로 그것이다. 더욱이 당신이 피드백이 유용하고 필수적인 것이라고 믿고 있는 어떤 특별한 영역을 평가하기 위해서는 특별한 형식을 개발해야 한다.

1. 과정 지표의 설정과 평가. 9장에서 나는 교회가 성숙한 신앙인의 특징들을 나타내기 위해 과정 지표를 설정해야 한다고 이야기했다. 성숙표에서 수평 그것은 교회가 영적 성숙을 향해 성도들이 어떻게 진보해 가는가를 결정하는데 도움을 줄 수 있다. 그 과정 지표는 목표를 설정하거나 진행해 가는데 모두에게 도움을 준다. 이에 대한 생각이 흐릿하다면 9장을 다시 살펴보기를 바라며 간단히 그 정보를 다시 살펴보기를 바란다.

이런 점에서 나는 과정 지표를 세우고 내가 제안했던 형태의 성숙표에서의 특징들을 정렬시켜 놓았다고 가정할 때, 이제 당신은 각각 하나씩 평가하는 과정을 실시하면 된다.

주요 활동 및 이차적 활동 평가. 9장에서 나는 교회의 주요한 그리고 이차적 활동에 대해 설명했다. 주요 활동이란 성숙의 특징사역 목표 직접적으로 성취하기 위해 실행해야 할 것 혹은 이미 실행하고 있는 사역도구라는 사실을 기억할 수 있을 것이다. 몇 가지 예를 들면, 예배설교 포함, 주일 학교, 소그룹 사역 등이다. 이것들을 당신은 성숙의 표에서 수직적위로부터 아래로으로 나열시켜야 한다. 이차적 활동은 성숙의 특징들을 간접적으로 성취하고 지원하는 도구를 의미하는 바, 성경 공부, 중독에 빠진 사람들을 지원하기, 여름 성경학교 등이 여기에 포함된다.

수많은 방법이 가능하다. 나는 그 활동이 그 목적을 성취하는가와 같은 질문 형식의 평가를 하곤 한다. 이 활동은 성도들의 삶 속에서 성숙의 특징을 받아들이는데 도움을 주는가? 어떤 것이 사명과 비전을 성취하는데 교회를 도울 수 있는가? 또한 나는 강점과 약점에 대한 설문도 실시한다. 나는 전체적인 영향력을 평가하기 위해 활동에 참여한 사람들에게 평가해 달라고 부탁하기도 한다.

2. 출석 수 세기. 1세기 초대교회가 사용했던 방법 가운데 하나는 숫자를 세는 것이었다. 사도행전 2장 41절, 4장 4절에 의하면 누가는 숫자를 세었다. 그 이유는 얼마나 그들이 영적으로 성장했는지 숫자를 세는 것이 이를 반영한 것이라고 믿고 있었기 때문이다. 매주 숫자를 세는 것은 누군가가 이를 적어 두어야 하고, 이것은 어렵지 않다.

이것은 단순히 중요한 사역에 참여한 숫자를 모니터링하면 된다. 예를 들면, 어떤 교회는 세 가지 중요한 사역, 즉 예배, 소그룹 모임, 주일학교를 대상으로 참석한 숫자를 센다. 그리고 나서 표에 표시를 하고 매주일 혹은 전년도와 비교해 보라. 숫자가 늘었는가? 줄었는가? 아니면 그대로인가? 숫자가 줄었다면 무엇이 필요한가? 무엇이 변화될 필요가 있는가?

3. 교인들에게 설문조사하기. 당신은 내가 9장에서 교인들에게 설문조사를 해 보라는 권유를 했다는 것을 기억할 것이다. 다시 한 번 9장으로 돌아가 대략적으로 그 정보들을 살펴 보기를 바란다. 나는 과정 지표를 설정하고 평가할 뿐 아니라 주요한 그리고 이차적인 활동을 평가해 볼 것을 이야기했다. 또한 좋은 평가를 위해 외부 평가단을 도입해도 좋다고 이야기했다. 이와 마찬가지로 교인들에게 설문조사를 실시해 보는 것도 유용하다는 사실에 관심을 가져 보라. 주로 그 과정에 교인들이 참여하기 때문이다.

4. 사역의 영역에 있어 특별 영역 평가하기. 내가 가장 최근에 못했던 교회에서 우리는 어떻게 사람들이, 특별히 방문자들이 주일 아침예배에 대해 어떻게 느끼는지 알게 하고 싶었다. 그래서 특별한 형식을 디자인했다. 부록 L에서 첫 번째 항목이다 또한 우리는 교인들과 정기적으로 예배에 참여하는 성

도들을 위한 설문지도 만들었다. 부록 L에서 두 번째 항목이다 만일 우리의 다양한 사역이 개선해 가고 주님께 영광을 돌릴 수만 있다면, 우리는 필수적으로 평가의 현미경 아래 가져다 놓았다.

얼마나 자주 사역을 평가해야 하는가?

나는 당신이 일 년마다 활동을 평가하고 회중에게 설문을 조사할 것을 권유했다. 하지만 당신은 과정 지표를 매년 뿐 아니라 매주, 혹은 매달, 그리고 분기별로 평가하기를 원할 것이다. 매주 체크해볼 수 있는 과정 지표 가운데 하나는 예배이다. 또 다른 것은 매 주일 예배 때마다 참석하는 성도의 숫자이다. 당신은 이러한 영역에 문제가 생길 경우 일년 평가로는 충분치 않고 할 수 있는 한 빨리 파악하려고 할 것이다. 또한 사역 평가에서 심각한 문제가 발견되었을 경우, 당신은 "평가 유예"를 할 수 있고 그 문제를 수정하기 위해 지도자들과 함께 해결책을 찾아내야만 한다.

반영, 토의, 그리고 적용을 위한 질문들

1. 당신의 현재 운영상 목회 실천, 전략, 구조, 그리고 시스템은 당신이 가지고 있는 핵심 가치, 사명, 그리고 비전과 일직선을 이루는가? 왜 그런가 혹은 왜 그렇지 못한가? 당신은 최근 발생한 목회 평가 형식에 대한 유형을 가지고 있는가? 만일 그렇다면, 그것은 무엇인가? 만일 그렇지 못하다면 당신의 목회를 성취하기 위해 무엇을 강화해야 하는가?
2. 누군가가 당신과 당신이 인도하는 목회에 대해 평가하는 것에 관해 당신의 개인적 감정은 무엇인가? 왜 그렇게 느끼는가? 당신의 느낌

은 평가 시스템을 이행하는데 있어서 도전을 주는가 아니면 용기를 떨어뜨리는가?

3. 당신의 사역 가운데 있는 성도들은 어떻게 그들이 이행해야 할 것인가를 알고 있는가? 어떻게 당신이 이행해야 할 것인가에 대해 알고 있는가? 교회는 성도들을 정기적으로 지지하고 있는가? 만일 그렇다면, 어떻게 지지해 주는가? 만일 그렇지 못하면, 왜 그렇게 하지 못하는가? 교회는 성도들의 실수를 정기적으로 수정해 주는가? 만일 그렇다면, 어떻게 수행하는가? 만일 그렇지 못하다면 왜 그렇지 못하는가? 당신의 사역은 당신의 회원들로부터 개선을 유도하고 있는가? 만일 그렇다면, 어떻게 수행하는가? 만일 그렇지 않다면, 왜 그렇지 못하는가?

4. 평가의 목적에 관해 이 책과 이번 장을 읽으면서, 당신은 당신의 목회 가운데 평가의 필요성을 확신하는가? 왜 그런가, 아니면 왜 그렇지 못한가? 당신은 당신의 목회 가운데 평가 과정을 이행하고 수행하려는 의지를 가지고 있는가? 왜 그런가 혹은 왜 그렇지 않은가?

5. 누가 평가를 해야 하는가? 당신은 충분한 인적 자원을 가지고 있는가? 그들은 내부의 사람들인가 외부 사람들인가 아니면 모두 포함하고 있는가? 당신의 목회평가 또는 목회의 어떤 부분, 특별히 잃어버린 사람들에 대한 평가를 위해 왜 외부 사람들을 원하는가?

6. 당신의 목회 가운데 누구를 그리고 무엇을 평가하기를 원하는지 리스트를 작성하라. 당신 자신도 포함되어 있는가? 왜 그런가 아니면 왜 그렇지 못한가? 당신은 너무 많게 혹은 너무 적게 평가를 시도하는가? 양 극단의 손해는 무엇인가?

7. 평가 수행을 위해 누가 가장 최고 적임자인가? 왜 그런가? 부록 I에 있는 평가 형식은 당신 자신의 평가 형식을 디자인하는데 도움을 주

는가?

8. 누가 각각의 팀원들을 평가하는가? 당신은 360가지 평가 시스템을 적용할 마음이 있는가? 왜 그런가 아니면 왜 그렇지 않은가? 누가 개인 평가와 더불어 각각의 평가를 살피려 하는가? 그들이 적임자인가 혹은 단지 능력이 있는 사람인가?

9. 위의 다섯 번째 질문을 다시 한 번 살펴보라. 당신은 각각의 사람과 이행에 대해 얼마나 자주 평가해야 하는가? 충분히 평가할만한 가치가 있는가? 너무 자주 평가해서 비현실적이지는 않은가?

부록

부록 A _ 변화를 위한 준비 목록
부록 B _ 지도자 관리 평가
부록 C _ 헌신 서약
부록 D _ 전략 개발 작업표
부록 E _ 실행 장애물 검사
부록 F _ 비전 선언문
부록 G _ 비전 유형 검사
부록 H _ 가치 선언문
부록 I _ 교회의 사역 핵심 가치 평가서
부록 J _ 공동체 요약
부록 K _ 성격 검사
부록 L _ 사역 설명서
부록 M _ 환경: 환영 환경 창조하기
부록 N _ 평가 목록

부록 A
변화를 위한 준비 목록

안내 : 다음에 있는 각각의 항목은 변화를 위한 당신 교회의 준비사항을 평가하는데 도움을 줄 중요한 요소이다. 평가 과정에 외부 평가자를 포함하여 다른 사람까지 평가함으로서 객관성을 유지하도록 노력해야 한다. 당신의 교회에 가장 가까운 점수에 표하라.

1. **리더십**. 목회자와 교회 위원회당회는 변화에 호의적이며 변화에 직접적인 책임을 가지고 있다. 또한 어떠한 영향력을 행사하는 사람들이비공식적 리더십: 교회 설립자, 건강한 당회원 등 변화를 원한다면 5점에, 만일 보통이라면 3점에 표시하라. 리더십에 있어 두 번째 단계에 있는 사람들목사와 위원회와는 또 다른 스텝, 주일학교 교사 등이 변화를 원하지만, 이에 비공식적 리더들이 반대한다면 1점에 표시하라.

         5   3   1

2. **비전**. 목회자와 위원회가 하나의 비전을 가지고 있으며, 현재와 다른 의미 있는 미래에 대한 명백한 비전을 가지고 있다. 목사는 다른 사람스텝, 위원회, 회중에게 행동에 옮기도록 동기를 불어 넣는다면 5점에, 위원회는 목사와 다른 비전을 가지고 교회를 이끌어 간다면 3점에 표시하라. 목사와 위원회 모두가 비전에 대해 생각이 없거나 비전의 중요성을 믿지 않는다면 1점에 표시하라.

         5   3   1

3. **가치**. 교회의 목회에 대한 철학이 혁신과 창조에 대한 이행을 포함하고 있다. 비록 공인된 형식, 방법들, 그리고 기술이 매우 빠르게 폐기 되지 않는다고 할지라도 교회는 전통을 유지하기보다는 목회에 영향을 주고 있다는 사실에 확신을 가지고 있다면 5점에, 만일 보통이라면 3점에 표시하라. 교회의 사역 형식과 기술이 몇 년 동안 거의 변화가 없어 목회에 손상을 입었다면 1점에 표시하라.

         5   3   1

4. **동기**. 목사와 위원회가 변화에 대해 강한 긴급성을 가지고 이를 회중과 공유하고 있다. 교회 문화가 끊임없는 변화의 필요성을 강조한다면 3점에, 회중과 더불어 목회자나 위원회대부분 오랜 동안 그들의 위치를 지켜오고 있다가 변화에 저항하고 모험을 두려워하여 오랫동안 지켜온 전통에 의해 한계를 가지고 있다면 1점에 표시하라, 만일 이 둘 사이에 있다면 2점에 표시하라.

         3   2   1

5. **조직적 상황**. 교회에서 다른 프로그램기독교교육, 예배, 선교 등을 변화시키기 위해 얼마나 많은 노력을 기울이고 있는가? 만일 변화 속에 있는 개인들이 모두 함께 개선과 혁신을 위해 노력한다면 3점에, 다소 그렇다면 2점에 표시하라 만일 많은 사람들이 변화에 반대하거나 변화에 대해 다른 사람들과 갈등을 겪고 있다면 1점에 표시하라.

         3   2   1

6. **과정/기능**. 대부분 재설계과정과 기독교교육과 예배처럼 교회의 모든 사역에 있어서 교회는 변화라는 기능이 요구된다. 만일 이러한 영역에서 일어나는 대부분의 변화에 대해 열려 있으면 3점에, 다소 그렇다면 2점에 표시

하라. 만일 변화를 옹호하는 사람을 쫓아내 버리거나 교회 전체보다 앞서 그들의 목회 영역에 변화가 일어나고 있다면 1점에 표시하라.

         3   2   1

7. **목회 인식.** 당신 교회의 지도자는 지역 공동체 안에 혁신적인 복음적 교회를 유지하며 미국또는 당신이 속한 국가 전역에 걸쳐 목회와 봉사 부분에 있어 영향력을 행사하고 있는가? 지도자들이 교회에서 목회를 펼쳐 가는데 있어 매우 유사한 다른 교회와 객관적으로 비교하고 있는가? 만일 그렇다면 3점에, 때때로 그렇다면 2점에 표시하라. 만일 전혀 그렇지 않다면, 1점에 표시하라.

         3   2   1

8. **공동체에 초점 맞추기.** 교회는 공동체에 속한 사람들의 필요, 희망, 열망을 알고 이해하고 있는가? 그들과 직접적인 접촉을 하는데 이것을 품고 있는가? 교회가 그들을 정기적으로 찾아 나서고 있는가? 만일 그렇다면 3점에, 보통이면 2점에 표시하라. 만일 교회가 공동체와 일치하지 않거나 공동체 자체의 중요한 점에 초점을 맞추고 있지 않다면 1점에 표시하라.

         3   2   1

9. **평가.** 교회는 그들의 사역을 규칙적으로 평가하는가? 비전과 목표라는 관점을 가지고 사역을 평가하고 있는가? 목회자들은 평가에 대해 정기적으로 적절한 조치를 취하고 있는가? 만일 모든 일이 발생하고 있다면 3점에, 다소 그렇다면 2점에, 전혀 그렇지 않다면 1점에 표시하라.

         3   2   1

10. **보상**. 만일 지도자와 그 사역에 동참하는 사람들에게 발생하는 문제에 대해 새로운 해결책을 찾고 모험을 감수하는데 보상이 주어진다면 변화는 좀 더 쉬워진다. 또한 보상은 홀로 이행하는 것보다 목회 팀에 더욱 영향을 준다. 만일 당신 교회가 보상을 할 줄 안다면 3점에, 때때로 그렇다면 2점에 표시하라. 만일 교회가 현상 유지를 하려고 하고 단순히 심리상태를 유지하려고 한다면 1점에 표시하라.

                  3   2   1

11. **조직적 구조**. 최고의 상황은 변화를 잘 받아들이고 매일이 아닌 주기적으로 변화가 일어나는 교회가 비전이 있는 교회이다. 만일 이것이 당신 교회에 확실히 일어난다면 3점에, 만일 당신 교회가 그러한 구조에 고정되고 지난 5년 동안 변화는 거의 일어나지 않았거나 효과를 전혀 얻지 못하는 쓸데없는 경험을 했다면 1점에 표시하라. 만일 그 사이이면 2점에 표시하라.

                  3   2   1

12. **전달**. 당신의 교회는 쌍방향 전달을 위한 다양한 방법들이 있는가? 대부분의 사람들은 그것을 이해하고 이용하는가? 그리고 모든 회중에게 전달되고 있는가? 만일 모든 것이 매우 그렇다면 3점에 표시하고, 일반적으로 그렇다면 2점에 표시하라. 만일 전달이 빈약하다면, 즉 한 방향이든지, 위로부터 아래로의 전달이 이루어진다면 1점에 표시하라.

                  3   2   1

13. **조직의 계급**. 당신의 교회는 분산되어 있는가? 회중과 목회자 혹은 위원회 사이에 어떠한 리더의 단계가 있다면 다소 분산되어 있는 것이다 만일 그렇다면 3점에 표시를

하라. 만일 성도들이 회중과 목회자 혹은 위원회 사이에 오는 스텝 단계 혹은 위원회 사이에 있다면, 중요한 변화에 대한 잠재적 장애물이 존재할 수 있다. 이것은 1점, 만일 두 사이에 있다면 2점에 표시하라.

          3   2   1

14. **먼저 일어난 변화.** 만일 교회가 최근에 성공적으로 중요한 변화를 이행했다면, 교회는 대부분 변화를 당연하게 받아들인다. 만일 당신의 교회가 그렇다면 3점에, 만일 몇몇 변화만 일어난다면 2점에 표시하라. 만일 어느 누구도 과거에 교회에 일어난 변화에 대해 기억하지 못하거나 그러한 노력이 실패로 돌아가거나 좌파 성도들이 화를 내고 분개한다면 1점에 표시하라.

          3   2   1

15. **의욕.** 교회의 스텝들과 자원 봉사자들은 그들의 사역을 즐거워하고 책임을 기꺼이 지려하는가? 그들은 위원회나 목사를 신뢰하는가? 만일 그렇다면 3점에, 보통이라면 2점에 표시하라. 단지 몇 사람만 자원봉사에 참여하고 낮은 팀 정신을 가지고 있는가? 리더들과 평신도 사이에 불신이 있으며 다양한 사역 가운데 불신이 있는가? 만일 그렇다면 1점에 표시하라.

          3   2   1

16. **혁신.** 교회는 새로운 일을 시도한다. 성도들은 모순이 없는 기본적인 것에 대한 새로운 아이디어를 실행하는데 거리낌이 없다. 성도들은 자유롭게 선택하고 그들의 사역 가운데 발생하는 문제들을 풀어간다. 만일 당신의 교회가 그렇다면 3점에, 다소 그렇다면 2점에 표시하라. 만일 사역이

절차가 복잡한 관료주의의 함정에 빠뜨리게 하고 어떤 일이 일어나기 전에 반드시 "위"로부터 허가를 얻어야만 한다면 1점에 표시하라.

      3   2   1

17. **결정하기**. 교회 리더는 모든 회중들로부터 넓고 다양한 제안들을 주의 깊게 듣는가? 적당한 정보들을 규합한 후에 교회는 빠르게 결정을 내리는가? 만일 그렇다면 3점에 보통이라면 2점에 표시하라. 교회 리더는 선택된 몇 사람의 이야기만을 듣고 줄곧 결정을 내리는가? 결정을 내리는 과정에서 많은 갈등이 있는가? 그리고 결정을 내린 후에 혼란과 불안이 있는가? 그렇다면 1점에 표시하라.

      3   2   1

        총점 _____

만일 당신의 점수가 다음에 해당한다면,

47-57 : 그 교회는 당신의 변화를 실천하기에 좋은 교회이다. 특별히 당신의 점수가 1-3 항목에서 높은 점수를 얻었다면 더욱 그렇다.

28-46 : 변화는 일어날 수 있지만, 시시각각으로 변할 수 있다. 1-3 항목에 대해 당신의 점수가 좀 더 높다면 그 기회는 많아진다. 낮은 점수를 받은 영역에 주의를 기울이라. 그리고 큰 스케일의 변화를 시도하기 전에 개선하는 데 초점을 맞추라.

17-27 : 변화가 발생하는 것을 좀처럼 좋아하지 않는다. 낮은 점수를 받은

항목에 주의를 기울이고, 가능하다면 그것들을 개선하는데 노력하라. 새로운 교회를 시작할 때 심사숙고하며 더욱 "변화를 친밀하게 하는" 상황 속에서 당신의 생각을 이행하는데 심사숙고하라.

부록 B
지도자 관리 평가

안내

1. 이 평가를 실시하는데 정답이나 잘못된 답이 없다는 것을 기억하라.
2. 각각의 질문을 빠르게 읽고 두 개의 답 A 혹은 B 가운데 현재 당신의 사역 역할에 있어 가장 가까운 것에 답하라.
3. 어떤 질문이라도 너무 많은 시간을 소비하지 말고 처음 생각했던 것에 답을 하는 것이 좋다.

1. 변화에 접근하기 위해 나는…?
   A 변화를 좋아한다   B 예측가능하고 체계적인 것을 좋아한다
2. 기관이나 사역을 이끌어 가는데 있어 나는…
   A 옳은 일을 시행한다   B 곧바로 시행한다
3. 일이나 사역을 볼 때 나는…?
   A 전체적으로 본다   B 부분적으로 본다
4. 삶과 사역에 관해 나의 일반적 견해는?
   A 낙관적이다   B 현실적이다
5. 나의 일이나 사역에 있어 나는 …에 기본을 두고 실행한다.
   A 믿음   B 사실
6. 내 역할에서 나는 …으로서 관찰된다.
   A 영향력을 주는 사람   B 조정자
7. 나의 일이나 사역을 볼 때, 나는 …관점으로 본다.

A 기회　　　　　　　B 업적

8. 나의 일 혹은 사역에서 내가 추구하는 것은 …이다.

　　A 효율성　　　　　　B 능률성

9. 나의 사역에서 나는 내 자신을 …라고 여긴다.

　　A 비전가　　　　　　B 현실주의자

10. 나의 일 혹은 사역에서 내가 초점을 맞추는 것은 …이다.

　　A 아이디어　　　　　B 기능

11. 나의 일 혹은 사역에서 나는 …제공하는 것이라고 믿는다.

　　A 방향　　　　　　　B 기구위원회

12. 나의 지도자 역할에 있어 나 스스로를 …라고 이해한다.

　　A 설득자　　　　　　B 이행자

13. 나의 일 혹은 사역에서 나 스스로를 …라고 설명한다.

　　A 모험가　　　　　　B 안정시키는 사람

14. 그룹에게 전달할 때, 사람들은 나를 …라고 말한다.

　　A 설득력 있는 사람　 B 정보를 제공하는 사람

15. 나의 일 혹은 사역에 있어 내가 갈망하는 것 중에 하나는 …을 보는 것이다.

　　A 성장　　　　　　　B 조화

16. 교회에서 사역을 펼칠 때, 나는 …이다.

　　A 모험가　　　　　　B 신중한 사람

17. 나의 영적 은사는 … 이다.

　　A 리더십　　　　　　B 행정력

18. 나의 일과 사역에 있어 나는 …이다.

　　A 선동가　　　　　　B 반응을 보이는 사람

19. 나의 강점 중에 하나는 …이다.

　　A 사람들에게 동기를 부여하는　 B 사람들을 조직하는

20. 내가 가장 잘할 수 있는 것은?

   A 방향 설정　　　　B 문제를 푸는 것

점수에 대한 지침

1. A에 답한 수 _____

2. B에 답한 수 _____

3. 더 높은 점수가 당신의 현재 사역에서의 역할이다. A에 답한 경우가 많다면 당신은 지도자의 역할을 수행하고 있는 것이며 B에 답하는 경우가 많다면, 당신은 행정이나 관리의 역할을 수행하고 있는 것이다. 당신은 어떤가?

   이름 : _____

   교회에서의 위치 : _____

부록 C
헌신 서약

아래의 항목들은 전략 기획 팀이 당신에 대한 기대를 나타낸 것입니다. 그것을 읽고 맨 아래에 날짜와 서명을 해 주시기 바랍니다.

주님께서 나를 도와주심으로 나의 능력과 최선을 다하여 다음 항목에 헌신할 것입니다.

1. 교회, 팀, 그리고 과정을 위해 기도할 것
2. 그 과정을 열정적으로 지지지하기 위해 긍정적으로 참여할 것
3. 팀의 일원이 될 것반드시 "예'라고 대답할 것
4. 내가 동의하지 않더라도 팀이 결정한 사항에 대해 동참할 것
5. 가능한 모임에 참석할 것
6. 스토리보딩과 같은 그룹 과정에 참여할 것
7. 기밀사항에 대해 비밀을 유기할 것
8. 그 과정에 필요한 시간6-9개월에 헌신할 것
9. 과정을 지원하고 강화하는데 은사와 능력을 활용할 것
10. 가능한 실행에 옮길 것
11. 각 팀의 회의를 준비할 것회의 자료를 읽고 평가
12. 교인들과 함께 팀 사역에 주도적으로 참여할 것

서명 :

날짜 :

의견 :

부록 D
전략 개발 작업표

안내 : 다음은 개발팀과 함께 전략 기획 과정을 다시 살펴보는 열두 가지 사역맨 마지막 두 개는 선택적이다 목적이다. 각각의 목적들은 다음 일곱 가지 목적을 가지고 있다.

1. 전략 지도력 팀SLT과 개발을 위한 성도들로부터 팀을 모집할 리더/챔피언을 선정하라.
2. 각각의 목적에 따른 수많은 의미 있는 목표 리스트를 작성하라. 각각의 사역 목표를 위한 당신의 전략 형식을 성취했을 때, 그들은 궤도를 유지할 수 있도록 도움을 주며, 당신의 사역 과제에 초점을 맞출 수 있도록 해 준다.
3. 각각의 팀은 그들의 목표에 대한 우선순위를 정하고 잠재적 "단기 우승자"를 찾으라.
4. 누가 각각의 목표를 개발하고 그것을 가지고 사역할 것인지 결정하라.
5. 목표를 완수하기 위한 마감시한날짜를 정하라.
6. 당신은 목표를 추가하거나 빼고 싶을 것이다. 개발팀을 인도하는 사람들과 이를 명확히 하라
7. 완성된 목표를 확인하고 목표의 우선순위를 정하기 위해 각각의 목표 앞에 있는 공간을 이용하라.

활동1

무엇 : 팀을 개발하고 과정을 시작할 사람을 모집하라

누가 : 개발팀을 인도할 사람

언제 : 완료일 _____

팀 리더 :

팀원 :

- 리더/챔피언 모집평신도나 스텝이 될 수 있으며 담임목사는 전체 개발과정을 총괄한다하라.
- 지도자는 조력자를 선정하고, SLT에 소속된 다른 팀원들과 도움을 줄 교인들을 선정하라.
- 조력자들은 다른 팀의 지도자들과 팀원을 모집하는데 책임을 진다.
- 개발 과정에 대한 일반적인 통찰력을 가지고 연습을 충분히 하라.
- 전체 과정의 시간표를 만들고 완수할 날짜들을 정하라. 우리가 당신의 시간표를 만드는데 간트 차트를 이용할 것을 권한다
- 규칙적으로 시간표를 모니터하고 업데트하라.
- 각각의 팀원들과 리더들과 규칙적으로 소통하라. 발전 궤도, 문제 등
- 규칙적으로 모든 개발의 발전 과정을 평가하라. 그리고 목회자에게 보고하라.
- MIR팀과 미팅을 가지라.
- 전략 기획 웹 사이트에 업데이트하고 모니터하라.
- 전략 기획에 대한 최종안을 평가하고 편집하라. 필요할 경우
- 전체적인 개발 과정을 규칙적으로 평가하고 개선점을 찾으라.

활동2

무엇 : 기획 과정을 우해 기도하라

누가 : 중보기도 개발팀

언제 : 완료일 _____

팀 리더 :

팀원 :

- 기도팀이 이미 존재하고 있는지 확인하라.
- 특별히 SLT가 모임을 가질 때, 보통 금요일 저녁이나 토요일 아침에 기도 모임을 가지라.
- 과저에 동참하고 있는 담임목사, 스텝, 그리고 SLT를 위해 기도하라.
- 수많은 개발팀과 그들의 리더들을 위해 기도하라.
- 성도들이 그 과정에 동참하고 받아들일 수 있도록 기도하라

활동3

무엇 : 성도들에게 전달할 기획을 디자인하기

누가 : 전달 기획 개발팀

언제 : 완료일 _____

팀 리더 :

팀원 :

- 핵심 가치 선언문을 만들라. 신조들
- 당신의 가치들과 사명을 성도들에게 전달하는 것이 최고의 방법인지 결정하라. 아래의 "최고의 실천 방법"을 보라
- 목사는 규칙적으로 성도들에게 사명과 비전을 전달해야 한다는 사실을 잊지 말라.
- 최근 교회가 어떻게 전달했는지 연구하고 평가하라.

- 위원회 모임, 스텝 모임, 팀 사역에 전달 도구들을 사용해 보라. 전달 도구들을 가지고 여덟 가지 질문에 답하라. 전달되기 위해 무엇이 필요한가? 누가, 누구에게, 언제, 어디서, 어떤 방법으로, 얼마나, 그리고 왜 전달하려고 하는가?
- 공공적으로 전달된 것을 명료화하고 조직화하는 평신도나 스텝을 모집하라. 많은 경우 담임목사나 위원회의 위원장이 이것을 행한다
- 전달하기 위한 "최고의 실천 방법"을 결정하라. 웹 사이트, 교회의 안내 책자, 공고, 신문, 이메일, 설교, 잡지, 광고, 제직회, 새가족 모임 등
- 당신 주위에 있는 교회가 행했던 좋은 전달 방법이 무엇이었는지 연구하라.
- 교회에 그냥 다니는 성도들에게 전달할 수 있는 최고의 방법을 결정하고 당신의 메시지를 그들에게 전달할 전략을 세우라.
- 교회 비전 선언문을 전체에 알리라.
- 목회자는 비전을 어떻게 최고의 방법으로 전달할 것인지 결정하라.
- 당신의 전달 과정을 규칙적으로 평가하고 개선하라.

활동4

무엇 : 당신의 지역 공동체에 다가가기 위한 전략 개발

누가 : 지역 공동체에 다가서기 위한 전략 개발팀

언제 : 완료일 _____

팀 리더 :

팀원 :

- 스텝이나 멜퍼스 재단 출신의 상담사가 진행하는 설명회에 참석하라.
- 당신의 "예루살렘" 행1:8을 확인하라. 자연스럽게 세워진 지역 공동체의

- 경계선을 확인하라.
- 당신 지역에 살고 있는 사람들을 연구하라. 인구 통계학적, 심리학적 지역 공동체에 관한 연구 조사를 실시하라. 당신 지역에 살고 있는 몇몇 사람들을 직접 만나 인터뷰를 실시하라.
- 당신 지역 공동체의 인구통계학적 그리고 심리하적 최근 상황을 잘 파악하라.
- 당신 지역 공동체의 갈등 문제를 확인하고 교회가 어떻게 그들에게 그 정보를 제공할 것인지 결정하라.
- 도전적인 목표를 설정하라. 1년 1명이 1명에게 등
- 전도 대상자들을 확인하고 특별 사역을 실시하라. 당신 지역 공동체에 다가서는데 도움이 될 만한 의도적이고 오랜 기간 지속될 수 있는 사역들
- 교인들의 자기 정체성을 확인하라. 어떻게 당신 자신을 보고 있는가? 선교사, 제자, 종, 증인, 전도자, 교인
- 교인들에게 전도 훈련 프로그램을 제공하라. 프리미엄 전도 후년 코스, 복음 제시, 전도 스타일 등
- 다른 팀에게 전달할 필요가 있는 것들을 확인하고, 정기적으로 모임을 갖고 접촉하라.
- 지역 공동체에 다가서기 위해 하나의 단락으로 된 비전 선언문을 개발하라.
- 강력한 비전을 선택하라. 이미 최종적인 비전을 발견했다
- 만일 당신이 성도들에게 전체적인 목표들을 충분히 전달하지 못했다면, 지역 공동체에 다가서기를 성취할 수 있는 전략을 가져야 한다. 그리고 성도들이 외울 수 있고 적용할 수 있도록 해야 하며 LDT나 책임자목사, 행정목사, STL, 위원회 등가 평가, 조언, 그리고 최종적인 승은을 할 수 있도록 제시하라.

- 당신의 지역 공동체에 다가서기 전략을 규칙적으로 평가하고 업데이트 하라.

활동5

무엇 : 제자 만들기 전략을 개발하라.

누가 : 제자 만들기 개발팀

언제 : 완료일 _____

팀 리더 :

팀원 :

- 스텝이나 멜퍼스 재단 출신의 상담사가 진행하는 설명회에 참석하라.
- 성숙한 제자의 특징을 확인하라. 예배, 교제, 성경공부, 전도 그리고 봉사
- 당신의 주요 사역을 확인하라. 성숙한 제자 만들기를 위한 지름길 : 예배, 성경공부, 소그룹 등
- 최근 어떤 사역을 통해 성숙한 제자로 만들었으며 반대로 실패했던 방법은 무엇이었는지 확인하라.
- 주요 사역제자 만들기를 위한 지름길을 평가하고 수정하고 개발하라. 만일 시간이 있다면, 당신의 이차적 사역도 똑같이 해 보라
- 제자 만들기 전략을 전달하기 위해 표를 만들고, 이미지를 창조하라.
- 당신은 어떻게 과정을 실행하고 평가할 것인지 결정하라.
- 다른 팀에게 전달할 필요가 있는 것들을 확인하고, 정기적으로 모임을 갖고 접촉하라.
- 제자 만들기를 위한 하나의 단락으로 된 비전 선언문을 개발하라.
- 만일 당신이 성도들에게 전체적인 목표들을 충분히 전달하지 못했다면, 제자 만들기를 성취할 수 있는 전략을 가져야 한다. 그리고 성도들이

외울 수 있고 적용할 있도록 해야 하며 LDT나 책임자목사, 행정목사, STL, 위원회 등가 평가, 조언, 그리고 최종적인 승은을 할 수 있도록 제시하라.
- 제자 만들기 전략을 규칙적으로 평가하고 업데이트하라.

활동6

무엇 : 당신의 성도들을 동기화 시킬 수 있는 전략을 개발하라.

누가 : 동기화 개발팀

언제 : 완료일 _____

팀 리더 :

팀원 :

- 스텝이나 멜퍼스 재단 출신의 상담사가 진행하는 설명회에 참석하라.
- 당신 성도들을 동기화가 중요하다는 사실을 설명하고 전달하라전달 개발 팀과 함께 작업하라
- 동기화의 문제점충분치 않는 인력 등을 확인하라.
- 최근 성도들이 동기화되었던 것을 확인하라.
- 성도들 가운데 얼마나 동ㄱ화를 시킬 것인지 목표를 설정하라.
- 동기화를 위해 성경에서 말하는 해결책을 수용하고 전달하라.
- 세 가지 동기화 과정발견, 상담, 실행 혹은 유사점을 개발하라.
- 사역 리더어린이, 청소년, 성인들을 훈련시키라. 그래서 그들이 특별 사역 속에서의 역할을 이해하도록 하라.
- 적당한 동기화 도구를 결정하라. 은사 목록, 열정 검사, 기질 검사 등 어떤 것들은 비용이 든다.
- 성도들을 동기화시키기 위해 당신의 비전을 이해하고 전달할 수 있는 한 단락으로 된 선어문을 개발하라.

— 다른 팀에게 전달할 필요가 있는 것들을 확인하고, 정기적으로 모임을 갖고 접촉하라.
— 만일 당신이 성도들에게 전체적인 목표들을 충분히 전달하지 못했다면, 성도들을 동기화하는 것을 성취할 수 있는 전략을 가져야 한다. 그리고 성도들이 외울 수 있고 적용할 있도록 해야 하며 LDT나 책임자목사, 행정목사, STL, 위원회 등가 평가, 조언, 그리고 최종적인 승은을 할 수 있도록 제시하라.
— 성도들을 동기화 시킬 수 있는 전략을 규칙적으로 평가하고 업데이트하라.

활동7

무엇 : 스텝들을 세우기 위한 전략을 개발하라.

누가 : 스텝 개발팀

언제 : 완료일 _____

팀 리더 :

팀원 :

— 스텝이나 멜퍼스 재단 출신의 상담사가 진행하는 설명회에 참석하라.
— 얼마나 많은 스텝을 채용할 것인지 결정하라. 예배 인원 150명 당 1명이 적절하다
— 균형 잡힌 스텝을 보유하고 있는지 확인하라. 기능적 그리고 연령에 따른 스텝
— 모든 사역 스텝들이 일 혹은 사역 설명서를 가지고 있는지 보라.
— 스텝들이 사역을 위해 평신도들을 훈련시키는지 확인하라.
— 스텝 조직도를 개발하라.
— 미래 스텝을 더 청빙하기 위한 청사진을 창조하라.
— 스텝 배치표를 소개하라. 스텝이 올바른 위치에 있는가?
— 스텝 평가 과정을 개발하고 실시하라.

- 스텝의 반응을 평가하라.
- 다른 팀에게 전달할 필요가 있는 것들을 확인하고, 정기적으로 모임을 갖고 접촉하라.
- 만일 당신이 성도들에게 전체적인 목표들을 충분히 전달하지 못했다면, 스텝을 세워야 하는 것을 성취할 수 있는 전략을 가져야 한다. 그리고 성도들이 외울 수 있고 적용할 있도록 해야 하며 LDT나 책임자목사, 행정목사, STL, 위원회 등가 평가, 조언, 그리고 최종적인 승은을 할 수 있도록 제시하라.
- 스텝 세우기를 위한 전략을 규칙적으로 평가하고 업데이트하라.

활동8

무엇 : 최고 사역 환경을 위한 전략을 개발하라.

누가 : 환경지역과 건물 개발팀

언제 : 완료일 _____

팀 리더 :

팀원 :

- 스텝이나 멜퍼스 재단 출신의 상담사가 진행하는 설명회에 참석하라.
- 위치 문제를 어떻게 잘 설명할 것인지 결정하라.
- 교회의 기본 종합 개발 계획을 실시하라.
- 교회의 "방문자에 대한 친밀감"을 평가하고 수정하라.
- 교회의 청결도를 평가하고 수정하라.
- 건물의 사각지대를 평가하고 수정하라.
- 주차장을 평가하고 수정하라.
- 좌석80-90% 법칙을 이용하라에 대해 평가하고 수정하라.

- 에이커1에이커당 100명 법칙을 평가하고 수정하라.
- 이주에 대해 어떻게 생각하는지 설명하라.
- 다른 팀에게 전달할 필요가 있는 것들을 확인하고, 정기적으로 모임을 갖고 접촉하라.
- 만일 당신이 성도들에게 전체적인 목표들을 충분히 전달하지 못했다면, 최고의 사역 환경을 세울 수 있는 전략을 가져야 한다. 그리고 성도들이 외울 수 있고 적용할 있도록 해야 하며 LDT나 책임자목사, 행정목사, STL, 위원회 등가 평가, 조언, 그리고 최종적인 승은을 할 수 있도록 제시하라.
- 최고의 사역 환경을 갖출 수 있는 전략을 규칙적으로 평가하고 업데이트하라.

활동9

무엇 : 사역을 위한 재정 충당과 관리를 위한 전략을 개발하라.

누가 : 재정/청지기 정신 개발팀

언제 : 완료일 _____

팀 리더 :

팀원 :

- 스텝이나 멜퍼스 재단 출신의 상담사가 진행하는 설명회에 참석하라.
- 재정이나 청지기 정신을 인도해야 할 사람을 결정하라.
- 네 가지 영역을 중심으로 예산을 다시 짜라.선교와 전도, 스탭, 사역, 건물
- 각 영역에 대한 적당한 재정의 할당량퍼센테이지을 결정하라.
- 당신의 최근 헌금 현황을 모니터하고 평가하라.
- 당신의 사역을 당신은 어떻게 재정을 충당할 것인지 결정하라.12장을 보라

- 재정을 위한 적당한 자료들을 점검하라
- 다른 팀에게 전달할 필요가 있는 것들을 확인하고, 정기적으로 모임을 갖고 접촉하라.
- 만일 당신이 성도들에게 전체적인 목표들을 충분히 전달하지 못했다면, 재정을 충당하고 관리할 수 있는 전략을 가져야 한다. 그리고 성도들이 외울 수 있고 적용할 있도록 해야 하며 LDT나 책임자목사, 행정목사, STL, 위원회 등가 평가, 조언, 그리고 최종적인 승은을 할 수 있도록 제시하라.
- 필요한 재정을 충당하고 관리할 수 있는 전략을 규칙적으로 평가하고 업데이트하라.

활동10

무엇 : 문화 변화에 빠르게 적용할 수 있는 창조적 혁신적 교회 세우기

누가 : 창조와 혁신 개발팀

언제 : 완료일 _____

팀 리더 :

팀원 :

- 교회가 문화에 잘 적응해서 성장을 계속 유지하고 있는지 연구하라.
- 교회 안팎으로 인터뷰를 실시하라. 그리고 당신이 하고 있는 것이 구식이고 부적절한지 물어보라. 지난 5년 동안 바뀌지 않는 것이 무엇인가?
- 변화의 신핫을 개발하고 교회에 적용하라. 기능, 형식 그리고 자유
- 계속해서 당신의 관점에 도전을 주며 당신의 지역 공동체, 교회와 성도, 사역, 리더들 그리고 내부 조직에 관해 진리가 무엇인지 생각해 보라. 당연한 것은 없다.
- 수백 가지의 새로 생겨나는 것들을 위한 과정을 개발하고 매년 전략적

사역 개념들을 개발하라. 평신도, 팀 그리고 스텝들의 브레인스토밍을 실시하라
- 새로운 것들을 시도하고 연구하기 위해 성도들에게 허락을 받으라. 이것은 당신과 교인들이 실패를 하더라도 안전성을 확보하기 위함이다. 하지만 시도하지 않으려는 것보다 시도하고 실패하는 것이 더 낫다
- 교인들과 또 다른 것들로부터 창조적이고 혁신적인 개념들을 창조하고 평가하라.
- 미국에 있는 혁신적이고 창조적인 교회들을 확인하고 그들이 실시하고 있는 것과 어떻게 사역에 도움이 되는지 발견하라. 당시 지역에 그런 교회가 있다면 방문해 보라.
- 새로운 개념들을 위해 예산의 얼마를 할당하라. 사역 예산의 1-5%정도 할당하는 것이 좋다
- 창조와 혁신 그리고 창조적이고 혁신적인 교회에 관한 책과 논문을 읽으라.

선택적 목표 11

무엇 : 교회 안에 있는 리더들을 양성하라

누가 : 리더십 개발팀

언제 : 완료일 _____

팀 리더 :

팀원 :

- 스텝이나 멜퍼스 재단 출신의 상담사가 진행하는 설명회에 참석하라.
- 리더십 개발팀이 교회에서 매우 중요한 위치에 있다는 것을 인지하고, 설명할 수 있어야 한다.
- 교회가 리더십을 개발하지 않는 이유가 무엇인지 설명할 수 있어야 한다.

- 당신은 리더가 탄생한다고 믿는가 아니면 만들어진다고 믿는가?
- 리더 개발에 대한 정의를 내리라.
- 예수님의 리더 개발 방법은 훈련과 단계라는 것을 깨달으라.
- 만일 당신이 리더들위원회, 스텝, 목회자, 장로 등에게 권한을 부여한다면, 리더 개발 과정을 지지하고 있다는 것을 알게 하라.
- 누가 개발 과정을 인도하고 지원하며, 착수할 것인지 결정하라.
- 리더십에 대한 합의된 정의에 도달하라.
- 당신 교회에서 다양한 리더십 단계를 확인하라.
- 새로운 사람들을 발견하고 모집하라. 개발을 위한 리더들을 모집하라.
- 리더십의 위치에 새로운 리더십을 투입하라.
- 교회에서 그들의 사역을 위해 신입 리더들과 현재 리더들을 개발하라.
- 다른 팀에게 전달할 필요가 있는 것들을 확인하고, 정기적으로 모임을 갖고 접촉하라.
- 만일 당신이 성도들에게 전체적인 목표들을 충분히 전달하지 못했다면, 리더 개발을 성취할 수 있는 전략을 가져야 한다. 그리고 성도들이 외울 수 있고 적용할 있도록 해야 하며 LDT나 책임자목사, 행정목사, STL, 위원회 등가 평가, 조언, 그리고 최종적인 승은을 할 수 있도록 제시하라.
- 리더를 개발할 수 있는 전략을 규칙적으로 평가하고 업데이트하라.

선택적 목표 12

무엇 : 탁월한 리더십을 위한 위원회를 준비시킬 전략을 개발하라.

누가 : 위원회 전략 개발팀

언제 : 완료일 _____

팀 리더 :

팀원 :

- 스텝이나 멜퍼스 재단 출신의 상담사가 진행하는 설명회에 참석하라.
- 최근 위원회의 성과를 평가하라.
- 위원회의 크기를 9명 이하로 제한하라.
- 위원회의 영적인 자격을 결정하라.
- 위원회, 목회자 그리고 스텝 상호간의 관계성을 설정하라.
- 명백한 위원회 기능을 평가하고 세우라.
- 위원회의 구성을 다시 살피고 설정하라.
- 건강한 위원회의 특징을 확인하라.
- 목회자와 함께 지침을 만들고 권력에 대한 형평성에 대해 체크하라.
- 교회의 정책 방법들을 실행하라.
- 새로운 위원회의 회원들을 위한 OT를 실시하라.
- 다른 팀에게 전달할 필요가 있는 것들을 확인하고, 정기적으로 모임을 갖고 접촉하라.
- 만일 당신이 성도들에게 전체적인 목표들을 충분히 전달하지 못했다면, 탁월한 리더십을 가진 위원회를 세울 수 있는 전략을 가져야 한다. 그리고 성도들이 외울 수 있고 적용할 있도록 해야 하며 LDT나 책임자목사, 행정목사, STL, 위원회 등가 평가, 조언, 그리고 최종적인 승은을 할 수 있도록 제시하라.
- 탁월한 리더십을 가진 위원회를 세울 전략을 규칙적으로 평가하고 업데이트하라.

부록 E
실행 장애물 검사

안내 : 다음 문제를 읽고 당신 교회가 과정을 실행하는데 장애가 된다고 생각하는 것들에 해당하는 점수에 체크하라. 문제를 빨리 읽고 처음 생각나는 것에 체크하면 된다.

1	2	3	4
정말 그렇다	중요하다	부분적으로 잘못이다	잘못이다

1. 현상태 유지 : 지금 실시하고 있는 방식을 유지하는 것　　1 2 3 4
2. 자기 만족 : 지금 실시하고 있는 방식에 만족하는 것　　1 2 3 4
3. 전통 : 단지 과거에서부터 현재까지 이어져 오는 것에 대한 호의　1 2 3 4
4. 편견 : 다른 사람들에 대해 알지 못하고 부정적인 생각을 갖는 것　1 2 3 4
5. 비판적인 생각 : 잘못만을 찾아내는 것　　1 2 3 4
6. 불평 : 끊임없이 불평을 토로하는 것　　1 2 3 4
7. 내적인 초점 : 자기중심적이고 주로 자기 자신의 관심만 주장하는 것

　　1 2 3 4

8. 험담 : 다른 사람의 문제를 비아냥거리는 것　　1 2 3 4
9. 권력 : 자기 자신의 이익을 위해 일을 제어하는 위치에 앉으려고 하는 것

　　1 2 3 4

10. 신성시 되어 비판을 할 수 없는 조직 : 매우 중요한 실천이나 위치를 고려하지 않고서라도 정당성이나 비판을 받지 않는 것　　1 2 3 4
11. 안정성 : 어떠한 긍정적인 모험이나 상처로부터 자유하고 싶은 열망

| | | 1 2 3 4 |

12. 기득권 : 개인적인 이익을 주는 최근 상황을 유지하려는 것   1 2 3 4

13. 위치 : 회중을 통치하려는 위치   1 2 3 4

14. 명예 : 자신의 목적을 위해 기관에 영향을 주는데 자신의 평판을 이용하는 것   1 2 3 4

15. 불신 : 주된 리더십을 신뢰하지 못하는 것   1 2 3 4

16. 스트레스 : 과도한 정신적 충격이나 기관의 환경을 개선해야 한다는 감정적으로 느끼는 압박감   1 2 3 4

17. 향수 : 과거로 돌아가고 싶은 열망   1 2 3 4

18. 융통성이 없는 것 : 변화를 걱정하는 것   1 2 3 4

19. 무시 : 최근 상황을 깨닫지 못하는 것   1 2 3 4

20. 편안함 : 만족의 상태   1 2 3 4

21. 추종 : 다른 사람과 함께 가야할 필요성을 느끼는 것   1 2 3 4

22. 불순종 : 하나님과 우리가 존경하는 사람을 따르려는 의지가 없는 것   1 2 3 4

23. 헌신하지 않음 : 하나님과 교회에 대한 의무감이 없음   1 2 3 4

24. 수동적 자세 : 기관에 참여하려는 의지의 결핍   1 2 3 4

25. 과정을 실행하는데 나타나는 또 다른 장애물   1 2 3 4

아래에 당신이 선택한 장애물 가운데 상위 두 개를 써 보라. 이것은 가장 큰 장애물이다.

부록 F
비전 선언문

모세의 비전

"네 하나님 여호와께서 너를 아름다운 땅에 이르게 하시나니 그곳은 골짜기든지 산지든지 시내와 분천과 샘이 흐르고 밀과 보리의 소산지요 포도와 무화과와 석류와 감람나무와 꿀의 소산지라 네가 먹을 것에 모자람이 없고 네게 아무 부족함이 없는 땅이며 그 땅의 돌은 철이요 산에서는 동을 캘 것이라 네가 먹어서 배부르고 네 하나님 여호와께서 옥토를 네게 주셨음으로 말미암아 그를 찬송하리로다" 신 8:7-10

노스우드 교회 Northwood Community Church
달라스, 텍사스

비전은 현실이나 무엇인가에 관한 것이 아니다. 비전은 우리의 꿈과 포부 또는 할 수 있는 것에 관한 모든 것이다.

노스우드 교회에서 우리는 믿지 않는 수 천 명의 친구들과 복합도시에 사는 사람들과 함께 그리스도의 죽으심과 부활에 관한 복된 소식을 공유하는 비전을 품는다. 그리고 그들 가운데 많은 사람들이 예수님을 구주로 영접했다.

우리는 모든 사람들, 즉 그들이 초신자이거나 기존 신자이거나 관계없이 사람들이 친근한 예배, 주일학교, 특별한 이벤트, 그리고 가장 중요한 소그룹 모임을 통하여 완전히 그리스도를 따르는 제자로 개발시키는 것을 비전으로 품는다.

우리는 교회 성도들이 성서적 공동체의 모델이 되는 소그룹의 교회가 되는 비전을 품는다. 서로 용납하며 용납 받으며, 서로 사랑하며 사랑을 받으며, 서로 돌아보며 돌봄을 받고, 서로에게 용기를 주며 용기를 받으며, 서로 용서하며 용서받고, 서로에게 봉사하며 봉사 받는 곳이 소그룹의 장이다.

우리는 모든 성도들, 즉 청소년 뿐 아니라 성인들까지도 그들이 가지고 있는 신성한 계획을 발견함으로서 교회 안팎에서의 사역 가운데 효과적으로 그리스도를 섬기는데 갖출 수 있도록 돕는 비전을 품고 있다. 우리의 목표는 모든 교인들이 사역자가 되는 것이다.

우리는 그리스도에 관한 흥미를 유발시키며, 그들의 가족관계와 결혼 관계 속에서 치유를 경험하고 사랑 안에서 함께 성장을 경험했던 사람으로 우리의 지체가 되는 수많은 교인들을 환영하는 비전을 품는다.

우리는 모집, 훈련, 그리고 많은 교인들을 선교사로, 교회 개척자로, 그리고 교회의 사역자로 전 세계에 파송하는 것을 비전을 품는다. 우리는 또한 수많은 성도들이 다양한 국가에서 단기 선교봉사를 할 수 있다는 것을 깨닫고 있다. 우리는 미국 전역에 걸쳐 교회를 개척하거나 매 2년 마다 해외에 교회를 개척하는 비전을 품고 있다.

우리는 우리의 성장을 수용하고 모든 대도시의 사람들이 접근하기 쉬운 더 큰 건물을 갖는 비전을 품는다. 이 건물은 주일학교, 소그룹 모임, 성경 공부, 기도, 그리고 다른 모임들을 위한 충분한 방으로 제공될 것이다. 그러나 우리는 "좀 더 큰 것이 좋다"라는 것을 믿지 않으며, 양적인 성장은 효과적인 전도의 부산물이라고 믿는다. 그래서 우리는 하나님께서 우리에게 적합한 만큼 성장시켜 주시기를 갈망하며 잃어버린 영혼과 죽어가는 세상에 다가가기 위해 우리를 사용해 주실 것을 갈망한다.

이것이 우리의 꿈이다. 우리가 할 수 있는 우리의 비전이다!

멜퍼스Aubrey Malphurs 1/97

레이크뷰 교회Lakeview Community Church
세다르 힐, 텍사스

우리의 포괄적인 목적은 모든 족속으로 제자를 삼으라는 그의 명령을 수행함으로서 우리 주 예수 그리스도를 경외하는 것이다.마28:19-20 특별히 우리는 하나님께서 세다르 힐Cedar Hill에 있는 사람들에게 다가가는데 집중하며, 정기적으로 어떠한 교회도 출석하지 않는 주위의 사람들에게 다가가도록 우리를 부르셨다는 사실을 믿는다.

이것을 성취하기 위해서 레이크뷰 교회는 모든 기독교인들이 사역을 위해 그의 혹은 그녀의 완전한 잠재력을 개발할 수 있는 센터를 갖추어야만 한다. 이 개발은 창조성, 영감 넘치는 예배, 성서적이며 삶과 관련된 가르침, 그리고 살아 있고 협력적 친교, 그리고 봉사와 전도를 하는 가운데 지역 공동체에 속한 아웃리치를 위한 기회들을 통해서 이루어진다.

그 결과로 세다르 힐은 10년에서 15년 사이에 변화를 가져올 것이다. 그리고 기독교적 영향력을 가지고 가정에서, 직장에서, 교육과 정책에서 더 큰 영향력을 발휘하게 될 것이다. 우리는 교회를 개척하고, 우리 성도들에게 전문적인 사역자들과 교회 이외의 그룹에서 지도자의 역할을 감당할 수 있도록 준비시키고, 선교사를 파송하며, 텍사스 주와 미국을 위한 자원의 중심과 모델이 됨으로서 세계를 향한 사역을 증가시키려는 경향을 더욱 가지고 있다.

리버시티 교회 River City Community Church
루이빌, 켄터키

우리는 알고 있다…

… 진리의 빛이 어두움을 헤치고 나가는 것을!

리버시티교회를 섬기는 우리는 복음을 명백하게 선포하며 예수 그리스도 안에 있는 영원한 생명의 진리를 자주 선포함으로서 하나님으로부터 분리되어 어두움 속에 있는 신앙이 없는 성도들이 하나님과 관계를 맺도록 이끌어 내는 것을 추구한다. 교회적으로 우리는 주일 아침에 흥미롭고, 재미있고, 친밀한 예배를 제공한다. 우리는 또한 콘서트, 소수인인 흑인을 위한 파티, 스포츠, 그리고 축제와 같은 이벤트를 개최한다. 개인적으로 성숙하고 훈련받은 그리스도의 제자들은 친구들, 가정, 그리고 이웃에 다가간다.

우리는 분별한다…

… 이기적인 삶의 방식으로부터 자유의 향기를!

리버시티 교회를 섬기는 성도들은 미움과 이기주의의 족쇄를 벗어버리도록 용기를 북돋워 주며, 그리스도를 따르는 자유를 즐기도록 용기를 북돋는다. 그들은 완전한 기능을 하는 제자들의 특징을 이해하며 서로에게 용기를 북돋워 준다. 정기적인 교육시간과 소그룹에서 성도들은 말씀을 어떻게 연구하고, 어떻게 하나님께 기도하며, 그들의 믿음을 나누며, 봉사를 실천하기 위한 배움의 의미를 발견하다.

우리는 듣는다…

… 침묵의 벽을 깨뜨리는 웃음의 소리를!

리버시티 교회를 섬기는 우리는 고독의 외로움으로부터 관계의 기쁨으로 사람들을 하나의 가족으로 부름 받게 되었다. 우리는 서로를 알고, 봉사하며, 용기를 주며, 도전을 주며, 그리고 사랑하는 것을 추구할 것이다. 우리는 그리스도의 은혜로 그의 가족이 된 성도들을 하나님께서 환영하셨듯이 인종에 관계없이, 성별에 관계없이, 또는 과거 역사와 관계없이 모든 사람들을 환영한다. 우리는 웃음이나 재미를 두려워하지 않는다.

우리는 느낀다…

… 봉사하기 위해 우리를 훈련시키는 사랑의 손의 힘을!

리버시티 교회를 섬기는 남성과 여성들은 제자를 삼는 리더가 되기 위해서 더욱 많은 훈련을 받게 될 것이다. 우리의 예배, 전도, 동화assimilation, 그리고 리더십 훈련의 결과로서 우리는 예수님의 대사명을 수행하며 다른 사람의 필요를 만족시키며, 더욱 안전한 공동체를 세우고 켄터키 주의 루이빌에서 예수 그리스도의 이름을 영화롭게 하는 사역하는 교회가 될 것이다.

새들백 교회 Saddleback Vally Community Church
미션 비에조, 켈리포니아

이것이 우리의 꿈이다. 상처, 억압, 좌절, 그리고 혼란 가운데 있는 사람들이 사랑, 용납, 도움, 희망, 용서, 인도, 그리고 용기를 발견할 수 있는 곳이 되는 것이다.

이것이 우리의 꿈이다. 남부 오렌지 카운티에 살고 있는 수백만의 주민들과 함께 예수 그리스도의 복음을 나누는 것이다.

이것이 우리의 꿈이다. 20,000명의 교인들이 사랑, 배움, 웃음, 그리고 함께 조화를 이루는 우리 교회의 가정들과 함께 친교를 나누도록 환대하는 것이다.

이것이 우리의 꿈이다. 영적인 성숙을 위해 성경 연구, 소그룹 모임, 세미나, 묵상, 그리고 우리 교회 성도들을 위한 성경학교를 통하여 성도들을 개발하는 것이다.

이것이 우리의 꿈이다. 모든 성도들이 하나님께서 그들에게 주신 은사와 재능을 발견하도록 그들을 도움으로서 의미 있는 사역을 준비하도록 하는 것이다.

이것이 우리의 꿈이다. 전 세계에 수 백 명의 선교를 수행하고 교회의 사역자들을 파송하는 것이며, 모든 교인들에게 세계 속에서 개인적인 삶의 선교를 할 수 있도록 능력을 부양하는 것이다. 수 천 명의 단기 선교사들을 모든 대륙에 파송하는 것이 꿈이다. 최소한 매해 하나의 새로운 딸인 교회를 출발시키는 것이 우리의 꿈이다.

이것이 우리의 꿈이다. 최소한 50에이커의 땅에 오렌지 카운티를 위해 지금은 천 명의 성도들이 예배당에 앉아 예배드리는 기능밖에 수행하지 못하지만, 아름답고 상담을 하며 기도 센터로서, 그리고 성경 연구를 위한 교실과 평신도를 교육시키며 재생산을 위한 지역 교회를 건축하는 것이다. 이 모든 것은 모든 성도들이 영적으로 감성적으로 심리적으로 그리고 사회적으로 사역하도록 디자인 될 것이다. 그리고 평화로운 정원의 풍경이 서려있는 정원을 만들 것이다.

나는 오늘 여러분들 앞에 서서 이러한 꿈들이 반드시 실현될 것이라는 확신에 찬 선언문을 선언한다. 왜 그런가? 왜냐하면, 그 꿈들은 하나님께서 영감을 불어 넣어 주셨기 때문이다.

릭 워렌Rick Warren 목사의 『목적이 이끄는 삶』 *The Purpose-Driven Church*으로부터 발췌한 것이다.

<h1 style="text-align:center">클리어 레이크 커뮤니티 교회 Clear Lake Community Church</h1>
휴스턴, 텍사스

어린이 프로그램을 위한 비전

우리는 어린이들이 교회에 가자고 주일 아침에 자기 부모를 깨우는 비전을 가지고 있다. 우리는 많은 미소를 보며, 자기가 서 있는 곳에서 기뻐하며 친근한 얼굴을 마주치며 인사를 나누는 것을 본다. 처음에 긴장감이 감돌았지만, 그 자리에 웃음이 넘치는 것을 본다. 우리는 자원 봉사자들에게 동기를 부여하며, 열정이 넘치는 아이들로 양육하며, 가르침, 봉사 그리고 양육에 대한 은사를 가지고 있는 것을 본다.

우리는 배우고 수백 명의 아이들이 기뻐하는 "어린 아이들에게 초점을 맞춘 건물"을 본다. 우리는 탁월함과 창조성이 즉시 나타나는 청결하고 매력적인 환경을 본다.

우리는 유아실에 아이들을 맡긴 아빠와 엄마들이 방해 받지 않고 예배드리는 모습을 본다. 우리는 부모들에게 안심할 수 있는 보안 프로그램을 설치하는 비전을 가지고 있다. 우리는 아이들이 물리적 보호를 받고, 아이들이 사랑을 받으며 기저귀를 찬 아이들을 따라다닌 것을 본다.

우리는 주일 아침 가장 어린 아이에서부터 가장 큰 아이들까지 하나님의 사랑을 경험하는 기초를 제공하며 믿음의 씨를 뿌리고 가꾸며 양육하는 비전을 품고 있다.

우리는 어린이들이 기뻐하는 소리를 들으며 하나님의 선하심을 감사하며 영광을 돌리고 수백 명의 아이들의 찬양 소리를 듣는다. 우리는 묵상 기도하는 소리를 듣는다. 우리는 성경 이야기를 창조적인 방법으로 이야기해 주는 비전을 품고 있다. 우리는 복음의 핵심이 아이들의 마음에 스며드는 것을 본다. 우리는 어린이들이 성경 말씀에 순종하며 친구들에게 소식을 전하는 꿈을 가지고 있다.

우리는 가족 모두가 하나님께 더 가까이 가며 동기화 프로그램과 부모 교육을 통해 가족 간에 더 친밀해 지는 것을 본다. 5년 뒤에 우리는 수백 명의 아디들이 세례를 받으며, 그리스도와 하나님의 나라에 전생애 동안 전적으로 헌신할 수 있는 믿음의 기초를 세우는 비전을 품고 있다.

만시니Will Mancini

부록 G
비전 유형 검사

안내 : 다음 중 당신과 가장 가깝게 설명된 것을 선택하라.

1. 나는 … 하는 경향이 있다.
   A 새로운 문제를 좋아하지 않는다
   B 새로운 문제를 좋아한다
2. 내가 좋아하는 것은 … 이다.
   A 사실
   B 이상
3. 나는 … 에 관해 생각하는 것을 좋아한다.
   A 무엇
   B 무엇을 할 수 있는가
4. 나는 … 을 좋아한다.
   A 실천 방법을 세우는 것
   B 실천을 위한 새로운 방법을 모색하는 것
5. 나는 … 기술을 좋아한다.
   A 내가 배우고 사용할 수 있는
   B 새로 습득했지만 아직 사용하지 않는
6. 내가 사역을 실행하는데 … 하는 경향이 있다.
   A 정확하게 시간을 맞추는
   B 정확하게 시간을 맞추는 것을 좋아하지 않는

7. 나의 사역 스타일을 … 라고 설명할 수 있다.

    A 현실적 기대를 가지고 안정을 추구하는

    B 주기적으로 열정의 폭발을 가진

8. 나는 내 자신이 … 라는 것을 알게 되었다.

    A 일상적인 세부 정보를 가지고 인내하는 것

    B 일상적인 세부 정보에 인내하지 못하는 것

9. 나는 … 에 더 신뢰하는 편이다.

    A 경험

    B 영감

10. 나는 … 을 확신한다.

    A 이해는 믿음을 추구하는 것

    B 믿음은 이해를 추구하는 것

    A를 선택한 숫자 : _____

    B를 선택한 숫자 : _____

계산 : A를 선택한 전체 숫자와 B를 선택한 전체 숫자를 계산하여 위에 쓰라.

해석 : 만일 당신이 B보다 A를 선택한 숫자가 많다면 당신은 다른 사역을 방문하고 당신 스스로를 위해 해석하여 비전을 선택하는 사람이다. 당신은 미래보다는 현재에 더 초점을 맞춘다. 당신의 비전 스타일은 **비전을 잡는 자**이다.

만일 당신이 A보다 B를 선택한 숫자가 많다면, 당신은 당신의 머리로 비전을 창조하여 비전을 선택하는 사람이다. 당신은 현재나 과거보다는 미래에 초점을 맞춘다. 당신의 비전 스타일은 **비전 창조자**이다.

주의할 사항 : 만일 A와 B를 선택한 숫자가 같다면, 당신의 비전 스타일이 이 쪽인지 저쪽인지 확신을 하기 어렵다. 그렇다면 당신은 더욱 엄격한 검사라고 생각되는 성격유형검사나 기질 검사를 실시해 보는 것이 좋다. 아니면 다음에 다시 이 검사를 해 보는 것도 좋다.

부록 H
가치 선언문

노스우드 교회 Northwood Community Church
달라스 Dallas, 텍사스 Texas

핵심 가치 선언문
노스우드 교회의 핵심가치를 다음과 같이 밝혀둔다. 우리는 따뜻하고 돌보는 환경 속에서 이러한 사역을 규정하고 인도하는 것을 바란다.

그리스도의 주권
우리는 그리스도가 우리 교회의 주인임을 인정하며 그의 뜻과 기쁘심을 위해 우리 스스로가 순종하며 모든 행동을 한다. 엡1:22-23

성서적 가르침
우리는 통합과 권위를 가지고 하나님의 말씀을 가르치기를 노력한다. 그래서 구도자들이 그리스도를 찾고 신앙인들이 그 안에서 성숙하기를 바란다. 딤후3:16

진정한 예배
우리는 우리의 개인적인 삶 속에서 그리고 단체적인 삶 속에서 하나님의 궁극적인 가치와 중요성을 인정하기를 바라며, 우리 교회는 현대적 예배를 드린다. 롬12:1-2

기도
우리는 모든 사역과 교회의 모든 활동에 대한 개념, 기획, 그리고 기대를 함에 있어 개인적 혹은 전체적인 기도에 의존한다. 마7:7-11

공동체에 대한 감각
우리는 모든 성도들에게 성서적으로 기능을 감당하는 소그룹, 즉 잃어버린 영혼에 다가가며 그들의 은사를 활용하고, 청지기가 되고 그래서 그리스도의 형상을 성장시킬 수 있는 데 전적으로 참여하고 헌신하도록 부탁한다. 행2:44-46

가정
우리는 기독교의 신앙을 영속시키기 위해 하나님의 역동적인 도구 가운데 하나로서 가정의 영적 성장을 지지한다. 딤후1:5

은사 지도
우리는 성도들에게 죄와 비난보다는 사랑과 감사의 마음으로부터 우러나와 그리스도를 봉사하도록 용기를 북돋워 준다. 롬6:14

창조성과 혁신
우리는 지속적으로 우리의 형식들, 방법들, 문화적 타당성, 그리고 그리스도를 위해 최고의 노력을 다하는 사역에 대해 평가를 실시한다.

결집된 회중
우리는 우리의 사역에 대해 효과적으로 성취하도록 독특하게 디자인된 모든 성도들과 다양한 은사를 가진 성도들이 되도록 한다. 엡4:11-14*

잃어버린 사람들

우리는 교회를 정하지 못한 사람들, 잃어버린 사람들에게 가치를 두며 그들을 추구하고, 승리하고, 교육시키기 위한 모든 가능한 그리스도를 존경하는 방법들을 이용한다. 눅19:10*

사역의 탁월성

하나님께서 그의 최고의 것구세주을 주셨기 때문에 우리의 모든 사역과 활동에 있어서 최고 수준의 탁월성으로 그를 경외하려고 한다. 골3:23-24*

* 이는 큰 가치가 있다. 그러나 그들은 아직 우리에게 가치로서 자리를 잡지 못하고 있으며 우리는 우리의 핵심 가치를 그들에게 제공하는데 노력하고 있다.

예루살렘 교회 The Jerusalem Church
예루살렘Jerusalem, 이스라엘Israel

예루살렘 교회의 핵심가치들

1. 우리는 성서적 공동체에 가치를 둔다. 행2:44-46

2. 우리는 친교에 가치를 둔다. 행2:42

3. 우리는 찬양과 예배에 가치를 둔다. 행2:47

4. 우리는 전도에 가치를 둔다. 행2:47

노스우드 교회 Northwood Community Church
달라스Dallas, 텍사스Texas

우리의 신앙 고백

노스우드 교회Northwood Community Church는 복음주의 자유 교회Evangelical Free Church이다. 그래서 노스우드 교회의 교인들은 다음 과 같은 열 두 가지 미국의 복음주의 자유 교회의 고백을 받아들인다.

1. 우리는 구약성서와 신양성서 모두를 포함한 성서를 믿는다. 하나님의 영감으로 된 말씀이며, 원본에 있어 틀린 곳이 없음을 믿는다. 그리고 인간 구원에 있어 하나님의 의지에 대한 완전한 계시이며, 모든 그리스도의 신앙과 삶을 위한 구별되고 최종적인 권위를 갖는다.

2. 우리는 모든 것을 창조하시고 완전하신 하나님을 믿는다. 그리고 영원히 세 위격, 즉 아버지, 아들, 그리고 성령으로 존재하시는 것을 믿는다.

3. 우리는 참 신이시며 참 인간이신 예수 그리스도를 믿는다. 성령으로 잉태되어 동정녀 마리아에게 나으셨음을 믿는다. 그는 성서의 말씀대로 우리의 죄를 위하여 대신 십자가에 달려 돌아가셨음을 믿는다. 더 나아가 그는 죽음으로부터 육적으로 다시 살아나셨으며 하늘에 승천하셔서 전능하신 하나님의 우편에 앉아 계심을 믿으며 그는 지금 우리의 최고의 제사장이시며 변호자이심을 믿는다.

4. 우리는 우리 주 예수 그리스도를 영화롭게 하시기 위한 성령의 역사를 믿는다. 그리고 이 시대에 사람들을 회심시키며, 믿음의 죄인을 소생시키시고, 내재하시며, 인도하시고 교훈하시고 신실하게 살며 봉사할 수 있도록 믿는 자들에게 능력을 부어 주심을 믿는다.

5. 우리는 하나님의 형상대로 지음 받았으나 죄악으로 타락했고 그러므로 길

을 잃어버림을 믿으며 오로지 성령이 구원해 주시고 영적인 사람을 유지할 수 있도록 함으로서 소생됨을 믿는다.

6. 우리는 예수 그리스도의 어린 양의 피를 믿으며 그의 부활이 모든 믿는 자에게 칭의와 구원을 위한 단 하나의 기초이며 예수 그리스도가 성령으로 태어나심을 증명해 주는 것으로 믿으며, 그래서 우리는 하나님의 자녀가 된다는 것을 믿는다.

7. 우리는 물세례를 믿으며 주님의 만찬이 현 시대 교회에 의해 집례됨을 믿는다. 그러나 교회가 주관하는 성만찬은 구원의 도구가 될 수 없다.

8. 우리는 예수 그리스도를 믿는 구원받은 사람들로 구성된 참된 교회는 성령에 의해서 소생되며 교회의 머리되신 그리스도의 몸으로서 함께 하나됨을 이룬다는 것을 믿는다.

9. 우리는 참된 교회의 성도만이 지역 교회의 회원으로 적합하다는 것을 믿는다.

10. 우리는 예수 그리스도가 주님이시며 교회의 머리시라는 진리를 믿으며 모든 지역 교회는 그리스도 아래에서 의를 가지며 그 자신의 일들을 치리한다는 것을 믿는다.

11. 우리는 우리 주 예수 그리스도의 인격을 믿으며 전천년설과 재림이 임박했다는 것을 믿는다. 그리고 이러한 "희망의 축복"은 개인의 삶과 믿는 자들의 봉사와 중요한 관련이 있다고 믿는다.

12. 우리는 죽은 자가 다시 살아나며 믿는 자는 영원한 축복과 주님과 함께 즐거움에 참예할 것을 믿으며 불신자는 심판과 영원한 저주의 형벌을 받는다는 것을 믿는다.

펠로우십 바이블 교회 Fellowship Bible Church of Dallas
달라스 Dallas, 텍사스 Texas

우리의 가치들

우리는 우리를 인도하는 핵심 가치를 가지고 있다. 이러한 가치들은 FBC를 창조하기 위해 문화를 적용시킨다. 우리는 이렇게 되기를 열망한다.

1. **성경적 신앙** : 우리는 교회의 전통보다는 성경이 최종적 권위가 있다. 우리는 성서를 위배하지 않는 범위 안에서 혁신적이고 유연성 있는 것을 추구한다.

2. **문화적 대응** : 우리는 성서의 절대성에 손상이 가지 않도록 하면서 우리의 사역을 현대의 필요와 미국 삶의 트렌드에 적용시키려고 한다. 우리는 예수 그리스도의 복음을 미국 사회가 이해할 수 있는 방법으로 미국 사회에 전하기를 갈망한다.

3. **은혜를 판단하기** : 우리는 하나님의 무조건적인 용인과 예수 그리스도를 통한 전적인 용서를 강조한다. 우리는 질책, 비난, 의무보다는 사랑과 감사를 통해 사람들을 자극하려고 한다.

4. **감수성 추구하기** : 우리는 아직 그리스도에게 헌신하지 않는 사람을 우리의 사역으로 인고하고 있는 많은 사람들을 알고 있다. 그러므로 우리는 자유롭게 그들의 속도에 따라 기독교 신앙을 설명할 수 있는 위협적이지 않는 환경을 창조하기를 열망한다.

5. **성장에 민감하기** : 우리는 소그룹의 이익과 친밀한 회중을 올바르게 인식하며 뿐만 아니라 우리는 기독교를 탐구하는 사람들에게 다가감의 결과로 종종 양적 성장에 응답을 져야한다는 것을 느낀다. 우리는 우리 회중의 크기에 관해 특별한 제한을 두지 않는다. 그러나 교회 건물을 이용하

고 가장 잘 이용하는데 있어서 교회의 리더십을 보여주기 위해 하나님을 신뢰한다.

6. **관계 중심** : 우리는 기독교인 상호간에 건강한 관계를 강조한다. 우리는 기독교인들이 서로를 돌보며, 친밀감을 발전시키고, 그들의 삶을 공유하는데 있어서 중요한 도구로서 소그룹을 강조한다.

7. **성도들의 성장** : 우리는 사람들이 영적으로 성장하도록 돕는다. 우리는 성서적 가르침을 제공하며, 성도들에게 그들이 가지고 있는 영적 은사를 발견하고 경험하도록 용기를 북돋는다.

8. **확고한 가정** : 우리는 결혼과 가정을 강화시키는 분위기를 제공하려고 한다. 우리는 청소년과 어린이 프로그램을 강력하게 하는데 헌신한다.

9. **단순한 구조** : 우리는 교회의 궁극적인 리더십을 장로들에게 일임한다. 그리고 매일 교회의 사업이 영향력 있는 프로그램이 되도록 하는데 책임을 지고 있는 스텝들에게 경비를 제공한다.

10. **문화적으로 교차시키기** : 우리는 우리 자신의 문화를 넘어서 복음을 가지고 다른 문화에 효과적인 충격을 주려는데 노력을 기울인다.

레이크뷰 교회 Lakeview Commnunity Church
세다르 힐 Cedar Hill, 텍사스 Texas

이 선언문은 레이크뷰 교회의 사역에 있어서 용기를 북돋워주는 태도와 접근 방법에 대한 원리를 명백하게 보여준다. 이들 가운데 대부분은 절대적으로 성서적이지 않다. 그러나 어떻게 우리의 목적을 가장 효과적으로 성취할 것인가를 이해하도록 설명해 준다.

현대적 의미가 있는 성경 해석에 헌신 – 우리는 성경이 하나님의 감동으로 된 말씀임을 믿는다. 그리고 성경은 그리스도인을 위한 신앙과 실천에 대해 권위가 있으며 신뢰할만한 명령임을 믿는다. 성경은 영원하며 시기적절한 양면성을 가지고 있으며 모든 시대에 모든 성도들의 공통된 요구와 현대적 삶 가운데 나타나는 특별한 문제에 대해 현대적 의미를 가지고 있다. 그러므로 우리는 하나님의 말씀을 선포하고 가르치며 모든 사람들의 삶 가운데 그리스도를 따름으로서 준비된 기독교인이 되도록 헌신한다.

기도에 헌신한다 – 우리는 하나님께서 그의 백성들이 기도하기를 갈망하시며 그 기도를 하나님께서 들으시고 응답하심을 믿는다. 마7:7-11, 약5:13-18 그러므로 교회의 사역자들과 활동은 교회의 개념, 기획, 실행에 있어 기도에 대한 신뢰를 통해 특징지어진다.

평신도 사역에 헌신한다 – 우리는 지역 교회의 목회자들과 교사들이 가진 중요한 책임은 "사역과 예배를 위한 하나님의 백성을 준비하는 것"이라는 사실을 믿는다. 엡4:12 그러므로 레이크뷰 교회의 목회자들은 가능한 많은 직접적 사역자가 아닌 평신도들을 배치해야 한다. 이것은 교회의 다양한 사역 가운데 평신도, 리더, 책임과 권위에 용기를 북돋을 수 있는 훈련의 기회를 제공하며 실천을 통해 이루어야만 한다.

소그룹에 헌신한다 – 우리는 관계를 세우고, 영적성장을 자극하며, 리더들을 개발하는 가장 효과적인 방법 가운데 하나로서 소그룹 사역에 헌신하다.

창조성과 혁신을 위한 분별 – 급속도로 변화하는 세계 속에서 형식과 방법은 지속적으로 평가 받아야하며 필요한 경우 새로운 상황에 적합하도록 변경시켜야만 한다. 증명된 기술은 변화하는 세상에서 버림받지 않는 동시에 우리는 창조성과 혁신, 유연성과 융통성을 자극한다. 우리는 전통을 고수하는 것보다 사역에 더 효과적인 면을 가지고 더욱 고민한다.

탁월성에 대한 헌신 – 우리는 우리 구원의 하나님께서 우리가 드리는 것 가운데 가장 최고의 것을 받을 만 하다고 믿는다. 주님 그 자신은 피조물의 아름다움에 의해 보여지는 하나님의 탁월함이었으며, 더욱이 그는 그가 가진 최고의 것, 즉 독생자를 우리에게 주셨다.롬8:32 바울은 종들에게 "무슨 일을 하든지 마음을 다하여 주께 하듯 하고, 사람에게 하듯 하지 말라"골3:23라고 훈계하였다. 그러므로 레이크뷰 교회의 사역과 활동에 있어서 우리는 하나님의 영광을 위하여 높은 탁월성의 표준을 유지하려고 노력한다. 이것은 모든 사람이 그의 혹은 그녀의 최고의 능력을 발휘하기 위하여 하나님께서 그에게 혹은 그녀에게 주신 영적인 은사를 경험할 때 이는 성취된다.고전12장

성장에 대한 헌신 – 비록 양적인 성장이 하나님의 축복의 표현이 아니며 그 자체에 의미 있는 목표가 아닐 찌라도 우리는 하나님께서 우리에게 가능한 많은 사람들에게 예수 그리스도의 삶의 변화를 가져오는 메시지를 가지고 다가가기를 갈망하고 있다는 것을 믿는다. 그러므로 우리는 성경적인 진리와 우리의 성실이나 우리의 헌신에 있어 어떠한 것으로도 타협함이 없이 양적 성장을 용이하게 해 주는 방법들과 정책들을 추구한다.

월로우 크릭 교회 Willow Creek Community Church
사우스베링톤 South Barrington, 일리노이 Illinois

월로우 크릭 교회의 10가지 핵심 가치들

1. 우리는 거룩한 가르침이 개인의 삶과 교회의 변혁을 위한 촉매 역할을 한다고 믿는다. 이것은 삶의 변화를 위한 가르침의 개념을 포함한다 – 로마서 12장 7절, 디모데후서 3장 16-17절, 야고보서 1장 23-25절.

2. 우리는 잃어버린 사람들은 하나님에게 있어서 매우 중요하기에 당연히 교회에도 중요한 사람들임을 믿는다. 이것은 관계적인 복음 전도와 과정으로서의 전도에 대한 개념을 포함한다 – 누가복음 5장 30-32절, 누가복음 15장, 마태복음 18장 14절.

3. 우리는 교회가 문화적으로 현대에 있어 의미가 있어야 하지만, 교리적으로 순수함이 살아 있어야 함을 믿는다. 이것은 우리의 건물, 인쇄물들, 그리고 예술을 이용하여 우리의 문화가 감각적으로 현대에 의미가 있어야 한다는 개념을 포함한다 – 고린도전서 9장 19-23절.

4. 우리는 그리스도의 제자들이 지속적인 성장에 대한 분명한 신뢰성과 갈망이 있어야 함을 믿는다. 이것은 개인적인 신뢰성, 특징, 그리고 전체성에 대한 개념을 포함한다 – 에베소서 4장 25-26절, 에베소서 4장 32절, 히브리서 21장 1절, 빌립보서 1장 6절.

5. 우리는 교회가 영적 은사를 관리하는 남자들과 여자들을 가진 통합된 종의 공동체로 믿는다. 이것은 통일성, 종, 영적 은사, 그리고 사역에의 부르심에 대한 개념을 포함한다 – 고린도전서 12장, 고린도전서 14장, 로마서 12장, 에베소서 4장, 시편 133편 1절.

6. 우리는 사랑의 관계가 교회의 모든 면에 충만해야 함을 믿는다. 이것은 사

랑으로 이끌어가는 사역, 그리고 사역은 팀 안에서 성취하며 관계를 세우는 것이라는 개념을 포함한다 – 고린도전서 13장, 느헤미야 3장, 누가복음 10장 1절, 요한복음 13장 34-35절.

7. 우리는 삶의 변화는 소그룹에서 가장 잘 일어난다고 믿는다. 이것은 훈련, 취약성, 그리고 책임에 대한 개념을 포함한다 – 누가복음 6장 12-13절, 사도행전 2장 44-47절.

8. 우리는 탁월함으로 하나님을 경외하며 사람들에게 감동을 일으켜야 한다고 믿는다. 이것은 평가, 비평적 관점, 전념, 그리고 탁월성에 대한 개념을 포함한다 – 골로새서 3장 17절, 말라기 1장 6-14절, 잠언 27장 17절.

9. 우리는 교회가 리더십의 은사를 가진 남성과 여성들이 교회를 이끌어 가야한다는 사실을 믿는다. 이것은 능력부양, 종의 리더십, 전략적 초점, 그리고 의도성에 대한 개념을 포함한다 – 느헤미야 1-2장, 로마서 12장 8절, 사도행전 6장 2-5절.

10. 우리는 그리스도에 대한 전적인 헌신의 추구와 그리스도의 목적은 모든 성도들에게 보편적이라는 사실을 믿는다. 이것은 청지기 의식, 종의 의식, 하향적 이동, 그리고 하나님 나라의 목적을 추구하는 개념을 포함한다 – 열왕기상 11장 4절, 빌립보서 2장 1-11절, 고린도후서 8장 7절.

파크뷰 복음 자유 교회 Parkview Evangelical Free Church
아이오와시 Iowa City, 아이오와 Iowa

파크뷰의 가치들

1. 성서 Scripture

성서의 메시지 : 우리는 사역자들의 은혜와 순종을 강조하는데 있어서 명백하고 정확한 하나님의 말씀의 명령에 헌신한다. 딤후3:16-17

2. 창조성 Creativity

신선한 접근방법 : 우리는 하나님께서 우리의 세대와 문화 속에서 일하심을 가장 잘 담아내고 표현하는 예배와 사역의 형식에 헌신한다. 눅5:33-39

3. 사역 Ministry

팀의 노력 : 우리는 모든 가정과 교인, 그리고 지도자들에게 잘 정비되고 능력을 부여하는 사역과 기관을 위해 팀 모델에 헌신한다.

그레이스 바이블 교회 Grace bible Church
러레이도 Laredo, 텍사스 Texas

핵심 가치 선언문

- 우리는 하나님의 권위와 기독교인의 삶과 구원에 대한 정확한 근거로서 성경에 가치를 둔다.

  목표 : 모든 성도들에게 성서적 세계관을 개발시킨다.

  목적 1 : 교인들을 위해 올바른 성경공부 방법을 준비한다. 담임목사, 영적으로 성숙한 목회자

  목적 2 : 매일의 삶에 영향을 줄 수 있는 근본적인 신앙의 근본적 진리를 교인들에게 가르친다. 담임목사, 영적으로 성숙한 목회자

  목적 3 : 위의 목적을 성취하기 위해 매 주일마다 영적 성숙 반을 운영한다. 영적으로 성숙한 목회자

- 우리는 신령과 진정한 예배에 가치를 둔다.

  목표 : 개인적이며 동시에 전체가 함께 하나님께 신령과 진정으로 예배드릴 수 있도록 기회를 제공하고 독려한다.

  목적 1 : 우리의 주일 예배가 깊이 있는 예배가 되기 위해 하나님 중심의 예배 가운데 참여를 최대화 하며 의도적으로 사람들과 교제를 나누도록 한다. 담임목사

  목적 2 : 기도, 성경 연구, 묵상, 금식과 같은 개인적 예배의 기본적 형식에 대해 성도들을 가르치고 독려한다. 담임목사, 영적으로 성숙한 목회자

- 우리는 관계적이고 희생적인 친교에 가치를 둔다.

  목표 : 성서적 공동체를 체험할 수 있는 다양한 기회를 성도들에게 제공한다.

목적 1 : 우리 공동체의 서로 다른 욕구를 위한 다양한 소그룹 사역을 제공한다.미혼, 기혼, 재혼, 부모 등 영적으로 성숙한 목회자

목적 2 : 소그룹의 목적뿐 아니라 다양한 그룹을 육성하기 위해 훈련된 그룹 지도자를 양성하기 위한 훈련 시스템을 제공한다.영적으로 성숙한 목회자

■ 우리는 변혁된 제자들에 가치를 둔다.

목표 : 신앙인에서 제자로 변혁시킨다.

목적 1 : 소그룹 모임에 참여할 수 있도록 교인들을 독려한다.영적으로 성숙한 목회자

목적 2 : 성도들의 영적 은사와 봉사를 시작하도록 독려한다.자격을 갖춘 목회자

목적 3 : 성도들에게 다른 사람과 복음을 함께 공유하도록 독려한다.선교 및 전도 담당 목사

■ 우리는 성도들에게 잘 맞고 그리스도의 교회에 영향을 줄 수 있는 사역에 가치를 둔다.

목표 : 모든 성도를 사역자로 만든다.

목적 1 : 영적 은사와 그 은사를 사용할 수 있도록 성도들을 교육한다.자격을 갖춘 목회자

목적 2 : 교회에서 실시하고 있는 각각의 사역에 필요한 은사를 확인하고 성도들이 그 사역에 참여할 수 있도록 사역 안내서를 제공한다.자격을 갖춘 목회자

■ 우리는 은혜의 복음을 가지고 잃어버린 영혼에게 달려가는 전도에 가치를 둔다.

목표 : 러레이도의 지역에 복음을 전한다.

목적 1 : 복음을 전하기 위해 성도들을 정기적으로 1년에 최소한 2회 교육시킨다. 선교 및 전도 담당 목회자

목적 2 : 예수 그리스도를 모르는 사람들을 초청할 수 있는 욕구를 충족시킬 수 있는 이벤트, 방송인 초청 강연, 연예인 초청 강연과 같은 이벤트를 정기적으로 제공한다. 선교 및 전도 담당 목회자

■ 우리는 열정 있고 성령님이 인도하시는 기도에 가치를 둔다.

목표 : 기도하는 교회의 특징을 갖는다.

목적 1 : 우리 지역에 속한 다른 교회의 목회자들과 우리 교회 목회자들이 정기적으로 기도모임을 갖는다. 담임목사

목적 2 : 성도들이 최소한 분기별로 기도회에 참석하도록 독려한다. 영적으로 성숙한 목회자

목적 3 : 기도하기 위해 성도들에게 다양한 장소를 제공하고 참여하도록 독려한다. 영적으로 성숙한 목회자

부록 I
교회의 사역 핵심 가치 평가서

안내 : 다음 문제를 읽고 당신 교회에 가장 중요하다고 생각되는 가치실제적 가치들에 해당하는 점수에 체크하라. 문제를 빨리 읽고 처음 생각나는 것에 체크하면 된다.

1	2	3	4
중요하지 않음	다소 중요함	중요함	매우 중요함

1. 설교와 성경공부 : 하나님의 말씀을 성도들에게 전달하는 것　　1 2 3 4
2. 가정 : 사람들은 결혼과 출생으로 밀접한 관계를 맺는 것　　1 2 3 4
3. 성경 지식 : 성서의 진리와 친밀해 지는 것　　1 2 3 4
4. 세계 선교 : 그리스도의 복음을 세계에 전파하는 것　　1 2 3 4
5. 공동체 : 다른 사람의 욕구를 돌봐주고 충족시키는 것　　1 2 3 4
6. 용기 : 희망이 필요한 사람들에게 희망을 주는 것　　1 2 3 4
7. 헌금 : 사역을 지원하기 위해 개인 재정의 얼마를 제공하는 것　　1 2 3 4
8. 교제 : 서로 관계를 맺고 즐거워하는 것　　1 2 3 4
9. 리더십 : 하나님의 사명을 추구하는 교회가 되기 위해 다른 사람들에게 영향력을 행사하는 사람의 능력　　1 2 3 4
10. 문화적 적절성 : 진리를 우리처럼 이해하지 못하는 사람들에게 전달하는 방법　　1 2 3 4
11. 기도 : 하나님과의 소통　　1 2 3 4

12. 탁월성 : 하나님께 영광을 돌리기 위해 가장 최고의 사역을 유지하는 것

　　　　　　　　　　　　　　　　　　　　　　　　　1 2 3 4

13. 전도 : 다른 사람들에게 그리스도에 관한 복음을 이야기하는 것　1 2 3 4

14. 팀 사역 : 성도들이 함께 사역하는 것　　　　　　　　　　　1 2 3 4

15. 창조성 : 새로운 아이디어와 사역을 실행하는 방법　　　　　1 2 3 4

16. 예배 : 하나님께 신령과 진정으로 드리는 예배　　　　　　　1 2 3 4

17. 현상태 유지 : 지금 일을 추진하는 것이 좋은 것　　　　　　1 2 3 4

18. 협력 : 주님을 봉사하는데 함께 사역하는 것　　　　　　　　1 2 3 4

19. 잃어버린 영혼 : 비기독교인과 교회에 출석하는 것을 꺼리는 사람들교회에 다니지 않는 사람들　　　　　　　　　　　　　　　　　1 2 3 4

20. 준비된 평신도 : 교회의 사역에 실제적으로 봉사하는 사람　1 2 3 4

21. 전통 : 관습적인 방식 혹은 "신뢰할 수 있는" 방법　　　　　1 2 3 4

22. 순종 : 하나님과 하나님의 명령을 따르려는 의지　　　　　　1 2 3 4

23. 혁신 : 그리스도를 섬길 수 있는 사역을 촉진하는 기회를 만드는 것

　　　　　　　　　　　　　　　　　　　　　　　　　1 2 3 4

24. 주도권 : 사역 환경에서 먼저 사역에 뛰어들고자 하는 의지　1 2 3 4

25. 다른 가치들:

당신이 생각하는 최고의 가치 가운데 1위부터 상위 3~4위까지 적으라. 그리고 상위 6위까지는 당신 교회의 실제적인 핵심 가치이다.

부록 J
공동체 요약

안내 : 이 설문을 이용하는데 있어 당신 지역에 살고 있는 교회에 다니지 않는 사람을 만나 인터뷰하라. 빈 곳에 그 혹은 그녀의 답을 기록하라. 대부분의 질문들은 미완성으로 되어 있다. 그래서 당신의 독특한 방법으로 그들에게 설문 허락을 받으라

1. 일반적인 생각으로 우리 교회의 첫인상은 어떤가? 지역 공동체에 좋은 이미지를 가지고 있는가, 시간 낭비인가, 하나님을 찾기에 좋은 장소인가, 따분한가

   _____
   _____

2. 언제 그리고 어떤 환경 속에서 당신은 교회를 방문 했는가?

   _____
   _____

3. 당신이 교회에 출석하기 위해 어떤 것들이 필요하다고 생각하는가? 하나님을 알려고 하는 갈망, 좋은 사업 연락처, 배우자의 만남 등

   _____
   _____

4. 깊이 생각해 볼 때, 당신이 정말로 바라는 인생은 무엇인가? 당신의 소망,

희망, 열망은 무엇인가?하나님 찾기, 재정적 안정, 우정, 행복 찾기 등

_____

_____

5. 교회에 흥미를 잃은 사람들에 대한 대안은 무엇인가?

_____

_____

6. 우리가 교회로서 교회에 출석하지 않는 사람들에게 어떻게 다가가야 할 것인가?

_____

_____

7. 우리는 당신의 도움이 필요하다. 우리 주일 아침 예배에 한 번만 참석해서 우리가 하고 있는 일에 대해 비평을 해 줄 수 있는가?

_____

_____

주의할 점 : 이 설문은 무명으로 실시된다. 이 설문지를 인쇄하여 나눠주고 우편으로 이 설문을 마친 뒤 그 사람이 보낼 수 있도록 자기 집 주소, 우표가 부착된 반송 봉투를 동봉하라.

부록 K
성격 검사

몇 년에 걸쳐 지도자들은 신실한 성격이 그리스도를 위한 효과적 사역에 중요하다는 것을 발견했다. 하지만 어느 누구도 완전한 사람은 없으며 우리 모두는 약점과 결점 뿐 아니라 강점을 가지고 있다. 이러한 성격 검사는 당신의 약점과 강점을 보여주는데 도움을 주어 당신이 어떤 부분이 강하며 어떤 부분을 개발하고 양육시켜야 할 것인지를 알 수 있도록 해 줄 것이다.

남성을 위한 성격 검사

남성을 위한 성격은 디모데전서 3장 1-7절과 디도서 1장 6-9절에 그 근간을 둔다.

안내 : 각각의 항목을 읽고 당신이 해당된다고 생각하는 점수에 체크하면 된다.

1. 나는 "비난을 받지 않는 사람"이다. 나는 일반적으로 사람들에게 좋은 평판을 받고 있다. 나는 누군가가 나를 비난할 만한 행동을 한 적이 없다.

    약점 1 2 3 4 5 6 7 8 강점

2. 나는 "한 아내의 남편"이다. 만일 결혼했다면 나는 한 아내의 남편이며 육체적으로 그리고 정신적으로 간음하지 않는다. 왜냐하면, 나는 아내를 사랑하기 때문이다.

    약점 1 2 3 4 5 6 7 8 강점

3. 나는 "온화한 사람"이다. 나는 잘 균형 잡힌 사람이다. 나는 지나치게 과음 등을 하지 않는다. 나는 지나치게 혹은 극도로 신념 등에 빠지지 않는다.

약점 1 2 3 4 5 6 7 8 강점

4. 나는 "현명한 사람"이다. 나는 삶 속에서 좋은 판단력을 가지고 있으며 내 자신과 능력에 대해 올바른 관점을 가지고 있다.

약점 1 2 3 4 5 6 7 8 강점

5. 나는 "책임감이 강한 사람"이다. 나의 일에 대해 열심을 다하며 사람들은 나를 존경한다.

약점 1 2 3 4 5 6 7 8 강점

6. 나는 "친절한 사람"이다. 나는 기독교인들과 비기독교인들을 섬기며 사역하기 위해 나의 집을 사용하도록 허락한다.

약점 1 2 3 4 5 6 7 8 강점

7. 나는 "가르칠 수 있는 사람"이다. 나는 성경을 가르칠 때, 합리적인 기술을 가지고 성경을 다루는데 소질을 보인다.

약점 1 2 3 4 5 6 7 8 강점

8. 나는 "술을 마시지 않는 사람"이다. 만일 내가 술을 마시지 않는다면 다른 것에 빠질 가능성이 있으며 잠재적으로 알코올 중독에 빠질 가능성이 있다. 나는 정말로 이에 대해 절제한다.

약점 1 2 3 4 5 6 7 8 강점

9. 나는 "비폭력적인 사람"이다. 나는 자기 제어가 가능하다. 나는 절제력을 잃지 않으며 다른 사람이나 그 사람의 재산에 손상을 주지 않는다.

약점 1 2 3 4 5 6 7 8 강점

10. 나는 "신사적인 사람"이다. 나는 친절하고 유순하며 약하지 않고 인내할 줄 아는 사람이다. 나는 내 자신의 권리를 주장하거나 폭력에 의존하지 않는 사람이다.

약점 1 2 3 4 5 6 7 8 강점

11. 나는 "폭력을 싫어하는 사람"이다. 나는 평화를 깨뜨리는 사람이 아니며 다른 사람과의 갈등을 피하려고 한다.

약점 1 2 3 4 5 6 7 8 강점

12. 나는 "돈을 사랑하지 않는 사람"이다. 나는 돈을 얻기 위해 사역을 하는 것은 아니다. 나는 먼저 하나님의 의를 구하며 나의 필요를 하나님께서 알고 계신다고 믿는다.

약점 1 2 3 4 5 6 7 8 강점

13. 나는 "나의 가족을 잘 다스리는 사람"이다. 만일 내가 결혼하고 신앙을 가진 자녀들이 있다면, 그들은 나에게 존경을 가지고 순종한다. 사람들은 우리 가족을 거칠고 불순종한다고 생각하거나 비난하지 않는다.

약점 1 2 3 4 5 6 7 8 강점

14. 나는 "최근 개심한 사람"이 아니다. 나는 새로운 기독교인이 아니다. 나는 항상 교만, 그리고 자만과 싸우고 있다.

　　　　　　약점 1 2 3 4 5 6 7 8 강점

15. 나는 "외인들에게 좋은 평판을 받은 사람"이다. 비록 나의 종교에 대해 동의하지 않거나 하나님을 알지 못하는 사람이라고 할지라도 그들은 나를 존경한다.

　　　　　　약점 1 2 3 4 5 6 7 8 강점

16. 나는 "거만한 사람"이 아니다. 자기 본위적이고 완고하고 거만한 사람이 아니다.

　　　　　　약점 1 2 3 4 5 6 7 8 강점

17. 나는 "성질이 급한 사람"이 아니다. 나는 화를 내는 성향의 사람이 아니며 나는 빠르고 쉽게 화를 내는 사람이 아니다.

　　　　　　약점 1 2 3 4 5 6 7 8 강점

18. 나는 "부정적 이득을 추구하지 않는 사람"이다. 부당한 이익을 가져오는 부당한 행위를 좋아하지 않을뿐더러 그런 행동은 하지 않는다.

　　　　　　약점 1 2 3 4 5 6 7 8 강점

19. 나는 "선한 것을 좋아하는 사람"이다. 나는 하나님께 영광을 돌리는 일을 좋아한다.

　　　　　　약점 1 2 3 4 5 6 7 8 강점

20. 나는 "올바른 사람"이다. 나는 하나님과 사람의 법에 따르는 사람이다.

약점 1 2 3 4 5 6 7 8 강점

21. 나는 "거룩한 사람"이다. 나는 경건한 마음을 가진 사람이며 나의 삶은 하나님을 기뻐하는 삶이다.

약점 1 2 3 4 5 6 7 8 강점

22. 나는 "믿음이 확고한 사람"이다. 하나님의 진리를 이해하고 붙잡으며 지키려고 노력한다. 또한 나는 다른 사람들에게 진리를 거스리는 일을 하지 말라고 독려한다.

약점 1 2 3 4 5 6 7 8 강점

당신이 이 검사를 완전히 마쳤다면, 가장 낮은 점수4점 이하를 획득한 특성에 대해 주의를 기울이라. 가장 낮은 점수를 획득한 특징에 대해서는 개발하도록 노력하라.

여성을 위한 성격 검사
여성을 위한 성격은 디모데전서 2장 9-10절, 3장 11절, 디도서 2장 3-5절, 베드로전서 3장 1-4절에 그 근간을 둔다.

안내 : 각각의 항목을 읽고 당신이 해당된다고 생각하는 점수에 체크하면 된다.

1. 나는 "존경받을만한 가치를 가진 사람"이다. 나는 대부분의 사람들이 나를 존경한다는 것을 알고 있고 영적인 것을 소중히 여기는 고귀한 사람으로 존경하는 경향이 있다는 것도 알고 있다.

약점 1 2 3 4 5 6 7 8 강점

2. 나는 "악의를 가지고 말하는 사람"이 아니다. 믿는 사람이든 믿지 않는 사람이든 모두에게 나는 중상모략을 하는 사람이 아니다.

약점 1 2 3 4 5 6 7 8 강점

3. 나는 "온화한 사람"이다. 나는 잘 균형 잡힌 사람이다. 나는 지나치게 과음 등을 하지 않는다. 나는 지나치게 혹은 극도로 신념 등에 빠지지 않는다.

약점 1 2 3 4 5 6 7 8 강점

4. 나는 "모든 것에 신뢰를 받을만한 사람"이다. 주님과 사람들에게 모든 것에 믿음을 받을 만한 사람이라는 소리를 듣는다.

약점 1 2 3 4 5 6 7 8 강점

5. 나는 "경건한 사람"이다. 나는 하나님을 깊이 존경하며 하나님을 경외하는 사람 이다.

약점 1 2 3 4 5 6 7 8 강점

6. 나는 "술을 마지지 않는 사람"이다. 만일 내가 술을 마시지 않는다면 다른 것에 빠질 가능성이 있으며 잠재적으로 알코올 중독에 빠질 가능성이 있다. 나는 정말로 이에 대해 절제한다.

약점 1 2 3 4 5 6 7 8 강점

7. 나는 "좋은 것을 가르치는 사람"이다. 나는 다른 여성들과 함께 일반적으로 하나님의 말씀과 삶으로부터 하나님께서 나에게 가르친 것을 공유한다.

약점 1 2 3 4 5 6 7 8 강점

8. 나는 "나의 남편을 사랑하는 사람"이다. 내가 결혼한 사람이라면 고린도 전서 13장 4-8절에서 말씀에 따라 나의 남편을 사랑한다.

약점 1 2 3 4 5 6 7 8 강점

9. 나는 "나의 자녀를 사랑하는 사람"이다. 만일 내가 결혼하고 자녀를 낳았다면, 나는 남편뿐 아니라 자녀를 사랑한다.

약점 1 2 3 4 5 6 7 8 강점

10. 나는 "자기 절제를 할 줄 아는 사람"이다. 내가 해야 할 일을 다른 사람에게 미루거나 멀리 하지 않는다. 나는 극단적이거나 지나친 사람이 아니다.

약점 1 2 3 4 5 6 7 8 강점

11. 나는 "순전한 사람"이다. 나는 감정적으로 육체적으로 성적 부도덕을 행하지 않았다.

약점 1 2 3 4 5 6 7 8 강점

12. 나는 "가정에 충실한 사람"이다. 내가 만일 결혼한 사람이라면 가정을 돌보는 것이 내가 마땅히 해야 할 일이라고 여긴다.

약점 1 2 3 4 5 6 7 8 강점

13. 나는 "친절한 사람"이다. 나는 본질적으로 선한 사람이다.

약점 1 2 3 4 5 6 7 8 강점

14. 나는 "나의 남편에게 순종적인 사람"이다. 만일 내가 결혼한 사람이라면, 나는 남편을 돌볼 의무가 있으며 결혼 생활을 잘 이끌어 가며, 남편의 리더십에 순종하는 사람이다.

약점 1 2 3 4 5 6 7 8 강점

15. 나는 "신사적이며 매우 영적인 사람"이다. 나는 온화한 사람이며 너그러운 사람이다. 나의 말보다는 순결함과 경건함으로 승리를 거두는 사람이다.

약점 1 2 3 4 5 6 7 8 강점

16. 나는 "단정하게 옷을 입는 사람"이다. 나는 예의바르고 단정한 옷을 입는다.

약점 1 2 3 4 5 6 7 8 강점

17. 나는 "선을 행하는 사람"이다. 나는 여성으로서 합당한 행동을 하며 하나님을 경외하고 하나님을 안다고 고백하는 사람이다.

약점 1 2 3 4 5 6 7 8 강점

당신이 이 검사를 완전히 마쳤다면, 가장 낮은 점수4점 이하를 획득한 특성에 대해 주의를 기울이라. 가장 낮은 점수를 획득한 특징에 대해서는 개발하도록 노력하라.

부록 L
사역 설명서

노스우드 교회|Northwood Community Church

직위 : 어린이 사역에 초점을 가진 기독교 교육 목사

직무 자세 : 기독교 교육 목사는 다음과 같은 영역에서 은사나 능력을 완벽하게 필요로 한다. 리더십, 식견, 돌봄, 행정, 격려, 그리고 가르침. 목사는 성인들만큼이나 아이들에 대한 열망이 필요하다. 주로 아이들의 절반이 성인들과 함께 사역한다 중요한 기능은 지도자로서 성인들과 십대 청소년들과 함께 사역하며 그들을 개발하기 위해 능력을 발휘해야만 한다. 이 사람의 이상적 기질은 개인적 자세에 대한 D/I 이다. 교육 목사는 "어린이의 눈으로" 삶을 볼 필요가 있다. 이 사람은 어린이들과 어린이의 세상과 문화를 접촉해야만 한다. 마지막으로 교육 목사는 어린이 사역을 통해 어린이의 발달 단계에서 다음 단계로 발전시킬 책임질 수 있으며 이를 위한 사람이어야 한다.

직무 요약 : 교육 목사는 주일학교 프로그램청소년을 통한 돌봄, 어린이학교, 매년 열리는 여름 성경학교, 주일학교와 예배를 돌아보는 것을 책임진다. 그러나 교육 목사는 주로 어린이 사역에 그 초점을 맞춘다.

의무 :

A. 주일학교
    1. 교사들과 보조교사 모집
    2. 교사들과 보조교사 교육
    3. 교사들과 보조교사 평가
    4. 교사들과 보조교사 격려
    5. 교사를 돕고 주일 아침 예배 모니터
    6. 건물과 물품 유지
    7. 모든 커리큘럼 선택과 평가
    8. 교실 확장을 위한 기획과 준비
    9. 교체할 교사 명단 확보

B. 어린이 교회
    1. 교회 프로그램 제안
    2. 리더십을 위한 부모 모집
    3. 리더십을 위한 부모 교육
    4. 커리큘럼 선택

C. 여름 성경학교
    1. 교사들과 다른 지도자들 모집
    2. 커리큘럼을 선택하고 다른 자료들을 조정하기
    3. 교사들과 사역자들 모집

D. 주일학교와 예배 돌봄

1. 교육 전도사 모집
2. 사역자로 섬길 일꾼 모집 돕기

E. 기타 업무
　1. 기독교 교육 프로그램을 위한 핵심 가치, 사명, 비전, 그리고 전략 개발
　2. 위원회 모임에 참석
　3. 스텝 모임에 참석
　4. 개인적인 예비 지식 체크
　5. 개인적인 기준 체크
　6. 필요한 만큼 조사하기

담임목사에게 보고하기

동역 : 기독교 교육을 책임지고 있는 장로

부록 M
환영 : 환영하는 환경 창조하기

안내 : 아래의 문제를 읽고 느낀대로 체크하라.

사전 방문
- 사람들은 당신 교회를 어떻게 알았는가?메일, 웹 사이트, 운전, 초청, 소개, 표지판 등
- 교회는 찾기 쉬운 곳에 위치해 있는가?
- 첫인상에 대해서 당신 교회의 이름은 인상적인가 아니면 혐오스러운가? 그 이유는 무엇인가?교회의 첫인상에 대해 물어보라

외관
- 외관은 인상적인가?
- 외관 벽과 창문은 청결한가?
- 마당은 인상적이고 벽은 보수 유지되어 있는가?

외부 장비
- 손님들은 주차장에 진입하는 방법을 어떻게 파악했는가?
- 출입구는 잘 정비되어 있는가?
- 어떻게 손님들은 주차장을 알 수 있는가?
- 교회 주차 요원들은 비치되어 있는가?첫인사에 영향을 준다
- 주차 공간을 찾기 쉬운가?손님 전용 주차장이 있는가?
- 손님을 위해 주차장의 4%를 할애 했는가?

- 손님을 위한 주차장이 닫혀 있는가?
- 건물 내외에 안내하는 사람들이 배치되어 있는가?

내부 장비

- 유아실은 찾기 쉬운 곳에 있는가?
- 강의실은 찾기 쉬운 곳에 있는가?어린이, 성인
- 화장실은 찾기 쉬운 곳에 있는가?
- 유아실, 강의실, 화장실로 안내할 수 있는 자원봉사자가 있는가?
- 수위실이나 안내 데스크가 있는가?대부분의 방문자가 던지는 질문에 안내판이 준비되어 있는가?
- 예배당 안에 안내원이나 좌석을 안내하는 사람, 혹은 좌석 배치도가 있는가?
- "열 발자국 법칙"을 지키고 있는가?10발자국 안에 있는 사람 중에 모르는 사람에게 인사하는가?
- 당신 교인들은 방문자들이 교회에 방문했을 때, 어떻게 느끼고 있는지 이해하는가?
- 당신은 방문자를 따라가 보았는가? 만일 그렇다면, 어떻게 했는가?
- 누군가가 교회에 전화했을 때, 어떤 일이 일어났는가? 누가 따뜻하고 도움을 주는 통화를 했는가?이것은 교회의 첫인상이며 아무나 이렇게 할 수 없다

내부 청결 상태

- 화장실은 청결한가?특히 여성용 화장실
- 유아실은 청결한가?
- 강의실은 청결한가?
- 통로는 청결한가?

- 주방은 청결한가?
- 성도들은 사각지대를 가지고 있다. 성도들은 청소하고 보수하고 개선할 필요가 있는 것에 더 이상 주의를 기울이지 않는다.

내부 특별 인테리어
- 신생아를 돌보이게 하는 특별한 장소가 유아실에 있는가?
- 커피나 에스프레소 바가 있는가? 당신은 점심시간에 커피를 마시는가?
- 유아실에 아이들을 맡겨둔 부모와 의사소통 시스템이 있는가?
- 예배를 위해 특별한 조명이 감추어져 있는가?
- 전면 혹은 후면에 영상 시스템이 갖추어져 있는가?
- 맥도날드와 같은 장소가 준비되어 있는가?
- 비가 오면, 어떤 일이 벌어지는가? 성도들의 자동차까지 우산을 씌워줄 자원봉사자들이 있는가?

내외부 안내판
- 주차장 안내판이 있는가?방문자 주차장
- 화장시 안내판이 있는가?
- 강의실 안내판이 있는가?
- 유아실 안내판이 있는가?
- 출구 안내판이 있는가?
- 주방 안내판이 있는가?

기능적 건물
- 기능적 건물이 있는가?그 건물들은 사역을 제한시키는가 아니면 중진시키는가?
- 당신의 사역 기능예배 등에 부합한가 아니면 집중력을 떨어뜨리는가?

부록 N
평가 목록

방문자 평가

다음 영역을 평가해 주시면 우리 교회에 유용한 자료로 사용될 것입니다.

1. 우리 교회에 들어서면서 따뜻하게 당신을 환영했습니까?
2. 우리 교회 건물의 위치를 쉽게 찾을 수 있었습니까?
3. 다음 항목에 점수를 체크해 주시기 바랍니다.

	약함	보통	좋음	매우 좋음
환영	1	2	3	4
안내	1	2	3	4
음악	1	2	3	4
예배	1	2	3	4
설교	1	2	3	4

추가 사항 :

4. 예배를 드리는 동안 보완해야 할 점을 발견하셨습니까?
5. 우리 성도들 가운데 친절하고 호의적인 사람을 찾았습니까?
6. 우리 교회는 몇 번 째 방문하셨습니까?
7. 또 다른 제안이나 하실 말씀은 없습니까?
8. 다시 또 찾아 주시겠습니까? 왜 그렇습니까? 왜 그렇지 않습니까?

서명(안하셔도 됩니다) _____

날짜 : _____

주일예배 평가

평가자(서명) _____

날짜 : _____

안내 : 다음의 각각의 평가 항목에 대한 적극적 평가는 우리 교회의 성장에 도움을 줍니다.

	약함	보통	좋음	매우 좋음
1. 사회자 멘트 / 광고	1	2	3	4

비평 _____
_____

	약함	보통	좋음	매우 좋음
2. 음악 / 악기팀 / 반주자 / 영상	1	2	3	4

비평 _____
_____

	약함	보통	좋음	매우 좋음
3. 특별 순서	1	2	3	4

비평 _____
_____

	약함	보통	좋음	매우 좋음
4. 설교	1	2	3	4

말투(독특한 버릇, 말투 등) _____

_____

_____

적용(현대적 의미가 있는가? 어떻게?) _____

_____

_____

내용(성서적인가?) _____

_____

_____

오늘 메시지의 중요한 내용은 무엇입니까? _____

_____

_____

사역 설명서

직위 : 기독교교육 목사

직무 자세 : 기독교 교육 목사는 리더십, 식견, 돌봄, 격려, 가르침과 행정에 은사나 능력이 필요하다. 현재 진행 중인 프로그램을 운영함과 동시에, 교육목사는 성도들을 다음 단계로 이끌 수 있는 비전을 필요로 한다. 이 사람은 성인들과 마찬가지로 아이들과 청소년에

대한 열정을 가지고 있어야만 한다. 왜냐하면, 그는 혹은 그녀는 주로 어린이와 청소년의 절반가량이 부모와 함께 주로 사역하기 때문이다.

직무 요약 : 기독교 교육 목사는 어린이 주일학교 프로그램, 어린이 교회, 여름 성경학교, 그리고 주일학교와 예배 돌봄의 책임이 있다.

의무 :

A. 주일 학교

   1. 교사와 보조 교사 모집

   2. 교사들과 보조 교사 훈련

   3. 교사들과 보조 교사들 평가

   4. 교사들과 보조 교사들 격려하기

   5. 교사를 보조하고 주일 아침 프로그램 모니터

   6. 건물과 물품 유지

   7. 모든 커리큘럼 선택과 평가

   8. 교실 확장을 위한 기획과 준비

   9. 교체할 교사 명단 확보

B. 어린이 교회

   1. 교회 프로그램 제안

   2. 리더십을 위한 부모 모집

   3. 리더십을 위한 부모 교육

   4. 커리큘럼 선택

C. 여름 성경학교

    1. 교사들과 다른 지도자들 모집

    2. 커리큘럼을 선택하고 다른 자료들을 조정하기

    3. 교사들과 사역자들 모집

D. 주일학교와 예배 돌봄

    1. 교육 전도사 모집

    2. 사역자로 섬길 일꾼 모집 돕기

E. 기타 업무

    1. 기독교 교육 프로그램을 위한 핵심 가치, 사명, 비전, 그리고 전략 개발

    2. 위원회 모임에 참석

    3. 스텝 모임에 참석

    4. 개인적인 예비 지식 체크

    5. 개인적인 기준 체크

    6. 필요한 만큼 조사하기

담임목사에게 보고하기

동역 : 기독교 교육을 책임지고 있는 장로

사역 평가

평가자 : 기독교교육 목사

적당한 점수에 표하라.

주일학교	약함	보통	좋음	훌륭함	N/O
1. 교사와 보조 교사 모집	1	2	3	4	
2. 교사들과 보조 교사 훈련	1	2	3	4	
3. 교사들과 보조 교사들 평가	1	2	3	4	
4. 교사들과 보조 교사들 격려하기	1	2	3	4	
5. 교사를 보조하고 주일 아침 프로그램 모니터	1	2	3	4	
6. 건물과 물품 유지	1	2	3	4	
7. 모든 커리큘럼 선택하고 평가	1	2	3	4	
8. 교실 확장을 위한 기획과 준비	1	2	3	4	
9. 교체할 교사 명단 확보	1	2	3	4	

비평 :

어린이 교회	약함	보통	좋음	훌륭함	N/O
1. 교회 프로그램 제안	1	2	3	4	
2. 리더십을 위한 부모 모집	1	2	3	4	
3. 리더십을 위한 부모 교육	1	2	3	4	
4. 커리큘럼 선택	1	2	3	4	

비평 :

여름성경학교와 특별 이벤트들	약함	보통	좋음	훌륭함	N/O
1. 교사들과 다른 리더들 모집	1	2	3	4	
2. 커리큘럼을 선택하고 다른 자료들을 조정하기	1	2	3	4	
3. 교사들과 사역자들 모집	1	2	3	4	

비평 :

기타 업무	약함	보통	좋음	훌륭함	N/O
1. 가치, 사명 등 개발	1	2	3	4	
2. 위원회 모임에 참석	1	2	3	4	
3. 스텝 모임에 참석	1	2	3	4	
4. 개인적인 예비 지식 체크	1	2	3	4	
5. 개인적인 기준 체크	1	2	3	4	
6. 필요한 만큼 조사하기	1	2	3	4	

비평 :

일반적 평가

평가자 : 기독교교육 목사

1. 업무 지식 : 의무, 요구, 실천, 정책, 그리고 위치에 대한 순서를 잘 알고 있다.	약함	보통	좋음	훌륭함	N/O
	1	2	3	4	

비평 :

2. 사역의 질 : 정확한 사역과 사역을 통해 일한다.	약함	보통	좋음	훌륭함	N/O
	1	2	3	4	

비평 :

3. 생산성 : 적시에 책임 있고, 수용할 수 있는 풍성한 사역을 하고 있다.	약함	보통	좋음	훌륭함	N/O
	1	2	3	4	

비평 :

4. 조직 : 개인의 파일, 보고 등은 쉽게 찾아볼 수 있고, 잘 정돈되어 있다.	약함	보통	좋음	훌륭함	N/O
	1	2	3	4	

비평 :

5. 독창성과 풍부함 : 기회를 확인하고, 과정을 개선하며, 새로운 아이디어를 제안하는 솔선수범을 보인다.	약함	보통	좋음	훌륭함	N/O
	1	2	3	4	

비평 :

6. 사회성 : 협조적이며 보완적이며 사람들과 마음을 같이 한다.	약함	보통	좋음	훌륭함	N/O
	1	2	3	4	

비평 :

7. 전달 : 쓰거나 말할 때 명확하게 그리고 정확하게 전달하는 좋은 청취자이다.	약함	보통	좋음	훌륭함	N/O
	1	2	3	4	

비평 :

8. 특징 : 통합(존경 받을만 하고, 신뢰할만한 가치가 있으며, 정직하고 험담하지 않으며, 겸손한 등)의 사람이다.	약함	보통	좋음	훌륭함	N/O
	1	2	3	4	

비평 :

역자 후기

이 책은 내가 장로회신학대학교에서 박사과정을 이수하고 있을 때 처음 접했다. 이 책은 나의 박사 논문을 쓰는데 있어 영상 호남신학대학교 총장님의 『미래교회와 미래신학』장로회신학대학교 출판부과 함께 중요한 책이 되었다. 우리가 살아가고 있는 현실은 변화로 가득 찬 세상이 되었다. 급변하는 사회 환경 속에서 교회의 변화는 자연스러운 요구가 되었다. 특별히 최근 우리는 질서order가 중요한 가치였던 모더니즘modernism 사회에서 해체deconstruction가 중요한 가치로 자리 잡은 포스트모더니즘post-modernsim 사회로의 변화를 겪고 있다. 이런 철학적, 사상적 변화는 교회가 속한 사회와 성도들의 삶에 직접적인 영향을 주었다.

이런 변화에도 불구하고 교회는 변함없이 하나님 나라의 전진 기지로서 사명을 다해야 한다. 우리가 서핑을 하면서 파도를 타지 못할 때 물 속으로 가라앉듯이, 교회가 변화의 물결을 타지 못하고 역행한다면, 교회는 쇠퇴와 소멸이라는 길을 걸어가야만 한다는 것은 뻔한 일이다. 물론 우리가 기억해야 할 것은 복음의 핵심, 기독교의 진리는 변하지 말아야할 절대 진리라는 것이다. 변화 속에서 불변의 진리를 지킨다는 것은 매우 어려운 일임에도 불구하고 우리는 변화 가운데서도 변하지 않는 절대 복음의 진리를 잘 적용하고 전하며, 가르쳐야만 한다.

한국 교회는 부흥을 거듭해 오다 이제 정체기에 들어섰다. 정체 다음은 쇠퇴이며 소멸이다. 이에 대한 좋은 예는 유럽과 북미의 교회이다. 즉 이제는 한국교회 차례이다. 그렇다면 한국 교회는 이것을 운명이라고 생각하며 그 순리에 맞추어 쇠퇴와 소멸의 길로 가야만 하는 것일까?

'그럴 수 없다'는 것이 답이다. 이를 위해 우리는 변화라는 급물살을 이겨내야 하며, 오히려 변화의 물결 속에서 하나님의 절대 진리로 살아남아야 하며, 이를 가능하게 하는 것은 사명이다. 주님이 주시는 사명을 기본으로 하는 교회의 사명, 가치, 목적을 다시 한 번 절대 진리 속에서 재발견하고, 성도들과 목회자, 그리고 신학자들이 한데 모아 총체적 난국을 잘 해결해야 하며, 교회는 복음의 전초 기지가 되어야 한다. 즉 세계 복음화라는 주님의 대사명을 완수하기 위해 한국교회는 살아남아야 하며 더 중요한 것은 교회가 제대로 된 교회의 모습을 찾아 하나님의 나라를 세상에 보여주어야 한다는 것이다.

이런 의미에서 이 책은 제2의 부흥을 위해 교회가 전략을 어떻게 세울 것인가에 그 초점이 맞추어져 있는 책임에 틀림없다. 이 책은 무엇목적지, 즉 교회가 어디로 가야할 것인가에 초점을 둔 책은 아니다. 이 책은 어떻게전략에 그 초점을 둔 책이다. 다시 말해 이 책은 교회의 목표가 획일화되는 데 목적을 둔 책이 아니다. 개교회가 가진 목표, 비전을 어떻게 찾고, 이루어 갈 것인가에 초점을 둔 책이다. 교회의 가치는 어떻게 정하며, 교회의 목표는 어떻게 설정하며, 교회의 사명 선언문은 어떻게 개발하고 성도들이 잘 습득하여 추진할 것인가에 초점을 맞춘 책이다.

즉 이 책은 미래를 꿈꾸는 교회가 어떻게 그 꿈을 실현해 나갈지를 안내해 주는 가이드와 같은 책이다. 사실 많은 한국의 목회자들은 '어떻게'의 부분에 매우 약하다. 어떻게 사명을 발견할 것인지, 어떻게 교회의 가치를 정할 것인지, 어떻게 목회를 평가할 것인지에 대한 부분이 매우 약하다는 것에는 모두가 인지하는 부분이다. 이런 약점을 보완해 주고 교회가 주님의 대사명을 위해 전진하게 할 것인지 우리의 정체되어 있는 교회의 현장에 실제적인 도움을 주는 책이다.

더욱이 이 책의 장점은 수많은 실제적인 예가 있다는 것이다. 100페이지가 넘는 분량의 수많은 부록을 통해 우리는 실제적 예를 찾아볼 수 있다. 여러 교회의 가치, 사명, 그리고 사명 선언문을 비롯하여 목회 평가 목록 등 실제적 적용을 위한 예를 활용할 수 있다는 것은 이 책의 장점 가운데 하나일 것이다. 만일 이 책을 읽고 순서대로 그대로 진행한다면, 정체에 있는 교회는 다시 S자 곡선, 즉 쇠퇴나 소멸의 길이 아닌 재부흥의 길로 갈 수 있으리라 생각한다.

이 책이 나오기까지 하나님의 은혜뿐 아니라 많은 분들의 사랑과 정성, 그리고 기도가 포함되어 있고 그 분들께 머리를 조아려 감사를 드린다. 이 책을 소개해 주시고 뒤에서 묵묵히 응원해 주시고, 신학적 통찰력을 제공해 주신 노영상 총장님께 먼저 깊은 감사를 드린다. 또한 이 책이 책으로 정제되어 세상에 나올 수 있도록 수고해 주신 도서출판 대장간 배용하 사장님께 감사를 드린다. 그리고 이 책이 나올 수 있도록 부모만큼이나 사랑을 부어주시고 기도해 주신 함은숙 권사님께 감사를 드리며, 함께 로뎀교회를 세워 동역하고 있는 손성민 목사님과 로뎀교회 모든 성도님들께도 감사를 드린다.

이 책이 나오기까지 두 분의 목사님이 읽고 코멘트를 해 주셨다. 어려움 가운데서도 광주에서 목회 하시는 김의성 목사님, 대전에서 열심히 미래 목회를 위해 땀을 흘리고 있는 임기홍 목사님께 감사를 드린다. 누구보다도 내 삶의 첫 번 책이 나오기까지 아낌없이 기다리고 응원해 주신 부모님,

성옥근 장로님과 천명란 권사님, 이춘강 권사님께 감사드리며, 묵묵히 옆에서 눈물로 함께 해 준 고마운 아내 김혜영과 아버지를 자랑스럽게 여기는 아들 의현이, 딸 세현이에게 감사를 드린다.

  무엇보다도 신학과 목회의 길을 갈 수 있도록 길을 여시고 인도해 주신 하나님께 감사를 드리며, 이 책이 하나님의 영광, 하나님의 나라를 위해 열심히 달려가는 한국교회에 조금의 기여가 되기를 소망하고 기대해 본다. 교회는 세상의 소망이 되어야 한다.

2017년 새해를 맞이하는 길목에서
주님 앞에서 항상 부족한 종 성종국.